金门战役纪事本末

萧鸿鸣 萧南溪 萧江 著

中国青年出版社

目　录

金门战役图纪 / 001
金门战役人物纪 / 018

弁　言

金门战役概况 / 002
金门战役性质 / 003
金门战役发生地 / 005
金门战役发生、持续、延宕及其演变 / 009
金门战役是一场"不对等"的较量 / 023
金门战役中的毛泽东与蒋介石 / 037
金门战役失败鲜为人知的几个重要因素 / 052
金门战役对后来岛屿作战产生的巨大影响 / 070
金门战役作为政治遗产留下的思考 / 073
金门战役不同名称背后的指向 / 075
金门战役与本书 / 084

第一章　铁流与溃败

第一节　淮海战役的尾声与渡江战役、上海战役的完胜 / 089
第二节　势不可当的"入闽"与国共两党的战略预期 / 120
第三节　萧锋"解放平潭"海上练兵与胡琏广东"平叛" / 134
第四节　萧锋首战金门县，获得大、小嶝岛胜利 / 153

第二章　骄狂与偏见

第一节　金门战役登陆作战计划的先天不足与严重的备战缺失 / 167

第二节　叶飞"险胜"厦门 / 177

第三节　要命的作战船只与救命的粮食供给 / 188

第四节　没有落实的"三不打"原则与最终下达的作战命令 / 208

第三章　无奈与无望

第一节　起渡·登陆作战第一天 / 222

第二节　抢滩·登陆作战第二天 / 243

第三节　鏖战·登陆作战第三天 / 282

第四节　折戟·登陆作战第四天 / 302

第四章　觉悟与偏安

第一节　此恨绵绵无绝期 / 310

第二节　萧锋的"检讨"与粟裕登步岛之战的再败 / 332

第三节　大陆的复仇情绪与"复位"的"总统"蒋介石 / 361

第四节　台湾共产党人的命运与再打金门的方案 / 379

第五章　执着与放弃

第一节　蒋介石在舟山的撤退与遣返战俘的命运 / 393

第二节　萧锋的调离与盼不来的"再战金门" / 410

第三节　大担岛叶飞的再败与战俘的三次遣返 / 418

第四节　毛泽东防止国民党军进犯与蒋介石的"毋忘在莒" / 437

第六章　惩罚与炮战

第一节　萧锋的"哀军"与大败东山岛的胡琏 / 449

第二节　叶飞厦门填海筑堤与"血洗台湾" / 462

第三节　海陆空联战一江山与"和平解放台湾"原则 / 473

第四节　隔海作战的"炮击金门"与"整金门是整家法" / 495

第七章　绞索与默契

第一节　"金门打炮是文打"与嬉笑怒骂的"告台湾同胞书" / 531

第二节　美国的战争边缘政策与蒋介石不做"总统"我们也不赞成 / 550

第三节　蒋介石的"国光计划"与毛泽东的"关门打狗" / 560

第四节　领袖们的遗憾与尚在纠缠的恩怨 / 578

尾章　梦魇与祭奠

附　录

引用材料作者简介 / 623

主要参考书目 / 625

主要档案材料及未曾出版的书稿手稿 / 628

后　　记 / 631

金门战役图纪

1949年8月,萧锋任副军长的解放军第二十八军在进军福建途中。

1949年8月7日,解放军第二十八军主力攻入福州城。

进入福建后,第二十八军军党委成员留影。由左至右,前一排:政委陈美藻、军长朱绍清、副军长萧锋、组织部长马明。第二排:八十三师政委丁士采、军副政委吴嘉民、后勤部长宫愚公。第三排:军政治部主任李曼村、军参谋长吴肃。

金门战役登陆作战期间，萧锋曾在这里指挥战斗。该建筑位于福建省南安市淘江村。

金门战役登陆作战期间，金门岛周围形势图。

金门战役登陆作战前夕,萧锋所辖第二十九军参战部队召开誓师大会。大会主席台两侧的对联写着:肃清残敌解放金门,做好准备再立大功。

金门战役登陆作战前夕,解放军第二十八军干部、战士尝试在渔船上装配发动机,加快登陆抢滩速度。

金门战役登陆作战前夕,萧锋所辖解放军第二十八军用征集到的木帆渔船在海上进行渡海技术训练。

金门战役登陆作战前夕,第二十八军244团宣传股长丛乐天拍摄的团部在莲河召开作战会议的照片。站立讲话者为团长邢永生,后牺牲在金门;望向镜头者,为三营教导员郑镜海,在金门负伤被俘,后遣返大陆,被开除军籍、党籍。落实政策后,仍孑然一身。

第二十八军244团团长邢永生牺牲在金门。这是他和夫人灵光1946年6月的合影。

金门战役登陆作战前夕，第二十九军八十五师253团干部召开作战会议前合影。前者为政委陈利华，因登岛后弹尽援绝被俘、遇害于台湾。后排左起第一：团长徐博，登岛后弹尽援绝，潜入山中100多天，被捕押往台湾杀害。左二：3营教导员季伯明。左三：团政治处主任张茂勋，幸存者，后重建该团时任团政委。左四：团参谋长王剑秋，登岛后牺牲。

田志春,第二十八军251团金门战役登陆作战助攻团政委,身负重伤后被俘,被押往台湾本岛枪杀。金门战役之前,调任十兵团任组织部部长的命令已下达军部,251团接受第一梯队攻击任务后,他弃任前往251团报到参加战斗。这是他与夫人在金门战役前的合影。

1949年9月,为备战金门战役处于极度疲劳下的萧锋在浏江前线指挥所的一张照片。

1949年10月,萧锋与身边的作战参谋合影。从左至右:翁默清、萧锋、刘竹溪。

解放军第二十九军第八十五师营以上干部合影。

解放军第二十八军战士登陆金门后,于双乳山与驻岛国民党军展开激烈交火。

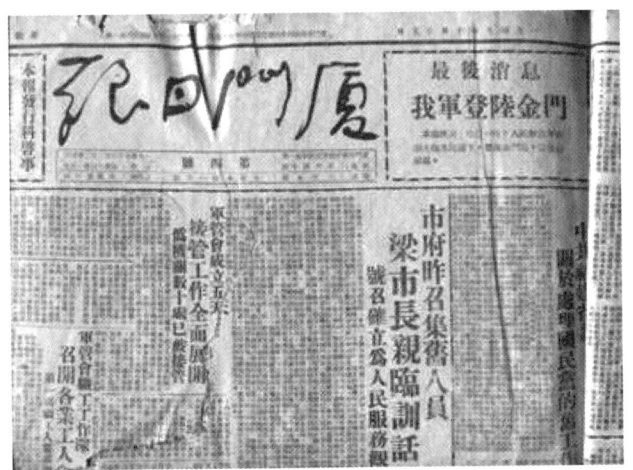

1949年10月25日,在萧锋所率部队登陆金门成功、建立滩头阵地的第二天,《厦门日报》在显著位置刊登消息:"最后消息——我军登陆金门。"

金门战役打响前一天，在金门岛担负岛西防御任务的国民党战车营，正在古宁头至垄口地段进行抗登陆作战演习，其中第3连一辆战车出现故障，滞留在"一点红"海滩上。当第二天凌晨解放军244团抢滩登陆时，这辆"故障"车竟神奇地发动了，首发炮弹命中244团弹药船，并对登陆的解放军战士进行碾压，造成244团巨大伤亡。战后，这辆"故障"坦克车，被蒋介石命名为"金门之熊"，至今陈列于金门。

金门战役期间，国民党军队在各处海岸布置的密集轨条砦，对解放军登陆部队形成了巨大阻碍与威胁。至今，后沙、垄口、大嶝岛、田浦、慈堤、后头等地仍随处可见。

解放军第二十九军253团抢滩登陆金门后,在古宁头北山洋房内建立了指挥部,鏖战三天三夜。指挥部建筑遗址至今尚存,墙体上弹痕累累,见证了当年激烈战斗的场景。

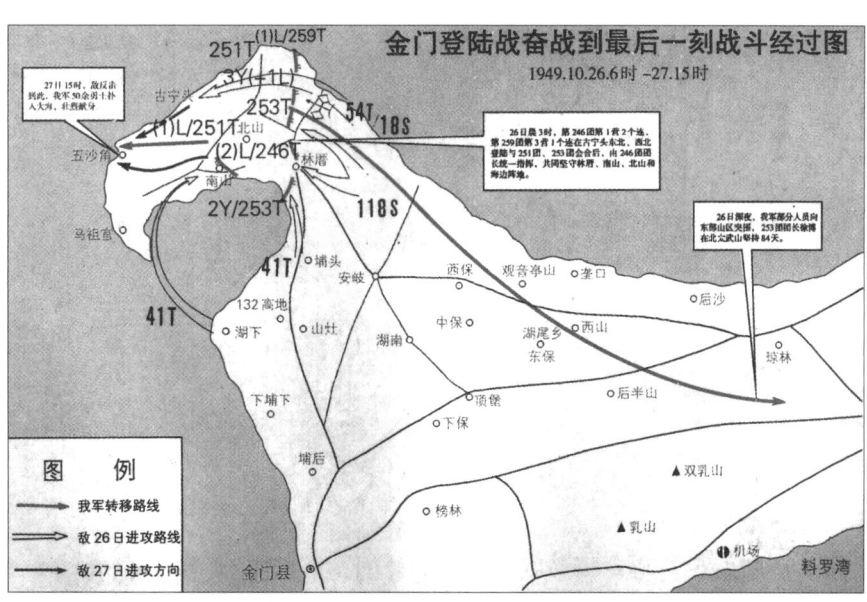

金门登陆战最后一刻战场示意图。

萧锋期盼第二十八军有机会"再战金门",报仇雪耻。1949年11月3日,他登上厦门老虎山,在山顶察看对面金门本岛国民党军情。

1949年12月2日,为准备"再战金门",第二十八军召开全军党代表会议。会后全体代表合影,前排左一为萧锋。

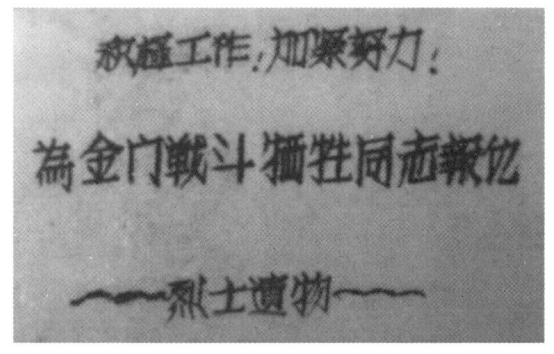

金门战役登陆作战失败后,萧锋以原本准备用来包裹烈士遗体的白布做成胸标,上写"积极工作!加紧努力!为金门战斗牺牲同志报仇"。

1978年10月,金门战役29年后,萧锋夫妇在厦门和二十八军老战友特备酒水祭拜金门战役烈士,并合影于月光岩下。回京后开始写作《金门战斗》一稿。

1986年冬,萧锋在北京西山寓所整理回忆材料。

萧锋1978年回忆金门战役的亲笔稿。其中红线部分写着:"三野前委电,同意二十八军三个条件下打金门方针,已电令苏北区党委和山东省军区各抽调1500名船工赴闽同安县、莲河地区报到。"

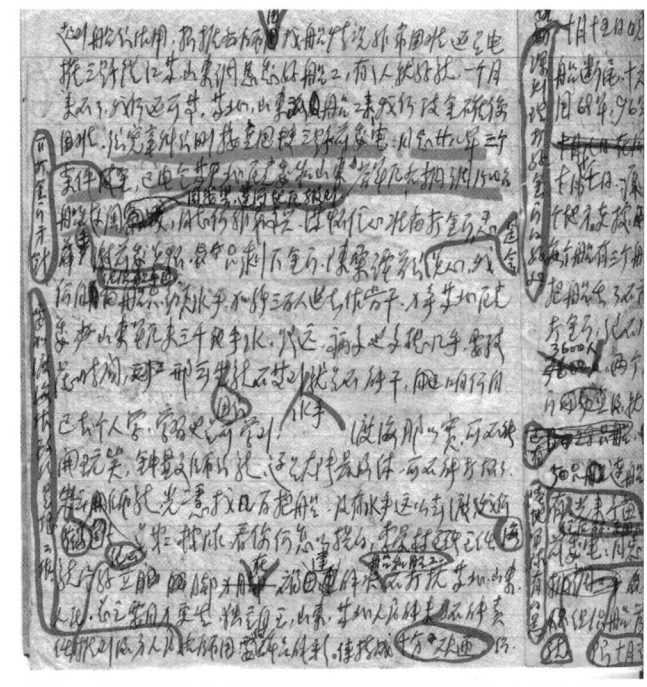

(作者注:关于金门增兵的情况,246团第二批上岛的孙光武曾亲口说过,246团卫生队长传达的金门岛上的增援敌军是胡琏部队,岛上敌军比原来多了一倍多。那是1949年10月23日晚。246团为后续第二梯队。)

三不打在28军内部是共识。不打无准备之战,历来是毛泽东军事思想和我军战斗传统,肖锋、李曼村多次反映准备不足,作战时间推迟了几次,但最后还是要打。这是兵团的命令,28军听从指挥,服从大局安排。金门失利本不该发生。

宫愚公的儿子宫建华记得1979年在宋时轮家中谈到金门作战时,宋时轮问起粟裕的三不打,28军是怎么执行的。宫愚公说这已经是共识,28军多次有反映,粟裕认同。金门作战失利证明没有充分准备,无法打赢这场战斗。

后注:

宫愚公(1914年—)山东省蓬莱人,1937年七七芦沟桥事变后,参加抗日宣传活动。1938年2月参加"山东人民抗日救国军第三军第三大队"(后改为"山东人民抗日救国军第三军第二路军"),10月加入中国共产党,12月备中军政干校学习。抗日战争时期参加过多次战斗,历任连营干部。解放战争时期任华野10纵83团团长、87团政委,在济南战役中率87团攻打商埠立下功劳,淮海战役参加徐东阻击战,增援85团,取得鲁楼堵击战最后胜利。任28军军后勤部部长,空军14师副政委,北京军区空军后勤部政委。1961年5月调任民航上海管理局政委,1964年6月调到上海市公用事业管理局任党委副书记。1979年任同济大学建筑工程分校党委副书记,1981年任上海市建筑材料工业管理局党委顾问,1984年离休。

郑闽江,女,上海杉达学院教授。其父郑海亭,时任10纵特务团政委,军直工部部长,28军后勤部政委。

签名:
宫愚公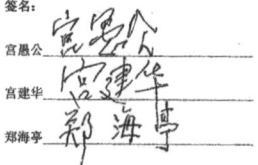
宫建华
郑海亭

解放军第二十八军原后勤部长宫愚公对金门战役的一段回忆资料。

1990年8月,萧锋夫妇和原第二十八军政治部主任李曼村、粟月如夫妇合影。

2009年,解放军第二十八军、二十九军子弟在厦门祭拜金门战役烈士。

2014年12月2日,第二十八军、第二十九军子弟在金门祭扫先烈。前数第四排左二为萧江。

缅怀金门烈士
勿忘统一大业

迟浩田 一九九三年十月八日

迟浩田上将缅怀金门烈士的题词。

金门战役人物纪

萧锋,中国人民解放军第三野战军十兵团二十八军副军长、代军长。金门战役登陆作战前敌指挥。金门战役登陆作战,是其一生1365场胜仗后唯一一次败仗。他是毛泽东秋收起义后,从井冈山红一军团带出来的一员虎将。1957年任北京军区装甲兵副司令员,1961年授少将军衔。1981年在副兵团职任上离休。著有《长征日记》《十年内战亲历记》《回顾金门登陆战》《萧锋征战记》等。被誉为"二十八军之父"和"二十八军之魂"。

叶飞,解放军第十兵团司令。1949年10月金门战役登陆作战决策与总指挥,1958年8月"炮击金门"隔海作战直接指挥,并一直参与了后来延宕几十年的"金门炮战"和后续两岸关系的决策过程。1955年授上将军衔。

粟裕,解放军第三野战军代司令。"金门战役"、"登步岛战役"、"准备解放台湾"等一系列战役直接领导者、总指挥。1958年8月23日大规模"炮击金门"开始后第三天,被解除总参谋长职务。1955年授大将军衔。

刘培善，第三野战军第十兵团政治部主任。金门战役登陆作战期间，协助叶飞做指挥、协调、前指督战等工作。1955年授中将军衔。

李曼村，解放军第二十八军政治部主任，协助代军长萧锋组织、指挥金门战役登陆作战，是金门战役登陆作战及其延宕诸战役的指挥者之一。晚年一直为公正评价金门战役登陆作战振臂呼吁。1955年授少将军衔。

宋家烈，解放军第二十八军244团副团长，金门战役登陆作战期间因伤住院未参与登岛作战，得以幸存，后该团重新组建时任团长，在金门战役后的"东山岛"登陆战斗中，带领新244团重创金门岛来犯之敌胡琏部，为二十八军将士报了金门战役一箭之仇，后任驻守厦门的第三十一军副军长。

朱云谦，第二十九军八十五师师长兼政委。金门战役期间，对叶飞的指挥有不同意见。1955年授少将军衔，先后任解放军总政治部副主任、中顾委委员等职。为老首长萧锋的不公平待遇多方申诉做了大量工作，亲自撰写回忆文章，并促成《回顾金门登陆战》一书的出版，在军内外产生强烈反响。

邢永生,解放军第二十八军244团金门战役登陆作战主攻团团长兼政委,英勇牺牲在金门岛一点红阵地。山东省寿光人,1937年参加革命,1938年加入中国共产党。

解放军第二十八军244团参谋长朱斐然,牺牲于金门登陆战役中。

刘天祥,解放军第二十八军251团金门战役登陆作战助攻团团长,于金门古宁头阵地受伤被俘,新年时国民党军逼其向大陆喊话,他夺过话筒高呼"共产党万岁""新中国万岁"等口号,后被秘密杀害。

孙云秀,解放军第二十八军246团团长,内定为八十二师副师长。金门战役登陆战打响后,任增援部队总指挥,战斗到最后一刻,饮弹殉国。

徐博,解放军第二十九军八十五师金门战役登陆作战助攻253团团长,打光子弹后潜入金门岛山中,与国民党守军周旋近100天,后被捕押往台湾本岛,不久被杀害。

陈利华,第二十九军八十五师金门战役登陆作战助攻253团政委,战斗中被俘,化名"陈开中"潜伏下来,任职至台湾"国防部"保密局上校,曾试图通过香港与党组织取得联系。1981年被告发,以"匪谍罪"被杀害。

解放军第二十九军253团参谋长王剑秋,金门战役时已被任命为255团副团长,未去报到,上岛作战中牺牲。

王旦子,萧锋身边的警卫员,金门战役时主动请战随246团赴金门岛增援,作战中牺牲。

马绍堂，解放军第二十八军251团副团长。金门战役中负伤被俘，1950年遣返大陆。

解放军第二十九军253团见习测绘参谋俞洪兴。金门战役中被俘。在台湾被关押期间与该团2营副营长李金玉建立地下党组织。

张茂勋，第二十九军253团政治处主任，金门战役登陆作战第二梯队，因当晚无船登岛而得以幸存。任重建后253团政委，在金门战役后的东山岛战斗中，带领新253团重创金门岛来犯之敌胡琏部，为战友们报了金门战役一箭之仇。晚年一直致力于为金门战役登陆作战被俘遣返的战友们平反昭雪，著有《难忘金门登陆战》，与战友丛乐天、邢志远合撰《金门失利原因何在》。右为原二十八军244团宣传股长丛乐天。

张茂勋和邢志远(左)合影。邢志远是解放军报驻北京军区记者站站长。主笔《回顾金门登陆战》，直到去世，一直致力于金门战役的资料收集和写作。

蒋经国，蒋介石长子。在福州战役中差一点做了萧锋的俘虏，金门战役反登陆作战时，任台湾国防部总政治部主任，先后多次代表蒋介石登岛督战、视察、慰问，是"金门大捷"的直接决策者和指挥者之一。

陈 诚，时任台湾"中华民国"台湾省主席、台湾省警备总司令、东南军政长官公署长官。其两度在萧锋手下侥幸脱逃：萧锋攻打平潭岛时，险被活捉，幸有军舰及时赶到接走；金门战役反登陆作战期间，在前线视察时，再从萧锋麾下244团枪口下脱险。

胡 琏，国民党军第十二兵团司令。其部在淮海战役的双堆集，被萧锋部全歼，只身得逃。金门战役反登陆作战时，其下辖第十八军先期登岛作战，后亲率两个军，从汕头赴金门登岛驰援，接替汤恩伯指挥，深得蒋介石赞赏。此后以金门诸岛为基地，多次率部窜犯南日、东山等岛屿。1958年中共"炮击金门"时，坚守金门阵地险丧命，后任台湾陆军副总司令、陆军一级上将。是金门战役反登陆作战及延宕诸战役的直接指挥者。

汤恩伯，时任福州绥靖公署主任、福建省主席兼厦门警备司令。上海战役、厦门战役时，是叶飞、萧锋手下败将。厦门被攻克后，督导李良荣第二十二兵团退守金门，并聘日军中将根本博为"反登陆作战顾问"。1949年10月26日将金门作战指挥权移交胡琏。

李良荣,国民党军第二十二兵团司令兼厦门警备司令。厦门被攻克后移驻金门。1949年10月25日,金门战役反登陆战中,胡琏的第十二兵团尚未到任接防,李良荣亲临前线指挥,并果断决定归权于胡琏部第十八军军长高魁元统一指挥反击。

高魁元,国民党军第十八军军长。黄埔四期与林彪同学。1949年10月奉胡琏命接防金门岛,是成功阻击萧锋部队登陆的关键人物之一。后因金门战役反登陆作战有功,深得蒋介石、蒋经国父子嘉许,晋升陆军上将,调任陆军总司令。

李树兰,1948年淮海战役期间,任国民党一一八师副师长,于双堆集与萧锋部激战时险丧命。1949年10月25日,在金门战役反登陆作战中,带领一一八师与萧锋登陆部队鏖战56小时,被国民党政府誉为"金门之虎",后晋升少将。1958年8月23日解放军"炮击金门"时,带病受命胡琏指挥空投金门补给。

刘云瀚,平津战役时在天津被解放军俘虏后释放,1949年再投陈诚,任国民党军第十九军军长,因"金门大捷"有功,后任台湾"国防部"兵工署署长。

郑　果，国民党青年军二〇一师师长。淮海战役时，二〇一师被萧锋的二十八军打得溃不成军。溃败台湾、金门之后，二〇一师得以重组和补充。金门战役反登陆作战时，率师所属601、602两团驻守金门西古宁头，10月25日凌晨迎战萧锋部队登陆，立下首功，后晋升为第八十军军长。

尹　俊，国民党军第十八师少将师长。淮海战役中，其部被萧锋部队所歼，仅数百人突出重围得逃。1949年10月，由汕头奉命驰援金门岛，驻烈屿、南塘，因"金门大捷"有功，晋升第七军中将军长、澎湖防卫司令官。

刘鼎汉，国民党军十一师师长。1936年西安事变时，曾北上营救蒋介石。1949年10月9日，迎胡琏十二兵团至金门岛外海，奉汤恩伯命派33团赴厦门岛佯作游行，以假象迷惑解放军。萧锋识而叶飞惑，遂有逆转之"金门大捷"。萧锋攻打金门大嶝岛时，其部31团增援，被萧锋部击溃。10月25日凌晨金门战役反登陆战时，率其31团沿海岸线向西攻击，尽焚解放军登陆战船，使萧锋的登陆部队无法返航运送增援部队。因其在"古宁头战役"中战功显著，先后任第十八军军长、金门防卫副司令。1958年8月23日解放军"炮击金门"时，协助胡琏守岛作战，旋即任第二军团副司令。

李光前，国民党军第十四师42团团长。金门战役反登陆作战中中弹，为国民党守节尽忠，胡琏为之祭悼"哀情尤甚"。后金门岛西铺头，建有李光前庙。

弁言

金门战役概况

公元1949年10月24日，中华人民共和国在北京成立后的第24天，乘胜追击蒋介石、国民党军的解放军第三野战军第十兵团二十八军，在福建省厦门、金门两岛海域之间，奉命发起了作为解放台湾前奏的一场战役，史称"金门战役"登陆作战。

时任金门战役登陆作战前线指挥的解放军二十八军代军长萧锋，指挥所属八十二师244团（加强246团3营）、八十四师251团，以及隶属萧锋指挥的二十九军八十五师253团，共计3个多团，以木船、舢板、渔船和简易渡海工具等，分别从福建的莲河、大嶝岛、后村等地，向金门本岛发起了登陆作战，于该日当晚24时至次日凌晨2时，各登陆作战部队分别在金门本岛的琼林、兰厝、林厝、古宁头等地强攻登陆成功，并在海滩建立了攻守阵地和后备部队的登陆场。

由于首批强攻登陆的船只，被国民党军海、陆、空强大的立体炮火全部摧毁或焚烧，没有一船一板得以返回大陆，后方原有的250余艘船只，又被第十兵团司令叶飞调往闽西等地运粮，原作战计划中的"第二梯队"3个团后续登岛部队，因为没有任何船只可供运送，致使已经成功抢滩登岛的3个团，只能困守在金门岛上，孤军与10倍于自己的国民党军浴血奋战。

在没有任何后方兵力增援、没有弹药补给、没有粮食的情况下，登岛的这解放军3个团9086名将士（内含船工、民夫350人），在国民党军飞机、军舰、坦克战车立体的日夜强大火力反攻下，苦苦鏖战了三天三夜，最终，弹尽粮绝，大部分壮烈牺牲，一部分被俘。

金门战役登陆作战，至此失败。

由此，拉开了大陆与台湾、共产党与国民党在海峡两岸之间的对峙。从大陆解放军"再战金门"准备,到台湾、金门国民党军对大陆的不断袭扰与破坏;从国共两党军队围绕金门展开的"岛屿争夺"互为胜败,到蒋介石依托金门而有的"反攻大陆";从美国插手台湾事务、意图分裂中国,到毛泽东决策万炮齐发"炮击金门";从台湾不断出现的"一边一国""一中一台",乃至于"独立"分裂势力抬头,再到后来大陆"飞弹"的遏制,这场始终未曾停歇、旷日持久的对峙,就这样在海峡两岸之间,自金门战役后被整整延宕65年。

金门战役性质

金门战役登陆作战的失败,对于大陆呱呱坠地的新生"中华人民共和国"来说,是一场显得略有些"不吉祥"的败仗。所谓"胜者王侯败者寇",已然"王者"的大陆中国共产党人及其解放军,以摧枯拉朽的方式取得"辽沈""平津""淮海"三大战役胜利,并建立了自己的中央政府。在如此巨大的成就面前,"为尊者讳",这场小小的金门战役,即被颇为微妙地在解放军军史与战役的叙述中,称之为"失利",而非"失败"。

但是,作为金门战役中反登陆作战胜利一方的蒋介石与国民党军队而言,这场战役,让溃败到台湾、金门的国民党以及"无可奈何花落去"的国民党政府,得到了喘息。蒋介石、国民党军队正是凭借着这场金门战役反登陆作战的"大捷",从此在台湾、金门、澎湖等岛上得以偏安一隅,国民党政府小朝廷得以孤悬海外,与大陆的"中华人民共和国"分庭抗礼。

因此,金门战役被蒋介石及其残存的国民党军,视为一场关乎着"大陆之中华民国"与"台湾之中华民国"命运关键的一个转捩点。

"中华民国"自1911年推翻清朝封建帝制在大陆立国,至1949年10月1日,共产党人在大陆成立了中华人民共和国,"中华民国"历经了 38 年曲折。其间，由国民党蒋介石掌握了政权。最终，这个政权丧失了大陆辽阔国土、殆尽了 500 万军队。它看似气数已尽，但在金门战役登陆与反登陆作战之后，却因为这扇小小的"金门"掩蔽，不仅使其溃败到台湾的国民党败将残兵们，捡回了些许颜面，更让这个已经颓废、糜烂、几将倾覆的大厦，由"金门"而在"台湾"涅槃般地重获新生。

以亲身参与了金门战役反登陆作战的国民党第十九军军长刘云瀚的话来说：

就作战规模而言，在近代战史上，不过像沧海中一个小小的漩涡而已，即以我国民革命军以往的辉煌战绩相比，也是小巫见大巫。但就其发生之时间而言，则风云际会，恰在我国运濒临存亡绝续之时。

亲历者对这场战役的切身体会，当然也给了溃败到台湾的蒋介石政府及其治下的国民党军队和今天的台军，在无奈之余有了足够的理由，让蒋介石把金门战役看成是：

大陆之中华民国，到台湾之中华民国的奠基石。

将发生在"金门岛"上这场反登陆作战的胜利，看成是：

使我政府在台湾基地站稳脚跟之起点……影响国运之战。

而蒋经国则将金门战役反登陆作战所获得的胜利，看成是：

转败为胜，反攻复国之"转捩点"。

无论从战略上，还是为稳定人心、鼓舞士气、平复一锅粥似的台湾军民情感，以及在对国际宣传需要上，一路溃败到台湾的国民党和蒋介石，都视这场极不易得的"转捩"之战是与共产党决战的一场空前的"大捷"。

金门战役自此成了一个标志性的事件，国共两党、两军围绕着"金门"这座小小的岛屿，为了各自的信仰和意识形态下的"一个中国"归属，所发生的一系列兵戎相见与生死角逐，自 1949 年 10 月后被延宕下来，历经65年而至今未见结束，使这场金门战役成为一场中国五千年来所未见，世界战争史上所未闻的旷日持久的"战争奇葩"。

退守台湾割据一方的国民党"中华民国"小朝廷，在大陆以外的孤岛上偏安一隅，而未敢"独立"的现实，除了台湾与大陆历来同属"一个中国"的理念外，更重要的是，因为有连接"大陆"与"金门"的这块"跳板"，而不灭于蒋介石、国民党乃至于台湾子民们心目中的"反攻大陆"的念想与"收复失地"的决心。故蒋经国说：

金、马是我防卫台、澎的两只眼睛，是反攻大陆的两只拳头。

其"反攻大陆"的本质，仍然是蒋氏父子血管里流淌的炎黄子孙血脉，和耿耿于心那割舍不了的"中国一统"情怀。

大陆在金门战役当中所使用的不管是登陆作战还是隔海炮击，乃至几十年持续不断的飞弹恫吓，实乃是两岸隔绝、在"和平"倡议穷尽了它的一切手段之后，所做出的无奈之举与选择。其本质，也仍然是"打断骨头连着筋"的兄弟情，以及两岸炎黄子孙都具有的"大一统"观念。

金门战役发生地

金门战役发生的地点，在中国福建省金门县这一区域内。其地理位置在福建东部的厦门市与台湾省之间，大陆东南沿海沪港（上海至香港）航路中心之东经118度24分，北纬24度7分，以其自然环境形成的大小12个岛屿所拱卫"金门本岛"的诸岛上。

"金门"之名的来历，始于明太祖朱元璋洪武二十年（1387），其说有二：

一、金门岛孤悬大海之上，屡为海盗侵犯肆虐，时江夏侯周德兴屯戍海疆，抵御倭寇，故置千户所于该岛。金门由此内捍漳厦，外制台湾

本岛与澎湖列岛,望其"固若金汤,雄镇海门"而有"金门城";

二、以"金门"最大的本岛呈东西两头大,中间窄小"形似金锭"而有"金门"之形象比喻。

金门本岛是福建省的第三大岛屿,东西长约 20 公里,南北最宽处大约 15.5 公里,中部狭窄处仅 3 公里,又称之为"大金门",面积为 131.7 平方公里;次岛为"小金门",又称烈屿,面积为 14.6 平方公里;岛屿群有大担、二担两个并列于东西;大嶝、小嶝坐落于南北,另有几个附属小岛。

金门岛距离大陆最近处约 5.5 海里。屹立于台湾海峡,东北面与大陆的晋江,北面与南安、同安相望,西面与厦门和龙海县一水相隔;最近处为马山至角屿仅 2310 米。金门东面距离台湾本岛基隆港 198 海里,距高雄县 160 海里,东南距澎湖 82 海里。

金门本岛内,北部有太武山,突起于东部,纵横 3 公里至 6 公里,最高处海拔 247 米。西部渐低,沿海地势转平。东部有凤山、塔山;南有双山、长安山、菽蒿山、双莲山、太文山、献台山;西有茅山,西北有虎山、狮山、金山,均为起伏之丘陵。金门县城的治所,即坐落在该岛较为平坦的西部。

金门战役登陆作战的早期具体位置,在大嶝和小嶝等小岛屿;金门本岛的登陆与反登陆,在金门本岛西部由东往西的兰厝、琼林、后沙、垄口、东一点红、观音亭山、安岐、西一点红、西浦头、林厝、北山、南山一线之间;金门战役延宕期间隔海作战的"炮击金门"等地点,则覆盖了大小金门、料罗湾港等金门岛内全部的军事设施所在地,其最激烈与最残酷的地点有:

一、"古宁头":金门战役登陆与反登陆作战,世人以其地名来命名这次战役,可见该地是国共两军战斗发生最激烈的战场之一。它的区域包括南山、北山、林厝、西一点红(又名西胜山)及古宁头断崖一带。登陆作战的解放军第二十八军 244 团大部,在此搏杀最烈并直至殒残,其他各团后亦在此一线建立堡垒坚持、固守待援时间最长。

二、北山：解放军第二十九军253团登陆后，先后在该地北山村入口处的一栋石砌古洋楼房内，建立了临时指挥所，并坚守了三天两夜，直到弹尽粮绝、人俱阵亡。

三、林厝：是登陆与反登陆作战国共双方军队攻防"肉搏"厮杀最为惨烈的地点。

四、西一点红：是解放军第二十八军244、253、251诸团原登陆地，因为受到大风影响，没有在原地点垄口登陆，最终漂至东一点红与西一点红之间的沙滩，解放军登陆船只在沙滩搁浅后，被岛上国民党守军全部焚毁、并切断解放军海上撤退的地点。

五、古宁头断崖：一个对解放军第二十八军登陆部队极不吉祥的地名，在古宁头西北角海岸。金门战役登陆与反登陆的最后一天（10月27日），解放军登陆部队被打散后，尚有1300余人集结于此坚持战斗，终因地形狭小，没有施展的余地，牺牲300余人后，其余全部于此断崖被俘。时至今日，此海岸金门守军仍遍布有水雷。

六、南山：在金门战役延宕时期"9·3"和"8·23"隔海作战的"炮击金门"战斗中，落弹最多、国民党守军损失最为惨重的地域之一。

七、太武山：是金门战役延宕时期"炮击金门"让蒋介石最为揪心、连损3位将军——赵家骧、吉星文、章杰，2名美国军事顾问，让时任台湾的"国防部长"俞大维在此侥幸捡回一条性命的地区。

八、湖南高地：金门战役国民党军胡琏部第十八军高魁元的军指挥所，在安岐与顶堡之间，也是胡琏从李良荣手中接过指挥"金门反登陆作战"指挥权、并在此进行全面反击解放军登陆部队的所在地。

九、西埔头：在东起安岐、北起林厝，西至湖下的包围之间，是登陆作战最激烈的场地之一，国民党守军第十九军42团团长李光前，即在此与解放军展开反登陆作战时，被枪弹击中阵亡的地点。

蒋介石及其国民党军队在厦门岛已经丢失的严酷现实面前，自觉再不能丧失"金门"这个战略地位重要的前哨，遂决定派重兵、倾全力死守这扇屏藩护卫台湾本岛的"金门"。蒋介石并说：

无金门,便无台澎,有台湾,便有大陆。

为了确保这扇不倒的"金门",给台湾本岛战略纵深预留出足够的警戒线和屏障,这才有了不惜一切代价"挫败共军之行动",而获"金门大捷"的胜利,才有了后面以"金门"为跳板的"重要的反攻基地"之前沿。

1949年10月,在解放军第二十八军已经夺取了金门县(今属南安市)的大嶝、小嶝岛屿之后,24日解放军发起了对金门本岛的登陆战,其目的,即在于:夺取金门,解放全福建,并建立尔后攻击台湾之基地。

对于即将登陆作战的"兄弟部队"来说,是"奠定进攻台湾之基地",最终达到"解放台湾"的目的所必须完成的任务。因此,这个"奠定基地"的任务,说白了,若不占领金门本岛,就无从"进攻台湾"。为此,解放军第三野战军在此刻提出的口号,亦充分体现了这一战略目的:

一、打下金厦,解放全闽;二、打下金门,为兄弟部队,奠定进攻台湾之基地;三、打下金门,为人民立功劳;四、打下金门,保证海上交通。

由此可见,金门战役的发起,对于"解放台湾"来说,是肩负此任务的第三野战军所必争之地,是其首要歼灭的"当面"之敌,是一个必不可少的、为了"解放台湾"而亟待解决的一场战役,是打响"解放台湾"的前奏战。

但是,我们今天在这里讨论的这场金门战役,以及国共两党发生在这座"金门岛"上延宕的所有战役与往复战斗,虽战场仍然只是这个战场,但在这个古战场所发生的新金门战役,则是在光阴岁月的延宕中,在毛泽东与蒋介石两人的共同"携手"下,演绎出的一场前所未有、具有20世纪新政治理念与新军事思想、具有现代意识的全新战役。故蒋介石退守台湾后,不仅把金门当作了"反攻大陆的跳板,自由世界之前哨",更是将金门的"重要性一如欧洲之西柏林,金门在中华民国之手,而且控制厦门港之进出,正如一瓶塞,塞住了共匪的侵略",这些言辞,透露出"金门"不管是对于台湾的蒋介石,还是大陆的毛泽东,都具有无可比拟的重要意义。

而"炮击金门""绞索政策"及后续的"纽带政策"等,都从各自不同的侧面,体现出毛泽东与蒋介石这二者所具有的"新战役理念"和他们的探索、实践。这为后来提出"一国两制"的政治家、智者们,在打开那扇久叩不决的"金门"时,指引了充满希望的未来方向。

在已经历的金门战役中,不管是其延宕的地点,还是演变的地点,它都始终是围绕着自然地理的"金门本岛"及其附属岛屿,其行政区划属地内的"金门县"范围,从来也没有发生过任何的变化。

金门战役发生、持续、延宕及其演变

金门战役发生、延宕与演变的阶段划分理由

本书对金门战役的各阶段划分,与以往任何国共两党、海峡两岸对这场旷日持久的战役"划分"有所不同。

金门作为福建省的一部分,自宋至清,都隶属于同安县管辖,是同安县绥德乡翔凤里十七、十八、十九、二十都。

"金门县"作为一个行政区划,是在承袭所有中国历史、直接从大清王朝同安县金门厅、驻有同安县丞、通判的基础上,于民国三年(1914)在此金门本岛和其附属岛屿上专设县治,而隶属厦门道,此后,再改为福建省直辖县。其县治的范围,除了"金门本岛"之外,还包括了它自然属性形成的几个附属岛屿:大嶝岛、小嶝岛、角屿、大伯与小伯和小金门(烈屿)等。其附属共有12个岛屿,9个行政乡,约7万余人口。

抗日战争爆发后的1937年仲秋间,日本寇国占领台湾、掠夺金门之时,虽占据了"金门"本岛,但金门县的几个附属岛屿,却始终牢牢地掌握在我中华手中。金门县政府以及其治下的子民们,大都随着县政

府,暂迁于大嶝岛上,并在大嶝岛至金门的这个狭小海域里,不断地袭扰、攻击日寇侵略者和强盗,这种抗争与大陆的抗日战争一样,长达整整8年。直到抗战胜利后的1945年10月25日光复回归,金门县政府才重新由大嶝岛迁回金门本岛。

大、小嶝岛、是金门县属的第七管辖区,所占行政区划为金门县9个行政乡的3个乡;人口2万余人,占金门县人口的四分之一。

1949年10月9日,大、小嶝岛自萧锋率领二十八军登陆作战取得完胜从国民党手中解放后,从此大、小嶝岛与金门本岛形成了对峙,岛上3个乡属地、2万余子民,也随之与金门本岛上的国民党县政府脱离了"治"与"属"的关系。这一现状,随着金门战役开始直到今天,没有发生改变。

大、小嶝岛等诸附属岛屿的归属问题,在1949年10月以后的前后8年时间里,这几个占有金门县行政区域三分之一,人口占金门县四分之一的附属岛屿,始终无法得到"属"与"治"的落实。大陆方面也没有将其划归到任何他县的"属"与"治"范围,而是一直由厦门的军管处来代为管理。直到1957年以后,鉴于大陆与台湾"分隔"已近十年的现实,不可能在短期内得以解决,福建省政府报请中央政府批准,这才将大、小嶝岛等岛屿的管辖权,暂时由南安县来"代管",其目的,实乃是要将这3个乡所属的大、小嶝岛等岛屿,在金门战役结束之后,再将它们"完璧归赵"于金门县。

随着金门战役的延宕和南安县"代管",大、小嶝岛存在着种种不便与不合理,大陆政府在尚未看到金门战役有结束之期的情况下,遂又将大嶝岛等岛屿,划归到同安县的县属与治属范围。

然而,大、小嶝岛的归属,与传统意义上的"名至实归"存在着许多差别,因此,在人们的心理上、情感上、习俗上、习惯上,时至今日,大、小嶝岛等附属岛屿的居民,仍然将自己归属于"金门县"而不是"南安县"。

在金门战役登陆作战以后所延宕的岛屿争夺、互为轰炸、炮击金门、飞弹恫吓等战斗中,围绕的始终都是"金门本岛"这个核心,其争夺的话语权,不管是海峡两岸的领袖,还是国共双方、中美之间的龃龉与斗争,"金门"也始终都是其焦点。

大嶝岛、小嶝岛没有完璧归为金门县,台、澎、金、马没有完璧归为"一统"大陆的残酷现实,都为这场金门战役还在延宕提供了证据,亦是金门战役未曾结束的最现实、最具有说服力的实证。

由此,有了我们对金门战役不同阶段的不同于以往大陆与台湾的划分。我们将金门战役划分成:起始、发生、延宕、演变等阶段,又以颁发的作战命令为准绳,具体做以下诸阶段性的细化。

金门战役的始发阶段

第一阶段:扫清金门外围的战斗与大、小嶝岛的解放(1949.9.17—10.17)。

金门战役的始发阶段,是附着在"漳厦战役"准备和实施过程之中的:"漳厦战役……预定分为两个作战阶段……第二阶段歼灭厦门、金门岛上之敌""以第二十八军攻取大、小嶝岛,并做攻金门的准备,待攻占厦门后,再打金门""9日傍晚6点30分……至10日24时……胜利解放大嶝岛""10月10日,二十八军与二十九军一部(此一部为划归二十八军指挥)先后渡海攻战大、小嶝岛,歼敌3个多团",这个登陆作战的过程,以解放金门县辖下的大、小嶝岛3个乡地域、所占人口四分之一的比例,得以完胜为结局。

在"解放厦门"的过程中,第二十八军担负的作战任务,为配合"厦门战役"的侧翼炮击作战。此作战目的,虽仅为"以少量炮火牵制金门国民党军""以炮火压制金门进行牵制"等,并未参与攻打厦门的"登陆"作战,但"炮击金门"的最终目的,都是在"发现金门守军增援厦门或准备撤逃"时,随时准备"立即对金门发起攻击"并以夺取金门本岛、解放整个金门县为最后之目的。

金门战役的前期阶段,即攻占"大、小嶝岛"和"钳制金门守敌"的这个最初时期,实乃是包含在整个"漳厦战役"当中,所取得的一个完全胜利的过程。如此,也就清晰地表明了,整个金门战役除了"金门本岛"的登陆作战失败外,其前段的"大、小嶝岛"登陆作战,以及策应厦门解放的"炮击金门"是为一个整体。

这个前段的战役,不仅以完全胜利的姿态,解放了金门县辖下的3个乡2万人,更让"金门本岛"登陆作战的监视前哨、起渡发航的地点等,往前迈进了一大步,并为金门战役后续延宕的"炮击金门"等过程,起到了最为实用的铺垫作用。

附着于"漳厦战役"的金门战役扫清外围战,在协助、牵制、攻击金门为目标的过程中,整整历时一个月。用一句通俗的话来说,金门战役的前期,除去"厦门战役"的胜利成果外,大、小嶝岛的登陆作战,解放了占金门县人口四分之一的3个乡2万人,仅存另一半"金门本岛"上的6万人、6个乡,尚未获得"解放"。

第二阶段:金门本岛的登陆与反登陆(1949.10.24—10.27)。

金门本岛的登陆作战,是一个"风萧萧兮海水寒,壮士一去兮永难还"的悲壮阶段。自集结号响起、扬帆渡海的那一刻开始,便是让登陆作战的9000将士,迈上了血肉模糊的拼搏征程。

从第一阶段解放军险胜厦门的战斗结束,到第十兵团为"献礼"而匆忙发起"金门登陆作战"的第二阶段,相隔仅仅7天。

萧锋指着他率领的二十八军第一梯队各登陆船团,244团、251团、246团3营,以及所隶属的第二十九军八十五师253团,分两批次计9086名解放军,陆续登上约300只木渔船和2艘汽艇船,分别于澳头东北海湾及大嶝岛、莲河、浏江等地登船。在经过三天没有增援、没有弹药补给、没有粮食的苦苦鏖战后,在国民党兵力10倍于自己、飞机、军舰、坦克战车立体的强大火力反登陆攻击下,这两批登陆部队共3个多团9086人(含船工、民夫350人)大部壮烈牺牲,一部被俘,战役以"失利"结局;国民党军则以伤亡约3249人的代价,守住了金门本岛,以"大捷"戛然而止结束了这个战役的第二阶段。

第三阶段:再行发起进攻金门的准备(1949.10.31—1950.11.11)。

金门战役的第三阶段,伴随着痛苦与煎熬,在艰难的时光里,拖着沉重的脚步,一步步地往前移。其阶段的起始,要从粟裕在北京回复第十兵团"失利"的电报之时:"27日8时电悉……再行发起攻击""决心再战金门"算起。

这期间,尽管大陆群情激愤,但第二十八军厉兵秣马,一刻也没有停下来。各师团重整旗鼓、整编集训;对金门本岛"登陆作战"当中损失人员的补充;对船只、船工、民工进行征集;演习、训练、试验各种武器和炸药等,做各种各样的再战准备。第十兵团也已经将对金门本岛的"登陆作战"扩大到了"两个军","全力准备攻击金门"的规模。第十兵团司令员叶飞,也不敢再以"兼顾"(叶飞对自己的检讨之语)之身来对待这场非比寻常的战役,而要全力以赴了。

然而,现实的残酷性,让第三野战军和粟裕,在经历了另一场与金门本岛"登陆作战"几乎完全一模一样的"登步岛战役"铩羽再败之后,使粟裕不得不一再向叶飞和十兵团强调攻打"金门本岛"的必要措施,向毛泽东先后提出,推延攻击台湾的时间,并希望中央军委能直接来指挥这场"解放台湾"的前哨战,甚至以自己"不堪胜任"的理由,请求让刘伯承、林彪来指挥。

金门和台湾,在不断对广州、福州、南昌等大陆地区进行轰炸的同时,金门的常驻军队也集合6万余众,蒋介石伺机反攻大陆,1950年6月25日提出"一年准备,两年反攻,三年扫荡,五年成功"的计划与喧嚣,一刻也没有停止下来。国共两党的最高领袖,在这段时间里,都将自己的注意力,放在了这个小小的"金门"岛上。其博弈的程度和各自使出的手段,超出了以往任何在大陆发生的战役。

金门战役第三阶段,历时1年零1个月,因"朝鲜战争"爆发,迫使毛泽东在"攻打金门"和"解放台湾"的战略问题上,在"共产国际"的迷雾下,偏离了"国家利益",准确地说,是偏离了"统一国家"的航向,让金门战役替代了"解放台湾战役",解放台湾被"暂时放弃"搁置起来。

毛泽东为此丧失了在新中国成立之初、美国已经停止援助"中华民国"、决心抛弃蒋介石的背景下，完成"统一大业"的最佳机会。再打"金门"的计划，被无限期地延长而被迫"暂停"。

金门战役的延宕阶段

金门战役的"暂停"，虽因于"朝鲜战争"的爆发，但并不完全归咎于此。这期间，粟裕鉴于对金门本岛"登陆与反登陆"战的深刻感受，促使其对"解放台湾战役"可能引发的战争预期结果，有了更为清醒的认识。考虑到制海权和制空权等登陆作战所需付出的各种代价和诸多配合条件等，毛泽东一再迟滞做出完成这场金门战役的决策，由此，金门战役进入了第四阶段。

第四阶段：国共两党、两军此消彼长不断地拉锯战斗（1950.12.26—1954.8.14）。

这个阶段的延宕，要从萧锋将军调离第二十八军为最大的命运悲剧预兆。

从"解放台湾"的角度出发，在毛泽东的心目中，应当将粟裕看成是康熙大帝的"施琅"，但是，粟裕在"炮击金门"时因"疾"而终，使粟裕的"施琅"愿望未能实现。

以"炮击金门"的战略角度，毛泽东尽管在有意无意间试图让叶飞变成自己的"施琅"，叶飞似乎也把自己看成是毛泽东麾下的"施琅"，但是，叶飞最终也没有成为"施琅"。叶飞40年后道出了他的遗憾，"继郑成功、施琅之后……在期待渴盼着毛泽东的最新一道命令"。

金门战役登陆作战，假如此时的毛泽东在战略上是将这场战役当成"解放台湾"的前奏，那么毫无疑问，萧锋将成为毛泽东的"施琅"，则是一种客观存在。但是，纵观整个金门战役，萧锋的个人命运，他在"登陆作战"期间，既没有获得毛泽东清晰的"解放台湾"战略意图，二十八军也不是一支以"解放台湾"为职的部队（宋时轮第九兵团才是目标明确的"解放台湾"的专职部队），更没有在金门战役发起之时，获得像施琅大将军那样,始终保有康熙大帝的"专断"坚定支持,让他来完成指挥金门战役或协同完成"解放台湾"的任务,因此,萧锋也没有成为毛泽东事实上的"施琅"。

毛泽东在金门战役自发动开始之时战略意图的模糊性,以及后面在用人上面的战略考量,则反衬了蒋介石在此期间战略目标的明晰性和坚韧性。

胡琏将军是在蒋介石的充分信任下,则拥有了"专控之权",让胡琏得以金门本岛为据点,3次进犯南日岛而得手,致使叶飞猝不及防,导致第二十八军驻岛1个连和大陆前来增援的部队1300余人牺牲或被俘。毛泽东以雷霆万钧之怒火,给予华东局、华东军区和叶飞严厉的斥责:

不许再犯南日岛那样的错误!否则须予负责者以应得的处罚!

值得一提的是,当胡琏以大规模部队进攻东山岛时,萧锋带领出来的这支部队,仍然以其离开后所产生的"余威",让胡琏吃足了萧锋这个死对头的苦头,只能"打落牙齿往肚里吞"。在"东山岛登陆作战"的部队中,有两支几乎可称之为"孝军"的决死劲旅:第二十八军八十二师原金门战役登陆作战的244团;原隶属萧锋指挥的第二十九军八十五师金门战役登陆作战的253团。

这两支由金门战役登陆作战幸存者宋家烈与张茂勋重组的军队,佩戴着先军长萧锋在金门战役登陆作战失败后,以原本用来包裹烈士遗体的白布制成的胸标:

积极工作,加强努力,为金门战役牺牲的烈士报仇——烈士遗物。

可惜的是,萧锋没能亲自指挥,没能亲眼目睹自己麾下的这支劲旅在东山岛上骁勇的一幕。而这块见证了金门战役登陆作战失败、又见证了萧锋麾下的战将们将胡琏打得屁滚尿流的"孝带"胸章,则一直被一些战士珍藏在身边。

"东山岛战斗"的胜利消息,让毛泽东高兴地说:"东山战斗不光是东山的胜利,也不光是福建的胜利,这是全国的胜利。"

金门战役延宕的第四阶段,国共两党在军事上此消彼长的大小较量,一直持续到1954年8月14日。而体现在"东山岛登陆作战"中"哀兵"的这种"悲壮"与"悲悯"情怀,在这三年半的时间里,始终以"复仇"的激愤,伴随、影响着这支部队和第十兵团,甚至整个第三野战军与中国人民解放军。

这三年半中,金门战役以往复于大大小小21次的登陆与反登陆战,第十兵团再次"攻打金门"的翘望,始终没有在这些胜利与"失利"当中得到彻底的消弭和释放。台湾的蒋介石依赖于"金门"这个前沿"跳板",也始终无法平复丢失大陆的梦魇和"反攻"大陆的梦想。

围绕于金门战役周围发生的大小不一的战斗,则时刻挑动着毛泽东内心那根金门战役的敏感神经,让这位为人民谋利益、试图获得国家完全"统一"的新中国领袖,在一次次的登陆与反登陆作战消耗中,惦记着那扇未曾被自己叩开的"金门"。

第五阶段:两岸隔海炮击作战(1954.8.14—1958.8.23)。

美国佬从"自由世界"与"共产国家"、东西方阵营的价值观体系"冷战思维",来考虑大陆的共产党人与其之间的关系。由此,美国有了更多的借口和理由,来渗透于中国的内政与台湾岛的事务,来干预这场国共两党之间持续了几十年的主义之争和兄弟内战。这让毛泽东的"解放台湾"计划,在共产国际的意识形态干扰下,变得更加渺茫起来。

在这段时间里,金门战役从某种程度上,已经具有了替代"解放台湾"的战略因素,毛泽东只能以另一种特殊的隔海作战"炮击金门"方式,无奈地来对待美国干涉中国的内政、来对待蒋介石和处理台湾海峡之间的问题。

1954年1月的开年伊始,在国民党军增兵金门,不断袭扰大陆沿海地区的情况下,毛泽东、三野、第十兵团都在试图找到一种新的解决办法。1月28日的举动,预兆着这个阶段的主体,要以隔海作战的"炮战"形式来开场。"第二十八军司令部下达了1954年内完成对金门、马祖等敌占岛屿及沿海地形、港湾、航线侦察和调查……八十三、八十四师组织人员对大、小金门敌炮兵阵地、火力配系等情况进行了观察,绘制了要图"。但以明确的"隔海炮战"方式来持续这场金门战役的延宕,则是在1954年8月以后。

"8月14日,我第二十八军八十二师炮兵362团,师高炮营接受配合兄弟部队炮击金门的作战任务",由此,以隔海"炮击"为主要的作战方式,一直持续到这个阶段的最高峰,即1958年8月23日大规模、震惊世界、牵动世界战略格局的"炮击金门"事件。

然而,这个延续了4年多的"炮战",其阶段的背景各有不同,它包含了以下4个部分和分段的内容:

第一,建立在对国民党台湾不断袭击、骚扰沿海地区,配合沿海各个小岛屿的解放等打击性基础上的"炮战";

第二,建立在反干涉和宣示主权基础上、以美台签订《共同防御条约》而实施的惩罚性"炮击"等;

第三,建立在反分裂、保持适度的台海紧张局势,牵制性的"让金门保留在蒋介石手里"联蒋抗美基础上的"炮战";

第四,建立在呼吁和平谈判,解决台湾与大陆分裂问题,以"纽带"形式发起的"炮战"或宣传"炮弹"。

此期间,虽不乏为了营造"和平谈判"的环境,以间歇性炮击行为来呼吁蒋介石坐到谈判桌前的停顿,但是,打击美蒋勾结,对蒋介石意欲反攻大陆的惩罚性炮击最为激烈。炮战的背景、规模和执行内容,虽在整个过程中不尽相同,但最根本的目的,仍然是围绕着"一个中国"还是"台湾独立"的基础上,是建立和体现在"一个中国"的完整理念和"统一"给谁的基础上。而这一切,又都有赖于金门战役的延宕基础,才会发生的。

第六阶段:绞索政策促谈与象征性的宣传炮战(1958.9.1—1979.1.1)。

"炮击金门"隔海作战之后,毛泽东鉴于解放军的现有实力,已经看到了在炮击金门之后,如果派兵登陆完成金门战役,它只能是夺取金门本岛、马祖，而不能同时解决台湾问题。那么，国共之间在地理上的距离，将由不足1公里扩大到100多公里，且隔着一道天然、难以轻易越过的台湾海峡。这与毛泽东的"统一中国"、与蒋介石心目中所存念的"一个中国"理念，设置了更加不便的接触条件。而蒋介石失去象征其在大陆沿海存在的最后据点，将使得美国更便于制造"两个中国"或支持"台独"。于是，毛泽东以战略家的眼光和思路，决定让金门战役延宕下去，将"金门"这把开启"解放台湾"的钥匙，保存在时刻准备"反攻大陆"的蒋介石手里。

毛泽东"1.继续炮击封锁金门，但目前不宜对金门、马祖及附近进行登陆作战。2.炮击封锁活动必须有计划、有步骤、有节奏地进行，掌握有理、有利、有节的原则，打打看看，看看打打，有利则打，无利则停。3.目前海军、空军不进入公海作战。蒋机不轰炸大陆，我也不轰炸金马；蒋军轰炸大陆，我轰炸金马"，是这一阶段金门战役维持与延宕的特色。毛泽东则用更加传统与通俗的语言，将金门战役的延宕说成是：

我们整金门，是整家法。

从此"绞索政策"有了明确的方向，"它使炮击金门的斗争有了更加明确的指导原则和规定"，"隔海作战炮击"的性质，从真打到象征性地打，从武打到文打的演变。这种持续性、战略性的人为延宕与打法，不是为"夺取金门"，而是让"金门"成为一根"绞索"，让这种"绞索政策"，既锁住台湾的蒋介石，也锁住了干涉中国内政的美帝国主义。

但是，这个"绞索"，在锁住蒋介石和美国的同时，也同样从某种程度上，将毛泽东的手脚和他的"新中国"锁住了。这个标志，是以解放军总政治部9月1日发表"对金门的登陆进攻已经迫在眉睫"的错误信息，受到毛泽东的严厉批评为坐标的。

为此，毛泽东提出了：

台湾和沿海蒋占岛屿问题的全部、彻底解决，不是短时间的事，而是一种持久的斗争，我们必须有长期的打算。

此后,蒋介石国民党提出"反共复国的基本方针,是三分军事,七分政治。战地政务,就是属于七分政治的实践。军事的胜利,只是序幕的胜利,只有战地政务的成功,才是真正的成功,所以战地政务比大军作战,更为重要"的反共方针,开始推行"改造金门""经营台湾""建设三民主义模范省"的政策,把注意力放到了建设台湾省、金门本岛的基础建设和固守的军事基础建设上面去,对大陆的军事行动明显减少,台海局势走向相对稳定。

大陆方面则在这个阶段里,"自10月6日以后,(解放军)对炮击金门,我军(第二十八军)奉命采取了打打停停、停停打打、半停半打的方针""打而不登、断而不死",以每天"一发大口径加农炮弹,要花四两黄金"的代价,拖累了新中国,并使之持续僵持到了1961年12月中旬,解放军"炮击金门……停止实弹射击,随后只在每月的单日打宣传弹",直至1979年1月1日,中华人民共和国与美利坚合众国建立外交关系为止。

金门战役延宕到这一阶段,它由一个"战术"性问题,逐渐演变成了一个"战略"性的大问题。这场战役,在这个演变过程中,已经不再仅仅是台湾的国民党与大陆的共产党两党之间的斗争,它的演变,成了大陆、台湾、美国三方围绕中国的"国家统一"与"台湾独立"之间,第二次世界大战胜利后,东西方格局下的"共产阵营"与"西方阵营"两大阵营之间的分水岭。胜负均等、没有高下。

在毛泽东与蒋介石之间,毛泽东与美国之间,蒋介石与美国之间的三角关系当中,这种斗争紧紧地依存于"金门"这个小岛,将"你中有我、我中有你"的战略利益,在此消彼长之中,或互为制约、"协定",或在相互间保持"默契"的条件下延宕着。台湾的蒋介石,试图以美国强大的军事实力来抗衡毛泽东对其实行"解放";美国则紧紧拉住蒋介石,让蒋介石控制下的台、澎、金、马成为美国掌控的西方反共阵营围困新中国的最前线,成为其封锁第一岛链当中的壁垒。

毛泽东与蒋介石之间的一致性,是这两位伟人各自都有"一个中国"根深蒂固的理念。毛泽东的"一个中国",是要将"解放台湾"后"统一"到他所信仰的共产主义"一个中国"当中来,即"中华人民共和国"包含了台湾的领土主权;蒋介石的"一个中国",是要在"反攻大陆"后,使他的三民主义,再次成为"自由世界"的"一个中国",即"中华民国"包含了大陆的所有领土主权。二者都认同只有"一个中国",台湾是二者认同的"一个中国"下不可分割的一部分。两者尽管意识形态不同、"一个中国"的各自表述不同,但"一个民族"下的"一个中国"国土理念、民族理念乃至传统的"中国"思想理念,都是完全一样的。

蒋介石与美国的不一致性,是饱尝了在美国的奴役下,台湾主权的旁落和民族的再次沦陷;美国与台湾的不一致性,则在于不愿意因为蒋介石的"反攻",而成为影响美国整个"东西方战略"的绊脚石,甚至引发"第三次世界大战"。

毛泽东与美国的一致性,是蒋介石"反攻大陆"的挑战,可能会在这场"海峡之战"中,成为"世界大战"的导火索。这一点,在新中国成立之初的现实条件下,毛泽东又与美国在某种程度上是一致的。"美国人怕引起世界大战,我们不怕,但是不愿意引起大战",毛泽东的这句话,真实地反映了他老人家内心深处的思想。

"价值观"下的"利益均衡"互为纠缠,使得金门战役在大陆、台湾、美国三方面都有了延宕的充足理由。金门,成为台湾海峡有硝烟和没有硝烟两种状态下,三方角力的另一个有形与无形的战场。

金门战役延宕的演变阶段

第七阶段:两岸之间"飞弹"的威胁与持续不断的开放(1979.1.1—1999.7.9)。

金门战役的延宕,让这场旷日持久的战役,充满了挑战性和展望性。其挑战最具威胁的,便是日益甚嚣尘上的"台湾独立"言辞和付诸的行动。于是,每每"独立""公投"的话题在台湾唱响之际,便是大陆"导弹"与"飞弹"不断演习与"阻吓"之时,金门战役延宕的"炮战"形式,升级到了更具威力的"导弹"。

这期间,最为有名和让世界为之捏汗的,要算1995年7月21日至1996年3月23日之间和1999年7至9月间,由大陆举行的导弹试射与军事演习。

早在20世纪60年代末,隔海作战用"炮弹"或"宣传弹"喊话的僵持,让第三野战军的老司令陈毅元帅有些按捺不住。已经脱去军装、换上了30余年未曾触碰过的西装,陈毅在当上外交部长后,仍然念念忘不了还在延宕的金门战役。风度翩翩的陈司令,曾在导弹基地视察时,发出了强烈的声音:

有人说我们的"炮击金门"是蚊子叫,现在导弹出来了,就是狮子吼!

金门战役后期的"炮弹"和"宣传弹",在充当了几十年的"蚊子"之后,让老蒋和小蒋都"痛"了几十年,也"痒"了几十年。但在"金门炮战"停歇后,这种"痛"和"痒",虽然不再直接感受于"皮肉"的痛痒和看得见、摸得到的现实,但是包裹在金门战役尚未结束的这个"现状"里面的毒素,并没有出来,更没有随着炮战的停止而消散,而是演变成了以"导弹""飞弹"为"恫吓",原本的皮肉之苦,变成了心惊胆战的"心绞痛"。

这期间,两岸之间以"导弹""飞弹"的恫吓对话方式,从1979年一直延续到1999年,整整延宕了20年。而这种金门战役的延宕,使得"一边一国""一中一台"叫得最响的陈水扁,在当上了台湾"中华民国"总统之后,两岸意见分歧、隔绝最为严峻的时刻,让这位显得有些"土鳖"的"阿扁总统",也不敢向"独立"迈出实质性的半步。

"飞弹"的威力依赖于"金门"的纽带,就以这样的延宕形式,将金门战役持续地发挥着它那只有"延宕"才可能发挥出来的巨大作用,而时刻护卫着"一个中国"的根基和"两岸一家亲"(习近平总书记语)的情感。

但是,金门战役作为一个尚未结束的战役,它里面所包含的至今无法释放的"战争因素",仍然在时刻威胁着两岸表面维持的"和平",其隐蔽的硝烟，并没有随着金门的"小三通"和今天国共两党的"互动"散去，而是在以各自隐忍的方式，来表达着各自的诉求。

金门战役已经延宕了65年，在这65年不短的岁月里，毛泽东与蒋介石，都未能对金门战役的最终结局，做出过任何的判断和预期。对于金门战役的归宿，到底是会以大陆的"一国两制"和平"统一"的方式进行？还是会朝着以台湾"独立"的"三民主义"方式，将金门战役的这根导火索重新点燃，再次置"金门"于战火的最前沿？我们同样不能做出任何的判断与回答，甚至，我们连它今后的走向与发展，也都是无法把握住的。

因此，在我们的这部《金门战役纪事本末》一书中，通篇未曾涉及"结束"这一话题，而是通篇冠之于"延宕"之词，来表述这场仍在持续、发展的金门战役，以此来提醒并告诫读者们，尚未结束的金门战役依然潜伏着战争威胁。

仍然存在的威胁，当然是指大陆与台湾的两岸之间，在至今尚未得到"统一"的前提下，只要两岸没有签订"和平协定"，海峡两岸从理论上来说，依然是处于"战时"的"战争状态"当中；尽管大陆方面，当年的"福州军区"建制，已经在20世纪80年代撤销，前线部队的指挥部，也都后撤到了近千里之外的南京，福建的作战部队不再称之为"前线"，而隶属南京军区。但是，驻守在福建沿海的部队所承担之"作战"任务，始终没有改变；其应对"当面"之敌和作战的"对象"，依然是以"台军"和来自于台湾、来自于台湾海峡对岸的战争威胁。

金门岛上的今天，虽然可以看见来自大陆的如织游客，但其岛内至今驻有几万兵力，金门岛内自1956年起耗时几十载挖成的坑道、战壕、地堡，丝毫也不敢对游人开放，更不敢在战略意义上，有丝毫的懈怠；这些几乎被掏空的"地下金门"；步兵、炮兵阵地；弹药库、交通壕、军人宿舍、野战医院等其他应有尽有的地下设施等，它们的每一个用意和每一件战争武器的最终作用，都是为应对金门战役的延续，为应对可能再次爆发的台湾与金门登陆作战和隔海作战，为"随时可能再起的两岸战事"所做的准备。

由此,我们有理由说,金门战役是一场中国几千年战争史上、甚至世界战争史上延宕最长的"战役",其旷日持久的时间,迄今没有任何一个"战役"超过了它。

金门战役是一场"不对等"的较量

金门战役登陆作战期间国共两党领袖、将帅配备的不对等

金门战役从其发起的那一刻,就注定了是一场不对等的战役。此际,正是共产党领袖毛泽东,在北京忙于成立"中华人民共和国"最紧张的时刻。

以现有文献所能提供的分析看,此时的毛泽东,对即将发生的金门战役一无所知。毛泽东既不知道在福建沿海的蕞尔小岛"金门"上,即将发生一场与国家命运紧密相关联的金门战役,更不知道金门战役发生的具体时间和地点。纵观毛泽东的一生,除了金门战役登陆作战失败后,在命令、文件、电报、谈话中与"金门"有联系外,毛泽东从来没有踏上过"金门"本岛的土地、巡视过"金门"的海域和俯瞰过"金门"的领空。金门战役登陆作战之前,这个小小的"金门"既不在毛泽东的任何战略视线之内,也不在毛泽东有关"台湾问题"的战略考虑当中,更没有将"金门"列入即将要举行的"解放台湾"战役当中去。

在共产党阵营内,面对这场小小的金门战役,除了我们今天能看到的、由国民党台湾方面公布的陈毅与饶漱石曾经发生了一场关于金门战役的争吵之外,再也没有任何的文献与材料,可以用来证明第三野战军在对待金门战役登陆作战的过程中,采取了哪些有效的行动和举措,来指挥与指导这场与"国家统一"紧密相关的战役。作为第三野战军军

事负责人的粟裕(毛泽东指定粟裕在三野的责任),亦仅有 1949 年 10月 11 日给第十兵团的复电:"以两个师攻金门是否完全有把握?……总以充分准备有把握的发起战斗为宜"的指示,而别无他例。

第三野战军第十兵团的叶飞司令员,虽是名正言顺的金门战役总指挥,但在金门战役登陆作战的前期备战阶段,除了充满豪情地宣称"金门是我盘中的菜,想什么时候吃就什么时候吃"外,其整个精力重点,完全放在了解决厦门居民的粮食供应等"城市"问题上面,而无暇顾及其他。至金门战役即将发起,叶飞仍然仅以"兼顾"(叶飞原话)之身,来指挥这场并不寻常的登陆作战。结果,是由仅有战术决定权的二十八军以及代军长萧锋,来承担了这场与"国家统一"紧密相关的金门战役登陆作战的命运。

与大陆共产党阵营截然不同的是,在金门战役前后,国民党领袖蒋介石,先后以海、陆、空的方式到"金门"本岛、附属岛 30 多次,在金门战役登陆作战前夕,又到厦门、金门直接部署指挥,视察督促,并严令福州绥靖公署主任汤恩伯等海、陆、空三军司令:

> 闽浙诸匪如要攻我海岛根据地,其时期必在每月满潮之时,即阴历初十与二十日之十日间。下月即为阴历八月大潮汛,我军务须特别加紧准备。海空军尤应切实负责,朝夕不断搜索匪船,凡可通海口各内河之上游一百海里内之大小船舶,必须彻底肃清,空军更须低空侦察,勿使伪装之船舶所欺惑,以贻误大局。只要沿海与沿河离我前哨岛屿一百海里内不使其船只躲藏与集结,则其即无法袭取我海岛,故对于其船舰之伪装,尤应特别防制,千万勿忽。如果我舟山群岛与闽厦沿海各岛之基地,万一为匪偷袭或攻陷,则该区内陆海空军负责之各主官,必以失职误国之罪惩治,法不宽贷也。

在蒋介石"法不宽贷"的严厉和"无金门,便无台(湾)澎(湖),有台湾,便有大陆"的战略思想指导下,国民党"中华民国"东南军政长官陈诚,不仅在台湾居中调配远在潮汕地区的胡琏生力军及时回防金门,以溃退到台湾的空军、海军等军力、火力配备,来支援金门本岛的布防,并亲自参与了策划、指挥和督导。

金门战役前后,蒋介石先后派遣时任国民革命军政治部主任的长子蒋经国,代表其前往"金门",在战前、战中和战后,直接参与协助驻地指挥官,进行指挥、督导和勘查,实可谓"上阵父子兵"。

汤恩伯为了应对解放军的金门战役反登陆作战,还专门豢养了一个与共产党打了一辈子交道的侵华日军战犯根本博,作为金门战役反登陆作战的顾问,在金门战役登陆作战期间,专门为国民党制定作战计划、出谋划策,并直接参与了前线的指挥。

尽管此时国民党阵营内,人心涣散、兵败如山倒,大有"树倒猢狲散"之势;尽管蒋介石已经派好了外交使节,前往菲律宾等海外诸国欲租借基地,以备"中华民国"作为"流亡政府"的不时之需;尽管整个"中华民国"的党、政、军,都在做着"逃亡政府"的一切逃跑计划……

在哀声遍地,"退此一步,既无死所"的严酷现实面前,要么胜利,要么跳海一死的选择面前,这无疑让那些败退于台湾的国民党仁人志士,得以猛醒,不再敢有一丝一毫的懈怠之心。国民党阵营"哀兵"的毅然奋起,蒋介石的父子同心,陈诚、汤恩伯等嫡系师生同力,胡琏等十二兵团登上金门本岛的江西子弟兵部队,在金门本岛凝结成的一股"断金"同死决绝之情,让已败退到台湾的蒋介石,因而能举"中华民国"的全国之力,动员了在台湾近乎一半的8万多兵力,在这场被蒋氏父子视为"大陆之中华民国"到"台湾之中华民国"、能否争取到生存空间、生死攸关的金门战役中,作拼死一搏。

很显然,新生的"中华人民共和国"与退守台湾的"中华民国"两大阵营在对待金门战役所持的完全不同的重视程度与态度,决定了这场金门战役双方所调动的指挥系统、人员配备、兵力投入、装备部署、战争资源的调遣、配备等完全不同。

金门战役登陆作战之前,担负登岛进攻的叶飞司令,可以调战船去调运粮食和柴草;第二十八军的军长朱绍清可以去养病;政委陈美藻可以被派往福州坐镇城市问题；参谋长吴肃可以从前线调走；到金门战役登陆作战开始，叶飞也只需要"兼顾"，甚至可以撒手不管！

金门战役登陆作战期间国共两党、两军、两大政治势力之间，先天的、完全不对等的态度与决策，决定了这场登陆作战，从一开始，便注定了胜与败的必然结局。

可以说，以解放军第二十八军代军长萧锋一人来对付蒋介石、蒋经国父子，对付陈诚、汤恩伯、李良荣、胡琏以及众多军、师一级数十位国民党将领；以解放军第二十八军1个军的力量，来对付国民党的1个绥靖公署、2个兵团、10余个军、师；以解放军第二十八军所能征集到的渔船、舢板、山炮、机枪、步枪、手榴弹，来对付整个由大陆撤退到台湾的国民党海、空军的强大飞机与军舰；来对付"中华民国"倾"全国"之力，准备决一死战的反登陆作战，如此悬殊的智力、人力、物力对比，毋庸讳言，金门战役的失败，已经是在所难免了。

金门战役登陆作战期间国共两军对垒在部署上的不对等

1949年10月17日厦门解放后，环绕于金门本岛，解放军第三野战军第十兵团的布置如下：

金门本岛东面的台湾海峡、太平洋，解放军因尚未建立海军，无力也无任何部署；金门本岛以西的诸小岛，除了小金门（烈屿）、大担、二担以外，尽数已被解放军占领。其兵力部署及金门战役预备登陆作战前的部队分布为：

第十兵团司令部、八十六师、八十七师驻厦门，其中八十六师256团、八十七师259团，均有登陆金门本岛作战的第二梯队之预备任务；

第三十一军军部驻漳州，无攻击、登陆金门的预备任务；

第二十九军军部驻泉州，无攻击、登陆金门的预备任务；

担任金门战役全面登陆作战的第二十八军军部驻莲河，并驻炮兵1个营，计划掩护登陆金门本岛的古宁头至湖下之间的抢滩登岛部队；隶属第二十八军指挥的第二十九军八十五师驻澳头，计划攻击、登陆古宁头方向；八十二师驻涮江,并驻炮兵1个营,计划攻击、登陆垄口方向,该师的245团、246团,为登陆作战的第二梯队之预备队；八十四师驻大嶝,并驻炮兵1个营,计划攻击、登陆湖下方向；二十八军榴弹炮兵1个营驻围头,计划攻击东面海上来援金门本岛之军舰；

其登陆作战的第一梯队任务分配：

以驻涮江之八十二师师长钟贤文统一指挥辖下的244团、配属246团第3营为主攻东路（左线）部队,从莲河、大嶝东北角起渡发航,预计在当面之金门本岛兰厝、垄口、后沙之间攻击登陆,攻占后半山、双乳山,得手后占领琼林及岛中央狭窄地带,将金门全岛拦腰截断,使金门岛守军东西不能相互支援,并警戒金门岛东部,掩护251团和253团；

驻大嶝之八十四师辖下251团为助攻中路（中线）部队,从大嶝起渡发航,预计在当面之金门岛湖尾乡西保至古宁头之间攻击登陆,攻占湖南、傍林,得手后向南穿插进攻,协同253团攻击金门县城,占领金门县城后,摧毁岛上守军指挥中枢系统；

驻澳头之第二十九军八十五师253团为助攻西路（右线）,从澳头起渡发航,预计在当面之金门岛古宁头以东方向攻击登陆,占领林厝、埔头得手后,向西南迂回穿插攻击,攻击金门县城,歼灭岛西部守军与251团共同向南发展；

分布于莲河、涮江、大嶝的各炮营,配备山炮、榴弹炮共计80门。炮弹2万发,配合登陆部队实施火力掩护和压制。

驻守围头的榴弹炮营,专门应对东面海域前来支援的军舰。

登陆部队以偷袭登陆为战术策略,以第一梯队擅泳者300人编成一个营,乘船至金门近岸,以每人配备之土制三角木浮具,泅渡偷袭登陆,建立海滩堡垒阵地；待大部队乘船在距海岸约300米之距离时,抢滩奇袭登陆,若奇袭失败,则该船载炮火强攻,掩护登陆部队登岸。

第一梯队在解决金门本岛的西半部守军后,投入第二梯队八十二师245团、246团和八十七师259团,从双乳山兵分两路,南北夹击消灭东半部守军,预计用3天解决战斗。

国民党军队在金门本岛的军事部署,自1948年5月之后,已有汤恩伯的警卫队分布在金门本岛的上林、上库等村庄驻守。随着1949年6月解放军提前入闽,第十兵团连克福州、南平等闽北要地,以疾风暴雨之势,占领了福建省辖下的所有地区。形势急转直下,与大陆只有1海里之隔的"厦门要塞司令部",先是成立了"金门要塞总部",又在金门本岛的周边,构筑起了军事工事和架设了通信线路。

至8月初,蒋介石调国民党军李良荣第二十二兵团进驻金门本岛及附属岛屿,其中兵团部、第二十五军军部及第四十五师守金门本岛,第五军军部和第二〇〇师守小金门(烈屿),第四十师守大嶝岛、小嶝岛。

9月3日,蒋介石又调员额、装备整齐的国民党军青年军,第八十军之郑果第二〇一师师部及601、602团(第603团调往福建马尾)、战车第3团之第1营(欠第2连)担任金门防务。其中第二〇一师由师长郑果指挥,在台湾由孙立人训练后,担任金门以西的第一线防务;9月中旬以后,第五军(欠第一六六师)归还第二十二兵团建制,担任小金门(烈屿)的防务。

10月17日,解放军第十兵团解放厦门,国民党各溃败部队,纷纷逃往台湾和金门本岛。国民党军第二舰队少将司令黎玉玺,急率太平舰增援金门。

国民党福州绥靖公署主任汤恩伯,将从厦门逃出的绥靖公署部一分为二,一半留在金门海域的船上,一半驻守在金门本岛西南海岸的水头村。国民党海军厦门巡防处,也在厦门溃败后撤至金门本岛,改称"金门巡防处",共有中荣号、楚观号、联铮号、淮安号、南安号、扫202号、扫203号、炮15号、炮16号等9艘军舰,在金门本岛西侧全面负责海域巡逻与警戒。

至此,金门本岛驻守的国民党军队部署分布为:

汤恩伯率福州绥靖公署驻水头;李良荣第二十二兵团部、第二十五军军部、第十九军军部、战备军需补给站驻金门县城;胡琏第十二兵团部驻塔后;高魁元第十八军及军部(欠四十三师)、十一师驻山外(在大嶝岛战斗中被解放军歼灭1个团,于11日接替四十五师在金门本岛东部和东北部地区驻防),负责岛东守备;李良荣二十二兵团下辖第四十五师,驻金门东北沙美,为金门战役反登陆作战的后备部队。

胡琏十二兵团辖下刘云瀚第十九军之尹俊十八师、高魁元第十八军之李树兰第一一八师,防守琼林地区,另有战车营2个连为机动部队。

李良荣第二十二兵团辖下沈向奎第二十五军之郑果青年军二○一师3个团,驻下堡(二十五军配属八十军)守备岛西;从大、小嶝岛逃出的范麟四十师,驻下后垵(大、小嶝岛战斗中,被解放军歼灭2个团)133团,位于金门县城附近;胡琏十二兵团辖下刘云瀚第十九军之罗锡畴十四师驻吴厝;战车营驻西村。

小金门(烈屿)的兵力部署:

李良荣二十二兵团辖下李运成第五军之从厦门逃出的叶会西第一六六师、麻心全第二○○师、53团、18团,驻守小金门和大担、二担两岛。

其守备金门本岛和附属岛屿的可参战人员,全部约计有4万余人,均由二十二兵团司令李良荣统一指挥。

金门战役发起前夕的10月22日,金门本岛东面的海域,已经从汕头赶来增援的胡琏部第十九军刘云瀚辖下吴垂昆第十三师、罗锡畴第十四师、尹俊第十八师,均在料罗湾港口的海面上,等待接驳上金门本岛参战。

驻台湾本岛的屏东国民党空军第八大队25架B—24轰炸机,台中公馆第一大队拥有60架蚊式战斗轰炸机,此时业已全面做好战斗准备,随时可以对金门地区的空中、海面进行轰炸、驱离支援。

蒋介石判断,解放军发起金门战役登陆作战的地点和区域,当以金门本岛的西北部古宁头至垄口段最有可能。因此,驻守金门本岛部队的防御计划、工事、机动部队等,均以金门本岛西部为有力控制和随时策应为重点。其西部地区的海岸线上,除了原有的工事基础,又加修了野战工事,并布设了大量阻挡登陆部队的障碍物,在水际滩头,还分别布设了7000余枚地雷和800余枚水雷。

10月24日晚,解放军第二十八军登陆部队起渡发航之际,胡琏增援的部队,已有一半被接驳运上金门本岛。登陆战役打响之际,胡琏增援部队的另一半,还在像蚂蚁一样源源不断地登岛,并在登岛后直接投入到反登陆作战中。

至10月27日,金门战役登陆作战已近结束,金门本岛周边来自台湾的飞机、军舰仍在不断对大陆沿海前线的解放军第二十八军阵地进行狂轰滥炸,并一直往金门本岛运送战斗人员(蒋经国即在此时空投至金门本岛)和战斗物资。

国共两党、两军在金门战役登陆作战期间各自所投入的兵力、武器、指挥系统比例,除去共产党领袖层面的战略指导缺失外,高级将领之间的对垒和战术决策、指挥、后勤保障、增援的飞机、军舰、人员兵力的投送,远比共产党解放军的战役投入高出10∶1强。

在金门战役登陆作战与反登陆作战之时,大陆与台湾、国民党与共产党、国民党军队与解放军两大阵营的有形与无形的投入,完全处于一种悬殊得无法拿来相提并论的失衡状态。

以上这些对比,是我们做出国民党阵营、蒋介石父子在溃败台湾后,举台湾"中华民国"的"全国"之力而有"金门大捷"判断的理由;也是自金门战役登陆作战之后的60多年间,在大陆解放军内部,流传甚广的"谁打谁失败"的原因所在和数据实证。

金门战役登陆作战期间国、共两军投入的将领、兵力达10∶1

面对金门战役发起的现实,我们姑且把陈毅、饶漱石以下的指挥人员都算上,来做一个金门战役登陆作战指挥系统的明晰排列,与国民党、蒋介石在金门战役反登陆作战期间的指挥官安排,做一个详细的对照。

大陆共产党解放军第三野战军阵营:

中共华东局第一书记饶漱石,按照陈毅的说法是:"一向是失败主义思想的饶漱石,当时又产生了轻敌思想……饶漱石认为我军一登陆,金门就会不战而降,派一二师人进攻金门就能解决问题",积极主张攻打金门,驻千里之外的南京、金门战役发起时在北京参加建国会议的饶漱石,至今未见公布其"积极主张攻打金门"的意见,没有确实的指挥、指导记载实例。

第三野战军司令陈毅说,在决定攻打金门的"决策会议上,我和饶的意见不同……我的意见是:国民党必定不惜一切牺牲,坚守金门,我军必须以全力进攻金门,并且在万一战局不利时,做最坏的准备。饶漱石不同意我的意见。结果,那次战役失败了,损失了一万多人。责任落在了饶漱石的头上,但我没有坚持自己的正确意见,及时反映给党中央,我还是犯了错误,对此我也做了检查",驻千里之外的南京、金门战役发起时在北京参加建国会议的陈毅,至今未见公布其"反对"的意见,没有确实的指挥、指导记载实例。

第三野战军副司令粟裕,驻千里之外的南京、金门战役发起时在北京开建国会,与前线有一封"如考虑条件比较成熟,则可同时发起攻击,否则是否以一部兵力(主要加强炮火封锁敌船阻援与载逃)牵制金门之敌,此案比较妥当……请你们依实情办理,自行决定之"原则性指导、督导的电报往来。

第十兵团司令叶飞,驻一海之隔的厦门,金门战役发起时在厦门,积极筹备建国的"献礼",因筹备厦门居民的粮食等,只能兼顾金门战役登陆作战指挥。

第十兵团政治部主任刘培善,驻一海之隔的厦门,金门战役发起时,在厦门和二十八军前线两地参与指挥。

第二十八军代军长萧锋,始终在金门本岛之当面前线指挥。金门战役发起时,已经登上进攻金门本岛的指挥船,被叶飞、刘培善"劝解"和命令"留在莲河"前线指挥部,未登岛。国民党军飞机轰炸前线指挥部时,指挥部被炸毁,萧锋险些被炸死,侥幸躲过一劫。金门战役登陆作战的整个作战计划,筹备后勤,均由其直接指挥。金门战役登陆作战正酣间,即被台湾的国民党报刊、电台宣称"萧锋死了"。

第二十八军政治部主任李曼村,始终随萧锋在前线,参与制订计划、帮助筹备后勤,协助萧锋指挥作战。

第八十二师师长钟贤文,接受任务,未上岛指挥。

第八十二师政委王若杰,接受任务,未上岛指挥。

第八十二师副政委龙飞虎,接受任务,未上岛指挥。

第八十二师政治部主任胡辛人,在大嶝岛师指挥所,受命待战斗结束后,率一个团驻守金门,最终未登金门本岛。

第八十四师师长冯鼎三,接受任务,未上岛指挥。

第八十四师政委王敬群,接受任务,未上岛指挥。

第八十五师师长兼政委朱云谦,接受统一指挥登岛部队3个团的增援任务,在蔡厝因船工故意冲撞海滩,使船只搁浅,未能上岛指挥。

第八十五师参谋长吴森亚,接受任务在澳头,未上岛指挥。

第八十七师师长林九清,接受任务,未上岛指挥。

第八十七师政委,接受任务,未上岛指挥。

第244团团长兼政委邢永生,第一梯队,上岛指挥,牺牲。

第244团副团长宋家烈,第一梯队,因伤住院未上岛幸存,后成为该团重组后新团长。

第244团政治处主任孙树亮,第一梯队,上岛指挥,负伤被俘,后遣返。

第244团参谋长朱斐然,第一梯队,上岛指挥,牺牲。

第251团团长刘天祥,第一梯队,上岛指挥,牺牲。

第251团政委田志春,已任命第十兵团政治部组织部长,正师职,第一梯队,上岛指挥,牺牲。

第251团副团长马绍堂,第一梯队,上岛指挥,负伤被俘,后遣返。

第251团政治处主任王学元,第一梯队,上岛指挥,牺牲。

第251团参谋长郝越三,第一梯队,上岛指挥,牺牲。

第253团团长徐博,第一梯队,上岛指挥,牺牲。

第 253 团长政委陈利华,第一梯队,上岛指挥,牺牲。

第 253 团政治处主任张茂勋,第二梯队,未上岛幸存,后成为该团重组后的新政委。

第 253 团参谋长王剑秋,已任命 255 团副团长,未前去报到,上岛指挥,牺牲。

第 245 团长柴裕兴,第二梯队,未上岛。团政委孙乐洵,第二梯队,未上岛。

第 246 团团长孙云秀,内定副师长,第二梯队,增援上岛指挥,牺牲。

第 246 团副团长兼参谋长刘汉斌,第二梯队,增援上岛指挥,牺牲。

第 259 团团长曹国平,第二梯队,无船增援未上岛。

第 259 团政委李峰,第二梯队,无船增援未上岛。

由此,金门战役登陆作战第一梯队登岛 8736 人(含船工),第二梯队增援上岛 350 人(含船工),实际登岛部队 3 个半团,共计 9086(含船工、民夫 350 人)人。有师职身份的指挥员 2 人(徐博、孙云秀);正团职指挥员 4 人(邢永生、刘天祥、田志春、陈利华);副团职指挥员 7 人(孙树亮、朱斐然、马绍堂、王学元、郝越三、王剑秋、刘斌汉);营职指挥员约 37 余人;连职指挥员约 50 余人。

登陆部队所配备 2 天干粮;各船载有不等的榴弹炮、山炮、重迫击炮,配以每门炮弹 160 发;火箭筒,每门 10 发;重机枪,每挺弹 200 发;轻机枪,每挺弹 800 发;步枪,每支弹 200 发;每人配手榴弹 4 枚。

登陆作战的渡海船只,均为木船、渔船和小舢板 300 余艘,汽艇 2 艘,运载作战人员和作战装备:山炮 1 门、化学炮 1 门、步兵炮 1 门、42 迫炮 4 门、81 迫炮 11 门、小钢炮 2 门、六○炮 59 门、火箭炮 36 门、掷弹筒约 57 个、发射筒 24 个、重机枪 55 门、轻机枪 230 把、自动步枪 88 把、冲锋枪 245 把、卡宾枪 30 把、步枪 1895 把、手枪 15 把、无线电机 7 台、电话机 10 部、信号枪 2 把、手榴弹约 40000 枚、观测仪 1 台、方向盘若干、瞄准器若干、扫雷器若干、枪榴弹若干。

第二攻击登陆梯队增援部队为 3 个团约 1.1 万人,包括第八十二师 245 团,第 246 团;第八十七师 259 团;第八十六师第 256 团。其增援渡海的船只,只有等待运送第一梯队的船只返航后,才有可能实现。但实际情况是,运送第一梯队的船只全部被国民党飞机、大炮炸毁,被金门本岛沿岸的国民党守军焚毁,这一作战目的没有实现。

第二十八军另有下辖后备部队 4 个团至 6 个团。

台湾国民党军阵营:

国民党总裁蒋介石,在台湾和金门,直接参与领导策划、指挥督导、视察与具体指挥。

国民革命军政治部主任蒋经国,在台湾本岛和直接到前线,协助父亲蒋介石协调前线与后方诸将军指挥、督导,视察。

东南军政长官陈诚,在台湾和金门,直接参与策划、指挥、督导、到前线协调各兵种、部队及物资。

福建绥靖公署长官汤恩伯,在金门岛上和料罗湾海面军舰上,直接参加前线指挥。

侵华日军战犯根本博中将,为金门战役反登陆作战制定作战计划、出谋划策,并直接参加前线指挥。

第十二兵团司令胡琏,先在汕头,后到台湾接受蒋介石耳提面命,即赴金门,26 日以后接管金门本岛的军事总指挥,一直在前线指挥和督战。

第二十二兵团司令李良荣,驻守金门,26 日中午以前任总指挥,在交接军事、作战指挥权后,协助胡琏在金门本岛指挥,并一直坚持在一线指挥作战。

第十二兵团参谋长杨维翰,26 日午后参与指挥并协助胡琏直接指挥作战。

第二十五军军长沈向奎,防守金门西部,驻守金门,一直在前线参与指挥。

第十八军军长高魁元,10 月初由广东汕头先期到达金门,在前线直接指挥。

第十九军军长刘云瀚,10 月 22 日以前由广东汕头来金门,在前线直接指挥西部反击。

海面作战舰只部队：海军第二舰队少将司令黎玉玺，所率太平舰等9艘军舰，已在金门岛东西两头海面上做火力支援。

台湾本岛机场、澎湖列岛机场，空军第一大队大队长陈衣凡，驾驶B—25型轰炸机等，空军预备75架飞机，在3天反登陆作战中，出动200余架次轰炸登陆部队船只和金门岛对岸解放军第二十八军炮兵阵地等；支援金门岛反登陆作战。

第十一师师长刘鼎汉，防守金门东部。

第十三师师长吴垂昆，负责金门县城北郊防守。

第十四师师长罗锡畴，指挥从西部古宁头反击。

第十八师师长尹俊，指挥古宁头沿海岸线向西反击。

第一一八师师长李树兰，指挥观音亭山、湖尾、安岐等反击。

第二〇一师师长郑果，防守金门西北部海岸。

601团团长雷开宣，防守古宁头海岸。

602团团长傅伊仁，防守湖尾乡沿岸。

31团团长陈以惠，沿金门北部垄口海岸，向西反击。

39团团长名字不详。

40团团长名字不详，战役结束后登岛，是参战的后备部队。

41团团长廖先鸿，直接指挥埔头、林厝反击。

42团团长李光前，直接指挥埔头、林厝反击，阵亡。

52团团长孙竹筠，直接指挥古宁头沿垄口海岸向西反击。

53团团长名字不详，驻小金门岛（烈屿），是参战的后备部队。

54团团长文立徽，直接指挥古宁头沿垄口海岸向西反击。

352团团长唐俊贤，直接指挥安岐反击。

353团团长杨书田，直接指挥湖尾、林厝反击。

354团团长林书桥，直接指挥西山、东保、观音亭山、安岐反击。

直属炮兵团团长周书库，金门要塞总台长，参与作战。

战车3团第一营营长陈振威，在垄口至观音亭山一线反击。

金门战役反登陆作战的参战国民党军陆军部队，其投入的战斗兵员高达 8 万有余，是溃败到台湾的"中华民国"可作战军队的总兵力三分之一。

金门战役的登陆作战期间，是国共两党战略与决策上不对等；是金门十数位国民党将领与萧锋和叶飞之间"智慧"力量较量的不对等；是国民党 10 万大军与萧锋二十八军、二十九军 3 个半团 9086 名将士之间 10:1 兵力悬殊的不对等；是台湾国民党举"中华民国"全国之力的现代化军舰、飞机、坦克与萧锋二十八军渔船、舢板、山炮之间的不对等；

"金门战役"登陆作战期间国共两党、两军存在着如此悬殊的"不对等"，可见萧锋的第二十八军不管谁来指挥、谁的部队来作战，都难以有半点"胜算"。

金门战役延宕期间的"不对等"转换与演变

随着时间的推移，其战役的性质在不断的演变中，开始发生了本质性的变化。先由国民党台湾的优势，逐渐演变成国共两党、两军之间的"势均力敌"，再到大陆的强势与台湾的衰微，最终演变成大陆完全掌控的一边倒，这个过程，经历了整整 60 余年。其演变的过程，大致如下：

金门战役延宕以后台湾对大陆沿海的各种骚扰性战役与战斗，是台湾先进武器诸如飞机、舰艇、坦克以及坚固的防御，与大陆沿海地区落后的渔船、舢板和陆战使用的枪炮等不对等。

隔海作战的"炮击金门"期间，是大陆与金门貌似"平等"下的"国力"与"资源"的不对等。

延宕至今的互为武力"恫吓"和各种"飞弹"恫吓，是 13 亿人口的大陆与 2000 万人口的台湾的不对等，以及其他包含在广袤的大陆与孤悬海上偏安一隅的战略纵深不对等。

隐藏在"物质"后面的金门战役不对等，还将包括了中国几千年来的"传统文化"形态下的"大陆"与"台湾"在隔绝了 60 余年后的各种不对等。

如此种种，这决定了台湾与大陆之间的这场金门战役从一开始到延宕至今，尽管它经历了大陆与台湾两岸之间的各种、互为转换的"不对等"之后，仍然将是一场并不对等的战役。

在文化背景相同，意识形态对立作用下的大陆与台湾，在海峡两岸隔绝60余年的有限"接触"与"交流"中，这场金门战役到底还将发生如何的变化？它还将在不断变化的新形势下，发生怎样的逆转？以中华文化五千年的巨大魅力，以两岸14亿炎黄子孙的巨大民族凝聚力，金门战役将一定是这场战争硝烟以外的见证者和亲历者，才能够看得清楚的。

金门战役中的毛泽东与蒋介石

毛泽东的"金门"观

金门战役的胜败与否，取决于国共两党领袖在此之前对"金门"的战略价值认知，取决于大陆与台湾这两个政治实体，在对待"台湾"地位上的认知态度。由此，决定了毛泽东与蒋介石这两者所采取的战略与战术。

金门战役登陆作战失败后，遗留给今天中国分裂现状的后遗症，根据解密的档案和现阶段所见史料，我们有充足的理由来说，在这场关乎中国命运的大决战之前，毛泽东在繁冗的建国大计之余，没有更多的精力放在这个小小的弹丸之地"金门"上，更没有意识到"金门"将会成为"大陆"与"台湾"隔海分治的分水岭。大陆的共产党阵营，从中央到地方，尤其是在第三野战军和第十兵团，几乎没有任何人意识到这场小小的"金门登陆战"，会成为一场关乎中华民族、关乎国家"统一"命运，关乎整个"中国"的一场"国运"之战。

毛泽东在向第三野战军叶飞率第十兵团发出提前入闽的命令之时，"金门"这一蕞尔小岛，在毛泽东的意识中，或云毛泽东的"金门"认识观中，尚未有清晰的体现。这从1949年5月23日毛泽东发给粟裕的命令中，便可见其一斑。该电报说：

> 你们应当迅速准备提早入闽，争取于6、7两个月内占领福州、泉州、漳州及其他要点，并准备待机夺取厦门。

在这个电报中，毛泽东作为战略决策人，他并没有告诫自己的属下"厦门与金门"的关系，更没有向他们说明"金厦与台湾"唇齿相依的重要性。以毛泽东平生将金门战役始终只是看作是一个"事件"，而非"战役"或"战争"，足见其对"金门战役"的态度。

尽管，在涉及"台湾问题"和"解放台湾"的问题上，毛泽东与他的领导集团在此前已经做了许多的铺垫，如：此时刘少奇等对台湾已有地下党员、侦察人员诸如此类的安排，在台湾也已经建立起了"共产党工作委员会"，且具有1000多党员和完整的组织体系和规模，但是，在此时此刻，作为政治家和战略家的毛泽东，并没有更多地从历史的角度，来考虑"金门"与"台湾"，在自然地理和政治地理上存在的各种内在地缘关系；没有考虑它们之间存在了上千年的人文纽带和亲缘关系，更没有考虑"金门"与"解放台湾"二者在政治与历史之间存在的必然性和内在的相关性。在其观念中，"金门"与"解放台湾"，是完全分割、截然不同的两个问题。

毛泽东的"金门"战略观，是在1958年8月23日"炮击金门"前后才逐渐形成的，其"台、澎、金、马是一起"的概念，则是在1959年9月15日于民主党派负责人座谈会上，才逐渐对此有了清晰、完整的认识。这个观念的建立，距离金门战役登陆作战，已经滞后了整整10年有余。

1949年6月14日，毛泽东再次电令粟裕：

> 请开始注意研究夺取台湾的问题。台湾是否有可能在较快的时间内夺取，用什么方法去夺取，有何办法分化台湾敌军，争取其一部分站

在我们方面实行里应外合,请着手研究,并以初步意见电告。如果我们长期不能解决台湾问题,则上海及沿海各港是要受到很大危害的。

这是我们今天能见到的毛泽东第一次明确提出攻台作战问题,也是粟裕受命主持攻台作战准备工作的开端。

毛泽东此时"夺取台湾"问题的提出,更多是考虑溃败台湾的蒋介石"以进为守",对已经解放的上海等沿海城市不断进行轰炸,"上海及沿海各港是要受到很大危害",进而提出的针对性解决方法。这与抗战胜利以后,毛泽东即时清晰地提出战略转移,"挺进东北""挺进中原""三大战役"战略意图明显,有着巨大的差别。

金门岛素有"金为泉郡之下臂,厦为漳郡之咽喉"之誉,是"台湾扼东南四省之要,金、厦二岛又扼台湾之要",屏护台湾的两扇门户之一。"金厦两岛为泉漳屏障,金(门)尤为厦(门)咽喉,据上流是控台、澎,而与海坛、铜山、南澳各水师互为犄角""浯洲(金门旧称)一山,逆流高峙;二嶝守内港之边,二担捍外港之门,烈屿当两岛(金门岛与厦门岛)之轴,而海疆之形势见于此点",这些古人总结出来的金门与厦门、金厦与台澎的唇齿相依的关系,溃败于台湾的蒋介石明白,而忙于建国大业的毛泽东却忽略了。

大陆对台湾,虽有辽阔的海岸线,但在中国历代偏安小朝廷的先"割据",后为"统一"的过程中,大陆对台湾、澎湖的用兵,均无不采取以金门、厦门为起渡之始发基地的战略,挥戈先攻取澎湖诸岛,再夺台湾本岛。这不仅是因为金门与台湾之间的海峡距离最近,且因为这条航线的风向、气候、海况、潮汐等的选择,是几千年来两岸人民在往来于这个海峡的过程中,不断总结出来的经验和心理上的习惯。换句话说,妈祖在这条航线上"显灵护佑",而其他的航线,则没有这一幸运降临。

这条航线,远古的历史追溯略显模糊,但一千多年前的记载,则是清晰和有据的。其时,北宋(1001—1125)的大思想家朱熹,在任福建同安主簿时,即两度莅临金门,设帐燕南山,沐教于金门而眺望于台澎;南宋孝宗乾道七年(1171),中国的大陆政府已经用泉州、金门和厦门为基地，依此水路在澎湖湾驻守水师，而警戒、护卫台湾本岛。

元朝世祖在至元二十七年（1290）降专旨，以福建同安、金厦等地政府，而有管控与扼守澎湖、台湾，并设巡检司以治。

至明代，开国皇帝太祖朱元璋，在大一统之后的洪武二十一年（1388），以内捍漳厦，外制台湾与澎湖之"固若金汤，雄镇海门"的愿望，将古"浯洲"又名"仙洲"的这座岛屿，改名称之为"金门"，看重的就是这座"金门"的屏藩护卫、扼守畅达的地位。至神宗皇帝朱翊钧，于万历二十九年（1601），大明王朝在金门建都司，一举而乘潮直达澎湖，再至唾手可得的台湾西南海岸，将侵占台湾的倭寇浪人驱逐，在万历三十年（1602）轻轻松松地便收复了台湾全境；而南明（1644—1663）〔明朝中央政府于崇祯十七年（1644）被清所灭后，由福王在南京再建南明小朝廷〕一朝的赐姓延平郡王朱成功（即郑成功，今金门岛下市海滨尚存"延平郡王祠"，小金门有"国姓井"、前水头西面有"石井郑氏祖坟"，太武山上有"明延平郡王郑成功观兵弈棋处"），莫不上承祖业、下开新基，以金门和厦门两岛为基地，乃于永历十五年（1661）率兵25000余人，在金门料罗湾港举行隆重的"祭江"仪式，依着这条黄金航道，挥师东进，在3月份得下澎湖，扼锁围困掠占台湾本岛的荷军9个月，于1662年2月1日，长驱直捣荷兰守军将领揆一，迫使侵略者献刀投降，其收复台湾的壮举，功垂昭昭于天下。

明移清祚，大清康熙二年（1663）施琅克厦门、取金门；二十二年（1683），大将军再率兵屯聚于金门与厦门，承先而启后，仍然是从此两地起锚发航东征，不敢有丝毫的航线变动，举兵先克澎湖列岛，再以不战而屈人之兵，于农历七月初五，取台湾本岛全境，使中国再获大一统。

中国抗日战争胜利，金门本岛与台湾本岛一并在1945年10月25日得以回归光复。

1946年1月12日，中华民国政府将金门作为台湾省的一部分，正式向世界宣布：

台湾人民系我国国民，由于敌人侵略致使丧失国籍，兹国土重光，其原有中国国籍之人民自民国三十四年(1945)10月25日起,应即一律恢复我国国籍。

光复周年的1946年,"中华民国总统"蒋介石携夫人宋美龄赴台,纪念会后蒋介石在日记中写道:

台湾尚未被共党分子所渗透,可视为一片净土,今后应积极加以建设,使之成为一模范省,则俄共虽狡诈百出,必欲亡我国家而甘心者,其将无奈我何乎?

只要有了台湾,共产党就无奈我何!

以蒋介石先后30多次登临金门、厦门的现实情况来看,可见蒋介石在对台湾重视的同时,是多么看中这扇护卫屏藩之门的"金门",又是多么知道"金门"与"台湾"之间存在着手足关系。

金门与厦门两岛之关系,相生相依,甚至是鸡犬相闻。在土地面积上,金门约为140平方公里,厦门约为120平方公里(1954年填海造堤连通大陆后,其陆地面积与金门本岛相当),金门略大于厦门;在人口上,厦门人口约在16万,而金门人口仅有5万多一点,厦门高于金门;两岛儿女通婚、年节通贺,鸡犬相闻,哪一处不是朝夕彼此、心心相印?又哪一处不是庙宇共香和锣鼓同声?金、厦两地人员,但凡是在他乡异地,便无不互为兄弟,共认乡梓,亲密无间。

面对这场即将展开的金门战役,战役决策者叶飞将军,豪情万丈地对第十兵团所有部下说了4个字:

此役必胜!

后来,他又在即将对"金门"进行登陆作战之时,将"金门"看成了只是自己眼面前:

盘中的一块肉,想什么时候夹就什么时候夹,跑不了!

在登陆作战即将打响之时,叶飞甚至轻蔑地说:

只要上去两个营……战斗胜利是有希望的,只要登陆,岛上守军不撤退即投降。

而实际的战役情况是,金门战役登陆作战中,萧锋制定的作战计划是6个团,20000余人登岛,其所率二十八军第一梯队的将士,不仅在金门本岛"登陆"了,且在岛上建立了滩头阵地和接应后备部队的登陆场堡垒,不仅全面地完成了第一阶段的全部作战计划,且在固守金门本岛的滩头阵地上,坚持战斗了2天3夜,直至弹尽援绝。

抢滩登陆的第一梯队,在金门本岛作战预期目标的部队,不仅比叶飞所说的"两个营"(720人)多出了12倍,且登上金门岛的是3个多团,9086人。

毛泽东在"人民革命军事委员会第一次会议"上讲话所涉及"一部正在金门、定海地区作战,一部正准备船只,准备攻台湾"的战略目标,随着金门战役登陆作战的失败,紧接着定海地区的"登步岛战斗"再败,"解放台湾"的目的,也就再没能够实现。

蒋介石对"台湾"的深刻认识和对"金门"战略地位的重视

蒋介石对"台湾"和"金门"的盘算,早在抗日战争胜利之时,就有鉴于抗战时期共产党在敌后的迅猛发展,军队的壮大以及获取民心的手段等现实面前,似乎就已经预感台湾可能是他晚年的"归属",他说:

就算是整个大陆被共产党拿去了,只要保持着台湾,我就可以用来恢复大陆。

蒋介石的这种情绪表达,一直延续到金门战役之后,这几乎成了对蒋介石命运极具针对性的"谶语"。其长公子蒋经国,深谙父亲心思,于1948年10月,在国民党军队即将全部丢失大陆、"中华民国"上上下下惶惶不可终日、形势急转直下之时,不仅进言于父亲"非台湾似不得以立足",且希望父亲要"从速密筹南迁之计划与准备"。

在1949年大厦将倾前夜,蒋氏父子不仅已对"中华民国"的去向,有了明晰且清醒的认识，更在"去"与"留"的选择之间，为"台湾"的大局，做好了各种各样的不测预案。在金门战役之前的种种危难时刻，他不仅谆谆教导自己的部下要以"有金门，便有台湾"的理念，来对待"金门"与"台湾"的关系，更是在战略指挥上，亲力亲为，"上阵父子兵"，携子、携门生先后多次登临这个小小的"金门岛"，在一海之隔的"遥远"台湾，适时地掌握着"金门"的每一个细小动作，从战略意义上、战术态势上，来指导自己的子弟兵和军政各方面人员的调配、部署与安排。

在战术指挥上，蒋介石虽屡屡看不起毛泽东的"人海战术"（"人海战术"并不是毛泽东的发明。《孙子兵法》的"十则围之"原则，即此矣），但在金门战役的反登陆作战中，他不但采用了毛泽东用的这一招，且在这个小小的岛屿范围内，尽显其"人海战术"的排兵布阵，将飞机、军舰、坦克掩护下10倍于登陆的解放军部队的兵力，倾泻在这座本不堪重负的金门本岛上。

在指挥官的使用上，蒋介石也完全照搬曾文正公所崇尚的"屡败屡战"用人之道，将屡败于萧锋和叶飞手下的胡琏，再用于金门来对付萧锋和叶飞，克敌于"知己"，制胜于"知人"。此时的蒋介石，手底下早已没有了什么可称"胜利"的将军了。金门战役反登陆作战中的众多国民党将领，大都曾经是萧锋、叶飞手底下的败将，我们作为萧锋的后人，尽管在感情上无法接受这一现实，但是，理性的思维促使我们在此时此刻，仍然要站在国共两党不同的意识形态之外，以一种"尊重我们的敌人"（南非前总统纳尔逊·曼德拉说："尊重我们的敌人，就是尊重现在的同胞。"）的态度，来对其做出公正的评价。

对于两岸同文同种、同情同感的中国人来说，何尝又不是这样呢？面对金门战役的胜与败，一样的黄皮肤、一脉相承的炎黄子孙，过去与现在，都需要我们来面对。我们并不因为萧锋将军在金门战役登陆作战中的失败，而将我们的理性丢失。

至此，金门本岛上国民党将领除了原有的"五虎上将"以及"固若金汤"之称的汤恩伯、李良荣，又增加了"猛如虎，狡如狐"（毛泽东原话)的胡琏,两人还"兵不厌诈",成功上演了一出"蒋干盗书"的好戏(据《战争岁月和平世纪》金门古宁头战役流失周年纪念专辑90页。胡琏在即将增援金门岛的时候,故意给深知自己的校长蒋介石,发来了一封"即将撤回台湾"的电报,把叶飞给蒙骗了)。可以说,在这座小小的"金门岛"上,蒋介石不仅让胡琏率领江西抚州、南城、金溪等地征得的"亲兄弟"前来打虎,更让自己的这些"父子兵"们,在金门战役的反登陆作战中,一改大陆作战畏首畏尾的萎靡,将军们亲临最前线的指挥所,士兵们则置生死于不顾,上阵厮杀,捷报频传。这些在大陆的"残兵败将",却在这场决定台湾之"中华民国"生死存亡战役中,以破釜沉舟的必死决心,夺得了这场金门战役的胜利,让中国的历史得以改写。

在整个金门战役登陆作战期间,纵然有执行此次"登陆作战"任务的解放军第二十八军代军长萧锋的火眼金睛,纵然有萧锋一生1365次的胜利做铺垫,也无济于事。无可奈何之中,这场仅有作战计划一半人员登岛的9086人,在这场金门战役登陆战中,败得连一个人都没有回来。

而蒋介石、国民党却在不断重视"金门"的战略与战术当中,获得了反登陆作战的胜利,让"中华民国"在即将"树倒猢狲散"的时刻,迎来了凝聚人心、提振士气的"金门大捷"。

金门战役是毛泽东最为痛心的战役

从金门战役登陆作战的失败,到1950年6月25日整整8个月的时间里,尽管"负罪立功"的萧锋和二十八军全体将士厉兵秣马做了大量的准备,"再打金门"的工作也始终没有停歇下来。但是,这期间海峡两岸发生了巨大的现实变化,金门问题成了解决"台湾问题"的前提与先决条件,金门战役于是被无限地延宕了下来。

其实,就在金门战役登陆作战失败后的这段时间,不管是国际形势、国内形势还是台湾岛内的形势,对于毛泽东来说,仍然是一个解决"台湾问题"的最佳时机。我们不妨回过头去看一看这段国际形势,美国是如何来看待此时此刻的蒋介石,对台湾的国民党政府所采取的态度。

此际,美国总统杜鲁门不仅毫不避讳地对蒋介石表现出"厌恶"的情绪,更是在对国民党政治、经济、军事的诸多求援上,采取了束手不理的态度。美国国务院发表的《中美关系白皮书》上,不仅痛批了蒋介石的失败,是因为国民党政府的贪污、腐化和无能,将蒋介石及其政府,看成是"终结只是时间问题"和"更是咎由自取"。至"金门战役"登陆作战失败两个月零9天的1950年1月5日,美国加快了抛弃蒋介石和台湾"中华民国"的步伐,并向全世界声明:

美国不拟用任何方式干预中国内政,不会军援蒋介石,更不会卷入中国内部冲突,未来也不打算提供给在台军队任何军事援助与顾问。

假如能够利用这一国际环境,迅速调整"再打金门"和"解放台湾"的战略方向,将原本打算从浙江,以宋时轮第九兵团为"解放台湾"的主力调往福建,与叶飞第十兵团"兵合一处,将打一家",在厦门已成为大后方的基础上,一鼓作气完成"再打金门"的战略任务,进而达到一举收复台湾。

这个"大好时机",整整经历了5个月的时间。

至1950年5月,以金门本岛为据点的国民党沿海驻军,虽不断有对大陆的袭扰和偷袭,但大陆的解放军,已经先后获得了海南岛登陆作战的经验,舟山群岛也被相继解放。

此间的台湾,大量外省军队进入所产生的矛盾日益加剧,其岛内动荡不安的局势,使国民党蒋介石不仅面临内忧外困,而且其有生力量驻军大都分散在大陆沿海岛屿,台湾本岛有参战能力的部队,尚不足10余万人。

叶飞的十兵团和萧锋的二十八军,一心"报仇雪恨",已经厉兵秣马为"再战金门"做了7个月的准备。此时此刻的美国人,同样抱有这样的看法:

毛泽东会在此期间向台湾发动全面攻击。

6月15日,美国中央情报局远东情报处,就明确对台湾的局势,作了如下公开的评估与预测:

台湾在7月15日以前,可能遭到中共全面攻击。由于国民党军队军纪荡然,民心浮动,中共将于发动攻击数周内顺利占领台湾。

"朝鲜战争"爆发后,美国的战略家们再次作出了一个十分精准的判断:

如果美国在北部失去南朝鲜,在南部失去台湾,盟国日本将被"共产党阵营"南北夹击,菲律宾和东南亚各反共势力和国家,均将受到"共产主义"的威胁。其在第二次世界大战后,构筑起来的防御"共产党"在西太平洋的第一岛链,将被斩断成几截。美国在亚太地区西海岸的战略利益,将因此受到重大损失。

基于这个判断,美国改变了以往的战略,将已经放弃了的蒋介石和台湾,重新收拾起来,并做出了强烈与强硬的反应。美国总统杜鲁门在两日后的6月27日,在宣布美国出兵南朝鲜的同时,先是抛出了"台湾未来地位尚未确定"的论调,紧接着,又命令美国第7舰队调往台湾海峡,以此来阻吓、阻止大陆解放军可能向台湾发起的任何进攻,确保台湾及台湾海峡的战争不再蔓延。

美国在台湾问题上的巨大转变,第7舰队开进台湾海峡的行动,让毛泽东愤怒不已,并立即做出了"打败美帝国主义的任何挑衅"的强烈反应。但是,残酷的现实让毛泽东清醒地知道:

形势的变化给我们打台湾添了麻烦,因为有美国在台湾海峡挡着。

辽阔的台湾海峡,是一条横亘在大陆共产党人面前的天然屏障,解放军落后的装备,此时此刻并没有与美国现代化的海、空军进行较量的任何可能。

6月28日,毛泽东在中央人民政府委员会第八次会议上,针对已经爆发的"朝鲜战争"指出:

为了避免可能出现的南北两面受夹击的不利态势,人民解放军的战略重点,由东南转向东北。

中共中央在此时,也就不得不"审时度势,当机立断,推迟解放台湾的时间",并做出了"抗美援朝,保家卫国"战略决策。至该年11月,中央及毛泽东电令第十兵团,第二十八军"解除再攻金门的任务,全力以赴进行剿匪,限6个月内消灭一切成股土匪"。

从金门战役登陆作战失败的1949年10月27日,到1950年6月25日整整8个多月的时间里,毫无疑问,美国对蒋介石的厌恶和抛弃,国共两党、两军的情势、军力的对比,人心的向背、台湾的混乱现状、将消弭国民党这一时期内尚存的飞机、军舰的优势,更加上台湾岛内部的地下共产党组织,在此间已做好迎接解放准备,因此,尽管这一时期内,仍然存在着制空、制海等诸多不利条件,但的确有再战金门进而解放台湾的巨大战机。

"炮击金门"是毛泽东统一愿望下的无奈之举

"朝鲜战争"的爆发,让毛泽东改变了战略部署,"再战金门"和"解放台湾"由此被迟滞和延宕下来。1953年7月"朝鲜停战协议"签订后,毛泽东深知已经失去了"解放台湾"的最好机遇,转而寻求"和平解决"的方式。

1954年12月2日,美国与蒋介石签订了《共同防御条约》,美国直接插手台湾事务、干涉中国内政,至1955年2月22日,美国又玩起了"台湾独立"的前奏把戏,并通知国民党当局:

美军将不协助他们守卫南麂山岛。国民党军只能在3天之内撤走了。

鉴于美国的"不协助",周恩来在1955年4月23日万隆会议期间,发出了呼吁:

中国政府愿意同美国政府坐下来谈判。

但是,这一建议遭到了美国的拒绝,后虽在国际舆论的压力下,同意于1955年8月1日在日内瓦举行会谈,但却在此期间,美国不仅在加紧试图分裂台湾海峡两岸的步伐,使台湾和大陆变成"一中一台"或者"两个中国",意欲在事实上永久固定、并使这一海峡两岸的现状,得以合法下来,并没有任何要与大陆通过谈判来解决台湾问题的诚意。

与此同时,美国还向台湾派出了2600人的军事顾问团,美空军第13特种航空队进驻台湾,又在台湾布置了可携带核弹头的斗牛士导弹和电导导弹,增强了国民党对大陆的防卫和进攻能力。

蒋介石反攻大陆的呼声,也更见频繁起来。

1957年4月2日,美国试图要将金门、马祖的防御,也都纳入到其保护范围内,并在台湾问题上说:

在一定情况下我们将会去防守沿海岛屿,那就是,如果这些岛屿的防守看来同台湾和澎湖的防守有关。

蒋介石在美国不断支持的背景下,对大陆沿海和福建实施了更为频繁的轰炸,甚至派飞机深入到大陆的腹地云南、贵州、四川、青海等地区空投特务、散发传单。金门、马祖的常驻兵力,也增加到了10万余人,其兵力布置,占到了全部台湾当时地面部队总数的三分之一。

毛泽东针对美国的一系列举动,于1958年7月1日在《人民日报》向美国发出了最后通牒:

中国政府要求美国政府在从今天起的十五日内派出大使级代表,恢复会谈。

但是,美国却发表声明说:

不会向中国限期指派大使级代表恢复会谈的"最后通牒"低头。

17日,蒋介石宣布军队处于特别戒备状态,并加紧军事演习和空中侦察,再次摆出一副"反攻大陆"的姿态。

7月下旬,解放军空军入闽;8月14日即击落美制国民党飞机9架,取得了福建沿海的制空权;8月23日毛泽东决定以大面积、猛烈的炮火打击金门的"炮击金门"当天,毛泽东在政治局常委会上说:

台湾太远打不到,我就打金、马。

1958年9月5日,毛泽东在最高国务会议第十五次会议上,直言不讳地发表了关于金门的"绞索政策"讲话:

我们并不要登那个什么金门、马祖。你登它干什么?它的工事相当坚固。就是吓它一下。

美国在毛泽东发动"炮击金门"时,积极策划"划峡而治",杜勒斯多次在私下劝说蒋介石从金门、马祖撤军,搞沿海岛屿的"中立化",并在台湾的国民党内部获得了一部分人的响应,但却都遭到蒋介石的严辞拒绝。

9月30日,美国国务卿杜勒斯在答记者问中声明:

我们没有保卫沿海岛屿的任何法律义务。

杜勒斯的声明,表明了美国试图以放弃金门、马祖等沿海岛屿来迫使蒋介石在寻求保护的前提下,达到让台湾从中国"独立"出去,以"两个中国"的方式来钳制中国大陆的共产党政权的愿望。

但这一"独立"方式,与蒋介石根深蒂固的"一个中国"理念,以及其"反攻大陆"的期望背道而驰,从而引起了蒋介石的严重不满。由此,美蒋之间发生了尖锐的矛盾。

美国及其在国民党内部代言人从旁逼蒋介石放弃金门、马祖,欲建"台湾独立国"的阴谋,引起了毛泽东的深思,并高瞻远瞩地敏锐地观察到这一点,在审时度势之后,迅速决定改变原来先收复金门、解放沿海岛屿再解放台湾的两步走方针:

要解决台、澎、金、马一起解决。中国之大，何必急于金、马。

为此，毛泽东在"炮击金门"的战略意义并不被党政、军队许多人理解的情况下，于9月6日对党内和军内做了解释，并适时地提出了"联蒋抵美"的策略：

美国要拿金门、马祖交换台湾，我们是原则上不能交换台湾。你把金门、马祖交我们，台湾就成为独立国，这个东西总不可以吧！在座诸公，可不可以？原则上总不行吧。至于解放，哪一年解放，我们又没有定期，人民代表大会、人大常委会都没有作决议，一定要在哪一年哪一月解放。但是，原则上台湾一定要解放……现在好处就是我们这一打，打出美国想谈了，它敞开了这张门了。看样子它现在不谈，也是不得下地。它每天紧张，不晓得我们要怎么样干。那好，就谈吧。跟美国的事，就大局上说，还是谈判解决，还是和平解决，我们都是爱好和平的人嘛。杜勒斯前天那个东西前面很硬，后面就软了，就是雷声大，雨点小。

……

我们现在的方针是援蒋抵美，坚决反对"两个中国"阴谋，杜勒斯现在到台湾，如果我们不炮击金门，那实际上是联美压蒋，我们炮击金门，打乱了美国的阴谋和计划。

随后，毛泽东审视了当时国际、国内的情势，短时期内难以"统一"的现状，形成了一个完整的、全新的对台湾和沿海岛屿的政策：把金门、马祖留在蒋介石的手中，作为台湾与大陆的纽带，以此来对抗美国封锁台湾海峡，隔离台湾与大陆，制造"两个中国"的任何企图，同时也支持蒋介石在这个问题上与美国的斗争，待将来时机成熟，再将台、澎、金、马一揽子解决。

至"八二三"大规模"炮击金门"之后，金门战役由"登陆作战"上升为"隔海作战"的"台海危机"，金门战役已经不仅仅是大陆与台湾的问题，而是变成了大陆与台湾与美国三方的问题，其性质发生了根本的变化。蒋介石的英文秘书沈剑虹，在其所著的《使美八年纪要》中说：

1958年……中共即掀起台海危机,试探中美共同条约及"台湾决议案"的效能。当时8月间,对金门实施持续猛烈炮轰。同时公开扬言要攻占台湾及把美国逐出西太平洋。

至此,金门战役作为一个纽带,将毛泽东与蒋介石共同的"一个中国"理念,变成了一种"默契"的行为,金门战役以隔海作战的"炮击金门"方式,也将这根"绞索"紧紧地套在美国干涉中国内政的脖子上。其目的,在于达到"把美国逐出西太平洋"。

换言之,金门战役变成了毛泽东与蒋介石手中共同对付美国欲行"台湾独立"的有力武器;同时,金门战役的延宕,也成为"一个中国"下,蒋介石在帮助美国封锁"共产主义"的前沿阵地第一链条中,"挟美国以对付毛泽东"的一张最好的"王牌",并不断获取美国"援助"的最佳手段。

金门战役在其延宕过程中的性质改变,其最终缘于毛泽东和蒋介石、国共两党之间力量此消彼长间,两人在"无奈"的现实面前,似乎都没有忘记孙中山的"统一"思想:

统一是中国全体国民的希望。能够统一,全国人民便享福;不能统一,便要受害。

毛泽东在面临美国制造"两个中国"、迫使台湾"独立","解放台湾"的现实条件尚未成熟的形势下,将台、澎、金、马保留在蒋介石和台湾国民党政府手中,采取台、澎、金、马"一揽子解决"的办法,使这场金门战役完全与"解放台湾"合并成了一个整体的大"统一"战略。

由此,"一个中国"在毛泽东与蒋介石两人的"默契"当中,让台湾的"中华民国"在世界东西方阵营的不同意识形态格局的夹缝中,延续至今。

面对以美国为首的西方势力制造的"两个中国"阴谋,毛泽东和蒋介石这两位中华民族的伟人,最终"默契"地将实现"一个中国"的展望寓于这个"政治理念"当中,并为之做好了未来基石的铺垫。

金门战役失败鲜为人知的几个重要因素

解放军陆地作战的胜利和海上作战的"现代化"战争观念缺失

决定金门战役登陆作战失败和决定二十八军与萧锋命运的,还不光是共产党阵营内部的统帅战略缺失、悬殊的 10∶1 兵力、数十倍的飞机、军舰火力、后勤的支援,更重要的是,共产党军队自打井冈山根据地有了自己的"红军"队伍以来,她所经历的所有战争经验,都是依托于"游击战""阵地战"等地面战役,以毛泽东为统帅的解放军,从军队将领到一般士兵,几乎没有任何人,在此时此刻具备"海洋观念"和"海洋战争观念",具有现代战争意识和典型意义的"登陆作战"概念,更无从谈起。

在第三野战军和第十兵团入闽后所发起的所有沿海战斗中,尽管大都取得了胜利,但其采用的作战方案、作战手段、战略与战术,无一不是以"陆地"作战的方式来执行,而取得胜利的。且在这个"陆地"作战模式过程中,多多少少都存在着险象环生的"险胜"因素,只是因为"人海战术"的绝对优势兵力使用,让这些已经显现的"病灶",隐藏在胜利的巨大喜悦当中,而被所有的将士们有意或无意地掩盖与忽略了。

陆地作战所向披靡的人民解放军,因金门战役的失败,第一次吃尽了海岛"登陆作战"的巨大苦头。毛泽东在金门战役之后,解放海南岛的作战之前,对横扫一切、志在必得的林彪,谨慎告诫说:

渡海作战,完全与过去我军所有作战的经验不相同,即必须注意潮水与风向……三野叶飞兵团于占领厦门后,不明上述情况……无援无粮,被敌围攻,全军覆灭。

毛泽东"完全与过去我军所有作战的经验不相同"一语,道破了共产党人自建军以来,对所经历战争认识的缺失和"登陆作战"失败经验的把握。其症结所在,为我们揭开隐藏在金门战役后面不为世人所知的诸多因素,开启了另一扇认知与经验,科学与智慧的大门。

纵观以上金门战役登陆作战所涉及的所有人员的现实,有一个不可忽视的现象,面对现代化战争、技术含量较高的"潮水与风向""制空权与制海权"等各种不同的"登陆作战"因素,以工农干部为主体的解放军,自然凸显出了诸多不足。

萧锋作为一个从江西泰和县山区走出来、赤贫裁缝出身的将军,靠有限的教育(萧锋接受共产党教育,得益于发妻萧曼玉所教"共产党,救穷人;讨老婆,不要钱……"的新《三字经》)和自学,形成了写日记的好习惯。他一辈子崇尚文化,并努力在战争中学习战争。

从1927年参加红军到1949年10月整整22年战争岁月中,萧锋经历了1365场陆地战斗与胜利,他正是在这些战役的胜利与实践中,不断总结经验,战功赫赫。但是,面对辽阔的大海,这不仅让萧锋,也让粟裕、叶飞等其他指挥员,都面临新的课题。但这一个时期,整个人民解放军的内部,都沉浸在胜利的喜悦当中,并没有更多的精力来考虑即将面临的"海洋战争"和"登陆作战"的问题。换言之,此时整个人民解放军的内部,对于"海岛作战"尚处在一种"蒙昧"的状态当中。直至金门战役登陆作战失败,人们才从这一血的惨痛教训中猛醒,从领袖到每一个战士,才得以清晰地看见了海岛"登陆作战"的严酷性和复杂性。

台湾的国民党军在金门战役反登陆作战获得"大捷"后,对解放军"登陆作战"的分析与总结,虽是来自于反面的意见,却无不切中要害:

上至华野、第十兵团,下至二十八军,各级指挥员绝大多数都没有经过系统严格的军事理论学习,根本不知道登陆作战的真正样式中最复杂的,尤其是二十八军以平潭岛、大、小嶝岛登陆作战的胜利,认为渡海作战不过如此。而厦门登陆作战中暴露出的问题也淹没在胜利的欢呼中,没有得到应有的重视。对登陆作战最有研究的美国军队来说,不仅有专门的登陆作战理论体系,还有强化训练专门用以登陆作战的海军陆战队。美军认为登陆作战要想取得胜利,首先必须掌握天气、潮汐和敌情三方面的详细准确资料,其次必须隐蔽登陆战企图(登陆方具有主动性,可根据具体情况选择登陆时间与地点),而保证胜利的关键三要素是登陆地域兵力占优势、绝对优势的海空火力支援和足够的运输船只(在著名的诺曼底登陆作战中,盟军就因为登陆艇数量不足而多次推迟登陆时间)。反观此次金门登陆,共军在所有决定作战胜负的天气、潮汐、敌情、登陆战企图、兵力占优势、海空火力支援和运输船只等七方面全无一点胜算,可以说,登陆作战还未打响,战败就已经注定了。

金门战役登陆作战,年仅33岁的萧锋,用于作战的武器仅有陆地山炮、迫击炮、机枪、冲锋枪,登陆仅依靠渔船、小舢板等,装备远低劣于国民党军的飞机、军舰等现代化武器。

其天气、潮汐、敌情情报、登陆作战计划、攻占企图、兵力占优势、海军、空军配合、火力支援、后勤保障、运输船只等诸多海洋战争要素,在粟裕、叶飞乃至于二十八军和萧锋这里,没有任何的知识储备、物质保障下,全然凭借着对共产党、对毛泽东的忠诚,对新中国的向往,便背海孤军作战,而且要以其二十八军一军之力,来应对国民党的领袖蒋介石父子以及国民党一级上将陈诚、汤恩伯等几十位将军;要面对国民党军"绥靖署"1个,兵团2个,军级部队4个,师级部队7个,总兵力达8万多人的驻岛、登岛参战部队;还要在国民党海军舰艇7艘,飞机200余架次,坦克、炮火的狂轰滥炸下面,进行指挥和参战,这种严酷的现实和面临的战争手段不平等,谁还敢说这场战役会是一场胜利的战役?!

金门战役登陆作战失败后的"东山岛"和"一江山岛"的战斗,就是毛泽东、陈毅元帅、叶飞将军在总结失败经验教训、调动了一切战争手段后,才在这场与国民党军队、与胡琏进行的再次较量中取得了胜利的鲜活例证。

试想这两场远小于金门战役登陆作战规模的战役,假如没有毛泽东、陈毅、叶飞等人亲自指挥,没有领袖、将帅的集体智慧和共同参与,假如没有现代化的战争手段和飞机、军舰等武器的投入，没有数十倍于国民党军队的绝对"优势火力"和"优势兵力"，假如没有后勤、气象、运输等各方面的统一协调配合，这两场规模、兵力都无法与金门战役比拟的战斗，也完全没有取得胜利的可能。

金门战役登陆作战期间，国民党军队拥有绝对的兵力优势、指挥优势，乃至海上军舰、空中飞机的现代战争武器，让凭借原始的木舢板、渔船的萧锋，率领仅凭陆地作战的小山炮、机枪、步枪、手榴弹等武器，仅有陆地作战经验的9086位血肉之躯的将士，想赢得这场战役胜利，几乎就是天方夜谭！

对如此悬殊巨大的金门战役登陆作战，国民党阵营里不乏头脑清醒者，台湾《全球防卫杂志》8月号所刊田立仁《重返古宁头——金门保卫战60年后的真相》一文就说：

除了国军人海优势外，国军自建军抗战以来，运用海空军战术支援陆军作战、海空运输补给物资的立体战争观，也较共军更熟悉。若再考虑两军武器方面，把国军的22辆M5A1轻战车及空军B—24轰炸机、P—51战斗机并海军军舰的"火力"优势纳入，这场战争国军纵然可说自己哀兵必胜、对手骄兵必败，但若说成是国军"以寡击众"未免有"得了胜利还吃人豆腐"之嫌。

"师克在和"的缺失

《左传》有语云："师克在和不在众。"《孟子·梁惠王下》说："效死勿去，""齐赴死。"

胡琏在金门战役登陆与反登陆作战后，曾就此揶揄陈毅、饶漱石，胡琏在《金门忆旧》一书中说：

古宁头之战，一如民国二十一年赣州解围之役，在毛共的文件中不会出现。可是纸包不住火，陈毅在清算饶漱石时，"忍不住讲了出来"，现在照抄如次，我们可以在相反方面看看这一仗的真相和影响。下面是陈毅的招供：

"进攻金门，全军覆没"，我现在告诉各位，我们也遭受过战争上的挫折，这一件事，报纸上从来没有发表过，这本是军事秘密，不该讲，不过讲到此地，我忍不住讲出来，因为在座各位都是领导同志，想来也不会对外传出去。

就在解放上海那年秋天，为了给解放台湾打下基础，党中央决定首先解放金门。这是台湾的门户，三野受命担任着伟大的任务。可是当时我作为三野司令员，和饶漱石对如何执行解放金门的任务，发生了分歧意见。一向是失败主义思想的饶漱石，当时又产生了轻敌思想。这两种思想看似矛盾，却并不矛盾，胜则骄和败则馁本质是一样的，这就是辩证法。

饶漱石认为我军一登陆，金门就会不战而降，派一二师人进攻金门就能解决问题。

在决策会议上，我和饶的意见不同，我认为列宁讲的"敌人愈到垂死阶段，挣扎愈是猛烈"这句话，对于解放金门战役仍是适用的。因此我的意见是国民党必定不惜一切牺牲，坚守金门，我军必须以全力进攻金门，并且在万一战局不利时，做最坏的准备。

饶漱石不同意我的意见，遵照党的纪律，我放弃了我的意见。

结果，那次战役，我军失败了，损失了一万多人。责任主要落在饶漱石的头上，但我没有坚持自己的正确意见，及时反映给党中央，我还是犯了错误，对此我也做了检查。

陈毅元帅的这段话，尽管是以他的敌人胡琏之口转述出来的，但我们有充足的理由，来相信这段史实和这段话的真实性与可靠性。

以胡琏透露出来的信息，我们不难看到，当时在金门战役发起之时的决策会议上，陈毅作为第三野战军的司令，是如何与饶漱石产生了"意见不同"的，又是如何在认识金门战役的战略意义乃至战术对策上"敌人愈到垂死阶段，挣扎愈是猛烈"的。

值得注意的是，争吵的结果，并没有在"国民党必定不惜一切牺牲，坚守金门"这一关键性问题上达成一致,也并没有在"我军必须以全力进攻金门"上,采取任何有效和切实可行的措施。而实际的情况却是,在金门战役登陆作战打响之后,在执行此次任务的萧锋和二十八军遭遇"战局不利"时,不管是第十兵团还是第三野战军,都未曾做出过任何有效的应对预案。

对"轻敌"的现象,《中国人民解放军陆军第二十八军军史》中提供了这一判断的证据:

1949年10月下旬,陈毅司令员再临我纵……强调指出,解放战争初期还存在着胜利与失败两种前途,今天,失败的前途已不存在,胜利的前途已是钢打铁铸,确定不移;今天,不是是否反攻,反攻能否胜利,而是如何克服困难,缩短反攻时间,争取迅速胜利的问题……陈毅司令员的报告,对部队鼓舞教育极大。

对于金门战役发起之时,第三野战军要求部队"争取迅速胜利的问题",1954年福建军区召开的党代会上,参加会议的水兵师的代表、金门战役登陆作战幸存者张茂勋,也被人这样提醒:

金门战斗失利叶司令很难过,在这次党代表大会上,你不要再提意见了。(据张茂勋《难忘金门登陆战》65页)

金门战役中萧锋没有坚持"不怕杀头,不怕撤职"的责任

金门战役登陆作战的失败中,二十八军代军长萧锋到底应该承担什么责任?这是一个有关涉及金门战役登陆作战失败的回忆文章和著作当中,讨论异常激烈的问题。尽管有诸多的金门战役登陆作战参战者和幸存者一直在说:

金门战役的失利,不是什么战术、技术问题,而是该不该打的问题,不该打,不能打的仗,在严重轻敌麻痹思想指导下,我们硬打了,这就是金门战斗失利的根本原因。

但是，原二十九军第一任军长胡炳云，在回顾与总结金门战役登陆作战的失败教训时，仍然说：

金门战斗失利主要是叶飞同志是没有异议的，萧锋同志是一线指挥员，也应该有他的责任。

尽管我们作为萧锋的后人，在辨明了是非之后，情感上极不能接受，也极不愿意听到这样的话，但是，平心而论，在这场力量悬殊、非正常的战役中，萧锋作为前线的直接指挥者，他应当有他应该承担的责任。胡炳云的这句话，我们在平复了激动的情绪以后，以理性的思考来分析，在不脱离当时政治氛围、语言环境的情况下，有其中肯和合理的成分。

金门战役登陆作战的幸存者、253团后来的团政委张茂勋，也在回忆文章中说，在金门战役登陆作战的过程中，萧锋对这场失败战役的最大责任，就在于其没有坚持：

不怕杀头，不怕撤职。

萧锋在金门战役登陆作战后，对自己的责任有明确的表示：

为什么我明知打金门不容易，还下令开船去打呢？其原因首先我也有轻敌思想，明明知道敌人已增兵对我不利，但总认为只要有两个梯队上岛，大家加倍努力作战，无非多牺牲一些人，多打几天，最后还是可以打赢的，丝毫没有想到第一梯队船一条回不来，后果会那样惨重！

再就是，作为一名军事指挥员，我不能也从没想过不执行上级的命令。"一切行动听指挥"和"下级服从上级"是我军的纪律，我军的传统。要我萧锋公然抵制上级的命令，我不仅办不到，连想也不会往这方面想。当然，我们是人民军队，是讲民主，允许下级提出不同意见的。可我军的习惯作风，向来都是提意见要求打仗，哪有一而再、再而三提意见不打的呢？唯恐落下"右倾保命"和"骄傲抗上"的坏名声。

事后我想，如果当时由我们所有参战各部队的领导干部组成临时党委,实行集体领导,集中大家的智慧和见解,形成党委决议,再提交给上级党委考虑。这样做,既可以引起上级党委和首长的重视,又能避免我一个人同上级意见分歧的局面。果真这样做了,金门这一仗可能暂不打,失利就不会出现。

在以往取得了巨大胜利面前的萧锋,在金门战役登陆作战出现了诸多困难的时候,他给自己的回答是:

敌人是残兵败将,军无斗志;我们是胜利之师,可以以质胜量。

面对金门岛上的增援,面对已经知道胡琏十二兵团到达金门,那些曾经都是其手下败将的客观事实,让萧锋做出了率部出征的决定。

这个轻敌的思想和决心,就直接影响了他对师、团主要领导提出的:船只不够,准备不足,发起攻击的条件不具备,要求推迟攻击时间的正确判断。尽管在萧锋的内心,面对自己掂量的一系列"准备不足",面对属下提出的"推迟时间",萧锋内心的矛盾和纠结,在叶飞的一再催促下,仍然寄希望于运送第一梯队的船只,能够返航再来运送第二梯队。

可是,作为前线指挥员的萧锋,却没有在如何保障运送第一梯队的船只,在炮火下如何返航接送第二梯队的工作上,做出更加细致、更加具体、更加充分的准备,没能研究和制定出有针对性的有效措施来。萧锋在为自己"轻敌"思想找根源的时候说:

我军的习惯作风,向来都是提意见要求打仗,哪有一而再、再而三提意见不打的呢?唯恐落下"右倾保命"和"骄傲抗上"的坏名声。

在这种只求其胜,不见失败的大环境、大政治气氛中,让萧锋给自己留下了后半辈子无穷无尽的悔恨和内疚。正如属下八十二师政委王若杰在《回忆金门之战》一文中说的:

24日晚上,我们没有勇气向上级提意见,是一次失误,假如当时不怕撤职,大胆提出意见就好了。

10月24日金门战役登陆作战发起之时，萧锋一再向十兵团、向兵团政治部主任刘培善，甚至向驻守在福州的老战友、二十八军政委陈美藻等人，发出了近乎哀求的求助之声。但是，这种求助，竟然没有收到任何的效果！而让萧锋一再"建议停止发起攻击，待查清敌情，筹备足够的船只再打"的建议，在这种关键时刻，成了孤掌难鸣的哀号。

刘培善到萧锋前线指挥部的督战，除了一味依附叶飞"按原计划执行，决心不能变"的错误命令和决断外，没有起到任何的积极作用。萧锋在孤军奋战中，也没有在此关键时刻做到"不怕撤职，不怕杀头，坚持自己正确意见"。

然而，要做到在胜利呈现一片大好形势面前、在眼睁睁地看到国民党溃败如山倒的现实面前，要做到"不怕撤职，不怕杀头"是何其难也！萧锋就是有九死一生的经历，也架不住胜利之师的侥幸心理，以及面对巨大胜利的诱惑。

萧锋作为一名忠心耿耿跟随了毛主席一辈子，对共产党感恩涕零的工农干部，在对照毛泽东处理所有"直抒胸襟"的人，所带来的遭遇和悲惨命运，以及此时在党内外已经渐成的风气和环境，此时此刻的萧锋，不管是情感上还是理智上，他面临的都将是既做不到、也不可能去做的现实。这才会有他所说的"唯恐落下'右倾保命'和'骄傲抗上'的坏名声"。

因此说，苛求萧锋的那些豪言壮语，也就只能是身处和平年代，不是面对自己而是在对待别人的时候，坐在衣食无忧、享尽人伦天乐的环境中，咸扯淡的一种大话罢了。

萧锋在金门战役登陆作战发起的那一刻，没有坚持："不怕杀头，不怕撤职"，在大战即将发起的时刻，由一个曾经获得过1365次胜利的勇士面前，要让他下命令"终止"这场本不该发起的战役，萧锋既做不到，也不可能去做。其结果也正是如此。

中国的文化和中国的思维，在无法左右，左右都是为难，左右都不是的情况下，出现的某种原本不该被左右的现象，我们便将其称之为

"天意"！萧锋在金门战役登陆作战发起之时,在没有做到"不怕撤职,不怕杀头"的情况下,没有去左右这场或许在"天意"看来并不该左右的失败战役;金门战役登陆作战失败后,以客观的态度和客观的事实来比较,萧锋为这场本不该由他一人来承担的责任,他一人承受了。

这大概就是一种"天意"了。"浴血3天,受罪30年",那些被俘战士们后来的遭遇,也令人扼腕叹息!

在我们这部《金门战役纪事本末》书中,其讨论金门战役登陆作战以及其延宕的战役时,面对无法解释的现实,鸿鸣数次运用了这个在大陆并不提倡的"天意"与"唯心主义"的概念。

面对萧锋一生多舛的命运,面对严酷的中国之现状,面对两岸在金门战役延宕了65年之后的命运与展望,我们真的是在无法对自己做出一个不是"天意"原因解释的时候,我们仰望苍穹,大陆与台湾,和平与统一,共产党与国民党,孰是孰非?孰优孰劣?孰胜孰败?可能并不是一场金门战役可以说得清楚的,也并非是萧锋一人的命运和那数千名俘虏的遭遇,所能说得清楚的。

面对大陆与台湾今后仍然要面临的"统一"与"独立"之争,萧锋没有做到"不怕撤职,不怕杀头",与他麾下那些被俘的战士们所承担的"浴血3天,受罪30年"的诸多磨难,或许是有意义的,甚或是有大意义的。

萧锋与叶飞之间"意见不一"的隔阂和龃龉

文章至此,读者大概已经隐约感到在金门战役登陆作战期间,萧锋与叶飞这两位指挥者之间,存在的些许微妙关系了。

萧锋与叶飞的关系,是一个隐藏在"为尊者讳"后面,但围绕着金门战役,想躲都躲不过去的话题。在叶飞成为副委员长的背景下,在萧锋后来的职务无法与之匹敌的现实面前,这一话题至今在有关涉及金门战役的书籍与文章当中,始终没有人来加以只言片语的讨论。

尽管,我们作为萧锋的后人,在今天与叶飞将军的后人保持有良好的友谊关系,但是,面对历史,金门战役失败原因问题的探讨,我们仍然要将这一内心不愿提及、多少有些残酷的讨论,摆到读者面前来。

自 1949 年 1 月华东野战军整编成第三野战军,原华野第十纵队划归到第三野战军第十兵团开始,叶飞便在不同的场合,发出了"把原来的建制打乱了"的慨叹。叶飞对这一整编的不适应性,给后来共事的萧锋之间,带来了不断的"争吵"与"龃龉"。这种不协调关系,一直持续到金门战役发起前的那一秒钟,达到了巅峰。

为此,我们将叶飞与萧锋在金门战役发起前的简历,在此做一个粗略的比较,也就不难看出这两人在性格、经历、修养上的异同,并追寻到两人为什么会存在并产生"不协调"的某些"天然"的根源。

萧锋,原名萧忠渭,战争年代曾写作肖锋,小名未狗("未狗"其实就是"喂狗",因不雅训,故成文时,写作"未狗"。农家孩子,意在名贱好养活,是中国南北各地都具有的习俗)。1936 年,"长征"到达延安后,周恩来因萧忠渭打仗一贯"冲锋在前",特为其改名萧锋。萧锋,江西省泰和县南溪(故萧锋为怀念故乡而为女儿取名萧南溪)村人,父亲萧思谱,萧锋是这个赤贫种田雇农家里唯一的男孩。

1921 年 5 岁时,为葬去世的父亲,母亲先后卖了两个不到 10 岁的姐姐,哭瞎了双眼。

1922 年,萧锋在村口遭雷劈,身旁大树被劈烧成两半,两个表哥被劈死,唯独萧锋安然无恙。

1923 年,随娘舅学拳脚功夫,发蒙读《三字经》,后拜师学裁缝。

1926 年,随谭延闿、李富春国民革命第二军第五师,用裁缝刀砍死匪兵,被逼参加了革命。

1927 年,加入共青团,参加万安、泰和农民暴动。

1928 年,动员泰和县九栋十八萧姓 42 名青少年,成立了泰和紫瑶山游击队,随毛泽东工农革命军围攻新城(今江西黎川县),活捉了敌 44 旅 78 团团长刘胡子。7 月,配合红四军 28 团 2 营 7 连连长粟裕,在七溪岭全歼国民党 76 团 3 营 9 连。8 月,在泰和南塘参加农协大会时路遇猛虎,开枪直击天灵盖,将猛虎打死。

1929年,在攻打河西马家洲靖卫团时,头左额被手榴弹弹片击中,自己用手拔出弹片昏死15天,被红军中医侥幸救活,苏维埃中央医院和泰县县委定其为"二等甲级残废",治愈后任泰和县独立营营长。萧锋脑袋曾受重伤的经历,与叶飞、粟裕脑袋均受重伤有惊人的相似之处。

1930年,萧锋随粟裕9次攻打吉安,以"火牛阵"获大胜,受毛泽东夸赞;12月18日,活捉国民党第十八师中将师长张辉瓒,这是红军时期活捉的唯一国民党最高军衔俘虏。毛泽东特为此作《渔家傲·反第一次大"围剿"》词一首:

万木霜天红烂漫,天兵怒气冲霄汉。雾满龙冈千嶂暗,齐声唤,前头捉了张辉瓒。　　二十万军重入赣,风烟滚滚来天半。唤起工农千百万,同心干,不周山下红旗乱。

1931年,萧锋任红军泰和县独立团团长,配合主力红军第一、二、三次反"围剿",因作战有功,受到毛泽东、朱德、王稼祥赞扬和接见。

1932年,调红军大学学习。在李富春、陈毅指示下,成立了信丰独立团,萧锋任少共工委书记兼政委。

1933年,在瑞金第一期列宁团校结业后,在周恩来、刘伯承的直接指挥下,到福建武平检查三分区部队工作时受袭,在帽村突围,300人只有他们七人突围出来,为此中央军委授予他三等红星勋章(此勋章为红军时期最重要之奖章,按照当时和解放战争时期的说法,这一勋章的获得,可免死一次。萧锋一生以此为荣),任野战直属队政委。

1934年,在保卫苏维埃红都瑞金的广昌决战和第五次"反围剿"突围中,随中央机关和红一方面军开始了二万五千里长征。萧锋任红一师巡视团主任、团总支书记。12月2日,协助红3团黄永胜团长、林龙发政委冲破白军7个团的12道重围,渡过湘江的界首;1935年5月27日,接受中央军委命令,在红3团黄永胜、2团萧华、政委邓华的配合下,于 29 日勇夺泸定桥;6 月 24 日,奉调红一军团直属队总支书记;8 月 15 日,参加党中央毛儿盖会议;10 月 19 日,接受左权命令,安全护送毛泽东、周恩来、王稼祥等中央领导到达吴起镇,并参加直罗镇歼灭战;12 月 24 日,中央军委恢复红一军团一师建制,陈赓任师长,杨成武任政委,萧锋任 3 团政委。

1936 年 5 月 21 日,萧锋率 3 团西征到安塞,周恩来以"冲锋在前"和"开路先锋"之意,将萧忠渭改名为萧锋。

1937 年,在延安"红军大学"(1937 年 1 月,中共中央将"红军大学"改称为"中国人民抗日军事政治大学",以培养红军干部为目的,简称"抗大")第一期毕业。8 月 8 日,任八路军一一五师骑兵团政委。9 月 8 日,林彪、聂荣臻等为北上抗日的萧锋先遣骑兵团送行。9 月 22 日,在阜平城倒马关西北,与日军步兵第 1 联队及大泉中队和基干第 13 中队约 2700 多人激战,击毙日池野大尉和 100 多士兵,为平型关伏击战的"大捷",打下了基础。12 月 17 日,任晋察冀军区第一军分区 3 团政委,兼任灵丘、浑源、广灵、蔚县、阳高 5 县县委书记。23 日,军委命 3 团进军平北、冀东,萧锋因兼任 5 县县委书记留下重新组建新 3 团(抗战期间我军不断扩大,这已经是萧锋第 4 次重新组建 3 团,每组建一次并经锻炼之后,便开赴前线或调往他处开辟新的根据地)。

1938 年,任新组建的 3 团政委;6 月 15 日,萧锋在桑干河边因胜仗与第一分区司令杨成武吵架,被撤职(《萧锋征战记》187 页,记载了萧锋与杨成武吵架的过程:我在气头上,话越说越不中听,就指着杨成武的鼻子说:"论资格我比你还早两年参加革命,你当司令才几天……你耍两面派……"当时,他也才是 24 岁出头的年轻人……不由我申辩,就宣布了撤我职务、给予党内警告的处分……这件事始终成为我在抗日战争和解放战争期间乃至解放后影响进步提职的一个阴影)。7 月 1 日,经聂荣臻、舒同批准,调晋察冀军区政治部任巡视团主任;9 月 10 日,因前线形势严峻,调任二分区政治部代理主任。

1939 年,任晋察冀四分区新组建 5 团政委。9 月 29 日,在河北灵寿县陈庄率部全歼日寇水原义重少将所部,水原义重被击毙,活捉黑田治大佐等16人,这是继"平型关大捷"后,击毙日寇少将、俘虏日寇佐官最多的又一次著名的歼灭战。

1940年,在彭德怀、聂荣臻的直接指挥下,参加"百团大战"。坚守娘子关7天7夜,歼灭日寇20645人,汪伪军5115人,俘日军281人,伪军18407人。

1941年,率5团参加反"扫荡",与日寇展开125次大小战斗,打死打伤日伪军2000多人。打破日寇"合围"晋察冀军区的企图,掩护聂荣臻等领导顺利转移。

1943年8月,任晋察冀军区四分区副参谋长。

1945年4月,在延安列席党的"七大";8月15日,日本宣布投降后,调任山东渤海军区警六旅旅长、党委书记兼二分区司令员。

1946年1月10日,在周恩来、叶剑英、罗瑞卿的领导下,奉命以渤海军区警六旅"少将"(此一军衔经中央同意后,由渤海地区党委任命)身份,参加停战谈判;6月,任渤海前线指挥部副总指挥兼参谋长,后调任山东军区七师副师长;11月,任华东野战军十一师师长。

1947年1月,山东野战军与华中野战军合并,成立华东野战军。"原则上,山东干部任正职,华中干部任副职……为了照顾山头……毛主席说过,不垒山头,要照顾山头,这是历史形成的"(据鞠开《在跟随粟裕的日子里》23页)。

1947年2月,率部参加"莱芜战役",与兄弟部队全歼国民党李仙洲集团1个绥靖区指挥所,2个军部,7个师,共计56000余人,生擒李仙洲;3月7日,参加华东野战军军师干部会,与陈毅第一次相识;4月3日,华东野战军整编,十一师改编成第十纵第二十九师,萧锋任二十九师长,李曼村任政委;4月22日攻打泰安县城,活捉国民党整编七十二师中将师长杨文泉。毛泽东来电赞誉为"泰安大捷";5月,奉命参加"孟良崮战役",率部阻击国民党第五军东进3天3夜,歼敌4000余人,保证了"孟良崮战役"全歼张灵甫整编七十四师的胜利。其发明的"猫耳洞"，得以在全军推广。

1948年3月，在兰封城全歼国民党六十八军二〇三师，发明使用"飞行炸药包"，受到陈毅、邓小平、粟裕的高度评价，并在济南战役、淮海战役、渡江战役、上海战役中广泛使用。毛泽东特意将这位钟爱战将发明的成果，列入解放战争的五大发明之一，载于《毛泽东选集》中；6月16日，率二十九师阻击胡琏整编十一师于上蔡城，直捣胡琏指挥部，歼敌5000余人；9月，率部攻打济南，逼迫国民党九十六军吴化文率3个旅在战场起义，活捉国民党第二绥靖区中将司令王耀武；11月，任华野第十纵副司令兼二十九师师长，率部参加"淮海战役"。11月10日至20日，在徐东阻击邱清泉第五军、李弥第八军各部，保证主力在碾庄全歼黄百韬兵团；11月25日至29日，沿津浦路追击北援的国民党李延年、刘汝明兵团；12月3日至5日，血战鲁楼堵截杜聿明集团突围。

1949年1月6日至10日，率部配合主力全歼杜聿明集团于陈官庄，击毙兵团司令邱清泉，俘虏第五军军长熊笑三，第八军军长周开成，第七十四军军长邱维达，第七十二军军长余锦源，第三十九军一一五师师长韩肇琏等；1月11日，华野第十纵改编为第三野战军第十兵团，叶飞任司令，萧锋任第二十八军副军长。

自此，萧锋到了第十兵团，与叶飞形成了上下级关系。

叶飞，原名叶启亨，菲律宾名字西思托·麦尔卡托·迪翁戈。祖籍福建南安县金淘区深坂乡，出生于菲律宾吕宋岛奎松省地亚望镇，生母麦尔卡托，是一位具有西班牙血统的菲律宾人，叶飞自小随生母说英语、吃西餐、学文化。

1919年5岁时，随父亲回福建南安老家上私塾，由嫡母叶谢氏抚养。

1925年，在南安县深坂乡高小毕业，考入厦门中山中学和省立第13中学。

1928年，15岁在校期间加入共青团，从事地下学运工作。

1930年，高中毕业后，因工运在"厦门劫狱"事件中，被捕入狱一年半。

1931年,刑满出狱后,任福州地下共青团中心市委书记。

1932年,转党,被派往闽东建立工农游击第三支队。冬,在福安狮子头渡口地下党交通站被国民党特务刺杀,头部、胸部和手臂连中三枪,后由游击队侥幸救活,其胸部子弹伴随一生。

1934年,中国工农红军"长征"北上抗日后,叶飞与党中央和上级失去一切联系,在闽东独立坚持武装斗争。任中共闽东特委书记,闽东军政委员会主席,独立师政委;

1937年,新四军在南昌设立办事处,叶飞接受新四军的改编,被任命为第3支队第6团团长北上抗日,遂与党组织恢复联系。

1938年,随陈毅挺进苏南、苏北等地,任江南抗日义勇军副指挥。

1940年7月,新四军江南指挥部改为苏北指挥部,陈毅任指挥兼政委,粟裕任副指挥,叶飞被任命为第一纵队司令员兼政委。

1941年1月,"皖南事变"后,中共中央军委重建新四军军部,陈毅为代军长,刘少奇为政委,原苏北指挥部所属部队编为第一师,粟裕任师长,叶飞任副师长,并兼任第一旅旅长和政委。

1944年12月,任苏中区党委书记、新四军第一师师长和苏中军区司令员。

1945年1月,中央军委命令成立苏浙军区,粟裕任司令员,叶飞任副司令。

1947年,先后任华东野战军第一纵队司令员兼政委。

1949年,任第三野战军第十兵团司令员。

叶飞自20岁时任闽东苏区军政委员会主席,历任旅长、师长、纵队司令、兵团司令、军区司令、省委第一书记、交通部长、海军司令,数十年基本上全是正职,直到离休前,当选为全国人大常委会副委员长。

萧锋一生可谓辉煌,他来自毛泽东"秋收起义"农民暴动后的井冈山革命根据地,又属毛泽东、朱德"井冈山会师"后组建的中央红军红一军团。这样"根正苗红"的出身,无论在红军、八路军、新四军部队,还是在解放军部队，都是令人羡慕与值得骄傲的一种身份。

朱德于1945年2月24日在延安王家坪召开的、有彭德怀、罗瑞卿、林彪、聂荣臻、谭政等人参加的"红一军团"会议上，就曾说：

红一军团为了革命事业做出的贡献，怎么评价都不过分……我们一军团的人不要老子天下第一……我们一定要……把毛主席手把手地带起来的军队的光荣传统不断发扬光大……不愧于毛主席的好学生，不愧于一军团的好成员！（据《萧锋征战记》274页）

以鸿鸣曾为老干部工作了多年的深切体会，几十年后的老干部们，每当谈及战争年代的故事有出入、有争议时，具有"中央红军""红一军团"身份背景的老干部们的言论，都带有"一言九鼎"和"不容置疑"的优越感。这种现象，不管他的职务、军衔高低，均如此。

罗瑞卿在延安的这次"红一军团"会议上，对这些浑身充满了优越感的干部们说：

"七大"就要召开，凡在一军团工作过的同志，都要写一篇回忆录，注明是哪个单位，打过哪些仗，负哪些责，不交不能离开延安。

出身于"红一军团"的罗瑞卿，素有"毛泽东第一大警卫"之称，这也从另一个侧面反映出，"红一军团"对于党、对于军队、对于毛泽东来说，都是至关重要的。同时也反映出，"红一军团"在当时军队中的地位和优越感，是其他任何各军团所不能相提并论的。

这也决定了萧锋倔强个性中的那部分优越感，在任何首长面前，既不胆怯，也从来没有过任何的"卑微"感，甚至在作战问题上，一旦出现不同意见时，他便会毫不犹豫地以"工农干部"的方式直接提出、顶撞，甚至有些出言不逊。

叶飞在1936年之前，按照他自己的话说是"混进流氓无产者"的"土匪"（见《叶飞回忆录》35页），也正因为此，才会有浙西中国工农红军"红一军团"出身的粟裕，将叶飞抓起来准备枪毙的"南阳事件"发生。1937年以后,叶飞接受新四军改编并与党组织恢复联系;至1938年,叶飞随陈毅挺进苏南,并在其领导下一直到新中国解放。

自从叶飞与萧锋成了上下级关系,叶飞的华侨知识分子背景和在"打游击""新四军"中"一把手""小叶挺"的个性,偏偏碰上一个天不怕,地不怕的萧锋。更要命的是,在最讲究资历的共产党内部,萧锋的资格、经历,在井冈山跟随毛泽东"红一军团"的身份,抗战中杀日寇在华北形成的威名、"淮海战役"中的赫赫战功等,都远比叶飞的出身、经历、战果要过硬、要响当当得多。

因此,尽管叶飞一直是"那种下级见了怕、同级合不来、说东不西固执己见的'一把手脾气'。1948年1月因部队擅自搬运物资而捆绑副旅长,三军凛然"(据台湾《国共内战护国与解放》13页)的性格,但是在萧锋这里,有一句不太恭敬的话叫作:

没怎么把使心眼子的叶飞放在眼里。

在两人相处与共事的过程中,萧锋一生所经历的大仗、恶仗,以及对各种情报的敏感和战场情势的判断,使叶飞这个"一把手"常常受到指挥上的挑战,甚至,对萧锋有些心理上的排斥。

叶飞"华侨知识分子"的个性和"一把手"脾气,成了他与"工农干部"萧锋交往与共事当中的弱点;萧锋"红一军团"留下的特殊"身份"与战功所带来的优越感,成了他与叶飞交往与共事当中的障碍。这是最终导致金门战役登陆作战前后,两人不断产生"龃龉"与"争吵"的诱因。

萧锋的情报,在叶飞这里得不到落实;萧锋的船只准备不足,在叶飞这里几乎视而不见;萧锋对敌情的判断,不能得到、也不会引起叶飞的重视等等,最终,酿成了一场无法挽回的悲剧。

老祖宗"师克在和"的至理名言,在金门战役登陆作战的前后,成了一句空话。

金门战役对后来岛屿作战产生的巨大影响

金门战役的失败教训,是解放军在夺取全国胜利势如破竹的巨大胜利面前,积"小败"而有的"大败"。换一句正面的话来说,就是"险胜""侥幸得胜"后面被掩盖在总体胜利面前的局部失败,如平潭岛、厦门岛的战役等。它的失败,犹如一声棒喝,警醒了中共中央和毛泽东,以"棒打"的方式,使其在以后的岛屿作战的登陆作战与反登陆作战,均从这场残酷的战役中,汲取了经验和教训。

从此,不管是共产党的领袖,还是解放军的将士们,既不敢在战略上有些微的藐视和傲慢,更不敢在战术的人员、指挥、组织、海况、潮汐、船只等一系列问题上,有丝毫的疏失和轻敌马虎。从最高统帅的毛泽东,到各大军区的将帅,无不将"登陆与反登陆",看成是一个全新的、未曾经历过的战争模式和战术新课题,在海军与空军完全不能够提供"制海权"与"制空权"的前提下,将"登陆与反登陆"作战,当作一件不可忽视任何细节的大事来抓。甚至,在那些陆地上作战看来是微不足道、极小的战斗中,统帅、司令员们,都纷纷将电话直接打到了前线、指挥到了正在作战的连、排、班。这些例证,不管是金门战役失败后一个月零18天发起的"海南岛战役",还是1953年对待胡琏发起的"东山岛战斗",乃至于1955年第三野战军实施陆海空联合登陆作战的"一江山岛战斗",都以不同的方式与介入的程度,体现了这一点。这种巨大的转变,都来自于金门战役失败之后所给予并产生的巨大而深刻影响。

金门战役失败一个半月后的12月18日,林彪解放海南岛战役即将打响的时刻,远在苏联访问的毛泽东,仍念兹在兹,再三再四地叮嘱道:

渡海作战,完全与过去我军所有的作战经验不相同,即必须注意潮水和风向,必须集中能一次运载至少一个军(四五万人)的全部兵力,携带三天以上粮食,于敌前登陆建立稳固滩头阵地,随即独立进攻而不要依靠后援。因为潮水需十二小时后第一次载运船只方能返回运第二次,而敌可用海空军切断我之运输,故非选择时机一次载运一个军渡海登陆,并能独力进攻,建立基地,取得粮食,便有后援不继,遭受重大损失之危险。三野叶飞兵团,于占领厦门后,不明上述情况,以三个半团九千人进攻金门岛上之敌三万人,无援无粮,被敌围攻,全军覆灭。你们必须研究这一教训。"

毛泽东的再三叮嘱和直接指挥,使"海南岛战役"获得了完胜。

从小的战斗来说,东山岛反击胡琏登陆作战,更体现了金门战役的惨痛教训,在这场原本仅仅驻守一个公安团(地方部队、仅负有边防和治安职责)的小岛上,演绎了一场从最高统帅毛泽东、到第三野战军司令陈毅,再到第十兵团叶飞等人的指挥大战,是何等的"空前未有",从而看出这场金门战役,又是如何深刻地影响着后来战役格局、指挥格局和战术手段的。其介入的方式,在它改变作战样式的同时,改变着共产党人和解放军的战争观念与海岛作战经历。

1953年7月15日21时,金门岛上得以大占便宜而获"大捷"的胡琏,再次率领国民党"高安"号等13艘军舰、19架飞机,伞兵500余名,与其属下的柯远芬中将、十九军中将军长陆静澄、少将参谋长萧锐、第四舰队司令黄震白少将等共计13000余人,向仅驻守有1200余人的东山岛进犯。

在获知胡琏进犯的情报后,大陆方面的共产党领袖、统帅,解放军的司令员齐上阵,除了施展各自的智慧外,还时刻保持着与前线的直接指挥,随时为战争前线提供各种有力的支援。陈毅元帅在得知增援顺利的消息后"很高兴,他知道危险已经过去了……这一仗,毛主席非常重视……到了总参作战室,跟我(叶飞)直接通电话……兵力够不够,需不需要增援?……有什么要求?有什么困难?"并亲自调配华东军区的汽车团前来增援。

就这样，在与金门战役兵力同样为 10 比 1，同样是飞机、军舰、坦克的狂轰滥炸面前，但战役的结果，却完全被颠倒过来。甚至到战后，为补充"公安团"几近全部阵亡的损失，毛泽东还特别从自己的家乡韶山，抽调了 1 个加强营 500 余人的子弟兵，来作为该团的重建。

东山岛不足一个团的战斗，演变为一个军的战斗，甚至带动了整个解放军东南部队调动的事实，从兵团司令叶飞到华东军区司令陈毅，再到最高领袖毛泽东，这都是金门战役被"打痛"了的经验教训，才有可能带来的结果，才会让最高统帅的毛泽东，来对这样一场小小的战斗，倾注他如此的心血和精力。

毛泽东在东山岛战斗胜利后充实"子弟兵"体现出的爱憎分明，也无疑反衬出金门战役，在他老人家心理上留下的阴影。这一点，同样还反映在两年后的"一江山岛"战斗中。

"一江山岛"战斗，是 1955 年发起的。这场战斗，几乎可以说是毛泽东将金门战役失败的愤怒，以一种近乎"发泄"的方式，倾泻在这个小小的岛屿上。

是年 1 月 10 日 6 时 30 分，战斗一开始，就呈现了一面倒的局面。先是，该日海面风速每秒达 15 米，国民党军舰都在距一江山 10 公里外的大陈岛港内避风，华东空军顶风派出飞机，持续对大陈岛停泊的军舰实施了多批次的强力轰炸，至下午 16 时 43 分结束，共出动各型飞机 130 架次，击伤、击坏国民党军舰 4 艘，击沉坦克登陆舰"中权号"。是夜，华东海军鱼雷快艇，又在大陈岛西南，击沉国民党军"洞庭号"炮舰。

在解放军总参谋部、在粟裕的亲自指挥下，18 日开始以陆海空立体作战的方式，对一江山岛发起攻击。3 个轰炸机大队 60 架伊尔 28 型轰炸机，在 2 个强击机大队掩护下，将 120 余吨炸药投在这个小岛上；数百门各式海岸远程大炮，同时将 1.2 万发炮弹倾泻在岛上；海军 2 艘驱逐舰和 4 艘巡逻舰，迅速封锁了国民党前来驰援的海域；近百艘登陆舰船迅速向预定的海域集结，等待总参及毛泽东、彭德怀的登陆命令。下午 14 时，登陆部队分 3 个方向开始登陆，17 时 30 分，部队就全部登陆成功。

整个战斗的战果,击毙国民党军519人,俘虏567人。但是,对于"一江山岛"的战斗,在后来,却给予了这样的评价:人民解放军陆海空三军首次实施的联合登陆战,经过实践锻炼,积累了岛屿登陆作战的初步经验。

这一切,都是因为有金门战役这个惨痛的失败"之母",才会有后来"海南岛""东山岛""一江山岛"等一系列战役的全面胜利。这种影响,如果说国民党将"金门大捷"看成是"台湾之中华民国"的"奠基"和"转捩点",那么,金门战役登陆作战的失败,则从反面使共产党阵营,对渡海作战有了本质性的飞跃认识,由此而重新迈上了胜利的征程。这是金门战役9086名烈士们用鲜血换来的。

至再后来,金门战役演变成了隔海作战的"炮击金门",使得这场战役的影响力,演绎得更为久远和深刻,使许多战役和战略,发生了根本性的变化,并以这场金门战役的精神财富方式,被保留在中国战争史的记忆当中。

金门战役作为政治遗产留下的思考

金门战役登陆作战以及后续的"隔海作战""炮击金门"等延宕,已经成为一笔巨大的战争与政治遗产,其"遗产"所产生的巨大而深远的影响力,将给后世的政治家们,既可带来"福荫"的机遇,也可带来"祸患"的挑战与威胁。因为,这个巨大的战争与政治遗产,它时刻都与中华民族的"一个中国"联系在一起。大陆与台湾、共产党与国民党,能否再次弥合伤痛、重新获得"中华民族的伟大复兴",再次获得"大统一";能否在"中国"这个理念下面,发挥出"金门"这一最有可能、最为紧密、最为正面而绝不是负面的"纽带"与"桥梁"作用,取决于政治家们在对待这场"战役"、这个"政治遗产"的智慧与胸怀。"福兮祸之所依","金门"具备有成为"大一统中国"福音圣地的可能,也同样具备两岸战争祸患策源地的可能。其"遗产"概念的转换距离,仅在一念之间。

我们常说:"兄弟阋于墙,外御其侮。"历史是那样地无情,又是那样地让兄弟之情"打断骨头连着筋"。

以今天中国大陆的军力,"海军在空军的协助下可以确保成功占领台湾地区,只是出于政治的考虑才没有这样做"(据2014年3月5日凤凰新闻·时事"有报天天读"俄媒:中国海军高速发展或超越俄欧)。这个"政治的考虑",既是对老一辈恩怨遗留下来的"遗产"的认同,也是一个民族"兄弟"观念的根深蒂固,更多的则体现出,大陆对"意识形态"认识的觉悟和既有"主权"与"治权"理念下,为"一个中国"保存更长久更广阔的政治空间。

国共两党的此消彼长,在兴衰之间进行着无情和有情的选择。

国共两党几十年睚眦必报的各种"战役"瞬间,在岁月磨砺下,终将回归到"兄弟"的情怀之中;两岸的炎黄子孙,恩怨相报于几千年,谁都无法对"中华民族"这一概念再行选择,也无法摆脱自己"炎黄子孙"的命运。

延宕了几十年的金门战役,兄弟间鼻青脸肿;硝烟暂歇后的金门、厦门,鸡犬相闻虽已替代了枪鸣炮响,然可曰之为"和平"乎?大陆、台湾海峡一划,震旦、中华隔绝两分;列土共和,各执一帜;百年之下,涂炭于民;两党主张,孰高孰下,没有输赢!金门战役,系于大统,囿于胸襟。诗有曰:渡尽劫波兄弟在,相逢一笑泯恩仇。

金门战役的登陆作战规模虽然不大,但作为毛泽东与蒋介石时代老一辈政治家们遗留给今天的"政治遗产",它犹如撬动地球的那个小小的支点,让两岸的炎黄子孙和智慧的执政当局,既不能、也不可以回避。

现实与理想,主义与民生,政治与军事,路漫兮大陆,修远兮台湾,兄弟尚需努力矣!

金门战役不同名称背后的指向

"金门战役"

以金门登陆与反登陆作战为滥觞的金门战役,以"战役"而命名的,最早见载于1949年秋天第三野战军司令陈毅在某高级干部会上的讲话:

> 我认为列宁讲的"敌人越到垂死阶段,挣扎越是猛烈"这句话,对于解放金门战役仍是适用的。

将这次解放军以"解放金门"为目的的登陆作战,与国民党军守岛的反登陆作战合称为金门战役的,陈毅元帅之说,实为滥觞。

台湾最早以此登陆与反登陆之战,冠之为金门战役的,是胡琏将军所著《泛述古宁头之战》前言中所介绍的:

> 国防部史政局,以前印行之一金门战役……等书。

可见台湾在1950年之初,就已经有以金门战役为名,而印行出版有书籍。惜该书鸿鸣仅见记载,未曾得阅,是为憾事!

至1983年9月15日,中共中央"中办[1983]74号"文件,在文中正式以金门战役之名,而下发《关于金门等岛屿战斗中被俘归来人员问题复查处理意见的报告》。此后,大陆对这场登陆与反登陆之战定性为"战役"名称者,影响深、范围大的,莫过于解放军国防大学政委、上将刘亚洲所著的《金门战役检讨》一书、一文和以该战役为名的四集电视纪录片《金门战役检讨》。

金门岛上的登陆作战与反登陆作战,从"登陆作战"的角度来说,指挥这场战斗的是解放军第二十八军的"军级"单位,登陆的解放军部队,也仅有3个多团登陆作战,实际只有"师"的不到万余人规模,按照一般的作战规模来说,当然还谈不上"战役"的规模。但是,这场解放军登陆尚未完成解放任务的战斗,在后面延宕的日子里,它所牵扯的部队涉及整个第三野战军,乃至于在大陆调动了全国的相关兵力和指挥系统,远远超过了"战役"的规模,甚至上升到了最高领袖和中央军委,因此,登陆作战和后面延宕的所有规模加在一起,理所应当要被称之为"战役"。

从国民党军方面来说,这场反登陆作战,先后调动了"绥靖署"1个、兵团2个,军级以上建制的部队4个,师级7个,总兵力高达10万多,并调动了海军舰艇7艘,飞机200余架次,且国民党的最高领袖蒋介石等重要官员、各将领,都参与了直接指挥和调度。如此巨大的指挥系统和兵员投入,当然也就足够"战役"的规模了。

因此,尽管陈毅元帅的"战役"之说,台湾国民党的"国防部史政局"之说和中共中央有关文件,解放军国防大学政委、上将等人金门战役之命名的理由阐释,未见诸于其他文字,但是以这些国共两军的军事家、军事理论专家的阵容,以其专业、独有的军事眼光和角度,来审视这场战役的规模、国共双方全部投入的兵力、牵涉两党、两军领袖的深度,最终搅动国共两党政治、军事战略格局,乃至于波及世界政治与军事战略格局,对后世所产生的巨大影响等等而言,将其命名为"战役"当然是合理、合情并且符合整个战役的实际情况,这与当年战役进行时的情势,也是完全吻合的。

"金门登陆战"与"金门战斗"

"金门登陆战"之名,始见于1994年7月由萧锋、李曼村、朱云谦等人撰写的《回顾金门登陆战》一书。该书收录36人回忆文章,均为金门战役登陆战中解放军的各级指挥员和参战人员,因此,就其金门战役乃是攻、防两方为"一个整体"而言,其立足于解放军单方面的"登陆"攻击作战的立场和观点,是鲜明和单一的。故原解放军第三野战军参谋长、时任中央军委副主席的张震上将在为该书所作的《序》当中,尽管始终是以"金门登陆作战"名称来贯穿其全文,但却在该《序》文中,不时有"金门战斗""金门之战"的名称互用,更有"金门失利"之直言不讳的观点补充。此后,参与了金门战役登陆作战的海军某军副政委张茂勋,又出版了《难忘金门登陆战》一书。以此"登陆战"命名的两部著述,均在社会上有较大的反应。

"金门战斗"作为单独的"战斗"名称与叫法,出自中国社会科学出版社1989年《当代中国军队的军事工作》第9章"解放闽南和闽、浙沿海岛屿"以及第12章"炮击金门"等各章节,以及他方有涉"金门战斗"的书籍与文章,但以《当代中国军队的军事工作》为最具代表性。

综观该书,其"金门战斗"的"战斗"定位,是基于该书的编撰者们,按照当年作战预案,将金门战役列归为"漳厦战役"整体作战的一部分,而对这部分"失利"的金门登陆作战,所做的某种有意或曰善意的矮化和隐讳的曲笔叙述。其之所以要将金门战役涵盖在"漳厦战役"当中的一个重要目的,即在于表达"漳厦战役……三野十兵团共歼国民党军近5万人,解放了闽南大陆和厦门、大嶝、小嶝等沿海岛屿,为巩固闽南海防,发展东南沿海堤的经济,创造了有利的条件"之出发点,在于表达整个"漳厦战役"所取得的"全面胜利"意图,清晰且"正面"。

"漳厦战役"所包含的"金门战斗"概念,其起与止的时间是:1949年9月19日至金门战役结束的10月27日。这样,也就不可避免地局限了金门战役的延宕和持续时间,反映的仅仅只有"登陆与反登陆"的过程和范围,且在某种程度上,模糊了金门战役对两岸关系所产生的重大意义。这一观点,还反映在中央文献出版社《漳厦战役》一书中。

"古宁头之战""古宁头战役""古宁头大捷""古宁头战纪"与"金门之战"

"古宁头之战"和"古宁头战役",以金门岛西北角古宁头村作为金门战役名称,在台湾影响至深至远的,当属直接参与守卫金门、指挥国民党军进行反登陆作战的总指挥胡琏上将所写《泛述古宁头之战》和刘云瀚著《追述金门之战》之文，其后，台湾金门国家公园管理处出版《战争岁月和平纪录·金门古宁头战役60周年纪念专辑》《20世纪台湾·1949》，李福井著《1949古宁头战纪·影响台海两岸一场关键性的战役》等文章、书籍，均以"古宁头"地点作为金门战役的名称。

金门岛虽有一个县治的区域，但它毕竟只是一个小小的"弹丸之地"，且金门战役的登陆与反登陆地点，除了"古宁头"之外，还有"林厝""安岐""一点红""后沙""下兰"等多地。

1949年10月25日零时30分左右，解放军登陆部队的左翼244团在琼林、兰厝间登陆；中路251团先头营在安岐以北、林厝以东顺利登陆；右翼235团在西北角的古宁头、林厝间登陆。

登陆作战的主战场，东起后沙，西至一点红。因风向、潮汐等因素，其中还有少量迷失航向的登陆船只，在金门岛西北古宁头以及东北的下兰、小金门等地区登陆。因此说，解放军登陆的主战场，并非只有"古宁头"一地。至金门战役后续与延宕，其范围除了全岛西面的整个海滩外，还有"料罗湾港"等诸地，其范围则更为广泛。

因之，用"古宁头"作为该"战役"名称，不仅局限了这场战役的幅员和双方兵力的攻防位置、部署，也同时难以反映出整个战役的过程和演变，且更容易让后人产生出对金门战役两军的"登与反"重心，是在"古宁头"这一个地区的歧义。胡琏将军在其《金门忆旧》一书当中，以质朴的方式，对于后世为何乐意将"古宁头"来作为该战役名称的理由，将其原委说得让人口服心服：

古宁头……民风强悍，乐于械斗……人们却把古宁头作为这场大战的地名，多少和强悍这个风气有些关系。

"古宁头大捷"最早见诸于文字的是刘云瀚《追述金门之战》引用蒋介石在金门战役结束之际所说原话：

金门古宁头大捷是我们革命军转败为胜的开始，是我们第一次把共匪的军队打得全军覆没。

以此刘云瀚之文,贯穿全文的,便是"大捷"之词义了。其影响至30年后,有《"金门大捷三十周年口述历史座谈会"纪实》,均以国民党军参战者身份,而有"大捷"之叙述。

以国共两党在大陆几十年的兄弟之战,台湾的"大捷"之说,尽管在大陆屡有闻老将军、老战士,乃至于在金门战役中折戟的幸存者"口如扁担"般地不屑,台湾的许多有识之士,也对此多有微词。但是,站在溃败于大陆、无一战取胜的国民党军队立场上来说,既然金门战役已经被台湾视为"转败为胜之转捩点""台湾之中华民国的奠基之战",当然将此役称之为"大捷",并无大过、亦有情可原。

但就整个金门战役及其后续的延宕意义来说,这个反登陆作战的"大捷",实在是有些太小了。

"金门保卫战""保卫金门之役"与"金门古宁头剿匪战役"

金门战役结束一周后,蒋介石曾有以训词《敌我双方优势之分析》一文发表,其中即以"金门保卫战"对此战役命名。而"保卫金门之役",则见于1949年10月底,国民党军第二十二兵团的原始战斗详报,在该兵团战车3团第1营的"战斗详报"中,另有以"金门作战"来对这场战役为名称而为"记"者。

"保卫"二字作为战役名称,对于"金门岛"来说,虽有其贴切性和实用性,但问题是,金门战役最终"保卫"的目的,并非仅仅是为了这个小小的"金门岛"。用台湾出版的《20世纪台湾·1949》一书当中的话来说,金门战役乃是"扭转战局台湾转危为安"的一场大保卫战,是挽救整个溃败于台湾国民党政府的关键一役。

这种定位,也就看出了以"金门保卫战""保卫金门之役"的命名,多少存在着对该战役认识上的严重缺陷,更不用说这场战役的延宕,关乎海峡两岸、国共两党;关乎后面"一个中国"和"统一"与"独立"走向的大政之役。故"保卫金门"之说,太过局限和太缺乏"国"之概念的眼界。

其"金门保卫战""保卫金门之役"与"金门古宁头剿匪战役"三者之间的转变关系,台湾《全球防卫杂志》刊登田立仁先生之文章,有少许的交代:

这些前线报告送到台北东南军政长官公署后,慢慢就出现"金门古宁头剿匪战役"等名称。这是因为当时台北东南军政长官公署参谋们在战役结束初期,没弄清楚金门地理划分、战役演进的原因,日后才出现"金门战役"、"古宁头战役"两种叫法,后人甚至合称为"金门古宁头战役",变成一种省去考据又不得罪人的鸵鸟型说法。现在国防部史政编译局出版的官版统一名称为"金门保卫战"。

带有明显意识形态和倨傲态度的"剿匪"一说,我们则可以用蒋介石先生与毛泽东先生两人之间曾发生的口水战故事,来做一个有些诙谐的解说。蒋介石叫共产党为"共匪",从毛泽东在井冈山时期就称以"剿匪"名。到了解放战争时期,毛泽东终于回敬道:

蒋先生叫了我们几十年"匪",如今该轮到我们称他为"匪"的时候了。

于是"蒋匪帮"一称,盛行于大陆。

记得齐白石先生,曾绘制了一幅脍炙人口的有趣作品,其题目就叫作《人骂我,我骂人》,观者莫不喷饭。在金门战役名称、国共两党各自在叙述中所频繁使用的"匪"词,不亦也可作"人骂我,我骂人"之观。

"漳厦战役"

1994年8月由中央文献出版社出版的《漳厦战役》一书,是一部试图再现当年作战计划、预案、过程为名称的书籍,它所选辑的诸多文章,反映的均都是金门战役登陆作战的回忆。由于其立足于当年的作战计划和预案,使得后世的人们,在见到这个与金门战役没有多大关系的名称时,由于不了解其中的奥妙,而往往被人忽视,甚至该书的许多重要内容,也被"无知"而废弃了。

该书吴森亚先生的《渡海歼敌直捣厦门》一文,就明确地说到金门战役,乃是整个"漳厦战役"一部分的事实,其不愿将金门战役另辟章节、做专题讨论的原因,则是因为金门战役登陆作战失败的这一根本因素。在这些战史回忆文章中,或因避讳,或因痛心等诸多缘故,而将金门战役剔出了"漳厦战役"的范围。该文说:

> 1949年8月中旬开始的漳厦战役,是为解放福建全省的最后一次战役,预定分为两个作战阶段:第一阶段歼灭以漳州为中心的陆上残敌;第二阶段歼灭厦门、金门岛上之敌。

金门战役登陆作战最终会导致失败,与当时的这一战略思想和战术安排,不无关系。

在张造勋先生的《乘胜南进征战漳厦》一文中还写道:

> 漳厦战役的第一阶段——外围战斗于9月12日发起。我二十八军于12日晚向敌小练、草屿二岛发起攻击,占领二岛;14日攻占大练岛,俘敌800人;15日晚攻击平潭岛,次日凌晨攻克平潭城,傍晚结束战斗,俘敌七十四军、七十三军等部6000余人;17日又先后攻下大小庠岛、塘屿等地,战斗遂告结束。

这些都说明了所谓"漳厦战役",在当时乃是包含了第一阶段的"扫外围"诸岛、"厦门战役"和第三阶段的金门战役。

这个阶段的金门战役观念,并不包含有"解放台湾"的内涵,它仅仅是一场"清理福建沿海"残余势力的战斗,充其量也就能够说,这场战斗是一场与"解放台湾"存在着某种内在关联的战斗。直到延宕了9年后的"炮击金门",这场战役才发生本质性的变化,与"解放台湾"、与"国家统一"紧紧地联系在一起。

"漳厦战役"期间的"金门战斗"与"厦门战斗"的历史地位是等量齐观的,这当然包含了攻打"金门县"所辖下的"大嶝岛"与"小嶝岛"。

因此说，金门战役乃是整个完整的"漳厦战役"的一部分，只不过是因为内心深处的"讳言"和"不愿意"，用一个取得胜利的名称，来替代、更换、掩蔽了一个"失败"的名称而已。

"忌讳"是没用的，"隐瞒"则更不应该。在海峡两岸的中国人心理积淀糟粕中，犯有同样的毛病。

"金门炮战""炮击金门"与"炮击作战""隔海作战"

"金门炮战"与"炮击金门"是金门战役的持续和延宕。毛泽东在1958年的《告台湾同胞书》就说："你们与我们之间的战争，三十年了，尚未结束。"可见"金门炮战"与"炮击金门"，在战略家毛泽东的眼中，乃是当年登陆作战，在以另一种"炮战"为主体的隔海作战形式，而被延续了的"战役"。

参与并直接指挥了该场战役的叶飞将军称"金门炮战"是："震惊世界的炮战……是史无前例的一战""奇特的战争方式""是古今中外战争史上的奇观。"

同样是该场战役的指挥者黄克诚将军，则将该战役称之为："大规模炮击作战""炮击金门作战是一种特殊的作战"。

这些作战形式，以及金门战役在延宕期间内的不同作战手段与方式，都是"金门"这一特殊的"纽带"地域，"在台湾国民党没有同我们举行和平谈判并且获得合理解决以前，内战依然存在"的持续。

在金门战役延宕的65年岁月当中，正是因为这一"和平谈判"没有得到"合理的解决"，围绕着"金门"这个蒋介石称之为"跳板"、毛泽东称之为"绞索"的方寸之间，打打停停，使金门与大陆之间的海峡两岸，始终都处在"动荡"与非和平、或曰"准和平"的状态当中，即使是在大陆开展轰轰烈烈的"改革开放"30多年里，这一状态依然如此。

"金门"这一连接"大陆"与"台湾"的纽带，尽管在"准和平"的氛围里，显得是那样地富有生气而充满了"和平"的呼声，但其"战役"一直在延宕的事实，以及"战役"远没有结束的"战争"阴影，始终没有得到彻底消除,"内战依然存在"。

据《黄克诚传》的介绍,毛泽东在"炮击金门"时的最初想法是:

按照毛泽东的最初预想,是要通过炮击来封锁金门,最终迫使蒋介石集团放弃金门,达到收复金门的作战目的。这是充分估计到美国插手阻挠解放台湾的可能性,利用美蒋在协防金门、马祖等沿海岛屿问题上的矛盾,不给美国以武力干涉的借口,而采取的一种非常措施。

"非常措施"下的"炮击金门"与"金门炮战"隔海作战方式,与"登陆作战"的手段虽不尽相同,但目的却是一致的,都是为了"收复金门的作战目的"。

在论及整个金门战役之时,其延宕的重要部分隔海作战"炮击金门",是继"登陆与反登陆作战"之后,连接1962年蒋介石准备"反攻大陆"等发生的阶段性战斗,是整个金门战役不可或略和丢失的一部分。因之,整个"金门炮战"期间所发生的一切,也都应该归列到金门战役当中的一部分。只有这样,才能真正体现出金门战役的整体性和它全部的真实面貌来。

这也正是本书对于金门战役名称涵盖下、具有实质性意义、对金门战役的整体认识与价值取向。

"金门岛事件""金门事件"

"金门岛事件"与"金门事件"名称的使用,颇具深意。其出现的地方,仅见于毛泽东一人对金门战役的特殊称呼。

其一,1949年10月29日,金门战役失败的第二天,毛泽东致各野战军前委、各大军区电文:

必须以金门岛事件引为深戒。

其二,1959年3月3日,"炮击金门"仅半年后,毛泽东在会见拉丁美洲领导人时,将该名称再次使用:

你们知道去年的金门事件吗？……把台湾、澎湖、金门、马祖等岛全部拿回来……就是金门事件。

毛泽东将金门战役以举重若轻、轻描淡写的方式来命名和使用，足见其思想意识里，这场举世震惊的金门战役，始终只是他老人家眼中的一个小小"事件"，而绝非是一个重大的"战役"，更没有将漫长且仍在无限延宕的金门战役，当成是一件影响世界政治、军事格局的大事来看待。

在金门战役延宕期间的"炮击金门"当中，毛泽东在大陆的嬉笑怒骂，不仅与在台湾的蒋介石上演了一场绝妙的"默契"好戏，更以其政治领袖的独有方式，将美国及其西方势力试图"一中一台""一边一国""独立台湾"的阴谋，揭露得体无完肤。或许正是因为这样，才有了毛泽东毫不掩饰地有意"小看化"金门战役，弱化以"事件"的名称，用来指称这场史无前例的战役。

将一个重大的话题和问题，以一种"不经意"的方式说出来，是毛泽东在处理许多国家重大事件时特有且行之有效的风格。假若没有对"金门事件"的背景有足够的知识储备，对这段特殊的"金门事件"历史不了解，面对毛泽东这一"事件"的提法时，难免会表现出一脸的茫然。甚至，会对这一"金门事件"产生出某一种莫名的歧义来。故在此作必要且特别的说明。

毛泽东将金门战役称为"事件"的"特用"，对于这场"战役"的性质来说，并没有产生任何"根本性"的变化。

金门战役与本书

《金门战役纪事本末》是一部立足于当代史和当代军事史的著作。

自金门战役登陆作战与反登陆作战后，国共两党、两军之间，以"金门"为平台，演绎出了一系列的战争新形式，"登陆作战""隔海作战"

"炮击金门"等。毛泽东就曾在"炮击金门"后,有感于这场延宕的金门战役,对蒋介石和国民党说:

你们与我们之间的战争,三十年了,尚未结束,这是不好的。

从毛泽东感叹"三十年了,尚未结束"至今,半个多世纪又过去了,两岸在维持互为炮击的表面僵持后面,"金门"这个蕞尔小岛上,则隐藏着"战争"与"和平"的更大变数。蒋介石1962年酝酿的"反攻大陆"计划;20世纪60年代末,早已由解放军第三野战军司令华丽转身为外交部部长的陈毅,在某导弹基地视察时,耿耿于尚在延宕的金门战役说:

有人说我们"炮击金门"是蚊子叫,现在导弹出来了,就是狮子吼……

所幸在毛泽东以及诸代领袖的运筹帷幄下,没有让这只时刻在打喷嚏的"狮子",发出"吼声"来。

1979年1月1日,自从两岸停止隔海互打宣传弹以后,和平的曙光,似乎渐渐让人们看到了希望。然而,表面平静的海峡两岸后面,依然潜伏着金门战役未曾散去的硝烟。几十年来,围绕着金门战役及其延宕的诸多战斗与事件,围绕着"统一"与"独立"之间的各种明与暗、武力和非武力角逐;以"金门"为界限划海而治的隔绝,一天也没有停下它的脚步来。甚至,许多围绕金门战役延宕而展开的更大战役、战术策划预案,多如牛毛。

金门战役登陆作战衍生至今旷日持久的现实,倒逼着人们不断地去思考:1949年,在势如破竹的人民解放军步伐中,为什么毛泽东的"宜将剩勇追穷寇"会止步于金门战役登陆作战?60余年大陆"和平"与"炮声"不断在叩响的这扇"金门",何时才能真正地被打开,迎接中国大陆的"一统"?守护台湾的这扇"金门",到底是会成为台湾"反攻大陆"的跳板,还是会成为"一个中国"的纽带?甚或,这个被世人称之为"金门"的地方,就真的会永远在"独立"的海洋,孤悬于两岸的海峡之中,不再打开和重启吗?

小小的金门战役,牵动着大陆与台湾每一个炎黄子孙最敏感与最脆弱的"统一"神经。

人们不禁会发问:到底是什么原因让毛泽东在"金门"停住了脚步?金门战役登陆作战的过程中,到底暴露了解放军哪些问题和致命的弱点,以至于65年过去而不能释怀?在这场金门战役的反登陆作战中,溃败如山倒的国民党军,到底又展现了哪些独有的优势?使得那么一个腐败无能的"中华民国",得以在"金门"划海而获再生?

在这场独特的金门战役战争奇葩的后面,国共两党"兄弟阋于墙"的根本分歧到底是什么?金门战役及后续的一系列战役,延宕了65余年而未见有期,它到底还包含了哪些不为人知的史实和奥秘?

在金门战役登陆作战与反登陆作战之后,在台湾不断出现反映"金门大捷"的文章和著作面前,大陆在20世纪80年代后期到90年代的初期,随着思想解放和"实事求是"精神的倡导,党史、军史和研究战役史的相关部门,逐渐打破了禁锢,在"改革开放"的过程中,也相应地发表、出版了一些关于金门战役的文章和著作,对这场"失利"战役的相关问题,也曾进行过一些有限的介绍和讨论。

但是,这些不管是台湾还是大陆出版、发表的有关金门战役的文章和书籍,都不免或因海峡两岸意识形态的不同,或因国共两党的立场观点不一样,或因所获材料途径的不相近,或因作者的有限手段、各自的出发点与目的的追求所不同等,不免都存在着或多或少的诸多不尽如人意之处。甚至,有些个别的"研究"和"文学作品",以道听途说为依据,以先入为主的"臆断"观念和投机取巧的手法,来对这场严肃的金门战役进行混淆视听的演绎。由此,给这场原本就并不十分清晰的金门战役,蒙上了一层人为的神秘面纱。

正是基于这一现实,我们摒弃那些无法摆脱命运的陈旧观念,油然生发出一种要将这一段史实真相,公之于众的想法。用我们所能接触到的第一手材料,在亲身感受了先辈们在经历这一战役的真切思考后,得出了我们自己的判断。并围绕着金门战役这一狭小的话题,将我们认识和理解的金门战役,用理性和中正的立场,来消弭那些并非史实的讹误。

《大学》首章云:"物有本来,事有始终,所知先后,则近道矣。"

故本书《金门战役纪事本末》采用的撰写手法,以"编年"的基础求"始终",以"纪事本末"的体例,而达"实事求是"之"近道",辅之以必要的论证与讨论,来对那些并非"本来"之"神秘"传说和讹误,进行有限的辨谬和阐释,将一个全新的金门战役思考路径,和盘托出交给读者。

第一章 铁流与溃败

第一节
淮海战役的尾声与渡江战役、上海战役的完胜

1949年1月

中国人民解放军在共产党和领袖毛泽东的领导下,"淮海战役"进入第三阶段。陈毅、粟裕率领的华东野战军与刘伯承、邓小平率领的中原野战军,准备合围向国民党杜聿明集团发起总攻。

1日,"中华民国总统"蒋中正发表元旦文告,提出保存"中华民国宪法"、法统和保存国民党军队等条件,与共产党进行和平谈判;

2日,解放军华野下达全歼杜聿明集团的命令;

3日,蒋介石电令杜聿明突围;

4日,陕北延安人民广播电台,两度播报毛泽东《将革命进行到底》的社论:

中国人民将赢得解放战争的最后胜利,这一点连我们的敌人都不怀疑。

毛泽东在即将面对"最后胜利"的巨大成果面前,是如何来考虑"台湾问题"和"统一"的问题?一、"最后胜利"应当包含了中国大陆的土地面积和孤悬于大海中的台湾省国土面积的解放;二、此刻毛泽东所指的"最后胜利",在3月后的中共七届二中全会上,"消灭国民党军队"是应有主题;"国民党的作战部队仅仅剩下一百多万人,分布在新疆到台湾的广大的地区和漫长的战线上"。

同日,蒋介石在"无可奈何花落去"的情势之中,着手筹划退守台湾省的一系列"国是"。

5日,毛泽东的《评战犯求和》一文在新华社播发,文中揭露蒋介石

利用和平谈判,保存反革命实力的阴谋。

是日,蒋介石安排心腹陈诚任台湾省政府主席。

6日,参与"淮海战役"的华东野战军第十纵副司令兼第二十九师师长萧锋,率领麾下攻克了小辛庄,国民党守军496团3营全部投降。

8日,蒋介石命令:第一绥靖区司令宣布京沪一带之长江北岸各港口全部封锁,并着手从上海将国库内的黄金、白银及故宫文物等可移动资产悉数运往台湾。

10日,解放军第十纵副司令兼第二十九师师长萧锋率部攻占胡庄,迫使国民党第七十二军军长余锦源率残部投降;尔后,萧锋又包围陈官庄及飞机场,全歼国民党第八军军部、俘虏军长周开成;接着,萧锋率部在刘集俘虏国民党第七十四军军长邱维达以及部属残军4000余人。萧锋率领之第二十九师辖下83团,最先攻占陈官庄杜聿明地下指挥所,杜聿明全军覆没,淮海战役宣告结束。按照萧锋将军的原话说:我小小的指挥部屋子里,足足关了5个国民党上将、中将和少将。

是日,蒋介石密令将中央银行剩余的80万两储备黄金分两批运往台湾与厦门,上海国库的黄金几乎被搬运一空。"淮海战役"中,国民党胡琏十二兵团下辖第十、第十四、第十八、第八十五等4个军,共23个团千里赴援,惨遭覆没。胡琏于安徽蒙城双堆集,从萧锋部及友邻部队铁桶般的包围中,得乘坦克只身得逃。他在自述中说道:

在上海住院养伤,奉总统蒋公电召入京调见,蒙示"迅速整训旧部,以备续为国用"……总统在引退离京前,曾手令国防部"予胡琏以名义,配属三个军,并于新到的美援武器中,拨足上述三个军的装备"。国防部旋即任命我为第二编练司令部司令,辖第十、第十八及第六十七3个军……总统在局势艰难,日理万机的时候,召见一个负伤住院的胡琏,且手令其任命,并拨发起装备。厥后又鼓舞其斗志,确定其任务,并准许陈长官辞公(诚)动用此"十二兵团"。战后在阳明山官邸,对笔者(胡琏)的些微成就,面赐嘉勉说:"你能如此,我殊欣慰!"

11日,为适应整个战局的变化,解放军全军统一编制,彭德怀、习仲勋指挥的西北野战军称第一野战军;刘伯承、邓小平指挥的中原野战军称第二野战军;陈毅、粟裕指挥的华东野战军称第三野战军;林彪、罗荣桓指挥的东北野战军称第四野战军。

改编后的第三野战军,下辖第七、第八、第九、第十4个兵团,第十二至第三十五等15个军和两广纵队,以及直属野战军的特种兵纵队和教导队,共计兵员58.1万人。粟裕任副司令员兼第二副政委,在司令员兼政委陈毅不在三野期间,任代司令员兼代政委职务,并主持三野前委工作。

原华野十纵改编为陆军第二十八军,编入第十兵团,叶飞任十兵团司令;原二纵副司令朱绍清调二十八军任军长,陈美藻为政委。

萧锋由原华野第十纵副司令兼二十九师师长,改任解放军第十兵团第二十八军副军长。

此间,叶飞因"严重的黑热病……不得不到济南治疗休养,未能参加淮海战役"。"还要休养一个月,才能恢复",自济南疗养归建后感叹说:

第三野战军在渡江前夕组建兵团时,把原来的建制打乱了。

叶飞在回忆录中,在对原属自己的陶勇华野四纵划归第七兵团颇有微词,并在"渡江战役"的前夕,曾向三野争取该部回归,三野也正是考虑了这一因素,在"渡江战役"的整个过程,一度将陶勇部暂归十兵团指挥。"十兵团的任务如此艰巨,三野领导机关决定,第二十三军(即陶勇任军长的原华野四纵)由七兵团拨归十兵团指挥。这就解除了我指挥上的不少顾虑,二十三军是华野主力,它的战斗作风我也比较了解。"(以上见《叶飞回忆录》解放军出版社1988年11月第1版512、516、538页)

叶飞的这一"比较了解"现象,反衬出在作战部队的调配上,熟悉与否,指挥与被指挥者之间,是否能够达成默契的关键,从某种程度上来说,这种"默契"也是决定战争胜败的重要关键因素之一。

萧锋是在1949年1月11日以后,解放军全军统一编制,华东野战军改称为第三野战军的时候,由原宋时轮的华野第十纵副司令兼二十九师师长,改任叶飞的第十兵团第二十八军副军长的。

解放军整编过程中"打乱"原有隶属关系的做法,带来了一个弊端,即在长期的作战配合中建立起来的老搭档"默契"关系,在这一刻被打破了。"师克在和"的意义,在萧锋和二十八军调入叶飞十兵团之时,就已经显现了"不协调"的端倪,至金门战役登陆作战的前后达到了一定的高峰。

18日,蒋介石下令将京沪警备总司令部扩大为京沪杭警备总司令部,汤恩伯为总司令,统一指挥苏、浙、皖及赣东军事,会同华中"剿总"白崇禧,负责长江防御,并命令在台湾以台湾省政府主席之职的陈诚,兼台湾省警备总司令。

20日,蒋介石已经将海军主力,中央银行的金银及约5.06亿美元外汇储备,转移到了台湾。

21日,刘云瀚在天津被解放军俘虏。释放后投奔胡琏,任新组建之国民党十二兵团十九军军长,并在金门战役登陆作战中报了这天"被俘"的一箭之仇。

是日,北平国民党部队傅作义宣布率部起义;蒋介石辞去了"中华民国总统"的职位,保留了国民党总裁而"引退"。其子蒋经国在《风雨中的宁静》中记载道:

父亲引退之后,交我办理的第一件事情,是希望空军总部,迅把定海(今舟山群岛)机场建筑起来……每星期都要问问,建场的工程已完成到何种程度,后来催得更紧,几乎三天一催,两天一催,直到机场竣工为止。到了淞沪弃守,才知道汤恩伯的部队,就是靠了定海基地起飞的空军掩护,才能完全地经过舟山撤退到台湾。

是月,蒋经国继1948年12月20日由海军将第一批772箱故宫文物运往台湾后,再由招商局"海沪"号,将3502箱故宫与国家图书馆文物,从南京运往台湾。

1949年2月

1日至3日,毛泽东在西柏坡接见苏共中央代表米高扬,第一次谈到台湾问题:

中国还有一半的领土尚未解放。大陆上的事情比较好办,把军队开去就行了,海岛上的事情就比较复杂,需要采取另一种较灵活的方式去解决,或者采用和平过渡的方式,这就要花较多的时间了……比较麻烦的有两处:台湾和西藏……台湾是中国的领土,这是无可争辩的。现在估计国民党的残余力量大概全要撤到那里去,以后同我们隔海相望,不相往来。那里还有一个美国问题,台湾实际上就在美帝国主义的保护下。台湾问题比西藏问题更复杂,解决它更需要时间。

毛泽东"隔海相望,不相往来"的谈话,透露了他此刻尚未形成"统一"思想。虽有"台湾是中国的领土,这是无可争辩的"表白,但对"台湾问题……更复杂,解决它更需要时间"的强调,更可知此时的毛泽东,并没有形成完整的对"台湾"战略。其思考的,也仅仅停留在"复杂"局面的军事层面,始终没有看到将"台湾问题"上升至"国家统一"的最高目标。

是时,在"淮海战役"中惨败于萧锋手下、全军覆没的国民党残军胡琏,持蒋介石下野前所赐手令,重新组建空无一兵一卒的第十二兵团:

第十二兵团改为第二编练司令部,收集残余,编成第十、第十八、第六十七等3个军,整补训练,以期重振。

7日,中共中央军委电示华东局:速派人与准备起义的国民党海军第二舰队司令林遵接洽,"军委和前委通报过,林遵将率领国民党海军第二舰队起义,并规定了联络信号"。

这些缴获、起义的国民党战舰,后来并没有在金门战役登陆作战的关键时刻,以及福建的沿海登陆作战中,发挥出任何的作用。直到金门战役登陆作战失败后,才在攻打"一江山"的战役中,让这些战舰派上了用场。

10日,蒋经国在日记中记载:上海国库仅余留约20万两黄金。

13日晨,第二十八军副军长萧锋,带领侦察科张宪章和2台报话机,1部150瓦电台,1个警卫排,共计34个人,分乘1辆大卡车、1辆中卡车和1辆吉普车,南下到泰州第一军分区司令部地方部队,为渡江做先遣侦察准备。在路经曲塘黄桥时,遭到国民党飞机的袭击,军车全部被损坏,但无一人伤亡。

是日,中共中央复电邓小平、陈毅,并告饶漱石等,重点指出:

不要轻敌一点,甚为重要……传达将重点放在城市的指示。

17日19时,南京国民党中央电台播出新闻:"国军飞机在苏北东台南击毙共军二十八军副军长萧锋等30多人,击毁军车3辆。"

19日,中央军委指示第三野战军成立"华东军区海军司令部"。

这是个积极的信号。但在金门战役发生之前、之中的一系列沿海战事中,这个"华东军区海军司令部"没有发挥任何作用。

30日,萧锋在泰州"忙里偷闲给江西泰和老家发去了一封信,告诉母亲,儿子在外做生意。很好,勿念!"

月底,国民党胡琏编练司令部,所辖第十及第十八两军收容地为江山,"共得八千余人"。在江西上饶附近之第六十七军,亦有番号而人员不足。

1949年3月

月初,国民党胡琏编练司令部,"适奉国防部'第二编练司令部应绥靖赣、浙、闽三省边区,以防共匪潜入渗透'之命。予乃请准衢州绥署,移司令部于江西南城"。

此间,胡琏在江西南城县以唐"府兵制"征募兵源,"一甲一兵,一县一团,三县成师,九县为军",先后在临川、东乡、进贤各征得兵丁1500

人，充实临川所属第52团和第十军、第十八军军、师直属部队；在东乡征得53团；在进贤征得54团，并将第十八师定名为抚河（赣江支流）支队，各团亦定名为临川、东乡、进贤大队。

所属第七十五师，在贵溪、金溪、资溪征得兵源后，命名为三溪支队。在南城、黎川、南丰所征得之兵源，归属第十八军——八师各团，并命名为盱江之队。其第十军之——四师、第十八军之十四师，分别在余江、余干、万年、崇仁、宜黄、乐安征得。第六十七军则在上饶，仿照第十军、第十八军之方法征得兵源。于4月底以前，胡琏十二兵团的建制，业已得基本重建成。其装备，先是得蒋介石"曾手令联勤部在新到外援武器中，为本编练司令部储存三个军的装备，以供使用"。除刘廉一军自领携行外，其他两军因兵源无着，运输不便，故请准联勤总部，由海道将该项武器运至福州。

胡琏在"非常时期"采用唐代"府兵制"的办法与此时征用"子弟兵"的精神，从很大程度上，为后来金门反登陆作战的"大捷"，奠定了人员与物资的坚实基础。府兵制下的"子弟兵"地域性、语言习惯、饮食起居或因乡邻、或因戚友的优势，也都在金门战役反登陆作战期间，以一种独特的"打虎亲兄弟"的方式体现了出来。

5日，解放军三野第十军团第二十八军奉命在江苏如皋县塘镇一带进行改编，所辖八十二师、八十三师、八十四师和军炮团。吴肃任二十八军参谋长，吴嘉民任政治部主任，张缉光任政治部副主任，宫愚公任后勤部长。

八十二师师长钟贤文，政治委员王若杰，副师长毛会文，参谋长李连仲，政治部主任胡辛仁。下辖：244团，团长邢永生，政治委员龙飞虎；245团，团长柴裕兴，政治委员孙乐洵；246团，团长（原纵队特务团）孙云秀，政治委员胡惠芝。

八十三师师长兼参谋长朱耀华，政治委员李曼村，副师长陈景三，副政治委员兼政治部主任丁士采。下辖：247团，团长刘竹溪，政治委员陈煐；248团，团长雷英夫，政治委员孙成才；249团，团长刘殿久，政治委员漆先应。

八十四师师长冯鼎三,政治委员王敬群,副师长张冲凌,副政治委员张维滋,政治部主任翁默清。下辖:250团,团长辜宗庆,政治委员李云成;251团,团长刘天祥,政治委员田志春;252团,团长程朝章,政治委员杨延祥。

二十八军军炮兵团,团长杨忠有,政治委员董立芳。原军供、卫两部整编为军后勤部,各师、团也先后成立后勤部(处),全军容员共54725人,是第三野战军战斗力最强、装备最齐全的一个军。

5日至13日,毛泽东在中共中央召开的"七届二中"全会上说:

辽沈、淮海、平津三战役以后,国民党军队的主力已被消灭。国民党的作战部队仅仅剩下一百多万人,分布在新疆到台湾的广大地区内和漫长的战线上。今后解决这一百多万国民党军队的方式,不外天津、北平、绥远三种。用战斗去解决敌人,例如解决天津的敌人那样……按照北平方式解决……就是迫使敌军用和平的方法,迅速地彻底地按照人民解放军的制度改编为人民解放军……绥远方式,是有意地保存一部分国民党军队,让它原封不动,或者大体上不动,就是说向这一部分军队作暂时的让步,以利于争取这部分军队在政治上站在我们方面,或者保持中立,以便我们集中力量首先解决国民党残余力量中的主要部分,在一个相当的时间之后(例如在几个月,半年,或者一年之后),再去按照人民解放军制度将这部分军队改编为人民解放军。

会上,毛泽东再次提出了党的工作重心由乡村移到城市的问题:

从1927年到现在,我们的工作重点是在乡村……现在起,开始了由城市到乡村并由城市领导乡村的时期……党和军队的工作重心必须放在城市,必须用极大的努力去学会管理城市和建设城市……城市中的其他工作,都必须围绕着生产建设这个中心工作并为这个中心工作服务。

全会之后，毛泽东在讨论即将成立的华东局管辖范围，确定粟裕担任华东局常委、分管军事时说：

还要加上台湾。

中共七届二中全会提出的解决"台湾"国民党军队的办法，是毛泽东第一次提到"台湾问题"与具体的人员挂钩，后来，粟裕和张震建议提早入闽，就是与解放台湾联系在一起考虑的。粟裕说：

解放上海以后，我们的主要任务是解放沿海岛屿和台湾，进军福建是肃清残敌的问题。

此间，中共华东局拟定出解放台湾后"台湾省"的各级组成人员：舒同为中共台湾省委书记，刘格平为省委副书记。其所应配备的省委、省政府各部厅、地委、县委领导班子均在组建中；并对人员进行了集中和有关台湾知识、政策的培训。后因金门战役登陆作战失败，"解放台湾"计划搁浅，这些准备"赴台"人员，随即转到新创办的"华东人民革命大学"。

3月15日，新华社发表《中国人民一定要解放台湾》评论。为中央首次明确公开"解放台湾"之口号。强调包括台湾人民在内的全中国人民，将绝对不能容忍国民党反动派把台湾作为最后挣扎的根据地。中国人民解放斗争的任务就是解放全中国，直至解放台湾、海南岛等属于中国的最后一寸土地为止。

这一明确的"解放"口号，决定了中共中央以"武力解放台湾"的大政方针。

19日，蒋介石下令：空军出动飞机炸毁向共产党投诚起义的叛舰重庆号。

26日，萧锋率第二十八军进驻靖江演练渡江作战，日夜备战；军后勤部长宫愚公，集中配备、动员木船和机帆船674只，含机帆船24只，共征用船工2295人，修理船只的木匠200人。按每船载15名解放军战士计算,预计一次能载8265名,约4个团加1个营。经过40多天的准备和演练,一切安排就绪,全军上下待命而动。

1949年4月

5日,粟裕在第三野战军司令部阐述"渡江作战"的三个设想,其中第二有:国民党"浙赣线不保,退守华南、西南及沿海岛屿",但未明确说明"可能退守台湾"的预测,并要求各级指挥员必须有大踏步前进、猛打猛冲的思想准备;要有战略追击不顾疲劳的准备;不让敌人有喘息机会,退守第二、第三道防线的余地;并在会上再次重申了对待"大城市"的观念及要点。

粟裕的这一思想,是此时此刻全军上下在巨大胜利面前表现出来的"全体思想"。粟裕在重申"大城市"观念下的这种"猛打猛冲"思想,无疑决定了金门战役登陆作战期间,叶飞在对待厦门粮食问题上,会有对"战役"与"城市"问题失之偏颇的"兼顾"(叶飞检讨时的原话)处理。

9日,第二十八军奉命由如皋县曲塘镇一带出发,经两天行军,于11日到达长江北岸靖江广陵、生祠堂一带集结待命,准备渡江战役;此时十兵团调集了8000只船,其中包括渡江船2600只,运粮船1200只,随军弹药船1100只,渡江前内河运输船2300只,机动船800只。

20日午后14时,解放军百万雄师正待机横渡长江。第二十八军阵地西边扬中方向传来隆隆重炮声。萧锋接十兵团司令叶飞、政治部主任刘培善电话:英国军舰紫石英号从南京码头出发,对沿江发炮进行实地侦察。兵团命令二十八军用预备炮群进行还击;17时,萧锋令山炮团张有才团长组织4门山炮,对准英舰一阵猛轰,大江上顿时水柱涌起,炮烟弥漫。英军顷刻打出白旗投降。

21日,毛泽东、朱德发布《向全国进军的命令》:

中国人民解放军奋勇前进,坚决、彻底、干净、全部地歼灭中国境内一切敢于抵抗的国民党反动派,解放全国人民,保卫中国领土主权的独立和完整。

是日晨,第二十八军隶属渡江东突击集团,奉命在左邻二十九军、右邻二十三军配合下,于江阴以西的申港口至夏口段实施主要任务:突破敌长江防线,登上南岸,攻歼当面之敌国民党第一绥靖区周嵒部第二十一军。得手后,主力迅速向南扩展,抢占新安镇、焦溪镇、戚墅堰,夺取并控制京沪路,阻敌南逃;第二十八军在江阴以西登陆突破长江天险后,与兄弟部队先后解放戚墅堰,切断京沪路,攻占宜兴、长兴、吴兴等城镇。

至 16 时,叶飞、韦国清、刘培善等亲临八圩港第二十八军前线指挥所,对萧锋说:

老萧呀!风向不对呀,现在刮的是西南风,要是刮东南风就好了,既能南进,也好北返。

萧锋答:

听船老大说,晚 8 点后可能风向会转。

晚 20 点 30 分,风向突变,由西南风转为东南风。叶飞发布渡江命令。第二十八军以 5 个团共 10 个营为渡江第一梯队,萧锋坐军指挥船,带 2 部电台,率八十二师 244 团第 1 营向南疾进;八十二师钟贤文师长、王若杰政委率领 244 团 2000 多指战员分乘 250 条木船、5 条机帆船;八十三师朱耀华师长、李曼村政委率 247 团 2000 多名指战员,分乘 265 条民船、7 条机帆船;八十四师冯鼎三师长、王敬群政委率 251 团分乘 75 条木船、8 条机帆船,争先恐后争当登岸第一船,向南岸疾驰划去。

此时,萧锋所率第二十八军 4 个加强突击营,分别由靖江上四圩港、上六圩港、二圩港、下四圩港南渡,251 团 2 个营亦在左右两翼行动,向长江以南疾渡。

萧锋组织的这个渡江配备阵势和编队梯次,在后来金门战役登陆作战的渡海作战中,有惊人的相似性。仅由此次的"营"变成了"团"。萧锋在金门战役登陆作战亦采用战术上"登岛""建立滩头阵地",胜利完成第一阶段作战任务,并在滩头"固守待援"之法。

22点30分,萧锋率领的第一梯队大部分已接近正面之敌,随即命令姜参谋向北岸连打4发红色信号弹,指示120门各型火炮一齐向对岸射击。瞬间,北岸的120门山榴炮炮弹如排山倒海般射向南岸敌工事;第一梯队244团邢永生团长率第2连第一个登上南岸;萧锋的军指挥船,也几乎和邢永生的244团1营同时登岸;宋家烈副团长率领的244团1营,也首先从东港头登陆。

22日8时,第二十八军5万多人全部渡江,扩大和巩固了登陆场;迅速解放了申港口、舜过山、三河口等地;17时,截断京沪铁路,随即以主力向宜兴挺进,截断京杭公路;24时,萧锋接到粟裕与张震联名下达的指令:第二十八军务必于4月24日晨抢占宜兴城及其以南地区,以截歼京杭公路沿线逃窜之敌;第二十五军、第二十七军此时亦全力兼程,与第二十八军打通了联系,完全截断了敌向南的溃退之路。

张震在回忆录中说:

> 各部队……昼夜兼程,追击逃敌。指挥部里,电话铃声不断,电报来来往往,夜间灯火通明。也许是兴奋和军情紧急,谁也不休息,都坚守岗位,情况一来,立即处理。

23日,第二十八军八十三师占领戚墅堰,八十二师和八十四师一部协同二十三军包围常州市。第二十八军主力协同第七、第九兵团,猛打猛冲封闭了敌从南向东的逃路,在吴兴西榜舍,歼敌14000余名,俘敌家属数千人;八十二师解放了焦溪镇、石堰;八十三师控制了马鞍山、大山后,直逼南闸;八十四师解放宁沪路重镇戚墅堰;10时,粟裕与张震电令:第九、第十兵团之第二十三军、第二十八军、第三十一军、第二十九军、第二十军迅速向金坛、宜兴、无锡挺进;19时又电示:二十八军与二十九军、三十三军截断南京、镇江南逃和由宣城东逃之敌退路,以求围歼该敌于太湖西岸地区。

是日,粟裕与张爱萍在泰州主持"华东军区海军在白马庙成立"组建:由第三野战军机关部分干部、教导团和苏中"土海军"海防团基础上发展起来的苏北军区海防纵队,以及起义、投诚的国民党海军舰队等部队组成。由此,4月23日被定为中国人民解放军海军成立纪念日。张爱萍任司令兼政治委员,下辖警备第一纵队(由苏北军区海防纵队改编)、警卫团、海军学校等4000余人。

24日晨,粟裕与张震连发两电报给三野各兵团各军,指令各部分别迅速猛进,阻击、截击与尾追南京、镇江南逃之敌;特种兵纵队仍以全力封锁长江,以便迫令并接收国民党海军投降;人民解放军于是日全部占领"中华民国"首都南京。当解放军的红旗插上南京国民党总统府的门楼时,陈毅说:

南京的解放,代表着一个全中国的胜利。

消息传到北平,毛泽东兴奋异常,挥笔题诗:

宜将剩勇追穷寇,不可沽名学霸王。

25日,萧锋率第二十八军奔袭太湖,解放宜兴,在宜兴新沟村之间歼灭敌整四军一部、五十一军四十一师123团、五十四军后勤共5000人;第二十八军、第二十三军又相继占领溧阳,切断京杭公路,迫使沿京杭公路南逃之敌改向郎溪、广德方向逃窜;萧锋于占领宜兴当晚,在宜兴南找到了一辆卡车做军移动指挥所,装着电台前进!是役,八十三师、八十四师歼敌10000余人。

26日,萧锋率第二十八军解放长兴,其八十四师在长兴以西再歼敌1000余人。

是日,蒋介石乘太康号军舰由浙江象山港到上海,策划部署上海防务,命令汤恩伯凭借屯集上海的20万兵力坚守6个月;抢运物资,撤往台湾,并欲引发国际事件,促使帝国主义出兵武装干涉中国内战。

27日,萧锋率第二十八军解放江浙名城吴兴,敌全部投降。第二十八军共毙敌1175人,俘敌9689人,敌投诚747人;解放吴兴,历时6天,第二十八军战线向南推进了300里；缴获"永绩号"军舰1艘和大量武器弹药；随即萧锋在吴兴城布防一个合击圈，堵截从南京溃败下来的国民党主力军，不让他们进入沪苏杭地区；西线第二十七军通过郎溪、广德进至吴兴地区，于28日凌晨，与东线第二十八军会师，完成了封闭合围口，把国民党军5个军的大部分8万余人，团团包围在郎溪、广德之间的山区；经1天多激战，全歼逃敌，生俘军长、副军长以下官兵共计5万余人。

渡江战役，第十兵团共歼敌143000余人，取得飞渡天堑的伟大胜利。中央贺电说：全国欢腾，环球鼓舞。

同日，"华东军区海军"举行成立大会。原国民党海军第二舰队司令林遵，率领25艘舰艇在南京以东笆头山江面起义，另一部有27艘舰艇在镇江附近江面向解放军投降，一小部分舰船逃往上海。

可惜这些起义的海军和舰艇，并没能在此后的沿海作战过程中，发挥出它应有的作用。

28日凌晨，萧锋率二十八军东集团与二十七军中集团在吴兴附近打通联系，封闭了国民党溃军的合围口。南逃的国民党军四、二十八、四十五、六十六军大部及二十、五十一、八十八、九十九军一部，共计10万之众，被追歼于途中。有的在太湖西岸郎溪、广德山区全歼。

同日，蒋介石、蒋经国父子、陈诚等抵厦门。当飞机临近金门上空时，蒋介石注目金门岛良久发问道：

你们看，金门像什么？

蒋经国答：

金门像个红黄色的大哑铃，横卧在厦门湾的大嘴巴里。

陈诚说：

金门岛的形状像一根丢在地上的人骨头，两头大，中间小。

其时，金门既未驻兵也无工事。由此，蒋介石下定决心要固守金

门,故又问儿子蒋经国道:

谁守金门?

蒋经国答:

汤恩伯吧。金门为金,汤司令姓汤,加起来是"金汤",有"固若金汤"意。

自此刻起,汤恩伯被再委以重任,李良荣的二十二兵团代号,也随之以此寓意为名,定为"金汤"。

29日,原南京笆头山江面起义的国民党25艘军舰、在镇江向解放军投降的27艘军舰,分别于该日和5月1日编入华东军区海军,中共中央军委任命林遵为华东军区海军第一副司令。至此,第三野战军缴获、包括起义的国民党舰艇,有61艘之多。

31日,台湾地下"中共台湾省高雄市工委会",被国民党破获,书记陈泽民、委员朱子慧均被捕。

1949年5月

1日,中共中央向第三野战军发出贺电:

南京迅获解放,国民党反动统治从此宣告灭亡。

旋即,粟裕受命筹划"解放台湾"战役,并在兵力部署、武器装备、指挥机构、作战计划等方面开始做战略准备;组织抽调三野部队的第九兵团第二十军、二十三军、二十六军、二十七军4个军,准备在浙江进行登陆攻击训练;第十兵团令第二十八军休息7天后,协同九兵团进攻上海。军党委决定,萧锋同陈美藻政委留吴兴担任军管会主任;八十三师政治委员李曼村,任第二十八军政治部主任。

此间,国民党京沪杭警备总司令汤恩伯部8个军25个师约20万人,据守上海。

3日,萧锋率领第二十八军奉兵团命令,从吴兴出发东进,向淞沪进

军,会攻上海;

4日,萧锋率第二十八军八十二师于浙江袁家汇,歼灭国民党特务武装第6纵队400余人,缴获卡车数辆,四辆卧车。午后,叶飞司令员来到军指挥所说:"上海敌人不是死老虎,而是活老虎!"

中旬,中央决定由刘少奇率中共代表团秘密访问苏联,希望苏联向中共贷款3亿美元,其议程包含有"解放台湾"所需购买武器、苏联支援等事宜。

12日,萧锋在苏州参加三野军事会议,十、九、八3个兵团的领导人和第十兵团军以上干部参加,会上由粟裕、谭震林、张震三位领导布置解放上海的战斗任务。第二十八军的任务,是在苏州河以北、黄浦江以西的地区作战,摧毁敌人的现代化工事,攻占吴淞口。

是日,沪、汉外围激战,第二十八军参加淞沪战役。八十三师解放太仓,俘敌千余;八十四师解放嘉定、罗店,歼敌88团300余人。

13日,第二野战军刘伯承、邓小平先头部队攻占江西省南城县,另一路则向东南进攻福建南平。

15日,第二十八军244团在八十三师配合下,解放刘行,全歼国民党五十二军二十五师73团1营和团迫击炮连、督战队。

是月中,国民党胡琏编练司令部所在地,江西省南城县被解放军攻占。国民党国防部由南京入粤,急电胡琏编练司令部恢复第十二兵团番号,辖第十、十八两军担任战斗任务。胡琏奉国民党国防部命令,将第十二兵团番号缩编为第十及第十八两军。其改编的情况是:

将"抚河支队""临川、东乡、进贤大队""三溪支队"等统编为军师单位;六十七军与第十军合编为第十军,刘廉一任军长,辖十八师师长尹俊,六十七师师长何世统,七十五师师长王靖之,另两个独立团;第十八军军长高魁元,辖第十一师师长刘鼎汉(在浙南),第十四师师长罗锡畴,第一一八师师长李树兰。这些部队,均成为了后来金门战役反登陆作战中的主要和精锐部队。

此间,胡琏部迅速加入战斗序列,拒止解放军于江西省南丰县以北。刘廉一第十军所辖至两个独立团留滞南丰与南城之间,以戒备、迟滞解放军南进之目的;十二兵团主力,迅速布置在福建长汀、连城及江西瑞金、会昌之间,以瑞金为中心,从事整训。蒋介石配备给胡琏另两个军的武器,但待武器到闽,解放军已截断南平,长汀地方团队亦告投降解放军。故此时的胡琏,仍然只有一个军配备有武器,另两个军只能是"赤手空拳"。

16日,解放军第二十八军、二十九军、三十一军、三十三军、二十六军七十七师,已先后打下了上海外围的太仓、嘉定等7个县,消灭了国民党一二三军。

晚,萧锋接到叶飞、刘培善命令,迅速赶到杨行前方指挥战斗。

18日凌晨2时,萧锋到达直塘。天明后,到达杨行,解放了杨行以西广大地区,歼敌4个师,前锋距吴淞镇只有5里。

10时许,国民党守军五十四军、五十二军从高桥(国民党军全在船上)方面向解放军展开了大口径炮弹摧毁性的炮轰,随即50000多人向解放军扑了过来,解放军一时无法应战,只能暂时后撤3华里。国际广播电台洋行、南翔等地,又被国民党军夺了过去。解放军伤亡9400余人;

19日,萧锋率第二十八军八十三师加强244团,一举攻克国际电台。

同日,台湾警备司令部颁布"戒严令",宣布台湾地区处于"战时动员状态",实施全面戒严。

22日,粟裕于上海战役期间,向军委发电报请示:

依据蒋匪整个局势观察,已全线溃退,福建守敌不多。遵照军委予四野相机进入粤桂任务,如此我入闽部队是否可能提早?应准备何时出动?以便淞沪战后进行准备,调整部署。如何,请示。

是日,第二十八军总结了前几天的经验教训,改变了战术打法,由猛打猛攻变为稳扎稳打,每天向前推进2公里。来自兵团的消息:苏州河以南、黄浦江两岸、上海市区的国民党军开始北撤,解放军九兵团二十七军已进入到上海。

解放上海全市已指日可待,三野部队随即担负进军福建、解放华东沿海岛屿和新区剿匪的任务。

23日,毛泽东、中央军委复电粟裕:

你们应当迅速准备提早入闽,争取于六、七两个月内占领福州、泉州、漳州及其它要点,并准备相机夺取厦门。

"提前入闽"的行动、任务,全部交给第十兵团和叶飞。

毛泽东在1949年1月18日《目前形势和党在1949年的任务》一文所定解放全国的时间表是:

1949年和1950年将是中国革命在全国范围内胜利的两年……1949年夏秋冬三季,我们应争取占领湘、鄂、赣、苏、皖、浙、闽、陕、甘等省的大部,其中有的省则是全部。

对福建来说,是相机占领靠近浙江的闽北一些地区,1950年再解放全省。当时,毛泽东考虑,虽然"不但就军事上来说,而且就政治上和经济上来说,国民党政权是被我基本地打倒了",但是解放军渡江占领京沪杭长江三角洲后,需要一段巩固时期。因为这里是蒋介石的老巢穴,江浙财阀的发源地,国民党丢下的烂摊子要收拾、复苏起来,需要花费一定的时间和极大的精力。然后,解放军才能依靠长江三角洲这一富庶地区的人力物力,进军福建、两广、大西南,解放全中国。

但是,"提前入闽"打破了这一既定计划。叶飞在回忆录中说:

党中央决定由张鼎丞同志担任福建省委书记,主持地方工作。张老当时是华东局组织部长。他觉得经营福建的最大困难是干部力量不足……接管和经营福建,需要有一个省级、两个市级、八个地区级、八十多个县级的党政领导班子和业务领导干部。当时,张老手上只有由太岳、太行地区调集来的一套区党委、六套地委专署的四千多名干部。张老说,接管浙江有八千干部,我们去福建只有他们的一半,怎么行呢?这倒不是中央或华东局重浙轻闽,而是由于提前一年解放中国的新的战略部署,很多工作跟不上了。

第十兵团提前入闽,不仅是接管和经营福建的干部严重缺乏,且这些干部大都人生地不熟、语言不通,由此,"很多工作跟不上"。

表现在后来金门战役登陆作战上,"干部不足"和"工作跟不上"的最大表现,即在金门战役发起前,征集船只、船工的过程中,这些干部们几乎是两眼一抹黑,双拳一抓空,以至于战船、船工均无法得以按要求落实。金门战役发起时,战前无船、缺船运送足够的兵员。战役发起后,萧锋和二十八军没有一舢一板可以获得增援。也正因为船只的奇缺,叶飞在面对厦门16万嗷嗷待哺的居民时,只能在无奈的情形下,调用金门战役之前原准备用以作战的船只,前往闽北和潮汕地区去调运粮食。

是日,国民党汤恩伯部,已率领一部兵力逃到吴淞口外的军舰上。

24日,第二十八军247团攻克老宅;晨4时,再度发动攻击,占领了吴淞口,卡断了国民党往海上逃跑的通道。国民党淞沪副司令起义。

10时,全线停止战斗,宣布上海解放!

是役,第三野战军共歼国民党军15.3万余人,除其他战略物资外,又缴获了国民党舰艇11艘。

至此,第三野战军缴获的国民党军舰,加上"渡江战役"缴获的61艘,共计已有各种类型的军舰72艘之多。这个数字,是一个可与国民党海军"匹敌"进行一搏的舰艇数字。可惜的是,这个此时此际几可与当时国民党残余海军一决高下的第三野战军海军部队,在解放厦门和金门战役登陆作战中,没有发挥出任何作用。

上海解放以后,饶漱石任上海市委书记,陈毅任市长,粟裕任"接管委员会"主任,唐亮为副主任,下辖军事部、政工部、海军部、空军部、后勤部和训练部等6个部。

此际,萧锋在日记中再次感叹:我的家乡泰和也就要解放了,不知我年老的母亲生活得怎么样,一定要想办法找到他老人家。

25日,萧锋率第二十八军解放杨行后,奉命迅速向吴淞运动,截歼逃敌。

同日,蒋介石父子乘"江静号"军舰离开上海。军舰南下舟山群岛,并登普陀山礼拜。

26日拂晓,第二十八军与第二十五、二十九、三十三分别攻占宝山、杨行等地,在吴淞截歼企图逃跑的国民党军队,俘虏1.8万余人;

27日,萧锋所率第二十八军与其他友军一道解放上海,除汤恩伯挟5万人乘军舰逃窜外,其余15万人全部被歼,淞沪战役全面结束。

中午,粟裕下令:第十兵团全部进行入闽准备;第十兵团接三野电示:未担任警备任务的各军于战斗结束后撤至市郊休息,兵团部及所属3个军,随即集结于苏州、常熟、嘉兴一带休整,进行入闽前的各项准备工作。

此役,萧锋所率第二十八军歼敌40000余人,俘敌25000余人,缴获汽车400多辆,枪炮10000余支(门)。

入闽之前的第三野战军,已出现了对福建之敌的"轻敌"思想。叶飞在回忆录中,将这一"轻敌"思想说了出来:

> 三野司令部认为逃到福建的蒋军,都是残兵败将,不会有大的战斗,入闽兵力的部署只准备使用十兵团的两个军……我深感以两个军入闽兵力不足,因此建议以十兵团全部三个军担负解放福州、厦门及福建全省的任务。华东局和野司同意了我的建议,决定十兵团全部兵力入闽。并为防备在解放福州、厦门时美帝国主义的可能介入,进行军事干涉,以二野主力控制浙赣线,掩护十兵团遂行上述任务。

此间,自第十兵团决定"提前入闽"后,随即撤出上海,开始为进军福建做各种准备:先后补充了近40000名兵员,充实整顿各级组织;并根据福建山区、丘陵地形特点,调整装备,加强山地作战的训练;第三野战军后勤部给第十兵团下发了 3 个月的经费，苏南支前司令部在江西、江山为第十兵团准备了 150 万斤大米；3 个军各成立了 1500 人、250 副担架的担架队；为入闽部队准备了重武器 10 个基数、轻武器 4.25 个基数的弹药；为各军增配 12 辆汽车；为部队配齐了单军衣、鞋帽、水壶、蚊帐、药品等物资；在江山、玉山、古田设立兵站，负责物资转运。并有针对性地进行了政治思想工作教育和动员。

28 日，雨。萧锋所率第二十八军午前移驻顾家镇，明天将往常熟，休整一个月后，向福建进军。经过补充，第二十八军已达到 64000 人，是华东野战军中最大的一个主力军，装备精良，各种车辆多而且好。这也是前委把千里进军福建的任务交给二十八军的重要原因。

29 日，中共华东局恢复，并同意了叶飞的建议，于是日回复中共中央军委，拟以叶飞兵团 3 个军休整一个月后于 7 月初入闽。粟裕、张震向中央军委复电：

汤恩伯部残敌已逃至定海、厦门、基隆。

此际，从华东战场上撤往福建、浙江舟山群岛的国民党残余军队，在福州、厦门、漳州和浙闽沿海岛屿重新组织防御，企图卷土重来。其兵力部署为：舟山群岛方向，有 3 个军 10 个师，共 6 万余人；福建方向，有 3 个兵团 10 个军 27 个师，共 12 万余人；另有空军 3 个大队、海军舰船 50 余艘，依托舟山、台湾本岛等岛屿，配合陆军行动，对已经解放的大陆东南沿海城市、港口，实施轰炸和封锁。

31 日，蒋经国在该天的日记中写道：

父亲本日草拟防守以及治理台湾的计划。

是月，国民党对福建地区的部队进行了整编，整编后国民党军兵力部署如下：福建省主席兼福州绥靖公署主任朱绍良部 10 个军 27 个师约 12 万人防守福建沿海地区；第六兵团李延年部 5 个军 13 个师约 6 万人，防守福州地区；第八兵团刘汝明部 2 个军 6 个师约 3 万人，防守漳州地区;第二十二兵团李良荣部 3 个军 8 个师约 3 万人,防守泉州、厦门地区。以上国民党部队共计 30 万人,由东南军政长官陈诚(7 月 18 日正式任命)统一指挥。

是时,蒋介石已有死守金门的决心,遂召陈诚来问说:"金门乃台湾门户,看守大门,最好能放上一只猛虎,至少也应当是一只恶狼,绝不可放一头老牛,辞修属意何人?"

陈诚心中早有意胡琏,碍于胡琏是其嫡系,此时又不明蒋介石的心思,故小心翼翼地说:"汤恩伯不知是否可行?"

蒋介石:"给他多少军队,打掉多少军队。"

陈诚说:"那胡琏如何?"

蒋介石点点头。

君臣二人达成默契,陈诚由此放手大胆决断,遂有后来速派罗卓英密往潮汕,携银洋 10 万前往迎请胡琏回援金门之举。

月底,国民党胡琏部第二编练司令部改为第十二兵团,胡琏奉召晋见蒋介石于台湾高雄,垂询兵团状况后,蒋介石面示:

> 应肃清闽粤叛变团队,打通后方补给地之潮、汕,并准备保卫台湾。

胡琏在金门战役登陆作战后对十二兵团的任务,有这样的叙述:

> 第十二兵团之再建,及其所负明确的任务,是在总统关垂及指示下始行达成者……没有十二兵团,便不可能有古宁头及登步岛之捷。

由此可知,胡琏十二兵团的再建立,就是为了"保卫台湾"和有备于金门战役的。胡琏在《泛述古宁头之战》第三节当中,以反面的材料,叙述了共产党人的失误:

> 盖当时上海保卫战,正在激烈进行,陈毅匪部被羁于沪。逆料刘匪伯承或将整顿后方,集中兵力,然后一鼓作气,长驱而入闽南粤东。事后始知毛匪泽东以刘伯承大包围于陈毅之南,俾陈(毅)全力攻上海。迨上海陷落,彼又以陈毅接替刘伯承,使刘伯承与林彪交叉运动,刘(伯

承)由赣西入西南,林(彪)由鄂南趋两广,以致旷日费时。此一段时间,对(胡琏)十二兵团来说,十分重要。向使刘伯承不待淞沪陷落,即行奋力追击,直趋闽、粤,而使林彪入蜀侵滇,则(胡琏)十二兵团必将在万分狼狈的情况下,溃不成军。

胡琏于 25 年后的这个判断与分析,当然可视为"马后炮",但细想去,却又不无道理。至此,胡琏这支由江西人"子弟兵"组成的十二兵团被得以幸存下来,并最终成为了保卫"金门"的劲旅,从而酿成了萧锋及二十八军在金门战役登陆作战中全军覆没的失败苦果。胡琏在金门战役登陆作战之后,大发感慨说:

毛酋(胡琏对毛泽东的蔑称)向以善用大兵自诩,这次却丧失了战机,可谓天夺其魄,给我以整顿奋战的机会。

毛泽东此时的战略重心,正面向云、贵、川和两广。1949 年 1 月 18 日毛泽东发表的《目前形势和党在 1949 年的任务》说:

我们从来就是将美国直接出兵占领中国沿海若干城市并和我们作战这样一种可能性,计算在我们的作战计划之内……但是,中国人民革命力量愈强大、愈坚决,美国进行直接的军事干涉的可能性也就将愈减少,并且连同用财政及武器援助国民党这件事也就可能要减少。一年以来,特别是最近 3 个月以来,美国政府的态度的摇摆不定和某些变化,证明了这一点。

毛泽东在看到解放南京、上海等地后,美国并没有进行干预,于是,将四野急速调往西南,在毛泽东的眼里,只要美国不插手,福建与台湾的问题,就不难办。

此际,胡琏在蒋介石面示机宜后,以所受之任务,立即前往广州,面报参谋总长顾祝同。返防后,恰值军官团轮训完毕,士兵经月余操课,军人仪容亦成。乃从事闽西粤东叛乱团队之清剿,逐渐控制潮汕为后方补充通路;十二兵团未曾得领之另两军武器,由昆明逐渐运至汕头。

为此,胡琏感叹道:

> 直至兵团主力荡平叛乱,控制潮梅,乃决定以此武器装备一一八师,以备他日缓急可恃。嗣后古宁头之战,高魁元军长始终以一一八师为主力,做三日之苦战,赖有此批武器也。

原蒋介石计划给胡琏配置的"美式武器",后被陈诚补充给了国民党第八十军、第六军、第五十二军、第五十四等军。此时所获配备武器,为云南昆明兵工厂所造之武器。这一装备,较之于原配属美式武器,相距甚远。虽如此,胡琏仍在《泛述古宁头之战》一文中回忆得到这批武器后的十二兵团:

> 经过短短六个月的重整,已由残兵败将的颓废气氛中,一变而为鼓轩轩,士饱马腾之大军了!

是月,蒋介石在下野前后巡视了上海防务,旋即渡海到台湾,先住高雄寿山,后在草山(今阳明山)设置总裁办公室。自此,台湾成了国民党"中华民国"反攻复国的真正基地。

是时,蒋介石再令汤恩伯将上海剩余的第4批黄金运往台湾,上海国库仅留黄金5000两、银圆30万应急。至此,运往台湾的黄金总计超过360万两。

是月,国民党中央派员来金门勘察、定位,国库拨款,修建永久性设施工事。金门岛原无永久性工事,但由于受到蒋介石的垂注,于该月初,开始大规模建设。修建工事时,因材料不够,驻守部队拆了岛上的寺庙、祠堂和民房,甚至动用了死人坟墓的墓碑来做碉堡。守岛的国民党青年军二〇一师师长郑果说:

> 此举很缺德,但不得不为。

金门本岛的备战,大有"破釜沉舟"的气概。这对于至今仍然崇尚鬼神的台湾及金门的民众来说,当年拆寺庙、挖祖坟、损民房的一系列做法,淋漓尽致地表现出了这个小小岛屿上的据守之军此时此刻的决绝之心。蒋介石在退守台湾后就曾说：

如果说台湾是头颅，福建就是手足。

这是蒋介石在承袭了郑成功之后所有退守台湾者的普遍观点。而"金门"作为台湾的最前哨，最终获得了作为台湾屏障应有的荣誉。

是月，上海解放，接连而来的胜利，让解放军甚至定下了1950年中解放台湾的日程表。

全国凡是能调来的都集中到上海去了……原来北京军大学习的……（台湾）高山族田富达这一批，他们是从军大就南下到上海，同时，也有从东北几个地方、反正能调来的都集中在上海，就是要准备解放台湾。

……台湾省的地下共产党刘青石，也接到了一纸紧急电报，大概说……台湾快解放了，台湾的解放已经变成有实际的可能了，台湾（共产党）党目前的任务是如何保护万一战争发生时同志们的安全、国家财产的安全这些工作，至于武装斗争，不用你们管……

早年曾是国民党桂系高级将领、后来思想左倾的吴石，则是在上海解放后衔命赴台，他利用（台湾国民党）国防部参谋次长的角色，暗中加速解放任务。

吴石那时候……是最高领导人，路线要怎样走，要从哪里走，他都会去策划……当时登陆的地点是桃园外海，外海的路线要怎么来……吴石……他主持作战，常常国军训练……他都做记号……要让大陆解放军来的时候，能顺利登陆。

这说明在上海解放后不久，华野即在着手"解放台湾"的事情，至少在情报方面和与台湾共产党方面的情报联系是紧密和有成效的，其"有效"之说，当然是在蒋介石军队内，已经有了像"吴石"这样的高级将领在参与，并一直在实施解放军的登陆准备。

至月底，以前尚未设防、没有国民党正规军一兵一卒的金门岛，不仅在十几天之后，全岛驻有了军队，且从古宁头到一点红之间的10余公里海岸线上,矗立起了 200 多个碉堡,战壕也像蜘蛛织网似的爬满了海边四周。

1949 年 6 月

1 日,第二十八军 7 时乘车出发,经太仓到常熟宿营,拟再休整 1 个月,为入闽的作战准备。

是日,蒋经国在台湾高雄冈山面见父亲,蒋介石确定:

建设台湾为实现三民主义的省区,以及今后应以台湾防务为第一的方针。

2 日,粟裕指挥三野第二十五军解放崇明岛;中央军委复电华东局:行动时间如能提前至 6 月下旬更好。后又来电补充:如果准备工作没有就绪,进军时间推迟至 7 月上旬也可。

3 日,蒋经国在日记中写道:

父亲认为今后应以台湾防务为第一。

是时,《蒋总裁日记》亦写道:

宜立即召集台湾军事会议,解决兵额,编组与部署巡防通信等问题。

7 日,粟裕在上海主持召开国防建设会议。并根据毛泽东的指示,积极考虑和布置解放台湾的工作,对进军福建和解放沿海岛屿以及加强要塞守备,做出全面部署。会后,主持指挥三野各部展开进军福建、解放沿海的作战部署:

第十兵团三个军进军福建,"福建之战",由叶飞率领的第十兵团三个军承担。

8 日,国民党召开政院例会:通过宣布湘、赣、闽、粤、桂为接战地域。

11 日晚,常熟人民提灯游行,庆祝上海解放。

14日，叶飞派二十九军参谋长梁灵光（后任厦门市长）率领1个工兵营400人为先遣队，进驻福建建瓯，同中共闽浙赣省委会合，与当地游击队建立联系，了解情况，整修公路，筹措粮秣，组织民工，为主力部队入闽创造条件。

同日，中央军委电示粟裕等：

请开始注意研究解决台湾问题，并以初步意见告。台湾是否有可能在较快的时间内夺取，用什么方法去夺取，有何办法分化台湾敌军，争取其一部分站在我们方面实行里应外合，请着手研究，并以初步意见电告。如果我们长期不能解决台湾问题，则上海及沿海各港是要受到很大危害的。

这个电报，是毛泽东第一次比较全面地考虑台湾问题，因为"上海及沿海各港是要受到很大危害的"。

此际，第十兵团入闽"先遣队"到达福建建瓯，与中共闽浙赣省委会合，闽浙赣省委由此立即全力投入迎接解放军的入闽和支前工作，抢修道路，筹集粮草，组织民工。

中旬，国民党政府厦门要塞司令部成立"金门要塞总台"，将上海吴淞要塞撤下来的国民党残部，配备金门10门57毫米的战防炮，10具探照灯担负防御，并自此时起，在金门本岛上构筑永久工事、铺设通信线路。不久，又增加了20门25毫米机关炮。

15日至19日，毛泽东在新政协筹备会议第一次会议开幕式上，首次提出了"统一全中国"的概念，他说：

这个筹备会的任务，就是……成立民主联合政府，以便领导全国人民，以最快的速度肃清国民党反动派的残余力量，统一全中国。

"统一全中国"战略目标在此时提出，除了原来预料的解放战争步伐，由原来的"3年"，在很短的时间里，便调整为"1年"的预期外，此时解放军的节节胜利，促使毛泽东把"统一"的大业，提到了议事日程上来。

19日,中共中央决定成立"福建省委",由张鼎丞任书记,并从各地抽调了600多干部,加上从上海招收的2000名知识青年,随"提前入闽"的大军,南下作为建立各级地方政权的党政骨干。

上旬,第十兵团又组织了400人的"先遣队"入闽,对福建地区的敌情、地形、道路等进行侦察,并会同福建地方党筹集粮草,抢修道路,为主力入闽创造了条件。

20日左右,梁灵光所率入闽"先遣队"一个工兵营抵达建瓯,与在福建坚持斗争的曾镜冰胜利会师。

20日9时,萧锋在上海国际大厦17层,参加中共华东局由陈毅、粟裕召集的第十兵团军级军政领导人"接受入闽任务"的会议。到会的有张鼎丞、叶飞、韦国清、刘培善和3个军的军政领导人,约有25位。陈毅说:

要打下福建,还要建设福建,福建为南翼攻台湾、澎湖列岛做好准备。

粟裕说:

攻打福建、平潭、金厦、漳州时,要歼敌15万,积极协同广东四野,解决广东和潮汕胡琏兵团。

萧锋在日记中写道:午前去参观了上海,认为物价太贵。也许是长期在农村生活的缘故吧,总觉得城市不如农村自由。乘车到华东野战军司令部交涉了一批物件,明天返回常熟。

21日,中共中央军委致电华东局和粟裕等:

在你们面前,目前几个月内有四件大工作:一、经营以上海为中心的苏、浙、皖、赣新占城乡广大地区;二、占领福建及厦门;三、帮助二野西进;四、准备占领台湾。对台湾要积极进行策反工作,准备内应条件;希望夏、秋两季完成各项准备,冬季占领台湾。

张震在回忆录中说:

毛主席还指出：不占领台湾，则国民党海、空军基地不能拔除，时时威胁上海及沿海各地；不占领台湾，则数十万吨船只不能取得，沿海沿江贸易受制于外航商业界。因此，无论从军事上，还是从政治经济上看，都必须把解放台湾的问题摆到重要的日程。

电报中提到的所谓"准备内应条件"，即指台湾岛内的"台湾共产党工作委员会"，以及包括国民党副总参谋长吴石等潜伏在国民党内部的中共党员等。毛泽东给粟裕"准备占领台湾"的电报，《粟裕传》849页当中，有一段回应：

根据中央军委的指示，粟裕立即着手进行解放台湾的各项准备工作。他密切注视敌我双方的战略态势以及国际形势的发展，着重研究现代战争条件下陆海空三军配合渡海作战的新战法，要来东南沿海10年来水文气象资料，研究潮汐、气候和沿海地形的变化规律及其对渡海作战的影响。

粟裕"准备占领台湾"计划的落实，是抽调8个军用于攻台作战，以萧锋老搭档宋时轮第九兵团3个军作为第一梯队，并随后进行了逐项准备：

一、成立中国人民解放军台湾前线指挥部；二、在沿海地区征集民船和民工进行渡海训练；三、选调一批有经验的后勤干部集训，为解放台湾做好保证工作。

同日，蒋介石乘专机飞抵福州，在南郊机场办公楼亲自召开临时军事会议，汤恩伯、朱绍良、李延年等党政军、师以上约80余人参加，进行部署和采取应对之策，以孙中山"安危他日终须仗，甘苦来时要共尝"为题，要求福州守军：

比方台湾是头颅，福建就是手足，没有福建即无确保台湾……福建若陷落，其政治影响甚大，因为台湾人半数以上原籍福建，对故乡十分怀念。南洋一带的侨胞，也是福建籍占多数，如果福建失守了，就更误解为我们国民党彻底失败了。这种心理上变化，就会使我们失去海外侨胞的同情与支持，所以，必须死守！

与共党做殊死战，用自己的热血，死守福建，巩固台湾，待机恢复失去的国土。

又对福州绥署副主任吴石等人说：

如今之计，从政略、战略、战术、战斗诸方面来看，一线之望可以持久者是守岛屿，因共方无战船不能水战。

处绝境也可以生……有我领导你们，有台湾在，即使大陆失尽，也可复兴。

下午15时30分，蒋介石乘"美龄"号飞离福州返台湾。

蒋介石的判断，可谓是一针见血："持久者是守岛屿"，与"共方无战船不能水战"。蒋介石在这个"海"和"船"字上面，水战方面，下足了功夫。

24日，蒋介石总裁办公室在台北草山（即今阳明山）设立，台湾逐渐成为与中共对抗的真正基地。

25日，第二十八军团以上干部前往上海国际饭店，听取华东军区及三野首长指示。陈毅、粟裕、谭震林、张鼎丞等首长做关于"进军福建"的指示。

二十八军军史在叙述这次会议的动员时说：

渡江战役后，蒋介石仍企图以台湾为基地，在美帝国主义的支持下，尽力保住沿海岛屿及福建，纠集残敌10个军约12万人组织顽抗。为迅速解放福建，建设福建，奉十兵团命令，我军6万将士千里进军福建，追歼残敌。

"追歼残敌"的表述，实则是此时整个解放军对国民党军队的普遍看法，其状态，正面说，是对国民党一溃千里的一种"藐视"态度，但从另一面看，则是"轻敌"至此的表现。

26日,蒋介石下令组建舟山防卫司令部,决定以4个军6万余人驻守舟山群岛,企图使舟山成为封锁长江入海口、袭扰京沪杭地区的基地。

蒋介石的这一布置,可谓"老谋深算"。袭扰的目的,既有转移视线、声东击西不让毛泽东发觉其经营台湾的战略目标,又在战术上阻挠了对方"入海"的企图。

27日,叶飞和韦国清发布"进军福建"的命令。

28日,在叶飞司令员、韦国清政委的指挥下,十兵团3个军冒着南方盛夏的酷暑,千里进军福建。

同日,第二十八军朱绍清军长率八十三师、军侦察营、工兵营作为先遣部队,向福建进军,八十二师、军直、八十四师陆续启程。

下旬,国民党第十一师师长刘鼎汉复回汕头,迎接胡琏第十二兵团南下。

月底,胡琏第十二兵团处于江西广昌、石城间,其全兵团的军资,仅有黄金10条。胡琏于窘境中乃召集刚征集新兵之军、师长,直陈而面分之,各得其一。其余3根金条做遣送眷属到厦门、再转台湾的盘缠。各部队每人每日,仅由县府供应铜板5枚作为菜金,但操练集训,仍不辍于山间地头,士将上下毫无怨言,亦无他念。其励精脱困的精神,不乏江右历代先贤,故胡琏在后来的回忆文中,念兹在兹"文文山之精神",而不忘"正义在江西"。

夏秋间,胡琏十二兵团处境已至艰危,前有势如破竹的解放军强敌,后有溃败转瞬易帜的国民党军叛兵,粮秣军械两缺,任务压力如山,但经胡琏惨淡筹措,全军上下,仍能且战且练且退,直至潮汕地区。

第二节
势不可当的"入闽"与国共两党的战略预期

1949年7月

月初,蒋介石亲往福州召开作战会议,严令国民党福州绥靖公署主任朱绍良,重新调整下辖的第六兵团防御部署:二十五军及独立三十七师布防福州至闽清的闽江两岸;七十三军驻福清地区;七十四军集结于连江、官头一线;九十六军守福州西北大胡、雪峰地区;一〇六军扼守福州市区核心阵地;独立五十师布防于大小北岭官溪一线;其5个军13个师,共约6万余人坚守,增修工事,并由台湾运来第二〇一师1个团,增防福州以东马尾地区,以保障福州、马尾防线与闽江口交通要道。

1日,解放军第二十八军在江苏常熟一个教堂召开党的纪念会,政委陈美藻主持。排以上1000多名干部听萧锋副军长传达政治和党的建设报告,为入闽做好充分准备;部队经过整编,士气及组织上大为提高,纷纷找福建人教当地话。不懂方言是不行的。

3日,毛泽东和朱德致电华东军区陈毅、粟裕、张爱萍:

新中国就要成立了,希望你们抓紧做好解放台湾的准备工作,加强海军力量,做到中央一声令下,随时歼灭敌人。

是时,毛泽东的"占领台湾"已改为"解放台湾"。

是时,第三野战军司令员陈毅与政委饶漱石,在"进攻金门"的问题上,两人产生了严重分歧。陈毅说:

就在解放上海那年秋天,为了给解放台湾打下基础,党中央决定首先打下金门。这是台湾的门户,三野受命担任这伟大的任务。可是我作为三野司令员,和饶漱石对如何解放金门的任务,发生了分歧意见。一向是失败主义思想的饶漱石,当时又产生了轻敌思想。这两种思想看似矛盾,却并不矛盾,胜则骄和败则馁本质是一样的,这就是辩证法。

饶漱石认为我军一登陆,金门就会不战而降,派一二师人进攻金门就能解决问题。

在决策会议上,我和饶的意见不同,我认为列宁讲的"敌人越到垂死阶段,挣扎越是猛烈"这句话,对于解放金门战役仍是使用的。因此我的意见是:国民党必定不惜一切牺牲,坚守金门,我军必须以全力进攻金门,并且在万一战局不利时,做最坏的准备。

饶漱石不同意我的意见。结果,那次战役失败了,损失了一万多人。

责任落在了饶漱石的头上,但我没有坚持自己的正确意见,及时反映给党中央,我还是犯了错误,对此我也做了检查。

2日午时,第三野战军及粟裕发出电令:

为完成攻占台湾任务,必须迅速加强海军,决调赵启民同志前往海军任副政委;三野第十兵团开始向福建进军。

随即,第十兵团政委韦国清和叶飞,率第十兵团部队从苏州、常熟、嘉兴等地,冒暑南进福建,每天因中暑而非战斗减员的人数不少。

4日,蒋介石在台北答美国记者:"美如挽救中国绝不为晚。"

蒋介石几近哀求的讲话,是美国此时已经有抛弃"中华民国"及蒋介石的想法。

5日午前,萧锋对二十八军直属排以上干部讲话;因为部队要后推一天出发,萧锋先到嘉兴去做车辆准备。晚,萧锋到嘉兴找兵团赵维纲处长联系安排火车。赵告之:二十九军先运动,二十八、三十一军随后跟进。很顾虑,如白天走碰到飞机威胁很大,夜晚走又不便。萧锋说:嘉兴站有18挺轻机枪、4挺重机枪,敌机来了,就狠狠打击它,现在不是1946年初,我们在火车的前、中、后都架好了机枪,敌机飞低时就打它,尽力保护军队的安全。叶飞司令讲：二十九军 7 月 29 日运完，二十八军 10 日由嘉兴起程，敌似乎要"放弃福州，坚守厦门"，要注意国民党来自不同方向的飞机。

6 日，解放军第二十八军八十二师、军直机关、八十四师依次离开常熟，沿苏（州）嘉（兴）公路以 4 天行军赶到嘉兴乘火车，沿沪杭、浙赣路南下。

同日，蒋介石以国民党总裁的身份访问菲律宾。公开声明是"商谈台菲联盟"，实际目的有二：

一、请菲律宾总统季里诺替他向华盛顿述情，将台湾划入美国西太平洋防线之内，以保孤悬海外的台湾战略安全无虞；

二、台湾一旦失守，则决心在菲律宾某岛或南美组成"中华民国"流亡政府，为此，蒋介石特向季里诺总统前来投石问路。

7 日，中共中央致电粟裕：

在我夺取舟山群岛及台湾以前，（国民党）可能继续封锁下去，故你们的立脚点须放在长期被封锁的情形下考虑并解决问题。

这一说法，说明蒋介石封锁长江"入海口"的办法是有效的，为他经营台湾、做好更加周密的布置，赢得了时间。

7 日 9 时，萧锋乘车到嘉兴，二十九军 9 日可运完，10 日开始起运二十八军。

叶飞电令萧锋：

敌似乎要放弃福州，固守厦门，拟用八十三师接管福州，八十二师参战，八十四师在闽北剿匪护路。

萧锋建议：

给八十四师增加一个团，并亲自带队。

9 日，解放军第二十八军八十三师从江西上饶下车，沿崇安、建阳、水吉，顶烈日 10 天行军，于 19 日进至福建建瓯、古田集结待命。

10 日，毛泽东写信给周恩来，根据朱德的建议，提出可考虑选派三四百人去苏联学习空军，同时购买飞机 100 架左右，连同现有的空军组成一个攻击部队，掩护渡海，准备明年夏季夺取台湾：

解放全国人民，保卫中国领土主权的独立与完整。

这是毛泽东、朱德在认真考虑朱德对台湾问题的建议后，所做出的包括台湾在内的、一个具有"完整领土"意义上的"主权"战略性布置。至此，中共中央三大巨头在将台湾视为"领土完整"的问题上，似已达成了一致的意见，并做出了"夺取台湾"的战略部署。尽管这个"明年夏季夺取台湾"的计划，较之于二十几天前 6 月 21 日提出的"冬季占领台湾"计划，已经是向后推迟了至少半年多，但是，将台湾问题提高到"领土完整"和"主权"概念的高度，为金门战役登陆作战失败之后的一系列有针对性的延宕政策，指明了方向。

中旬，第三野战军调整部署，组建"解放台湾"部队，进行攻台兵力准备。将第九兵团二十、二十六、二十七军，再加二十三军集中训练，作为陆军渡海登陆作战的突击力量。并按照军委的计划，抽调部队组建空军、海军和其他兵种部队，从二十二、二十四、二十九、三十二军各抽 1 个师改为空军与装甲兵部队，在开封组建解放军第一支伞兵部队，后与第十五军合编，组成空降第十五军；编组了华东海军第一、第二舰大队，并以此为基础，组建了海军第五、六、七舰队；后为解放舟山群岛，又组建了第四舰队，并以参加了金门战役登陆作战的二十九军八十五师，组建为水兵师，担负海军陆战队任务。

第三野战军"解放台湾"的计划和投入作战的兵力，被确定为 8 个军，其中第九兵团的 4 个军为第一梯队，实施攻台作战预案。

12 日，粟裕从上海移防到了南京，任华东军区副司令，兼任南京市军管会主任、南京市市长、南京市委书记。

是日，萧锋所率第二十八军八十三师 247 团准备移防上车时，突然来了3架国民党飞机，敌机围住车站向部队轰炸和扫射。萧锋迅即指挥嘉兴车站18挺轻重机枪，对低空扫射的敌机进行猛烈还击，击落两架后，剩下的一架向东南逃窜而去。

14日，第二十八军八十二师从江西上饶下车，按八十三师行军路线，开始冒酷暑10天的行军。

16日，第二十八军八十四师在上饶下车休整，17日沿崇安、建阳、水吉方向开进，战三伏行军12天，于29日到达建瓯以南的阳泽一带集结待命；由于北方人到南方生活不习惯，7月间天气炎热，不是痢疾，就是疟疾；二十八军掉队、病倒人员共4000多名；医生沿途抢救，这个病愈了，那个又倒下了。

18日，蒋介石成立"东南军政长官公署"，任命陈诚为军政长官，其辖区为台湾及苏浙闽潮汕地区。

20日，粟裕等给中央报告电：

> 为准备攻占定海和台湾，调整淞沪地区部署。

从粟裕给中央的电报中可以看出，一方面在福建赋予了第十兵团的"准备解放台湾"任务，另一方面又将"准备攻占定海和台湾"主力，放在浙江沿海，并为此调整了第三野战军的兵力部署。由此，宋时轮第九兵团奉命解除了上海市的警备任务，兵团机关和第二十、二十六、二十七军移驻市郊，准备在浙江实施"解放台湾"的登陆作战整训。第二十三军调归第九兵团整训，准备参加"解放台湾"的第一梯队任务。

22日9时，萧锋搭车起动，12时到杭州；至14时到江山，晚在上饶市宿营；不足两天的时间，就走过了3个省，真快呀！像这样乘车行军，在我军历史上还是第一次；晚上接到叶飞司令电令：萧锋到建瓯参加军事会议，张鼎丞传达如何解放福建和建设福建问题。

23日，蒋介石飞抵厦门，召开军事会议。

此时的蒋介石一以贯之，战略目标明确，固守方向一如千余年来中国传统的"台澎金马"和"厦门""金门"唇齿相依的地缘观念，这是其败走大陆后最终得以据"金门"前沿,至死能以"反攻大陆"为梦的最为根本之处。

24日,解放军第二十八军八十二师进至建瓯东南玉山地区集结休整。

是日,宋时轮、郭化若、覃健签署命令,要求各军按计划"于本(7)月28至31日以前将防务交接完毕",尔后在上海市郊进行8—10月的整训后,开往浙江东部,展开渡海登岛作战训练。

26日,毛泽东又电告在莫斯科进行秘密访问的刘少奇:

向斯大林提出协助中国建设空军的问题,同时提出希望购买飞机,并请代训飞行员,争取赶上在解放台湾的战役中使用。

同日,中央军委致电华野粟裕:

海军机构移青岛,并归军委指挥。

27日,刘少奇在苏联拜会了斯大林等苏联领导人,向斯大林说明了中国共产党准备在1950年进攻台湾的设想,要求苏方提供200架左右的飞机并请代训飞行员,争取在进攻台湾的战役中使用。斯大林非常痛快地答应了中共提出的这些请求。不过,对于刘少奇带去的中共中央政治局所提议的,请苏联在作战时提供空军和海军支援的要求,斯大林明确表示难以赞同,说这样做的结果,必定会引起美国的介入,从而诱发美苏之间的冲突乃至战争。

是日,叶飞第十兵团分两路入闽,二十八军、三十一军经浦城长驱250余里;二十九军经崇安行程200余里会合于建阳、建瓯和南平;叶飞另派一个侦察营由金华下车后,经丽水、云和一线,行程340公里,抵达福建寿宁、福安地区;

此际,第十兵团进入闽北建瓯已经半个月,部队很疲劳,生活习惯也不适应,叶飞决定稍事休整,然后解放福州。所获情报,驻守福州的70000国民党军动荡不定,有逃走的趋势,为此,第十兵团做好了可能提前行动的准备。

29日,萧锋第二十八军到达建瓯后天气炎热,水土不服,疾病较多,缺粮少药,全军减员2700余人,其中因病住院1400余人,掉队100余人;军部号召全体指战员,做好巩固部队和各项战斗准备,争取尽快消灭福州残敌,以更大的胜利迎接中国人民政治协商会议的召开,迎接新中国的诞生。

30日午时,粟裕复中央军委7月26日"海军归军委指挥"电:

为迅速完成攻占台湾的作战准备需要,建议华东海军暂缓北开。以便参加对台作战部队的联合演习。

粟裕这封电报,将中央前一错误得以改正,虽有先见之明,但却在后来的金门战役登陆作战和其他沿海作战中,并没有让这支海军部队发挥出任何作用。

同日,厦门地下党"厦门工委"给各党支部发出指示:

坚决执行中央华东局指示,配合解放城市、接管城市任务……为执行供应工作,我们应对交通及粮食问题做深入调查,同时发动大量商人及游资,购粮、囤粮。

这份文件,说明厦门地下党对战后的粮食问题,已经有了充分的考虑。

是月下旬,蒋介石亲自来到厦门主持防御部署,并重新调整指挥体系,由汤恩伯接替朱绍良担任福州绥靖公署代主任兼福建省政府主席,统一指挥第八、第二十二兵团防御漳州、厦门、金门地区。

1949年8月

月初,国民党军增强金门防御,李良荣率二十二兵团2个军,从厦门移驻金门地区,一六六师留在厦门,其兵团部、第二十五军军部及第四十五师1个团守大金门,第五军军部和第二〇〇师守小金门,第四十师2个团驻守大嶝岛;从上海吴淞要塞撤下来的10门57毫米战防炮、

20门25毫米机关炮、10具探照灯也由舰艇运抵金门。此外,国民党军战车营21辆M5A1坦克,也开始由台湾紧急运抵金门,并部署在沙美、琼林和顶堡。

1日,粟裕致电中央:报告第十兵团南下情况及福州厦门的作战部署。

是日,解放军第十兵团调离二十八军参谋长吴肃,令副军长萧锋兼任参谋长。

2日,中央军委复粟裕30日午时来电意见:

张爱萍海军系统暂时不迁青岛,并仍归华野系统即归粟裕指挥,积极准备攻台是正确的,必须从各方面准备攻台,打破干部中的畏难心理,攻台时间暂不确定,必须推迟到我方空海两军(特别是空军)条件充分具备之时。

这个电报,说明毛泽东在对待"台湾问题"上的思考已经渐趋成熟。由原来1949年"冬季占领台湾"计划,推迟到"明年夏季(即1950年夏季)",再到这份电报的"攻台时间暂不确定",且要求粟裕攻台的时间一定要等到"空海两军(特别是空军)条件充分具备之时"。

6日,第二十八军全军结束动员,准备整装待发。

7日,第二十八军奉命参加福州战役,由建瓯出发南下,沿公路开进,向福州方向运动,第十兵团准备以二十九军从右翼,三十一军从左翼,二十八军为中路,沿古田、福州公路两侧,向闽江两岸实施正面突击,直取福州。

同日,厦门地下党"厦门市工委会"再次向各支部发出"紧急措施"指示:

解放军在全国范围内的胜利,已是指日可待的事了……为使解放军顺利渡海解放金(门)厦(门),对交通工具(轮船、汽车)之控制,尤其全力进行,全党同志应放手动员掌握各公私营轮船、汽车公司……军事营养中,军粮及供应问题特别重要……全党同志应认清这点,大胆放手进行募捐工作。

8日晨，萧锋乘车到渡溏，参加兵团统一研究攻福州问题会议。当前最大的困难是粮食接济不上，张鼎丞主席讲：可以先打借条借粮食，待福建解放后加倍偿还。

9日，国民党军从罗源、宁德开始收缩。萧锋率二十八军攻福州战役提前一天，仍按照15日攻击命令执行；萧锋对全军说：

把敌人向海边压，看他往哪跑！

11日，粟裕命令第十兵团发起"福州战役"；第二十八军两翼部队首先行动，进展顺利。

13日，山东军区在攻击长山列岛的战斗中，缴获国民党军运输舰一艘、各种炮63门。

是日黄昏，第二十八军工兵营到达调泉山北坳，被国民党军九十六军1个团阻击去路，萧锋命令正面佯攻，两侧包抄，迅速击溃守军。

14日，第十兵团根据福建国民党军情况，初步研究解放福建需要进行三至四个战役，首先解放福州、克平潭；第二步攻金、厦、漳；第三步入闽南，协同广东解放潮汕和东山岛等。"福州战役"准备提前到8月15日执行；午前，萧锋接受二十八军为"福州战役"正面攻击的中路任务。

15日，华东军区海军学校成立，负责培训由陆军转入海军的人员和国民党海军起义的尉级以下人员。

是日，萧锋率第二十八军向福州外围发起攻击，八十二、八十三师主力沿古田至福州公路两侧，正面攻击福州；军工兵营牵制雪峰之敌，八十四师南渡闽江，协同二十九军迂回东进；八十二师攻占大湖、若洋，守敌南窜，该师继而向南进攻，于马坑一带截歼大湖逃敌300余人，全师当晚迫近徐家村，与敌对峙；八十四师攻占闽清、大小箬，守敌东窜。

同日，国民党胡琏十二兵团在粤东打击"已受共匪南下工作团之煽惑"准备起义的梅县专署原国民党李洁芝等所属部众，缴获大量枪支、弹药等。

16日，萧锋率二十八军八十二师攻占小北岭，并进至新店；八十三师从中央突破，占领闽侯甘蔗一带，又占领徐家村后迫近中房；八十四师沿闽江南岸追歼逃敌，向南屿镇进击；第十兵团各路大军完成了对福州的合围；

因右路二十九军南平出发翻越沙县、永泰大山，担任攻占福清、宏路，截断国民党福州朱绍良与厦门方向汤恩伯兵团之联系，断敌从陆上南逃之任务，左路三十一军由古田出发，担任攻占马尾、断敌海上逃路的任务，得手后，即由马尾向福州攻击前进的行动过早，致使大湖、福州两地的国民党军在听到炮声后，随即仓皇弃城，沿福州厦门公路和福州永泰公路向南、向东海边逃窜，三面围歼的计划未能实现，不得不变成派部队火速追歼。

17日拂晓，第二十八军244团在团长邢永生、副团长宋家烈的带领下，从福州市北门进攻。5时，萧锋率二十八军八十二、八十三师总攻福州；245团首先攻入市区，该团3营迅速控制了闽江大桥，抢占了仓前山后，其他各部3个师迅速占领福州市，解放了大陆上国民党盘踞的最后一个省会城市，榕城被解放；蒋经国、绥靖公署主任朱绍良、兵团司令李延年乘飞机逃往台湾。

是日晨，驻守福州的国民党军全面溃退。

上午，萧锋命八十二、八十三师并肩向南追击，歼国民党军1200余人；八十四师及军侦察营，继续向永泰方向追歼国民党军九十六军，迫使国民党军1000余人投降，第二十九军解放了福清县城，切断了国民党军南逃之路，并围歼了从福州突围出来的国民党军7450余人；乘胜追歼逃跑的国民党军40000余人；共歼国民党军1个兵团部、5个军部、14个师计50000余人。

福州战役虽以胜利为结束，但叶飞在指挥中，有重大的疏漏。萧锋在日记中说：

右路二十九军……左路三十一军行动过早……三面围歼敌人的计划未能实现。

这"三面围歼敌人的计划未能实现"的直接后果,便是让已是"瓮中之鳖"的蒋经国、朱绍良、李延年3人均得以逃脱。而这一重大疏失,却在叶飞的回忆录中,不仅被严重地扭曲了,且隐瞒了"蒋经国"也在"三面围歼"过程中得以逃跑的事实。叶飞说:

福州战役的作战部署:以三十一军为左路,以二十九军为右路军……以二十八军为中路军,担任由古田向福州正面攻占之任务……我三路军,密切配合协同动作,配合得很好……逃走的只有少数……只差半个小时,朱绍良、李延年乘飞机跑掉了。(据《叶飞回忆录》580至581页)

至40年后的1988年1月13日蒋经国病逝,萧锋仍对这次三面围歼"未能实现"让蒋经国得以逃之夭夭而大发感慨。

是日,二十八军朱绍清军长因病情严重,准备送往上海治疗;第十兵团命令:萧锋代理二十八军军长、全面主持军务,并担任"福州警备司令";政委陈美藻率1个师留福州参加军管;兵团任命八十三师政治委员李曼村为二十八军政治部主任,协助萧锋率全军2个师沿海上南下;萧锋以二十八军八十三师驻守福州担任警备任务;八十四师以2个团向琯头、金砂、黄岐进击控制闽江,向马祖岛派出警戒,侦察马祖敌情;八十二师向南追击福清、平潭岛等敌;

第十兵团命令部队停止追击,休整部队。三野前委指示:第二十八军要利用福建沿海岛屿作战,积蓄渡海作战经验;二十八军常委召开会议,研究如何贯彻前委指示。会上,有的同志有顾虑……都认为渡江战役时,部队对长江里有水鬼、有江猪等说法非常忧虑,而现在又要渡海,海里会有什么呢?

晚上,萧锋忽然接到连江口部队报告:马祖岛有敌人,是否采取行动?萧锋把情况向第十兵团作报告,并指示部队:没有命令,不准擅自行动。

是日,国民党撤销"台湾警备总部","东南军政长官公署"在台湾岛内成立。

18日,第二十八军代军长萧锋在日记中表示,深感责任重大,担子不轻;粟裕电令第十兵团:视战情发展,力求缩短战役时间,完成全部解决闽南沿海各城及潮汕任务;第十兵团成立了福州市军管会,由韦国清担任主任,负责接管工作;叶飞率兵团主力继续南下,向厦门、金门两岛进击;

萧锋按兵团命令,率第二十八军2个师由海上南下。派部队从海上走的目的,一方面要渡海解放平潭岛,一方面有意锻炼部队适应海上作战。萧锋在日记中说:

二十八军虽经历了渡江作战,但渡江与渡海作战是两回事。二十八军的战士,大部分来自山东和苏北,是"旱鸭子",哪见过一望无际的大海,许多干部战士一上船就吐,在船上一点战斗力也没有!

是时,国民党"东南军政长官公署"副长官汤恩伯,接替朱绍良任福建省主席,兼厦门分署主任,进驻厦门,统一指挥改编后的第八、二十二兵团约8万人,并在闽南组织防御。

汤恩伯以第八兵团六十八军的3个师、九十六军的残部以及独立三十七师合编的2个师,布防于漳州、南靖、长泰、同安地区,用以拱卫厦门、金门;以第八兵团所属五十五军军部和七十三军的2个师,防守平潭岛;以二十二兵团所属二十五军2个师、第五军1个师及刚从台湾调来的二〇一师,防守大金门、小金门(烈屿)、大嶝、小嶝诸岛。

19日,解放军第三野战军前委正式报请军委批准,第三野战军参谋长张震因病休息半年,并决定由第八兵团政委、南京警备司令部司令员兼政委袁仲贤代理野战军参谋长。张震回忆这段在医院休息的情况说:

我让人找来一些关于台湾历史与地理的书籍,仔细阅读。从书中得知,郑成功从荷兰侵略者手中收复台湾和康熙皇帝统一台湾,两次都是派水师先攻澎湖,打掉敌军水师主力后,使台湾门户洞开,在兵临城下的情况下,敌军才投降的。当然,我们现在要打台湾,各种条件都已大为不同了，方案的选择，肯定比那时要多些。但最主要的问题是，由陆地作战转向渡海作战，这是我们所不熟悉的。特别是海军刚刚组建，空军还没有成立起来，力量悬殊很大。在这样的情况下，仗怎么打，值得很好地研究。

张震的回忆，表明了"解放台湾"的问题，在第三野战军内部，此时既没有成熟的计划，也没有确实可行的"占领"方案，更没有做出任何的"方案"选择。

深夜，萧锋率二十八军八十四师251团刘天祥团长、政委田志春、参谋长郝越三，在252团、军侦察营和246团借粮队的配合下，将国民党第九十六军堵截在永泰城以北大明洋、桥头岭一带。

是日，萧锋发布驻防休整命令：军部驻福清；八十二师驻龙田、高山一带；八十三师驻福州及马尾。

20日晨，萧锋接野司电话指示：二十八军做好攻打平潭的准备；第十兵团司令部驻晋江，准备攻打漳州、厦门岛、金门岛。

9时，萧锋乘车到八十二、八十三、八十四师炮团检查准备情况，过乌龙江时在船上突发疟疾，呕吐厉害，是其自解放战争5年来，第一次发作严重的疟疾，萧锋带病追击南行。

是时，国民党第七十三军二三八师一部，经海路逃至平潭岛，与原守平潭岛第七十三军十五师会合，全岛共计约有10000余人。

22日，国民党第九十六军副军长黄振涛，率部千余人向萧锋第二十八军投降，八十四师完成追击残敌任务后，驻福清县城以西地区；

午前，萧锋抱病前往叶飞司令部，汇报解放福州时的问题及进攻平潭的准备情况，却不料莫名其妙地挨了叶飞一顿"狠狠地批评"。萧锋当天的日记中记载：

我真有点恼火，一个兵团领导人，不能不讲理呀！缴获大小百多辆汽车都缴公，二十八军没有留几辆，既有错也可摆事实能查出来的，何必那么发火对待一个下级干部。后来才知道，是因为我军一些师团干部缴获了敌人的汽车后,就去坐上车抖(兜)风,使部队出现了混乱现象。叶司令对二十八军管教不严的批评是正确的,胜利了,应该严格要求部队。午后赶到北峡渡口,准备过乌龙江,忽然疟疾病发作,高烧41度2,我被送到了医院……抢救……

萧锋此次与叶飞直接发生矛盾,距17日"我对在福建的作战方法是有意见的",仅5天。

26日,第十兵团向三野报告漳州、厦门战役预定部署及战后剿匪部署;萧锋日记中记载了他与叶飞自吵架后发作疟疾以来的思想:

五天来未进饮食,今晨稍好些,我便拿起张闻天同志写的《待人接物》,边学习,边思考。学着学着就觉得自己对叶司令的看法有不全面的地方,他对部队严格要求是对的,就是批评人粗暴了些,讲究的是严格,对方式、方法,不过多地苛求。我坚决尊重领导,在陈、饶、粟、谭、张领导下,安心在十兵团工作,把敌人打下海去!

萧锋日记中的反思,打上了严重的时代烙印。尽管其自我检讨不乏真诚,但"安心在十兵团工作"的内心真情表达,早已经说明了萧锋在第十兵团的"不顺心",以致已经有了要调离第十兵团的想法。由此,日记中原记载的"担任福州警备司令",也蹊跷地再没有了下文。

27日,国民党军战车第3团第1营之第1、3连,从台湾船运送至金门,共计有22辆美制M5A1轻型战车,该型战车全重16.5吨,1门37毫米主炮,1挺7.62毫米防空机枪和2挺7.62毫米机枪,乘员4人;该营第1营长在台湾出发前,国民党装甲兵副司令、蒋介石的二公子蒋纬国,亲到1营检查和督察这次调防准备工作。

30日,解放军第三野战军复电:

同意第十兵团的漳厦战役部署。

是月,萧锋所率第二十八军原有木船100余只,大都在南下平潭岛时遇台风损失,入闽后临时征集来的船工,也大都在沿途逃走,到达同安时,全军只剩下 28 只船,12 只船没有船工。

第三节
萧锋"解放平潭"海上练兵与胡琏广东"平叛"

1949 年 9 月

上旬,陈毅率华东解放区代表团,粟裕率第三野战军代表团,同时赴北平准备出席第一届中国人民政治协商会议、中华人民共和国开国大典和中央军委召开的军事会议;其时,第三野战军参谋长张震因病住院,日常工作由代参谋长袁仲贤和副参谋长周骏鸣主持;第二十八军政治部副主任张缉光,调离该军。

月初,国民党胡琏十二兵团集结于潮汕地区,再度进行整编:第十八军,辖第十一师、第四十三师、第一一八师;第十九军,辖第十三师、第十四师、第十八师;第六十七军,辖第五十六师、第六十七师、第七十五师。此间,胡琏十二兵团在闽西、粤东"荡平叛变"地方团队工作完成。

胡琏的十二兵团,在潮汕等地区经过"平叛"以后,"叛众……三千余人,乃尽就灭。李(树兰)师得此人枪,气势益壮",已经由一支"形如乞丐"的农家子弟新兵,完成了脱胎换骨的蜕变过程,其胜利带来的高涨情绪、士兵在"平叛"中获得的作战经验等,均已达到了蒋介石要求胡琏十二兵团"奉命进出潮汕清除叛乱,准备保卫台湾"的标准。

2 日,张鼎丞、叶飞致电华东局并转中央转闽粤赣边方、魏、刘,要求分派解放台湾后的配备干部等人员:

我们缺乏配备台湾和华侨工作的干部,请你选调一批给我处工作,特别需要熟悉华侨和台湾情况,并有资望有能力的干部为省委华侨和台湾工作的领导干部……

我们渡江后遵中央令调彭冲去,当时我们以为调彭冲去参加研究台湾干部……彭是闽南人,熟悉台湾华侨……因此我要求留彭在我处为省委台湾工作委员会委员。

这个选配"台湾干部"的电文,充分说明了在张鼎丞、叶飞的心里,解放台湾乃是近在咫尺之事,因此急需"接管台湾"的干部和人员。从积极的方面说,入闽不久,第十兵团在一路挥师南下的胜利中,既不把溃退的蒋介石放在眼里,更不把国民党尚存的几十万军队放在眼里;从消极的方面来说,张鼎丞和叶飞在该电文中所表现出来的"蔑视",乃是一种包裹在巨大胜利后面的轻敌态度。

是日,萧锋由福州医院抢救治疗后,返回驻福清的部队。3 天过去,精神尚未完全恢复,即前去布置攻打平潭,前委要二十八军做"渡海攻岛"的范例,为解放台湾做准备。

是日,"台湾独立"的主张,由在台湾部分国民党人和军队部分将领提出:

廖文毅向无任所大使吉思普 jessup 提出台独计划,以麦克阿瑟之军政顾问团、8000 人占领台湾,由他组织临时政府,与麦帅等极友好之孙立人中将共治台湾。(据台湾《碧血青天 1949 金门战役秘史与两岸关系研究》15 页)

此即"台独"主张始作俑者,其滥觞之影响深远,波及至今。

3 日,解放军第十兵团本部,从福州移到泉州,除韦国清政委在福州主持军管工作外,叶飞司令员等兵团首长都已到达泉州。

原驻台湾的国民党青年军第二〇一师,在台湾经孙立人训练后,满编由师长郑果率第 601 团、602 团(603 团调往福建马尾)、战车第 3 团第 1 营(欠第 2 连),从台湾抵达金门,配属二十二兵团李良荣部,驻金门西古宁头一线防务,随即构筑工事,担任全岛机动打游击部队。上述两支部队在离台开赴金门前,蒋介石、蒋纬国均亲临部队驻地视察训示:

无金门则无台澎。

此间,叶飞将嫡母叶谢氏由南安县接到泉州城里。

叶飞接母亲进城奉养之事,后世在论及金门战役登陆作战失败的归因时,常有以此一条来诟病。国防大学政委刘亚洲上将就曾在《金门战役检讨》一文中批评说:

厦门解放后,叶飞任军管会主席……叶飞一进厦门,就把母亲从家乡接来。这反映出他认为已无大战。大敌当前,主帅先自松懈。他对厦门的市政工作投入的精力远远超过了对军事工作的关注。戎衣未解,心已歇了。

然以鸿鸣对此事的感受,却深感此一诟病,多有苛责太过之嫌。

叶飞祖籍在福建省南安县金淘区深坯乡占石村,父亲叶孙卫。像所有去南洋谋生的福建人一样,叶孙卫在故乡结婚几个月后,便舍家漂洋过海到菲律宾三宝颜港口开了一爿小店,并娶了吕宋岛上一个家境殷实、受过良好教育、有文化的西班牙血统女子麦尔卡托为妾。

1914年5月,叶飞在菲律宾奎松省地亚望(有翻译为"迪阿旺")镇出生,取名西思托·麦尔卡托·迪翁戈。所以,叶飞是解放军开国将领中,唯一的一位拥有双重国籍、能说一口流利英语的将军。菲律宾也在后来叶飞访问之时,予以了仅次于国家元首鸣礼炮17响的待遇。

叶飞自小在生母麦尔卡托身边接受西方教育,说英文、吃西餐直到5岁。1918年,叶飞随父亲回国认祖归宗,按照族谱的辈分,取名叶启亨。从此,叶飞与生母天各一方,至1965年生母麦尔卡托去世,叶飞始终没有与生母再见过一面,其内心的酸楚与隐痛,是常人难以理解之处。

叶飞在福建南安县由嫡母叶谢氏抚养长大,到1930年7月,16岁的叶飞因学运被捕一年后出狱,从此与嫡母叶谢氏失断了音信。1949年解放军入闽,叶飞与失去联系19年的嫡母叶谢氏重逢,其母子相见的一段文字,让人读后潸然:

解放军南下福建。母亲是家庭妇女,没有主意,十分慌张,也不知道解放军的首长叶飞就是她的儿子。1949年9月我军进军抵达泉州,我才把母亲接来,见面后告诉她老人家:"我就是启亨,叶飞就是我。"她才惊喜交集……

就叶飞"接母进城"这一个案,并非与金门战役登陆作战失败存在着必然的联系。除了时间上相差一个半月以外(叶飞"接母进城"的实际时间,在10月17日厦门解放之前的泉州。刘亚洲先生为了吻合其"戎衣未解,心已歇了"的观点,将这一事件放在金门战役发起前7天,推迟了整整一个半月),况且,这种"接母进城"现象,在当时实乃是一种胜利者普遍存在的做法。

粟裕在南京解放后,随即将母亲和大姐接进了石头城并一直奉养到老。

萧锋也早在1949年2月,有给老家去信询问母亲一事,并有胜利后将母亲接来奉养的打算。尽管,萧锋的母亲早已被当地的地主毒打后双目失明,几年前就活活饿死了,但此时的家乡人,在得知萧锋是解放军的"大官"后,要求其侄萧承培将此真实情况隐瞒,而作假回信说:"家里人得知晓未狗(萧锋小名)没有死,还活着,很高兴。"

可见,将当时带有普遍性的"接母"心理和做法,勉强与某一个战役的"胜败"联系在一起,显得有些不近人情。

叶飞、粟裕、萧锋等"接母进城",是那个年代、那个特殊群体内心最原始、最真实、最质朴情感的表现,于情于理均无可厚非,也并不会因为"接母进城",而影响到一场战役的胜败。因此,在讨论和追寻金门战役登陆作战失败归因的时候,既没有必要将叶飞的"接母进城"之事,与这场战役做"必然关系"的联想,也没有必要以"戎衣未解,心已歇了"来苛责叶飞一个人。

是日,蒋介石在台湾发布对大陆共产党人的"通缉令":

通缉毛泽东主席、周恩来、刘少奇、董必武、林彪、刘伯承等10大元

帅 19 个叛国犯。(据台湾《碧血青天·1949 金门战役秘史与两岸关系研究》15 页)

4 日,《人民日报》发表针锋相对的社论:

一定跨海东征,打到台湾去,解放台湾同胞,解放全中国。

解放战争打到这时,国共两党阵营、毛泽东与蒋介石的恩恩怨怨,也就呈现了许多随处可见的有趣现象。几百万军队被毛泽东打得落花流水般不得不溃败于孤岛台湾、只能以此一隅安身的蒋介石,居然还在 3 日发出对"乾坤已定"的共产党领袖们的"通缉令"? 一个近乎"玩笑"的政治作态,偏引发了《人民日报》在第二天便针尖对麦芒地宣示,"一定跨海东征,打到台湾去"。如此严酷的生死相搏之际,"儿戏"一般的口水战,让后人今天不免莞尔。兄弟阋于墙,不免意气生事。

5 日,叶飞、韦国清来福州,同意萧锋"攻打平潭"的作战部署,并令解放平潭后,迅即以两路沿南日、湄州、大岞、崇武、石井、围头抵近金门,炮兵主力、师团步兵南下协同解放厦门。萧锋日记对此第十兵团的仓促命令,已见有微词:

这实在使我为难,一则部队得不到休整;二则影响将来解放台湾。没有办法,革命军人嘛,必须服从命令。

10 日,萧锋率第二十八军八十三师由闽江至福清湾,沿海搜集民船 550 多只,连夜南下;下半夜,249 团第 2 营乘船南下袭占东洛列岛,第 3 营出其不意袭占东银岛,全歼国民党守军 500 多人,缴获火轮 4 艘;全师 597 只船,可载人 25000 多名,安全到达松下、彭洋等目的地;3 营 8 连因不懂划船技术,只能随风浪乱划,致 4 只民船被风刮到立岐;该船队登陆后,歼国民党守军 100 多名。怕敌舰来追,遂将船只向旗山开进。到达目的地后,八十三师除去 257 只船外,把船工分到各连、营里,分散隐蔽准备作战。

11 日,萧锋率第二十八军加强炮兵 14 团一部,奉命准备越海作战解放平潭,部队进入集结地域,随即打响渡海作战第一炮;萧锋随二十八军军部电台"二台",进入到福清高山海边的一个渔村前沿指挥所。二十九军八十五师253团3营,在闽中游击队的配合下解放湄州岛,全歼岛上国民党守军。

同日,国民党东南军政长官陈诚飞临厦门,在海军总司令桂永清、汤恩伯陪同下视察。此时,国民党军在金门地区的总兵力约2万人,其中在大金门岛约1.7万人。具体部署是:

国民党第四十五师防御岛东北部,第二〇一师防御岛西北部。

部队的番号虽是昔日蒋介石的嫡系精锐,但此时,除了第二〇一师,其余全都是由残兵败将重新组建,新兵占70%,战斗力与昔日的所谓"王牌",早已不可同日而语。第二〇一师尽管没有遭到过解放军的歼灭性打击,但缺乏实战经验,战斗力也脆弱。

12日,朱德在北京宴请国民党投诚将领程潜、陈明仁,刘伯承、陈毅、粟裕作陪。

是日,第三野战军前委电令萧锋:

二十八军利用渡江、平潭县等渡海作战,系统积蓄研究渡海作战的经验,为攻台湾做好准备。

晨,萧锋在福清接受兵团"攻打平潭岛"的作战命令,并同政委陈美藻商议召开常委会议,提出了初步方案,又复念了三野前委给二十八军"要积蓄渡海作战经验"的指示。参谋们打电话询问福州旧广播电台人员:

这几天气候的变化?

会上,萧锋发表了自己的意见:

第二十八军大都由山东部队组成,绝大多数人没见过海,更不要谈积蓄经验。在兵力部署上,要扫清外围,最后攻岛。大陆通平潭县近有四五华里,远有五十华里,这比渡江大不一样。

政委陈美藻同意萧锋的意见:

首先拿下小练岛、大练岛、草屿岛,可能的话,连南日岛一并扫除。为了更进一步了解驻守平潭岛的国民党军情况,萧锋亲自提审了在福清被俘的七十三军战俘,了解到驻守平潭岛的国民党军,总共不超过两万人,岛上的防御工事还未加固,有利于我军攻击,指挥守岛的是国民党军的总参谋长陈诚。

大家听了一致表示:

一定要拿下平潭岛,活捉陈诚!

会议决定:

15日晚10时发起"攻打平潭",争取在16日结束战斗。

是日,萧锋日记记载:江西已经解放了……也不知老母亲是否还健在?我想写一封信试一试,等全国都解放了,再回去探望……我估计今年是国民党彻底完蛋年,是中国人民的全胜年。

12日晚,攻打平潭外围的战斗开始,萧锋以二十八军10个团同时下船,10个点同时登陆。首先向小练岛发起攻击,249团第2、3营开到福清湾靠岸隐蔽,打死打伤国民党军30多名;247团第3营发起夜袭小练岛。

不料晚上台风骤起,编队船只被海风、海浪刮得乱了队形,只好停止进攻。经查点,八十三师247团1营2个连已冲上了大练岛。

是日,蒋介石致电福州绥靖公署代理主任汤恩伯等三军司令:

厦门汤总司令(恩伯)、另电周总司令(至柔)、桂总司令(永清)、另电定海周主席(嵒)转王副主席(叔铭)、石司令官(觉)、海军刘司令(广凯):

闽浙诸匪如要攻我海岛根据地,其时期必在每月满潮之时,即阴历初十与二十日之10日间。下月即为阴历八月大潮汛,我军务须特别加紧准备。海空军尤应切实负责,朝夕不断搜索匪船,凡可通海口各内河之上游一百海里内之大小船舶,必须彻底肃清,空军更须低空侦察,勿使伪装之船舶所欺惑,以贻误大局。只要沿海与沿河离我前哨岛屿一百海里内不使其船只躲藏与集结,则其即无法袭取我海岛,故对于其船舰之伪装,尤应特别防制,千万勿忽。如果我舟山群岛与闽厦沿海各岛之基地,万一为匪偷袭或攻陷,则该区内陆海空军负责之各主官,必以失职误国之罪惩治,法不宽贷也。中正手启。

汤恩伯接此电令后,即给驻岛的国民党军各发一份"潮汐表"。

蒋介石此一精确判断,正应验了下月金门战役登陆作战在25日大潮。汤恩伯给各部所发"潮汐表",也在反登陆作战中,起到了按潮汐规律做防范的重要作用。

是日,陈诚率国民党海军总司令桂永清,在汤恩伯陪同下,由厦门视察完毕,返台。

13日4时,萧锋二十八军247团,全歼小练岛国民党守军第七十三军二三八师712团3营7连共80余人;19时,252团和245团各一部攻占草屿、塘屿二岛,歼国民党第七十三军工兵营1个排共20余人;250团攻占鼓屿。

14日,台风愈刮愈猛,达到了12级,不少小船被刮上了天,抛掷到山的对面。

天快亮时,第2营被台风打回来,登大练岛的第1、4两个连只占东澳、哈仁宫、鱼限、西礁,国民党军占领大练岛东头,岛东有山地,解放军只占平地,坚守待援,僵持一天半。萧锋与政委陈美藻在北坑军指挥所,用望远镜着急地察看大练岛情况,萧锋"急得光打头"。

台风刮了一整天,国民党军与萧锋二十八军双方的船只都被台风吹散,不能增援。萧锋在日记中记载:

我们这些在内陆长大的人,哪见过这个阵势!我直为冲上大练岛的两个连担心,岛上驻有敌人两个团的兵力,怎么能对付得了呢! 我站在海岸上一所房子里观察,一点也看不到对岸的情形,这两个连恐怕要……唉! 这广播电台也太差劲了,进攻前我特意问了气象条件,他们回答没有风。战斗刚一打响,台风就刮来了。海上作战经验太缺乏了,气象知识、地理知识、海潮变化,都需要尽快掌握。

这是萧锋第一次吃了没有"气象"、不懂大海的亏。从"这广播电台也太差劲了"的埋怨当中可以看出,此时的第十兵团尚未建立"气象预报"系统,其天气、海况均来自于刚从国民党手中接管过来的"广播电台",电台和气象预报,对于此间的渡海登陆作战来说,几乎没有起到任何作用。

14日拂晓前,第二十八军247团攻占大练岛西部高地;16时30分,全歼国民党守军712团3营、714团2个营,俘虏国民党军二三八师714团团长陈磊以下800余人,大练岛宣告解放,为总攻平潭岛创造了有利的依托。

15日19时,台风刚停,萧锋组织部队向平潭全面进攻:二十八军9个团的兵力,在70里宽的地区内向敌人发起攻击。八十三师负责北面,八十四师在高山下船,从中央突破;八十二师由加塘下船,在隶园、南泽强行登陆,负责南面;军炮团配合轰击敌人阵地;244团与245团同时于平潭岛东南的斗垣地区实施重点突破,国民党守军全线溃乱,分别向王爷山、流水、钱便澳逃窜。

16日2时,第二十八军244团奋起追击直取平潭县城,245团奔袭观音澳,大胆迂回,抢占港口,包围逃敌;5时许,全歼观音澳之敌。

16日凌晨,250团由平潭岛正南方结屿一带登陆,247团附251团一个加强营,从北面的苏澳突破登陆,与244团会合于韩盾一带。

经过反复冲杀,二十八军各战斗师团分别将驻岛国民党军分割包围。报话机里传来陈诚不断的喊叫声和呼救声,萧锋在指挥所说:"这回非抓住他不可!"

9时许,由台湾驶来军舰一艘,企图救援,但不敢贸然靠岸,远远躲在海上打炮30余发后,掉头东窜,将陈诚等接应上军舰逃跑了。登陆的解放军因"没有军舰追他,气愤地狠狠打了数发山炮弹,将他赶下海去"。

12时,萧锋与二十八军指挥所,在高山下船登陆,抵达平潭岛县城。

是役,除守岛的国民党军极少数乘小船逃跑外,大部被歼。共歼国民党守岛部队七十三军军部、三十八师、五十一师、新编十五师3个师,以及平潭海匪、保安团被全歼,打死1400余名,俘虏8300余人,缴山炮12门。第二十八军登岛部队仅伤82人,亡32人。

第二十八军在台风之前冲上大练岛的2个连,不但没有被国民党守军消灭,反而消灭了国民党军2个团,成了自萧锋率二十八军进入福建沿海作战以来,伤亡最小的一次渡海作战胜利。萧锋不无感叹地在日记中写道:

> 这实在是一个奇迹。当然,这不能作为经验去推广,既有干部战士机智勇敢的一面,也还有偶然性和侥幸成功的一面,后者的成分还要大些。

三天后,第二十八军各登岛作战部队,才得以陆续收拢归建。

约午时,萧锋接十兵团叶飞、刘培善来电:

> 为加速攻打金、厦、漳战役,收复闽南,决定由萧锋和李曼村率5个团南下,驻同安县、石井、莲河地区,准备攻打金门。

萧锋随即命令:八十四师252团留平潭县守备,等待福建省委的党政干部接管;省委没派人接管前,平潭县实行军管;加强对海域侦察,安置难民,处理伤病员,恢复战争创伤。其余部队,于14时起,全部撤回福清,准备继续南下,解放厦门、漳州、金门岛。

叶飞在《渡海登陆战的成功一战》一文中写道:

> 8、9月份正值台风侵袭福建、浙江沿海的季节……解放平潭时,部队登陆才两个团,突然遇到台风,刮了一整天,敌我双方的船只都被台

风吹散,都不能增援……我们解放平潭虽然顺利,但我们的船只却被台风刮散了!

至此,萧锋所率第二十八军、二十九军各一部解放了全部闽中地区,完成了预定的作战任务,形成了对厦门、金门两岛三面包围的有利态势。

是时,失去平潭岛的国民党,不无哀叹地说:"东南军政长官辖区此时之危急情景,明眼人一望可知。"

平潭岛登陆作战的胜利,是在天气、海潮都没有预先知道、掌握的情况下,取得的"险胜"和"侥幸"的胜利。萧锋在17日的日记中有:

打仗是一件极慎重的事,不到万不得已的情况下,千万不敢冒险。解放大练岛,用两个连对付敌人两个团,实在太危险。我反复向叶、刘首长汇报了这个"空城计"式的战斗,希望兄弟部队引以为戒!(据萧锋《解放战争日记》202页)

但是,解放厦门的再次侥幸胜利,让叶飞坚信攻打金门只是他"盘中的肉",而萧锋则将这一"侥幸胜利",在金门战役发起前,叶飞、刘培善的一再催促下,转化成了一种自我安慰的良药,以及为防止自己"右倾",避免检讨,将使这一"侥幸"转化成了"敌人是残兵败将,军无斗志,我军是胜利之师,可以以质胜量"的精神力量。

此时的叶飞与萧锋,都忽视了对孤岛作战"敌我双方都难以增援"因素的考虑。后来在金门战役登陆作战中,国民党却有源源不断的增援,而解放军第十兵团、第二十八军却成了没有一舰一板可供增援的孤军,只能眼睁睁地看着已经登陆成功的作战部队,在3天的激战中,一点一点地消耗殆尽。

17日,萧锋命令八十二师搜集船只,运往石井,准备参加解放金门的战斗;萧锋率第二十八军军部,从左头村回到福清城。

经过了平潭岛战斗后,第二十八军原有的船只,除了大部被台风吹散外,仅剩战斗中被打、被毁的少数伤船,只好在泉州重新征集。

18日午前,第二十八军在福清县召开军党委扩大会议。萧锋传达兵团交给的三项任务:

一、八十三师回福州,担负该市的警备和军管任务;

二、八十四师主力开古田,2个团到闽北参加剿匪战斗;

三、八十二师和八十四师251团加军直炮兵团继续南下,参加解放厦门、金门之战。

19日,粟裕指令:第十兵团发起以解放厦门为中心的漳厦战役,由第十兵团二十九军、三十一军、二十八军配合作战;

晨,解放军第三十一军攻占长泰,另一路同时攻占同安、角尾、石尾;二十九军占领马巷。

下午,毛泽东邀国民党起义人员程潜、李明扬同游北京天坛,刘伯承、陈毅、粟裕作陪。

17时,萧锋与政治部主任李曼村行程300余里,到达晋江第十兵团。没有休息就向叶飞、刘培善汇报平潭作战的经过,并反复强调渡海作战之难,不掌握天时地利,没有足够的船只准备,千万不要进攻:

水上打仗,可没有什么把握。困难重重,一切都不像我们想象的那样容易……不懂海域情况,海上气候不清楚。解放大练岛,用2个连对付敌人2个团,实在太危险,这个"空城计"式的战斗,希望兄弟部队引以为戒!

刘培善说:

毛主席讲过,会做的事已没有用了,不懂的新事摆在我们面前,逼得我们去学习。

叶飞与刘培善向萧锋交代任务:

第二十八军南下主要协同二十九军和三十一军攻克漳州、厦门,然后独立解放金门岛。

叶飞说：

二十九军在晋江，三十一军在南安安溪县，你们二十八军在石井集结。攻克厦门、金门，准备两手，力争金厦一齐打下，或许先攻厦门后打金门，也许先夺取金门后围困厦门。攻打金门以二十八军4个团加二十九军八十五师、八十六师为预备队，共9个团，归萧锋统一指挥。你们第二十八军要做好准备，看准备情况再决定怎么打！

当晚，萧锋与李曼村乘车行程80里，到达与金门本岛遥遥相望的同安县石井镇二十八军指挥部。当晚，萧锋日记写道：

要攻下金门……不能光看到陆地上有多少兵力，还要想到怎样把人运出海，伤员怎么运回来，后续部队怎么增援。能否攻打金门，我是有顾虑的，许多技术问题没有得到解决，不管别人怎么说，我听毛主席的，不打无把握之仗。

是时，第二十八军八十四师251团第1营900人借着半夜的月亮，乘25只船用2个连分三路包围南日岛。第一路为3连袭占小日岛，遭国民党新十五师1排阻击；第二路为1连用12条船向南日登陆；第三路为1营营部，带3个连在西寨登陆。

19日晚，第二十九军发起扫清厦门、金门的外围阵地战斗，攻歼与厦门隔海相望的马巷、新店、刘五店、澳头、集美地区国民党驻军，并做好攻击厦门、金门的准备（二十九军1个师归属二十八军指挥攻取金门）；漳州解放。

20日，萧锋留二十八军250团警备平潭，其余各部进入休整，并亲率八十二师加强团251团和军炮兵团，启程南下，经大江、石城、莆禧、崇武、祥芝、永宁、深沪、围头、东石、莲河集结，参加金门与厦门的战役。

21日，萧锋率部到达涮江，"从收音机里听到中国人民政治协商会议第一届全体会议在北京召开的消息……毛泽东致开幕词：中国人民站起来了，中华人民共和国中央人民政府成立了！"大家十分兴奋，决心打好华东沿海地区最后一仗,解放厦门、金门,向新中国献礼!

23日,毛泽东、朱德宴请程潜、张治中、傅作义等,陈毅、粟裕作陪;叶飞、韦国清、刘培善、陈铁君代表第十兵团,致电中国人民政治协商会议:

誓与福建人民一起,同心协力,努力战斗,解放厦门,以胜利作为对大会的献礼!

从"解放平潭"以来,整个十兵团沉浸在一种空前的"献礼"气氛中,这一情绪,始终充斥着这一期间的新闻报道、各种作战命令,乃至于后来的许多个人的回忆文章当中,并贯穿于整个金门战役发起前。直到金门战役登陆作战失败后,这一随处可见的"献礼"情绪,才戛然而止。"献礼"不仅成了厦门战役"险胜"的最大致命之处,它也是金门战役登陆作战失败的最为关键因素之一。

是日,解放军二十九军攻下集美,扫清了厦门的外围之敌。

25日,第三十一军解放漳州,并先后攻克角美、城仔丙、东屿、高埔一线厦门外围阵地,完成了"漳厦战役"第一阶段的作战任务。

是役,歼灭国民党军15000余人,解放了以漳州为中心的闽南大陆,形成了对厦门、金门国民党军三面包围的态势。厦门、金门直接暴露在解放军攻击的矛头之下;其参战的木船630余只,参战船工1600余人。

叶飞既兴奋又不无忧虑地说:

这已经是10月1日的前夜,总部一再催促我们,要在中华人民共和国成立之前解放厦门。

叶飞"总部一再催促"的话,道出了金门战役仓促进行登陆作战的另一个不为世人所熟悉的"献礼"实情(关于"献礼"的例证:"打好这一仗,向中华人民共和国献礼。"见《漳厦战役》段焕竞,《漳厦战役中的第二十九军》69页;"以实际行动向中华人民共和国献礼",见《漳厦战役》

胡炳云,《厦门岛战斗的回忆》38 页)。"献礼",在这一特殊时期,既成了叶飞和第十兵团的一个思想负担,也成了萧锋和二十八军作战过程中,一个不可承受的思想负担。

1993 年,原二十八军政治部主任、时任国防大学副政委的李曼村一行人,因为撰写《回顾金门登陆作战》一书,前往看望叶飞处时,叶飞见面的第一句话,就不无感叹和抱怨地说:

上面逼我,我逼你们,造成了金门战役的失败!(见 1993 年 6 月 15 日叶飞接受李曼村等人采访记录)

由此,叶飞才将话匣子打开,有了一段对金门战役登陆作战较为客观的反省。一种来自于"献礼"的浓重氛围,从上至下的一层层"催促",仓促之间发动了金门战役登陆作战。

26 日,第十兵团在泉州召开有军、师主要指挥员参加的作战会议。其时,厦门主要由国民党刘汝明第八兵团驻守,30000 余人;大、小金门由李良荣第二十二兵团驻守,约 20000 人,这两个兵团统一归国民党东南军政长官公署副长官汤恩伯指挥。会议权衡了三种方案的利弊:

一、金厦并取。以第二十九军 2 个师、第三十一军 3 个师进攻厦门;以第二十八军率八十二师并指挥第二十九军 2 个团,于 18 日攻歼大嶝、小嶝岛之敌,尔后于山后(金门东海岸)古宁头间,与攻击厦门之同时,择点登陆进攻金门岛。得手后,继以一部兵力攻歼小金门之敌。

此方案可以造成国民党指挥及兵力、火力分散,使其顾此失彼,可求全歼,但解放军需用大量船只,征集船只问题一时难以解决。

二、先金后厦。第十兵团和叶飞认为:金门守敌名义上是 1 个兵团,实际上都是残兵败将,能作战的不超过 12000 人。其中,青年军二〇一师是 1948 年睢杞战役被歼后重建的,战斗力不强;守小金门的第五军是淮海战役后重建的,也非当年邱清泉的第五军可比。同时,金门岛上也没有什么工事。先打金门,可以形成对厦门的完全包围,发动多方面的攻击,可以暴露厦门侧背的防御弱点,便于乘隙攻击。问题是厦门守军已有逃跑迹象,先打金门,他们有可能乘机逃跑,不能全歼。

三、先厦后金。此方案的优势是,当面敌情清楚,距离近,便于准备,攻击易于奏效,但一旦厦门攻下,金门的国民党军可能逃跑,不能全歼。

会议权衡再三认为:国民党守军虽然叫喊"固守金厦",并做了一些固守的准备,但也流露出恐慌心理。比如,汤恩伯总部后方和厦门补给司令部移到小金门;巡防处也从厦门移至金门总部;军级以上指挥机关移至军舰上办公;技术兵团等撤往台湾。

以这些迹象来看,汤恩伯并没有坚守厦门的决心,应该趁敌军士气瓦解之际,一鼓作气,同时攻下金厦。于是"金厦并取"计划被确定。

同时,在会上再次提出了:

厦门战役……我军政治工作……适时提出了"解放厦门岛向新中国献礼"。

在"献礼"氛围主导下,导致作战方案的制定不是渡海去攻坚登陆,而像是前往"接收"和打扫战场。叶飞意气奋发地说了四个字:

此役必胜!

转而对萧锋说:

看来大陆再也不会有什么大仗打了,你们二十八军就扫个尾吧。

据刘亚洲将军《金门战役检讨》所述,会后,叶飞在老虎洞宴请厦门地方领导,用筷子指着菜盘,满怀豪情地对众人说:

金门就是这盘中的一块肉,想什么时候夹就什么时候夹,跑不了!说完大笑,傲气溢于言表。

刘亚洲将军叙述这段情绪,其材料虽来源于"老领导"的提供,无法确证,但其所叙则在他方亦能得到印证。其文字犀利:

厦门解放后,叶飞任军管会主席。他曾在此做地下工作,被捕,九死一生。尔今大军入城,万人空巷。十七年前他是厦门的穷学生,十七年后他是此城的征服者。

如此豪情万丈彰显其胜利者和征服者身份,表达了此时此刻叶飞的心情。

是日,驻守厦门的国民党东南补给区第一分区,向市商会"筹借"面粉 5000 袋。

《厦门粮食志》记载的这则国民党军"筹借"粮食史实,以厦门解放后的"粮荒"现状来推断,不能排除是国民党军具有某种破坏性质的"坚壁清野"行为,尽管《叶飞上将》170 页有"刚获新生的厦门市,生活用品紧张,土匪和暗藏特务活动猖獗"一句,但因无实据,存考。可值得注意的是,这一"筹借"粮食、将厦门仓储存粮悉数劫空的客观现实,则是最终导致叶飞对金门战役登陆作战决策只能"兼顾",而将厦门粮食问题当作首要解决的问题,并将准备用以作战的船只,调往运输粮食,致使金门战役没有更多的船只运送作战部队的原因。而叶飞的这一重大决策失误与错误,始终被叶飞以"绝密"的方式被掩盖起来,没有公开。直至 65 年后的 2013 年,101 岁的原二十八军后勤部长宫愚公,才将这一秘密,告知儿子宫勇。

26 日以后不久,第二十八军八十二师和 251 团陆续到达同安县沿海一带,各级作战单位面对金门岛,积极开展攻击金门的准备工作。

27 日,驻守厦门的国民党东南补给区第一分区欲再向厦门市商会"筹借"粮食,"商会无粉,勉以大米抵借食用"。

《厦门粮食志》记载厦门解放以前的粮食储备情况,虽简单,却切中要害。这次所谓的"欲再借",则意图更加明显,将一个粮食完全依赖于外运的厦门粮库"掏空",其目的就是要让厦门在国民党政府撤退前,成为一座无粮的空城,使厦门市在解放之后,让粮食问题在民众之间造成恐慌。国民党军的这一手段,与其撤出上海时如出一辙。

28 日,第二十八军主力,完成了到达厦门集美东北地区之石井的集结任务。

29日,萧锋与李曼村到石井八十二师检查部队找船情况,部队普遍反映找船和船工困难。萧锋日记写道:

根据打平潭的经验,打金门起码要准备500多只船,还要有熟练而可靠的船工。我们从平潭南下时,有大型木船上百只,但船工怕南下参战,不少人中途离船逃走,致使乘船南下的251团指战员不得不离船上岸步行,到达同安时,全军只剩28只船,其中12只没有船工。

为找船,师侦察营派出1个连,244团派出1个连,251团派出1个排。

蒋介石早下决心经营台湾,所以在我们来之前,让台湾飞机把福建沿海,甚至把浙江、江苏沿海停泊的大小船只都炸了。

我们要找船,二十九军、三十一军为打厦门也要找船。这一带都是新区,群众觉悟不高,有的连人带船开到深海小岛躲藏,有的丢下船远走他乡,有的把船搞坏,找船找船工成了最大的难题。

渡海作战,船和船工最重要,有人无船不算兵。

晚上,萧锋与李曼村乘车从围头湾衙口到东石,往石井当时军指所在地行进。几天来找船困难,萧锋急得吃不下饭,睡不好觉,坐在车上不知不觉睡着了。突然,一阵咸涩的海水将萧锋泼醒。下车一看,一个车轱辘已经悬在海崖半空,汹涌的海水拍打着车身,一行人险些丧命。

深夜,汽车绕了半天才从围头湾的海岸边绕回到了石井军指挥部。

是月,厦门市粮价狂涨居全国之冠,《厦门市粮食志》说:

担米折合法币2400万亿元,1市斤大米为2.1万粒,粒米竟值法币11.428亿元,中国历史旷古未有。

月底,国民党胡琏第十二兵团司令部,与江西省主席方天部保安团队,会合于梅县、潮州间。为了强化阵容,严整部队,方天授权胡琏,从事部队编组。

是时,解放军第四野战军于此时从江西南丰、福建南平至会昌及福建长汀,停止追击,让胡琏得以逃之夭夭,遁入广东,并由此休养生息再折回金门。后世的军事史学家们,不约而同地看到了这个错误。

毛泽东突然做了个奇怪的决定,令刘伯承与林彪交叉运动:刘进西南,林下两广,全是舍近求远。

刘亚洲将军的《金门战役检讨》,以及几乎所有涉及金门战役的军事著作、文章、电视片,均对此有批评。

国共两党的高级将领面对毛泽东这一匪夷所思的"调头",也都百思不得其解。胡琏不无感慨地说:

我揣测毛泽东主席的"庙算",克闽境后,扫荡金、夏诸岛,尔后效郑成功、施琅故事,在福建造船,千帆竞渡,直取台湾。下台湾后,再回头收拾西北、西南山河。倘若如此,历史将改写。

历史没有按照"正确"的方向走下去。

在"淮海战役"的尾声,当华东野战军得知在"双堆集"只抓住了黄维而让胡琏逃跑以后,众将士恨恨地骂道:

宁愿俘虏一个胡琏,也不愿俘虏十个黄维。

又让胡琏跑了。胡琏此时虽在江西南城县以唐"府兵制"募得了兵源,其十二兵团的建制,也得以基本重建成,但这支衣衫褴褛"形如乞丐"(汤恩伯见此部队时语)的部队,仍然还是一支谈不上任何战斗力的"皆系乌合"(胡琏自语)之众的军队,根本没有任何力量来抵御林、罗大军或刘、邓大军。

历史没有像胡琏说的那样被改写。而胡琏这句"历史将改写"的话,则成了对金门战役登陆作战的一句谶语:

敌人的错误,给了我们"迅速成军,获得胜利的机会"……刘匪伯承渡江南犯,直逼南城,若不中止,衔尾穷追,固将使我无法立足。尔后陈匪毅占领赣、闽,倘不以作战地境自限,跟踪追至潮、汕,我军亦无法从容转移,增援金门、舟山。又敌若先攻金门于大嶝岛失陷之时,十八军势孤力单,胜算难操。

"若不中止,衔尾穷追,固将使我无法立足"的胆战心惊之后,胡琏这只狡猾的"狐狸"长嘘了一口气,自此,"海中放得鱼儿去,摇头摆尾不再回"。在自吹自擂"拒止解放军于江西省南丰县以北"(按:南城县以南隔壁县)之后,胡琏的这支"乞丐"兵,得以在江西瑞金县为中心从事整训。没有任何战斗经验的十二兵团,就这样一路逃至广东潮汕地区,得以"脱胎换骨"。

经过短短六个月的重整,已由残兵败将的颓废气氛中,一变而为鼓轩轩,士饱马腾之大军了!

"百足之虫",在即将垂死僵硬之时,却获得了在金门本岛上高声叫嚷"忘了双堆集的耻辱乎"并与死对头萧锋一决高下的机会。

此际,胡琏在汕头已获得有关解放军第三野战军动向的情报:

先攻金门,以阻断厦门国民党军退路,金门守将李良荣,兵力不足,危在旦夕。

第四节
萧锋首战金门县,获得大、小嶝岛胜利

1949 年 10 月

月初,第三野战军副司令粟裕,在北京出席中央军委召开有各大区、各野战军司令员参加的军事会议:

讨论消灭国民党残余力量、解放全部领土,讨论解放台湾问题。

此间，国民党"中央"在粤机构向重庆移动，而台湾的"国防部"告之"立法院"：

胡琏兵团，乃保卫台湾之精锐。此语亦载在报端。

1日，人民解放军建成的一个飞行中队，在北京保卫开国大典。

15时，开国大典隆重举行，毛泽东在北京天安门城楼上宣布：

中华人民共和国、中央人民政府成立了！

天安门广场上，54门礼炮齐鸣28响，象征着中国共产党经历了整整28年的艰苦奋斗历程。突然，毛泽东对陪同在一旁的第三野战军司令兼政委陈毅发问道：

什么时候解放台湾啊！

毛泽东的发问，陈毅如何回答，虽未见于史料记载，乃是盛行于军内外的一种"传言"，但是，以当时华东野战军势如破竹的情势，以及各种以"献礼"情绪铺垫的作战动机，我们相信这一"传言"，一定不会是空穴来风的。

是日，第十兵团研究攻打金、厦，准备工作在紧张进行着。听到毛主席宣布"中华人民共和国成立"，整个部队一下子沸腾了，纷纷表示：

解放金、厦，向党中央献礼！

加强战前准备，整歼厦门守敌，向新生的人民共和国献礼！

"献礼"这一关键词，几乎在所有回忆金门战役的文章中都有强烈的表达。

同日，第十兵团准备发动攻打漳州、厦门、金门战斗。

萧锋率二十八军沿海南下船队开到崇武、泉州湾。刚到岸，船夫们便丢了船就跑。海路上又翻了4只船，幸好没有淹死人，只好下令就地登陆，沿着晋江到同安县的陆路，到了石井、莲河。归建时，只有八十二师244团还控制着28条船。

在石井，午后军指召开作战会议，钟贤文、王若杰、刘天祥、田志春、张有才团长到会，传达兵团晋江汇报情况，研究决定：

派出侦察营1个连，244团1个连，251团1个排到晋江湾找船；八十五师在厦门一带就地动员。大家一致表示，群众没发动，地方没有组织起来，要找300—500只船很难！

群众没有觉悟，有的地方丢了船就逃走；有的地方有船无人，有的村庄把船开了就跑，躲到小岛藏起来。

2日上午，萧锋在涮江军指挥部召集各团领导人会议，得悉"中华人民共和国成立"的消息，各部队纷纷表决心，要以解放厦门岛的胜利，来向中华人民共和国献礼。渡海作战，需要大量的船夫和船只，面对严重的船只、船工短缺，萧锋派出干部、战士去向当地船夫学习，请他们做老师。

是日，钟贤文、王若杰、刘天祥、张有才等人到莲河，乘海水落潮在大澄海、漳林海边大嶝岛察看地形，研究如何把金门外围扫除。大家深感"海滩路很难走"。

从10月2日以后，台湾和金门先后出动了飞机第一、三、四、八大队的F—26型机34架次，F—51型机65架次，F—47型机10架次，B—24型机22架次，共计130余架次，几乎每天二十八军驻地和沿海解放军驻地，都会遭到狂轰滥炸。

3日，解放军第十兵团及叶飞电告第三野战军司令部：

预定10月13日至15日发动总攻厦门、金门。厦门汤恩伯部与刘汝明部约20000余人，大、小金门，大、小嶝岛李良荣兵团，约20000余人。

4日，第十兵团按照泉州会议决定，下达作战预令：

同时攻取厦门和金门。以三十一军3个师、二十九军2个师，共5个师进攻厦门；以二十八军1个加强师并指挥二十九军2个团，共2个师进攻金门。

第十兵团"金厦并取"的目的,在于既解放这两个岛屿,又全歼厦、金两岛上的国民党守军,防止其逃跑。按照第三野战军的要求:要把敌人歼灭在大陆沿海,防止他们逃到台湾,为解放台湾创造有利条件。

以歼灭溃退到厦门、金门的国民党军有生力量为目的,就必须具备"集中优势兵力"的条件,而渡海作战"优势兵力"的关键,则是要有足够的船只。若有兵无船,等于无兵,何谈抢滩登陆的"优势"?此时的厦门海峡和附近沿海,船只大部已被国民党军劫走或破坏,在国民党海军和炮火封锁下,外地船只又难以进入敌区。更加上沿海地区刚刚解放,渔民、船民对解放军认识不足,能配合工作的地方干部也严重不足。兵之所至,就成了瞎子;语言不通,就成了聋子和哑巴。一时,征集船只,成了最大的困难。

至该月上旬第十兵团检查船只,二十九军仅有运载3个团的船,三十一军也仅有运载3个多团的船,萧锋所率的第二十八军,经过平潭战斗,以及沿海南下时损毁、海浪掀翻等各种因素,全军只有运载1个多团的船只。同时发起"金厦并取"、两头作战,船只严重短缺,远不足以支持这一作战方案的完成。第十兵团只能改变"金厦并取"的原定方案,改为"先攻取厦门,而后攻击金门"。萧锋所率第二十八军攻打金门的任务,等解放了厦门之后再执行,在进攻厦门时,二十八军作为主攻部队,提供炮火支援。各参战部队按照部署和命令,迅速进至南安、同安、石码等沿海一带,做开始渡海作战的准备。

萧锋所率二十八军多为北方山东人,大部分不识水性,不懂海情,面对一望无际的大海,有许多人都存在着不同程度的恐惧心理。对如何克服海峡天险,干部们不仅心中无数,且找不到任何解决办法,一时间抓耳挠腮。由此,不免滋生许多急躁情绪。萧锋根据"渡江战役""平潭岛战斗"等沿海作战摸索出来的经验,除了对各部队开展了战前教育工作、统一思想外,又让各部制作了大量简便的救生漂浮器材,夜以继日地在海上展开各种演练,希望使指战员们克服晕船呕吐的各种反应,演练指挥、联络、救护、抢滩和登陆战术。

5日,在台湾的地下党组织"中共台湾省高雄市工作委员会"被国民党破获,所属工、农、学运各支部人员谢添火、庄识宰等18名,蔡国智、于开雄等8人,梁清泉、何玉麟等9人,均先后被捕入狱。

6日,萧锋和李曼村去同安县向叶飞、刘培善等汇报攻击金门的准备情况。叶飞说:

潮汕胡琏十二兵团3个军有向金门撤退模样,希望汤恩伯不要由潮汕兵把守金门、厦门。

刘培善说:

这倒有可能,关键是我们动作要抢在潮汕撤军前,金门、厦门是真空地带。你(指萧锋)来时,据说金门只有二十一军二〇一师,不超过12000人,是个重新组建起来的师。

萧锋提议:

一、按现有实力,我军备足6个团的船只,能对付敌二十五军二〇八师,最多不会超过12000人,增敌就不能打,增加1个团也不能打。

二、要确保6个团的船只,每只船3个民工,所缺工具设法添置,采取第一梯队3个点登陆,就能取得战术优势。

三、根据这几天派人到泉州港动员,船只太难,希望三野前委请山东、苏北区党委派3000名船夫乘火车南下莲河,现在要靠福建人民开船打金门,实在有困难。找到船又找不着人,有了人又找不着船。沿海人民有的丢船就跑,新区群众无组织,有船没人,解放军就靠这几百只木头船去渡海,同敌舰硬碰……

……感激兵团党委首长的关怀,金门可不是件小事,离陆地十五里远,不是长江,不同平潭岛,也不等于厦门距陆地几百公尺,我们……三条意见提供参考,我建议请兵团转告三野前委:哪次备战也没有遇到这么多的困难。

军指进到淘江快十天了,只有南下带来 28 只木头船,有 12 只船人都跑光了,就是白天找来了,夜间又跑了。泉州湾、深沪找船也一样,这可不是机会主义者。

叶飞说:

现两案并存,回去研究一下。

作战处石处长说:

因二十八军坐船南下,军指通讯工具都没有带来。关于战役情况,由兵团负责,二十八军主要负责金门侦察、动员船只、训练船工、登陆战术演练事项,统一指挥攻金战斗。

此处有一个史实需要澄清:曾有军内某位领导著书,指责萧锋作为军级单位也应有电台侦察手段,为什么要依赖兵团?姜丛华电台台长写文说明:"1949 年 1 月,十兵团叶飞来,没有侦察大电台,萧锋发扬风格,将缴获大电台和译电人员一齐交给兵团使用,这才有作战处石处长的这一段话。"

萧锋在日记中有抱怨:

作战处石处长说:萧锋同志提出不同意见,只因轻敌,听不进去。东南海域没有很好监视。

叶飞最后说:

根据当前情况,仍采取金、厦一起打,各兵团按这办法筹备船只。领导意见难一致,还是分别先打一处好。

萧锋并建议目前第十兵团船只缺少,可先用"断金围厦"方式,在上述三条件得到落实,各种准备完成后,再对金门展开进攻。萧锋提出的这三个条件,便是史家们后来争论的著名的"萧锋三不打原则"。

萧锋的"三不打"原则,在诸多的研究论著和文章讨论中,不乏以怀疑、甚至以"孤证"的说辞来加以否认者。以萧锋的日记和他方史料的印证,这个"三不打"原则,不仅存在,且有别人的实证和辅证,更有多位当事者、亲历者的回忆文章旁证。

叶飞、刘培善等人的回忆文章、专著当中没有提及"三不打原则"的原因,来自于多方面,其中最重要的原因,就是这二者都是决策打还是不打的当事人,甚至是此战役之所以失败的直接相关责任者。

因此说,他们在回忆文章中不说,并不能说明没有,而是做了"隐讳"的处理。这一点,以《叶飞回忆录》在叙述金门战役登陆作战这一事件,所受到的众人非议和后世的诟病,足以得到证实。

中国传统中习惯为尊者讳,为维护领导的"威信""名誉",对"档案""记录"等文字材料,做隐去或曲笔的"必要"的处理,并不罕见。

以金门战役登陆作战在萧锋的多次要求下,做了三次推延的事实存在推论,"三不打"原则不仅是客观存在的,且正是因为它的存在,萧锋与叶飞才会有多次的争吵。这一点,毋庸讳言。

我们今天重视"口述历史",不仅是因为"口述者"是当事人,更重要的是"口述历史"与那个时代的大背景、事件是可以用来加以印证的。

萧锋"三不打"原则的存在,没有任何可以值得怀疑的地方。

其质疑者套用与滥用"孤证"一说,实乃是对乾嘉学派的"朴学"精神,考据、考证方法,在半懂不懂、无知和无谓的"学术"幌子面前,全凭个人喜好,或有意哗众取宠,或带有个人的某些目的,所做出来的凭空臆断!

更为重要的是,军队不等同于一般社会单位,对于关乎金门战役胜败如此重大的"三不打"原则,假如真的没有,完全可以用"军令"的方式,来让作为一员败将的萧锋"闭嘴"!叶飞作为当事人,又为何没有在审阅《回顾金门登陆作战》一稿时,毫不犹豫地将萧锋涉及"三不打"的稿件予以撤销和删除呢?对萧锋进行"批评""教育",甚至"处分"呢?

叶飞寄托于汤恩伯"不要由潮汕兵把守金门、厦门"的一厢情愿,刘培善如此轻率,且没有任何根据的"金门……是真空地带……不超过12000人,是个重建起来的师"的判断,完全背离了蒋介石要求严防死守

"金门"的实际情况,这是导致后来萧锋面对胡琏援兵已到,情势发生巨大变化,要求"推迟进攻"的请求不被采纳的重要原因,更是刘培善前来萧锋指挥部进行督导,催促萧锋下达"决心不变"命令的根本所在。

7日,第十兵团命令:第二十八军八十三师1部开往闽北一、二、四分区执行剿匪任务。叶飞在电话中明确告知萧锋:

> 攻打金门战役情况由兵团负责,战术、技术、找船工作由二十八军负责。

萧锋说:

> 我们专门负责找船,训练水手,准备物资,整个敌情特别是内线活动(指情报),只能靠兵团。

是日,第十兵团将"先攻取厦门,而后攻击金门"作战决心,电报第三野战军司令部及粟裕。

该日,蒋介石再次亲临厦门督战,并严令汤恩伯为确保厦门,采取固守措施:

> 一、利用海峡为天然屏障……敷设雷区,紧贴水线架设铁丝网或电网……凭险固守。

> 二、调整防务,将设防重点放在厦、金两岛……把军以上指挥机构移至舰上,实行遥控指挥。

汤恩伯向蒋介石报告:

> 厦门防御,固若金汤,守三五年没有问题。

此时的蒋介石,尽管已经将大陆大部丢失,但凭借并未受到严重打击的海军、空军,且又对康熙二十二年(1683)施琅攻台有充分的研究,早已下定决心经营台湾,故而对"船只"问题有深刻的认识。因此,早在1949年9月,蒋介石就对汤恩伯作出指示说:

> 敌军若来犯,必在每月满潮之时,务必要派海空军在此之前不断

搜索敌船,凡可通海口各内河之上游一百海里内的大小船只,必须彻底炸毁。

按照蒋介石的这一指示,台湾的飞机不光炸福建,浙江、江苏沿海都炸了,甚至炸了上海造船厂。萧锋二十八军所征集的船只,是采取把船沉在水底下的办法,才保留了三百来条舢板和渔船。国民党后来吹嘘蒋介石的手谕对金门之战起了决定性作用,这不是一点道理都没有。

9日半夜,胡琏十二兵团一部352团抵近金门外海,在新头等待潮水登陆。先是:

> 一一八师(李树兰上校)353团(黎川子弟)……士兵平均为23岁,中秋前一天经闽抵汕,大家正杀鸡宰鸭的要过节,却奉命黄昏上船,李师长交给杨书田(团长)一纸密令,令之登船后会同船长开拆,如不向东南走,就要纠正,登艇打开命令方知一一八师分5批援金。(据台湾《碧血青天》125页)

同日,奉汤恩伯命令,抵达金门的胡琏部:

> 派兵一团赴厦门游行,以壮军威。

同日,胡琏第十二兵团高魁元率第十八军十一师和一一八师从汕头抵达金门,其下辖的2个师均为4个团加强师,共计2万余人。抵达金门后,第十一师31团进驻金门县大嶝岛,33团进驻小金门(烈屿),主力全部进驻金门本岛,全部统归第二十二兵团司令李良荣指挥。胡琏之高魁元部的到来,成为此时金门、厦门的一件大事;汤恩伯专任"福州绥靖公署"代主任,驻厦门,并以此时十八军辖下之一师,在厦门游行街头,"鼓舞守军士气,兼以安定民心"。

同日晚,萧锋率第二十八军打响了攻击金门县附属岛大嶝岛的第一枪,为第十兵团主力攻击厦门、金门做准备。在急风暴雨中,二十八军以3个团乘海水落潮,深涉没膝的海泥,向前挺进三四公里海滩,在军山炮团的掩护下,发起登岛突击,进攻大嶝岛;259团奉命在251团1

个加强营的配合下,担任主攻大嶝岛的登陆作战任务。

19时,潮水退尽,259团团长曹国平、政委李峰率部趁大嶝岛守军不备,在莲河、珩厝海边一线涉水渡海,向大嶝岛发起了攻击。

此际,胡琏部高魁元根据汤恩伯的电令,派国民党军十一师31团增援大嶝岛上的原驻岛守军四十师。

10日拂晓前,萧锋之二十八军251团2营于崎口涉海登陆,向双沪攻击前进,并攻占双沪。

6时,国民党守岛四十师师部在阳塘纠集兵力,先后连续向双沪解放军251团2营阵地土屋、林内方向反扑,随即双沪被国民党守军重新占领。

8时30分,萧锋所属第二十九军259团1营协同251团2营,再次攻击双沪。

19时30分,萧锋部攻克国民党守岛部队指挥中心阳塘。

24时,萧锋所率二十八军登陆作战的2个主力团协同作战,经过一昼夜与岛上国民党守军和增援部队3个团的反复激战,少数国民党守军残部乘船溃撤于金门本岛,大嶝岛结束战斗。

是役,为萧锋率二十八军首战金门县之附属岛屿大嶝岛,创金、厦战役越海登陆作战的首战胜利,扫清了金门本岛与厦门岛的外围之敌。二十八军以营长刘新民重伤,以及300余人的伤亡代价,共获歼国民党守岛部队四十师134团全部,135团大部,增援之高魁元部31团半数,计1200余人和缴获大批美式武器等,获得完全胜利。

解放大嶝岛251团牺牲的70余名烈士,被运回珩厝安葬,259团牺牲的300余人,由于当时战事紧急,部队奉命转移,只能就地仓促掩埋。

是时,胡琏闻知大嶝岛失守的伤亡后哀叹道:

大嶝岛沦陷,损失颇大。

同日,在大嶝岛失守后,驻守金门本岛的国民党青年军二〇一师2个团,由师长郑果率领奉命调防金门本岛以西,负责琼林、古宁头至湖下西半岛北海岸的守备防务任务。

同日亥时（21时至23时），粟裕在北京收到第十兵团10月7日关于"攻歼厦门金门之敌的部署"电报：

决于本月中旬（内定十三日）同时发起攻歼金、厦两岛。

11日，胡琏十二兵团一一八师353团和354团已登金门本岛，一一八师师部驻琼林，352团驻沙头，353团驻顶堡（担任二〇一师预备队），354团抵后半山，十八军军部驻山外。（据台湾《碧血青天》125页）

同日上午，萧锋审问在大小嶝岛战斗中抓获的俘虏，获悉其部队番号分别为：李良荣第二十二兵团二十五军四十师118、119团；胡琏第十二兵团十八军主力第十一师31团。俘虏的高魁元31团团长供称：

胡琏十二兵团已有2个师到达金门。

萧锋随即将胡琏兵团已经到达金门的情况向第十兵团报告。叶飞说：

不可能吧。胡琏兵团主力还在潮、汕地区未动。

第十兵团始终认为是"国军谎报，根本未予置信"，并将这一错误判断，一直延续到金门战役发起前对胡琏兵团的调动上，并导致作战意图上的错误决定。

叶飞作为主宰第十兵团的第一号首长，在如此严峻的形势面前，竟然以轻描淡写的一句"不可能"，将萧锋亲自审讯俘虏获得的重要情报否定了。国防大学政委刘亚洲上将在《金门战役的检讨》一书中说：

这一反常的现象，并没有引起十兵团情报部门和叶飞的注意，且认为"胡琏好虚张声势"。

国防大学的徐焰少将更是在其《悲壮的金门登陆战》一文中，不无痛惜地说：

这一重要敌情，本该引起高度重视，可是部分领导主观上认为国民党军是要逃跑,对这一不合乎主观意向的客观情况未予重视,还怀疑敌俘供词不可靠。

萧锋根据俘虏的供词,对原定作战意图有了新的考虑。在叶飞对此情报提出否定之时,将这一情况越级向粟裕进行了汇报,并将10月6日向兵团提出的"三条件攻金",再向粟裕进行了请求。粟裕立即感到金门"此时敌情发生重大变化",登陆作战不可轻敌大意,并作出了特别指示:

一、原敌二十五军一〇八师按22000人计算,只要增敌1个团也不打;二、没有一次载运6个团的船只不打;三、要求苏北或山东沿海挑选三千名久经考验的船工,船工不到不打。

可惜的是,金门战役登陆作战之前,粟裕的这一"三不打"指示事后也未得到落实。

萧锋与叶飞两人在金门战役发起前的截然不同的态度,充分说明了萧锋对金门战役的重视和叶飞在此时此刻的"不屑一顾",而粟裕给第十兵团的"三不打"指示,不仅没有得到落实,且在后世涉及金门战役登陆作战的书籍与文章当中,连同萧锋的"三条件原则"一道,被认为是"孤证"被加以了否定。

试想一下,假若叶飞没有对"胡琏兵团已经到达金门"的情报做出否定,萧锋绝不可能将这一情报越级向粟裕反映,《粟裕传》中也就不可能出现"此时敌情发生重大变化"这句话。

这一切,说明萧锋在金门战役登陆作战发起之前,既有实事求是地将"三不打"原则向了解自己的老首长粟裕反映过,又在战役决策过程中,反复向叶飞和第十兵团提出过。

由萧锋"三不打"原则引发的粟裕"三不打"指示,不仅在当时是一件第十兵团、二十八军全军上下众人皆知的事实,更见诸于他的各种回忆录文字中。更为重要的是,这些亲历者、见证者们均尚健在。因此,某些"军史家"们的所谓"孤证"一说,显然是站不住脚的。

《粟裕传》中出现"敌情发生重大变化"的这句话里,在叶飞对萧锋情报持"不可能"的态度面前,在萧锋屡次与之有争吵的客观情况下,粟裕对形势"重大变化"的判断,只能来自萧锋所再次反映的情报。故萧锋在回忆文章中不无感叹地说:"此时要是粟裕司令在前线就好了。"

金门战役的首战,以大嶝岛的登陆作战完胜为开局,但却以叶飞完全不相信萧锋审问俘虏所得"胡琏兵团已经到达金门"情报系"不可能"为失败之始。

历史的悲剧由此拉开,使这场即将开始进攻金门本岛的登陆作战,在已经取得了金门战役的首开胜利之后,竟急转直下,战役还没有发起,就已经注定了要失败的结局。9086名登岛作战的将士们,将在这种盲目的骄狂与偏见情绪之中,一去而不能复返。

第二章　骄狂与偏见

第一节
金门战役登陆作战计划的先天不足
与严重的备战缺失

1949年10月

10日,萧锋率第二十八军取得对金门县所属岛屿大嶝岛的首战完胜。

同日,胡琏兵团增援金门本岛的第十八军第十一师和一一八师约20000余人,已经在金门本岛布防完毕。

叶飞面对这一重大敌情变化,不屑一顾,对萧锋所获得的"胡琏兵团已到金门"的情报置若罔闻。

是日黄昏:驻扎在广东汕头的国民党军胡琏,既见有战机二三十架自广州飞降汕头,又获悉解放军即将进入广州市郊。

同时,胡琏在汕头接待特来请胡琏防守金门的罗卓英:

> 罗卓英将军……携银洋十万元,以为行军费用……况总统蒋公曾面示"保卫台湾"之任务乎?……实有亲导兵团东向的含意……本部之离去潮汕,则属毫无疑义。调集军队上船,须时数日……一切正在进行时,忽来广州陷落之讯。

11日开始,国民党青年军二〇一师两个团由郑果师长驻守金门本岛之西的琼林、古宁头到下湖,随即展开大面积修筑工事:

> 部队师、团长以下各级干部,拿起工具,亲自挑运土石,领导士兵日夜赶筑防御工事,完成土堡200余座对抗共军登陆。土堡重叠有如蜘蛛网,各堡间距,近者有60公尺,远者在150至200公尺间……全体官

兵终于在短短10天内，筑成坚、低、矮、小的土堡400余座，星罗棋布地分散在西海岸线上。

是日，毛泽东在北京邀请民主人士周培源、张元济到中南海颐年堂共进晚餐，粟裕和陈毅作陪；粟裕于该日复十兵团电：

7日电10日收悉。同意你们来电部署，依战役及战术要求，最好是按来电同时攻歼金厦两地之敌。但请你们考虑：根据金厦两地敌之兵力及内部情况（刘汝明、王修身之关系如何）及我方准备程度（尤其是船只），如以5个师攻厦门（有把握）同时以2个师攻金门是否完全有把握？如考虑条件比较成熟，则可同时发起攻击，否则，是否以一部兵力（主要加强炮火封锁敌舰阻援兵与截逃）钳制金门之敌，首求攻歼厦门之敌。此案比较稳当，但有使金门之敌逃跑之最大坏处。究如何，请你们依实际情况自行决定之，总以充分准备有把握的发起战斗为宜。

第十兵团根据这一指示，全面检查了渡海作战的准备工作，发现第二十八军进攻金门的船只远远不足，风向也不利于同时攻击两岛，不能马上发起进攻，遂决定改变作战方案，先攻取厦门，后再夺取金门；并定在10月15日发起解放厦门岛的战斗。由第二十九军、三十一军为主攻，第二十八军做预备队。

粟裕的这份复电，给第十兵团改变"厦金同取"的作战计划起到了关键性的作用。

粟裕有针对性地提醒第十兵团和叶飞、刘培善等，注意分析金厦两地国民党军的内部情况及我方十兵团的准备程度，并以细致的括号方式，来提醒"尤其是船只"在这场战役中的重要性。以金门战役登陆作战失败是因为"没有船只运兵"来看，可见叶飞不仅对萧锋反复强调"船只不够"没有重视，也没有把粟裕的这条重要意见放在心上。而粟裕在电报中明确指示的"总以充分准备有把握的发起战斗为宜"一条，也被叶飞所忽视。

萧锋战前建议的"三不打"，是因为诸多条件不具备，"没有充分准备";萧锋一再要求"推迟"发动对金门攻击,可以肯定地说是"没有把握",直至临战之前即将启航之时,萧锋仍在无奈地向刘培善求援:

你是二十八军的创建者,在关键时刻,你要帮我说话。

从粟裕的这则电报"但有使金门之敌逃跑之最大坏处"一语中,我们还不难看出,此时的粟裕,在作出此判断时,是建立在"歼灭逃敌"的战术考量基础上,仍然是将金门当成了厦门的一个附属战役,来完成对大陆沿海国民党残军的清除,而蒋介石此时此刻的重大战略部署则是"坚守金门""有金门便有大陆"。

这一作战方向性的错误,导致了第十兵团和叶飞在发起金门战役之时,进一步把这一本应有重大战略意义的战役,当成了仅仅是一场歼灭金门本岛的国民党军残军、歼灭随时要逃跑的溃军"收获战"。由此,加剧了叶飞原本就存在的轻敌思想。

11日,第二十八军在莲河军指召开作战会议,除第二十八军师团领导干部外,尚有划拨给萧锋指挥的二十九军之八十五师、九十二师团领导人参加。萧锋传达了第十兵团攻击金门本岛的决心,并决定:将莲河一带搜集到的船只86艘,可转移先打厦门;请张宪章科长起草报兵团并前委的攻金方案:

以八十二师244团由大嶝岛出发,渡江在白沙、南堡间登陆,得手后速占后半山双乳山,警戒东渤,主力向金门前进。

八十四师251团从莲河出发,乘大雾渡过十五里海域,在西堡登陆,得手后速占湖南、榜林,协同八十二师围歼金门县守军。

八十五师253团从澳头和集美渡海,在古宁头东侧登陆,登陆后速占林厝、榜林,协同八十二师围歼金门县守军,先歼西半岛。

第二步,八十二师加251团、85师、92师3个师在双乳山会师后,向东渤围歼,唯顾虑手中无船,有船也找不着人,经反复比较讨论,大家同意这个方案,为了加强划水,由部队抽300人组织骨干,学习开船技术,起到船长的作用。

244团邢永生团长说：

一定要有可靠的熟练的船工，船工不够不能打，不等到水手就不能干。咱们自己可以学驾船，但不是三天两日能学会的事，渡海那么宽，可不能开玩笑！

八十二师钟贤文师长说：

这是我们解放大陆沿海的最后一仗，可不能打坏了！

配属的第二十九军八十五师师长兼政委朱云谦说：

光靠找几百只船，没有水手，怎么能渡海？我们是第二梯队，看你们怎么先渡海。

李曼村主任说：

最好立脚在福建解决船和船工，不打扰苏北和山东人民，总之要独立自主，自力更生。苏北、山东人民能来那更好，我们热烈欢迎，不能来别把责任推到后方人民身上，要立脚福建动员船工和木船，加强渡海作战的政治思想工作，各师团要向群众解释，使指战员们深刻理解打好金门这仗的好处。

萧锋在日记中记载道："根据各师团找船情况非常困难，还是电催三野从江苏、山东调船和船工，有了人就好说，一个月来不了，还可等一等，苏北、山东如果派不来船工，我们攻击金门确实有困难。"

会议中，张宪章科长接到兵团转第三野战军前委电：

同意二十八军三条件下攻金门计划。

与会人员听了这一电报的内容，都非常高兴，并满怀信心地准备打金门。萧锋在当天的日记中，以充满感激的情绪说：

感激前委关怀，只剩下金门。陈、粟首长在上海事情忙，但金门这难题，名将粟副司令必会关心。我们自备船只，动员水手，加强300人进去做骨干,力争苏北区党委、山东军区来3000名水手,路远病多,也多想几手,要考虑时间。

是日,蒋介石在定海召开陆海空三军将领会议,决定成立"东南军政长官公署舟山指挥部";将岱山机场扩建为可保障重型轰炸机起落的机场;将海军第一、第二两舰队和第十、第六十七两军调到舟山,使守岛兵力达到90000人。

同日,国民党政府从广州撤离,"中华民国"代总统李宗仁西至桂林,"行政院长"阎锡山随广州人员一道,撤到台湾本岛。

12日,解放军第十兵团正式决定:

将同时攻取厦门、金门两岛,改为先取厦门,再攻金门。并于10月15日发起解放厦门岛的战斗。

是日,粟裕电令第三野战军参谋长张震等:

关于进攻定海、台湾不能完全依靠空军……打定海不应依靠飞机与海军,打台湾则一定要由海空军配合,但亦不能完全依靠海军,不管海空军强弱与否,陆军训练仍以登陆突破前沿与打退敌人反击,巩固与向纵深发展,为准备时期中最主要课程。

同时,粟裕又得到确实情报:

原在广东的胡琏兵团奉命增援金门、厦门。

同在12日,国民党二〇一师颁发作战命令,所见两份命令如下:

一、中华民国三十八年10月12日维勇1作字第1973号

青年军二〇一师作战命令:师于10月11日奉二十五军子战秋字第356号命令,奉司令官李(良荣)10月10日至咸绮字第0315号命令:

二〇一师任琼林、埔边、古宁头(以上均含)迄海岸间地区之守备,并应控制强有力预备队于盘山、后埔、安歧间地区,琼林至沙头之线以东地区归十八军高军长指挥,以西地区归二十五军沈军长指挥。本师

防务如左：

1. 602团任琼林安歧以北之小溪口海岸守备。

2. 601团任安歧以北小溪口古宁头至埔边之海岸守备。

3. 限4天内完成第一线管之堡垒工事及副防线（刺铁丝网）。

师长郑果

二、二〇一师602团命令。

中华民国三十八年10月12日任爱战字第1315号

1. 当面之匪自攻陷我厦门大小嶝岛后积极准备待机进犯金门，匪二十八军主力于石井，匪八十二师以主力集中大嶝，一部集中小嶝，匪八十四师、八十五师集中蔡厝、澳头。二十九军主力于厦门。

2. 本团奉师长维勇1作字第1973号命令，担任琼林、澳头（含）迫安歧以北小溪口（含）之海岸守备与友军之战斗地境如左：

四十五师与602团之间，琼林至沙头四端线属左602团与601团之间，安歧以北小溪口至湖南之线线上属右。

3. 本团以歼灭敌人于水际之目的，以第3营为右第一线营，担任琼林至一点红之海岸守备，第二营为左第一线营，担任一点红（不含）至小溪口（含）之海岸守备两地区战斗地境线现地指示之。

4. 第一营为团预备队，位于观音山附近，而后待命行动，并以一连占领半山、双乳山，担任该地之守备。

5. 迫炮连于观音山附近占领阵地，以火力支持第一线营之战斗。

团部在东堡，战斗时在观音亭山122高地，设团指挥所。

团长博伊仁，副团长丁伯瀛

同时，国民党胡琏部353团杨书田已在金门本岛"参加二〇一师作战汇报后，立刻侦察地形、道路，构思各种状况，天天演习，夜夜检讨。据汤（恩伯）之顾问，前第六师团长根本博之判断，最适于登陆处为东西一点红间的沙滩"。（据台湾《碧血青天》125页）

13日，第二十八军251团全歼在大嶝岛战斗中逃往小嶝岛的国民党守军,解放了金门县的附属岛屿小嶝岛;随即,第二十八军炮兵进驻大嶝岛,以掩护即将发起的"厦门战役"侧翼。

同日,萧锋与李曼村前往第十兵团指挥部驻地同安,参加研究进攻厦门、金门作战方案。

叶飞传达第三野战军前委指示:

尽可稳打为妥,先打厦门,积极准备攻金船只。

刘培善说:

拥护成钧副司令的讲话,打厦门也要集中兵力,打下厦门,金门敌逃跑,要跑让他跑吧!

萧锋说:

我们看到金门敌人不像(要)跑,在打大嶝岛时,还增来十八军十一师31团。

会上,萧锋又发言说:

听了各单位领导的意见,考虑到找船、找船工困难重重,攻击金门不宜操之过急⋯⋯要发动攻金作战,务必确保备足运送6个团的船只,使第一梯队登陆时就取得绝对优势,同时每条船需配备3名船工。从这些天在泉州湾、围头湾动员船工的情形看,数量不足、觉悟也低,最好从老根据地如山东、苏北动员一些船工来支前。

另外,考虑到兵团分配给我们的兵力,即八十二师3个团,八十四师1个团另加二十九军2个团,对付目前金门岛上敌二十五军约3个师10000多人,是可以完成任务的。

如果敌人增援,兵力有所增加,我们完成任务就困难了。因此,请兵团进一步查清金门岛上敌人的兵力⋯⋯备战情况:我们哪次战前准备,都没遇到这么多困难。新区的多数船工,还抽鸦片,要拿重金收买,用新区群众开船打金门,实在没把握。船开到海中间,他们有可能跳下海就走,让我军自己同敌舰去撞,打大练岛、打平潭都有这种教训。

会议期间,萧锋与李曼村第二次再提进攻金门的"三条件",并强调:

向兵团前委报告,必具三条件攻金,且得到前委的同意。

萧锋在这天的日记中强调说:

对于我们的意见,兵团各位首长当时未置可否,似乎没有听进心里,只是嘱咐我们抓紧找船找船工。兵团首长还同意兵团作战处的建议:因第二十八军指挥所从福州南下时,没带侦察电台来,(所以)关于战役情报由兵团负责收集,第二十八军主要负责战术侦察、征集船只、动员和训练船工、训练部队、组织登陆作战演练,等等。

是日,萧锋与李曼村向所属第二十九军八十六师256团(该团隶属二十九军八十六师,金门战役登陆作战期间划归萧锋二十八军指挥,以做攻击金门的第二梯队)政委彭布交待攻击厦门的作战任务:

256团为攻打厦门的3个突击团之一……担负对厦门东北角五通道方向进行登陆突破,为后续部队登陆创造有利条件的艰巨任务。

萧锋的这一交代,实际上是二十八军与二十九军八十六师256团的方式,在参与"厦门战役"的战斗。其256团参与"厦门战役"并不意味着该团归建为二十九军,因为这次行动后,256团仍归二十八军萧锋指挥,并参加金门战役的登陆作战。

同日,第十兵团做进攻厦门的作战部署:

以三十一军九十一师并加强九十三师2个团,强攻鼓浪屿。由鼓浪屿以南至石湖山之间登陆突破,得手后向厦门市区攻击;

以二十九军主力由沃头、集美附近起渡,其八十五、八十六师和三十一军九十二师采用偷袭手段,夺取厦门岛北半部,尔后与九十一师南北进攻,全歼岛上国民党军;

以八十七师和九十三师各 1 个团分别为二十九军和三十一军预备队；

以二十八军 1 个师又 1 个团配置于莲河、淘江一带，监视并以少量炮火牵制金门本岛国民党驻军，如发现金门守军增援厦门或准备撤逃，二十八军以 1 个师又 1 个团，立即对金门发起攻击。

萧锋内心对这个作战计划充满了忧虑，其《渡海重要一战——金门之战》的回忆文章，清晰记载了他的担心：

从这个部署看，兵团首长还是希望同时拿下厦、金两岛。但事实同这种愿望相反。当我 29 军和 31 军攻击厦门时，金门守敌既未增援厦门，也没有撤退，汤恩伯总部和厦门守敌一部分还逃到金门。因此我们虽做了攻击金门准备，也没有向金门发动攻击。

这个让萧锋在"厦门战役"发起时准备进攻金门的作战部署，将立足点完全放在歼灭"厦门守军"和兼顾歼灭"金门逃跑守军"有生力量的基础上，根本没有在情报、侦察上，来掌握金门守军的动向。而此时的蒋介石，不仅早已经做好了"放弃厦门，巩固金门"的战略打算，且从汕头调来的胡琏兵团，已经到达了金门。

《当代中国军队的军事工作》对叶飞的轻敌行为，也如此评述：

10 月 13 日，（第十兵团）下达的"攻歼厦门守敌的部署命令"中，虽然赋予二十八军的后续任务是"如厦门战斗结束后，金门守敌尚未逃窜，该军以本身 4 个团兵力并指挥二十九军 1 个师即部署攻击金门之敌"，并指定三十一军在解放厦门后以 1 个师攻占小金门，但对金门到底需要使用多少兵力，应该如何具体组织进攻等问题，缺乏认真细致的分析研究。

是时，萧锋与二十八军在准备对厦门的作战之余，仍然将搜集船只、征召船工当成了最为紧迫的首要任务。

朱江的《厦门战斗中的 255 团》一文说：

刚刚获得解放的闽南沿海人民群众,一时对人民解放军了解不透……大多青壮年见到我们就躲开,并把船只隐藏起来。

宋忠贤的《挥师南下直取厦门》一文说:

部队成分大多是北方籍,几乎没人会说闽南话……一听说我军筹船,存有惧怕心理,个别人还把船只藏了起来。

征集船只的困难,在彭布、丁瑞根《渡海打厦门》一文中,有较为详细的记载:

刚刚解放地方政权还未建立起来,当地群众对我军尚不了解,言语又不通,工作很难开展……许多地方是通过旧的乡、保长协助征集船只……有的船前面征集来后面又跑掉……征集船只……碰到很多困难……很多事情还要利用旧政权的乡、保长和土绅……加上拦截一批外逃船只以及采用重金聘请(每人一两黄金……)等办法,经过历时半个月的努力,总算征集到二三十只大船。每只船可容纳个把排(四五十人)……当船只搞到手后,立即从海路向部队驻地转移,要走200多华里的路程……当船驶进金门岛北面海域时,敌人发现是我们的船队,就疯狂地打机关炮射击袭扰,我们的船只只能尽量靠近北侧行驶,但仍可清楚地看见金门……刚驶进金门与围头之间的海域,突然大帆篷被大风撕裂失去作用,这时又正当海水退潮,流速较快,不进则退,情况万分危急,幸亏我们的船老大是很有经验的船工……船上的几个同志……由于不适应海上颠簸,都头昏脑涨、翻胃呕吐……我团所有的船只,经过一整天与风浪搏斗,行程150华里,于当天五点半都开进围头港汊,避风停泊,第二天又继续航行了50多华里,顺利地靠到我团临海驻地刘五店附近,从而胜利地完成了征集船只的重大任务。

同日,广州被林彪的第四野战军攻陷。

14日,国民党胡琏十二兵团十八军十一师33团,奉命开到厦门市,在乐队伴奏下在市内进行"游行示威"。游行后,该部队悄悄迅速地回到小金门岛(烈屿),归建隶属第五军指挥。

第二节
叶飞"险胜"厦门

1949 年 10 月

15 日,解放军第十兵团发起攻取厦门战斗,炮兵开始对厦门实施炮火准备,"大、小嶝岛有解放军入驻,且偶尔对金门打一二发炮弹,似在定位射击,准备攻金"。(据台湾《碧血青天》125 页)

16 时 30 分,炮兵依原令提前 30 分钟开始破坏炮击,第二十八军炮兵团参与炮击助攻。

21 时,进攻厦门的战斗,全面发起。

萧锋二十八军作为厦门战役助攻部队,配置在大、小嶝岛、莲河、围头沿海阵地,监视金门本岛的国民党军,并以炮火压制金门本岛,牵制该岛守军。瞬间,沿岸炮兵阵地发出隆隆炮声,成千上万发炮弹倾泻到金门本岛的国民党军前沿和滩头阵地上,但命中率不高。

叶飞在其《渡海登陆的成功一战》一文中,对厦门战役的发起,有一段发人深省的话:

厦门之战,是解放战争一次成功的渡海登陆作战,是在不宜于航海的台风季节里,进攻有重兵防守、并有永久性工事的要塞岛屿。

叶飞的这段话,反映的正是厦门战役的胜利,是在一种"冒险性"与"优势兵力"的掩盖下取得的,即在"不宜于航海的台风季节里",在"重兵防守、并有永久性工事的要塞岛屿"下,最终获得登岛胜利的战役。叶飞在其回忆录中,用了一个并不避讳的"这是险着"说法,来形容厦门登岛的战斗,且再三强调这一"险着",在其一生中"只用了两次"。

在叶飞后来的回忆录中，虽然从没有透露对这一"险着"更多的检讨，对金门战役登陆作战失败，亦未做过认真反思，但是，作为原本就被视作第十兵团"漳厦战役"中的一环，上述数语亦当可视为其检讨的一部分。在"不宜于航海作战"的因素面前，"厦门战役"取得了"险胜"，而金门战役则以失败告终。这其中决定"胜败"的一个重要因素，便是一个"险"字。

可以预料的是，"金厦同取"时叶飞第十兵团的全部兵力，分成了厦门与金门两处，其在厦门出现"险象"之时，既没有任何储备的兵力可供增援，也可能在金门出现"败象"之时，也只能望洋兴叹。若果如此，厦门的"险胜"既不可能取得，其金门的"失败"也将输得更惨。

厦门战役之所以能够最终取得"险胜"，重要的原因就是在进攻厦门多处险象环生的重要时刻，能够有源源不断的后备兵力以及"优势兵力"在多处登岛。

优势兵力，再一次在厦门战役中发挥了重要的作用，但后来同样是"险着"的金门战役，则没有这样幸运。金门战役登陆作战因无船而失去了"优势兵力"的增援，使登陆部队陷入孤军作战的困境中，是厦门战役遗留的"险着"恶果，延迟到金门战役登陆作战上必然爆发。

叶飞是以厦门战役的"险胜"检讨，来涵盖对金门战役的曲折检讨。叶飞在该文中，还有一条至为重要的几句总结，也是意味深长，值得人们深思的：

实际上，大岛好打，小岛难攻。岛大，防御工事不那么集中和密集，空隙很多很大，易于突破。岛小，情况就不一样，防卫严密，没有空隙。

厦门险胜与金门失败，正是叶飞隐语中所指的"大岛"与"小岛"吧。从这个角度来说，这一发自叶飞内心的检讨声音，实在是叶飞将军对金门战役登陆作战所做出的一次较为深刻的反省和总结。是叶飞对金门战役登陆作战的失败，隐含在"厦门战役"胜利后面做的一次检讨。

此际，在第十兵团对厦门发起强烈的总攻时，汤恩伯逃到了金门岛海面的军舰上指挥。

萧锋麾下的八十二师245团,也在此间攻占了金门县所辖的角屿岛,并在岛上全歼了国民党驻军3个连。

至此,金门与厦门的外围国民党驻军,被全部肃清。金门本岛完全裸露在攻击的视线之内。萧锋随即命令八十二师师部进驻大嶝岛,为攻击金门本岛,又前进了一步。

值得注意的是:从10月15日至24日金门战役发起的这段时间里,整整10天,《中国人民解放军陆军第二十八军军史》不管是1985年3月的"秘密送审稿",还是1985年9月更高一密级的"机密修订本",均对这一大段二十八军的作战计划、领导审批、作战命令、战况发展、前线与后方的电报、战事安排等一切事务,没有任何的记载。其讳言的明显痕迹,不必明眼人始能辨之。

15日夜,进攻厦门鼓浪屿的第二十九军、三十一军船只被风浪吹散,船只断尾,登岛受挫,实际只有厦门岛的两侧,成功登陆了4个营、团级首长,其他各级指挥员都没有跟上,少数部队登陆后,被国民党守军全歼。《当代中国军队的军事工作》对厦门战役险象环生的战况,有详细记载:

> 当距岸150米时,国民党以猛烈炮火拦阻……21时30分后,突击船队的少数船只开始零星抵滩,大部分船只因风浪太大而未能在预定突破口抵滩,有的还被吹回原岸。国民党军前沿火力疯狂扫射,第一梯队登陆部队在滩头遭受重大损失,仅少数部队突入国民党军的前沿阵地……九十一师炮2连指导员赵世堂所在的船中弹后,两门火炮坠入海中,他率领10名战士强行登陆……最后剩下他一个人……271团团长王兴芳……中弹献身。
>
> 23时后,九十一师组织3个二梯队营起渡,皆因风浪太大而未能成功。
>
> 16日12时,三十一军命令九十一师暂停攻击,总结经验,准备再战。强攻鼓浪屿的战斗由于准备工作不够充分,没有完全掌握潮汐、风

向等自然规律,结果失利了……

10月15日晚,在鼓浪屿战斗打响后,从北面攻打厦门的5个突击队,分乘数百只木船,在茫茫夜色中,顺风顺流,箭一般地驶向各自预定的登陆点,对北半部发起偷袭。三十一军九十二师第一梯队3个营的船队由鳌冠、郭厝起渡。20时许,其中的274团3营率先秘密驶抵石湖山登陆点,适逢低潮,被岸上国民党军发觉,遭到密集火力的封锁,当即转入强攻……274团1营……被国民党军机枪火力阻滞于泥滩……

八十六师第一梯队256团从刘五店、沃头起渡,利用夜暗做掩护,在钟宅附近国民党军七十四师与一八一师的结合部,迅速抵滩上陆。1营俘虏了错把解放军当作"自己人"的国民党军1个先头排后,夺占钟宅村。

天亮后,国民党军两个营在坦克引导下进行反扑,1营撤出钟宅。16日15时,1营在兄弟部队配合下又夺回钟宅。该团2营在坂美登陆后,遭到国民党军火力的夹击,伤亡很大……

至16日中午……后续部队源源不断地从各突破口上陆……这时,国民党军才醒悟到解放军的主攻方向是在北面。于是,汤恩伯和八兵团司令官刘汝明慌忙收罗残部,调集机动部队向北反扑。解放军十兵团司令叶飞命令已上岛的部队,迅速抢占岛腰部的一线高地……国民党军1个团兵力在飞机掩护下的5次反冲击……

16日入夜后,登陆部队多路并进,奋勇向南追击……并突入市区……鼓浪屿的国民党军见大势已去,纷纷东逃金门……

整个厦门战役从发起到结束,处处充满险情。虽然最终以厦门的解放而宣告胜利,但是,其"险胜"的经验和教训,并没有引起叶飞和第十兵团的高度重视。其源源不断的"优势兵力"和陆战的"人海战术",在厦门战役中,仍然在发挥着巨大的作用,其间,却没有任何的人去对渡海作战相关的海况、风向、潮汐进行过认真的研究和考察。

厦门战役中出现的"险情与侥幸",主要体现在以下的几个方面。

一、"偷袭"不成功变成强攻。作战计划的不足,最终得以"强攻"

弥补。如果没有强大的后援,这一强攻便无法实现,因此说这一"强攻"也带有某种"侥幸"的成分;

二、多点登陆作战方式,所包含的"侥幸"成分,是以"东方不亮西方亮"来体现的;

三、国民党守军,"错把解放军登陆部队看成是自己的部队",这种"侥幸",几乎可以用"上帝在此刻向叶飞伸手"来解释;

四、"优势兵力"的人海战术。自解放战争以来,毛泽东对"集中优势兵力"军事理论,有过精辟的阐述:

> 当着我军……包围敌军诸路中的一路(1个旅或1个团)的时候,我军……不应企图一下子同时全部地歼灭这个被我包围之敌……而应……集中6倍、5倍、4倍于敌,至少也是3倍于敌的兵力……猛烈地攻击之,务期必克……实行这种方法,就会胜利,违背这种方法,就会失败。

被毛泽东列在《十大军事原则》第一条里的"集中优势兵力"理论并不是毛泽东的发明。《孙子兵法》明确指出"十则围之"的原则,即要超过敌人十倍才能包围。但是,从国民党军口中说出的"人海战术",则是被贬化为一种完全不顾及战场将士个人生命的一种战术。

但不可讳言的是,解放战争以来共产党的"人海战术",确有一个重要的因素是不能忽视的,即:"人海"当中所用的"俘虏"战士,比当年在井冈山、长征和抗日战争的任何时期都多,以至于在这一时期出现了一个特殊的名词,叫作"解放战士"。

从战场上俘虏过来的降兵、降将,在这一时期被大量地吸收进共产党的队伍中来,成为了这支革命军队当中的重要兵源,这也正是共产党军队当中,"政治"人员占有相当比例的一个重要原因,且是政治工作的一个重要内容,让那些在火线上被俘的人员,迅速"转变思想"、摒弃国民党而"心悦诚服"地投到共产党的部队里来。至解放战争,"解放战士"在整个解放军队伍中,占有相当的比重。毛泽东曾有过这样一段话,很能够说明问题:

我军战胜蒋介石的人力资源,主要依靠俘虏,此点应引起全党注意……今后攻城野战所俘获俘虏可能大为增加,各区及各军应用大力组织俘虏的训练工作,原则上一个不放,大部补充我军。

厦门战役结束后,国民党成千上万的俘虏,都在瞬间变成了"解放战士",被充实到各军的连队中。

在后来的金门战役登陆作战中,国民党军竟也用"解放军战士",对解放军作战人数之多,以至于在金门战役这个特殊的战场上,出现了"敌我不分"的现象,和国民党军队里的"二次俘虏"现象。

在金门战役登陆作战结束后,国民党以"金门大捷"之名对俘虏做计算,出现了一个庞大的数字,而共产党则又仅限于渡海的船只计算,与此存在着巨大差异。令人感慨的是,这些在"人海战术"中发挥了巨大作用的"解放战士"们,当他们在金门战役中再次成了金门岛上国民党的"俘虏"的时候,其命运的悲惨,在心理上留下的阴影,几十年都难以抹去。这也是金门战役后那些"被俘"遣送回来的人员,一直遭受到极不公正待遇的另一个隐性的重要原因。

发生在厦门战役当中的这些"险情",全部在金门战役登陆作战中得以重演。萧锋在《渡海重要一战——金门之战》一文中反思说:

厦门之战,有成功的经验,也有受挫的教训。但3天就结束了战斗,解放了厦门,又助长了一些人的轻敌思想和轻视渡海作战的情绪。

15日渡海作战进攻鼓浪屿存在的巨大漏洞,没有引起叶飞的高度重视,整个第十兵团内,没有任何人对"海况""风向""潮汐"进行过认真的研究和考察。

厦门岛距大陆仅有1海里,这也是后来叶飞"填海筑堤"的重要条件,而金门岛距离大陆最近处约有5.5海里,海况、潮汐,以及船只往返等诸多因素,无疑对作战起着更关键的作用。

在厦门战役初期偷袭过程中的诸多"偶然",正好与金门的情况"调了个儿",守岛的国民党军错把登岛的解放军当成了"自己人"。

战役打到一半,国民党军才醒悟到登陆的解放军主攻方向是在厦门的"北面"。

其实,国民党的判断并没有错。解放军在偷袭获得"侥幸"的突破后,北面战局的发展,才使得北面成为了"主攻方向"。这从另一面,证实了厦门战役取得的胜利,是充满了"侥幸"的。

一场严酷的战役,怎能将自己的胜利,建立在敌人的误判、错把敌人当成"自己人"等偶然因素上?如果那样,共产党人决不会从没有一寸土地到解放全中国的大陆,也绝不会有当年井冈山、五次反围剿的胜利和长征的胜利,更不会有抗日战争的胜利和全国解放的最后胜利。

攻击厦门的战斗,让我们看出,之所以能够取得最后的胜利,来源于以下的因素:

一、偷袭部队的顺风顺水;

二、偷袭变为强攻,而强攻的时候,拥有源源不断的增援后续部队;

三、国民党军队的误判与"怕死"。

这些"险胜"得来的教训,并没被第十兵团转化为后来金门战役的战斗经验。一味地只看到厦门战役的"胜利",最终,导致又结下了一枚金门战役的苦果,苦涩至今,沉痛至今。

同日,国民党台湾省发出指令:各机关团体禁止悬挂苏联国旗。

16日拂晓,攻击厦门的解放军其他部队陆续登陆。

中午,第二十九军和三十一军在厦门东北高崎、五通一带强行登陆,逐次向南蔓延,登陆部队控制了厦门岛北半部,摧毁了厦门国民党守军的决心,直逼市区。

黄昏,第十兵团登陆各部队在进行猛烈进攻。适逢退潮,国民党军舰艇难以靠岸,报话机中传来汤恩伯用明语直接呼叫军舰:放下小艇接应。叶飞从监听的报话机中听得非常清楚,遂用报话机命令追击部队:

迅速向厦门港追击,活捉汤恩伯。

由于通信联络不畅,汤恩伯最终带第八兵团所辖第五十五、第六十八军及第一六六师一部,得乘军舰逃往金门。

厦门战役中出现的"通信联络不畅",在金门战役登陆作战时同样存在。国民党"海上接应"这一招,进可依据登陆部队的抢滩地点进行灵活支援,退则可在海上游弋接应,这一招,成了国民党固守厦门的后手。而金门战役的反登陆作战中,国民党则考虑在先,胡琏来自汕头的部队,先是游弋于海上,在那里等待观察,后是依据金门岛内已经出现的情势,成为了增援金门的先手。

假如厦门战役的国民党事先在海域里像金门战役那样布置了增援的兵团,而不是撤退军舰,且选择的登陆地点正确,投送的兵力具有优势,并能无障碍地迅速登陆作战,厦门战役的胜与败,鹿死谁手则很难想见。或许,金门战役发动之时蒋介石和陈诚正是吸取了厦门战役的教训,或许,厦门战役发起之时,蒋介石、陈诚尚未来得及调兵遣将,胡琏的主力尚在潮汕,远水没能救得了近火,这才有了胡琏的部队在"厦门游行"的虚晃一枪,意在"吓阻"之举?这都有待于军史、军事家们对其进一步探索。

汤恩伯指挥下的厦门,其守军全线崩溃,是汤恩伯晚年在蒋介石面前失宠的最根本原因之一。后世在记载这段历史时,对汤恩伯是这样记载的:

上海失守后,蒋介石虽有些愠怒,但仍是对这位嫡系,搬出了曾文正公的义正言辞,对汤恩伯道:不要老逃跑,名誉要紧!

厦门失守,让汤恩伯这只"老虎",再也抖不起威风。尽管止不住自己溃败脚步的汤恩伯在金门止住了脚步,但功在胡琏的支援,而非在汤恩伯的固守。故汤恩伯在"金门大捷"之后,陈诚便以东南行政长官身份飞赴金门。

行前,蒋介石说:"辞修(陈诚的字),汤恩伯于危难中主退,殊失我意,他是嫡系,是我的学生,辜负我多年对他的宠信……"陈诚:"那……"蒋介石叹口气,道:"将其带回台湾。"陈诚:"委他何职?"蒋摇了摇头,陈诚一切都明白了。自此,这位曾在大陆骄横一时的"五虎上将"汤恩伯,就这样还不到50岁,就被摒斥于蒋介石嫡系之外。抑郁5年后,暴病客死于日本东京。

至该日晚,叶飞率第十兵团,攻进厦门市区。

是日,胡琏本人由汕头飞赴台北。

17日拂晓,成群结队的国民党溃军猥集于厦门大学海滩处的码头上,焦急地等待着乘船逃往金门和台湾。待攻下了云顶岩的解放军255团赶到码头时,几艘满载国民党溃军的两三艘舰艇仓皇驶离港湾,一些上不了船的官兵,只得纷纷放下手中的武器,举手投降。

约8时,胡琏在台北晋谒副长官林蔚文将军于其办公室,林正与厦门电信局长通话,胡琏在侧得悉该局长云:

匪军已进入市区,我军终止抵抗,尔后已无机会与副长官联络,仅此叩别……

整个厦门战役被巨大的胜利之声所淹没时,另一个巨大危机,却在这种欢呼声中,悄悄地酝酿着。刘亚洲的《金门战役检讨》,记载了一个来源于《古宁头村史》、它方未曾见载、与金门战役紧紧相连的"谣言":

攻克厦门后,许多蒋军官兵藏匿于民家及空屋中不肯投降,我军张贴告示,并用广播车沿大街小巷喊话,劝蒋军出来投降,并告之以备妥轮船,马上送他们回台湾。结果半天之内,有数百名蒋军官兵出来,被集合于厦门码头。天黑后,被我军全部用机关枪射杀。

这种拙劣的欺骗伎俩,在当时的氛围中,着实令蒋军官兵大起恐怖。他们的意志因恐怖而坚强。后来的战斗因恐怖而残酷。10月26日,二十八军主攻团仰攻金门县城……部分官兵放下武器,但坦克手高喊:"厦门守军下场如此!"并不停火。敌坦克手沐巨梁称:"这是我数十次战役中从未见过的最惨的画面。"

屠杀厦门俘虏的"谣言",让恐怖变成了现实中的"顽抗"与"顽强",让金门战役登陆作战的二十八军,在金门岛上遇到了前所未有的抵抗。素来被解放军244团不放在眼里的国民党青年军,在金门岛上的表现,连邢永生团长也不得不感叹道:"青年军什么时候变得能打了!"

金门岛上仅这一地被屠戮的二十八军将士,"遗体就达1000多具,今称'万人冢'。金门战役结束后……还将一些俘虏集结到海滩,用机关枪射杀""在海滩来回搜索时,又发现附近坡地许多临时壕沟,每条壕沟都挤满敌军,于是每辆战车对正一条沟,枪炮齐发,共军无法承受,纷纷举手投降,但全遭射杀。"(据台湾《碧血青天》135页)

"厦门战役"之后,"谣言"的恶果,也由金门战役登陆作战的将士们承受了。这是一个鲜为人知的悲剧,令人落泪。

10时左右,"厦门战役"彻底结束,厦门岛全境解放。

是时,台湾的蒋介石得到消息哀叹道:"厦门工事何等坚固,也只守了2天2夜……"遂专门给汤恩伯写信:"金门不可再失,必须与之共存亡,尤不能住在船上指挥。"

蒋介石又给李良荣打电话:"能否守住金门?"李良荣:"成功虽无把握,成仁确有此心。金门是一个孤岛,也是一处绝地,离此一步无死所,我决心打到最后一个人!"

接此电话后,李良荣随即召开兵团团以上军官会议训话:"金门岛在军事上是一死地,如不死里求生,就会死无葬身之地。"

会后,李良荣又下令把海边仅存的几条船全部炸毁,对众将官说:"现在好了,从这一刻起,我们谁也无法海上逃生。大家只有在金门岛上与共军一拼!近日金门一战,胜则生,败则死!"

如此破釜沉舟之举,在眼见大厦将倾之时攘臂振呼的国民党将领中,未曾见有几人!李良荣在金门战役之后,负笈背井马来西亚,最后客死异邦他乡。其时,胡琏曾以"忠肝义胆,来格来享"之誉辞美之。

此际,国民党海空军拥有10余万吨位的作战舰艇和200多架作战飞机,转而在福建沿海的金门等岛屿上,再建了陆海空三军配合的立体防御；胡琏亦由汕头增援之第二船团刚驶入金门海域，陈诚得悉厦门已失，立即命令正在海上的胡琏兵团主力，改航金门驰援，全面接替第二十二兵团在金门本岛的防务。

厦门战役，除汤恩伯和 4000 余名溃军得以侥幸逃往金门外，共歼国民党军二十二兵团 68、96 团，五十五军厦门绥靖区等国民党军 20000 余人。

从第十兵团发起"漳厦战役"的 9 月 16 日，萧锋率二十八军"解放平潭"岛开始，至厦门解放，整整历时一个月，共歼国民党 1 个兵团部、1 个要塞司令部、2 个军部、7 个师及其他部队，共计 10 万余人。福建全省除金门、马祖等几个岛屿外，沿海地区全部被解放。孤守在大、小金门岛岛屿上的国民党军，犹如惊弓之鸟，惊恐万状。

是时，由厦门溃败逃出的刘汝明残部，即乘船逃往台湾高雄。陈诚接报命令："凡是来台部队，必须放下武器，然后按照指令，登陆、行军、宿营。"刘汝明所剩残部不肯缴械："老子在前方卖命打仗，来到台湾却要受此待遇！"陈诚再严令："限期徒手登陆，否则将人船击沉。"自此，刘汝明残部被陈诚全部缴械收编，其兵团彻底解散。刘汝明本人下船时，亦被国民党宪兵前来"陪同"带走，从此一蹶不振。台湾《中央日报》于此间发文指责厦门守军：

执行上级命令不力，矛头直指刘汝明。

刘汝明部此一凄凉惨景，虽可见国民党内部倾轧之一斑，但更为重要的原因是，来自于大陆共产党各种渗透的严峻现实，给台湾岛内带来巨大惶恐，让此时此地的台湾岛内，对数度成为"俘虏"的这支军队的"忠心"，深表怀疑。

17 日，解放军第三野战军副政委唐亮、袁仲贤、周俊鸣报中央军委、华东局电：

因船只不够，不能同时发起进攻，故决定先攻厦再攻金。俟厦门之敌肃清后再歼金门之敌。战斗发起时间推迟到 10 月下旬。

同日,厦门市新、旧市长在交接时,盘点厦门储存粮食的三处粮库固定仓库与临时仓库、赋仓库,《厦门市粮食志》记载三处仓库中:

仅存稻谷700斤,白米2公斤。

金门战役登陆作战的另一个不利的潜在危机,出现在厦门粮库……

第三节
要命的作战船只与救命的粮食供给

1949 年 10 月

17日,解放后的厦门市面临着粮食短缺等巨大问题,第十兵团部队四处接管,在接管"省田粮处厦门直属库"时发现:

仓库内只有几捆麻袋,粒米不存!

是日,正准备前往厦门的在同安的第十兵团指挥部,叶飞获知胡琏率第十二兵团已离开潮汕,去向不明。叶飞问参谋人员:"胡琏兵团是否已到达金门?"

参谋人员回答:"正在海上徘徊,尚未到达金门。"

这是叶飞决定要在胡琏十二兵团"尚未到达金门"之前,抢先让萧锋二十八军进攻金门的一个关键时间点。

同日,萧锋在东石召开二十八军船管会议,经4个地方找船,只征集到120只小型、中型船,大部没有帆布。萧锋的日记说:

每个船有3个船民,有的船工到紧急关头,他就钻水潜逃,把船丢了不管。这些人没有经过革命锻炼,哪肯舍生死去打金门,绝不同在苏北过长江的船民一样。才360名船工,加自己(解放军培训的)水手300

人，共660人，只能装3600人，2个团都不足。分成3个船管训练队，八十五师打完厦门后，就地可动员一部，该师可在厦门动员50只，连船工只能装运2个营。九二师一只船也没有。人住后村、东园，师部住西村，光来预备队，陆地军队有的是。

萧锋在日记中对船只、船工的担忧和"光来预备队，陆地军队有的是"的抱怨，都归结在"船只"和"船工"的焦点问题上。萧锋的日记，虽有些凌乱无章，但却完全可以从这些文字当中，看到攻打金门之前关于征集"船只"与"船工"的巨大困境。

17日晚，萧锋与李曼村奉叶飞的命令来到第十兵团驻地同安县，接受攻打金门的任务。叶飞说：

趁胡琏兵团尚未全部到达金门之时，发起登陆，攻取金门，是一个战机，如再延误，金门情况就可能发生变化。力争在一个星期之内，做好一切准备工作。

叶飞在即将开拔前往厦门之时，让萧锋与李曼村来同安接受攻打金门的任务，可见刚刚解放的厦门市，一定在叶飞的心里，有着比金门战役更为重要的事情和更为紧迫的事件需要处理。由此，决定了这次任务的布置和交代，是在一种匆匆忙忙的氛围里完成的。

第十兵团将作战计划告知萧锋与李曼村：

攻打金门，第十兵团决定抽调刚刚参加过攻厦战斗锻炼的主力师二十九军八十五师253团、八十七师259团，指定由八十五师师长兼政委朱云谦带领，配属第二十八军指挥，参加攻打金门战役。另指定三十一军九十二师作为攻金预备队。

配备给萧锋的攻金部队，有二十八军八十二师的244、245、246团；八十四师的251团；加八十五师的253团；八十七师的259团共6个步兵团；另有二十八军直属炮兵团执行掩护任务。考虑到船只不足，计划先把3个团作为第一梯队运过海，登上金门站住脚，船队当夜返回，再运第二梯队两三个团跟进上岛,如此登陆作战的兵力,即可同金门国民党守军的数量接近或相等,"以我胜利之师战敌之残兵败卒,拿下金门不成问题"。接着叶飞又强调说:

第一梯队登陆后,要巩固和扩大突破口,等第二梯队上来再向纵深发展。

为什么攻打金门要用3个军不同建制的3个团做第一梯队、3个团做第二梯队、3个团做预备部队的9个团兵力来完成这一任务?除了二十八军原有1个师被二十八军政委陈美藻驻留于福州防务外,萧锋手中当时仍有满员整编的2个整师,这是在后人研究金门战役登陆作战中,令史家们颇感匪夷所思的地方。

金门战役登陆作战被第十兵团一直看成是"大陆最后一战"。在国民党军一泻千里的溃败中,整个解放军从干部到战士,不怕打不上,唯恐追不上。因此,面对这"大陆最后一仗"的肥肉,第十兵团一如既往地采用了"利益均沾"的办法,在每一场战役中,让每一个军、每一个师,都能够有部队参与其中,缴获自然也就"利益均沾",使大家都没有意见。这一考虑,将一个要命的"指挥"决策问题,淹没在"胜利心"之后。金门战役登陆作战的失败,亦是这一"胜利心"结下的苦果。萧锋在日记中,就对这一问题,提出过看法:

十兵团(打厦门)共三个半师,而打金门的第一波三个团,是分属三个师的,这样就缺乏集中指挥……战役组织第一波不该用不同建制的三个团,最艰巨的任务最好是用自己的部队,建制越多,问题越多……

这个问题,在钟贤文师长的回忆文章中,也有较为突出的反映。面对第十兵团和叶飞的这项决策,萧锋与李曼村当即提出了自己的怀疑。萧锋说:

根据解放平潭岛的经验,既然有6个团参战,就应该备足可运6个团的船,每船配备3名船工,不要分两个梯队,使我军一发起进攻就形成优势。

同时考虑到国民党胡琏兵团十八军十一师已到金门，该兵团其他部队是否会接踵而来？要求兵团进一步查清敌情。

金门岛离大陆十多二十里，水深浪大，不像厦门岛离大陆只一两千公尺。我们船不到100条，还不够运2个团，敌人增兵多少不知道，攻金条件不足，难以迅速发起战斗。

第十兵团的其他领导刘培善等则说：

第二十八军应当坚决执行兵团的决定，要抓住战机，尽早解放金门。

兵团领导谈话的要点，集中在金门守敌已是惊弓之鸟，其目的在于说服萧锋和李曼村提高攻打金门的信心。

萧锋再提"攻金三条件"。刚开口，叶飞就发火了。叶飞站在地图旁，用手指着金门说：

有2个团的运载船，就可以下手！整个情况兵团掌握，二十八军主要负责战术准备，你只负责前线指挥、战术和筹船。

萧锋也有点急了：

这不是平潭，更不是厦门，是金门。守敌有12000人，胡琏兵团还在海上，随时都可以增援。

叶飞的火气更大：

你们二十八军就是吃饱了，不愿打大陆临海最后一仗！这是骄傲的表现……"

萧锋没有办法，只好说：

天哪！怎么能说我不愿打大陆解放最后一仗呢？我还想去解放台湾呢！……叶司令，我按照你的指示办，但后果就很难说了。尽管你发火,我还是要说一遍,船只不具备,敌人有增加,确实不能打。

萧锋在当天的日记中,再次记录了这次自己提出的"三不打"内容:

20多天来,我已向兵团3次当面提议,18次电文提议,8次书面建议,必须具备如下三个条件,方可攻打:

一、以现金门守军一个师不超过12000,倘胡琏兵团增加就不打;

二、不备足6个团的运载船(首次能载12000人)不打;

三、由山东苏北地区抽调3000名船夫水手,人员不到不打。

但是,叶、刘不大重视我的建议,我只好再次向兵团和前委打报告。部队仍在积极准备和训练水手。据统计,现有船只还不足120条。

为了说服萧锋和李曼村,这次在兵团的谈话,长达两三个小时。叶飞在后来的回忆录中对此记载道:

我在离开同安进入厦门时,专门找了这两位(萧锋与李曼村)来兵团指挥所交代攻击金门的任务。我向他们详细介绍了登陆作战解放厦门的经验教训,提醒他们要注意敌机轰炸船只,船只要疏散、伪装、隐蔽;告诉他们,登陆作战胜败的关键在于首先登陆攻占滩头阵地,待后续部队全部登陆集结之后,才展开向敌纵深发展。我并且提醒他们,要充分准备击破敌人几次反扑。攻取金门,我军只能在一个方向上登陆,不能在其他方向上登陆以牵制、调动敌人,敌人就可以集中全力进行反扑,所以要充分准备击破敌人二次至三次反扑,巩固登陆滩头阵地,等后续第二梯队登陆集结后,才能向纵深发展。鉴于二十八军留一个师在福州,决定抽调二十九军的主力师归他们指挥,担任攻金任务。并要他们力争在一个星期之内,做好一切准备工作,以免时间拖得太久,情况发生变化。我和两位同志谈了两三个小时,他们表示坚决按我的指示办。(据《叶飞回忆录》600页)

萧锋在后来的《渡海重要一战——金门之战》一文中,也对此有记载:

10月18日，兵团首长从同安进驻厦门前，专门找我和李曼村主任到同安交待攻击金门的任务……要求我们于20日发起攻金战斗。

我因为船只还不够，当时即向兵团首长再次提出，金门岛离大陆十多二十里，水深浪大，不像厦门岛离大陆只一两千公尺。我们船不到100条，还不够运2个团，敌人增兵多少不知道，攻金条件不足，难以迅速发起战斗。

兵团首长都说，第二十八军应当坚决执行兵团的决定，要抓住战机，尽早解放金门。

各位首长的谈话，主要讲金门守敌已是惊弓之鸟，说服我和李曼村同志提高信心。这次谈话，达两三个小时。

交谈中，叶飞催促我们快打，而我们讲困难较大，谈不拢。

叶飞发火："第二十八军是不是吃饱了，不愿打大陆最后一仗了？"

话讲到这个份儿上，我就不能再多说了。

这时，兵团石处长告：要三十一军把打厦门用过的船交给第二十八军。

这次谈话后，兵团首长和兵团指挥所都进入厦门市，叶司令员担任了厦门市军事管制委员会主任。部队经常工作由刘培善主任管，兵团指挥所由兵团副参谋长陈铁君具体负责。

在我军前指向十兵团上报攻金命令的同时，我们也向三野前委粟裕副司令员提出了三个条件下攻打金门的作战方案，即：金门岛上只要增加1个团的兵力不打；没有一次载6个团的船只不打；针对福建新区船工不可靠的问题，要求苏北、山东派3000多名船工不到不打。

粟裕的机要秘书鞠开在其《粟裕同志与金门之战》一文中，以知情者的口吻说：

谈话两三个小时，打通他俩的思想，根本不采纳他俩的意见，要求他们在三天内找够能运3个团的船，于20日发动攻金战斗。这是十兵团指挥员在轻敌急躁思想支配下，匆忙草率作出的错误决策，决定了金门之战失利的结局。

17日半夜,萧锋与李曼村离开同安第十兵团指挥部,回到浔江。萧锋与李曼村顾不得休息,立即找来八十二师钟贤文师长,王若杰政委,八十五师孙师长,九十二师朱师长,军侦察科长张宪章等人开会,传达了兵团的指示,并请李曼村再向刘培善如实反映一下当前主要困难。

李曼村说:你已经讲了,我再讲也不好。

会议开了一晚,气氛很不好,已经是第二天的18日早晨了。张宪章科长拿来三野前委陈毅、粟裕的复电,大意是:

同意第二十八军提出的"三不打"的攻金作战方案,华野司令部正在落实苏北、山东船工于10月底前坐火车赴福建第二十八军前指报到。

大家得悉十分高兴,深感前委对金门前线部队的爱护和关怀。但是,苏北、山东来船手,船还是要在福建找,新造没有厂,找船民又实在困难。最后大家说:我们要拼命准备,打下金门,报答三野陈、粟首长的爱护。

萧锋将金门战役登陆作战的部署如下:

以二十八军八十二师全部并指挥八十四师251团、二十九军八十五师253团及八十七师259团的兵力,分3个梯队进攻大金门岛,得手后,以八十五师2个团攻击小金门岛。10月20日发起战斗。

18日,叶飞第十兵团指挥部离开同安县,迁入厦门市。叶飞在回忆录中说:

刚解放的厦门……乱麻一团。厦门市委无从措手,20万人的供应问题很突出……存粮匮乏,粮食又运不来,接济不上,吃不上饭,人心不稳……我只好应厦门市委的要求,把兵团指挥所由同安移驻厦门,主持接管工作……我责成兵团后勤部在10月底前筹措大米400万斤、柴草600万斤,保证部队和城市居民的粮食供应;并通知泉州、漳州两地委全力支援厦门。

据《厦门市志》第1页记载,此时厦门市内的人口,实际只有16万,但在叶飞的回忆录中,对于此际厦门市人口的数字,先后用了20万和18万两个不同的数字。叶飞的自述"主持接管工作",意味着,此时军人叶飞的身份,已转变成了地方管理者。从正面来说,叶飞此时"重视城市工作"无可厚非,但在金门战役登陆大战将即之时,忽略了自己第十兵团主帅的身份,即便不论金门战役登陆作战的失败责任,也不免带来无法回避的质疑。更何况,叶飞"无暇顾及"战事,确见之于多人的回忆以及叶飞自己的回忆录中。

叶飞同志整天都忙于地方工作……参加军管会召集的会议,接受(地方)工作任务……厦门不仅是新解放区,而且是华侨聚居地。

叶飞在回忆录中对这段"接管工作"错误的检讨是这样说的:

事后表明金门尚未解放之时,我即将兵团移驻厦门,这是一个失策,因为这影响了解放金门的准备工作。当时我如果派刘培善同志去厦门协助市委主持接管工作,我和兵团仍驻同安,掌握全局,两方面就可以兼顾了。

解决厦门城内16万居民嗷嗷待哺的"粮食"问题,成为了叶飞在"兼顾"金门战役之外首当其冲的大事。后来的史家们和军史家们,问责金门战役登陆作战失败,对叶飞将战船用于"运粮"已有所波及。

厦门解放后,第十兵团的主要注意力放到了解决市内居民的供应问题上。厦门是福建第二大城市,过去一直是一座消费性城市,解放时市内有20多万人口,生产性设施很少,居民中相当大一部分是靠侨汇为生,粮食也主要靠从外面运进。厦门解放时市内燃料、存粮均所剩无几,海路运输又被国民党军封锁,考虑到该市的粮柴问题不解决将对人民生活和海外侨胞造成很大影响,解放军第十兵团指挥所即由同安县移至厦门,负责起市内的接管和供应问题(据徐焰《悲壮的金门登陆战》)。

亲身经历了这个过程的二十八军后勤部长宫愚公，在回忆中说：

当时粮食紧张，兵团主要的任务都在运粮上，说好运一次粮食就集结所有的船只给第二十八军，但一直到战斗打响也没有完全集结过来。只有第二十八军自己准备的120多条船，兵团后调进180多条船，但300多条船只能运送一半兵力，只能把攻打金门的部队分作两个梯队，先后登岛，这不符合当时的战斗设想。全部6个团兵力无法一次登岛作战，形成进攻优势，是个严重的问题。第二十八军一直希望兵团把答应给他们的船只都给到军里，当时十兵团司令员叶飞似乎没有太多考虑打金门，萧锋多次向上反映，没有结果。

用于战斗的船只"一直到战斗打响也没有完全集结过来"，船只去了哪里？去运粮食了！

在以往对金门战役登陆作战的相关文章和著作中，每每涉及到"运粮"的问题时大都语焉不详，叶飞为何如此急于运粮？是什么原因呢？直到笔者在厦门采访期间获得了一部珍贵的《厦门粮食志》，这才给我们揭开这一"运粮"问题，找到了让人信服的答案。

大战在即，一边是即将到来的残酷的金门战役登陆作战，一边是厦门16万市民嗷嗷待哺的救命粮食。在叶飞接管这座城市的时候，厦门3座粮库内已无存粮，全城已断粮，其迫切性让叶飞不得不将原本要给二十八军的战船，调往厦门，以便前往上海、浙江和省内龙溪地区运输面粉、米谷供应厦门。

叶飞作为一个能决定16万人口城市厦门生死的主宰者，怎能眼睁睁地看着16万人的吃饭问题而坐视不管。粟裕在面对"城市"这一问题时说：

毛泽东说过：如果不考虑战争消耗，不考虑几百万人的吃饭穿衣，就不是战略家。（据《粟裕传》770页）

刚刚获得解放的厦门岛内16万居民的"吃饭"问题，当然是一个"战略问题"，毫无疑问会成为叶飞首要且必须加以迅速解决的问题。叶飞必须要为调运"粮食"供应厦门拿出切实可行的办法来。

在有关"调运粮食"这一问题上，面对即将绝粮的厦门市民，我们不能指责作为一个新的城市管理者所应有的良知与责任，但是，叶飞也是金门战役的主要责任者，战役失败后，也未见他对这一将"战船"用于"运粮"的做法，做出过任何自我反省与检讨，甚至，还一直将"运粮"之事当成"绝密"而不予公布，这让后人难以理解，亦是无法获得后人谅解的一个重要原因。

18日下午，萧锋按照兵团要求，向参战部队下达攻击部署命令，今所知命令的原件有两份，现将原文公布如下：

一、中国人民解放军第二十八军作战命令

为肃清残敌，解放全国，并建立尔后攻台之基地，本军预定于10月20日攻击金门，第二十八军、二十九军各抽调1部，以8个团之兵力，分作2个梯队，第一梯队为第八十二师师长钟贤文率军指挥，其左翼队为第253团团长徐博率领，并配属第八十五师炮兵营化学重迫炮连，第254团火箭炮排，预定向观音山进击。

中央队为第251团团长刘天祥率领并配属第250团迫炮排，第252团平射炮连，预定向金沙滩（头）进袭。

右翼队为第244团团长邢永生率领，并配属第246团第3营及第二十八军炮兵团山炮第3连。第八十二师炮兵营第3连，登陆后，由派定之干部将船押回，接运第二梯队登陆，第二梯队队形为：左翼队第二十九军第八十七师第259团，中央队第二十九军第八十五师第254团。右翼队第二十八军第八十二师第246团第3营。

第二梯队登陆后，与第一梯队会合，分作二路直捣金门县城，复向左右边包抄国民党军。左路为第二十九军第八十五师师长朱云谦率军指挥，其所辖为第253、254、255三个团，第八十七师、第259团。右翼为第二十八军第八十二师师长钟贤文率军指挥244、245、246三个团，第八十四师第 251 团。

第二十八军前指副（代）军长萧锋
1949 年 10 月 18 日

二、中国人民解放军第二十八军金字第 7 号作战命令（机密 2）

受令人：251 团刘、马、田、郝

1949 年 10 月 18 日于澜江本部。

1. 金门岛驻兵团部、特务团、战车营、二〇一师、十八军十一师（31 团被歼大部）四十师 210 团，计 6 个团，计约 1.5 万，小金门驻第五军部、一〇〇师，第十八兵团部，据报今起乘轮赴高雄。

2. 决心与部署

本军均奉兵团命令，以八十二师全部、八十四师 251 团，二十九军八十五师 4 个团（八十七师 259 团归八十五师指挥），攻歼大、小金门之敌之任务。

各部战斗部署如下：

根据大、小金门敌情、地形、海情、工事、船只情况，集中全力于一点，以数个箭头于湖尾乡、垄口间突破得手后，力求掌稳部队，尔后以琼林、陈坑分界阻击东西，坚决歼灭琼林、陈坑守敌；随后主力东南向合攻沙美、北太武山守敌。

（1）八十二师附山炮团 1 个连、八十四师 251 团于本月 20 日 20 时分从大、小嶝岛渡海，于湖尾乡、垄口（含）突破后，主力首先抢占盘山乡、双乳山、乳山、观音亭山诸高地，以一部控制琼林、沙头一线，俾歼击可能西援之敌。另以 1 个团直插金门县城，配合八十五师攻歼该地区之敌；尔后向东进抢占料罗、蚵壳墩，最后围歼沙美、北太武山地区之敌。

244 团于观音山、垄口间突破后，首先迅速抢占攻歼观音亭山、双乳山、乳山、后半山等高地及琼林、沙美一线，阻击西援之敌，待援军部队登陆与金城之敌解决后，即以 2 部配合 246 团攻击北太武山，主力向东北进歼沙美、官澳地区之敌。

251团于湖尾乡附近登陆后抢占盘山,并置1个连控制之,待246团过来后可归建,其主力直抢金门县城,以一部攻击金门县城,配合八十五师歼灭该地区之敌,得手后向东攻击前进,支持246团作战,抢占料罗、蚵壳墩,断敌海上退路。

246团待244团、251团突破后,趁该两个团北返,只力争当晚244团即于观音亭山、湖尾乡登陆后向东攻击前进,以2部配合244团攻击北太武山,主力首先抢占料罗。得手后次日向北攻击前进,配合246团歼灭沙美地区之敌,战斗结束后,以一部相机攻占塔后。

245团二梯队于小嶝岛、莲河、澜江一线集结,相机于官澳、刘澳间突破。

(2)八十五师以1个有力之团于本月20日20时自宁前西部、澳头间渡海,在湖尾乡(含)、古宁头间突破,主力直插金程一线,攻歼守敌;以一部攻击古宁头,力争当晚第2次渡过1个团,得手后,由1个团于金门岛担任后盘山、金城之攻击任务;以1个团附2个美式山炮连于古宁头、水头渡海(船只自筹),攻歼小金门五军军部及二〇〇师,其作战部署由八十五师首长决定。

该师攻占古宁头、金门县城后,应即于古宁头、水头、一线组成炮火封锁小金门岛之敌,打沉其船只,务求该岛之敌不能逃窜,并迅速调后方部队攻击。

小金门岛之东、北战争成僵持状态时,应自动派部队协力八十二师歼敌。

(3)炮兵部队阵地、配属:美式山炮8门、84山炮3门、榴炮6门位大嶝岛,组成第1炮群,归炮兵团杨团长指挥。41山炮9门,为小嶝岛,8门为平射(化学迫炮2门、81迫炮、82迫炮各2门)位角屿,组成第2炮群,归炮兵团曹政委、金参谋长指挥,攻坚野山炮3门,位澳头一带,归八十五师指挥。另以八十四师战防炮2门置围头,封锁敌舰,归侦察营王政治指导员指挥,各炮群具体任务附详图。

3. 大、小金门战斗结束后,八十二师撤至以石井为中心集结。251

团并以连为中心集结。八十五师4个团归二十九军建制,具体位置由该军决定。

4. 步炮协同及联络记号按本部10月9日通报之规定使用。

5. 军前指在淘江、第2炮群位置,视情况另告。

附件前令作废,炮兵组织与射击任务仍批复。

决定由军指挥所组织指挥第二梯队渡海,由八十二师师长钟贤文统一指挥登陆部队作战。

具体作战计划是:

以八十二师全部并指挥八十四师251团、二十九军八十五师253团,以及八十七师259团共6个团的兵力,分2个梯队进攻大金门岛;得手后,以八十五师的2个团(其中包括进攻大金门岛的1个团)攻击小金门岛。

八十二师244团、八十四师251团、八十五师253团担任第一梯队;

244团为东路,在金门的垄口和后沙间登陆,迅速攻占后半山、双乳山,控制琼林至沙头一线金门腰部,警戒金门东半岛,掩护251团、253团进攻金门县城。

251团为中路,在西保、古宁头之间登陆,迅速攻占湖尾和榜林,协同253团攻击金门县城。

253团为西路,在古宁头登陆,迅速占领林厝、埔头,并攻击金门县城,歼灭西半岛之敌。

第二步,西半岛解决后,第一梯队3个团加第二梯队3个团(245、246、259),或再加上预备队九十二师,从双乳山向东分南北两路,围歼东半岛之敌,预计10月20日发起战斗,3天解决解放金门全岛的战斗。

第二十九军八十五师师长兼政委朱云谦向萧锋提出:"建议兵团推迟攻击金门的时间。"

萧锋同志面呈难色回答:"三十一军和你们二十九军解放了漳州、厦门,如果我们第二十八军不按兵团要求及早拿下金门,不好说话呀!

我不便向兵团提意见啦!"

朱云谦后来在回忆录中说:

萧锋同志曾一再向兵团建议推迟攻击金门,他很难再提意见。

同时,"二十八军向兵团呈报了攻打金门的作战计划,叶飞因处理地方事务太忙,竟没有看一遍,遑论研究、修改,便批准了。"(据刘亚洲《金门战役检讨》38页。)

第八十二师接到发于水头本部的作战命令:

奉军转兵团命令,为肃清残敌及彻歼金厦守敌,解放全福建,立攻击台湾之基地,决心以二九军八五师及二八军一加强师于本月20日分从西北、正北攻击金门。我师奉军命附八五一及一山炮连于本月20日20时,分从阳塘、双沃、东蔡间及小嶝岛等地登船,展开渡海突击,于湖尾乡(含)至后沙(含)线登陆突击后,首先以主力抢占湖尾乡、湖南、下保、乳山、沙头、琼林、后山(沙)、龙(咙)口、后半山、双乳山、乳山诸阵地,择要点筑工事,向东、东北、东南警戒,阻西援之敌,以有力一部配合八五师首歼金门水头之敌,尔后回师东进抢占料罗湾港口,最后集中全力会歼砂(沙)美官澳之敌。

朱云谦在接受金门战役登陆作战任务后,即率领少数机关人员,同253团、259团移驻到金门本岛对岸同安县海边澳头、欧厝到海直图、汪厝一线。

是时,253团进驻汪厝沿海时,就已看到正南方大、小金门岛之间海湾内有两三条舰船,后来看到有10多条,隔着金门岛,看不到该岛南岸的料罗湾,但夜间能望到射向天空的一片灯光,估计那里也会有舰船停泊。这些情况都向上级报告过,但均没有引起足够的重视。

18日后,朱云谦专门前往厦门兵团所在地,向兵团提出"推迟"或"再准备"的请求,亦未被兵团领导重视,甚至被敷衍。朱云谦把自己前往厦门向叶飞提建议的事情,写在其回忆录中:

决定自己找兵团首长提意见。我到厦门市，找到兵团司令员叶飞同志。他当时正主持厦门市军事管制委员会，工作千头万绪，办公室内人来人往，都是来向他报告情况和请示问题的，简直没有时间同我谈话。他简单地问了我几句话，就忙着去处理别的事情，我感到自己插不上嘴，就向他告辞了。

此际，接受第一梯队任务的二十九军八十五师253团，全团仅征集到10条船，还不够装运2个营，招来的船工大多吸毒，"每天扎吗啡，离开吗啡什么事也干不成……为了渡海作战，我们没有办法，只好买吗啡给他们扎"，"那时闽南刚刚解放，沿海渔民觉悟不高，有的将船藏起来，有的人也躲起来"。

鉴于这一现实情况，萧锋在下达了攻金的预备命令之后，为了躲避白天国民党空军飞机的不断袭扰，部队只好利用夜间在海边轮流上船演练，天明后就只能在陆地沙滩上"画船"演习。

"画船"演练，真是无奈之举啊！有再多勇敢的战士，奈何？

其时，萧锋要求的训练，有三项主要内容：

一、要熟悉沿海水文情况；

二、演练上下船的顺序和搞好船上的战斗编组，失散时可以"船自为战"；

三、掌握突破滩头阵地的技能。

经过训练，部队渡海作战的能力确有一定提高。金门登陆顺利实现，也证明了航渡本身是基本成功的，偏航的每只船，也都能有效地做到"船自为战"。可惜的是，"因时间紧迫……海上航行经验和水文知识，决不是短期内就能积累和掌握的……第二十八军领导曾反映说，以往任何一次作战的准备也没有这次糟糕"。（据徐焰《悲壮的金门登陆战》）

19日，中央人民政府委员会第三次会议，任命粟裕为中国人民革命军事委员会委员。

傍晚，二十八军244团1营，利用退潮的时候，涉水登上与金门一水之隔的大嶝岛。2营、3营和团部在莲河，隔海望去，金门本岛看得清清楚楚。

此际，金门西北面的大陆沿海一带，各县区、乡镇和村庄，都已经驻扎满了解放军的作战部队。涧江是二十八军军部指挥所驻地；西福是二十八军炮团驻地；沙美是二十八军后勤部医院驻地；莲河是八十二师师部驻地；溪东、下园、芦青是八十二师244团驻地；珩厝是八十四师251团指挥部驻地。国民党飞机几乎每天都在这些地方低空飞行轰炸。

同日，国民党东南军政长官陈诚，在台北召见从广东汕头飞来的胡琏：

军事及人事部署已有变更，命胡琏以兵团司令官及福建省主席名义率领所部十八、十九两军，接任金门防务，汤恩伯及李良荣两将军调回台湾。正在海峡中行进之第二船团，已令驶赴金门。并派东南军政长官公署副长官罗卓英将军同去防地，布达命令，监督交接。

是日，胡琏兵团第十九军3个师离开汕头，先遣部队乘军舰转至（金门岛）料罗湾抛锚，于22日到达金门海域。

此间，解放军第十兵团的电台，截获了胡琏兵团在海上向蒋介石发出的一份电报：

即将撤回台湾（原注：其实这是胡琏兵团第十九军的电报）。

这个被毛泽东称之为"狡如狐"的胡琏，此时与他的老师蒋介石，在师生之间上演了一出"蒋干盗书"的默契好戏。台湾的《战争岁月和平世纪》在说这段好戏时，这样记述：

胡琏在即将增援金门岛的时候，却故意给深知自己的校长蒋中正，发来了一封"即将撤回台湾"的电报，把叶飞给蒙骗了。

20日，毛泽东在"人民革命军事委员会第一次会议"上发表讲话：

第三野战军四个兵团,六十万人,由陈毅、饶漱石、粟裕率领,主要是对付帝国主义。现一部正在金门、定海地区作战,一部正准备船只,准备攻台湾。这个野战军我们准备完全不动……现在我们对付帝国主义有两个中心:一是上海,一是天津……上海地区全部靠三野……海军自两只大军舰(笔者注:指原国民党海军"重庆"号和"长治"号两艘军舰,两舰先后于1949年2月25日和9月19日起义,加入中国人民解放军)来后,我们已占优势,现正训练中,他们很积极,他们认清了时局。两只大军舰起义都不是共产党员搞的,这证明中国的人心都已变了。空军现在力量还很弱,上海、南京受敌人飞机威胁很大……整个作战情况及部署就是这样。至于战后军队组织,那是另外一个问题。那时候,兵团根本就不要了,甚至军也可考虑不要,因为师减少了。干部到那时就可转出大批人来,现在到处缺人,因此军队的这些人,一定要想法很好地转……军队里面主要靠三大民主,并实行兵教兵、兵教官、官教兵,这"三教"使部队很快就能打仗,淮海战役时甚至是即俘、即教、即补、即战。政治工作也有一套。现陈、粟部队百分之八十是俘虏成分……现在我们的海岸线要开始建设,这个事情很重要。

18日后20日前,萧锋每天向第十兵团报告:"仍找不够3个团的船。"

萧锋在日记中记载这段关于找船的情况:

找了320只……只能勉强连船手在内装7000人,连后勤船在内,只能装8个步兵营。分给八十二师171只,251团150只,军指2只(这是萧锋为自己登岛指挥所做的准备,后叶飞命令"萧锋不要上岛",遂没上金门岛。但此一事,后来也被不明真相的史家们以"萧锋没有上岛"和"师以上指挥没有上岛指挥"为由进行指责),交通4只,跟6个团船差得很远。

我从报话(机里)听到潮汕胡琏十二兵团十八军十一师廿日前已增金门,请兵团确实查清。有什么可查的,大练岛歼敌十八军十一师31

团,俘虏还在。现设想6个团船只打(国民党军)二十一军一四六师12000人,连杂牌保安团在内12000多人,倘增1个团也不能干,那就不是6个团船只……兵团说金门没有增强兵力,内线关系不可靠,隔海过去怎么查?山挡住北边啥也看不清,兵团侦察要讲实话。有敌3个师,就不是(我军)6个团的船只问题了。

我曾讲过,敌增强1个团,就不能打,现在看来,金门敌要逃,连工事都不做。兵团已搬到厦门指挥,军管又利用集美海底线通大陆,每天向兵团汇报。

兵团同军指电话直通,指挥很方便。情况不灵,使人着急!

现场敌增加兵力,领导硬说没有增加,把战争情况建筑在这空架上,太危险!要求兵团党委很好注意,确实查清实际情况,情况不清楚,怎么下决心打金门呀!

金门战役登陆作战失败后,有一条未被后来史家们所重视的批评就是:

兵团批评有的单位本位主义,没有多送船送好船,从兵团本身来看,这也是官僚主义找船力度不够的结果。

20日,奉华东军区命令,厦门市正式成立"军事管制委员会",叶飞任厦门市军事管制委员会主任;第二十九军政委黄火星任军管会副主任;林一心、梁灵光、段焕竞、刘毓标、杨文蔚、唐劲实、许彧青为委员。

委员会下设五部三处:财务部,部长梁灵光。财经部,部长杨文蔚。公安部,部长唐劲实。文教部,部长许彧青。军事部,部长赖畅茂。秘书处,秘书长张遗。卫生处,处长黄开云。房屋管理处,处长丁仲云。另专设空军组、海军组。

又成立"厦门市警备司令部",由第二十九军副军长段焕竞任司令,军政治部主任刘毓标任政治委员。随后又成立"中共厦门市委",林一心任市委书记,第二十九军参谋长梁灵光任市长。此时叶飞的精力,已经完全被这些"委员会"所"纠缠",其注意力也已经不在"作战"上面,或曰完全不在金门战役上面了，故叶飞在检讨这一段时，用了一个"兼顾"的词汇，来粉饰其对金门战役登陆作战的指挥。

是日，华东军区、第三野战军司令部政治部、福建省委、省政府给叶飞等人发来祝贺电：

叶飞、韦国清、刘培善同志并转全体英勇的战斗员，指挥员各种工作人员同志们：祝贺你们解放厦门……希望你们……为配合兄弟兵团，解放台湾而奋斗！……尚希再接再厉……为……解放台湾，迎接更伟大的胜利而奋斗。

贺电中心围绕的核心，就是捣毁"蒋帮挣扎的最后巢穴"和"解放台湾"，可见"解放台湾"在各阶层所给予的迫切性和渴望性，是多么的紧迫。

20日，叶飞、刘培善给魏金水调运粮食来厦门，发出了电报：

厦门已于17日解放，歼敌二万余，目前厦门最大的困难是粮食问题，请入地委立即设法调运50万斤至100万斤米来厦，以便解决当前困难，你意如何，请即电告。叶、刘10月20日。

叶飞调往运粮的船只数量，在命令中没有说明，但以金门战役登陆作战每人的自身平均60公斤重量，每人武器配备重量约40公斤计算，我们可得出10月29日金门战役登陆作战失败后一天，分两批运送到达厦门的粮食实际数量是135万斤，大约调运战船的运量，正是运送3个团9000人的运兵重量。也就是说，叶飞调运"粮食"的船只，正是萧锋要求6个团攻打金门部队的那另一半强。因缺运送3个团的船只，在后来的作战计划中，便指望"第一梯队"3个团的船只返航后，再来接运"第二梯队"3个团登陆。

可是这一指望，在实战中全部落空了。"第一梯队"3个团的船只在登岛后，全部被国民党焚烧、炮击，没有一船一板得以返回。"第二梯队"3个团的后续部队，因没有任何船只可供运送兵员，致使第一梯队登岛部队，只能以3个团在岛上孤军奋战。

黄仁宇先生的"量化历史观"理论，让我们看清了不为史家们重视的一些史实，在这里显现出了它巨大的魅力和力量。叶飞在金门战役登陆作战期间以"兼顾"之身来对待这场国共之间的"转捩"奠基之战，"运粮"与"运兵"之间的一念之差，是其致命之处。

20日，第二十八军全部攻击金门的部队，总共只找到100多只船，有些船已损坏要修理，离运送6个团还差得很远。第十兵团鉴于二十八军船只严重不足的情况，不得不免去三十一军攻打小金门的任务，把该军准备的船只，交给萧锋二十八军先打金门，将进攻金门的发起时间，再延后推迟三天，于10月23日发起战斗。

以进攻金门的实际日期"24日"的情况来看，这种准备"船工"的计划，实在是显得太仓促、太简单粗糙了。这期间，还没有算上船工对船只的熟悉、与登陆战士们的协调等一系列问题。

从18日到23日之前萧锋日记中，既可见金门战役登陆作战之前部队遇到的实际困难，也可见这些实际困难特别是船只准备不足的焦虑情绪，而第十兵团和叶飞在此间表现出的"懈怠"情绪和态度，也隐约可见。

金门战役登陆作战的运兵船只不够的现实，迫使第十兵团再决定推迟一天，改在10月24日夜发起战斗。这种改变，无疑又增添了焦虑的气氛，后来叶飞一再在电话中对萧锋催促说"不要再变"。

兵家素求"一鼓作气"。挫敌锐气的这"一鼓"之气，就这样在不断地找船焦虑中，因计划的一再改变，被消耗殆尽。

在今天许多有关涉及金门战役登陆作战的著作和文章当中，常常可以见到将萧锋在大战之前，用于激励属下将士们的豪言壮语，视作是萧锋轻敌的表现而大加指责。殊不知，古人的"一鼓作气，再而衰，三而竭"，随着第十兵团金门战役登陆作战计划的三变，"一鼓"早已变成了"三鼓"之竭，其锐气的消耗，假如没有萧锋这样来激励士气，金门战役登陆作战当中将士们的勇气，最后何以来让国民党军也为之钦佩和折服？国民党惊魂于二十八军登陆作战勇士们的英勇与顽强，萧锋在战前的激励，是其重要原因之一。

正是这一点，才可能让自金门战役登陆作战失败之后，整个第二十八军存在的50余年里，萧锋的"二十八军之魂"和"二十八军之父"地位，无人替代，他在将士们心目中的崇高地位，始终没有发生变化。

20日以后，萧锋的二十八军正在进行"积极准备发起攻击的几天内，敌情又有了变化"。

第四节
没有落实的"三不打"原则与最终下达的作战命令

1949年10月

20日，因第二十八军找不够运3个团的船，第十兵团决定把攻击金门日期，由20日推迟到23日。

第十兵团再次推迟攻金时间。宝贵的战机一次次在推迟中悄然丧失。越推迟越对解放军越不利。但叶飞依然乐观，有人提出金门可能不好打，叶飞说：

你太多虑了。厦门是敌人有永久性设防工事的要塞，守军又是号称"小白崇禧"的汤恩伯集团，兵力充足，有海空军支援，已被我军攻克。而金门弹丸之地，又没有什么坚固工事，守军名义是一个兵团，实际上不过两万残兵败将。说实话，要不是蒋介石严令固守，李良荣早在我军攻克厦门之际就弃岛逃跑了。我用一个主力军加二十九军的2个主力团攻金，已富富有余。我还是那句话：此役必胜！

是日，第十兵团得到胡琏十二兵团乘船来到台湾海峡的情报。

傍晚时分，萧锋来到海边，观察金门岛。肉眼可见金门岛外有数艘

轮船,灯火闪烁。有人担心那是胡琏的运兵船,萧锋说:

胡琏来了,也不过再打一次上蔡战役……最坏的情况是我们上岛胡琏也上岛。那样的话,我们得准备付出牺牲4000人的代价。

对"上蔡战役"中自己手下败将的老冤家胡琏,萧锋始终用眼睛盯着他。1948年6月,开封战役期间,萧锋任第十纵副司令兼二十九师师长,受命阻击国民党胡琏的整编十一师(是时,国民党整编后的师人员相当于一个军)。萧锋率领部队一昼夜强行军180里,抢先赶到上蔡与胡琏血战,使其在坚城下不能前进半步。此一役,打得胡琏屁滚尿流,仅自己得乘坦克逃走。如今,时隔一年半,冤家对头再聚于金门,两个人在心里都把对方恨得牙根痒痒,必欲置对方于死地而罢休。

从萧锋的讲话中,虽在气概上因为胡琏曾是手下败将,不可避免有蔑视态度,但从其后面"我们准备得付出牺牲4000人的代价"来看,萧锋已经预感到这场金门战役登陆作战的艰难,必将是一场险战与恶战。这也从另一个侧面,反映出萧锋对这场战役在思想和认识上,此时此刻并没有一丝一毫的"轻敌"之说。

是日前后,自厦门被第十兵团解放后,汤恩伯的指挥部便一直在停留于金门附近的海面军舰上。

21日左右,二十八军侦听到国民党电台里有人高兴地说:

来了几船活的,来了几船死的。

后经分析,电报里说的"活的"指增援部队的人,"死的"指增援给金门的"军火"。

自萧锋接受金门战役登陆作战指挥权以来,一刻也没有放松对台湾、金门往来国民党军情报的搜集,且在屡次上报给第十兵团的情报和判断中,都是准确和真实的,其积极备战当中的谨慎和稳妥,才让他一而再、再而三地向叶飞提出"推迟进攻"的时间。然而,这些真实且准确的情报,在萧锋的一次次请求当中,变成了叶飞一次次"不要再变"的催促。

21日，金门岛内国民党守军所有工事构筑完毕，随即，举行了一连串的演习，其中包括火网编成演习、守堡示范演习、拘束部队与打击部队联合演习。

是日，第二十八军8个营的船工方才勉强准备就绪，叶飞、刘培善随即电示："有2个团的船就可下手。"

萧锋报告："不足6个团的船千万不能下手。"

叶飞和刘培善的电报，再一次显示出催促的意思，其往来的电报，仍然在争萧锋的6个团18个营才打与兵团的2个团6个营可打，故叶飞在接到萧锋已经筹备到8个营的船后，再次发出了催促"2个团"就可下手的电报。以金门战役登陆作战的实际登陆人数计算，萧锋筹备到的"8个营"全部上岛，比叶飞的"2个团"多出了"2个营"，约2000人。

金门战役登陆作战就是在这种叶飞与萧锋的电报、电话不断往来的争论中，在萧锋"推迟"与叶飞的不断"催促"中开战的。萧锋在无船、无船工与完全没有满足"6个团"才打的条件下，在叶飞"2个团"即打和"此役必胜"的思想指挥下，金门战役登陆作战，走向了必败的结局。

22日，蒋经国在日记中写道：

金门岛离匪军大陆阵地，不过一衣带水，国军退守此地之后，父亲以其对军事和政治，均具极大意义，必须防守。因于午……急电驻守该阵地作战之汤恩伯将军告以："金门不能再失，必须就地督战，负责尽职，不能请辞易将。……此所谓置之死地而后生也。"

22日，厦门内海作业的渔民到金门外海作业，被季风吹过来的一艘，为国民党十一师俘获，内有解放军2名，说山东话，一名是来降，另一名说"吃你们的，过两天就知道了"。因此，金门就加强了战备。（据台湾《碧血青天》125页）

同日，大战前夕的国民党军守备金门本岛情况如下：

大金门岛东部由十八军军长高魁元指挥十八军十一师主力和二十

五军四十五师防御；

大金门岛西部由二十五军军长沈向奎指挥二十五军四十师残部（从大嶝岛逃出）和二〇一师防御；

小金门岛由第五军军长李运成指挥第二〇〇师和第十八军十一师33团以及从厦门逃出的第一六六师残部防御；

第十八军一一八师（位于琼林地区）和战车营2个连为机动部队。所有金门地区部队由第二十二兵团司令李良荣统一指挥，福州绥靖公署主任汤恩伯则将从厦门逃出的绥靖公署部一分为二，一半在金门海域的船上，一半在大金门岛西南海岸的水头村。

国军海军厦门巡防处也于厦门失守后撤至金门，改称金门巡防处，共有中荣号、楚观号、联铮号、淮安号、南安号、扫202号、扫203号、炮15号、炮16号等9艘舰艇，负责大金门西侧海域巡逻警戒。

驻屏东的国军空军8大队，拥有25架B—24轰炸机和台中公馆第1大队的60架蚊式战斗轰炸机，负责对金门地区的空中支援。

国军判断共军如果进攻金门地区，大金门岛最有可能首当其冲，而又以大金门岛西北部古宁头至垄口段最有可能。因此防御计划是以大金门岛西部为重点防御地区，加强构筑工事，并控制有力的机动部队随时策应。

根据这一计划，国军在海岸地区特别是西北部，在原有工事基础上，大力加修野战工事，布设大量障碍物，并在水际滩头布设了7000余枚地雷和800余枚水雷。

严阵以待的国民党和蒋介石，把溃败到台湾的"中华民国"奠基之战，孤注于"金门岛"上。

22日11时，解放军第十兵团向二十八军和萧锋通报：

敌十二兵团十八军1个师已于20日到达金门海域。

叶飞同时给萧锋打来电话说：

老萧呀！广东潮汕地区胡琏兵团几个军，已乘船向东北方向撤退。有的船停在金门、厦门东南海域。他们究竟要往哪里撤，还搞不清楚。我们要抢在胡琏登陆之前攻击金门。

就这样，在经过3次推迟后，第十兵团最终决定24日夜间发起攻击金门，指示：

根据各方面敌情资料，金门没有增加兵力，还是12000人。争取找到可运8个营的船为第一梯队，一夜起码来回两次，两次可登陆5个团，歼灭金门守敌蛮有把握。要抢时间，抢在胡琏兵团前头登陆金门，拿下金门！

是日，蒋介石给滞留在金门海面指挥船上的汤恩伯急电：

金门不能再失，必须就地督战，负责尽职，不得请辞易将。无金门，便无台、澎，有台、澎，便有大陆。

22日晚，胡琏第十二兵团部和第十九军3个师，已到达大金门岛南部料罗湾，由于风大浪高，运输船无法靠岸，只好在海上抛锚避风，在金门海面等待登陆时机。

同时，解放军第二十九军八十五师师长兼政委朱云谦，从师驻地蔡厝来到253团，召集团长徐博、政委陈利华、参谋长王剑秋研究怎么执行二十八军及萧锋的作战命令。

亲身经历者253团政治处主任张茂勋在《难忘金门登陆战》中说：

团长徐博根据253团准备不足的情况，郑重地提出：发起进攻金门的条件不成熟，主要是船只准备不够，建议推迟攻击的时间。朱师长考虑了徐团长的意见，当场拿起电话找二十八军副军长萧锋同志向他反映，我们4个人都围在朱师长的身边，听萧副军长如何答复，萧副军长不耐烦地说：这次金门战斗，是以我们二十八军为主，你们能上一个团就上一个团，不能上一个团，就上一个营。听了萧副军长这个话，大家都气往上撞地说……金门你们能打，我们就不能打？当即决定用现有的船只,尽量多装人,能上去多少就上去多少。

张茂勋的这段记录,真实地再现了金门战役萧锋在此时此刻的情绪,也记录了253团干部们对萧锋不考虑253团船"准备不足"情况的不满情绪。

后来,253团政治处主任张茂勋知道是"冤枉"了萧锋,他紧接着引用八十五师师长兼政委朱云谦的回忆录说道:

当时我不知道,萧锋同志曾一再向兵团建议推迟攻击金门,他很难再提意见。我决定自己找兵团首长提意见,我到厦门市,找到兵团司令员叶飞同志。他当时正主持厦门市军事管制委员会,工作千头万绪……简直没有时间同我谈话。他简单问我几句,就忙着去处理别的事情,我感到自己插不上嘴,就向他告辞了。

现在许多研究金门战役的文章和书籍,断章取义,将萧锋对朱云谦在电话中的这段话,说成是萧锋轻敌,显然有失公允。

正是因为萧锋有"一再向兵团建议推迟攻击金门",萧锋有金门战役之前的"三不打"原则,原先对萧锋"不反映情况"甚为有意见、亲往叶飞处碰了壁的朱云谦,才在此刻完全理解了萧锋的苦衷,且在回忆录中,将自己的这段感受记录了下来。

因金门战役登陆作战失败,萧锋受到一系列不公正待遇。后来升任解放军总政治部副主任的朱云谦,却始终在为自己的老首长萧锋鸣不平,并为改善其待遇不断奔走。试想一下,朱云谦部253团在金门全团覆没,如果不是对萧锋当时的处境有深刻的理解,如果不是对萧锋的"三不打"原则有深刻的认同,如果不是亲身经历了叶飞同样对待萧锋的态度,朱云谦能这么做吗?假如当年金门战役登陆作战在诸多参战人员的建议下,能及时停止发起战斗或推迟发起战斗,就有可能避免那样失败的命运。

朱云谦正是基于这一切,才有以后几十年当中持之以恒为萧锋奔走呼号。朱云谦、张茂勋的回忆录,也都将金门战役发动之前的萧锋,以及萧锋在战前所做的努力,作了实事求是的记载。

是日,萧锋在日记中写道:

22日,阴,海风七级。我们只筹集到110只木船,2条火轮,满打满算,这些船也只能运载7500人,船夫2100人,大部分船没有帆,全靠人手摇,困难实在太大了。据可靠消息,汕头的敌十二兵团(十八军、十九军)约5万人已撤至金门、厦门一带的海面上。看来,敌人是欺负我军无远射程炮和空军。要抢在胡琏兵团增援前攻打金门,厦门敌要撤走的兵团同胡琏抢什么时间,敌走了也好,好在台湾一道解决。根据现有条件和敌情,我布置:邢(永生)团长抓船夫、水手训练,炮兵营驻围头打击蒋匪航运和飞机起落。尽管客观困难很多,部队的情绪却十分高,今天我去253团,看到干部战士求战心很迫切,真是太可爱太可敬了。二十四军七十二师张闯初同志调我军任副政委,他是湖南人,今年46岁。

萧锋日记,随时想到什么记什么是他一以贯之的风格。这增加了这些日记内容的真实性和可靠性。

同日,《厦门日报》创刊并发表《庆祝厦门解放·代发刊词》:

厦门解放了,残余的国民党反动派统治在福建已告全部灭亡……当前首要任务是……肃清窜退闽南各沿海的残余匪军……

解放台湾,消灭蒋匪帮企图最后挣扎的巢穴,完成解放全中国的光荣任务……继续支援人民解放军彻底解放台湾,解放全中国。

《厦门日报》的这个发刊词,实际上是在为金门战役做舆论上的鼓动和宣传。文中所及,完全没有将这场即将发起的金门战役,看成可能是一场大战或一场恶战,而依然看成一场"残余的国民党反动派统治在福建已告全部灭亡"的扫尾之战。在这个发刊词中,只有"解放全中国"和"肃清窜退闽南各沿海的残余匪军"的概念和任务,并没有涉及任何"统一"概念。

是日,南洋华侨总会主席陈嘉庚致贺电福建省人民政府张鼎丞主

席,祝贺厦门解放:

> 闻厦门解放,从此台湾门户洞开,犁庭扫穴,歼厥巨魁,当在指颐。

陈嘉庚说"台湾门户洞开",反映的是传统的"台湾"和"大陆"战略关系和解决途径,这与此时第三野战军用第九兵团准备以浙江为依凭"解放台湾"的战略思想与途径,形成了鲜明的对比。其"犁庭扫穴……当在指颐"的期望表达,在亲眼见到了解放军势如破竹的胜利之时,也就必然地会影响到当时社会人士对"解放台湾"的迫切心情。这从另一个侧面,也反映了金门战役的发起,在当时大环境下的迫切性,倒逼着第十兵团的叶飞,不得不尽快解决金门战役。这也就是叶飞在几十年后,见到《金门登陆作战回顾》编写人员时,所说的:"上面逼我,我逼你们。"巨大胜利之下的社会期望,犹如一堆熊熊的火焰,添柴易,减薪难。

由此,也就不难理解叶飞何以在宴请地方领导和社会人士时会说"金门就是这盘中的一块肉,想什么时候夹就什么时候夹,跑不了",对萧锋会说"看来大陆再也不会有什么大仗打了,你们二十八军就扫个尾吧"之类的话。

这种社会期待,对于叶飞这种"华侨"身份背景的人来说,尤显重要,是压在叶飞将军身上的一种无形的巨大压力。

是日23时,华东局致中央军委电:

> 建议解除第十兵团出击潮汕的任务。

这个撤销任务的请示电报,来得有点太迟了。因为第十兵团在发起金门战役之前,这个任务尚未解除,叶飞必须考虑和顾及"出击潮汕"的作战计划和用兵的调配。至该请示来时,林彪的四野已经占领了广州,胡琏的十二兵团也已经离开了潮汕,在向金厦海域集结。无疑,这个请求也说明,在叶飞下定决心解决金门战役之时,是受到了这一任务羁绊的。

23日凌晨,运载胡琏兵团的商船已抵达金门料罗湾海面,在大陆用

肉眼也看得清清楚楚。由于风浪大,部队不能登陆,商船停泊不动。萧锋将此金门海面聚集大量商船的情况上报,叶飞竟说:

这些商船是金门部队撤退用的。打平潭岛时,敌人不也派商船来撤兵嘛。

纵观华东局给中央军委的请示电,我们便可知,这一"潮汕无敌,已无大战"的情况,并未与第十兵团和叶飞进行过沟通,致使叶飞在接到萧锋的这一报告后,仍然一头雾水,而作出了如此荒谬的错误判断。

我们并不知道是什么影响了叶飞的判断力,我们也不知道,当萧锋一而再、再而三地反映胡琏兵团动态的情报,乃至在明显地请求上级领导重视这些情报,并表达在大战之前希望得到帮助的愿望时,为何在叶飞这里,一点儿也没有得到响应。相反,因为叶飞对"胡琏撤兵"的严重误判,导致了他在大战之前,误将厦门的"粮食"问题的解决,摆在了金门战役之前。

是日,国民党军地下特务人员报告:解放军征集之船已有400多只,大汽艇2只。(据《碧血青天》124页)

船去哪儿了?整个金门战役登陆作战中,"大汽艇"一只未见有记载,战后统计不管是国民党以炸毁的船只残骸计算还是大陆的各种统计,实际登陆作战的船只,仅有120余艘在册。而厦门粮食告急,且在此间叶飞从闽西运135万斤粮食的事实,则让人看见了其他船只的清晰去向。

上午,二十八军八十二师244团政治处宣教干事孙堡之,背起手枪和照相机,前往金门登陆作战突击营营长刘忠义处报到。

是日,萧锋又将截获的胡琏兵团增援金门情况上报第十兵团,叶飞说:

这是敌人在说反话,他要真的增援就不这么说了。(据刘亚洲2001版单行本《金门战役的检讨》29页)

萧锋发现这一情况是在金门战役登陆作战的前一天。兵家有云:

兵者,诡道也! 叶飞作为一个久经沙场的战将,他应当是深谙此道的。但是,叶飞却以"这是敌人在说反话"来回应萧锋这一情报。面对胡琏真真假假的情报战术,萧锋的疑虑,在兵团领导的"正确"分析,在叶飞屡次的"发火"面前,被化解在无奈的"服从"和"正确理解"当中。

同一日,萧锋在《三年解放战争亲历记》中,颇有抱怨地说:

> 兵团以现有8个营船,只要第一梯队能上去3个营,很好组织第二梯队,当夜能载上八十二师、八十五师登陆,12000多敌人就可消灭。据现实情况,敌人不仅是一四六师,而且敌十八军十一师还有2个团也跑到那里去了。"要把时间抢在敌人前头,不让胡琏兵团"。四十九师也许已到金门,还有后2个军动向不清。军指召开作战会议,什么条件也不能讲了,什么"三条件下打金门、六个团的船","唯一只有抢时间"。

> 根据各方面敌情资料,似乎金门没有增加兵力,敌人还是12000人,我有8个营当第一梯队,一夜起码来回2次可登5个团,歼敌12000名,蛮有把握。就这样下定决心,打完这一仗,回福州建设福建,准备攻台湾。腾出时间,通过作战方案就报兵团。

萧锋就这样在叶飞的敌人是派"商船来撤兵"和"敌人在说反话,他要真的增援就不这么说了"错误判断影响下,以"似乎金门没有增加兵力"来对自己所获得的情报做解释,并依照叶飞坚持的"一夜起码来回两次"的一厢情愿战术部署,完成了金门战役登陆作战计划,并报给了兵团。

战争的决策,哪有"似乎"的道理? 而这个"一夜起码来回两次"的最终落空,让这场战役败得连一只船也没回来。

是日,厦门市"军事管制委员会"接管厦门角尾路8号赋仓时,发现粒粮不存,仅有破旧麻袋5万余条。厦门市粮食告急。

同日黄昏,胡琏第十二兵团部第十九军3个师,已经到达金门本岛南部料罗湾的部队,开始靠岸陆续登陆。

夜,胡琏兵团十九军军部和十三师2个团已经登陆。

胡琏部队的这些动向,尽管萧锋已有所察觉,但没有确凿的情报证据，因而招致了叶飞的否定。而战前第十兵团的情报部门，则更对胡琏已经登岛的情况，一无所知，毫无觉察。

是时，胡琏部在金门料罗湾驳运上岸时，适逢汤恩伯巡视其地，由十二兵团参谋长杨维翰陪同。汤对杨责备说："现在战斗如此激烈，前方急需部队增援，应该先令战斗兵下船，为什么让民夫抢先？"杨答复说："这是十四师的部队，因为尚未领到军衣，所以仍穿民服。"汤听了大为诧异，觉得："形同乞丐，怎么可以临阵作战？"

等到金门战役反登陆作战获得"大捷"之后，汤恩伯不得不再感叹道："不料此师乃果敢能战，不以军服不齐而减色。"

胡琏重建的第十二兵团，在经历赣南的培训、潮汕地区的"平叛"之后，其队伍至金门上岛时，看上去仍然像一支与民无别的"乞丐"部队。然而，正是这支"形同乞丐"的江西农家子弟兵，在这场决定国民党生死的金门战役反登陆作战中，发挥了"转捩"的作用。胡琏在其《泛述古宁头之战》一文中，借用《左传》和《孟子》的话，不无骄傲地说：

师克在和不在众，效死勿去，与"齐赴死"，均属兵家千古不传之奥秘。第十二兵团所属三个军及其各自隶属之十余个师，真有古人所谓"情同父子""谊似兄弟"的袍泽之亲，增援金门……

夜间，二十八军前线部队能看到大、小金门之间来了许多轮船，隔着金门岛，还可以望见料罗湾内轮船射向天空的灯光；同时也发现金门岛上敌无线电通讯信号增多。通过这种种迹象，萧锋与前线的一些指挥员，都猜测敌人来了大量的援兵；但也有人说那些轮船是来避风的；还有人说轮船是来撤走金门敌人的，议论纷纷，一时间莫衷一是。

至此，登达金门本岛真实的国民党守军，已达到了 65000 名，是原先 20000 的 3 倍多。除去先后开赴小金门（烈屿）的 2 个团，金门本岛上约有 6 万人。其金门守军的数量，为解放军二十八军作战第一梯队 8736 人的 7 倍。

是夜，第十兵团下达了 24 日发起"攻击金门"的命令：

为肃清沿海残敌,解放全福建,并建立尔后攻台之基地,决乘厦门胜利余威及金门敌防御部署紊乱之际,以第二十八军1个加强师为主附二十九军八十五师全部,发起对金门之攻击。

对这份命令,萧锋在《三年解放战争亲历记》中说:

23日晚,兵团一股疾风,把我们20余天准备的方案、报告、结果都推翻了。突然刮来厦门疾风,就是要抢时间!"为了赢得时间,不管你准备情况如何,要抢在胡琏兵团从潮汕撤军前。"什么攻平潭、大嶝岛,打厦门鼓浪屿、九二师1个团失利,第一天晚攻厦门,只上4个营,连团级指挥都没上。幸亏厦门离大陆近,隔岸火炮可直接支援,反过来当成战胜残敌的经验运用。

第十兵团的这份命令全稿,笔者在军委档案馆始终被"未能解密"等理由,无法得见。只能从萧锋的日记当中,得知这份命令当中还涉及了"平潭""大嶝岛"和"厦门"。从萧锋记载的语境出发,第十兵团列举这些以前的战例,都在于一个目的,那就是说服萧锋"打金门没问题"。命令中的激励语言我们当然能够理解,但看萧锋在文中连续使用了极具感情色彩的"一股疾风"和"推翻"等语句,颇为耐人寻味,让人感觉到萧锋对这份命令的痛心与无奈。

同时,也让人感觉到,这场匆忙之中发起的金门战役登陆作战的命令,透露出来的"打金门没问题",毋庸置疑。也正因为如此,才会有萧锋如此的抱怨。萧锋的抱怨,还在后来的回忆录中,以无比痛惜的口吻写道:

可惜的是,三野前委(关于"三不打")的指示,一直没有得到应有的重视。我们不能像在"淮海战役"中那样,粟裕亲临我们指挥所,他对部队的一线情况和敌情了如指掌,从而得出正确的判断。这时,他正在北京参加开国大典,商议建国大业,他和我们远隔千山万水,无法及时和他沟通,哪怕是通一个电话也好,这成为我终生的遗憾!

《当代中国军队的军事工作》在总结金门战役登陆作战失败的教训

时，也不无痛心地说：

在这期间，十兵团虽已发现国民党十八军军部率一一八师于21日抵达大金门，并侦悉24日前又有国民党十二兵团后续部队可能乘舰船驶抵大金门料罗湾，但未采取应变措施。在这种敌情有变，准备又很不充分的情况下，仍然定下了24日晚发起攻击的决心。

见此命令，配合二十八军作战的二十九军八十五师师长兼师政委朱云谦，当即派作战参谋彭允太骑马到二十八军指挥所去询问与落实，得到的回答是：

兵团决心已定，明天发起战斗！

第三章　无奈与无望

第一节
起渡·登陆作战第一天

1949 年 10 月 24 日

萧锋二十八军登陆作战部队方面

24 日,阴转晴,海风 4 级。萧锋二十八军刚凑集到可供航渡 3 个团兵力的船只,其征集的水手大都来自福州、泉州等地,船工们既不熟悉前往金门的航道,更未经过任何的政治教育和训练,各自都存在着不同程度的协同不力和调度不灵的问题。

7 时 30 分,萧锋在二十八军召开金门战役登陆作战前的最后一次作战会议。参加会议的有八十二师、八十五师、九十二师的师长、政委,张宪章,张兰厚后勤部副部长,以及军部各级领导。会上,萧锋首先传达了兵团攻金的要求,然后大家讨论。

8 时许,叶飞给萧锋打电话:"我同意你们攻打金门计划,只要 2 个团能爬上去,你在莲河军指,要很好掌握第二梯队,能来回两次,就可打下金门县城!厦门正在搜集火轮船,每船可载 400 人。"

萧锋赶忙问道:"金门有没有增加敌人?"

叶飞答:"据内侦电台还没有发现。"

萧锋问:"如果二十一军只有一四六师,那就好说。10 月 11 日攻大嶝岛歼敌十八军十一师 31 团,打小嶝岛歼 32 团第 3 加强营,这些敌人从哪里来的?这是怎么一回事?"

叶飞答:"我要作战处仔细查一下,胡琏兵团 3 个军仍停留在金门东南海域,汤恩伯已到榜林、东州巡视,胡琏十二兵团是停金逃台尚未定。"

萧锋说:"部队经 2 天准备,分好船只,补充帆布,3 日粮弹,山炮两门归 244 团指挥。"

《叶飞回忆录》记载叶飞查问胡琏兵团一事是这样说的:

> 胡琏兵团是否已到达金门?参谋人员回答说,胡琏兵团在海上徘徊,尚未到达金门。就在这时,机要人员送来一份情报,是胡琏向台湾蒋介石要求撤回台湾。可惜这份电报是昨天(23 日)的,蒋介石的回电是严令胡琏按照命令执行。但蒋介石这份回电,我们当时没有截到。我分析胡琏兵团的行动有两个可能,一是增援金门,一是撤回台湾。可能是蒋介石命令胡琏增援金门,而胡琏不愿意,所以打电报给蒋介石要求撤回台湾,因而在海上徘徊。趁胡琏尚未到达金门之时,发起登陆,攻取金门,是最后一个战机,如再延误,金门情况就可能发生变化。我经过反复考虑,最后批准了二十八军攻击金门的战斗。

张茂勋、丛乐天、邢志远三人在其合写的《金门失利原因何在》一文中,对《叶飞回忆录》此说提出了严重的质疑:

> 据我们 90 年代收集的蒋军资料证实,不但胡琏兵团的 18 军早于 10 月 10 日登陆金门,其兵团部和十九军也于 22 日到 23 日晨到达金门海域,并于 23 日晚开始登陆。他们并没有在海上徘徊。

叶飞的回忆录出版于 1988 年 11 月,此时海峡两岸对金门战役登陆作战的史料,虽尚未完全得以公开,但作为金门战役登陆作战的指挥者叶飞来说,应当对这种关乎生死、决定登陆作战胜败的重大变化情况,应当会有清晰的记忆。叶飞将军所述,是当年的判断失误,还是对"狡如狐"的胡琏之举犯了糊涂?抑或是叶飞在这里有所忌讳?可以肯定的是,叶飞的这段回忆,没有将真实的情况说出来。

接完叶飞的电话,萧锋在会上传达了叶飞、韦国清关于今晚攻金门的决定,然后由李曼村讲攻金的意义,张宪章讲金门敌情和作战部队的准备情况,张厚兰讲后勤供应、野战医院和担架队情况,接着各师干部发言。

朱云谦师长说:"253团还缺1个营的船。"

刘天祥说:"尚有三分之一的船缺帆。"

钟贤文说:"500多名水手船夫成分复杂,基本不愿开船。"

张兰厚说:"5000副担架尚未备齐。"

朱云谦师长说:"我们看第一波动身,我师随时准备上船援金。困难实在太多了,但是,兵团已经作出了决定,我们只能执行命令。"

萧锋见此,以带有激励和鼓动性的情绪对大家说:

攻金部队为4个师8个团,八十二师244团、八十四师251团、八十五师253团为第一波6600人,从阳塘、双清、登山、澳头出发,在莲头、西保之间登陆冲上去。7时开始登船,约9时潮来南开,料2个小时可渡过海峡,11时可登陆。

第一步夺取榜林、乳山,卡死敌人西边的退路,然后打金门;

第二步,由251团(暂归八十二师指挥)向太武山前进,攻占官澳;九十二师沿八十五师路线前进,登陆后向料罗湾攻击,歼灭东半岛敌人。

解放金门的艰巨性和艰苦性,守敌很多(约12000人),还有胡琏兵团来增援的可能性。我军在古宁、莲头、西保间约8里宽的滩地带登陆,可形成相对的优势。军指挥所随八十二师跟进,后方设在淘江,要注意通讯联络。

第一波登陆后,即速把船只派回,坏了的要及时修理,每个师用2个重机连对空射击,保护船只安全。炮指设在莲头,由张团长负责,80门榴弹炮分布在大嶝、小嶝、莲河、围头,备弹20000发,由244团邢永生团长负责发信号,行正面射击。各个团的任务是,第一步掩护登陆,对滩头阵地行正面射击,第二步向敌纵深榜林、前山门、砂头呼叫射击。围头的榴弹炮团专对增援舰轰击。

这次战斗估计有三个可能:

第一,按我们的如意算盘打下去,26日结束战斗,27日撤兵回防建设福建;

第二,敌情发生变化,敌援超过两个团,我们放弃进攻,全军撤回大陆。

第三,我军登陆后,敌胡琏兵团也登陆,再加汤恩伯的海空军优势,利用金门岛屿的有利地形,和我们拼死战,那个后果就不堪设想了。我们要力争第一,避免第三,即使代价大一些,也是值得的。为解放台湾打一个基础。渡海作战我们是没有经验的,客观条件很勉强,我们凭着为人民英勇战斗的精神,要打好这一仗,向兵团、前委、党中央、毛主席报喜。

会议开了一个半小时,萧锋讲完话后,宣布休息一刻钟。

9时,二十八军各参战部队开始进行登船准备,各部分发弹药和作为识别标志的袖套,该袖套一面白,一面红,白天用红色,夜间用白色;每个战士携带200发子弹、12颗手榴弹、3天的干粮、一条三角巾、2个急救包。

10时许,叶飞给萧锋打来第二个电话:

"老萧,我看今晚可下手,只要保证2个营能爬上岸就有办法了,打下后由九十二师担任警防,二十八军回撤福州……"

叶飞这个电话,在后世许多研究金门战役的文章和著作中,都针对叶飞的"2个营能爬上岸就有办法了"批评其"轻敌"。但平心而论,大战之前说些令人振奋、甚至过头的"大话",实乃为一种战前动员,意在激励斗志,并不代表此时此刻的叶飞多么"轻敌"。尽管叶飞电话中的"打下后……二十八军回撤福州"这句话,被批评为暗含许诺,但考虑到在"福州战役"胜利时,萧锋就已经被任命为"福州警备司令"的背景,因此,并不可依此对叶飞作无端的臆断和非议。

电话里有旁人在插话:"萧锋同志还是坚持三个条件下打金门。"

萧锋接着说:"三个条件两个不具备,最好不打。我早就请示过,只要增加一个团,三个团船就不能打,打水仗,有力无用之处,我看还是收场吧,15海里,可不是闹着玩的。"

叶飞说:"还是打好。第一波3个团,第二、第三波至5个团。"

萧锋说:"哪里有船？3个团还缺1个营的船。"

叶飞有点儿不耐烦,最后回答道:"三十一军九十二师在同安南浦边,海头归你指挥做预备队,一切按这决心向各师布置……后果由兵团负责。"

萧锋在日记中说:

放下了电话,我心情总不那么舒服,没有办法,执行命令吧!

萧锋还是抱着一线求援的希望,又给在福州的二十八军政委陈美藻拨通了电话,陈美藻之子陈化琪,在后来的《父亲和我谈金门失利》一文中说:

金门战斗发起的当天,我(陈美藻)在福州或者是第二十八军军部驻地福清,接萧锋从涧江的军前指打来的电话,主要讲战前准备工作存在的问题和困难。他说,船不够,船工不够,敌情发生变化。他最后说,问题不少,准备得不好,把握不大……萧锋从前线给我打来电话,话讲得这么直白这么坦诚,部队一定有重重困难,军前指的同志一定有很大的难处。这是对党负责对部队负责的肺腑之言。当时我就明确地对萧锋说,准备得不好,把握不大,就不打。什么时候准备好了,什么时候有把握了,再打。这实际上是我作为第二十八军政委否定了24日向金门发起战斗的命令,推迟金门战斗。在我和萧锋通电话之后不久,兵团政治部主任刘培善给我打来电话,说问题不大,可以打,不要再变了。兵团主要首长决心24日发起金门战斗,坚持金门战斗时间不再推迟,命令不再改变,并向登陆部队发出战斗命令。

这个电话,从陈美藻的"萧锋……话讲得这么直白这么坦诚,部队一定有重重困难,军前指的同志一定有很大的难处"这种语气,显然表明萧锋在寻求政委的帮助。

从政委陈美藻"在我和萧锋通电话之后不久,兵团政治部主任刘培善给我打来电话"的这段话中,我们也完全可以看出,陈美藻作为二十八军的政委,在接到萧锋的求援电话后,随即给十兵团打了"陈情"的电话。但是,刘培善的来电"问题不大,可以打,不要再变了",则充分说明兵团不仅没有接受陈美藻的意见,而且断绝了任何推迟金门登陆战发起时间的余地和退路。

中午,胡琏故意向蒋介石发出了"请求将部队撤回台湾"的欺骗电报被叶飞截获并破解,情报处长将电报内容告知叶飞,叶飞说:

> 胡琏兵团的行动有两个可能,一是增援金门,一是撤回台湾……趁胡琏尚未到达金门之时,发起登陆,攻取金门,是最后的一个战机,如再延误,金门情况就可能变化。我们一定要抢在胡琏兵团的前头拿下金门!

从叶飞这个"如再延误"的命令语境看,毫无疑问,已经具有了"违者军法从事"的军令性质。

可问题是,怎么就有这么凑巧的事情?情报部门面对这样的电报,难道就没有一丝的怀疑?假如蒋介石胡琏之间不存在默契,蒋介石发一个回电大骂胡琏,且又被我截获,试想一下,这战争的天平是不是会完全不同呢?但这一切都没有发生,胡琏的这一电报,是故意让第十兵团截获的,麻痹第十兵团的烟幕弹。这一点,后来在国民党关于金门战役的文章和著述当中,均得以证实。由此可见,蒋介石与胡琏这师生之间,在大战之前真的默契程度很高。

叶飞又对作战处长说:

> 很好,看来现在是最好的攻击时间了。一则胡琏兵团还没有上岛,二则李良荣兵团还没有撤走,上岛不至于扑空,只要第一梯队能上去两个团,船来回两次,再上去第二梯队,就能拿下金门县城!

在战争岁月里,叶飞对于兵者的"诡"道手法既熟悉,自己也曾有娴熟的运用。在他的回忆录中,就对"渡江战役"有一段清醒的记载:"百万雄师过大江……曹操为什么大败?人所熟知的原因是:一是北兵不善水战；二是不习惯南方潮湿天气，'瘟病'流行；三是中了反间计……"（见《叶飞回忆录》547页）这三条，条条说中即将渡海攻打金门一战。

可惜的是，此时此刻的叶飞，早被厦门的城市问题、粮食问题弄得焦头烂额，无暇顾及这场即将发生的金门战役登陆作战，甚至，连"猜"都没有去猜一下，胡琏是否在使用"狐虎"之间的"反间"诡计？完全沉浸在"现在是最好的攻击时间"里的叶飞将军，不仅被"上岛不至于扑空"的念头蒙蔽了眼睛，且真成为了一个实实在在的"当事糊涂者"。刘亚洲先生在分析叶飞这段"被蒙骗"的经历时，有精辟的论述：

多年后知道，其实胡琏兵团一离开潮、汕，蒋介石就命令他增援金门。他根本不像十兵团情报部门说的那样"在海上徘徊"，只是胡琏把他的作战意图藏得很深，骗过了我军。譬如，十二兵团并未向厦门增援一兵一卒，他却请汤恩伯派一支部队以十二兵团的名义上街游行，既鼓舞民心，又蒙蔽我军。我军攻克厦门后，并未发现十二兵团官兵，遂认为胡琏好虚张声势。

叶飞从"胡琏好虚张声势"开始到"上岛不至于扑空"的判断，都出于其心目中，脑海里胡琏是"败将"的印象，以至于忽略了胡琏之"诈"，出现致命的判断失误。

约17时，登陆作战部队提前开饭。按照老规矩，战前的饭有馒头、猪肉，也有北方战士们不太喜欢吃的大米干饭和咬不烂的竹笋。244团1营1连有两个朝鲜战士，原来是国民党当成日本兵俘虏来的，在"淮海战役"中，这两人都成了"解放战士"。吃饭时，1营医务所卫生员赵保厚，对两位朝鲜战士说：

打完这一仗，你们就真的可以回国了。

后来，这两个朝鲜战士和244团1营11名在"淮海战役"中成为"解放战士"的台湾籍战友，都牺牲在金门岛观音亭山的登陆海滩上。在此，我们有必要将这些日本和朝鲜的"解放战士"情况，在此做一些简单的交代。1953年我国继1946年遣返日本人员之后,又遣返了一批日本人回国,这些人员,大都是当年的"解放战士"。为了遮掩他们的"解放战士"身份,让他们能够顺利回国,当时采取的办法是:

让他们把军装都脱下来,把档案都销毁,每个人得的奖章全部都收回。到了90年代,这些日本老战士陆续地回老部队探视,总政治部下命令,重新做模子,给他们这些四野的日本老战士每个人发东北解放纪念章、平津战役纪念章、渡江战役纪念章,还要加一枚1955年授衔的时候发给营以上干部的解放奖章,重新发给他们……(据上海交通大学历史系教授刘统《"战略谋划"——1948年共产党战胜国民党的真正原因》)

饭后,244团1营排以上干部参加了战前会议:1营的作战任务是突破第一道海滩防线,然后占领第二道防线的观音亭山;待2营、3营分别攻占西山、湖尾高地后,3个营(加246团3营,实际是4个营)联合进攻并最终控制双乳山。各连排传达任务后,又强调:

登陆后要不等待,不犹豫,有几个人打几个人的仗,要向里猛插。

全团上下充满了"把决心变行动,打下金门保持我团光荣传统"的高昂士气,并坚信:

登陆就是胜利!

17时整,萧锋已经上了军指挥船,张宪章科长急急忙忙跑来,叫萧锋到陆地军指接叶飞来的电话。

叶飞问:"情况如何?"

萧锋答:"各师团都在登船,等大海潮来就开船。"

叶飞很沉着:"你就不要变了吧!我看只要有两个团爬上金门,你在莲河掌握第二梯队,来回两次,能过去5个或6个团的船就不怕了,不要老是有停攻、停攻的打算!战场情况就不要变了!"

刘培善接过电话说:"老萧呀!叶司令已讲过了……按原方案打下去吧!……你留下在莲河组织第二梯队运船登陆。"

18 时,萧锋到 244 团察看作战前的准备工作。一直在莲河海边指挥、督促、检查部队登船,并专门指派了 3 名参谋负责督促船队返航,反复叮嘱:你们别无其他任务,就是组织和督促船队返航,切记!切记!一定要迅速返航!

天色渐渐黑下来,借着夜幕的掩护,登陆作战第一梯队共 10 个营,约 8500 人开始登船。由于国民党军飞机的轰炸,登陆攻击部队的船只无法集中在一起,只能分散在三个大地方四处,所以准备向金门本岛进行攻击登陆的部队,也只能在这四处分别进行登船:

其一,莲河登船 3 个营:即第八十二师 244 团的 3 个营;

其二,大嶝岛阳塘登船 1 个营:即配属该团的八十二师 246 团(第 3 营)1 个营;

其三,大嶝岛东蔡登船 3 个营:即第八十四师 251 团 3 个营;

其四,汪厝登船 3 个营:即配属第二十八军的二十九军八十五师 253 团 3 个营。

此际,人人都想参战立功,个个抢当第一梯队英雄,但船只却严重不足,第一梯队登陆各团都不能满员装载,只能主作战人员优先。每团至少有 1 至 2 个连(120 人至 240 人)因无法登船而滞留驻地留守。

244 团邢永生团长为了多载战斗人员,在每一条船上检查,把那些不带枪的政工干事、文化教员、司务长等非作战人员统统拉下来:

我的好同志,你们留下来!

244 团 1 营的登船地点在大嶝岛最南面的阳塘海边,营部炊事人员早就把铁锅、米袋弄到船上,卫生员赵保厚也爬上船。上船后大家都静悄悄的生怕见到营部的人。因为营长说了,战斗部队船只不够,炊事、卫生人员都要让船。幸好,直到起航,赵保厚没有被发现,这才将心放了下来。登岛后,赵保厚在弹尽粮绝负伤后做了俘虏,几十年后,返回大陆,又演绎了一场人生的新悲剧。这些都已经变成后话了。

上岛打硬仗,侦察营一时用不上,配备给他们的船也被让了出来;

原计划运载八十二师师长钟贤文上岛进行统一指挥的船,也被邢永生的"师长,您最多不过晚几个小时上岛"一席话为理由,将钟贤文师长的指挥船要走了。

因为,在二十八军最后的作战会议上,没有规定师指挥部必须随第一梯队行动,且历来战斗中,师指挥部都是随第二梯队行动,所以钟贤文师长便将自己的船,让出来给了邢永生。钟贤文师长想:第一梯队登岛后,船只即刻返回接第二梯队,自己很快也就上岛了,没想到,这一让,不仅让出了后世几十年的争论,也让出了钟贤文师长后半辈子的无限痛苦。

是时,朱云谦师长正率少数人员在帮助253团进行临战准备,有一个特务连装不下,团长徐博说:"硬塞!"

有人说:"算了吧,留点人也好嘛!"就这样,朱云谦只好将这个连留了下来⋯⋯

不曾想,"留点人"这话,最后一语成谶。被留在大陆的这个连,在金门战役登陆作战失败后,真的成了"留点人"重建该团的种子。

因为"只好将这个连留下来",没有登岛侥幸存活,因为这个心结,让朱云谦一辈子都在感念老军长萧锋此时此地的难处,一方面"军令如山倒",一方面眼看着几千将士在毫无胜算把握的情况下,英勇赴死。而自己前往兵团求见叶飞未能如愿表达对金门战役真实的看法,推迟这场战役的内疚心理,就这样一直伴随了他,在他的内心深处,啃噬了他一辈子。也正是因为此,在后来朱云谦当上解放军总政治部副主任之后,竭力为自己的老首长萧锋四处鸣不平,并在力所能及的条件下,多少找回了对萧锋的些许"待遇"。

黄昏,在蔡厝的第一梯队253团各营连,2营、3营全部,1营的1连、2连和半个机炮连,特务连、炮兵连、担架队共计2000余人,在团长徐博、政委陈利华、参谋长王剑秋的率领下,登上了准备前往攻击金门的船只。

253团1营的3连和半个机炮连,因船只不够挤不上去,被留作第二梯队。党委分工张茂勋带第二梯队,他也没有上得了船。

此时,发兵金门的船只,驾驶船的船工还是不够。二十九军军部从厦门送来一车船工,253团在海滩摆下酒菜欢迎他们。

船工们一下车,酒也不喝,菜也不吃,坐在地上动也不动。

有的人还跪在张茂勋面前,苦苦地哀求放他回家。

干部战士们连劝带拉,请他们喝了酒,又满足了他们要扎吗啡的要求,然后才分配到各条船上。当时,要求这些船工们在把第一梯队送上去,迅速返回再来接运第二梯队。但后面的结果是,这些靠扎吗啡才能上船的船工们,刚一靠近金门海岸,炮火还没有打到身上,就纷纷跳海往岸上逃跑,把船搁浅在海滩上。

船工没了,船也被国民党的炮火和飞机轰炸了个稀烂,一条也没能回得来。大战之前,指望这样的船工来"同心协力"渡海攻打金门,几乎成了后人眼中的笑柄。时任253团政治处主任、在战前主要征集船只、船工的张茂勋,不无感叹地说:

像这样的船工,事先既没有时间进行教育,也没能同部队配合演练,哪能指望他们向渡江作战时老解放区的船工那样,一次又一次往返接运后续部队呢?

面对这种"上岸逃跑"的现象,我们甚至有理由来怀疑,这些船工当中,不排除有国民党特务在有意破坏的可能。这便是"提前入闽"带来的一系列问题中的一种,匆忙"入闽"以后,军地干部缺乏"群众"基础,带来工作的重大缺失。戈基、王震寰在《军魂》中说:

金门战斗结束后,一位县委书记说:福建这么大,我看筹一千条船也能筹到。一个船工说:什么没船?我住的那湾子里就有一百多条哩。

"提前入闽",干部大量缺乏,使得地方上的政治宣传跟不上,群众基础严重落后于战争的进程,船只、船工的思想觉悟完全不能够随着"解放"而相应进步,造成了有船征不到、有钱请不到船工的局面。综合起来,金门战役之前的诸多不成熟的条件,在金门战役登陆作战之时,得以集中爆发出来。船工,也是造成金门战役登陆作战失败的原因之一。

19时,萧锋还在浉江海边检查部队登船和战前准备。

是时,二十八军侦察营2连指导员崔芹芳和军侦察科参谋王刚所率3个步兵班、1个重机枪班、1个六〇炮炮班共计约80人,乘一条大船,还没等到命令,已经早早地开到离岸较远的深海中,该船兵力后与244团一道登岛参加战斗。故台湾"国防部史政局"编印的《金门保卫战》一书中,是以"10月24日19时……向金门发航"的时间,来记载二十八军金门战役登陆作战的发起时间的。其时,天色已暗,用肉眼还隐约可见大金门岛的轮廓。警卫员朱亮宏气喘吁吁地从军指挥所跑到海边向萧锋报告:"有新情况,请副军长赶快回指挥所!"

萧锋急忙赶回指挥所后得知,兵团指挥所通报说:"据兵团情报处侦察,今天下午,胡琏兵团已在金门料罗湾登陆1个团,小金门也登陆1个团。"

邢志远在《也谈金门大血战的失利》一文中说:

尽管这份情报漏掉了已登陆的蒋13师和14师各团,与实际情况相距甚远,但已充分表明,胡琏兵团已不在海上徘徊,千真万确增援金门来了。

兵团指挥所还传达了兵团首长指示:

二十八军要和胡琏抢占金门岛,兵团决心不变,对金门发动攻击的计划不变。

看到这个情况,萧锋不觉一怔。

萧锋的《渡海重要一战——金门之战》叙述道:

我上午还说过:最坏的情况是,我登陆胡琏兵团也登陆,敌人坐军舰轮船运输比较方便……如今胡琏兵团先我登陆,这个仗不好打了。

我当即要侦察科张宪章科长通知各单位原地待命。敌情有变,我要同兵团首长再商量……

萧锋打电话给兵团首长,叶飞司令员有些不耐烦,没接。

萧锋仍抱着一线希望对李曼村说:"请你再如实地反映一下情况,增加了敌人,还要打,部队只有8个营的船就仓促下手,后果很难设想,你不讲讲,要负责。"

李曼村说:"你已向叶司令、刘主任反复讲过,我再讲那就不好了。人家不是说二十八军吃饱了吗?"

萧锋说:"不愿打大陆最后一仗?是要面子,还是要革命部队的生存!你不讲也没办法,那只好执行命令……"

萧锋有些起急,对李曼村也嘟囔起来。

李曼村为人淳朴、机敏,又是"山东省立(济南)第一乡村师范学校"的毕业生,按照20世纪40年代前后对知识分子的标准,李曼村可算是"大"知识分子,在人情世故上,也远比萧锋要知进退、且"得体"许多。这既是李曼村没有在金门战役登陆作战之后受到冲击和影响的一个因素,但也是啃噬李曼村良知与内心、为自己没有在最后再做一搏为萧锋申诉,有愧于9086名战友的自责原因。正因为如此,李曼村一生奉萧锋为首长、为兄长,并为回归老兵遭受的"极左"处理而奔走呼吁。

是时,胡琏兵团已增兵金门岛的情报,引起了参战的军、师、团指挥员的震动和不安。244团团长邢永生打电话问八十二师首长:"胡琏兵团来了,还打不打?"

八十五师师长朱云谦,也立即打电话给李曼村:"怎么办?还打不打?"

萧锋与李曼村两人此时也都认为:

国民党军在金门增加一个团,小金门也增兵一个团,胡琏3艘军舰停泊在金门东南徘徊,在等蒋介石下令撤、守金门的命令。你若不打,胡琏十二兵团可能撤走,一打,可能就促使他死守金门……(据萧锋《三年解放战争亲历记》"厦门十兵团党委扩大会议开得团结",375页)

此时萧锋的心情无比矛盾和复杂,一方面,他对部属说:"现在情况不同了,胡琏兵团今非昔比,不堪一击。不要有过多的顾虑。"这是萧锋在开战之际必须为参战的将士们以足够的鼓励和勇气。另一方面,他又无奈地给兵团政治部主任刘培善打了一个电话:

刘主任呀,您是第二十八军的创建者,是第二十八军的老首长,历来关心第二十八军。在关键时刻,你要帮我们说话呀!现在可是关键时刻啦,是关系第二十八军命运的重要关头。现在敌人到底增加了多少?十多天以前,我们打大嶝岛,就发现胡琏兵团一个团啦!看来敌人增兵是师的单位了。

萧锋此时,已经是近乎有些哀求了,以至于试图用这支英雄部队的"创建者"为说辞,来打动刘培善情感中那根最脆弱的神经,来获取他帮助自己"推迟攻打金门"。然而,这种哀求并没有打动刘培善。刘培善明确地回答说:

大嶝岛歼灭的敌人,说是胡琏兵团的,恐怕不确切,敌人一贯会吹牛撒谎。据侦察,胡琏兵团在大小金门各登陆1个团,是今天下午才上岛的,什么工事也没有筑,情况没有大的变化,兵团已经研究过了,我们要抢在胡琏兵团之前占领金门,今晚攻击金门决心不变,按预定方案打吧!

萧锋在《渡海重要一战——金门之战》一文中说:

听到兵团首长决定不改变作战决心,我当时把心一横,就向刘主任提出:"这个仗肯定不好打啦,我要求随第一梯队过海指挥战斗,同胡琏兵团拼个死活!……"

刘主任回答说:"老萧,你不要过海,还是按预定方案由82师钟师长他们过海统一指挥岛上战斗。只要我们第一梯队3个团能上去,船只来回两次,运过去5个或6个团,就能打下金门县城!老萧呀!你在浔江要很好地组织第二梯队过海,明天我就到浔江来协助你指挥。"

我说:"刘主任你来我欢迎。说实话,您要深思熟虑。情况不明,准备不足,打下去后果不堪设想。"

听我话说得如此严重,刘主任问:"你意见怎么办?"

我明确地回答:"我建议停止发起攻击,待查清敌情,筹备足够的船只再打。"

听我这么说,刘主任只说了声:"按原计划执行,决心不能变。"就放下了电话。

此时萧锋的内心深处,是多么希望刘培善能传达给他"撤销发起战斗"的命令,但刘培善斩钉截铁的一句"决心不变",让萧锋彻底地绝望了!《当代中国军队的军事工作》记载说:

24日……当晚十九时,第一梯队团开始登船。登船完毕后,二十八军前指向兵团请示是否仍按原计划行动,但得到的回答还是决心不变。

对"萧锋没有登岛指挥"问题,在后来的金门战役登陆作战失败研究中,多有指责。然而,指责萧锋的人们,却忽略了这样一个严重的事实,按照当时解放军的作战条例,萧锋是否上岛指挥,不仅有条例限制,在特殊的情况下,更是需要上级来批准的!萧锋在此刻已经上船,正准备同第一梯队同时上岛的时候,是叶飞以"你在莲河掌握第二梯队",刘培善"老萧你不要过海""你留下在莲河组织第二梯队运船登陆"的命令,被叫下了军指挥船的。

萧锋,原名萧忠渭,自从在井冈山跟随毛主席参加革命以来,骁勇善战,每每冲锋在前而毫不顾忌"指挥位置"。长征到达陕北,萧忠渭带领全团在西征石家湾攻打"三马"(指西北军阀青海马步芳、宁夏马鸿宾、甘肃马鸿逵)的伏击胜利后,师长陈赓因见其受伤而严厉地批评道:"你这个政委,连个指挥位置都没有吗?!"(据《萧锋征战记》145页,中央文献出版社,2010年8月第1版)正是这一"冲锋在前"做"开路先锋"的勇猛作战风格,1936年5月21日,周恩来副主席特意将"忠渭",改名为冲锋在前的"锋"。

陈赓是黄埔军校经过正规学习、训练有素的职业军人,当然知道"指挥位置"靠前在战斗中的重要性,也深知"指挥位置"在指挥中不能太靠前的重要性。萧锋的老战友王近山,人称"王疯子",每每战斗打响,上级便严令警卫班紧随其后,一旦王近山脱了衣服光膀子要随部队冲锋的时候,这个警卫班的12人,便会蜂拥而上,将王近山立刻压在12人的身下,不让其"指挥位置"再靠前一步。这种战场上极端的做法,在解放军的开国将领中,并非仅有王近山和萧锋两个人。

叶飞与刘培善,都是身经百战的将军,作为第十兵团领导人,他们当然都知道"指挥位置"的重要。以金门战役登陆作战的诸多特殊性为例,国共两军10:1如此悬殊的军力、物力对比,如此巨大的反差,纵然有萧锋上岛指挥,也只能是像张茂勋在《难忘金门登陆战》中所说:

在金门岛上即使是有师首长统一指挥,也只能是延长固守时间,难以挽回被歼的结局。

萧锋上岛的要求,没有得到上级批准,这也正是他后来痛心疾首的地方。在后来的许多回忆材料中,都提到萧锋在金门战役登陆作战失败后,面对敌机的轰炸,经常不躲不避大有一死了之之举。

对于萧锋未能上岛指挥的苛责,作为萧锋后人的我们,尽管不同意这些苛责,但在感同身受与为萧锋一样的"未能上岛"深感遗憾外,免不了也从内心深处,无不为叶飞与刘培善的这一"老萧你不要过海"决定,充满感激之情!因为,正是如此,才让他的女儿萧南溪没有成为一个"烈士"的孤儿。

"军令如山!"萧锋和李曼村,两人只得服从命令听指挥。无奈中的萧锋,只能在心里默默地哀叹道:

"淮海战役时,粟裕都要亲自到前线来看看!"

萧锋没有盼到正在北京开会的粟裕来。

这一个电话,按萧锋的原话说,"东拉西扯已是21时"(萧锋该篇日记中的日期和时间,用的都是"廿"字。此处原文是个"日"字,以前文

"午后廿时四十分"到争执结束,应当是"廿一时",历时20分钟)。

21时,萧锋再问李曼村和张宪章"有何意见",他们都表示应执行兵团命令。有的同志还说,我们一再要求推迟发动攻击的时间,还能要求第三次吗?

此时的萧锋,在内心已经有了些许"不执行命令"的打算。《渡海重要一战——金门之战》一文中的这种表述,证实了萧锋有过的这一想法:

> 事情到了这个地步,我只有坚决服从兵团首长命令。但愿兵团讲的情况是真的,但愿我登陆部队鼓足勇气,顽强战斗,千方百计克服困难,去争取胜利……我想我参加革命多年,身经无数次战斗,没有哪一次不执行上级命令,这一次还能例外吗?我又想:即使敌人增加几个团,也是残兵败将,只要我们能上去2个梯队6个团,准备伤亡四五千人,苦战3天,总可以打下金门的。在同志们的劝说下,我决心服从兵团命令,留在浰江组织部队连续渡海。于是,我叫张宪章科长发出启航信号。

萧锋脑海里的这一"不执行命令"之念,终没能成为现实。后来张茂勋批评萧锋"萧锋未能做到不怕撤职、不怕杀头的精神,坚持自己正确的建议",这一批评也透露出萧锋当时确有"不执行命令"的想法,并确与李曼村等人商量过。正是因为萧锋没有在这个关键的时候"不怕杀头",才会有这样的批评之词。

21时30分,萧锋按原计划向登陆作战部队下达启航命令,张宪章按照萧锋的命令下达到各师团,启航出发的信号亮起……

即将投身浴血奋战的9086将士,从此踏上了一条不归路。

活着的,去时争取胜利的光荣与失败回来的耻辱,将伴随着他们的一生,以及随之而来的一切磨难,又让他们终身对金门战役牺牲的战友永远抱着一颗愧疚的心情。萧锋"决心服从命令"留在浰江没有与登岛将士们一道赴死的愧疚,也让这位打了一辈子胜仗的将军,在后半辈子的岁月里,没有享受到一丝和平与安宁。

登陆作战的9086名将士们在瑟瑟的寒风里,分成3个地方4处,纷纷登上船只后,先将所有船只开到大嶝岛海面会合。千帆竞发,像离弦的箭,借着夜幕的掩护,向金门岛冲去。

21时30分至23时,攻击金门的第一梯队244团和246团3营,由团长邢永生,参谋长朱斐然,政治处主任孙树亮和246团副团长刘汉斌率领,分别从莲河和大嶝岛的阳塘启航;

251团由团长刘天祥,政委田志春,副团长马绍堂,参谋长郝越三和政治处主任王学元率领,从大嶝岛东蔡和双沪启航;

253团由团长徐博,政委陈利华和参谋长王剑秋率领,于后村一带启航,分别向大金门西北海岸驶去。

此际,海面的天空下,一片漆黑,刮着三四级东北风,推波逐浪,潮水在徐徐上涨。

海面上,因为木船靠风力行驶,第一梯队各团的船受风向和水流的影响较大,非人力所能完全控制,队形即开始紊乱,前后左右的次序不断变动;部队的无线电通讯工具,只有团指挥员才有报话机,为了保密,行驶中停止一切有震响的通讯工具,静默关机,只准许使用蒙上红布的手电筒,以灯光长短来作为联络手段。夜幕里,船与船之间,既看不清也无法实施统一指挥与调度;各船只有按照事先的计划,依照各船上指战员和船工掌握的方向,向金门开进。

萧锋在浏江军指挥所里,周围8部电台同时在等待着海面上发来的消息,气氛压抑,又显得格外紧张。

金门本岛国民党部队反登陆作战方面

一早,金门全岛守军进入演习与备战状态;自22日晚已经抵达金门因接驳效率不彰,滞留在海面的胡琏部,虽然由于海上颠簸,晕船呕吐,2天2夜没有进食,官兵都很劳累,行军速度也很缓慢,但胡琏部十八师师部及1个团,很快就登上了金门岛。

从23日后，金门本岛的国民党军就发现海面上全无动静，片帆不见，353团加紧了演习。（据台湾《碧血青天》126页）

上午，第二十二兵团司令李良荣召开军事会议，全岛团以上干部，及特种部队长均参加，由李良荣主持，汤恩伯列席，根据北太武山观察所连日观察的情况，进行了分析讨论，认为解放军登陆作战将在一两天开始，会中决定：

担负重点区域岛西部防御的二〇一师、担任机动任务的一一八师及战车营，于当日午后在古宁头至垄口地段，进行守备部队与机动部队配合、协同进行抗登陆作战演习。

午前，国民党353团团长杨书田命令各单位在其预定的战场设置标志。（据台湾《碧血青天》126页）

中午，在金门海面停留了一天一夜的胡琏，于此时故意向蒋介石发出了一封电报：

请求将部队撤回台湾。

15时，金门岛上的国民党青年军二〇一师两个团，在郑果师长带领下，由驻守金门以西的琼林、古宁头到下湖部队，扩大了实施步战炮兵种等抗登陆联合大演习，对各种假设情况、作战构想反复演练。

演习的攻击重点为古宁头。先是，353团团长杨书田命令各单位在其预定的战场设置标志，演习时杨书田又指定各单位的攻击目标，严格要求进止，火力配合，使用刺刀、手榴弹；对各班、排的打法一再演习。（据台湾《碧血青天》126页）

古宁头至垄口的海岸一线，举行的坦克配合抗登陆作战演习中，战车第3连连长周名琴所领导第1排排长杨展之的坦克战车，在演习结束时，因履带脱落，陷在观音亭山以北的一点红海滩中动弹不得。连长周名琴虽派人来修理和拖拉，但一直到半夜，故障也没有排除。按照国民党军队的坦克故障条例，当一辆坦克出现故障之时，相伴的另两辆坦克将作为护卫,同时要陪伴在左右。因此,这3辆坦克战车便都滞留在海滩上。

这个海滩,恰恰就是解放军244团第一梯队所要登陆抢滩的当面地点。

这3辆原本完全不可能出现的坦克战车,将注定要成为这个不眠之夜的金门岛,为蒋介石那个摇摇欲坠的腐败政府,带来一次犹如"神授"般的帮助,并在这次反登陆作战中,发挥出极大的威力。

天不欲绝蒋介石!

当解放军244团的船只刚要靠岸登陆时,这辆坏了的坦克战车不仅神奇般地发动了,且首发炮弹,便命中了244团的弹药船引起了爆炸,又凭借着巨大黑熊般的钢铁身躯,在海滩上反复碾压,给登陆作战的解放军作战部队以巨大的伤亡,将244团死死地咬住在"一点红"的海滩上。

我们并不知道这个带有诗意的金门地名"一点红",是否来自于北宋苏轼的名句:

谁言一点红,解寄无边春。

但是,这个金门岛上的"一点红",确实在冥冥之中"解寄"了溃败于台湾的国民党政府"中华民国"的一丝"春意",天意在此时似乎偏向了蒋介石。战后,这辆因"故障"而赢得先机的坦克战车,被蒋介石命名为"金门之熊"。

17时,金门岛的国民党军演习收兵。

入夜,会餐时,国民党杨书田353团,吃上了好久没吃到的猪肉。1营营长耿将华对大家说:"这一餐就算是最后的晚餐吧!"然后带领大家唱《国旗飘》,官兵为之泣下。饭后,团长杨书田即命提前就寝。(均据台湾《碧血青天》126页)

19时,胡琏部十九军第十四师42团李光前部,由料罗湾下船后,陆续到达旧金城、欧厝、吴厝附近宿营,多数官兵因晕船、呕吐晚饭也没有吃,就和衣睡倒。正是这一因晕船而"和衣睡倒",让金门战役登陆作战役打响时,给二十八军登陆部队带来了灾难性的后果。

20时,胡琏第十二兵团兵团部、十九军刘云瀚部和3个师十三、十四、十八师已经登上了金门本岛,只剩4个团还在船上。

是时,胡琏部十八军军长高魁元报告:

今天一天,大小嶝岛及厦门一带的所有共军船只全部停止了活动。入夜后,大陆沿海一带一点灯火都没有,大反常态。

胡琏判断:

解放军可能于今日夜间或25日凌晨发动攻击金门的军事行动。

至此,国民党金门本岛的守军,已有李良荣二十二兵团的二十五军四十师1个团,四十五师3个团,二〇一师2个团;胡琏十二兵团的十八军十一师2个团,一一八师3个团,十九军的十三师1个团,十四师2个团,十八师1个团,合共15个正规团,兵力超过6万人,还有海岸炮兵约1个团,海军舰艇9条,并根据地形地势,于西北部海岸,配备了二线兵力,于金门本岛的狭窄蜂腰部,集结了有生的重兵。

萧锋第二十八军选择在24日夜起航,预计25日凌晨2时前登陆,究其用意在三:

其一,在于趁高潮可使船只尽量接近海岸抢滩,便于部队登陆;
其二,趁夜色便于隐蔽与奇袭;
其三,可使船只利用夜暗回航接应第二梯队。

然而,就实际作战的经过来看,在上述时间登陆弊大于利。由于凌晨2时到拂晓前尚有3个小时,部队上岸后即需在已经设防的阵地起实施夜间战斗。解放军虽号称长于夜战,但此次渡海而来,饱受颠簸炮击之苦,再由汹涌浪涛中涉水上岸,地形、敌情都不明,自是困难重重,加上海上波涛汹涌,使各团船在海上无法保持建制,进而造成了混乱,在登陆时无法做有组织、各团有序、按计划进行的战斗,并没有发挥出预期的战斗力,只能靠小单位各自为战,甚至以人为单位在登岛后的单

兵作战,才得以抢滩成功和展开战斗。萧锋这样描写登陆时前线战斗部队与后方指挥部的情景:

在接近金门时,敌实施炮火阻拦,进一步扰乱我船队队形,致使我各团、营甚至一些乘小型木船的连队,无法成建制地在一个地点集中登陆,登陆后一时也难以收拢。而且出于同样原因,不少单位没有在预定地点登陆,因北风转为东北风,帆船大都偏西,244团2营和3营部分人员,都偏西在古宁头253团方向靠岸,远离了本团指挥所,只有253团1营偏东,插到251团方向。

这种情况,为各团收拢部队、集中作战,造成了很大困难,特别是东路244团,登陆点最为分散,兵力难以收拢。

从第一梯队接近金门时开始,我和军指挥所的同志,都守在无线电报话机前,收听登陆部队的报告。

此际,金门岛上的国民党军80000余人,正在各滩头阵地,严阵以待。

这一夜,金门县《古宁头村史》载:

今夜奇寒,村民们不得不穿起棉衣……

第二节
抢滩·登陆作战第二天

1949年10月25日

东路(左线)邢永生244团方面

是日,正值金门海域一年中的大潮日,当天的高潮点在凌晨2时04分。对解放军登陆作战一方的船只抢滩,孰利孰弊,尚不确知。

零时,金门岛垄口一线的一点红海面,登陆作战第一梯队244团1

营 2 连的突击队开始偷袭突击登陆。四周一片寂静,碉堡里的守军没有任何动静。突击队员们涉水上岸的途中,剪开海中设置的铁丝网,越过障碍物,在突击班长周亭富带领下,几名战士以令敌方猝不及防的方式冲进了守岛的国民党军工事内。

不远处,轰然一声巨响,是金门岛上的国民党青年军第二〇一师的巡逻人员,在海滩上误触了自己设下的一颗地雷。岛上的国民党守军惊闻,纷纷进入阵地。碉堡里,滩头上,顿时探照灯一齐射出一束束光柱,来回地横扫着海面。

244 团 1 营还在偷袭登陆的先头船只被发现,枪声在顷刻间响成一片,1 营 2 连的后续部队疯了似的开始向海滩上勇猛地冲去。

离海岸 500 米处 244 团邢永生的指挥船,在黑茫茫的海面上被一柱耀眼的探照灯光束扫来扫去,在指挥船前面的海水里,是还在奋勇向前划动的 1 营抢滩船只。

海滩上各种原先看不见的地堡中,顿时喷射出一条条火舌,轻重武器一齐向海面上开火。

邢永生在指挥船上怒目圆睁,立即向澜江的二十八军指挥所发出了呼叫:"离敌 5 里,立即开炮!"

同时,再向天空连发了 3 颗红色信号弹。

时值海水高潮,金门岛守军预设的第一道防线、碉堡、铁丝网大部被淹没在海水下面,致使登陆部队的许多船只被阻隔在海面,无法按预定地点登陆。

几分钟后,部署在大、小嶝岛解放军炮兵的炮弹,根据白天观测好的地点,呼啸着向金门北岸的官澳、西园、观音亭山、古宁头等地的国民党军阵地,纷纷落下。但因解放军隔岸炮火的射程、火力均有限,所以对金门岛上国民党阵地的杀伤力,并不具有压倒性的威力。

也就是同时,金门岛上国民党守军的炮火,在海面形成了一道道拦截登陆部队的火墙和水墙,炮弹打在登陆船上和海里,腾空蹿起十几米高的水柱。

邢永生立即命令所有的登陆部队,下海泅渡向金门岛进行强攻。船上,那些经海浪颠簸晕船、一直在呕吐的登陆战士们,随着邢永生一声令下,纷纷跳海以自制的三角架等泅渡工具,向对岸的海滩国民党军阵地冲去。

金门岛上24日下午国民党守军因演习"故障"坏在海滩上的3辆坦克战车,以及岛上的守军,几乎在二十八军炮弹落地的同时,也向登陆部队展开了猛烈的轰击。

244团3营的弹药供应船被炮弹击中,在海水中燃起一团大火;1营的指挥船船桅被炸断,所有的战士用人工桨奋力向海滩冲去;更多的登陆船被金门岛上炮火激起的巨大海浪掀翻或炸成两截,海面上全是炸烂的船板和战士们的尸体……

邢永生团长率领着登陆部队和船只,在火力掩护下迅速抢滩靠岸。一部分抢滩登陆的船只,在巨大的潮水冲击力下,直冲海岸陷入了沙滩。在海岸地堡中的国民党军见状,调转身体向登陆的解放军进行猛烈地扫射。顿时,抢滩登陆的部队,被国民党守军坚固碉堡里的火力,压制在空阔的海岸滩头。先前已经登陆成功的244团1营几名"爆破英雄",身绑炸药包,爬到碉堡附近或冲进碉堡,与敌同归于尽。

邢永生团长伫立在指挥船头,指挥船只和水中的战士们抢滩登陆。一颗炮弹击中了244团的指挥船,团参谋长朱斐然腹部重伤,肠子流了出来;作战参谋陈金荣当场牺牲;团参谋樊景禹受伤倒下;测绘参谋桥茂玉、警卫员、司号员、船老大也都负伤倒在船上……

特务连袁连长见国民党守军火力强猛,伤亡巨大,对邢永生说:"船队受阻,伤亡严重,情况极为不妙,是不是后退回去呀?"

邢永生厉声回答:"谁敢撤退,就枪毙谁!只有前进,决不后退!"

是时,登陆部队在黑暗中携带各种简易浮器,纷纷离船跳入水中,游向岸边;此时的海水高潮,不停地将一个个赴水的将士,冲打回来;海水中的将士们,又不顾一切地再朝对岸登陆地点冲去,如是再三,冒着枪林弹雨,前赴后继。

海中、滩头、船上，到处是登陆勇士们横七竖八的尸体，244团第一脚就踢到了自建团以来从未踢到过的铁板上，出现了第一次较大的伤亡。

30年后，亲眼目睹了这场登陆抢滩战的国民党第十九军军长刘云瀚，不无感叹地说：

在如此恶劣的天气和混乱的情况下，解放军仍然能够在海中人自为战，纷纷向岸上突击前进，其冒死直冲的精神，实令人惊讶！

零时20分，244团登陆第一梯队，在国民党坦克炮火的猛烈攻击下，虽然伤亡惨重，队形散乱，但国民党青年军二〇一师601团构筑的第一道防线，终于被强行突破。

海滩上，耸立着一个两米高的竹竿，上面吊着个大灯笼书写着"244团登陆点"。邢永生带领身边几个班的兵力，在灯笼下面，一面指挥后续船只迅速登陆，一面指挥已经登陆的战士与当面的国民党守军展开作战。

守岛的国民党军坦克战车见状，开着炮横冲直撞地朝邢永生这里扑来。刚从海水里登岸的解放军战士们，刚想转移，坦克轰鸣着已经到了面前，许多战士躲闪不及，被坦克活活碾死在履带下……

邢永生高喊道："赶快向西突围，向251团靠拢！"随即被子弹击中负伤。

零时30分左右，奋力搏杀的244团主力，终于在金门本岛蜂腰部北岸琼林、兰厝间的"一点红"附近海滩全部登陆，俘获国民党守军100余人，夺占10余个碉堡。抢滩时身负重伤的团参谋长朱斐然，被抬上金门岛海岸后，安置在一个夺下的地堡里。

邢永生在这个地堡建立了登陆后的第一个、也是最后的一个海滩指挥所。

煤气灯下，受重伤的参谋长朱斐然奄奄一息，自己也受伤的邢永生对他说："部队既然登陆成功了，就必须赶快收拢部队，恢复建制，你躺在这里休息一会儿，我先招呼部队去……"

话未说完,朱斐然已牺牲了。

海滩上,守岛的国民党军轻重机枪按前一日演习标定的目标继续疯狂射击,登上海滩的解放军244团勇士们,又在一片片的地雷声中纷纷倒下。紧跟在邢永生身边的司号员在中弹倒下的一瞬间,触动了滩头的地雷,随即一颗颗地雷响起。

国民党的战车M5A1坦克,此时横冲直撞,一辆单车的火力超过了一个装备齐全的步兵连。244团登岛部队没有带反坦克武器,战士们只能在身上裹着炸药包扑向坦克。为避其锋芒,登陆部队撤入海滩附近的防风草丛中躲避,但国民党坦克冲入解放军隐蔽处做蛇形碾压,加上国民党守军轻重武器一起向登陆解放军密集射击,使登陆的244团伤亡惨重。据台湾"国防部史政局"编印的《金门保卫战》说,244团仅登岛此刻,即被"击毙约千余人",那些尚未登陆的船只,也多被坦克的炮火击沉。

244团在登岛的沙滩上,遭到了第二次惨重的伤亡。

此际,244团3营在垄口海滩强行登陆;2营在林厝和安岐一带强行登陆。

1时30分,邢永生向后方指挥部发来要求炮火支援的报告。萧锋立即命令驻大嶝岛炮兵指挥所军炮团开炮支援。顿时,解放军的榴炮、山炮3个炮群,轮番朝金门开火。

2时10分,244团各登陆部队船团,利用夜间黑暗,在角屿、大小嶝炮火掩护下,向国民党军第二〇一师垄口至古宁头阵地进击;

244团政治处宣教干事孙堡之,随突击营在金门岛中部登陆,并占领了垄口,又一度占领了双乳山;

244团第1营由刘政则代营长,攻到金门城门外,以2个连冲向金门同2连占欧厝,合围占古坑。随即,部队按兵团批准的作战命令,向岛内纵深穿插前进。

4时30分,国民党十八军——八师(欠1个团),十九军十四师、十八师52团和十一师1个团,在坦克和炮兵、海军、空军的配合支援下,分3路向解放军登岛部队实施全线反击。

天亮后，244团政治处宣教干事孙堡之，在国民党军向垄口的反击中，负伤冲出垄口，又在坦克和国民党步兵的追击下，再次负伤。眼看敌人步步逼近，他立即把打光了子弹的手枪埋掉，并砸烂了随身的照相机。随后因重伤被俘，战后被关进台北内湖集中营。

244团在观音亭附近登陆的两个营，遭到国民党主力——八师354团和8辆坦克（有说10辆）与飞机协同的猛烈反击；

244团1营在国民党优势兵力的攻击下，退守观音亭山、湖尾乡，以不到3个连的兵力与国民党步兵和坦克展开3个小时的激烈战斗。因此地无险可守，部队依托松软的田埂下、杂草间与国民党军作战，1营损失严重，阵地失守。营长耿守安和代营长李道三先后阵亡，教导员郭元福自尽，1营大部阵亡，少数向西突围。重伤的副教导员、曾为华东"一级人民英雄"的刘大仕被俘，后在押往台湾的航渡中投海自尽守节。

8时起，国民党军又出动空、海军，反复轰炸扫射解放军登岛部队阵地，又对没有返航的船只和厦门至围头沿岸的解放军炮兵阵地及船只，进行了狂轰滥炸。

身负重伤的244团团长邢永生，带领着身边的战士们，继续顽强的抗击。

10时，244团特务连副指导员刘继堂被俘。

11时许，国民党军坦克再次冲至海边，用燃烧弹向搁浅在岸边尚未被飞机炸毁的木船射击，木船一只接一只地燃起大火，被看押在海边的国民党军俘虏群，此刻也乘机四处逃跑。

战至中午，国民党军坦克因弹药用尽后撤补充，海岸边只剩步兵攻击。244团利用此间隙，整顿了部队。其时，海边的阵地已失，部队伤亡过半，剩余人员在岛上的双乳山一带构成环形防御固守。

244团1营正在激战的同时，国民党十八师师长尹俊带领52团和31团从东向西向244团3营据守的垄口阵地围攻，3营连续打退了3次疯狂进攻。

244团1营失利后,国民党军8辆坦克转向垄口加入战斗,52团和师警卫营在坦克掩护下突入解放军3营阵地,3营抗击1个多小时后寡不敌众,少数突围,大部伤亡。营长刘忠义牺牲,副营长、教导员重伤。

12时,244团和246团3营所占领的垄口、西山、观音亭山等阵地,也相继失守,人员大部牺牲。只有244团团长邢永生与3营营长耿守安、3排副排长刘录照3人在一起指挥战斗到最后。

四周围过来密密麻麻的国民党军,刘录照冲在最前面,听到身后一声枪响,耿守安营长自尽了;邢永生随即也拉响了手中的手榴弹,前胸流淌着鲜血,但没有牺牲,随后被俘。

被俘的邢永生,报了假姓名,自称原是商人,身份并未暴露。在押往金门湖尾乡的路上,邢永生对周围被俘的同志们说:"大家要照顾好重伤员。"他布满了血丝的眼睛里,流下了痛苦的泪水。

后邢永生被叛徒指认出团长身份,国民党军要将他与其他人员分开关押。临行前,邢永生对被俘的同志们说:"国民党烂透了,还要苟延残喘,垂死挣扎。"这是他留给大家的最后一句话。邢永生被押送到台湾嘉义陆军医院后,于11月间被带走杀害。

金门登陆战中,登陆选择在潮汐高峰是个错误;在"五里"之外偷袭,"误触地雷"是"偶然";前一天演习"坏在海边"的国民党坦克,居然在登陆之际"突然好了"也是个"偶然"。这些连在一起的"偶然"事件,是导致这场登陆战役失败的重要一环。

但是,地雷给予金门国民党守军提前"警示",坏了的坦克"死而复生",这一定是建立在国民党守军有预案、有演习、有准备的基础上。没有准备,再大的"警示"也不会起作用,再大的"偶然"也发挥不了作用。在大陆,国共两党、两军的多次生死决战中,上天给国民党蒋介石的警示难道还少吗?由此可以看出,国民党、蒋介石在对待金门战役上的重视态度。而我解放军,并没有从诸多方面来重视、认真研究这场登陆作战。若能像300年前的施琅大将军那样,将天时地利人和都加以综合考虑,也就不会由这样的"偶然"变成如此的必然。

天时、地利、人和,哪一条都不占的解放军244团登陆部队,就这样经过短短一天的激战,仅剩少量残部,在与251团、253团合拢后,又在金门岛上坚持鏖战了3天。

中路(中线)刘天祥251团方面

零时30分左右,金门岛古宁头一线的海滩。解放军登陆作战部队251团先头营,在登陆时未被国民党守军发现,于金门本岛西北部安岐以北、林厝以东顺利登陆,其后续登陆部队均以单船分散抵滩。后续登陆的船只和兵力,在被国民党守军发现后,即遭到国民党军的猛烈炮火袭击。

2时,解放军251团另一部,在湖尾乡登陆突破;251团团长刘天祥,率一部在西保登陆,因部队分散登陆,刘天祥团部控制兵力甚少,对友邻部队情况也不了解。

2时30分,251团一部在观音亭山以西海岸分散登陆,同国民党守军二〇 师展开激战数小时,并展开拼刺刀。俘虏国民党守军甚多,但无人看押,成了负担。

25日天亮前,刘天祥、田志春率领的251团与244团邢永生部在东起垄口,西到湖尾乡一带的海岸连成片。全部登陆的3个团,占领了金门本岛西北部的十里海滩,并相继建立起了滩头阵地。

251团一部与253团一部在古宁头以南林厝、埔头一线阵地取得联系,两个团合力与海、空、坦克配合下的国民党守军展开激战,杀伤大量敌人,解放军亦伤亡甚众。

5时,251团和253团继续扩大战果,突破了国民党二十二兵团阵地。国民党守军一被突破就逃跑,有的士兵边跑边丢武器,有的干脆把帽檐向后脑勺一拉,跪下去高叫:"不打啦,不打啦!"

黑乎乎跪倒一大片。

251团和253团向纵深猛插,但打着打着,就从国民党军方向传来的枪声和炮声中判断出,来了有战斗经验的部队。打过来的炮,不仅是

"拦头炮",且声音脆,打得准,弹着点也呈低伏的扇面形,杀伤力大。刘天祥用电台问大陆的指挥所:"是不是胡琏兵团上岛了?"

回答:"不知道!"

6时30分,251团3营与国民党军战车第3连、353团,在湖尾高地及安岐附近短兵相接,激战至烈。

8时,251团刘天祥、田志春手中打到只剩有6个班,且部队运动困难。

中午,251团和253团西部并肩攻击金门县城的先头部队,被国民党守军18、19等3个步兵团加上二〇一师2个团残部挡住;251团冲出包围退到古宁头,固守林厝,又遭国民党军十四师和一一八师强力反攻,奋战半天,于下午和傍晚,从滩头、湖尾乡、安岐等地退守古宁头。

15时,251团刘天祥团长率仅剩伤残十余人,勇猛冲出重围,至古宁头与253团会合;副团长马绍堂率领固守林厝的2个班,坚守10个碉堡,苦战9个小时,打垮了国民党军7次冲击,并给其以重大杀伤,突围至古宁头,也与253团会合。

前面的"不知道"三字,道出了第十兵团在对国民党军动向情报的缺失,这就难怪后面的251团,不管多么顽强和善战,1000多人的部队,可怜"仅剩十余人"了。

西路(右线)徐博253团方面

零时30分左右,金门岛湖尾一线的海滩。253团登陆作战第一梯队,先后在金门岛西北部古宁头西起五沙角到林厝海岸顺利登陆。击溃了国民党青年军二〇一师601团,占领并控制了北山村和古宁头村整个半岛及沿海,留下1个营坚守古宁头,以2个营连夜攻占林厝、西浦头、132高地,兵锋直指金门县城。

2点30分,徐博团长向指挥部萧锋电告:1营、2营已向林厝、埔头方向纵深内插,打死打伤国民党二〇一师官兵甚多,团部和3营控制了整个古宁头,登陆伤亡200人,船只都被打散了,一只也回不去。

3时10分,253团徐博指挥1个半营向金门县城进攻,夺取了古宁头以东的林厝,并按照预定的方案,留 1 个营驻扎古宁头,由第 2 营和第 1 连向金门县城推进。

4 时 30 分,徐博率 253 团第 2 营第 4 连 1 个排占领了埔头和 132 高地,第 1 连占领山灶,形成齐头并进之势。

132 高地,位于古宁头和金门县城之间,向北可俯视埔头、林厝和古宁头沿海,向南可保障金门县城,地形十分重要。253 团占领古宁头后,金门国民党二十二兵团司令李良荣急令 24 日刚刚抵达金门的胡琏部十二兵团十九军军长刘云瀚,会同原驻金门的二十五军军长沈向奎,指挥刚到达金门的十九军十四师 2 个团和十三师一部,加上二十五军四十师的迫击炮兵,由金门县城和后埔向北推进,迎战 253 团。

国民党两个军长刘云瀚、沈向奎带领 3 个团的兵力和炮火,在后续部队源源不断开来的情况下,迎战解放军 253 团徐博一个团。

刘云瀚、沈向奎两人同乘一辆吉普车刚接近 132 高地南侧时,即遭到解放军 253 团机枪的猛烈射击。两军长知道 132 高地已被解放军登陆部队占领,沈向奎急忙调转车头逃命。30 年后,刘云瀚回忆这段遭遇时,仍不无余悸地说:

当此生死之机间不容发之际,锋镝余生,亦云幸矣!

由此可见,萧锋的登陆作战从战术层面来说,是完全成功的。其253 团的登陆作战抢滩成功,并在刚刚占领的 132 高地上打出了漂亮的阻击,就是鲜明的例证。

25 日天亮前,国民党军向徐博 253 团反扑,虽一度将 132 高地夺回,但徐博的 253 团,在夺取古宁头国民党军滩头阵地中,还是取得了重大的胜利。守岛的国民党军第二十五军第二〇一师 601 团大部被歼,毙伤国民党军连长鲁达仁以下官兵数百人,俘敌 700 余人,缴获武器弹药一批。253 团自北向南完全占领了北山、古宁头村、林厝、埔头、山灶和 132 高地,控制了古宁头半岛及其外围阵地。为整个登岛部队后来坚持 3 昼夜激战,创造了条件。

7时左右,253团进到安岐村西南山灶的1营1连,遭遇国民党第十八军的猛烈反击。在打退国民党军多次反扑后向古宁头转移抵达林厝,徐博随即命令1连在5连侧翼阻击西进的反扑之敌。先后击毙国民党军353团3营9连连长舒复兴、代理连长郭频经,7连连长张振华亦被击伤。击退了国民党军的反扑。

8时多,253团团长徐博命令2营增援埔头,王开德营长率4连大部和6连由林厝南下,经过激烈争夺,又夺回了埔头,俘敌300多人。

9时许,已经建立滩头阵地的253团团长徐博与政委陈利华,来到北山东北一线视察3营9连的防御阵地。走到机枪连2排的阵地时,徐博用望远镜向东南观察,发现后沙、垄口有大批军队正在沿海岸向西北运动。

徐博说:

看样子不像东路登陆的兄弟部队。

当这支部队的前锋接近古宁头东北部海边时,3营机枪连打旗语联系,徐博见对方无信号反应,随即肯定地说:"敌人向我们反扑过来了!"并命令9连机枪连2排坚决阻击。徐博命令刚下达,阵地即遭到猛烈的炮火轰击。国民党军顿时"像蚂蚁摆阵一般黑压压向西压过来。"一发炮弹在徐博身后炸开,参谋长王剑秋和政委陈利华的警卫员王喜才等9人被炸伤。

抬头看时,约1个连的国民党军,已经进入253团前沿阵地100余米处草丛中。

10时前,253团2营等部队再次由林厝向埔头增援,在埔头以南遭到从金门县城北上的国民党军阻击,双方争夺埔头激烈,情况严重;253团团长徐博见此不利情景,决定收缩兵力转入防御,命令部队停止向县城攻击前进;2营4连布置在埔头阵地担负阻击从金门县方向北进之敌;5连和机炮连、团部炮兵连,在林厝一线严防死守;3营在古宁头村至海边滩头阵地,担负阻击东面由垄口方向西进的国民党军的反扑。

国共双方军队在古宁头东北海滩、林厝、埔头3处阵地,展开激烈的厮杀。

约10时左右,253团4连1排,在李金玉副营长的指挥下,也从132阵地撤回埔头,王开德营长命令4连防守埔头西部,6连防守埔头东部,要求死打硬拼,不许敌人前进一步。

中午前后,国民党十九军十四师41、42团、601团残部在军舰配合下,向253团林厝东北的高地进行反扑,企图由此向南围攻林厝。徐博命团炮兵连和2个重机枪连加强5连和7连阵地上的火力,迎头痛击,使国民党军反扑未得逞;坚守西埔头的253团4连缺少弹药,为了节省子弹,只打靠近100米以内的敌人,随之西埔头失守,退往林厝村,战况凶险异常。

国民党军迅即调兵增援,4连当面的国民党军由1个营增加到1个团;6连当面的国民党军由1个团增加到2个团。双方激战约1个半小时,国民党军十四师42团团长李光前阵前"背中七弹"而亡,成为金门战役登陆作战国民党战场战死的最高指挥官;国民党军十四师参谋吴增纯亦被253团击伤。

中午,253团从观音山、湖尾高地和132高地、埔头等阵地撤退,回到林厝和古宁头。

15时,国民党军继续增加兵力,以75山炮和82迫击炮全力向253团猛烈炮击。随着炮火延伸,国民党军一一八师主力从东南向林厝253团5连和1连反扑;又向253团2营5连和3营7连结合部攻击;至前沿100多米时,遭到253团8挺重机枪和2个连的18挺轻机枪和迫击炮所有武器一齐开火,多次反扑失败。击毙一一八师营长1人,副连长2人,打伤营长2人,副营长1人,连长3人;十八师师长尹俊亲自督师警卫营助战,被253团击毙师部少校参谋梁邦相,击伤52团营长2人,连长5人,击毙连长3人,除了58人幸免外,自营长缪任东以下,官兵伤亡近千人,国民党守军反扑均遭挫败。阵地仍在253团手里。

15时,坚守古宁头的253团和兄弟部队余部,击退国民党军多次反扑。

16时,国民党军发起反击,被俘的国民党军士兵开始捣乱了,古宁头的253团、251团前后两面被夹击。

25日整个白天,253团坚守由古宁头北海岸滩头至北山、林厝、埔头南北6里多、东西2里多的阵地上,先后击败了国民党第十四师、第十八师、一一八师的多次反扑,毙伤国民党2000余人,俘虏300余人,稳住了西路登陆部队的阵地。同时,253团团以下指战员牺牲和负伤近千人。

激战至天黑,国民党守军反扑被迫停止,退到湖南高地整休。251团团长刘天祥、政委田志春率余部撤到古宁头同253团会合,决定固守待援;251团、253团以及244团的零星人员,都陆续集中于林厝附近,并控制着古宁头半岛;251团恢复了同后方指挥部的无线电联系,要求第二梯队夜间在古宁头以北海岸登陆,并准备派兵接应。

至此,登陆金门作战的3个团,东路244团、中路251团所占领的阵地,全部被国民党守军攻占;251团1、2、3营在团长刘天祥、政委田志春率领下,从滩头阵地转移到了古宁头;3营部分由安岐也转移到古宁头;古宁头狭长地带集结有253团800人,251团几百人,约千余人;弹药和给养严重缺乏,火箭筒、炮弹、手榴弹已基本打光,饮水、粮食均没有,只能在阵地附近找地瓜叶充饥。

夜,坚守埔头的253团2营,借着夜色陆续撤回至林厝,4连20余名战士,一直坚守到26日早晨,弹药快打光时,奉命撤回了林厝,国民党守军遂夺回埔头;253团徐博、陈利华到古宁头海边同251团刘天祥开会,俞洪兴参谋留守253团阵地团指挥所。

此时的金门岛上,解放军虽伤亡惨重,但顽强拼杀、不仅坚守了滩头阵地,且严重地挫败了国民党的士气。如果此时能有增援,战局将大为改观。但是,对岸准备增援的部队,却无论如何也等不到返回运兵的船只。

从登陆抢滩的作战角度来论,尽管3个团在登陆作战时遇到了金门守军的顽强抵抗，但都顺利地登陆上了岸，并建立了滩头阵地，完成了制定的第一阶段作战目的。

萧锋二十八军浏江前线指挥部方面

凌晨，在汪厝海边待命的第二梯队253团政治处主任张茂勋，一直在等待返航接运第二梯队的船只，"运送第一梯队的船只没有一只船返航。在汪厝海边，我用望远镜看到金门岛上打得很激烈，敌人用飞机不断地轰炸和扫射我第一梯队登陆搁浅的船只。我心急如火，没有船，我无法带领第二梯队增援"。

1时30分，萧锋在浏江前线指挥部的电台里，传来刘天祥、邢永生、孙静海的呼叫：我已逼近海岸，遭敌火力阻击，请炮火支援！萧锋立刻命令炮团支援。5分钟后，设在大陆沃头和大嶝岛的3个炮群80门105毫米美制榴弹炮和75毫米山炮，开炮了。

指挥部楼上，隔海可看到金门岛上火光闪闪，也可以听到传来的隆隆炮声，战斗激烈进行着。几个小时过去了，前线指挥部没有接到任何报告，而金门岛沿岸，枪炮声越来越激烈。报话机中，不时可以听到国民党守军的大喊大叫："共军攻势凶猛，赶快增援，赶快增援！"

2点30分，253团徐博团长电告：2营已向林厝、埔头方向内插，登陆伤亡200人，船只都散了。

3时，萧锋前线指挥所里气氛凝重，电台队长姜从华一直在呼叫244团，但始终叫不出来。

呼叫出来的251团刘天祥团长报告："登陆成功，俘虏敌人1000余名，不好看管。"

呼叫出来的253徐博团长也报告："我军一部正向金门城方向攻击前进！"

扬声器里同时可听到枪炮声和解放军的冲锋号声；截听到的国民党守军电台急切的呼救声："共军和我们拼刺刀了！顶不住啦！"

萧锋精神大振，以茶缸盛酒，连饮3缸，对着步话机道："同志们奋勇前进!"

晨,萧锋赶到大嶝岛,正遇上244团1营搁浅退回的百余人,令其下船,回去休整。在这里向金门岛瞭望,更真切地看见登陆作战的3个团,在8里长的海滩上与敌人激战。

6时许,251团团长刘天祥、政委田志春用报话机报告:"凌晨2时半在观音亭山以西海岸分散登陆,同国民党守军二〇一师展开拼刺刀,俘虏甚多,无人看押,成了负担;部队人员分散,团部控制兵力甚少,对友邻部队情况也不了解。"

萧锋命令:"251团抓紧收拢部队,向纵深发展。"

253团徐博团长用报话机报告:"凌晨2时半在古宁头正北和五沙角之间3公里地段登陆,1、2营向纵深发展,已攻占林厝和埔头,打死打伤敌二〇一师官兵甚多。团部和3营控制了整个古宁头。"

萧锋命令:"253团按预定方案,向金门县城方向突击前进。"

接到这两个团的报告,萧锋和指挥所的同志都很高兴,虽然244团还没有消息,总的看第一梯队登陆是成功的。

后萧锋获知,244团在垄口登陆成功后,将抓获的大批俘虏留在海边,又向国民党军纵深穿插,占领了金门西部的制高点双乳山。

解放军的突击势头,是在天亮后遇到国民党军装甲兵的反击后,才被遏制。

20多年后,台湾方面的战史,也不得不承认解放军登陆作战3个团登陆后的攻势,几乎是势不可挡。记述说:

第一线海防,未经激烈战斗,即为匪所执。次为132高地,居高临下,射界广阔为一理想之防御阵地,但于匪登陆之后,不及数小时,即将高地四周(包括高地南坡)整个占领,据云仅有零星抵抗,至此金门"三高"已去其一,所幸琼林要隘有战车3连演习之车辆扼守……否则胜败属谁,实未可知。

登陆部队反映"俘虏敌兵甚多,因缺乏人看管已成负担",已经不止一次。但"三大战役"战场上曾将"捉到的俘虏,被随即参军,有的给个解放军的帽子,有的……便成了战场解放军"的办法,在金门战役上没有得到运用。而国民党驻岛部队,却使这一招,让那些对新中国充满了希望的"俘虏"们,在"反戈一击"后,痛苦了一辈子。

244团1营1连卫生员赵保厚在被俘后的回忆录中说:

> 被俘后,我们被押往国民党军一一八师师部驻地——琼林镇……天黑后,开始我们还能听到古宁头方向时急时缓的枪炮声,那一定是251团和253团仍在苦战……第二天……院子里……又增加了四五十名被俘的解放军战友……忽然,二十几个国民党官兵荷枪实弹来到院子里:"仗还没有完,你们也都吃了我们的饭。今天,你们都给我补充到'国军'去,给我打'共军'去……"发给我一支枪……等候命令随时出发。我心里真不是个滋味。惊愕,一夜之间我就从人民英雄变成一个俘虏;愤懑,自参军我就把枪口对准日本鬼子和国民党,现在竟让我对准战友;懊恼,当初如果拼死、战死沙场就不用受这种耻辱了……当时的心境真是五味杂陈、痛苦之极呀!……10月27日……午饭后,我们这些临时被充军的被俘人员,又被重新集中看押起来。

这就是战争的残酷。无论共产党的"解放战士"还是国民党的"俘虏兵"们,某一个"个人"在战场中的体会和感受,是被忽略不计的,是被踩在脚底下任由践踏和蹂躏的。

6时20分以后,萧锋及前线指挥部接到的报告,就不再那么令人振奋了。

此际,251团报:3营已经攻到安岐,正同敌人激战,部队登陆前遭敌炮火杀伤,船只被毁,好多弹药随船沉没,后梯队2营损失较大,1营分散登陆,难以收找,全团无力支援3营向纵深发展;

253团报告:先头部队2营进到埔头以南,正同国民党守军激战,并拟组织部队支援2营,向金门县城和榜林进攻。全团伤亡较大,搁浅的船只因海水退潮,沙滩路很远,船只无法返回。

天亮后,仍无一船返回,萧锋及前线指挥部预感问题严重:

一、原定依靠第一梯队船只返回接运第二梯队的计划已成泡影;

二、原先把取胜的希望寄托在第二梯队顺利跟进上,现已无望;

三、无船可渡,隔岸观战,心急如焚,却无力可使;

四、原计划八十二师师长钟贤文和政委王若杰过海统一指挥各团作战,但244团邢永生为多运第一梯队战斗人员,把师首长的指挥船要走了,因而钟师长和王政委没有随第一梯队上岛,统一指挥各团的作战任务无法实施;

五、原定作为第二梯队上岛指挥的八十二师师长钟贤文听到无一船回来,急火攻心,当即旧病复发,倒在大嶝岛师指挥所里;

六、萧锋在得到报告八十二师师首长没有过海后,立即会同政治部李曼村主任商量采取补救措施:决定指定251团团长刘天祥统一指挥登岛各团作战;同时,下令第二梯队各单位抓紧找船修船,白天渡海已不可能,争取25日夜间渡海增援,还要紧急求援兵团从厦门找船。

接244团邢永生报告:主力已被打乱,渡船全部被敌人炸毁,无一船可回。

报话机里传来陈诚、蒋介石在台湾下的命令内容:"汤恩伯要亲自指挥,要守住金门,决不能放弃!"

接251团刘天祥报告:"已进至砂美东,部队仅剩不足1000人,抓到的俘虏成了负担,抽不出人去看管。"

接253团徐博报告:"在西岸控制了3里长的登陆场,要求增援部队快点跟上来,我们将坚守这3个村子。打得非常残酷,敌人仍在支援。"

8时,萧锋在大嶝岛前线指挥部,观察金门西半岛四处战斗:

八里海滩上,国民党守军24辆水陆两用坦克,拼命压缩解放军登陆场,用火焰喷射器焚烧海滩搁浅船只,海边一片熊熊大火。

萧锋又接251团报告:部队混乱,团首长手中只有6个班,运动十分困难。

9时,兵团司令叶飞来电:

确悉国民党军已增加十一师、四十九师、十一军、十四军,加上台湾已增派2个军、4个师增援金门,由汤恩伯亲自指挥。

此际,陈诚已到金门前线,并用报话机用明语与台湾蒋介石通话。陈诚说:"从侦察实地情况看来,共军北岸没有多少船只,已上来七八千名,可全歼。"

汤恩伯说:"请将总统派B—52轰炸机,将共军沿海船只烧毁。"

片刻,从台湾飞来的8架、12架B—52轰炸机,先后将海岸边几艘坏民船全炸毁了。汤恩伯、蒋介石下令:

要十二兵团全力以赴,一定要在金门把共军全部消灭掉!死守金门、小金门和小担岛。

9时,萧锋到浔江海边观察金门战况。

244团一条船因损坏不能开动,停在浅水中,船上几十人还在待命。萧锋随即命令他们留下少数人修船,其他人回原驻地待命。

当时天气晴朗,萧锋从望远镜中可以看到金门岛西北部十多里海岸线到处在战斗,国民党军坦克正在压缩解放军登陆的滩头阵地,空军也飞临金门上空,对登岛部队第一梯队登陆场轰炸扫射,国民党军队的舰艇也出现在海峡之中,对解放军登岛搁浅的船队进行炮击,并向解放军登陆场射击。解放军登陆部队已陷入国民党陆海空军的立体夹击之中。看情况,国民党军的企图是以一部分兵力对付解放军登陆攻入的纵深部队,用一部分兵力收复海岸线,控制沿海,隔断解放军登陆部队同后方的联系,防止解放军第二梯队增援,并夹击解放军进岛纵深部队。萧锋叫张宪章通知炮兵,向金门县城、榜林和双乳山阵地射击,支援解放军第一梯队。但二十八军的火炮射程不够,且炮兵只要一开火,国民党军的飞机就前来狂轰滥炸。

9时,国民党空军唯一的中型轰炸机大队第一大队起飞,对解放军搁浅在海滩的船只轮番炸射。国民党海军司令黎玉玺,亲率第二舰队旗舰"太平舰",用舰上的重炮不断轰击解放军的登陆部队船只。船上的押船官兵们只能纷纷跳海弃船,眼看船只在那里燃烧起火毫无办法。

燃烧船只的熊熊火焰,高达数十米,在大陆这一侧海岸,看得清清楚楚。第二梯队的指战员急得跺脚流泪,眼见着被国民党轰炸燃烧的渔船,一条也回不来。

萧锋在回忆录中说:

天亮后,又有一个意外的消息令我震惊,使我内心犹如火上浇油。原计划八十五师师长钟贤文和政委王若杰两同志过海统一指挥各团作战,但244团团长邢永生为了多运第一梯队战斗人员,多方搜求船只,把师首长的指挥船要走了,因而钟师长和王政委没有随第一梯队走。他们原以为待第一梯队船只返回后再走,最晚天亮前也会登上金门。不料第一梯队船没有返回,他们无法过海,统一指挥各团作战的任务无法实施。这种情况的出现,使他们又惊又悔,惊的是一条船也没回来,悔不该把指挥船给了邢永生。钟师长一急,当即旧病复发,躺倒在大嶝岛师指挥所。

蒋介石投入了"唯一的中型轰炸机大队",可见其对金门反登陆作战的重视程度。而我解放军之前已缴获的70余艘战舰,却在这场登陆战中,不见踪影。这无疑说明国共两党在对待这场战役上不同的态度和重视程度。也清晰地反映了共产党阵营从最高领袖到第三野战军决策层,始终是将金门战役登陆作战仅仅看成是"清除福建沿海残敌"的一场极不起眼的战斗。

几十年后,凡是回顾金门战役的大陆人,无不惋惜地说:

"金门战役,谁打谁输!"

如此肯定与决绝的判断,说明了什么?说明了这场战役的准备,不管是在思想上还是在战备物资上都极不充分,说明了共产党决策层对这场战役的判断,完全没有把握住正确的方向!

部队登陆时，第八十五师朱云谦密切注视着对岸的情况，报话机里不断出现金门国民党军和台湾之间的呼叫通话。金门方面喊："共军进攻了，炮火非常猛烈；工事打垮了，伤亡很大！已经突破了！赶快增援！"

台湾方面则回答说："沉住气，坚决顶住！天一亮，空军立即出动！"

萧锋已清醒地认识到，原定的作战部署已不可能实现。指挥部和各师领导的心情也都紧张起来，唯一的希望是向第十兵团首长要求立即派船。兵团领导得知后，马上下令第三十一军将现有船只调给第二十八军，然而这时第三十一军几乎已无船可调。预备第二梯队虽有4个团兵力，却一个人也渡不过海去支援。这真是他们陆战中从未体会到的痛苦滋味！

金门战役登陆作战助攻部队的第二十九军八十五师师长兼政委、后为解放军总政治部副主任的朱云谦在《回忆金门之战兼谈厦金两战》一文中说：

这一夜大家谁也不曾合眼，都密切注视着对岸金门岛上战况的发展，不料直到天亮也不见一艘船只返回，却看到敌机在金门岛北部海上对我船队狂轰滥炸，不少船只起火焚烧。原来我军船只到达对岸，就遇上退潮，因搁浅无法返航。我们眼看着船只被烧，第二梯队无船过海，内心的着急和痛苦非言语所能形容。古语说"隔岸观火"，是事不关己袖手旁观的意思，而我们却是看在眼里，痛在心头，异常关键而又无计可施！

这样的心情，是我参加革命以来，从未经受过的。

形势十分严峻，邢永生、刘天祥、徐博带领的3个团，只能独力对付金门本岛上数倍于自己的敌人。金门岛海域及其上空完全被国民党海、空军控制，登陆作战的第一梯队，将在金门岛上演空前悲壮的一幕。

8时，萧锋接244团电报：

郑忠昌政治指导员，巩德安营长在进攻金门县时牺牲。

253 团徐博团长报告：

苦战一天，已将埔头、林厝、古宁头拿下来，歼敌二〇一师 2 个团，现在敌人正组织反击。

报话器里，传来汤恩伯向蒋介石报告：

共军登岛部队不足 3 个团，没有后继援军，完全可以消灭他们！

萧锋只能再命令位于大陆的炮兵，狠狠地向金门打炮，支援已登岛的部队。

约 11 时，萧锋接 253 团徐博报告：

10 时前，该团 2 营等部队再次由林厝向埔头增援，在埔头以南遭到从金门县城北上的敌人的阻击……情况很严重。

11 时 40 分，萧锋接 251 团团长刘天祥报告：

所乘木船都被敌火力焚毁，一些上船待返的伤员壮烈牺牲。目前该团 3 个营战斗在湖尾乡和安岐之间，坚决打击敌人陆空联合反击。据抓获的敌军参谋供称，胡琏兵团已全部到达金门，台湾的李延年兵团也要赶来增援。情况显然越来对我们越不利。

整个上午，除 253 团 2 营再次从林厝向埔头进攻外，其他单位都无进展。244 团同后方联系中断，邢永生团长等人下落不明。

从上午到中午 12 时止，国民党军已占领了 132 高地、观音亭山和湖尾乡高地，占领了垄口，打进了埔头和安岐，接近了林厝。登陆的解放军依靠林厝、安岐和埔头的石质建筑，顽强地抵抗着国民党军的反扑，控制着整个古宁头半岛及其以东海岸，战况十分激烈。

从 10 月 25 日 9 时到 11 时 30 分，整整 3 个半小时的持续狂轰滥炸，解放军上岛的 3 个多团 9086 名将士就是钢铁，也要被炸烂了！

天上有国民党军一个中型轰炸机大队在狂轰滥炸，地面上有李良荣一个兵团和汤恩伯的部队，更加上胡琏前来增援的部队，试想一下，即使解放军真的是"神兵神将",也招架不了如此密集的陆、空立体夹击。而抢滩上岛的解放军将士们身后,是没有任何退路、被飞机炮弹封锁的一片火海!

武圣《孙子兵法》军争篇中说:"归师勿遏,围师遗阙。"意在兵家四周合围而未留其阙,则可能促使被围之军下定鱼死网破的决心。相反,如果四围之三有留其一,其一阙则让被围之军在逃生与死战之间,留出了一条逃生求活的余地。此举,在于动摇被围之军的决心,而使军心涣散。

海岛孤悬于波涛,凭险据守,四围绝地,唯战胜方有求生一路。以此际金门守岛的国民党之于登陆作战的解放军,炸毁船只,断其逃生与增援后路,显见没有了丝毫的"遗阙"之意,而是下定了决绝之心,要将登岛的解放军聚而全歼。

此刻登岛的解放军,既没有战斗人员的增援,也没有战备物资的增援。所面临的只有唯一的一条,那就是"拼"!直到把整个部队拼光,拼到每一个战士牺牲为止。这种惨烈,可能是连共产党人当年在苏区、在五次反围剿、在二万五千里长征、在面对穷凶极恶的日寇——抗战时期,都未曾遇过的"前所未有"的恶战!

打了一生胜仗的萧锋,此时在澜江的指挥所里,真可谓是叫天天不应,叫地地不灵。

船!这要命的船!

然而,几乎半数本该用于作战的船只,却被叶飞调往闽西运粮食去了!

萧锋当天的日记说:

果真是我最不愿意看到的结局。我向兵团、向友邻求援,我手中还有 4 个团的兵力,如果找到船,就可将这生力军运过去,就能反败为胜……

这一仗,让萧锋一辈子刮骨剜心,终生难忘。至晚年,萧锋常常会在半夜突然从梦中惊醒坐起来:"船!船!!"

睡在一旁的孙子萧江,被爷爷的叫喊声惊醒,眯缝着睡意蒙眬的小眼睛,直愣愣地看着此时泪流满面的爷爷。直到萧江成年懂事,对金门战役登陆作战的这段历史有了些许的了解后,才对爷爷半夜惊醒的叫喊,有了深切的体会。

苍苍茫茫的大海中,固若金汤的金门,就这样真的成为了蒋介石、成为了退守台湾的"中华民国"的顶门杠,将共产党"解放"的最后一道门槛,拦在了外面;将国家、民族的最终"统一",挡在了这扇"金门"之外!

蒋介石带往台湾的那几百万大陆"子弟兵",从此像断了线的风筝,飘飘摇摇地孤悬于波涛汹涌的西太平洋上,而让那些无着无落的将士们,只能仰望无垠浩瀚的星空,将对故土的思念,揣在自己心里隐痛一生……

午前,萧锋给刘培善打电话再次求援:

这个仗要打下去,关键是要船!没想到第一梯队的船,一条也没有回来。我这里已无船可找,剩下的破船正在抢修,修好了也装不了一个营,厦门有没有轮船?能不能动员几条轮船,将八十二师指挥所和246团运过去?

刘培善在电话中答应在厦门找船。又指示:

已过海的3个团,要收拢兵力,固守几个点,天黑后由246团孙云秀率部增援,4个团协同作战。

下午15时,萧锋接244团邢永生团长报告:

除3营外,其他部队配合251团攻入金门县,希望炮团再支援一下!

萧锋立即命令炮团张有才:

打炮半小时,对准目标,狠狠地打!

大陆的炮群,虽然给金门岛向海边进攻的国民党军以一定杀伤力,但毕竟射程有限,无法打入纵深。

是时,汪厝一线的第二梯队253团政治处主任张茂勋,来到蔡厝以东的 214 小高地找到朱云谦师长问:"怎么办?"

朱云谦心情沉重地说:"在发起进攻之前,我就听说胡琏兵团的部队已到大担岛。当时上级攻击金门的决心不变,我也不便对你们讲,怕影响你们的情绪。"

张茂勋问:"现在如何增援?"

朱云谦:"兵团正在找船,要二十八军增援。"

张茂勋:"我们怎么办?"

朱云谦有些无可奈何地说:"我身边无一舢一板……待命吧!"

此际,国民党空军出动的 15 架 B—52 轰炸机,遮天蔽日地正对着萧锋的二十八军指挥部、炮兵阵地和莲头、大嶝、浰江、集美江滩等大陆解放军所有驻地,展开了一轮又一轮的狂轰滥炸。二十八军在海边仅有的几只船和正在修理中的船只,顿时被炸得只剩了几块破木板在海浪中翻滚。眼看着增援是一点儿办法也没有了。

16 时,萧锋接 251 团刘天祥团长电告:"在我正面已发现刚从台湾增来的九十九军、五十四军部队。"

张宪章打电话问兵团:"敌究竟增加了多少?"

兵团回答:"现已发现国民党军一四六师、十一师、四十九师,十一军十一师、六十二师。"

萧锋在电话里有些愠怒地抱怨道:"兵团管战役情况?!什么时候增加敌人都不知道,就下令攻金门!"

钟贤文师长在一旁说:"早就听说增来了,那绝对不是昨夜增来的。"(据萧锋《三年解放战争亲历记》,"浴血拼杀三昼夜",369 页)

是时,电话里又告知:"兵团从厦门、晋江等地火急筹得几条船,正在驶往二十八军的途中。"

不久就得知,兵团从厦门、晋江等地火急筹得的几条船,也在途中被国民党空军炸沉。

19 时左右,驻大嶝岛双沪村八十二师指挥所报告:"246 团团长孙云秀率领该团已做好渡海准备,厦门的船什么时候到?"

萧锋征求指挥所里众人的意见："部队是增援还是不增援为好？"

八十二师副政委龙飞虎坚决不同意增援："我们已经犯了罪，不能再添油似的增援。敌人兵力那么多，增援一二个营能有什么用？你们不怕死，你们去，我怕死，我不同意去！大部队已经失利，再上去几个领导起什么作用？"

八十五师师长朱云谦等人建议："不增援！有船派过海去将人接回来，能挽救多少算多少！"

萧锋感到这些话都有道理，但又想到兵团主张增援，便告诉八十二师叫246团做好准备，再请示兵团。

夜色已经笼罩了海滩，集中在古宁头的251、253团急切地电告后方要求增援。

16时31分，刘培善面色难看地来到了莲河澜江前线指挥部，要与萧锋一起研究应急对策。萧锋说："一只船也没有回来，正在抢修破船。"

刘培善说："叶司令已从厦门调了小火轮来，由246团团长孙云秀率4个连的部队过去支援。"

萧锋："从现在的形势看，敌人占了绝对优势，我军不能再在金门和敌人死打硬拼，必须尽快撤回来。错误已经犯下了，应该设法挽回。登陆场还有一些船、木头、竹器，下令让战士们利用它撤回来，撤一个算一个，别再火星添油似的搞无望增援。"

19时半，十兵团打来电话，在电话的那头，叶飞咬着牙，斩钉截铁地说："只要有一线希望，就要派兵增援，同胡琏兵团打到底！"

此时的叶飞，早已没有了冷静，言辞中满是激动甚至是发泄的情绪！

"同胡琏兵团打到底"的说法，显然试图迎合萧锋所带的登岛作战部队的情绪。因为与胡琏结下深仇大恨的，只有淮海战役时期的萧锋和二十八军。叶飞当时在养病，没有参加这场"结梁子"的战役。

叶飞告知萧锋："兵团从厦门弄来一艘火轮，可载600人登岛，并决定内定为八十二师副师长、但尚未到任的246团团长孙云秀做增援登岛后的总指挥，带1个营过去。"

《当代中国军队的军事工作》是这样描述的：

> 十兵团急令各部集中所有船只，运送第二梯队团增援金门。25 日，第二梯队团虽四处搜罗，但也只收集到装载 4 个连的船只。遂决定由 246 团团长孙玉秀率 1 营 6 个排（含 2 个机炮排），与八十五师的 2 个连同时启航增援，因为风浪太大，实际上只有 10 个排（330 余人）登岛（八十五师只登岛 4 个排）。

"急令"一词，暴露了此刻十兵团和叶飞此刻临时抱佛脚、试图挽回败局的一厢情愿，但已经为时晚矣！且这一道"急令"便能调来的船只，原本是做何用途的？在他方史料中没有任何的交代。只能以战前战后的"运粮"电报来揣测这一用途可能的理由。

但是，"装载 4 个连的船只"，总共才 500 人不到，这样的增援，却要上岛去面对国民党增援的 4 万人，这无异于以卵击石！

20 时左右，兵团从厦门调来的小火轮和几条木船到了澳头、大嶝岛一带 246 团增援部队的出发地。

军令如山，萧锋无奈中对孙云秀团长说："不要恋战，能接回多少，就接回多少人！"（据 2011 年 7 月 15 日，广州军区政治部刘今龙《采访张宪章司令员和夫人曹瑛部分内容》）

孙云秀遵照命令出发了。他心里明白，这种后来被人们称作"添油"式的增援于战局无补，此去必死！于是把手表摘下来，连同他最心爱的钢笔一起交给师领导，庄重地说："这一回我是革命到底了，这就作为我最后一次党费吧。"

他头也不回地朝海边的船上走去。上船时，又请通信员转告代军长萧锋："我死后，请萧军长和贡大姐（萧锋夫人贡喜瑞）代我告知洛阳城东老家父母，并让妻子王佩兰改嫁。"

萧锋在金门战役登陆作战失败以后的几十年岁月里，始终坚守这一承诺，照顾许多登岛作战牺牲的部下遗孤、遗孀和他们的父母，直到自己去世。孙云秀妻子王佩兰孤守独门，后改名王闽金（闽指福建，金指金门),她原在二十八军卫生所司药,一直盼望着孙云秀能够奇迹生还。后在组织的劝令下,嫁给了孙云秀的警卫员,转业后在仙游从事医师工作,婚后生有一子。2012年《萧锋征战记》一书出版后,萧南溪拿着书前去探望,王闽金用手久久地抚摸着书中孙云秀的照片,那早已哭干了眼泪的两眼,茫然无措,不愿多说一个字。这是后话了。

增援的246团官兵们,也都知道这次上岛意味着什么。他们纷纷把背包也都留下,并写上自己家乡亲人的地址。身上的钢笔、笔记本、钱包统统掏了出来,尽可能地多带手榴弹,大家默默握手相约:

"最后一颗手榴弹,是留给自己的!"

21时,运载着孙云秀所带领2个连的船只,向毫无胜利希望的金门,启航进发。

后来,从厦门又开来几条木船,停靠在八十七师259团驻地沃头。该团当即派3营2个连登船,由代营长梅鹤年率领,向古宁头进行增援,不幸中途被风浪吹散,只有4个排在古宁头海岸登陆。

至此,金门战役登陆部队总数达8736人。此后,再无一人后援可达,上岛战士也再无一人可退。

是时,萧锋指挥部里,除了刘天祥的251团还有电报联系外,其他登陆部队的电报、电话全部中断了,悄无声息。

这一夜,直到26日凌晨,张茂勋等人一夜没有睡觉,站在汪厝海边,看着金门岛,希望二十八军登岛增援部队能够作战成功。

叶飞第十兵团厦门指挥部方面

25日天亮前,叶飞和第十兵团得知登陆部队3个团均已抢滩登陆成功,随即于7时30分电告三野司令部:

25日晚可解决战斗。

同时,指示《厦门日报》刊登消息:我军登陆金门。

上午8时,创刊仅3天的《厦门日报》在其报眼右边,用大粗框宋体字刊登道：

最后消息，我军登陆金门。

本报快讯，今晨一时，人民解放军在强大炮火掩护下，登陆金门岛，详情待续报。

以二十八军战斗正酣的客观情况和《粟裕传》中所记载，可以判断，这则新闻，是由第十兵团即叶飞批准发给《厦门日报》的。

《厦门日报》在第一梯队刚刚登陆金门岛、战局尚未完全明晰的情况下，便如此轻率地发出了"报捷"的消息，难怪跟随粟裕14年、当时跟随在粟裕身边的贴身秘书鞠开，在后来与笔者的交谈中，气愤地说这是"胡闹！""再无下文了"他这么在《粟裕同志与金门之战》一文中写道。

此际，毛泽东正在北京以中央军委的名义，给华东局拍发一个给第十兵团的、迟到的《同意解除十兵团出击潮汕任务》的电报：

华东局并告华南分局：同意10月22日23时电所提十兵团解除出击潮汕的任务，以便于攻克金门后迅即部署福建全省的剿匪工作。军委10月25日。

毛泽东这个命令，较之于金门战役登陆作战已然失败的现实，它慢了不止半拍。

台湾及金门本岛的国民党守军方面

零时许，金门岛一点红国民党青年军二〇一师601团2营中尉排长卞立中（或卞立乾），在查哨时误触了海滩上的地雷，轰然一声巨响，将守军惊醒，惊慌中他们误以为是解放军抢滩触动了地雷，匆匆进入阵地。

微弱的月光下，他们居然真的发现了漆黑的海面上，借着不断涌上海岸的潮水，有一大片黑压压的船队，正朝海滩驶来。遂按事先演习约定的计划，朝天鸣枪，连打了3响。

同时，国民党守军第5连哨兵龚尚贤停下来撒尿时，抬头朝海面上望去,陡然间,也见海面的波涛声中,推涌着黑压压的一片高低不齐的桅杆和船帆向岸边扑来,随即也朝天空连开了3枪。

海岸边顿时枪声大作,不等登陆的船队靠近海岸,岸上的炮兵就已经开火了,打沉打坏一些登陆的船只,登陆的战士和船工都有伤亡,余下的船工纷纷跳水泅渡上岸躲藏起来。

同时,国民党353团1营营长耿将华,坐在屋顶上以望远镜观察,突闻海岸枪声大作,他立即致电团长杨书田,电话不通,乃致电3营营长孙罡,随即决定向沙滩2营、古宁头进兵。数分钟之间,遍地都是解放军的信号弹。(据台湾《碧血青天》126页)

昨日24日下午为配合二〇一师举行演习的3连1排3辆坦克战车,因66号车履带陷在海滩、底盘触及沙地进退不得,另一辆坦克在牵引拖拉时,又把履带拖断了,一直修理到深夜。按照条例,3辆坦克也就同时相伴在海滩休息,此刻,坦克兵正用战车上的汽油炉,准备热饭,填填饿了一晚的肚子。

忽然,排长杨展见垄口处的海岸方向升起了3颗信号弹,几分钟后,就见大陆方向打过来成群的炮弹,落在金门岛海岸的四周,坦克战车的周围,也在顷刻间落下了多发炮弹。杨展随即朝海面观察,只见天际边,海面上已经是黑压压一片桅杆和正准备登陆的各种渔船,海浪拍打船体和登陆战士的涉水声,也已经清晰可闻。

杨展立即命令投入战斗,将3辆坦克战车一字排开,并下令"全排正前方,距离300公尺,发射"。3辆坦克战车几乎在同时,炮口朝着海中尚未登陆的船只开火了。

战后,这些"偶然"的人和事,都受到了蒋介石、国民党的嘉奖。陈诚则称赞那3辆坦克战车为:

金门作战,装甲兵居于首功。

台湾的《碧血青天》一书,记载了国民党353团和共产党251团此间在一点红一线与登陆抢滩的解放军战斗的经过:

走了数百公尺,1营和二〇一师601团2营(赵树泽)会师,并攻打西一点红解放军;解放军正在凹地中集结。不久,突击排被一挺机枪封住进路,任炳元以手榴弹解决了它,突击排还不断地送回俘房、枪支,多的简直无法处理。但1、2连攻错了方向,失联;刘海排长带的突击队在攻打小高地时两进两退,耿要他们待1、2连到后再攻。遂立于坟头叫1连连长刘浩,2连连长杨镇,居然把2个连都叫回来了;此时,刘林、何海、1连副连长高凤鸣、排长彭儒实、张、谢、郑排长均阵亡;突击排只余数人,第10连伤亡1/2。耿营长并命黄宪武排长集中小炮,1炮3发,隔3分钟间隙射击凹部。不久,戴钢盔的解放军八十四师251团2营8连横队过来了,耿营长说前方有4挺重机枪、卧倒;2连副连长迟景瑞又令卧倒的解放军拿手榴弹来;他们用它炸死了许多8连的解放军。

至凌晨,在坦克战车的掩护下,金门本岛的国民党守军,按照24日下午在古宁头至垄口地段进行的守备部队和机动部队配合,展开的协同抗登陆作战联合演习的部署,进行了反登陆作战。这种有序的反登陆作战,可以想象给解放军登陆部队造成了多大损失。

此际,增援金门的胡琏十二兵团已有4个团在船上准备登陆参战。

拂晓,胡琏先期增援金门的第十八军高魁元,以及担任金门岛东外线防守的十一师预备队刘鼎汉31团,下船后的十八师52团,先后分梯次加入了战斗,并沿着海岸线一直向西攻击,截断了登陆部队的归路。

同时,沿海岸线一路见登陆的解放军船只,便放火焚烧,使其难以回去接续后面的第二梯队登陆;

驻岛的十四师42团,此间自132高地进攻古宁头之西,以策应二〇一师601团沿海的守备。

金门岛海岸登陆与反登陆的激战之烈,即便放之于中外战史上的著名大战中,亦不遑多让。胡琏描述此时的战斗说:

高军长之指挥所位在前线,李树兰、何世统两师长均侧身战斗行列中,团长李光前殉节阵前,萧宏毅、颜珍珠负伤不退,营长以下的干部伤亡累累,可以证之。

如果说胡琏在大陆的屡战屡败中,心理上留下了阴影,那么他在金门岛上的这些来自于江西的农家子弟新兵们,则以另一种全新的气象让他重拾信心。

胡琏战后不无感慨地说:

盖以新兵当强寇,又在大局逆转的颓势下……振颓起怯,压倒敌人。

正是这些在金门这个蕞尔小岛上,蜕变成了为蒋介石在台湾奠定"中华民国"基础,一举创造"大捷"的强悍之兵。

凌晨2时,胡琏部第十四师第42团团长李光前奉命加入作战,跑步增援,将部队开赴后浦集结,随后向132高地挺进。

其时,在解放军登岛部队占领了林厝数座高碉堡,并以这些碉堡为依托,以火力控制了前往林厝的通路,国民党军353团第2营营长陈敦书阵亡,但该营仍然继续与解放军苦战,李光前适时抵达,接续陈敦书指挥作战。

在安岐、湖下之间的地区,装备并不精良的胡琏部42团2营,在仅有轻机枪5挺,2挺打不响,3挺不连放的情况下,团长李光前仍能奋身向前,与解放军登陆部队展开肉搏。李光前中弹阵亡。

2时10分,金门本岛国民党守军在遭到角屿、大小嶝炮火轰炸后,第二〇一师垄口至古宁头阵地的守军们,凭借着构筑的工事,在解放军登陆部队接近时,以轻重武器进行密集射击,使登陆部队的船只,多被击沉于海中,在此海岸一线,登陆的解放军伤亡近千余人。登陆部队在混乱中抢滩强行登陆后,又与国民党军海岸守备部队,再次进行了激烈搏斗。

2时40分,守岛的国民党军此际伤亡颇重,第601、602两团阵地之各一部,先后被登岛解放军部队突破,随即,解放军在登陆后迅速钻隙渗透,虽被国民党守军强大的火力和海滩的地雷阻挡,伤亡甚重,但仍然登岛成功并在海滩建立了固守阵地。

此际,登陆作战的渡海第一突击队所属244团、246团3营,第251团、253团各部,在大陆后方猛烈的炮火掩护下登陆之际,汤恩伯综合眼前发生的情况,判断垄口至古宁头间地区,乃是解放军登陆抢滩的主力所在,遂决心乘解放军登陆部队立足未稳,使用机动打击部队第一一八师,十九军之十四、十八两师,倾全力压迫登陆作战的解放军,意欲在古宁头附近形成包围而进行歼灭。

随即,汤恩伯命令第二十二兵团司令李良荣,以所有控制部队,授权第十八军军长高魁元统一指挥。高魁元奉命后,立即于第二十五军军长沈向奎及第十九军军长刘云翰协作并做如下处置:

一、第一一八师(欠353团)配属战车第3连(欠1排),由琼林迅速向现正在攻击西山、观音亭、湖尾山、湖南等处之解放军攻击前进。

二、第十四师配属之迫击炮全部,迅速由林厝向北挺进,对安岐、埔头、林厝一线解放军来攻击前进,协调一一八师作战。

三、控制于北太武山东侧守备队第十一师之31团,及原驻琼林之第十八师第52团,统归十八师尹俊师长指挥,在琼林附近集结后,经后沙、垄口沿海向古宁头攻击前进。

四、战车第1营控制之预备战车2排,即向琼林集结待命。

3时许,登陆的解放军在混战中约2000余人,攻入了国民党军第602团观音堂附近的阵地,形成了对琼林全岛蜂腰地带的威胁;随即登陆部队又以主力攻陷古宁头的北山和林厝,意欲夺取132高地,再攻占金门城。

国民党第二〇一师师长郑果,除留置该师一部坚守海岸若干据点,以拒止解放军后续部队外,经申请获准以机动打击部队第353团,分由安歧等处向林厝、东保推进,协同该师阻止登陆的解放军向南渗透。第353团第2营遂先增援第602团,于东保附近迎击登陆南侵的解放军,又第602团第1营之第2连亦由双乳山迅速归建。

3时左右,国民党海军扫雷舰202艇与南安二艇,在古宁头西北海面,以猛烈的炮火轰击搁浅的解放军登陆船队。至天亮,解放军登陆的所有船只,全部被击毁、焚烧殆尽,无一舢一板返回大陆。

3时30分,国民党第353团由安岐出发2个营,进抵林厝东北高地附近与解放军遭遇,发生激烈战斗,双方伤亡均极惨重。

是时,国民党海军扫雷202及南安二艇已经驶入古宁头西北海面,以猛烈火力向解放军登陆船只及附近登陆的解放军,做正面射击,协力第二〇一师作战。解放军另一部越过林厝,袭击国民党第601团驻埔头及第353团驻安岐等指挥所,经该团团长率直属部队与解放军实施近战,解放军虽反复猛扑,均被国民党强大的火力击退。

4时许,解放军登陆部队向国民党守军阵地发起猛烈攻击,战至拂晓,国民党军溃败转守西山、湖南、安岐及132高地之线;观音亭山、湖尾乡、安岐、埔头西南等阵地,以及林厝东北端高地与沿海若干碉堡,均被解放军登陆部队攻破。其余仍为国民党军固守,双方持续激战、均在等待后续增援。

4时许,国民党军353团围攻、602团团部告急:

1营、353团联络不上,团派的传令、架线兵回团说过不去了,只闻枪声不止;此时西方埔头(602团部)解放军入安岐,团长命人以冲锋枪把守各通路门窗,轻机枪上屋顶;共军见有电台,断定必为指挥部,立刻猛攻,干部们勇猛还击,使黎川、湖寮新兵士气大振;杨团长认为来敌10000多人,在正面纵深不及1000多公尺的战地,1、3营1000多人虽不全歼之,但在彼才下船,晕头转向时,却可打他个措手不及,不成建制;如打到天明,不使之越安岐上湖南高地,炮兵才可射击;战车出动,师必援之,不久即可与1、3营复联,时5时许。

不久,离团部100多公尺的卫生连来报,官兵20多人被俘去埔头。此时高(魁元)军长、李师长至安岐团部指挥,赵副团长亦率2营(陈敦书)来团,杨团长方知。

4时许,李师长即令354团(林书桥)团由后半山攻打垄口、观音亭山,超越2营后,彼即来归建,生俘解放军80多人均已送一一八师师部,杨团长即令2营攻打埔头。此时352(唐骏贤)团前来会师。(均据台湾《碧血青天》)

4时30分,国民党第十八师及354团,自琼林推进后半山以北地区,与在西山登陆抢滩成功的解放军,展开了激战。

西一点红国共两军亦战斗激烈,台湾《碧血青天》记载:

天明后,(西一点红)小高地仍未攻下,但1连(刘浩)、副连长高凤鸣、2连(杨镇)、副连长迟景瑞,张、谢、郑、刘林、何海、彭儒实等6名排长,4名连长却已阵亡,3连连长楼豪负伤;1营已伤亡近半,营指导员孟昭烽奉命传令,途中被俘。伺机杀敌后中枪回营,全营只剩重机枪连连长张白忠,3连连长楼豪,耿营长命他、楼豪随侍在侧,一旦营长阵亡,立刻接手指挥。

353团(杨)团长欲离顶堡时,二〇一师601团守的观音亭山告急,二〇一师师长郑果令353团赵副团长率2营援之。此时,3营(孙罡)派排副李江水送解放军排长俘虏一名至353团,团长才知道来敌12000多人。

显然,这里的"12000多名",说的是二十八军6个团的计划作战人数,并不是此时已经登陆作战的实际人数。

台湾《碧血青天》记载:

不到6时,2营已攻下埔头,救回卫生连被俘官兵,并杀敌100多人,余敌逃回林厝;唯陈营长阵亡。

6点10分,352团超越353团在安岐以北发起攻击,353团才得休息,作为第二线部队。

此时,金(门)东无战事,高军长调十一师31团(陈以惠)、352团唐骏贤奔援金西,31团归十八师指挥,自琼林沿岸在6辆坦克轮流支持下,向古宁头东西一点红反攻。解放军大败,纷纷投降,至东西一点红才遭强顽抵抗,解放军一再反攻,陈团力战克之,此时高军长命令火烧敌船,陈以惠即令 2 营执行,但无斧锯炸药,汽油弹药,只得令人拆下桅杆,以十多枚手榴弹爆破。

6 时 30 分,国民党军驻守金门的战车第 3 连,协力第 353 团于湖尾高地及安岐附近战斗,与登陆的解放军短兵相接,各自激战至酣,甚为壮烈。

天亮后,驻守金门的国民党军对解放军登陆作战的登陆点和规模,已大体查清楚,并发现解放军所有登陆部队的船只,全部搁浅在沙滩上。随即判断解放军后续部队难以渡海增援。于是,先后调整部队,将守岛第一线败退下来的国民党二〇一师 2 个团残部,以及先后上岛的胡琏 2 个军,陆续投入约 3 万人,在坦克的配合下,分 3 路向解放军登陆部队占领的滩头阵地,发起了猛烈的反攻。

以胡琏部十八军第一一八师 3 个团,从琼林向西,由纵深向解放军东路 244 团和中路 251 团占领的阵地反扑;

以刚下船的胡琏部十八师 1 个团,由白沙沿海滩,向解放军占领的垄口阵地及海滩,由东向西朝古宁头进行反扑;

以刚下船的胡琏部十四师 2 个团,从南向北,朝解放军 253 团占领的埔头、山灶阵地进行反扑。

金门战役登陆作战当中船只"全部搁浅"的现象,固然有"提前入闽"没有群众基础带来的问题,但是,面对这种"无一船返回"的情况,我们有理由怀疑,这些"船工"里面,当有相当的国民党特务。但是,在我们涉及的有关金门战役文章和书籍当中,却从没有任何人对此提出过质疑,则是一件颇感蹊跷的事情。

此际,国民党海军"中荣舰",从金门南面的料罗湾,绕到北岸古宁头后面,用舰炮猛烈轰击登陆作战的解放军部队侧后。

台湾的国民党空军,此际派出飞机 50 多架次连续起飞,一面狂轰滥炸已经上岛的解放军登陆部队,一面轰炸金门岛对岸的大、小嶝岛解放军炮兵阵地和萧锋的前线指挥部,以压制二十八军对金门的火力支援。

7时许,国民党军第354团在战车坦克群(预备队战车2排已加入战斗)协同下,向登陆作战的解放军展开了猛烈的炮击,台湾"国防部史政局"编印的《金门保卫战》一书写该坦克群说:

以雷霆万钧之势,连克观音亭山附近地区及湖尾乡东段高地,即灭共军第244团1000余人,并俘1200余人;旋以一部向安岐、一部沿海岸搜索前进。时第十八师以第52、第54两团相继向垄口推进,第52团于抵达该地以东地区后,即与守备部队第3营取得联络,对东一点红高地展开猛攻,击灭共军300余人,俘敌400余人,继续向西侧击。同时第十四师亦以第41、第42两团,先后北向132高地推进埔头迎击。

8时许,国民党军空军,"冒恶劣天气,勉力出动,反复炸射,共炮始告沉寂;猥集于古宁头、北山以北狭小地区之共军更死伤惨重。适我第一一八师控制于沙美之352团及战车第1连(欠1排),驰援到琼林。"(据台湾"国防部史政局"编印的《金门保卫战》)

8时许,胡琏兵团尚在船上的部队,继续在疾风骤雨中疾速登陆。

是时,台湾正在举行一年一度的台湾省"光复节",台湾本岛内历年均在10月25日有庆祝活动,并举办台湾全省运动会。开幕典礼正举行,陈诚的侍卫前来报告:"前方有无线电话打来。"

陈诚接听之后,在后来的回忆文章中说:

知道金门痛击犯敌,我军已稳操胜券……我回到主席台时……当场宣布金门大捷消息。

台湾国民党空军总司令周至柔,于此时从台湾乘飞机到金门上空,察看并督促空军参战。

9时许,国民党军推进到湖南高地,与归建的第353团第2营,击退了安岐附近的解放军登陆部队,解了安岐之围,并向埔头进攻;第十四师第42团亦正由132高地进向埔头西南侧击。各部队与解放军登陆部队进行逐屋争夺激战。

10时,胡琏从舰艇下来登上金门岛,汤恩伯见了跷起大拇指说:"佩服!年初尚属残兵败将,不满万人之破军,才数月便能强大而又猛勇,立成一支大军。佩服!佩服!"

胡琏问:"战况如何?"

汤恩伯不愿胡琏抢了自己的胜利成果,随口答应说:"战局已近尾声。"

然岛上激烈的枪声仍不断传来,胡琏知道战事仍在激烈进行中,遂即刻赶往前线。前线的国民党十二兵团的将士听说胡琏到了前线,顿时欢声雷动,士气高涨:"胡老头来了金门,已经登岛啦!"

10时至中午,国民党军先后用一个营分3个梯队向解放军4连反扑;用一个团分3个梯队向解放军6连反扑,连续3次反扑均被击败。

11时30分,林厝登陆的解放军1000人增援埔头,国民党军步、炮战车此时协同陆、空联合攻击。

12时30分,埔头登陆的解放军除被俘200余人外,大部分被消灭,其余纷纷向林厝及东北高地撤退,同时国民党第十八师亦攻埔头东北碉堡数座。国民党第一一八师、第十四师稍加整顿后,遂再拼力向林厝围攻;第十八师则沿海岸向古宁头解放军侧背攻击。由于西一点红高地俯瞰海滩,有埔头至林厝为隘路(公路两侧为泥沼地);另由安岐至古宁头,则要经过千余尺沙滩,兼之古宁头至林厝间,有遗留之坚固工事以及水泥砖墙房屋,死守顽抗。

14时,国民党军第42团协力第一一八师第352团,以及第353团第2营与占领林厝东北端之第1营、第3营,在战车群前导下,再向林厝坚守的解放军发起猛攻,经十余次之惨烈肉搏,双方伤亡均重。

其时,国民党二十二兵团李良荣司令、胡琏部十八军高魁元军长在132高地,十九军刘云瀚军长等人,均在第一线指挥督战,国民党军上下"士气益振"。

胡琏与高魁元在枪炮声中给官兵鼓劲打气说:"忘了双堆集的耻辱乎?"

刘亚洲《金门战役的检讨》叙述此时的胡琏和战况说:

（胡琏）又拿出酒和烧鸡亲自喂负伤的士兵吃。蒋军再次冲锋。高地上守军其实只剩下我军一名教导员、一名指导员，其余均牺牲。两人知道胜利无望，同时举枪自杀。蒋军举着青天白日旗帜冲上无名高地，高声欢呼。

15 时左右，胡琏部第十四师第 42 团团长李光前，奉命率部由西浦头往古宁头方向反击前进，肩挂望远镜，两袖高挽，催促部队攻击前进，跑向步兵第一线督战。右翼 352 团发起进攻，在战车引导下，勇猛向前进展很快。李光前团长令号兵吹冲锋号，身先士卒，一跃而起，举起手枪高喊："前进！前进！"

前进中，遭解放军登陆部队机枪一阵扫射，李光前中弹应声倒地，于 16 时左右阵亡。这是李光前刚到金门第一天，时年 32 岁。

15 时，国民党军继续增加兵力，以 75 山炮和 82 迫击炮全力向登岛的解放军猛烈炮击。随着炮火延伸，国民党一一八师主力从东南向林厝解放军 5 连和 1 连反扑，又向解放军 2 营 5 连和 3 营 7 连结合部攻击，至前沿 100 多米时，遭到解放军 8 挺重机枪、18 挺轻机枪和迫击炮所有武器一齐开火，多次反扑失败。

第十八师师长尹俊亲自督师警卫营助战，均遭挫败。

16 时，国民党军突入林厝东南及南端，遭到坚守的解放军猛烈反扑，因其团长李光前阵亡，该团遂撤至林厝东南整顿。

17 时许，国民党军复以第一一八师第 352、353 团，由林厝东南两面突入村内与登岛的解放军进行反复肉搏，逐屋争夺，解放军伤亡甚重。国民党第十八师则乘胜攻击西一点红，并向古宁头海岸猛进。

天已黑，国民党第一一八师 353 团第 2 营营长陈敦书，被登陆作战的解放军击毙，其余官兵亦伤亡甚众，乃重新调整部署：

第一一八师以有力一部 353 团，第十一师第 31 团及第二〇一师之一部，对林厝、埔头的解放军进行彻夜包围监视、困守，准备于 26 日拂晓，一举将其消灭。

第十四师于垄口、观音亭山、湖尾乡、安岐、埔头亘湖下北端之线占领阵地；

第十八师以进占古宁头东北海岸线之第 31 团，在原有阵地严防解放军进行增援；

另国民党军 52 团及战车，后撤至琼林附近整顿，并防止解放军在官澳附近登陆，俾能适时应援。

其余国民党军部队，均集结于安岐、埔头附近进行整顿，准备再兴攻击。

鉴于是日对解放军登陆部队 253 团坚守的古宁头阵地屡攻不克，国民党守军第十八军和十九军除了从金门东部地区调来战车 3 团 1 营的 14 辆坦克，继续增兵以外，另请台湾本岛派飞机前来助战。

是日整夜，金门岛的国民党军怕解放军渡海增援，遂派飞机不断在海空上巡逻，投掷照明弹。国民党海军第二舰队的旗舰"太平号"，率 2 艘炮艇也在当夜巡行于古宁头以北的海面，用以拦截大陆派来的增援船只，并不断向大陆和古宁头一线炮击。后来见其他地区沉寂无声，遂又把主要兵力集中到西北部作战。

胡琏的《泛述古宁头之战》说：

酣战至晚，高军长盱衡全盘形势，除以一部抑留于安岐以南外，主力悉调处于机动位置以备其他不虞。25 日晚，敌并无在他处进犯之情事发生。

国民党第十九军军长刘云瀚的《追述金门之战》说：

25 日入夜以后，成为最危险的一夜。

因为我军经过了整天激战，所有的控制部队都投入了战场，除伤亡相当大外，多感疲劳……甚至胜负之数还未易言。幸好由于匪军没有船只，无法继续渡海来援，所以我们能够平安度过这最危险的一夜。

第三节
鏖战·登陆作战第三天

1949 年 10 月 26 日

登陆作战坚守待援的 253、251、246 团方面

25 日晚后,金门岛上的国民党军基本停止对解放军登陆部队的攻击,双方呈胶着状态。

国民党守军担心大陆的后续部队增援,故整夜用飞机在金门岛上空盘旋,并不时投下照明弹,观察海面情况。

同时,坚守在古宁头的 253 团等登陆部队激战终日后,剩下的少数指挥员,利用坚固的房屋,与国民党守军进行巷战,暂时阻止了国民党守军的进攻;253 团控制着古宁头半岛,包括林厝、北山、南山 3 个村庄和 4 块无名高地共 1.8 平方公里的台地。

26 日整天,空前惨烈的生死搏斗,在古宁头东北海滩和林厝村内外展开。

凌晨 2 时,253 团指挥部,侦察员送来了一名刚刚捉到的国民党少尉军官。这个俘虏供认说:他是国民党十八军的,奉命向古宁头攻击。得到这一情报,留守团部的参谋俞洪兴立即摇电话向去与刘天祥开会的团长徐博报告。不料电话接通后,问对方是哪一部分,回答是:"虎啸部队。"问他们住在哪里?对方答:"住在飞机场。"

俞洪兴当即意识到这是国民党军切断了电话线路,命令电话班长高维仁迅速检查修通电话线路,又叫两名侦察员快去侦察敌情。

3 时许,解放军 246 团团长孙云秀,率该团的 2 个连和第八十五师 2 个连增援金门作战部队,在金门岛湖尾登陆。上岸后即歼灭国民党军 1

个营,随后又向双乳山一带推进,并积极同第一梯队部队联络。

3时,从沃头259团派来增援的2个连,在古宁头登陆,前进至榜林。

同时,253团侦察员和电话员回来报告:

古宁头村西北发现国民党军从后面包抄上来。

此时的俞洪兴,顿感敌情严重,可手中又没有部队,于是,马上叫通信员到前面阵地找2营抽调2个排,前来团指挥部执行紧急任务。不一会儿,2营李金玉副营长匆匆赶到,说:阵地前敌情紧迫,抽不出2个排,他只带了2营1个班,3营1个班。

俞洪兴向他说明了敌情,并交代:夜间国民党军搞不清我们有多少兵力,2个班也行,团指挥所的通信侦察人员也配属给你,要迅速行动,消灭这股包抄上来的敌人,否则后果不堪设想。此时,又有一名侦察员来报告,这股敌人约有一个营的兵力,其先头一小股已向东南方向搜索前进。

敌情严重,李金玉副营长立即命令7连2排彭守昌一个班从右翼隐蔽接近敌人,要出其不意近战歼敌,他自己则带一个班,从左翼进行奇袭。

4时,253团2个班,在夜幕的掩护下,像两把利剑插向前来偷袭的国民党军,在距离国民党军几十米时,李金玉副营长一声令下"打",轻机枪、冲锋枪密集火力,顿时打得金门守军措手不及。在右翼的彭守昌排长一声大喊:"解放军优待俘虏,快放下武器!"

守岛的国民党军误以为进了登岛部队的包围圈,惊恐万状,纷纷放下武器。前头搜索的小股敌人,看到形势不妙,慌忙向村里逃窜,也被解放军埋伏在村头的战士俘虏。253团以两个班,全歼国民党军一个整营,毙伤数十人。俘虏国民党副营长以下400余人,缴获美式轻、重机枪20余挺,粉碎了国民党军偷袭包抄的阴谋,保障了古宁头和林厝背后的安全。

4时30分,在海边开会的徐博,也发现了这股国民党军包抄古宁头的意图,欲想要救援,可惜手中没有兵。正在着急间,发现海滩有登陆部队。原来是从厦门派出前来增援金门战斗的第八十七师259团3营梅鹤年代营长,带领两个排,与第八十五师254团从厦门派船送259团增援金门的一个排,共3个排在登陆。

5时,徐博立即命令耿心参谋带领254团这个排,与增援的253团在古宁头会合,随即投入战斗。

此际,孙云秀带领的八十二师246团两个半连增援部队,在突破国民党海军封锁线,登陆古宁头后,红军出身的副团长刘汉斌,在登陆海滩时不幸牺牲。

在251团参谋长郝越三的接应下,孙云秀进入251团指挥所。251团团长刘天祥和政委田志春向他介绍情况说,经过一天战斗,部队伤亡很大,除了古宁头几乎没有立足之地了;并表示坚决服从孙云秀统一指挥岛上作战部队。

孙云秀246团的到来,给了坚守古宁头3个团的官兵以极大的鼓舞。孙云秀说:"你们抓紧时间休整,我们立即投入战斗!"他立即将部队分成两个尖刀组左右打头阵,向古宁头以南发起了反攻击。当即歼敌1个营,再次逼近金门县城;天亮前又推进到林厝、埔头一线,连续夺回昨天被敌人占领的一些阵地,俘获国民党军500多人。

不久,即被国民党二十二兵团青年军包围,死战不退。

孙云秀说:

青年军怎么变得能打仗了?

后我解放军被俘战士遣送回大陆审查时说:对二十二兵团如此顽强,"梦想不到"。国民党二十二兵团青年军师长郑果也曾说:

二十二兵团像一只小蜘蛛,在自己辛勤结成的八卦阵上,网住了一只比自身大十倍的螳螂。尔后十二兵团投入战场,则变成了雄狮搏兔,胜败已决。

在大陆作战中一贯畏首畏尾、毫无章法的国民党青年军二〇一师，在金门战役反登陆作战中的顽强表现，其师长郑果在战后竟称："如无十二兵团的（全部）投入战役，依然会胜利……因右地区阵地境内敌人已被歼灭或投降"，其说虽一再被胡琏的部属驳斥，但十二兵团十八军一一八师师长李树兰曾有言称："若不是二〇一师拼命抵抗匪军，当时的攻势，我军是无法站得住脚的，更不用说反击了。"（据《碧血青天》183页）由此可见国民党青年军在金门岛上"能打仗"之一斑了。

金门岛上的国民党第二十二兵团如此的"梦想不到"顽强，可见这支萧锋手下曾经的败军，在胡琏一再呼喊"忘了双堆集的耻辱乎"的激励下，一改淮海战场上的羸弱。而胡琏以"府兵制"从江西赣东南城、金溪等县招募来的"子弟兵"，也早已经不再是汤恩伯眼中"形如乞丐"的乌合之众了。尽管国民党军有飞机、坦克的狂轰滥炸，但朱云谦八十五师增援部队还是能够突破国民党飞机封锁网，而顺利登陆上岛的现实，再次说明了国民党军的"封锁"并不是十分的严密，也就是说，只要有船只，萧锋所囤积在后方的大量兵源，还是能够进行增援、并夺得胜利的。在第一梯队登岛后的这10余个小时里，若能够不断地增兵支援，金门岛也许就攻打下来了！但是，3个团即将弹尽人绝，由厦门十兵团紧急调配来支援的船只，仅运来4个连的增援部队。

经过一夜休整，天亮后，国民党军高魁元的十八军铺天盖地进行反扑。满山遍野的敌人，黑压压地向立足未稳的解放军压过来，国民党坦克也在解放军侧后袭击。孙云秀冒着枪林弹雨，指挥部队就地阻击，像钉子一样钉在阵地上整整一下午。激战中，国共双方的伤亡都很大，他带来的300多人，没有负伤的只有50多人了，终寡不敌众，边打边撤。

这些增援部队的到来，给坚守金门的253团极大的鼓舞，但也让大家担忧，因为增援部队说，后方没有船，有兵过不来，坚守金门仍将十分艰险。

拂晓前，253团政委陈利华命令第1连20余人，从林厝撤到北山和3营一道阻击敌人。

拂晓，253团李金玉副营长带人把刚刚缴获的武器弹药运到林厝，立即分送各连，把4挺重机枪部署在林厝东侧阵地。

清晨，徐博带领蔡志敬参谋等从海边到2营检查，营长王开德报告：经过昨天的战斗，有的连只剩下几十人，弹药几乎打完了。徐博说：今天将是一场恶战。王开德指着李金玉副营长刚刚运送来的弹药说：有了这批武器弹药，我保证坚守一天。

253团从埔头最后撤出的4连，仅有20余人，撤到林厝南500多米处一条长约400多米的高堤埂上，王开德营长命令4连20余人把阵地拉长一点，一边迷惑敌人，使敌人摸不清这里到底有多少人，并把林厝运来的8箱弹药补给他们。

8时许，情况急剧恶化。国民党军经过一夜的休整，炮兵以密集火力向林厝、古宁头坚守的253等各团阵地猛轰，掩护国民党各部队开始近迫作业；唯古宁头村内房屋概系水泥及块石砌成，且多为两层楼房，国民党炮兵难于悉数摧毁；坚守的解放军以增援的孙云秀246团扼守村沿，其余固守村落四周；国民党军遂在炽盛火力掩护下，逐步推进。

9时许，国民党空军飞临古宁头村上空，开始对253团、246团等团的阵地进行轮番轰炸和炸射，登陆部队的3个团余部和增援的246团伤亡惨重；同时国民党第352团又得战车支援，趁机攻入林厝253团阵地，与坚守的解放军进行反复肉搏，战斗惨烈异常。

国民党十二兵团分多路向古宁头反扑过来，敌机多架向古宁头村北山、南山解放军阵地反复轰炸，扫射。

国民党坦克在前面开道，从东路向林厝至古宁头村东北海滩一线疯狂进攻，在林厝东侧坚守的孙云秀246团增援部队，与253团2营5、6两个连，凭借昨晚从国民党军手中夺取的碉堡、交通壕和地下掩体，顽强阻击，双方进行逐屋争夺，巷战惨烈。

3营9连在北山及以北的海滩上，与机枪连2排、增援部队的259团3营两个排，在北山腰部；2排4班班长冯治才用缴获的重机枪和14箱子弹，封锁国民党军前进的道路，毙伤国民党100余人，国民党军不得不用3挺重机枪进行围攻,弹尽后冯治才牺牲。

9时,国民党军7辆坦克,由东向西引导步兵向北山攻击,1连组织火力狠打跟进的步兵。同时,陈利华命令3排副洪忠如收集手榴弹抗击敌坦克,又令蔡志敬参谋调来一个火箭筒和3发火箭弹赶送到1连,连发两弹未中,第三发击中一辆坦克,坦克手慌忙跳出逃命,敌步兵见状也都掉头后退,其余坦克也都吓得后退了。

10时,国民党军从背后进攻南山,旋占领,解放军退守北山。

中午前后,国民党军9辆坦克开始向北山进攻。

253团陈利华政委对黄景新连长说:"你们1连是253团的尖刀连,要顶住敌人的坦克攻势,不能给253团脸上抹黑!"

黄景新连长和仅剩的10余名战友说:"我们火箭筒打光了,还有手榴弹!共产党员带头,两人一组!"

当国民党军坦克再次冲向阵地时,黄景新一跃而出战壕,向敌人扑去。

副排长刘志甫、洪忠如等7个反坦克组,各自朝着预定攻击的坦克冲去,有的在途中负伤,有的在越过了火网逼近坦克时,中弹牺牲……

午间,由埔头北进的国民党军向4连阵地发起了猛烈的进攻,2排长向多旺跪在地上,端着机关枪向扑来的国民党军猛扫;2营长王开德也用加拿大手枪向国民党军射击,一批又一批国民党士兵被打倒在高堤埂下。

13时,孙云秀带领的八十二师246团,再次被逼撤回古宁头村。

其时,胡琏来到激战最烈的前线视察。解放军一干部向他喊话:"胡琏,投降吧!国民党就要完蛋啦!"

胡琏挥着手中的枪,笑着对众部下说:"疾风知劲草,板荡识忠臣。黄埔子弟,岂有朝秦暮楚,向敌人投降的?"

参谋问:"哪支部队进攻古宁头?"

胡琏道:"当然十八军!"

在胡琏的指挥下,高魁元第十八军铺天盖地地反扑而来。

这支在江西南城县重新组建起来的国民党第十八军,果然没有辜负胡琏的期望,一扫国民党军队贪生怕死的颓废之风,在古宁头与登陆增援的解放军孙云秀246团,杀得昏天黑地。顷刻间,双方阵地上血肉飞溅、尸横遍野。

14时,登陆解放军占领的古宁头以北沙滩4座碉堡,被国民党军平射炮及战车先后摧毁,沿海地区随即被国民党军54团夺回。

15时许,国民党军继续组织整军、整师、整团的主力兵力,再次在海、空军、坦克的掩护下,向解放军占领的各登岛部队据点猛烈反扑,登岛部队被迫抵守,退至古宁头高地一带防御。

又在林厝同登岛的解放军展开巷战。解放军依靠占领的林厝渔民房舍建筑,与国民党军展开逐村逐屋的激烈巷战和顽强据守,予以进攻的国民党军巨大的杀伤。双方伤亡惨重。

15时,国民党军又拿下了南山。

15时30分左右,徐博率领的253团北山和古宁头部分阵地,被国民党军突破。徐博镇定指挥,陈利华命令担负看守俘房任务的2连2排,前来支援,经反复冲杀,终将国民党军再次逐出阵地。

徐博通过报话机向萧锋报告:

"我身边还有二十几个人,敌人四面攻击,情况紧急!四面攻击,情况紧急!"

这是徐博最后一次同后方指挥部通话,随即听到一声爆炸,报告中断。

萧锋的回忆录说:

估计他们指挥所中了炮弹。

至此,登岛部队同岛上各部队的无线电联系,完全停止。

16时左右,在林厝东侧坚守的孙云秀246团增援部队,与253团2营5、6两个连,撤到林厝的几个核心阵地坚守。

16时,253团3营9连的阵地前,国民党6辆坦克突破9连阵地,一只手已经负伤的253团参谋长王剑秋,命令机要员顾志洪把电台密码全部撕毁抛入大海;指挥身边轻伤的战友顽强抗击向西逼近的敌人。

侦察班张班长冲向阵地与敌人肉搏,被坦克碾压牺牲。

16时,253团2营的战斗仍在持续。国民党军两个营在4辆坦克的掩护下,又向4连反扑过来。坦克炮连续轰击2营阵地,副连长戴文忠中弹负伤,通信员要把他送下阵地,他严厉地说:不要管我,快去打敌人!李金玉副营长也鼓励大家:我们高堤下的深沟似天堑,敌坦克不敢近战,我们一定能坚守到夜间。

16时30分左右,王剑秋参谋长率30余人沿海岸向西转移300余米后,被两辆坦克和一大群步兵所阻,退到后面的碉堡附近,遭到国民党4辆坦克的炮火围攻,碉堡被击毁,一些战士被炮火掀到海里,一些人被炮火炸死。国民党军从东、南、西三面冲上来,负伤的王剑秋在古宁头海岸被俘,后被关在台北内湖集中营,生死至今不明;259团3营代营长梅鹤年等20余名伤员均在海滩被俘。

17时30分,在胡琏的亲自指挥下,众多的国民党军继续向古宁头半岛解放军阵地发动猛烈的攻击。以坦克为开路先导,挨个轰击解放军据守的石头建筑和碉堡,然后步兵逐屋进行搜索。每进一步,都要付出惨重的代价。至17时30分,最终攻占北山。

是时,253团坚守的2营撤到林厝。

17时30分以后,台湾《中央日报》刊登消息说:

自古宁头两侧突入之共军,尚据古宁头附近林厝,南北山附近零落顽抗,经我增援攻击,并配合强大机群、海军船只及战车部队英勇进攻,至26日午后5时30分,已将共军全部歼灭。俘虏中,有共军军长、师长等重要军官多名。

台湾国民党军战后的相关资料也称:

林厝村口共军顽抗,尸横遍野。

是时,244团政治处主任孙树亮被俘。后由金门押送台湾,被关进台北内湖集中营,1950年被遣返回大陆。

18时，激战进入尾声。台湾"国防部史政局"编印的《金门保卫战》记载说，解放军：

仍作困兽之斗。时近落暮，我第一一八师师长李树兰，遂令54团及354团，分任海岸守备，阻止共军增援；另以预备队第353团接替352团攻击任务，并集中全师之火力，协同战车，做直接支援。第353团在战、炮协同下，分途攀垣越壁，对共军核心部队猛攻，激战……

入夜后，国民党军攻入林厝和古宁头，孙云秀用报话机向军指挥所报告：

已经和第一梯队各团领导人在一个山沟里会合，并举行了临时作战会议，登陆的10个营伤亡5000多人，已经没有了完整的连和营，大家一致同意分成几股，到海边搜寻可乘船只撤回大陆或潜入到山区去打游击，同敌人周旋到底，等待再攻金门时接应。

22时，两天米水未进的孙云秀率登陆作战的解放军余部，撤出北山村，利用夜色向北突围，摸到海边寻船未有所获，遂决定向东南突围转移，向黑暗中的山区转移。

午夜，国民党对整个金门西半岛开始大规模搜捕。

至26日下午3时许，仍有少量伤残的解放军留在古宁头村内，进行顽强抵抗。古宁头以北的海边岩壁下，还隐蔽着许多登陆负伤的解放军战士，有武器的少数人仍在继续坚持战斗。

是时，萧锋和李曼村联名致电金门岛上各团指挥员，要点如下：

敬爱的邢永生同志、孙云秀同志、刘天祥同志、田志春同志、徐博同志、陈利华同志并转全体指挥员、战斗员和船工：

敬爱的同志们，自10月24日晚21时，为了解放祖国东南沿海岛屿，你们乘坐木船战胜八九公里的惊涛骇浪，在金门岛西北岸10里海滩实行坚决的突破。为歼灭蒋介石的残余溃兵，付出了宝贵的鲜血，不少同志牺牲了年轻的生命。我英勇善战的人民子弟兵，在后无船只援兵的情况下,血战两昼夜,给数量大大超过我军的敌人以惨重的杀伤,摧毁了敌人很多军事设施。由于领导错误判断了敌情,我10个战斗建制营遭到失败,写下了极壮烈的史篇。目前还活着的同志们,正抱着有我无敌的决心,继续战斗。

为保存最后一分力量,希望前线指战员机动灵活,从岛上的每个角落,利用敌人或群众的竹木筏及船只,成批或单个越海撤回大陆归建。我们在沿海各地将派出船只、兵力、火器接应和抢救你们。

登陆作战的各团领导,在报话机前听到这一指示后,马上回话表示:"只要可能,还活着的1200名指战员一定尽最大的努力,完成自己的职责。"

刘亚洲将军的《金门战役的检讨》记载该夜说:

残余官兵,站在古宁头,朝大陆望去。大陆呈现一团黑黝黝的轮廓。那儿有他们亲爱的首长、家乡、亲人。大家"心如刀绞"。这时,大陆海岸上升起一个红灯和一个绿灯,虽然十分模糊,但"那么亲切,那么温暖"。官兵在寒风中默默流泪。

忽然有人说了一句:"为什么会这样?为什么会这样?"

是时,情形危急。在古宁头的251团刘天祥团指挥所里,电台一直与大陆指挥所保持联系。扬声器里不停地传来大陆指挥所的声音:"坚持!坚持!"

可就是不见一兵一船过海。将士们不仅两天两夜未进一粒粮食,连水也断了。有的人用缸子接自己的尿喝。古宁头村一片死寂。251团团长刘天祥像个孩子般地流泪说:"我自己牺牲了不要紧,没有完成党中央、毛主席交给的光荣任务,太对不起首长对自己的培养和信任了。"

这种情绪传染开来,大家都哭了。

23时,251团刘天祥对着报话机与萧锋通话:"敬爱的首长,我的生命不在了。为了革命没二话说,祝首长好。新中国万岁!共产党万岁!

毛主席万岁！"

报话机里随即传来一声剧烈的爆炸声，报话机随即断绝联系，指挥所里的人无不落泪。

在萧锋的日记中，显见是在一种极度的痛苦和情绪紊乱下，杂乱无章地记载的：

23时，刘天祥电告：我们被十一军（注：即上岛的十八军）包围了，激战了60多个小时，杀伤敌人无数，敌人也佩服我们干部战士的作战勇敢！但是，攻占金门的条件不具备，时机也不利，早两天进攻，敌人的援军未到，晚两天，胡琏兵团就去了台湾，就不会像现在这个局面——我军以8个营对敌人6万人。兵团、军首长们，我们3个团和6万敌人的反复冲杀，杀伤了敌9000多人，孙云秀也被敌人分割包围着，形势很不妙，也许我们都会牺牲，为了祖国，我没有二话可讲。祝首长们好。祖国万岁！共产党万岁！毛主席万岁！我们的生命不长了，我……就在这个时候，我听到轰隆一声巨响，就再也听不到他的声音了。我再也无法抑制自己的感情，眼泪夺眶而出。

萧锋及前线指挥部等后方

1时，第10兵团司令部由厦门调来一批船只到澳头、大嶝岛。解放军随即派兵侦察金门岛，即令246团团长孙云秀带1个连于大嶝岛起渡。

天刚亮，一直在汪厝一线的第二梯队253团政治处主任张茂勋，见金门岛上打得很激烈，心急如焚。253团此时也前来强烈要求派第二梯队渡海登陆进行增援，并问张茂勋："怎么办？"

张茂勋："我和你们一样心急如火，我们没有一条船，无法渡海登陆增援。"要求大家就地待命。

上午8时许，创刊4天的《厦门日报》送至厦门的千家万户，在其第一版左下，用花边框楷体字刊登了7个月前、即3月15日新华社发表的一篇时评《中国人民一定要解放台湾》。

在后世的许多关于金门战役的文章与书籍中，常常会以："《厦门日报》10月25日发表了'我军登陆金门'后,再无任何消息"来评论。殊不知,以当时的政治环境和军事实力的氛围,《厦门日报》在此时转载前7个月的这篇时评,便是以含蓄的形式,对金门战役登陆作战失败的回应。更为重要的是,26日上午发出的这篇评论,其实已经将第十兵团和叶飞不再准备增援金门岛作战的意图,暴露无遗,但始终未将这一意图向下传达。而萧锋和朱云谦等人,还在积极为增援金门做着各种准备。这其中包含的奥妙,只有到了下午和晚上,才揭开。

失败了不能说,故《厦门日报》只能以"明志"的方式,来对此进行一个了结。这也就是当年那个特殊时代的政治环境里,《厦门日报》尽其所能做到的了。

11时,第十兵团政治部主任刘培善,由厦门来到澜江二十八军指挥所。萧锋的《渡海重要一战——金门之战》记载说:

> 这是自准备攻击金门以来,兵团首长头一次来到我部。我和李曼村主任迎上前去,3个人面面相觑,脸色都很凝重,半天说不出话。我首先打破沉默,流着泪向他报告了岛上的战况,沉痛地说:"刘主任,第二十八军是您领导打出来的,您要帮助我们呀!现在船一条也没有,后方的部队过不了海,岛上的部队也回不来……"说着说着,我痛苦地说不出话来了。事到如今,刘主任也拿不出什么主意。他打电话给八十五师师长朱云谦同志,命令他过海到古宁头指挥部队坚持战斗,但因无船,同时因岛上战斗已近尾声,下午他又取消了这个命令。

11时后,第十兵团政治部主任刘培善,给八十五师师长朱云谦打电话指示:"朱云谦渡海去金门岛统一指挥登陆部队坚持战斗。"

朱云谦在电话中说:"我考虑,仅仅我个人上岛指挥是无力挽回败局的,但受命于危难之际,义不容辞,就提出带一个连去,请兵团速调船来,刘主任当即答应派船。"

12时,在汪厝一线的第二梯队253团张茂勋,突然接到师长朱云谦的通知,要张茂勋立即到师指挥所,朱云谦对张茂勋说,兵团首长指定他到古宁头统一指挥我登岛部队，不管起先是怎么决定的，现在上级命令我们去，我们就去。

张茂勋随朱云谦来到澳头，见到师参谋长吴森亚在侦听金门岛上战况，朱云谦命令驻澳头的259团做准备，随同他登岛增援，等兵团从厦门派船来。

16时，好不容易盼望到一艘民用机动船，终于从厦门开来了。谁知那只船在驶近澳头海岸时，突然一下子加大马力往前猛冲，一冲就冲上岸，船搁浅，开不动了！朱云谦气得掏出手枪，恨不得崩了他那个船工。

朱云谦在《回忆金门之战兼谈厦金两战》中说：

约等了3个小时，只是从厦门方面开来一条民用机动船，它劈波斩浪，航速甚快，接近岸边时仍不减速。大家喊："慢点靠岸！慢点靠岸！"船主置之不理，反加大马力，一下子冲上沙滩，使船只搁浅，要等若干小时后涨潮时才能开动。

这是船主有意作难，我气得掏出手枪，严厉地质问。船主说："你再讲也没有用！反正船是开不动了。"

真是无可奈何！

金门战役登陆作战中所征集的船工，宁愿让船只搁浅，也不愿意运送增援金门的部队前往金门，这是"提前入闽"没有群众基础带来的隐性问题，也是决定金门战役登陆作战失败的一个至关重要的因素。朱云谦在后来的几十年当中，对这件事一直耿耿于怀，并一改往日对老首长萧锋的抱怨，转而为萧锋后半辈子所受的不公待遇，四处奔走呼号。

傍晚，厦门方向开来一艘汽艇，载运第二十九军259团派出的1个排，至古宁头侦察联络。船只抵达古宁头以北滩头时，发现岛上尸横遍野，已无力回天，随即载了一些伤员准备匆匆返回，却又因艇小装载伤员过多，先是搁浅在海滩，随后机器又发生故障，至天亮，被岛上国民党军全部俘虏。

是时，八十五师参谋长吴森亚向朱云谦报告："从侦听中获知金门岛上的战斗已失利。"

十兵团刘培善主任通知：朱云谦师长不必去金门，并解除了朱云谦渡海登陆统一指挥战斗的任务。

八十二师政委王若杰与246团政委胡惠芝，找来一条渔船要过海指挥战斗，但因潮水已退船已无法下水。叶飞指示："不再进行增援。"

王若杰与胡惠芝说："只好听从兵团命令，心怀内疚和遗憾，无奈地下了船。"

台湾及金门本岛上的各路国民党守军方面

25日晚至26日天亮前的一夜，国共两党的军队在金门岛上的绞杀，是决定金门命运的关键一夜。国民党军第十九军军长刘云瀚后来在《追述金门之战》一文中，不无感慨地说：

到了10月25日入夜以后，成为最危险的一夜。因为我军经过了整天激战，所有的控制部队都投入了战场，除伤亡相当大外，多感疲劳……胜负之数还未易言。幸好由于匪军没有船只，无法继续渡海来援，所以我们能够平安度过这最危险的一夜。

刘云瀚的忧心，不无道理。此一夜，国民党守军不仅伤亡惨重、且在解放军登陆部队的猛烈攻击下，士气低落，若无胡琏十二兵团后续部队的登岛参战，如果解放军能将二梯队的4个团运送到金门登陆，这场金门战役登陆作战，完全可能是不同的结局。

4时许，为彻底击溃登陆的解放军，国民党以一一八师配属第十八师之第54团、美式山炮一连，继续围攻林厝、古宁头坚守的解放军253团等团；战车第3团第1营则编为两组，协同步兵交互进击；另以国民党第二〇一师601团第1营（欠2连）及第十四师之41团，由下湖徒步增援固守南山以西阵地之601团第3营，协力侧击古宁头的解放军253团等团；国民党军炮步第3团第7连、重迫炮1连、要塞炮第2总台、第二〇一师75炮连，位于132高地附近，支援国民党军各部队战斗。

晨，汤恩伯向台湾电告：

俘虏共军高级军官多人。

是时，从台湾派来的国民党九十九军，在美国第 7 舰队护送下，到达金门；胡琏所辖第十八师 54 团加入一一八师，继续攻击古宁头坚守的 253 等团：

但因该匪有一夜时间恢复建制，并又回窜至安岐以南山地间。故最初之战斗，又极顽强。此乃本日正午我到高军长指挥所时，我军始夺回安岐之原因。

6 时 30 分，国民党第十八军军长高魁元指挥各部队开始攻击。
第一一八师开展于埔头以北直迄海岸之线，向林厝攻击前进；
右翼部队第 54 团首先攻占东海岸解放军阵地，直逼林厝东北小高地；
国民党中央部队第 354 团在战车第 3 连协同下，向林厝东南高地攻击；
左翼部队第 352 团向林厝南端攻击；
第十四师第 41 团配属第二〇一师第 601 团，由雷开暄率领第 1 及第 3 两营，向古宁头、南山西侧进击。

10 时，昨晚一夜在海上的胡琏，乘"民裕轮"启碇前往大、小金门间之水头，再乘接驳船登上金门岛。胡琏在《泛述古宁头之战》中记载说：

汤总部总务处长来接，始悉匪已登陆，昨且激战整日，但该处长一片乐观词句，且称赞"胡琏兵团"不止。行抵水头村边，汤将军亲迎罗副长官，态度更为乐观，认为战事已近尾声。汤并跷起拇指，对我大声称赞说："佩服！佩服！年初尚属残兵败将，不满万人之破军，才数月便能强大而又猛勇，变成一支大军，佩服！佩服！"我以感激心情，连声称谢。

曾经是萧锋手下败将的胡琏，在此一刻，尽管在岛上激战的其第十八军让汤恩伯不得不说出了"佩服"，然而话里话外，却隐含着这位"汤司令"的藐视和嘲讽。令汤司令没有想到的是，此一时也，彼一时也，胡琏这支全部来自于江西农家子弟新组建的十二兵团，虽然衣衫不整，形如乞丐，但组建之后经过在潮汕地区连打了几个漂亮的仗，锻炼了出来，脱胎换骨，早已完全不同那些国民党部队中的兵痞了。其部队的气势，至登岛的那一刻开始，正处于这支军队士气最旺盛之时。更加上这支部队每团、每营乃是来自于同县、同乡甚至同村的"乡亲"关系，因此在登岛后的战斗当中，其打虎亲兄弟的勇猛和上阵父子兵的拼命，让登陆的解放军，吃尽了苦头。江西人倔强的个性和好战、好胜之心，让这些农家子弟在金门岛这个决死的战场上，尽显了江西人的执拗本性。

这是胡琏在金门战役反登陆作战过程中，不被史家们注意和不易发现的隐性必胜之因！故鸿鸣尝有对萧锋命运叹息说：

江西的"蛮子兵"打江西的"蛮子将"，老爷子是吃了江西人自己乡亲的大亏！

是时，上岛以后的胡琏，来到了汤恩伯的指挥所。随即从高魁元手中接过指挥权，亲自指挥所部各军向解放军登陆部队各阵地攻击。胡琏对此有较为详细的叙述：

午餐在棹，我立即打电话正在前线指挥作战之高魁元军长，询问日前状况，并先向他道贺："恭喜大捷，是否已清扫战场完毕？"高以低沉声音答说："战事仍在激烈进行中，形势相当严重，即派车迎司令官来。"我听此话，突觉千钧在肩，汤、罗所谈何事，竟无所闻。车到即行，不二十分钟已到湖南高地前线。

10时20分，胡琏驱车至金门岛西北面的湖南高地前线，见着了高魁元急问：

匪我状况，始知我军克复安岐，正向林厝进迫中。

当以责任所在，并未顾虑形式上之交接，迅即实施指挥权，告诉高、刘两军长：

1. 前线攻击部队一一八师附十八师54团及十九军41团，统归高军长指挥；

2. 一一八师师长李树兰即推进至安岐；

3. 十九军军长刘云瀚则以所部在虎尾高地、湖南高地及132高地，布成一线防守阵地。

经亲与54团团长文立徽、352团团长唐俊贤、353团团长杨书田、354团团长林书峤(41团团长廖先鸿尚未能取得联络,该团已入古宁头西北海边)，通电话后，前方士气大振。尤以装甲兵旅之战车营为甚，纷纷要求与我通话。上述官兵，久与我共同驰骋疆场，今兹彼辈在徐蚌战后，得在金门杀败敌匪，愉悦之情，不觉流露于其长官之前。当勉以再接再厉，灭此朝食。

此际的胡琏的本相，确乎有些"英雄本色"的味道了。作为萧锋手下的败将，念兹在兹的"徐蚌会战"一箭之仇，想必是要在此一役当中得以偿清。故而才会有此时此刻、从内心深处爆发出"灭此朝食"的狠话。

话虽是针对萧锋，然实则是对自己在大陆的失败和对共产党的节节胜利。这一点，是笔者在阅读胡琏的回忆录中，多次见到胡琏对"共产党"常常用"丑类"一词行文，可见其恨之深。

一时间，国民党军的阵地上，"胡老头来了"之声不绝于耳，士气为之大振。其士兵越战越勇，钻墙穿壁，逐屋与登岛的解放军展开搏斗；其将军们，也一扫国民党的颓废之气，第十八师之文立徽团及十四师之廖先鸿团，也分别与一一八师协同作战，勇猛往前；刘云瀚军长更是连续两日，躬冒矢石，亲自在一前线战壕中指挥。

11时30分，蒋介石特派蒋经国乘专机从台湾起飞到金门上空进行慰问。"俯瞰全岛，触目凄凉……沿途都是伤兵、俘虏和搬东西的士兵……遍地尸体，血肉模糊"。

降落金门机场后，蒋经国前往战车营，犒赏战车部队5000元。

金门战役登陆期间，蒋介石真可谓是"上阵父子兵"。相较之下，萧锋和二十八军的9086名将士们，从该日的8点钟《厦门日报》发表"我们一定要解放台湾"的评论开始，已经成为了这场战役的"弃儿"了。

是时,解放军仍在少数据点和海边阵地抵抗。

12时,林厝被胡琏部重新占领;高魁元部,夺回了解放军占领的安岐阵地;胡琏部俘虏解放军3个团残部共约1000余人,除少部分退至北山、古宁头等处,其余全部牺牲。

约此间,胡琏有感于老对手萧锋的这支顽强部队,特意来到解放军第二十八军251团刘天祥登陆的古宁头阵地,对着部属们说:

我带你们来,就是要让你们见识见识,看看人家共产党部队的战场,是个什么样子的。人家登陆抢滩到现在,没进过一粒米水,一个人要对付我们好几个人,这仗还能不残酷吗?

你瞧人家的阵地,连块像样的纸片都没留下,你们做得到吗?这样带兵的,才够格。把兵带到这个份上,真不容易啊!

胡琏的感慨,作为一个职业军人、更作为一个中国军人,不仅是对登岛将士们浴血奋战的感慨,也是对老对手萧锋带出如此顽强的一支部队的感慨。

在几十年的国共两党、两军之间的较量中,胡琏甚至深深地知道,国民党的军队与共产党军队的差异。如果自己的军队能够在大陆的战斗中也像这样地顽强拼搏,哪里会有如今来到这个孤岛上的下场?面对这样一支英勇的共产党军队,此时此刻胡琏的内心,也多少有着退守台湾的几分悲哀。这当然也是蒋介石父子及其带到台湾的那些子弟兵们,所共有的心声。

一支能让对手、让敌人都感到敬佩的军队,无论如何,也就可称之为是一支伟大的军队了!其胜利的来源也就可想而知。萧锋的二十八军以金门战役当中"虽败犹荣"的方式,向世人证明了这一点。

胡琏作为一个中国军人,能够在胜利之后,仍表现出对敌手的应有尊敬,这或许,我们也可以将其说成是一个具有优秀品质的军人!尽管,他并不是我们萧氏一门所喜欢的人。

14时,解放军坚守的古宁头以北沙滩的4座碉堡,均被国民党军的平射炮及战车先后摧毁,沿海地区亦为国民党54团所占领;国民党军在当地村民的指引下,41团及601团3营,悄悄涉过今天金门的慈堤地方(金门战役时,该"慈堤"尚未修建),向解放军后背的南山村发起突然攻击。解放军少量部队仓促应战,在遭受惨重损失后,南山被国民党军占领。

15时许,国民党十四师41团及二〇一师601团第1营(欠第3连)在占领南山后,为求迅速结束战局,遂以各部相继猛攻。战车第1连协同354团,冲入北山东北部解放军坚守的阵地,压迫解放军残部仅存之人员于海滩,随后尽皆被俘;国民党军352团,亦于此时攻入北山村庄内,与顽强坚守的解放军展开激烈的巷战。

16时,蒋经国乘飞机离开金门。

17时30分,胡琏亲自指挥部队,向古宁头半岛解放军占领的阵地发起攻击,随即北山被全部占领。台湾《20世纪台湾·1949》说:

向古宁头西侧突入之匪,尚据古宁头附近之林厝南北附近村落顽抗,经我增援攻击,并配合强大机群、海军船只及战车部队英勇攻击,至今(26)日午后5时30分,已将匪全部歼灭,俘匪军中,有匪军长、师长等重要军官多名,正在清查中。

黄昏,胡琏指挥各部队、各团进行合围,将解放军坚守的残部压迫进了古宁头村内。胡琏的《泛述古宁头之战》说:

此际我始回顾,但见二十二兵团司令官李良荣将军,二十五军军长沈向奎将军、汤恩伯将军的日本籍顾问根本博等,都在此处。再看则罗尤公(卓英)亦盘膝而坐,时用望远镜视察前方。我除与李、沈寒暄外,乃肃然而趋罗将军处,恭候之曰:"副长官何时莅临?"他说:"随你之后。"再问:"亦未中餐?"他笑而不答。但云:"作何处置?"我说:"彻夜攻击,歼灭犯匪为止。"他又说:"暂回兵团部,研究后再定。"当留十八军副军长刘景蓉继续督战。我与高、刘两军长随罗尤公(卓英)回至塔后兵团司令部。尤公(罗卓英)宣示,应立两案:一为本晚能歼犯匪后之腹案。一为若仍未能全歼,匪且得援时,我军继战之腹案……我等又议,咸以为本晚务必歼此丑类,否则夜长梦多,难免重大变化。于是又令高军长再赴其指挥所,严督李树兰师长,务必完成其任务。

胡琏与罗卓英的表现,以及胡琏的"务必完成其任务"一语,可见其在面对顽强的大陆解放军,胡琏尚不知萧锋、更不知叶飞将做何处理。其心悸之下,担心大陆解放军"再攻金门",并非多余。此际的金门战役反登陆作战,在胡琏的心理上,实乃尚未有胜局把握。

18时,坚守的解放军仍在古宁头周边与国民党军激战。时近日暮,国民党一一八师师长李树兰,遂令54团及354团,分任海岸守备,阻止解放军增援;另以预备队353团接替352团攻击任务,集中全师之火力,协同战车,做直接支援;353团在国民党强大的战、炮协同下,分途攀垣越壁,对解放军尚存的极小部占领阵地,进行猛烈地攻击。

是时,国民党军军长刘云瀚和另一位军长乘车前往湖南高地,突然遭到一群躲藏的解放军主攻团邢永生244残部的袭击,险些丢了性命。

是夜,蒋经国返回台北后,在这天的日记中写道:

今晨,接汤恩伯总司令电话报告称:"金门登陆之匪已大部肃清,并俘获匪方高级军官多人。"我于本日奉命自台北飞往金门……慰劳将士,11时半到达金门上空,俯瞰全岛,触目凄凉,降落后,乘吉普车径赴汤恩伯总司令部,沿途都是伤兵、俘虏和搬……东西的士兵。复至最前线,在炮火中慰问官兵,遍地尸体,血肉模糊,看他们在极艰苦的环境中,英勇作战,极受感动。离开……前线时,我军正在肃清最后一股残匪。

下午4时,飞离金门,但脑中已留下极深刻的战场印象,到达台北已万家灯火矣。金门登陆匪军之歼灭,为年来之第一次大胜利,此真转败为胜,反攻复国之"转捩点"也。甚愿上帝佑我中华,使我政府从……此重整旗鼓,得以转危为安,转祸为福,幸甚幸甚!

胡琏亦在后来的《泛述古宁头之战》对这位自己并不怎么喜欢的少

主人,作些许的阿好说:

一位无名英雄,即今日之行政院院长蒋经国先生……在当时并无任何官职名义,亦不担任何责任。但当战事正在激烈进行中,亲临战线,深入行间,慰劳军民,鼓舞士气……此种勇敢、冒险而又不稍居功。

是日,台湾所有的广播电台、报纸均大张旗鼓地宣传:

犯金门匪军全军覆没,造成空前大捷。

第四节
折戟·登陆作战第四天

1949 年 10 月 27 日

凌晨,253 团团长徐博与政委陈利华,决定留部分人员在古宁头坚守与断后,又派宣传股长施德辉去海边找船,希望能找到船只返回大陆。自己则带领本团少数干部和战士,从古宁头向东突围,半路上被追击的国民党部队冲散,徐博遂带领部分人员向东部北太武山区突围转移。

此际,251 团参谋长郝越三,在海边找船时牺牲。

1 时,在古宁头因负伤失去战斗力、来不及突围的大部分登岛部队,在海边被国民党军 353 团围歼,另一部伤残人员被俘。

3 时,胡琏部在古宁头村北海岸绝壁下,发现登陆解放军 259 团 3 连约 30 余人,系昨 26 日夜间,从厦门乘一艘汽艇来增援的人员,这些人员登岸后,刚将船只放回去,才知此处乃悬崖陡壁,人既不能攀登,四周亦无任何道路,遂弃械被俘;259 团 1 营教导员李风池也在被俘之列。

拂晓前,253 团 2 营副营长李金玉带领一部分残存人员,从林厝再撤回到古宁头村。

凌晨,第十兵团给二十八军发出了撤销战斗的命令。前线指挥部里的电台全部沉寂下来,电报队长姜从华用颤抖的手在报务日记上记下了时间:"10月27日15时20分与登陆部队失去联络"并签上名字。

战后姜从华无限悲伤地说:"古宁头在地图上的代号为312。这个数字我永生忘不了。"

萧锋像一头狂怒的狮子,几乎是在用尽全身的力气喊出了命令:"全军所有炮群,对准金门岛进行历时1分钟的猛烈炮击!"

排山倒海般的炮弹,一齐射向了金门本岛;二十八军和二十九军的几万将士,在这一时,全部冲向了海滩,面对波涛汹涌的无情大海,放声大哭。用各自手中的枪支,向着金门方向的天空,不断地发泄射击……

4时,海岸边上,国民党军一一八师、第十四师各一部,仍在沿海岸扫荡残余的解放军登陆部队……

8时,第十兵团叶飞致第三野战军电报:

敬(24日)晚登陆金门之3个团,因登陆船只一只未回,二梯队无船,不能增援。我3个团与敌3个军激战两天两晚,至宥(26日)19时后完全失去联系,详情后报。我们拟准备二次攻击,约须1个月,因漳厦已无船只,必须从福州征集。

在北京开会的第三野战军副司令粟裕,接到第十兵团的电报后,于酉时(17时至19时)转报中共中央军委和华东局。

粟裕"转报"中共中央的时间,迟滞了整整10到11个小时。在迟滞的这10余个小时里,可以想见的是,粟裕的内心,无疑在饱受着痛苦的煎熬。他一定是在反复掂量如何向毛泽东和党中央说明这次金门战役登陆作战的失败,而作出"再战金门"的计划。

此间,古宁头村的李金玉和3营副营长刘德培等伤员,仍在坚守抵抗。李金玉等将刚负伤不能行动的6名重伤员,背送到古宁头村里的大庙内,其余人员悲痛地与伤员告别后,退到西北的海边;

国民党十二兵团部,在14辆坦克的掩护下,黑压压拥了上来。大庙里躺在菩萨脚下的6位伤员,在国民党军拥进来时,拉响了手中的手榴弹……

9时30分,胡琏部李树兰师长来报告:

古宁头村内坚守的解放军,已经尽数歼灭;

古宁头村北海岸绝壁下,系26日夜由厦门增援而来困守崖下、不能攀登的数十名解放军,均已弃械而降。

旋即,国民党东南军政长官陈诚,率领台湾防卫司令孙立人,装甲兵司令徐庭瑶,补给司令何世礼,乘专机由台湾本岛飞临金门。这些要员们,都是金门战役反登陆作战中,出钱、出力、出装备的功臣。

是时,金门岛西北方向仍然枪炮声不绝,少数解放军还在地堡中和房屋里各自为战进行抵抗,国民党军仍在逐屋搜索,海军军舰也一直在古宁头北边的海面上,用舰炮不停地向那些残破的船只炮击,扫射那些海岸边地堡、房屋的死角。

10时,胡琏给自己的校长蒋介石,发去电报称:

我军仅虏得(解放军)隶属不同军、师之四个团长。

此际台湾的广播、报纸随即进行播发消息:

生俘共匪万余人,其余悉被歼灭、击毙军长萧锋以下师长5至6名,团长10余名等。

接到金门战役反登陆作战"大捷"的蒋介石,禁不住一时老泪纵横:

这一仗我们全胜了……台湾安全了……无金门便无台澎,有台湾便有大陆。

面对新中国成立26天后金门战役登陆作战的失败,毛泽东他老人家那原充满全国胜利喜悦的内心深处,一定也掀起了巨大的波澜和哀痛……

九千官兵战死了,"金门"没有拿下,"解放台湾"成了一个问题,

"统一"变得遥遥无期。

蒋经国在金门战役之后说:"金门战役是国民党的转折点",而直接指挥了金门战役的胡琏,在其撰著的《泛述古宁头之战》当中,把金门战役当成了国民党失去大陆后获得重生的涅槃之地:

金门战役的胜利,既是军事上的,也是政治上的,更是精神上的。

纵观65年以来偏安一隅的台湾"中华民国",这一说法不无道理。对于那些想要在偏安一隅后的台独势力和台独分子来说,更是将金门战役看成是台湾脱离大陆的"立国之战"。

坚持台湾独立的民进党,以及民进党执政时期的"副总统"吕秀莲,更是将金门战役看成是他们借以脱离大陆,以此为"独立"的标志:

古宁头大战,两岸变两国;

金门之役……它是由中国中华民国过渡到台湾中华民国的一次重要战役。

其时,远在北京的周恩来,几乎与蒋介石同时,收到了国民党金门守军向台北报捷的那份"击毙萧锋以下师长5至6名,团长10余名"的消息。

面对传来的噩耗,周恩来十分震惊:"萧锋死了?"

从此,"萧锋"与金门战役登陆作战的失败,紧密地联系在一起,"萧锋"这个曾经的传奇英雄,再进入到人们的视线中时,乃至于在硝烟散去60多年后的今天,不管是在福建,还是在厦门,但凡是遇到姓"萧"的江西人,脸上便会透露出一种莫名的好奇表情,或探询,或旁敲侧击,总希望试图探取某些关于"萧锋"与金门战役有关的那些鲜为人知、闻所未闻的秘史消息来。

当我们为了撰写本书,在北京中央档案馆、军委档案馆,在福建厦门大学、台湾研究所,辗转各地图书馆、书店等处进行资料搜集、采访时,那些陌生的面孔,除了表现出对"萧姓"和金门战役的特殊关心外,更多的则是表达了一种由衷的敬意。

约1时左右,246团团长孙云秀所率的50余人,在双乳山附近隐蔽时,被国民党军发觉,遂继续突围转移。

15时,246团团长孙云秀清点人数,只剩下12个人。一颗子弹打过来,警卫员小王倒下了。张怀义正好在孙云秀团长身边。

孙云秀问张怀义:"小王咋啦?"

张怀义答:"不知道,倒下不吭气了。"

"那枪呢?"

张怀义立即过去,在小王身上将枪拔了出来,因为枪里还有一颗子弹。

孙云秀让大家到农民的地里扒点地瓜充饥,休息了一会儿站起来说:"天快亮了,咱们十几个人拉开距离前进。"

因为部队打乱了,孙云秀的246团与刘天祥251团的人在一起行动。

刘天祥看了看表说:"现在是下午3点,大家分散,饿了就扒地瓜吃,晚上再到这里碰头。"

这一分散,部队就再也没能重聚起来。

15时许,国民党军追到古宁头最西端五沙角附近,解放军253团作战参谋王裕生向海边崖下的伤员大声喊道:

"敌人又冲上来了!"

3营副营长刘德培听到呼喊,忍着伤痛,立即和机枪连连长朱元山把一挺打光了子弹的重机枪从岸边推入海中。当国民党军逼近时,王裕生选择了跳崖……但自尽未遂,与其他80多位伤员一同成了国民党的俘虏。

古宁头西南角的马祖宫北海岸,剩下的50多名解放军战士,在打光了所有子弹后,面对后面冲上来的国民党军队,这些来自山东老革命根据地、一点儿都不会水的铮铮铁汉们,集体扑向了一望无际的大海。

追到海边的国民党士兵,用机枪朝着大海里的战士们一阵狂风暴雨般的扫射。顷刻间,海水被染成一片红色……波涛汹涌的无情大海,肆意地一遍又一遍推涌着英烈们的遗体……

远处,国民党海军"永安"舰仍在古宁头海面上巡弋。

一艘遍体鳞伤的帆船,在海涛中毫无目的地漂移,甲板上,躺着十几个满身鲜血的重伤的解放军战士。

他们在那里默默地擦枪,但枪膛里早已没有了一颗子弹。

国民党海军发现了,用机关枪朝着船甲板上无力还击的伤兵,一阵狂射。

枪声停后,整个大海,像死了一般地沉默与寂静……

16时余,国民党东南军政长官陈诚至战地视察,归时途经132高地时,突然,从草丛里跳出244团的百余名战士,赤手空拳地向陈诚扑来……

晚,解放军第二十九军253团政治处主任张茂勋,带领着在大陆未能登金门岛作战的幸存者:253团剩下的第3连、团直属警卫连、1营机炮连残存的半个连,团直炮兵连尚存的2个排,特务连残留的半个连,以及253团留守的机关工作人员、炊事员、饲养员600余人及骡马等,一路流着泪,回到了同安郊区的原253团驻地。

同安县城东的公路两边,都是来迎接自己亲人的家属,有团长徐博的未婚妻、陈利华政委的未婚妻、参谋长王剑秋的未婚妻……她们,都是在盼望着胜利归来的亲人,期待着胜利后的新婚……

是夜,无法面对这些亲人们的张茂勋,提笔给陈利华政委的未婚妻,写了一封不长的信:

周展秋同志:

我团奉命攻击金门,由于海岛作战,船只困难,后续部队不能及时跟上,遂遭不幸,无一生还。陈政委在此战斗中,非战死即被生俘,依我与老陈相处,依他的政治水平与组织修养,光荣牺牲或临危自杀可能性较大,这一不幸的消息告诉你,你一定会痛心。是的,革命的感情,谁不伤心?但是事已如此,难过也没有用,希望能理智自己,把悲痛变为仇恨,你写给他的信件,我在检查,老陈的笔记及遗物均存在我处,你如有空,来我处一趟,有些物品可做纪念……

写完信后,张茂勋又与宣传股长朱鸣竹一起来到登陆作战的第一梯队各营、连驻地营房。

空荡荡的军营地面通铺上,是一溜溜摆放得整整齐齐的被褥和背包……

3000多人的一个主力团呀……哪一仗也没有这样惨哪!

张茂勋见此,再也忍不住眼泪,坐在地上号啕大哭起来……

第四章　觉悟与偏安

第一节
此恨绵绵无绝期

1949 年 10 月

是月，台湾国民党自"金门大捷"后，陈诚常在人前人后说：

金门之战，是共军渡江以来碰到的第一个大钉子。

国民党第十九军军长刘云瀚亦撰文说：

金门之卓然屹立，进而与马祖互为犄角，直接封锁了厦门湾与闽江口之对外交通，使匪不得利用两个最接近台湾之大陆海岸港口，更遮断了匪军舰船在台湾海峡之活动。

28 日辰时，粟裕与袁仲贤、周俊鸣联名发出致第十兵团叶飞、陈先庆及福建省委，并上报中央军委的电报：

27 日 8 时电悉。你们以三个团登陆金门岛，与敌三个军激战两昼夜，后援不继，致全部壮烈牺牲，甚为痛惜。查此次损失，为解放战争以来之最大者。其主要原因，为轻敌急躁所致。当你们前次部署攻击厦门之同时，拟以一个师攻占金门，即为轻敌与急躁表现。当时，我们曾电你们，应先集中力量，攻占厦门，而后再转移兵力攻占金门，不可分散力量。但未引起你们深刻注意，致有此失。除希将此次经验教训深加检讨外，仍希鼓励士气，继续努力，充分准备，周密部署，须有绝对把握时，再行发起攻击。并请福建省委，用大力为该军解决船只及其他战勤问题。至失散人员，仍望设法继续收容。

粟裕这个充满悲情的电报，决定了粟裕以后"解放台湾"的道路，也决定了他在金门战役登陆作战后,与毛泽东在"再打金门"和"解放台湾"战略决策上的分歧。

粟裕以一针见血的"轻敌与急躁表现"之言,指出了第十兵团在金门战役登陆作战期间的问题和失败原因所在。粟裕的"当时,我们曾电你们,应先集中力量,攻占厦门,而后再转移兵力攻占金门"的指示,如果第十兵团能将这个指示落实,则攻击金门的兵力就不是三个团,而应当是与进攻厦门一样的3个军。这将是金门战役登陆作战的10倍强兵力,较之于金门岛上的国民党驻军,即使胡琏再增兵援助,其兵力的对比也是一比一强,加上国民党军心涣散,金门战役完全可能一战而胜。可惜!可惜!第十兵团没能按照粟裕的这个方案来执行。

粟裕"但未引起你们深刻注意,致有此失"的这一责备,均与二十八军没有丝毫的关系。"并请福建省委,用大力为该军解决船只"一语,说明粟裕对二十八军金门战役登陆作战失败的原因,主要来自于船只的问题,已经是十分清楚和甚为了解细节的了。

同时,也多少显现出在金门战役之前,第十兵团、福建省委在征集船只的问题上,负有不可推卸的责任。只有如此解释,才能理解粟裕在这份电报中为什么要责令福建省委要为"解决船只"而专作此批示。

这个电报所述之详细,还透露出在这个电报之外,另有尚未公布之电报存在。至于为什么至今不得见,尚没有解密,一定有不便公开的某些原因。这只能有待于时间,更多档案终究会大白于天下的。

是时,天刚亮,金门本岛上,还在草丛中躲避休息的246团团长孙云秀,环顾四周,发现山头上都插满了小旗,随即判断是敌人已经控制了山顶。很快,一排排端着刺刀的国民党士兵,从四面八方蜂拥地将孙云秀和10余个伤残的解放军战士围住。

"抓活的!抓共产党的大干部!"

看着周围黑压压的国民党军队,孙云秀知道突围无望。他突然一跃而起,对着围拢来的国民党军高声喊道:"朋友,过来吧,我就是团长!"

在用手枪打倒了几个士兵后,孙云秀用手枪对准了自己的太阳穴,"啪"的一枪,饮弹自尽,教导员侯振华也立刻举枪饮弹自尽。

孙云秀饮弹后,兀自不倒,双眼紧盯着前面围拢的国民党军。直到国民党军醒悟过来,用手推了推孙云秀,孙云秀这才轰然一声倒下。

后来的国民党军史讲到这一段时,仍心有余悸地说:

孙匪云秀极为剽悍,饮弹自尽后,尸体兀自屹立不倒。

听到枪响在丛草中惊醒的张怀义,随即被国民党军俘获。

孙云秀的绝望,一定与二十八军那封最后发自26日给登岛各团团长的电报有关,因为,他明白后面再无任何"增援","利用敌人或群众的竹木筏及船只,成批或单个越海撤回大陆归建",也完全不可能!

28日,萧锋已经两天两夜不吃不喝,一直在浏江前线指挥所楼上,双眼含泪,隔着滔滔大海,遥望着那座金门本岛,试图听清从岛那边传出来的每一声零星枪响……

这是萧锋自井冈山参加红军以来,打了1365场胜仗之后的一场败仗,或许,这场败仗,将成为他戎马生涯的最后一个战役和最后一场战斗。

通信员小苏在身旁劝道:"首长别看啦,进屋休息吧。"

此时,国民党的几架飞机又呼啸着来到了浏江上空,"轰"的一声巨响,炸弹就落在指挥所附近。

40多年后,萧锋在回忆文章当中,锥心刻骨地写道:

这颗炸弹要是落在我身旁,让我追随那些牺牲在金门岛上的战友,我的心就不会永远痛苦了!

抱定求死的萧锋,死神却没有在此刻降临,而是要让他在后半辈子的几十年岁月当中,在受尽了人间的折磨和心灵的煎熬后,以文字的形式来告诉世人记住那场战役,记住那登岛的9086名将士,让他们为世人所了解,让他们得到最后的安息。

萧锋在后来的岁月所付出的这一切,也让萧锋在二十八军此后存在的30余年中,获得了"二十八军之父"和"二十八军军魂"的至高无上的荣誉。

此际,叶飞也在第十兵团指挥部,亦尤为痛心。据《叶飞上将》一书记载:

金门战斗失利,全军震惊。叶飞……沉浸在深深的自责中,已两天两夜不吃不睡。

战后第二天……萧锋……李曼村……面对叶飞痛哭失声……叶飞抚慰地说:"哭什么!哭解决不了问题,现在你们应该振作精神,鼓舞士气,准备再攻金门。这次攻金失利,是我决定的。身为兵团司令,由我负责,你们回去吧!"

事后,叶飞连续两次给华东军区、中央军委发电报,诚恳地说明,金门失利的原因在于自己的轻敌和处置不当,请求给予处分。毛泽东主席说:金门失利,不是处分的问题,而是接受教训的问题。

同时28日上午,金门岛上的国民党军仍在打扫战场,四处搜索躲藏的解放军指战员。

从古宁头突围出来的251团团长刘天祥,在山区被国民党坦克碾断了小腿,失血昏迷后被俘,随即被押往台北。国民党军用尽威逼利诱手段,刘天祥仍坚贞不渝,毫不动摇。

251团政委田志春带队从古宁头突围后,在途中被敌人发现包围,田志春让部队撤到一个小山头上,弹尽被俘。

被俘时,田志春穿着战士的衣服。在国民党第十八军指挥所,因有理发手艺,遂化名田瑞章,自称是个理发员,被捕的战友们也守口如瓶,敌人连续审问5次,没有查明他的身份。直到有"解放战士"叛变,这才指认田志春是251团的政委,在押往台湾后被害。

从古宁头突围出来的251团副团长马绍堂,于是日,在山区被敌人发现包围被俘。后押往台北关进内湖集中营。1950年7月,马绍堂被当成"顽固不化"分子遣送回大陆。

253团政委陈利华在古宁头突围后失踪。

28日下午，金门战役登陆作战的解放军9086名将士，除大部壮烈牺牲、失踪外，其余幸存者，全部被俘。

是日，金门战役登陆作战基本结束后，仍有国民党胡琏部一个团在登陆。

同日，"中华民国"代总统李宗仁，在获悉国民党军在金门战役反登陆作战中的"大捷"后，给陈诚发来特急电报：

台北陈长官辞修兄：金门守军奋勇应战，予以重创，捷报传来，人心振奋，吾兄董督有方，将士用命，至足佩慰。希即传令嘉奖，查明有功将士，呈报国防部，分别奖赏，并盼再接再厉，晋建殊勋，无任企望。李宗仁。

是日，粟裕电示七兵团准备攻打登步岛的部队：

登步岛战斗，必须充分准备（特别是船只），集中优势兵力，要有保障第一梯队同时起渡、第二梯队连续航渡的足够船只，有把握有重点地实行逐岛攻占，确实掌握敌情、水情、风向、气候的变化，严格检查参战部队的作战部署和各项准备工作，防止领导上的官僚主义和指挥上的粗枝大叶。

粟裕的这个电报，是在了解了金门战役登陆作战失败的情况才发出的。但是，登步岛战斗，还是惨遭了与金门战役登陆作战一样的失败。由此可知，当时第三野战军在"登陆作战"上的轻敌与战术缺失，并不是只有第十兵团和叶飞才有的个别现象。

《中国人民解放军战史》对金门战役登陆作战的失败，有一段较为客观的评价：

在胜利的形势下，高级指挥员轻敌麻痹，盲目乐观，战斗任务尚未全部完成，就过早地转移了工作重心，忙于城市接管。同时，在作战指导上，对渡海登陆作战的特点和困难认识不足，只强调掌握战机，对敌情、海情缺乏周密、细致的调查研究，船只准备不充分，战斗组织指挥不严密，不同建制的3个多团没有统一指挥，仓促发起战斗，这就难免造成严重的损失。

这个评价，尽管尚有不足之处，但对于萧锋来说，也算是公允的。因为，作为军史这一盖棺论定的论述，一针见血地指出了叶飞"转移了工作重心，忙于城市接管"的错误；同时，又指出叶飞等第十兵团如刘培善等人的"只强调掌握战机，对敌情、海情缺乏周密、细致的调查研究"；虽然在"船只准备不充分"的批评上，是对直接指挥员萧锋的责备，但这一责备并不十分准确，因为萧锋要求的6个团登陆作战的船只，被叶飞坚持的"2个营""2个团"所否定，这当然难以此理由来对萧锋进行任何的责备了。至于"战斗组织指挥不严密"一说，笔者认为，盖因研究者对当时的实际情况并不十分了解，而做出的"求全责备"。

以金门战役的登岛结果和战斗实际发展情况来讨论，登岛的3个团，不仅全部登岛成功，且在无援的情况下，坚守了整整2天3夜。这就充分说明，在战术上，萧锋的登岛抢滩指挥战术，是没有任何漏洞和疏失的。且后来金门岛上所发生的一切"意外"情况，萧锋早在战役发起之前，就已经有充分的认识并将此情况汇报给了第十兵团，只是因为叶飞的"无暇顾及"，而没有得到应有的重视，也没有得到刘培善等相关领导的重视。

但是，这一具有"定性"意义的论述，却在后世许多涉及金门战役的著作、文章中，被加以歪曲，甚至篡改，将金门战役失败的一切，强加在萧锋一个人身上，而让萧锋的后半生，一直蒙受着这一并不公允的结论。

自金门战役登陆作战失败后，面对部队的怨愤声，烈士家属的哭泣声，和那些没能回来的牺牲战友的英灵，萧锋无法面对。此间一直在萧锋身旁帮助整理战斗总结的吴鸿翔，在其回忆文章《一曲血洒海疆的壮歌——悲壮的金门之战》中说：

负责指挥金门战役的二十八军副军长萧锋,心如刀绞,痛不欲生。在驻地福清县城一家侨属住宅的作战室里,他声泪俱下,写着战斗总结教训。他起草,吴鸿翔帮助整理誊抄。室内沉静,他心情沉痛,饮食不进,时而捶头,时而起身踱步,时而伏案低泣,再三把草稿撕了重写,两天没出作战室。往日的作战计划,胜利总结,写时心情舒畅,这次写失利教训,则是另一番情境,字字句句,是用血和泪写的。

29日,第十兵团致电三野、华东局金门战役报告:

28日辰电敬悉。我们以沉痛的心情,将此3个半团壮烈牺牲在金门岛的战斗经过和造成失利的原因报告如下。

我们检讨造成此次金门作战之惨痛损失原因:主要是由于我们急躁胜利冲昏头脑盲目乐观轻敌所造成。虽然在福州战役之后,前委及华东局一再告诫勿轻敌勿急躁,我们进行漳福厦战役之时亦兢兢业业恐轻敌受损(福州战役后部队已产生盲目乐观情绪轻敌情绪)。但我们自己在全战役中,即种下重福厦轻金的轻敌思想,与战役指导认为:厦门要塞永久设防工事坚固,火力强,难攻;金门兵力少(7个团约15000人至20000人),工事与火力均不强,容易解决。故在战役指导上一开始对金门不重视。

厦门攻克之后,更冲昏头脑,认为金门更无问题,更加急躁情绪,督促二十八军能搜集到3个团的船只,即可发起攻击(当时估计3个团登陆即可站脚),只求速效,勿让敌有喘息与重新整顿之余地;而未在困难方面多作想与考虑,与对敌做最后挣扎之严重性估计不足。直到已发现胡琏兵团开始从汕船运抵增援金门,仍图在援敌未全部到达时予以攻击,在船只不足情况下,未断然下决心停止攻击。这是最严重的错误。充分表现了轻敌急躁,主观主义打没有把握与冒险的仗。这是我们要负责的。

至于战术上的毛病,则为登陆部队未巩固与扩大滩头阵地,无统一指挥各自为战,被敌各个击破;敌不断增援,而我后续部队因船只一去无回无法增加投入战斗。

此次金门作战,遭遇自卫战争以来未有之损失。我们除被俘的仅3000余,大部壮烈牺牲,被俘的3000余人中,敌人也花了很大的代价,二○一师伤亡5000余人,一一八师和敌共伤亡9000多,同时,我们处于劣势(兵力、火力)3夜3天,这完全说明了我部队的英雄、顽强、坚决。

过去历次战斗中,2个军伤亡七八千人,算不上是很大的,此次金门战役中,3个多精干的建制团全部损失,自卫战争以来第一次,其责任不能推向下面,而应该由我们负主要责任。

此次金门战役的失利,研究其原因,主要是轻敌、草率、急躁。其具体表现:

第一,兵团组织金厦战役的开始,战役指导上就犯了重厦门轻视金门的思想,认为厦门工事强,兵力多,敌人战斗力亦比金门强,虽则,金门海峡要比厦门宽,但是也宽不了多少;厦门战役胜利了,重厦轻金的思想,也得到了增长,因此,没有更好地去仔细研究金门的攻击战,更没有去直接负责指挥组织金门战役,认为没有问题,完全要二十八军萧副军长去负责组织指挥,且表现急躁,要二十八军赶快攻击,只要收集到3个团的船,就可以攻击。

第二,20日以后,金门的情况开始了变化,得悉胡琏兵团放弃汕头,增防金门岛,二十八军来电24日发起攻击,是时,胡琏兵团基本上已全部到达大、小金门,兵团没有更好更慎重地考虑,更没有断然地下令停止攻击。

第三,对敌人垂死挣扎的顽强性认识估计不足,概括了解这是残兵败将,狗急会跳墙,兔急会咬人,当敌人没有路跑的时候,既不投降,就会拼命的,同时,十八军、十九军、五军皆系蒋贼之亲信。

第四,厦门战斗教导我们,由于船工、风向、潮汐等客观原因,船只来回使用基本上是困难的,甚至是不行的,可是金门战役中,我们对这个问题没有专门去研究,追求解决的办法,仅仅主观主义地想了一些办法,结果,战斗发起后,第二梯队因没有船,只好在北岸看着。

以上是金门战役失利的基本毛病。当然我们部队战术上也存在了不少缺点,例如师级干部没有过去,缺乏统一指挥,变成各自为战,登陆后没有巩固扩大突破口,只是向敌纵深攻,结果给敌人封锁了突破口,船只全部被敌烧光。除了深刻接受血的教训外,当鼓励全军再接再厉,恢复建制与重新充分准备,攻歼大小金门之敌。

在这个检讨报告中,始终是以"第十兵团"的集体面貌出现,而没有叶飞自己对金门战役登陆作战的"个人检讨"成分,直至40多年后的1993年6月15日,叶飞在接见李曼村和《回顾金门登陆战》一书的编者丛乐天、邢志远时,这才有了:"24日中午兵团开会下决心打,要利用胡琏要来而未到的空隙,担心再推迟就会起变化,这个决心下错了,不该打。"(据张茂勋、丛乐天、邢志远《金门失利原因何在》)这一检讨,距离1991年2月3日萧锋去世,已经整整两年半时间。

29日,毛泽东签发《关于攻击金门失利的教训的通报》:

各野战军前委、各大军区:据第三野战军粟裕、袁仲贤、周骏鸣三同志10月28日致第十兵团叶、陈及福建省委电称:"10月27日8时电悉。你们以3个团登陆金门岛,与敌3个军激战两昼夜,后援不继,致全部壮烈牺牲,甚为痛惜。查此次损失,为解放战争以来之最大者。其主要原因,为轻敌与急躁所致。当你们前次部署攻击厦门之同时,拟以1个师攻占金门,即为轻敌与急躁表现。当时,我们曾电你们,应先集中力量,攻占厦门,而后再转移兵力攻占金门,不可分散力量。但未引起你们深刻注意,致有此失。除希将此次经验教训深加检讨外,仍希鼓励士气,继续努力,充分准备,周密部署,须有绝对把握时,再行发起攻击。并请福建省委,用大力为该军解决船只及其他战勤问题。至失散人员,仍望设法继续收容"等语,特为转达,请即转告各兵团及各军负责同志,引起严重注意。

当此整个解放战争结束之期已不再远的时候,各级领导干部中主要是军以上领导干部中容易发生轻敌思想及急躁情绪,必须以金门岛事件引为深戒。对于尚在作战的兵团进行教育,务必力戒轻敌急躁,稳步地有计划地歼灭残敌,解放全国,是为至要。

同日,第三野战军离职休息的参谋长张震,病休结束归队回到南京萨家湾原国民党行政院所在地的第三野战军司令部。袁仲贤、周俊鸣前来看望并告知金门战役登陆作战失败的消息,张震说:

粟司令和他们发了电报给中央军委,并告十兵团和福建省委认真总结教训,准备再战……粟总对我讲:别太性急,逐步介入,要有个适应的过程,同时,又谈了东南沿海作战和准备打台湾的问题。

29日,华东局致十兵团、七兵团电:

同意粟张28日电部署和指示,因局部失利而引起的消极情绪请注意说服,希从失利中总结积极经验。

粟裕28日给第七兵团的电报,以及29日华东局致十兵团、七兵团电报,都是金门战役登陆作战失败后,提醒即将于11月3日发起的"登步岛"战役,"从失利中总结积极经验""必须充分准备(特别是船只)……保障第一梯队同时起渡、第二梯队连续航渡的足够船只"。但是,登步岛战役还是失败了。

29日,第十兵团致电三野、华东局,报告"再打金门"和剿匪部署:

我们意见采取两面兼顾,即一面进入继续准备攻金,一面即有重点开始有步骤进行剿匪。再攻金门需要500只帆船、2500名船工,做好这些准备需要2个月时间。

29日,萧锋在日记中,有如下记载:

29日,晴。我的心情很沉重,打算着总结一下攻打金门的经验教训……攻金战斗有"三没有""四不该"。

1. 军前没有成立党委会,不能形成集体领导。

集体力量、群众智慧可以避免领导上的局限性片面性,保证更好地、彻底地贯彻执行上级指示。领导光催,下面穷应付。一个人能力再大也抵制不住上级领导个别不切实际的主观指示。群众中蕴藏着无限的革命积极性,不走群众路线,仗是打不好的。

2. 没有牢记毛主席"不打无准备之仗"的教导。

渡海作战是个新鲜事物,同陆地大不相同,有它的特殊规律。福建刚解放国民党统治人民,被压迫很厉害,毒害很深。新区群众对我党我军政策不了解,为谁而战不明确,战争恐惧心理很严重,我们工作还没有做好,船民政治觉悟不高,有机会就跑,部队同志学开船不懂海情,不懂水性,有革命觉悟没技术也不行,不能把船按时、按指定地点开往,那就要误事。

3. 没有坚持必具备攻金、作战指导思想。

金门岛是大陆解放的最后一仗,同志们想杀敌立功,争取最后胜利,心情可以理解,在适应新形势下,不该有迁就立名(笔者按:此处文义不甚明白)思想。十兵团(打厦门)共3个半师,而打金门的第一波3个团,是分属3个师的,这样就缺乏集中指挥。应第一波集中使用八十二师或八十五师,以九十二师为预备队。钟(贤文)、王(若杰)未能随部队登陆,各团登陆后,各自为政,没有统一指挥,形不成拳头。对高塔山、金门县实行猛烈突击,没有拿一定的远程炮和对付敌人的登陆舰,也没有用厦门的海岸炮。

四不该:

1. 千不该违背毛主席十大军事原则,情况越紧,环境越苦,任务越重,更应加强学习马列主义、毛泽东思想,要用真理战胜歪道理。

十大军事原则大家背得很熟,运用数年,尝甜头很多,这一次却违背了。金门守敌多少?兵力布置、火力配置、工事构筑是不清楚的。胡琏兵团潮汕撤退不到台湾,而久停在金厦海面,没有研究他的动向。敌大局失败后挣扎的可能性估计不足。福建刚解放,我们工作还没有展开,要动员群众支前自然很难,这一点没有考虑到。船只究竟能找多少？质量怎么样？这些主客观情况现实可能性怎么样？差距多大？主观能动性能发展到何种程度？都没有一个完整的、详细的分析研究。

我整天忙于找船、战训，抓两栖作战的技术准备，顾此失彼，酿成了大错。

2. 不该仓促应战，机械地执行了脱离实际情况的命令。

10月13日向兵团前委报告，必具三条攻金，且得到前委的同意，我们可以料想到：充分准备拖几天，蒋、汤可能放弃金门，这么一个岛子也不值得用那么多的力量，仓促攻打，有人批评我好变心，这个决心就是应变，可惜叶、刘坚持不变。当25日晚7时叶对我讲话，提到胡……已在大小金门增兵2个团，我就提出停止攻金，如能坚决顶住，不怕撤职罢官，兵团领导也就无法坚持打下去。

但我是一个共产党员，也深懂得下级服从上级，全党服从中央。我不能这么做，这是对党、对人民负责的一致性认识不足，牺牲了人民那也谈不上对党负责，革命失败了还谈什么对党、对人民负责?!

3. 战役组织第一波不该用不同建制的3个团，最艰巨的任务最好是用自己的部队，建制越多，问题越多，指挥也乱，关系越复杂，很难组织协同。

4. 不该再送246团第1营，25日失势已定，实在无法挽救，叶司令非要以添油似的增援1个营，按当时情况应设法后撤。撤一个算一个，叶硬要坚持6团孙团长带650人南援，不应该继（续）错援，如有一线希望也可，损失越大越错。经验告诉我们，在严重关头，指挥员知错改错，适应客观现实，可避免错上加错。

遗憾的是，叶司令不该把我从船上叫下，应在军指，跟随第一波部队一边攻金，同8600名军民一边战斗，即便战死也甘心情愿。

萧锋这天的日记，实际是为了第二天前往厦门第十兵团做检查所整理的思想与回顾。

29日夜，魏金水致叶飞、刘培善关于"闽西运转公粮至厦（门）问题"电文：

叶、刘：闽西运漳转厦军粮，决定分二路输运，一路由永定陆运60万斤到南靖山城，另一路由漳龙公路车运75万斤到漳州，(此路决定30日开始运)请兵团派人去接收，并在车辆不够时设法协助。魏10月29日夜。

这个电文中"60万斤……75万斤"与金门战役前10月20日"叶、刘给魏金水电文指示运粮至厦"所述"50万斤至100万斤米来厦"正相吻合。

是日，厦门市贸易公司土产部，按国营牌价出售油、米，平抑厦门市高涨的粮价。

从10月20日叶飞要求调运粮食，至29日厦门市按国营牌价出售油、米，平抑厦门市高涨的粮价，说明电报中的"60万斤"粮食已经到了厦门。

厦门市"平价粮食"的出售，充分说明了叶飞抽调战船运粮的事实，所运粮食，不偏不倚，正是金门战役最需要战船运兵、打仗的关键时刻。所运粮食的目的，实乃是为了平抑厦门16万人口的粮食市场，而绝非是因为厦门已经"断粮"的缘故。这是众多当时和后世均批评、指责叶飞"过早将重心转移到城市"的关键所在。

这个"平抑粮价"的举动与金门战役之间，以叶飞对待金门战役的检讨"兼顾"形成了鲜明的对比：大战在即，粮食与作战部队，孰轻孰重？这一负罪感，一直伴随着叶飞，在走过了金门战役登陆作战40周年之后，当叶飞冒雨登上了厦门云顶岩，眺望着对岸的金门岛，双手微微战栗……这种负罪感才得以释放。

30日晨，金门本岛上的国民党军残部、第二十二兵团海上巡逻大队官兵100余人，在大队长陈干伦率领下，乘汽艇一艘向解放军投诚。

是日，阴雨。解放军第二十八军、二十九军担任攻击金门任务的部队，忍痛北返福清和各自的驻地；养病的二十八军军长朱绍清，由上海休养完毕归建回到军部。萧锋同陈美藻、李曼村去厦门老虎山参加兵团党委扩大会。萧锋第一个发言：

我第一个发言,痛心检查了金门失利,主要是骄傲、急躁,违背了毛主席关于不打无准备之仗的指示,反复建议,没能坚持三个条件下攻金,我机械地执行了脱离实际情况的命令,使八十二师244团,八十五师251团,八十五师253团、246团第1营共3个建制团,1个建制营,6400多名战干,600多名民夫,428只船,共7600名阶级兄弟,造成解放军史上惨重损失,对二十八军、十兵团,福建人民犯下了大错误,痛心请罪!

萧锋检查中的数字,是在大战之后才几天的一个大概数字,并不准确。但是萧锋的这个检讨,获得了整个兵团的同情和全军将士们的尊重。

是日,第十兵团政治部主任刘培善,致电第三野战军政治部:

此次战斗失利,造成如此重大损失,除船只不够、3个多团没有师干过去统一指挥、突击点未能巩固、敌兵力较多外,基本原因:

兵团领导思想上的急躁轻敌,为胜利冲昏头脑而重福(州)厦(门)轻金(门),其具体部署是将兵团指挥所进入厦门,这样严重的军事任务交萧副军长完全负责。对胡琏兵团增来金门未注意研究考虑。在敌我力量对比上敌占优势,不从坏的方面作打算。对敌我双方条件,未作精详估计。

为厦门城市工作所纠缠纷扰,未集中全力去指挥战斗。……

我们认为金门战役有如下几个血的教训:

1. 主观主义是最为危险,高级指挥机关的作战方案愿望与意图必须与具体实际情况相结合,此次战斗失利是不从敌情、我情、海情三方面实际情况出发的必然结果。

2. 领导机关在战斗任务未完成之前,绝不能放弃领导与指挥上的责任或授权他人……此次重福、厦轻金表现之一即是将福、厦市工作为主,金门战役为次,主次颠倒。

3. 操之过急,但求速效不冷静考虑。只是向下交待任务,发布命令,在战斗上必遭失败,成功也是偶然的。

厦门战斗曾开过三次会议讨论,从各方面分析,因而比较顺利。

对金门战役兵团未专门召集会议讨论,故得此恶果。

4. 战斗决心下定之后即使完全合乎实际也必须在战术上部署上作明确指示,切实督促检查,始能贯彻。金门战役对第二十八军如何执行作战部署未能引起注意,既无直接指挥,又未派员前往严格检查督促,亦是造成战斗失利原因之一。根据这些教训的认识,此次失利的基本主要的责任应由兵团负之……

同日,蒋介石在台北"革命实践研究院"发表演说:

敌我双方优劣之检讨及"战争艺术化"的意义时……此金门保卫战的结果,对于来犯之匪2万人(人数有误——原编者注)予以彻底的歼灭,不使有一人逃脱漏网,这是我们剿匪以来最彻底的一次胜利。

汤恩伯于是日飞抵台北,在机场对《中央日报》记者说:

军事当局置重点于金门,旨在保卫台湾,陈诚长官对于金门基地异常重视,予以全力支持。

31日,粟裕决定将第三十四军一〇一师全部拨归第十兵团合并,以补充金门战役登陆作战损失之建制团:第一〇一师第303团一部,调二十九军和军直属侦察营、警卫营各一部,第八十五师直属连一部,与原253团未登金门岛作战的团部、营部和连队进行合并整编,恢复253团。恢复后的253团3000多人,再次成为齐装满员的主力团,并紧张地进行再攻金门的各项准备工作。同时,在给叶飞、陈先庆(第十兵团参谋长)、福建省委并报华东局、中央军委的电报中指出:

金门战斗虽失利,但部队及作战行动极为英勇,望对部队多加鼓励。今后对金门作战,如准备尚未充分,可以推迟些时间……你们对金门作战兵力,依十兵团现在情况,是否够用,盼告。

同日,毛泽东致林彪等电报:

全国国防重点……三野只能防守华东,置重点于沪、杭、宁区域,以有力一部准备取台湾,没有余力兼顾华北。

此际,第三野战军和华东地区的主要作战任务,就是准备攻取舟山群岛(定海)和筹划再战金门,并为最后解放台湾创造条件。《中国人民解放军陆军第二十八军军史》也对这段时间有记载说:

相继召开了党委扩大会议,认真总结了教训,认为失利的主要原因是,领导对敌情估计不足,有轻敌麻痹思想,部队缺乏严密组织指挥和渡海作战经验。通过总结,全军士气高涨,掀起了海上大练兵高潮,决心再战金门。

同日,第二十八军在金门战役登陆作战之后,奉命驻守福建前线,至1950年初,军部至福州市郊甘蔗;八十二师师部驻莆田县涵江镇,244团、245团、246团分别驻莆田县江口、梧塘、石亭;八十三师率248团驻福州,247团驻马尾,249团驻宁德县;八十四师师部驻连江县,250团驻霞浦县,251团驻连江县琯头,252团驻连江县潘渡;军炮兵团驻闽侯县白沙。执行守卫海防,警备福州,肃清土匪和国民党残余武装的光荣任务。

自金门战役各攻击部队相即回到驻地后,萧锋日记记载:

兵团党委扩大会研究再战金门……目前要做好三件工作:

一、广泛动员建设福建,打下福建容易,建设福建艰巨。尚存10万残匪,勾结封建地主,搞乱社会治安秩序,必须彻底肃清。由萧锋同志兼支前司令,为攻金和台准备,第一波用12个团的船,需制和找足650只船(300只机帆船),每船要载40至20人。八十四师到闽北剿匪,军部住(驻)甘蔗和莆田,三十一军住(驻)厦门和东山,二十九军住(驻)漳州,三十二军住(驻)南平。

二、派出人协同南下干部,担任工作部任务,以城市为中心,把乡、区、县、地市人民政府组织起来,首先是建党。包括旧文职官员,量才录用,重要思想改造,在农村放手发动群众,依靠雇、贫农,团结中农,孤立富农,打击恶霸、官僚、买办地主。

三、以古田会议精神建设县人武部和分区机构,组建8个独立团巩固内地,防止蒋匪窜犯,坚决实行土改,牢掌党的政策,防止过"左"更不能有右,让贫雇农有田耕,努力发展工农业生产。

同日,第十兵团党委继续召开扩大会议。

下午14时,叶飞在会议上发言:

此次金门战斗中,3个多精干的建制团全部损失,自卫战争以来第一次,其责任不能推向下面,而应该由我们负主要责任。此次金门战斗的实力,研究其原因,主要是轻敌、草率、急躁。其具体表现:第一,战役指导上就犯了重厦门轻金门的思想;第二,胡琏兵团基本上已全部到达大、小金门,兵团没有更好更慎重地考虑,更没有断然地下令停止攻击;第三,对敌人垂死挣扎的顽强性认识估计不足;第四,厦门战斗教导我们,由于船工、风向、潮汐等客观原因,船只来回使用基本上是困难的,甚至是不行的,可是金门战斗中,我们对这个问题没有专门去研究,追求解决的办法。(据《难忘金门登陆战》61页)

叶飞并说:

作战部队战术上也存在不少缺点,如师级干部没有过去,缺乏统一指挥,变成各自为战,登陆后没有巩固扩大突破口,只是向敌纵深攻,结果给敌人封锁了突破口,船只全部被敌烧光。(据丛乐天《金门战役始末》)

萧锋该日的日记记载:

午后,叶飞同志在兵团党委扩大会总结:"提到金门失利,萧锋有不同意见,数次建议并报前委,我没理他的主张,没得到采取,过错不能推到萧锋身上,主要责任是兵团,是我。请求前委、中央给处分。"

叶飞同志这种勇于承担责任、深刻检查错误的优良品质是值得我学习的。陈毅司令员是很关心和爱护下级的,他讲了几句话,使满天的乌云都散了。他说:苏联红军战斗条令有规定,凡为进攻歼敌失利,就不能追责任,更谈不上要处分谁。我看这个条令精神对我们也适用。

这次会议开得很好,讲清了问题,没有了怨言,一致表示要团结在党中央、毛主席周围,尊重兵团党委和张、叶、韦、刘领导,为再战金门歼灭残匪,建设福建,解放台湾而奋斗。

萧锋日记中记载叶飞的原话"萧锋有不同意见,数次建议并报前委",与萧锋在战前屡次提出"三不打"建议,以及金门战役3次推迟进攻的史实是相吻合的。

然而,职业军人的秉性,使萧锋的思想趋于简单化了,他将一切希望都放在了"再战金门"上,希望在"再战金门"的时候将这一切都扳回来。

对这次会议张震将军的回忆录说:

10月30日到11月2日,第十兵团召开党委扩大会议,党委书记叶飞同志代表兵团党委做金门失利的检讨。他说:此次金门战斗中,3个精干的建制团全部损失,是解放战争以来的第一次,其责任不能推向下面,而应该由我们负主要责任。第一线的指挥员也做了深刻检讨,请求给予应得处分。三野前委没有再追究前线指挥员的责任,而是同他们一起认真总结经验教训,准备再战。

粟裕同志还向中央军委写了检讨报告,承担了金门作战失利的领导责任,认为自己未尽到检查与督导之责,不能辞其咎。我们的部队就是这样,在仗未打好,特别是作战失利时,各级领导尤其是高层领导从不推卸责任,诿过于人。这样,也有利于激发调动下面准备再战的积极性。

31日,金门本岛将俘虏的解放军3719人,由"启兴""海黔"两轮运抵台湾基隆港,其中包括解放军营长6人,连长5人,指导员1人。二十八军251团团长刘天祥,亦于此间被押往台湾。

是月,汤恩伯聘请的金门军事顾问、日本人根本博中将〔笔者注:根本博，1891—1966，日本福岛人。汤恩伯日本同学，侵华战犯。日本投降前任日本驻蒙（内蒙古）军司令。日本投降后曾代表华北日军在北平向中国军队投降。大正十五年（1926）与蒋介石在日本认识；1950 年与白鸿亮（富田鸿亮）之"七人小组"赴上海任汤恩伯顾问，蒋介石命驻日之蔡孟坚以 1000 美金赠根本博为安家费；上海失利，建议汤撤兵舟山群岛、大陈群岛、金门、马祖，拉大战略纵深］为金门战役作《金门岛作战报告书》：

共军蜂拥进攻厦门、鼓浪屿的对岸，趁黑夜强行登陆作战。守军是依照本人与汤恩伯的作战计划部署的，曹福林将军的二师与福建绥靖部队。但是，守军受决死敢行登陆的共军压迫半数伤亡，半数不得不撤退。10 月 24 日，共军趁势进攻台军福建作战的据点——大金门岛。守军以汤总司令警卫队一团，台湾派遣新编一师及来汕头的"中央军"二师与共军对峙。最后台军采取水边作战，不让共军一兵一卒登陆的方针，但共军敢死队登陆，冲突激烈。万一守军备阵线的一角被突破，该作战就可能瓦解。故本人拟定以最小限度冲突可收最大效果的奇计。先让共军全部登陆，台军布阵从海岸移到后方，并使装备石油与火柴的突击部队隐蔽于坑洞。决战时刻终于来到。锐气勃勃的共军搭百只相连帆船到金门，壮烈地冒死登陆。台军全员转为总攻击时，汤军突击部队放火烧 86 只帆船切断敌军退路，同时使增援部队不可能后续登陆。登陆的共军完全被包围。但是，本人接到进攻古宁头的共军登陆部队顽强抵抗的情报。古宁头是金门岛的村庄，虽然欲加以攻击，又顾忌会伤害居民。因此，本人建议解除包围阵线的一角，打开共军通达海岸的退路，一面令海军待命。共军以为保卫阵线的衣角突破，向海岸退却。汤军立即加以追击。逃到海岸的共军受到来自水陆的夹击。台军终击溃 3 万 3 千人的全部共军。根本博。1949 年 10 月。（据台湾中华战略学会出版，郑杰光《碧血青天·1949 金门战役秘史与两岸关系研究》191 页）

是月，"中共台湾省工作委员会"在台湾成功中学、台湾大学法学院、基隆中学的各分部，相继被国民党破获，多名领导人被捕。

在金门战役登陆作战之前，大陆和华东野战军派往台湾的各种情报人员，面对国民党风雨飘摇的时局，"这些情报人员有的都半公开了，做高官的工作，策动起义"（据刘统《"战略谋划"——1948年共产党战胜国民党的真正原因》），打入到国民党军总参谋部的秘密共产党员、副总参谋长吴石，甚至连各登陆码头，炮台的位置图，都标示好并秘密传送到了大陆。随着金门战役登陆作战的失败，这些原先预料大陆很快就能"打到台湾"的情报人员，均被蒋介石一网打尽。至"朝鲜战争"爆发前的8个月内，大陆派往台湾的共产党情报人员和各种秘密组织，已经基本上被破获、诛杀殆尽了。

约此间，第二十八军251团金门战役登陆作战的助攻团政委田志春，在金门战役登陆作战牺牲的消息，由第十兵团组织部周部长告知其妻子。田志春之女田东民在《和父亲同在八一军旗下》回忆说：

金门战斗失利时，我由于车祸并发脑膜炎在苏州住院。母亲迟迟得不到前方的消息，不放心，带我提前出院赶往福建。走到上饶，因为我发热又停下来住了几天。

走到建瓯，遇到二十八军政治部李曼村主任，他留下母亲，叫她一定要等他一起走（李主任去南京开会）。他说我父亲"出发了，没有回来"，劝母亲不要急着去团里，但母亲心急如焚，带着我匆匆去了莆田，部队派人把母亲和我送到福州，住在福州招待所。周部长找母亲谈话，告诉母亲："田志春是党的好干部，党培养一个干部不容易，田志春同志是不会辜负党的培养的。虽然二十八军从台湾回来的人很多，但田志春同志是不会回来的，他决不会自首，他为革命流血牺牲，他是坚强的。"

母亲当时就把我托付给了别人，坚决要求参加第二批攻金部队。

"再打金门"成了萧锋与二十八军全体将士和家属们复仇的希望。

是月，台湾国民党"国防部"中国电影制片厂战地摄影员华慧英，奉命随刘文岛将军和他的秘书,到金门岛采访胡琏。59年后的2008年,他将这段鲜为人知的故实,写成了一篇短文,题为:《拍摄一段古宁头秘辛》(此"拍摄纪录片"事件,笔者将其放在该月的理由有四:一、该文中有"这是拍摄古宁头战役的后续新闻",又有"这场战役,没有文字记者,也没有摄影记者"故有补救之意,当可知离金门战役登陆作战的时间极近;二、胡琏对"二次俘虏"居然还要"分战利品"尚在愤愤不平当中,应当也是距离战役极近的时间;三、第二十八军251团团长刘天祥的日记,还在胡琏的手中尚未上缴,可见这次采访,当在本月间;四、若该事件距离已久,断不会有"蒋中正总统不公布台湾新兵曾做了二次俘虏真相原因"之嘱咐,故为当月发生之事。其具体何日待考),刊登在中华民国九十七年(2008)十月二十七日星期一《联合报》A11"民意论坛"上,全文如下:

《拍摄一段古宁头秘辛》华慧英/前国防部中国电影制片厂战地摄影员(台北市)

10月24日是古宁头战役59周年。这场战役,没有文字记者,也没有摄影记者。

古宁头战役后的某一天,我奉派随刘文岛将军和他的秘书,赴金门拍摄新闻。飞机抵达金门机场,吉普车直送我们到132高地。在这里只有胡琏将军和他的参谋长,连同我们刚到达的3位,一共5个人。古宁头就在前方,这是拍摄古宁头战役的后续新闻,在摄影机带动胶片声中,很快完成。接下来,我提着摄影机,作为唯一的听众,记录二位将军的一些谈话。

古宁头战役,中共军用简陋的木质小船,以及一种像手臂粗的木质或竹简三角浮架,随潮流摸黑上了古宁头。驻守古宁头的是台湾新兵,这场战役,是新兵不及迎战,或是新兵没有实战经验,多被中共军俘虏。说到这里,胡琏将军收回指向古宁头的手,他说,到达金门才几天的十八军就是从这里(手指站的地方),向古宁头反攻。中共军不敌,在没有援军、没有退路的情况下,只好投降。国军俘虏了中共军,被中共军俘虏的新兵,做了第二次俘虏,也可以说,有友军救回。胡琏将军说,新兵是国军,从中共军分离出来,是应该的,要求发还武器,可以理解,还要争取俘自中共军的武器,就是要分战利品,胡琏将军气愤地说,这有点过分了。

胡琏将军称呼刘文岛将军老师,在对话中,知道刘将军到金门,是传达蒋中正总统不公布台湾新兵曾做了二次俘虏真相原因,是顾全台湾同胞的尊严。这段新闻拍摄工作,在胡琏将军把一本俘自中共军团长的日记给刘文岛将军中结束。后来在中共的古宁头战役资料中,知道被国军俘获的中共军团长,他的姓名是,刘天祥。

此则报道,反映了后世在统计"俘虏"过程中的一个现实,即"二次俘虏"的问题。金门战役登陆作战中,登岛的解放军屡次向后方报告"俘虏没人看"。

至后,国民党反攻过程中所俘获的解放军战士中,即有大量的原国民党士兵。他们有许多是在厦门战役中俘获的,有的衣服还没来得及更换,便被当作"解放战士",到金门岛上作战了。

是月底,胡琏兵团十九军(十、四十五、一九六师)、二十二兵团十九军(十四、七十五、二〇〇师)及独立十三师留驻金门,并成立金门防卫部。胡琏任司令,兵力拥有2个军部,7个步兵师,2个军官战斗团。

此际,胡琏对"金门大捷"的反登陆作战,有冷静的分析并感慨万千地说:

即或10月下旬来攻,彼若广集船只,多点登陆,或后续船团源源而来,则我虽有十九军之增加,处境亦必十分艰难。但此时的陈毅匪军,骄满已极,不待1个船团,一点登陆,一万余人竟无一个统一指挥官……所以当其帆船被毁,不能回载增援部队时,彼岸匪军虽多,唯有目睹登上此岸匪军之被歼,而望海兴叹……

下旬,张闯初调任第二十八军副政治委员。

月底,周恩来见到来北京的陈毅,询问道:"敌电台广播,在金门击毙共军第二十八军副军长萧锋,这么大的事,怎么不告诉我一声?"

陈毅答:"萧锋没有过海。"

周恩来:"哦!这是敌人造谣。"

其实并非完全是台湾和金门在造谣。其时,金门岛上的国民党守军四处叫喊着:"活捉萧锋!"在被包围的登陆部队中,也突然有人站出来高声呼叫道:"我就是萧锋!"随即拉响了手中的手榴弹,壮烈牺牲……

这个假萧锋,便是被萧锋特别派上金门岛、曾一直跟随在萧锋身边的作战参谋闫镕。

第二节
萧锋的"检讨"与粟裕登步岛之战的再败

1949 年 11 月

1 日,针对"解放台湾"招收的军政大学"台湾队"学员毕业,朱德出席毕业典礼,并发表了重要讲话:

海南岛、台湾,这是中国地方,我们一定要全部解放,解放一切领土。

是日晨,萧锋到达厦门老虎洞,参加第十兵团召开的党委扩大会议,各军政第一把手共 37 人参加了会议。由张鼎丞、韦国清主持会议,主要议题是:"总结金门失利,布置再战金门;回福州清剿土匪,建设福建,准备攻台湾。"

萧锋对于这次会议,先后有 3 篇根据自己在会上的"检讨"写成的《三年解放战争亲历记·厦门十兵团党委扩大会议开得团结》《三年解放战争亲历记·机械地执行了脱离实际情况的命令,我有责任》《渡海重要一战——金门之战》。

在《三年解放战争亲历记·厦门十兵团党委扩大会议开得团结》一文中，萧锋写道：

在讨论中，我第一个发言：十分痛心。我是二十八军代军长，负责筹组攻金战斗，对金门失利我负一定责任。对不起二十九军253团，对不起二十八军。向人民请罪，请求二十八军、兵团党委、三野前委给我处分，忍痛欢迎批评。

由于学习毛主席著作不好，金门失利，是急躁轻敌，不懂海情，缺乏渡海作战经验，更重要的是违背了毛主席"不打无准备之仗，不打无把握之仗"的教导，机械地执行脱离实际的命令。

战争还未结束，情况估计是机会主义，准备工作是盲动主义，就急速要求部队解决金门问题，好回福州，开始建设福建，准备攻台湾。

藐视对待金门垂死挣扎的敌人。没有接受渡江后打平潭、大练岛、厦门、鼓浪屿的沉痛教训，反而却认为英勇光荣，这血的教训，是用生命换来的。

先打厦门是正确的，一次战斗只能集中优势兵力，力求解决一个主要敌人，贪多必吃亏。二十八军10月7日就提出"三条件攻金"的要求。总攻时，没有得到三野前委的指示，明知胡琏十二兵团要从潮汕撤退，蒋介石10月20日左右电告汤恩伯停在金门，徘徊撤、守不定方针。10月11日，二十八军打大嶝岛、小嶝岛就发现十八军十一师，续查还有一一四师（实为一一八师）。我们军指侦察台留福清，只轻便少数人员到淘江。兵团10月7日也明确，战役情况由兵团负责，战术、技术、找船工作由军（指二十八军）负责。我们专门负责找船，训练水手，准备物资，整个敌情特别是内线活动（指内线情报），只能靠兵团。

二十八军是兵团建设的，打了22年还是二十八军，也没有吃饱，也没有饿病，更谈不上骄傲。愿为大陆、临海、金门打好仗，好向祖国、向福建人民报喜，就是金门打下了，还要准备攻打台湾。祖国一天不统一，死不瞑目……

更难受的是10月24日午后7时，叶飞司令知道金门（敌人已经）

增加一个团,小金门也增兵一个团,胡琏三艘军舰停泊在金门东南徘徊,等蒋介石好下令定下撤、守金门问题。你不打,胡琏十二兵团可能撤走,一打,足使他死守金门。蒋介石还活着,还梦想打回大陆来,守个金门靠他海空军的优势,我们就是没有办法。我们下令暂停前进,但是兵团硬说情况变化不大,只要你掌握第二梯队回来两次。

萧锋在《三年解放战争亲历记·机械地执行了脱离实际情况的命令,我有责任》一文中写道:

如果10月24日晚能上2个团,一四六师加1个团同样可以歼灭。最后刘(培善)政委还重复"情况变化不大,没有问题。我到你军指来一起研究指挥金门作战"。打下厦门又刮起股胜利冲昏头脑疾病,什么都不怕,什么地方也会打胜仗。

这里是金门,不是平潭,也不是厦门。这里隔海十五里,海潮变化很大,对渡海作战我们不了解,我曾请李曼村主任将金门敌情、我军备船情况如实向叶、刘反映。李主任说:这些你都讲过了,我再讲就不好了。爱的是小资产阶级的脸面,丢掉的却是7200个革命的无产阶级兄弟。确实是在实在忍无可忍的情况下,才勉强下这个决心。只好拿出勇气,顽强英勇向前,(希望能够)打下金门,向祖国、福建省委、人民、兵团党委报喜。

现在来分析,较现实的错误,早该发现,被厦门疾风一刮千里早忘了。想的是金门,不管这仗难处多大,总是向好的方面想,局部失利不足以引起人民重视,碰得头破血流。在极端困难的情况下,头脑发热还是以好的形势来估计。在胜利时,千万不要忘记任何一个难点,在困难时,不要忘记向好的方面设想,力争光明前途。在战术上首先没有集中优势兵力,觉得"兵精可抗众敌"。加上个海□(油墨漫漶不清)这个海使情况发生多大的变化,垂死挣扎狗急还跳墙,兵多在一定条件下,就成了决定因素。因战斗的急变,大潮快落,应停止。

正要登陆时,潮水往东南而去,使船老是靠不上岸,使敌守备火力发挥作用,"打活靶子"。10月25日天明,敌30多辆水陆两用坦克,沿海滩使用火焰器喷射,胡琏兵团靠的是美国第7舰队的掩护,用的是美国水陆两用坦克的威力,船只一举火烧,(萧锋便)电各团长、政委,以现实力,有几个人就打几个人的仗,不等待,不犹豫,坚决勇敢向敌纵深猛插,分头向敌守备薄弱环节发起(攻击),集中能力逐个歼灭。

二十八军指率万人千马赴金、厦作战,没有成立军指党委会,群众意见很多。由于一时胜利,被冲昏头脑,听不进去。

指挥从10月24日起到27日晚,3天日夜。对金门作战方针,有组织提出4次(电话讲不算),18次电报(3次兵团并前委),8次书面意见。特别提三个条件下攻金的要求,也得到三野前委同意,(但兵团前委)没有(做出正确)结果。上下群众路线都要走,本着对党负责,对群众负责的一致性,如按一般关系来往,如靠电台。24日晚敌增2个团,军指是绝对不会执行,起码两条,(敌)十一师和日增来,就8个营攻金门,我是不会主动请示兵团要求进攻的,因通讯电话直达较方便,也不利下级积极性的发挥。从组织纪律性,(我萧锋已经)向领导提过那么多意见,还不执行(兵团攻打金门的命令),(那当然就是)二十八军确系骄傲。该彻底查清。

距攻金门要求差得很远。在矛盾中请示领导停止攻金,要么就是盲目执行,明知故犯,后果组织负责。24日晚,在两种交错中,我采取第二种办法。我是共产党员,老的指挥者,(我萧锋一生)任何时候没听到领导说萧锋不执行命令(因此,在这种压力面前,我萧锋)深知(这次攻击金门)有很大的危险性,(但是)经过努力可以弥补缺陷,在厦门兵团党委扩大会议上,由于张(鼎丞)、叶(飞)、韦(国清)、刘(培善)首长态度耐心,方针正确……

第二个发言的是叶飞司令,在极度悲伤中讲:"金门战斗失利,没有打好,主要责任是我(叶飞司令),请求前委、党委、中央军委给我处分,不能把责任推到萧锋同志身上。二十八军是提出过不同见解,因轻敌急躁,听不进去……"

叶飞司令检讨……能敢当敢为，从不推卸责任，讲话虽不多，但讲的是内心话，到会同志都流泪，忍痛接受教训。叶飞司令同二十八军关系不是疏远了，而是近了。我们承认有一定错误，前进指挥是二十八军，失利在金门。热烈拥护兵团领导，尊重兵团首长的指示，要再战金门，肃清残匪，建设福建，准备攻台湾，为解放全国贡献力量。

10月24日午后7时，开始为"停与打"电话争执2个小时。

大潮快落，应该停止下来，要求兵团查清敌情，补充船只，现在来说那是一个顶好的意见。下级同志也永远不能采取这个办法来对待领导，革命是来自自觉的，做任何工作也是靠个人对党对事业的积极创造性的劳动，又怕错过了战机，让胡琏兵团占领金门难打，那困难就太大了……

叶飞司令检查时间很短，深刻地说了实话。我们只能团结在党中央、兵团党委周围，准备再战金门。

同志们听了，热烈鼓掌……

从《三年解放战争亲历记·机械地执行了脱离实际情况的命令，我有责任》一文中，萧锋的表态"打下厦门又刮起股胜利冲昏头脑疾病，什么都不怕，什么地方也会打胜仗"的这种埋怨，不难看出，萧锋在攻打金门之前，是没有任何"轻敌"的。相反，正是他在"轻敌"问题上与兵团各位领导之间存在的不同意见与争执，且在战后又将这一不同意见公之于众，因而受到了隐性打击与处分。萧锋这种"直抒胸臆"的个性，导致他在兵团召开的"金门检讨"党委扩大会议上，敢于将这一真实情况摆到桌面上来，理直气壮地在"检查"自己的过程中对上级"胜利冲昏了头脑"，进行大胆直言和抨击。换言之，如果萧锋真的"轻敌"，以他的个性，在兵团党委扩大会上、在各军第一把手的会议上，他不会给自己任何指责别人的权力。这也是他后来会受到处分，而别人，尤其是"一道来指挥"的兵团副政委刘培善和其他人员，因为"缄默不言"而在金门战役之后，没有受到任何处分的根本原因。

值得一提的是，萧锋此文中对老部下、老战友李曼村的批评，在现已公布的任何书籍、文章和材料中,没有只言片语的记载。这一现象,实乃萧锋在金门战役登陆作战失败后,李曼村作为老部下、老战友,一直在与萧锋同命运、共呼吸,并在各种场合,为萧锋做了大量的辨明是非和共担责任的义举。致使萧锋在后来,将这一部分真实情感下所记录的史实,做了善意的隐瞒。

这不仅体现了这两位老战友之间的深厚感情,也在反映萧锋内心深处的变化的同时,将李曼村本质淳厚、真挚的另一面,展示了出来。

但是今天,当我们在写作《金门战役纪事本末》的时候,尽管我们内心充满了纠结,还是将这一部分史实公之于众。我们相信,以萧锋与李曼村这一对生死之交老战友的友情,他们的在天之灵,一定会体谅我们的苦心,并让我们与李曼村女儿李陵之间的几十年友谊,也能够像我们的前辈那样,经历住风风雨雨的考验,颠扑不破。

在那个战役巨大的失败面前,萧锋连死的心都有了,率性的萧锋也就不管不顾,把自己的情绪宣泄了出来。萧锋系工农干部出身,在战争年代,因为其骁勇善战,这种脾气影响并不甚大,但在以后的和平时期,则给他的政治生命、军旅生涯等前途,带来了严重的影响。李曼村作为老战友,在以后的几十年当中,以自己的涵养和淳厚的性格,处处谦让着萧锋,也由此获得了两人一生的真挚友谊。

此外,该文中的"叶飞司令同二十八军关系不是疏远了,而是近了"之说,从另一个侧面,为我们所做出的两人在金门战役登陆作战期间存在"师克在和"方面缺失的判断,再次提供了辅证。

萧锋这些"检讨",虽有些凌乱,但从"史料"的角度,它更具真实性和可靠性。从文字的表面来看,萧锋虽然将大部分责任承担了下来,但从字里行间,无不流露出了内心的委屈。这决定了萧锋从此以后的命运,注定有一番波折。

萧锋在《渡海重要一战——金门之战》一文中写道:

1949年的11月1日,厦门老虎山洞举行了十兵团党委扩大会。到会的有福建省委第一书记、省主席张鼎丞、叶飞司令、韦国清政委,还有二十九军军长胡炳云、政委黄火星、三十一军军长周子坚、政委陈华堂、第二十八军代军长萧锋、政委陈美藻、政治部主任李曼村等有25人。

叶飞书记主持会议，总结攻金战斗失利的教训。会间，我第一个发言。我流着泪，说："金门战役失利，是领导判断错误，指挥的失误，是骄傲轻敌的结果，违背了毛主席不打无把握之仗的指示，违背了粟裕同志的三个条件下攻打金门战役的指示精神。这是我盲目地、机械地执行脱离实际的上级命令的结果。"

顿了一下，我激动地说："指战员们在渡船被炸、前无接应、后援不继、孤军作战、弹尽粮绝的极端险恶和绝对劣势的条件下，以有我无敌、前仆后继的牺牲精神，与数倍于我之敌进行的异常酷烈、极其悲壮的厮杀，惊天憾地。特别是他们在那样一种令常人难以想象的艰难困苦的场合下，在血与火的殊死拼搏中，给敌人以巨大的杀伤，坚持战斗到最后一个阵地，流尽最后一滴血！他们发扬了人民军队这种舍生忘死、一往无前的浩然正气和革命英雄主义精神！"讲到这里，我泣不成声，大脑比较混乱，讲的话断断续续。

最后，我忍住悲痛着重表示："我对党、对福建人民犯了极大的罪，请求十兵团党委和三野前委给我严厉的处分。"

过了一会儿，叶飞司令一脸沉重地说："金门战役的失利，主要责任是我，我是兵团司令员、兵团党委第一书记，不能推给萧锋，他有不同的意见，我因轻敌，听不进，临开船时，在电话上我还坚持只要上去2个营，萧锋掌握好第二梯队，战斗胜利是有希望的。是我造成的损失，请求前委、党中央给严厉处分。"

叶飞司令那种敢于承担责任的高尚品质，给到会者以震动，那种敢作敢为、实事求是的战斗风格，将十兵团一些人对第二十八军的不公正的看法，得以纠正。

萧锋在当天的日记中还记载道：

这次会议由张鼎丞、韦国清同志主持,叶、刘两位同志做检查,并进行2天反复讨论。我也在会上做了检查,总结了血的教训。叶飞同志承担了错误,不推卸责任,这是一个指挥员的高贵品质。我们向叶司令学习,坚决团结在兵团党委周围,努力完成建设福建的任务。

据《粟裕传》的记载,"检讨金门作战失利的教训"会议,在10月30日已经召开,如此算来,萧锋是在会议已经召开后的第二天,才来开会的。这期间没有萧锋参加会议,是否已经有了某种"定性"的结果?或者已经有了某种左右该次会议的倾向?没让当事者萧锋参加,这颇为蹊跷,其中的原委没有任何的解密文件可以说明,他方文献也未曾得见,不得而知。

萧锋的这个"发言",说是承认"我负一定责任",并请求"处分"。但综观全篇,是他对这场战役的不服气和心不甘,尤其是发自内心对兵团领导,尤其是在与叶飞的争吵"战"与"不战"的问题上,既指出了战前的各自责任,又指出了"我们下令暂停前进,但是兵团硬说情况变化不大,只要你掌握第二梯队回来两次"的关键所在,萧锋强调的这些严重分歧,都是导致这场战役失败的最关键因素。其"检讨"的口吻,虽是在说自己违背了毛主席"不打无准备之仗,不打无把握之仗"的教导,实则是在借用毛泽东的话,来对叶飞和刘培善进行婉转的批评。更为重要的是,萧锋没大没小,居然敢在会上直接将叶飞与之吵架时说的"吃饱了饭……骄傲",以"打了22年还是二十八军,也没有吃饱,也没有饿病,更谈不上骄傲"作为反驳和回应。

可见萧锋的这个"检讨",实乃一份辨明是非曲直的"辩白书"。

是日,粟裕向中央军委上报定海作战方案:

军委:兹将定海作战方案上报如下,请指示。

甲、作战部署及兵力使用:

1.决定嘉兴地区之九兵团二十三军2个师(11月3日前到达鄞县以东),七兵团之二十二军全部,二十一军1个师(或5个团),及特纵炮

11团(美榴)、17团(野炮)及水陆战车(15辆)、炮艇(16只)、炮16团一部,为攻击定海之作战部队。统一由九兵团宋时轮、七兵团王必成、吉洛共同指挥。

2. 拟集中12个团,为第一线突击队(二十一军4至5个团、二十二军5至6个团。二十三军3至4个团)。如此,对定海守敌可能顽抗反击较有把握克服。预定,以二十三军从金塘岛向东攻击,二十二军从大榭岛向东北攻击,二十一军从桃花岛向北攻击(该军先期夺取登步岛、朱家尖)。

乙、原定11月5日左右发起战斗,根据目前船只水手缺乏,及作战准备不够充分,因此,拟定推延11月10日以后(计划阴历十月初二潮汛时间,即11月20日戌时左右)发起战斗。

丙、对下面强调:

1. 力戒轻敌骄傲,弱敌当作强敌打。

2. 充分的战前准备工作,要打有把握的有准备的仗。但严防叫苦现象。

3. 集中兵力、火力,求得一举成功。用足够先头突击部队,打乱敌人的防御体系。

4. 准备强渡登陆,但力争偷渡成功。

5. 大胆割裂敌人,猛插纵深,迫敌背水作战,以求全歼敌人。

6. 充分准备,以拂晓一鼓作气,攻占定海、长涂、岱山等岛屿。

丁、敌情另报。

定海舟山作战,以其"统一由九兵团宋时轮、七兵团王必成、吉洛共同指挥"的情况来看,显然是第三野战军为"解放台湾"所做的一次有规模海上练兵和实战预演。

2日,第十兵团党委"检讨金门作战失利的教训"扩大会议结束,会议一致认为:

华东局、三野前委及福建省委关于金门战斗失利问题的指示和批评是完全正确的。

同日,第十兵团党委书记、司令员叶飞代表兵团党委做金门战斗失利的检讨,但这个检讨我们一直未得见全文,只能从粟裕转述中得读些许,故在此介绍如下:

此次金门战斗中,3个多精干的建制团全部损失,自卫战争以来第一次。其责任不能推向下面,而应该由我们负主要责任。此次金门战斗的失利,研究其原因,主要是轻敌、草率、急躁。他列举轻敌、草率、急躁的4点具体表现是:

第一,兵团组织金厦战役的开始,战役指导上就犯了重厦门轻视金门的思想。

第二,24日发起攻击时,胡琏兵团基本上已经全部到达小金门,兵团没有更好更慎重地考虑,更没有断然地下令停止攻击。

第三,对敌人垂死挣扎的顽强性认识估计不足。

第四,厦门战斗教导我们,由于船工、风向、潮汐等客观原因,船只来回使用基本上困难的,甚至不行的,可是金门战斗中,我们对这个问题没有专门去研究,追求解决的办法。

第二十八军副军长萧锋等在发言中做了自我批评,认为这次失利是骄傲轻敌的结果,请求给予应得的处分。三野前委并未追究前线指挥员的责任,而是指导他们总结经验教训,做好善后工作,为争取新的胜利进行积极准备,并向中共中央承担金门之战失利的责任。

叶飞的这个检讨,列举了"轻敌、草率、急躁"的四点具体表现。但萧锋将金门战役登陆作战失败的责任一肩挑下,也就自然给他自己之后的军旅、政治生涯,铺垫了一系列的麻烦和不幸。

叶飞的检讨认识到"兵团……战役指导上……轻视金门",可见叶飞是一个有思想深度的人,但亦是一个聪明绝顶的人。他不像萧锋那样,直率地将责任者说出来,又不将本不是自己的错误往上推,从金门战役的"战役"指导角度去思考,错误的源头不在叶飞这里,而是在第三野战军,甚至更高。叶飞将这个错误揽了下来。这不管是毛泽东还是陈毅、粟裕,都是乐意接受的。

叶飞在检讨"胡琏……到达小金门"的情报问题上,知道萧锋对此情报曾向兵团多次反映而不被重视,第三野战军也了解,是自己无法摆脱和推卸的一个责任,因此,叶飞采取了避重就轻的方式,不说自己是"没有听"萧锋的意见,而是说"兵团没有更好更慎重地考虑",且以"更没有断然地下令停止攻击"一语,将萧锋在发起金门战役登陆作战之前几近"哀求"停止攻击的事实,再次隐去。

以叶飞战前对萧锋发出的决绝命令,完全没有任何考虑"停止"进攻的商量余地,何来"没有断然"之说?可见叶飞在这份检讨中的用词,是经过周严考虑的表达。

面对"敌人垂死挣扎的顽强性认识估计不足"这一点上,在解放军大陆所向披靡的胜利面前,萧锋的"估计不足"当然也是严重存在着。金门战役登陆作战失败后,萧锋深感自责,痛苦到面对敌机轰炸不躲避、只求一死,深悔自己没有登岛指挥、同将士们一道同赴死难。

"风向、潮汐等客观原因",也是萧锋"估计不足"的另一个方面,但对于一个出身农民、一生仅在陆地作战的萧锋来说,对其陆、海、空立体作战需要的相关"知识"一味求全责备,未免过苛。

"船只来回使用"的问题,叶飞明明知道萧锋在战前征集的船只仅有3个团船,寄望于这3个团的船只"来回使用",但在另一方面,叶飞却让自己手中掌握的船只,去调运可供厦门16万人的"135万斤"粮食。在后世的诸多回忆录和文章中,叶飞又将金门战役期间调战船运粮的这一切问题,隐藏了起来,甚至不惜颠倒电报前后时间的秩序,来加以掩盖。

在丛乐天《金门战役始末》一文中,记录了该日第十兵团司令叶飞在兵团党委扩大会作总结时,叶飞说的一句话:

我们战役指导上有了轻敌急躁的错误,战术上不犯错误,也可能挽回局势。

可见其"检讨"所持的立场与真实的意图。

同日,粟裕电示十兵团:

> 同意你们的攻金准备部署……但请考虑能否……集中两个军全力准备攻金,如此则更有把握。

是日,台湾《中央日报》和广播电台均播发《共军军长被俘》,宣传解放军第二十八军军长萧锋被俘消息。

3日,张震看到第十兵团的"金门战斗"详报。

这份张震曾经看到过的"金门战斗"详报,始终未曾解密,我们也因此未得见真容。但在《张震回忆录》中有"我反复研究并思考了金门失利的教训",可见是其在阅读了"金门战斗"详报后的体会,亦可知这份"详报"所包含的些许内容,张震说:

> 一、对敌情分析不全面,把敌人孤立起来看(只看到李良荣残部),未能综合研究各方面情况(如敌有海空军支援与胡琏部的增援),当侦察到潮州、汕头地区敌第十八军可能加强金门时,却未做具体准备,仍寄托在我可先敌到达的侥幸心理上。
>
> 二、不但要利用涨潮时登陆,还要掌握退潮情况,准确计算第一梯队船只返航所需停留的时间。要建立装载、航行、登陆、返航的指挥组织。这次登陆后返航无人管,退潮后船只搁浅在沙滩上,结果被敌机丢汽油弹全部烧掉。
>
> 三、作战部队的数量,应为守敌的3到4倍。因为航行中可能遭受损失,所以应有强大的预备队,才能对付敌援兵与以外情况。第一梯队要不靠第二梯队增援,就能独立歼灭敌军,最低限度也要能坚持3天以上。
>
> 四、要掌握渡海作战特点,陆地可临时机动,隔海无船寸步难行。最理想的是参战部队全部有船,最低限度第二梯队也要一半有船,不能立足于第一梯队船只返航来接。
>
> 五、第一梯队登陆后,一定要派部队巩固滩头阵地,肃清两侧暗堡,

撕开口子。此次战斗,我夜间登陆后,未能及时肃清暗堡,天亮后,敌军活力复活,对滩头阵地的巩固威胁甚大。

六、登陆部队要统一指挥,除按预定方案打外,还要能根据临时情况变更部署、修正计划。这次战斗开始时,按原定方案3个团同时突击,取得了很大胜利。敌第十八军登岛后与我遭遇时,因我未能变更部署,巩固阵地,而遭敌各个击破。其主要原因是没有统一指挥。

七、战斗计划应准备多种方案。这次只有一个顺利的方案,没有应付困难复杂的一手。既无组织准备,又无思想准备,发生意外情况后,登陆部队建制搞乱了。指挥所在对岸既无兵又无船,干着急,无法增援。

正是由于我们缺乏渡海作战知识,又因连续胜利,特别在领导干部中产生了轻敌、骄傲思想,不适当地提出"登陆就是胜利"的口号;还是用渡江作战的经验来指导渡海作战;三野与十兵团首长都在忙于接管,以致对这样复杂的新情况、新问题重视不够,用两个不同建制军的部队去进攻,只委托一名副军长去指挥。

同日,台湾将金门县政府撤销,改为军管区;蒋介石作《敌我双方优势之分析》训词:

此次金门保卫战的结果,对于来犯之匪万余人,予以彻底的歼灭,不使有一人逃脱漏网,这是我们剿匪以来最大的一次胜利。

是日午,金门战役登陆作战失败4天后,登岛作战部队的253团徐博团长,由于饥饿,在金门东半岛农民花生地里扒花生吃时,被国民党军发现,随即中弹昏倒在地。被俘后,被押解到了台湾。

是日夜,粟裕在金门战役失败4天之后,命令第三野战军第七兵团二十二军六十一师,发起了进攻登步岛的战斗。

在戈基、王震寰写的《军魂》一书中,披露了一个鲜为人知的情况:

金门战斗……毛泽东主席甚为痛惜,指示:"各级领导干部中尤其是军以上干部,必须以金门事件为戒,对于尚在作战的兵团进行教育,务必力戒轻敌急躁,稳步地、有计划地歼灭残敌,解放全国,是为至要。"不知出于什么原因,二十二军领导没有将毛主席这一重要指示向六十一师传达,以致师长胡炜在准备不足、敌情不明的情况下,指挥部队仓促向登步岛发起攻击。我军以2个团的兵力,与有海空军配合的2个军的国民党守军血战两昼夜,伤亡惨重。

为尽快攻克登步岛,六十一师决定以4个营的兵力组成登陆突击队,其中3个营为第一梯队,1个营为第二梯队;另1个营为预备队,以山炮一部在桃花岛实施火力掩护。

22时,第一梯队3个营共9个连,在炮火支援下冒着大雨起渡发起攻击。不久,风向突然逆转,船队在风浪中散乱,潮水渐退,经过艰苦拼搏,有7个半连1000多人在登步岛登陆。登陆部队冒着大雨和守军密集的火力,奋勇冲杀。开始时,和金门战役登陆作战一样打得很顺利,不仅抢滩登陆成功,建立了滩头阵地,并且以锐不可挡的攻势,瞬间歼灭了国民党军8个连。

其时,驻守登步岛的国民党有八十七军朱致辖下一部的2个团,指挥官为郭忏。陈诚在回忆录中说:

> 共军以优势兵力向登步强行渡犯,守军不支,一部阵地为敌所攻占。郭司令深夜以电话报告,拟放弃登步。我当即告以登步决不能放弃,登步放弃,则舟山诸军均将成瓮中之鳖,无可幸免。乃令其先将可能抽调部队就近增援,我当由他处另派大军驰援。

拂晓,登陆部队迅速控制了全岛四分之三的地区,俘虏守军500余人,将残余守军压缩到北部鸡冠礁一带。假如此时解放军第七兵团二十二军能及时渡海增援后续部队,将登步岛上的国民党守军全部歼灭是可能的。

但是,随之而来的,几乎与金门战役登陆作战如出一辙。由于风向、潮汐的变化,第七兵团二十二军的后续部队,被汹涌的大海阻隔,后续第二梯队援兵不能及时起渡,只能望洋兴叹干着急。

7时,国民党军舰载着4个团15000多人的援兵,在空军的掩护下,迅速登岛参加战斗。

援军开到,立即登陆反攻,敌亦顽强抵抗,激战3昼夜,我军在海空军有利协同之下,卒将犯敌击溃,登步得以确保。

此时解放军二十二军隔海对岸准备参战的部队,既没有远程的炮兵,又没有海、空军的火力支援,加上第一梯队有的登陆部队动作迟缓,没有按计划控制抢滩的渡口,致使国民党的增援部队在上岛后,迅速分成东西两路实施反扑。一时间登步岛再现"金门"战况,在国民党海军、空军联合作战的攻击下,六十一师登岛部队转入劣势,顿陷孤军奋战的被动之中。

当晚,二十二军第二梯队和预备队各1个营,以及第一梯队未成功登陆的1个半连和师直3个连,强行增援抢滩登上登步岛,与岛上坚持战斗的第一梯队一起战斗,消灭守军一部,重新夺回了丢失的一些阵地,战斗呈胶着状态。

经过两天两夜激战,解放军第七兵团登陆作战部队在杀伤国民党军3200多人,自己伤亡失踪1488人后,在国民党军源源不断的绝对优势增援兵力攻击下,六十一师在短时间内难以再组织部队登岛增援,决定撤出战斗。

4日,中央军委复电粟裕,同意粟裕的定海作战方案,指出:

你们采取慎重态度,集中优势兵力,事先做充分准备,力戒骄傲轻敌的方针是正确的。

在中央同意粟裕的"定海作战方案"的前一天,第七兵团和二十二军就已经发起了这次战役,且又以失败而告终。

同日,浙江、上海等华东各省市相继成立支前委员会和由军队与地方共同参加的支前司令部。支援"解放舟山群岛"是该委员会的头等大事。是时，大批船只集中到前线海边。

5日上午9时，国民党增援登步岛的部队源源不断上来，蒋介石致电登步岛前线作战部队：

全歼共军，让登步岛成为第二个金门。

是日晚，解放军在登岛部队处境十分困难的前提下，为保存力量，以利再战，遂全部主动撤回桃花岛。陈诚在回忆录中不无得意地说：

继金门大捷之后不数日，又有登步反登陆战之胜利。这一次胜利虽不如金门之大，可是于旬日之内，接连造成两次胜利，足以振奋士气，恢复信心，自属不言而喻……金门、登步之捷，本来没有什么了不起，但"兵败如山倒"这一有历史性的观念，赖此得以扫除。使我们重行相信"胜败乃兵家常事"之语为不妄。

登步岛战斗后，国民党方面统计损失比：

解放军被俘279—1521人；

国民党军伤亡约2825人，解放军3740—9000人。（据台湾《碧血青天·1949金门战役秘史与两岸关系研究》15页。）

进攻登步岛受挫的原因，《当代中国军队的军事工作》如是说：

除解放军没有海、空军的支援外，最主要的是思想上轻敌，战前对气象、潮汐的变化掌握不准，战斗准备不充分，战时组织不严密……战役指挥员在思想上轻敌……从而导致不得不撤出战斗的后果。

登步岛战斗的失败，其战术一如"金门"登陆，其海况、潮汐亦与"金门"当时出现的状况如出一辙。发生在两个不同兵团，几乎完全一样的失败战役，这是粟裕后来多次向萧锋表明"我有责任"的根本原因。第三野战军在金门战役登陆作战吃了大亏，再一次在登步岛的战斗中，犯了同样的错误，这对于三野的领导层来说，不管是金门战役还是"登步岛战役"，他们都具有同样不可推卸的责任。

登步岛的失败，与金门战役登陆作战的失败，有一个不一样的地方,那就是金门战役登陆作战是"无船"进行增援,而登步岛是"有船"而不能起渡。金门战役登陆作战的"无船"有"人"的因素,而登步岛的"有船"不能渡是"天"的因素,二者尽管有"人"与"天"的区别,但"不能起渡"的性质,却都是一样的,其导致"不能增援"的结果,也是完全一样的。

金门战役由于船只的原因,导致第二批登岛的人数不够,最后使全军覆没;登步岛因有船,第二批登岛人数相对多些,这才有机会撤出登步岛战斗。这个力量对比,也颇有价值。如果金门战役的第二批登陆的指导思想不是叶飞主张的"一定要打",而是萧锋的"能接多少回来接多少",金门战役也就不会全军覆没。知进不知退,是整个"漳厦战役"和金门战役当中的问题。

登步岛接受了金门战役登陆作战的教训在于,有了"主动撤出战斗"的思想,让那些幸存的将士们,有了一条生路。

此外,"金门"与"登步"两场战役,都对"天气""潮汐"有"掌握不准"之说,其"不准",其实是完全没有"准备"和完全没有这方面知识的储备。

这个"准备"对于来自北方的军一级的指挥员,都应当由更高一级的兵团,甚至三野来加以考虑并调配人才储备才可能达到的。因此,在这里责备军一级的任何指挥员,都是没有道理的。三野在没有去总结金门战役登陆作战的失败经验教训,军一级机构又没有机会进行交流,这种责任,也只能是由三野来承担而不是其他的任何下级和个人。毛泽东清醒地看到了这一点。因此,毛泽东对林彪解放海南岛,进行反复交代是有道理的。

粟裕以高尚的人格,在金门战役登陆作战和登步岛战役失败后,将这一切责任都承担了下来。这是他始终受到萧锋敬仰的一个重要原因。无奈,粟裕在这两场败仗之后,他已经无力左右第三野战军各部下的命运了。

5日,晴。国民党飞机不断袭击二十八军各驻地,午前移往郭前。

《萧锋日记》221页记载：

今后要加紧练兵，积蓄力量，待条件成熟后再打金门，复仇雪恨。今天我还向兵团提供了一些再战金门意见，中心是集中相对优势，搞足十二个团船只，先攻小金门，便于同时并进。我愿承担任何一路。翻来覆去的考虑总结，得出了点滴经验，战斗练兵，练兵战斗是一致的，我以往对整训这一点抓得不紧，光想作战，兵训练不好，打仗亦打不好，这是相辅相成。

同5日，金门本岛国民党军接到古宁头村民报告："山根下发现一名解放军。"

驻岛的国民党军随即派去一个连的兵力，远远地就看见在田埂边单腿跪着一个做瞄准状的解放军士兵。一连士兵顿时卧倒，并不断喊话。许久后，看端枪瞄准的那个解放军战士丝毫没有动静，于是，众人小心翼翼地匍匐前进，到了近前，这才发现那个解放军士兵早已死去多时。整整一个连的国民党军，在兀然不倒的尸体面前，惊骇不已。事后，见过那具解放军战士尸体的国民党士兵都说："尸体都已有臭味了……"

6日，金门国民党守军将被俘的解放军团以上干部，包括田志春等押送到台湾基隆港。

这些团以上的俘虏们在基隆下船，经李良荣亲自审问无任何结果后，翌日被汽车送到台北的内湖集中营。

7日，台湾《中央日报》头版刊出连续电讯：

继金门后又一大捷，登步岛歼匪7000。陆海空军配合奋战三昼夜，击毙5000，生俘2000，缴获无算。犯匪自师长以下无一生还……金门大捷之后又一歼灭战……

登步岛登陆之匪军，现已踏上登陆金门匪军曾遭遇之同样悲惨命运，全部均遭歼灭。是役毙匪5000余名，生俘1982名……共匪蠢窥定海之迷梦，经此惨重打击后，完全幻灭。

自登步岛再获"大捷"后,台湾的舆论宣传称:

南有金门,北有登步。

第三野战军二十二军登步岛登陆作战的失败,与金门登陆作战存在着一个同样的战略性大问题,那就是:金门战役登陆作战并不是为了"解放台湾","登步岛"登陆作战更不是为了"解放台湾",这两场战役的战略目标,都是与"解放台湾"这个战略目标割裂开来的。

8日,陈毅给萧锋来电:

凡为了歼灭敌人努力作战,即便部队受到损失,也不追究个人责任。

并指示萧锋放下包袱,积极参加再战金门的准备工作。

9日,张震得知舟山方向攻击登步岛受挫的情况,心情很沉重,其回忆录说:

仅一水之隔的金门和登步岛都没打下来,在金门还遭到如此严重的损失,看来,渡海作战对于我军确实是一个新问题!这个问题不解决,怎么去征服台湾海峡,把红旗插上台湾宝岛?

此后,张震作为第三野战军的参谋长,对"再战金门"进行了研究,他说:

我把主要精力放在搞调查研究上,查阅东南沿海的水文气象资料,研究金门和登步岛的全面情况,并听取司令部各业务部门的详细汇报。我感到,解放台湾,可以说是全国解放战争的最后一役,也是最困难、最复杂的一仗。其关键,就在于作战方式同以往完全不同了,在战略指导上需要有相应的变化。如果像解放战争初期那样,以内线作战,以运动作战的打法来对付敌军,显然是不行的。与我军转入战略进攻后的作战相比,也大为不同,单纯强调争取战机、以少胜多,是不能解决问题的。作战区域由陆地转向了海洋,不渡海,就不能登陆。我们的作战力量虽以陆军为主,但也要有一定的空、海军参加,没有制空权、制海权,陆军是过不去的。同时,渡海登陆作战组织指挥上也比以往作战复杂得多。因此,解放台湾将是一场由陆海空军协同的、现代化的联合作战,这就需要我们充分认识作战方式以及战役力量、指挥协同上的这些重大变化,适应新的情况需要,做好各项准备工作。

10日,第二十八军攻打金门部队回师莆田、福清休整。

萧锋在厦门十兵团老虎洞开完党委扩大会议后,于是日返回二十八军军指挥部福清。萧锋《三年解放战争亲历记·对马祖勘察》记载道:

省委、军区指示:用百分之三十时间管福州支前司令部……用百分之三十时间管二十八军工作。马尾旧港是中国最老的军港。在这里制造了750只机帆船,一为攻金门,第二为攻打澎湖、高雄用。以军后方勤务部军械科苗科长为主,抽出4000名水手,组织两个船管团,配合7000木匠造机帆船,每船能载人250人,连载10次弹药、食品等物。每艘船载1个加强营,2个加强连还装2门94山炮。

此际,解放军二十八军附二十九军八十五师253团发起进攻金门战斗失利后,二十九军奉命在厦门做再度进攻金门的准备,加紧进行部队训练和制造机动船只等渡海器材。军部从各师各抽调1个营组成二十九军船管团,吴森亚被调任该团团长。

上旬,厦门岛内的粮食价格,连续七天暴涨(从3日开始涨价至10日,是为上旬7天),每50公斤大米由12.90元升至14.88元,升幅15%。

11日,第十兵团向三野前委报告该兵团党委扩大会议情况:

会议一致认为华东局、前委及省委关于金门战斗失利问题的指示和批评是完全正确的,对准备再次攻击金门与剿匪兼顾的方针全体同志皆同意,会议决定5个师的兵力专门做攻金准备。

第二十八军八十四师赴闽北一、二分区执行剿匪任务。

14日，对登步岛战斗的再次失败，毛泽东甚为重视，特致电粟裕《如对定海作战准备未周宁可推迟》：

粟裕同志并告陈饶：舟山群岛共有敌军五万人，并有颇强的战斗力，你们以两个半军进行攻击是否足够？鉴于金门岛及最近定海附近某岛作战的失利（指登步岛登陆作战）。你们须严重注视对定海作战的兵力、部署、准备情况及攻击时机等项问题。如果准备未周，宁可推迟时间。提议你们派一要员直赴定海附近巡视检查一次。如何盼复。

同日，粟裕致七、九、十兵团并报中央电：

查金门岛战斗失利，其主要原因为轻敌、骄傲与急躁，因而强调争取战机，却放松了充分准备所致。此种教训在部队干部中，尤其在高干中未能深刻进行教育，致有二十一军又在登步岛（定海东南）失利（登陆后，被敌反击撤退，伤亡近千人）之事发生。

自我大军南进以来，蒋匪整个兵力及政治条件虽已处于绝对劣势，但其防线缩短与垂死挣扎，其抗击力已适当增强。而我们干部却忽视此点，并机械地强调内线作战时机运动战时机之争取战机，而忽视对已设防敌人的充分攻击准备，同时，亦未意识到目前敌人在海空军方面仍是优势的作战情况。致使在金门、登步作战中既未充分准备足够装运该部作战部队登陆的船只，及其预备船只，亦未适当的制海、制空力量，致使第一梯队登陆后，第二梯队为敌海空军遮断，无法增援，而第一梯队船只暴露在敌陆、空、海炮火下几乎全部损失，无力做第二次运输。即第二梯队船只在敌第一线空军轰炸下，亦无法完整保存。于是，使前后方脱节，交通运输瘫痪。

因以上种种客观情况之变化，加之指导干部主观之错误，虽有部队之坚定意志，亦无法避免其损失。为此，各部应以金门、登步岛之教训深刻教育各级干部，尤其在各高级干部更应深加研讨，了解新的情况，研究和学习新的作战方法（对海岛强固设防及有海空军优势的敌人之攻击的作战方法），勿骄勿躁，充分准备。敌人虽大势已去，我军仍应本着以多胜少的原则部署作战。这样才能达到歼灭敌人有生力量之目的。如我能在舟山群岛及沿海各小岛全歼敌人主力,则造成攻占台湾之更有利条件。同时,在我军已占绝对优势的整个形势下,战机之意义已有变更。

因此,今后机动发起攻击之权限应加以缩小,以收统一之效。今后你们对舟山及金门作战之发起攻击时,须事先将准备情况报告此间,并经此间派人检查批准后始得实施。望即遵行为要。

毛泽东致粟裕的电报中,有几个至为重要的问题。

其一,"准备未周"问题。点明了是在吸取了金门战役的教训基础上的性质,而这个性质的明确,是军一级作战单位无法完成的。从而也说明了金门战役失败的问题本质,是来自于兵团、来自于野司等上级。

其二,"宁可推迟时间"问题。体现的不仅是一种意见,而是说明此时的毛泽东,在金门、登步岛的连续失败后,已经恢复了直接插到具体战役指挥的做法。

第三,"派一要员直赴"问题。派"要员"的目的,就在于解决下级无法直接让上级接受自己的不同意见,从中协调、加以解决。

金门战役如果也能有此之举,萧锋的完全不同的意见,船只准备、甚至准备的船只被调走运粮等诸多问题,能够在"要员"的协助下、甚至是在"要员"的身份、职务的压力下,迫使当时的十兵团领导、叶飞改变作战计划,加以解决,金门战役就不可能出现如此之大的失败。

萧锋一再向政委陈美藻、刘培善等人的不断求援电话,就充分说明了这一点。求援电话的目的,亦在于希望他们能从中协调。但是,这一切均没有奏效。

"直赴"的要求,也就在于避开"兵团"这一级难以听从部下意见的现象。毛泽东的这个电报,将这一时期上下级关系、巨大胜利后高级指挥员当中出现听不进下级正确意见的问题,以及指挥系统中出现的"一言堂"等问题,一针见血地指出来了。毛泽东的伟大,大概就在于此,他能够运用高超的智慧,将这一系列被执行的问题,用具体的事件、事例来做具体的指导,而使得这支文化程度并不高的军队,不断地提高和进步,并将决策权牢牢地掌握在自己手中。

是日,台湾国民党"东南区人民劳军会定海慰问团"出发至金门本岛进行劳军。

15日,粟裕发专电给毛泽东承担金门、登步两岛作战失利的责任:

11月14日电示敬悉。关于金门、登步两岛战斗失利,虽由于各该方面之高级干部犯轻敌骄傲与急躁等毛病,但职未尽到检查与督导之责亦不能辞其咎。除已于14日酉时及11月14日两电(均发中央)给各该部指示并多加注意对他们的指导外,今后当遵钧示执行。

这是粟裕第一次将"金门"与"登步岛"的失败并列向毛泽东专电报告,可见"登步岛战斗"的失败,与金门战役登陆作战的失败,是具有同样性质的。其战略意义和战术意义,在第三野战军的最高领导人眼中,此时才得以重视,这种重视,是来源于毛泽东和中央对这两次失败的高度重视与责备。

16日,军地为解放金门做准备。《厦门日报》第一版刊登《高崎群众自动支前,厦港船工父子出征,政府拨粮供给船工家属》:

高崎保群众从解放到现在,一直在自觉自发地支援解放军……来往渡海服务……只要我们多出力,把金门早一天解放,我们早一天得到安逸。

17日,粟裕将11月11日第十兵团"准备再攻金门"的电报全文转报中共中央军委,并附有《第三野战军就金门战斗损失情形》报告,在该报告中,金门战役登陆作战的损失总人数为:9086人,其"准备再战金门"的内容为:

准备再次攻击金门……决定5个师的兵力专门做攻金准备。

是日,萧锋遵照第十兵团指示,率八十三师朱耀华、丁士采和各团、营主管干部,坐车到连江县勘察马祖军情。

19 日,萧锋在福安分区司令部打电报向叶飞、刘培善汇报自 17 日以来在马祖岛附近勘察的国民党情况:"困难太多,主要没有登岸阵地,敌已挖了山洞。"叶飞说:"你们抓紧机帆船装山炮,细情回福州仓前山汇报另议。"(据萧锋《三年解放战争亲历记·对马祖勘察》,380 页)

自金门战役登陆作战失败以后,萧锋一直在为"再战金门"做着各种准备。

19 日至 12 月 2 日,第二十八军党委在福清召开首次党代表会议,总结了金门战斗失利的教训和原因:

一是过低估计了敌人数量优势;

二是违背了"不打无把握之仗,不打无准备之仗"的原则;

三是打胜仗必须依靠军事民主;

四是执行上级的命令,必须不是盲目的,要以对党对人民对部下负责的精神,实事求是,正确分析当前情况,积极向上级提出处置的意见。

检查了部队进军福建以来存在的军阀主义倾向和无组织无纪律状况等问题。明确提出了……增强爱兵观念,反对军阀作风和打骂、监视等管理方式……不断消除厌倦战争、贪图享受、和平麻痹等情绪……在部队分散、面临困难的情况下,保持高度的统一。第 10 兵团政治委员韦国清、政治部主任刘培善到会作了指示……经过总结整顿,全军上下士气高涨,决心再战金门。

其中说的"监视",指的是专门针对那些战场上被俘后参加解放军的"解放战士"。

20 日,粟裕以"解放台湾工作委员会主任"身份,在解放台湾工作委员会第一次总会上,讲了《关于对台工作的几点意见》:

一、对台湾情况的估计和认识。

除西藏以外,今年大陆可以全部解放。这对于蒋中正孤守台湾,对于国民党内部,是严重的打击。这是我们基本的有利条件。存在的困难是:

1. 美帝积极策动台湾独立；

2. 蒋匪残余力量最后撤到台湾，集中一点，并必然采取残暴统治手段；

3. 在蒋中正黑暗统治下，特别是"二二八"事变以后，台湾人对大陆人不满，对我了解不够。

二、对台湾各政治团体、派系的政策。

我们对台湾的地方势力、托管派、再解放同盟（即策动台湾独立者），所采取的方针是争取、分化、动摇、瓦解，而不是打击；是大力地进行宣传，使他们站到我们方面来。

三、对台湾宣传方针。

我们不提以台治台的口号，而应树立一边倒，倒向中国，倒向大陆的思想。要使台湾人民认识到，只有倒向新中国，倒向大陆，才能得到解放。

四、策反工作与政策。

对策反对象的要求可放宽尺度。我们的策反对象必须是普遍的、广泛的、动摇的敌人，有人视战犯不在内是不对的，应当包括在内。只要他接受我们的和平条件。（据《粟裕年谱》313 至 314 页）

隔海作战，使我们英雄无用武之地，过去可以以多胜少，以数量代替质量，现在也不行，应该用技术。用数量代替质量根本不能解决问题。（《名将粟裕珍闻录》183 页）

是日，叶飞指示厦门市政府出面平抑粮食价格上涨：

市贸易公司即在开元、厦港、鼓浪屿设零售供应点，以每 50 公斤大米 10 元……抛售（每人限购大米 7.5 公斤……），短暂抑制了粮油价格的涨势。

21 日，《厦门日报》第一版刊登新华社电讯《福建前线司令部发表福州漳厦战役公报 歼匪十万解放整个福建内陆》：

除闽西南之东山、金门两座孤岛外，福建全省内陆六十五座县城，约十二万公里，一千四百余万人，即全获解放。

其配发的评论《解放全福建的伟大胜利》说：

我华东地区内部大陆上国民党匪军的正规部队业已全部肃清……按照毛主席的指示……解放福建沿海尚未解放的岛屿，以便配合兄弟部队解放台湾。

是日，美国议员诺兰夫妇抵台湾发表谈话称：

美驻沈阳领事华德如不获匪（解放军）立即释放，美国封锁匪海口。（据台湾联经出版公司《1949·国共内战与台湾》转引《中华日报》"民国三十八年台湾省大事记"）

22日，晴。第十兵团再次召开党代表大会，中心议题仍然是检讨金门失利。萧锋日记记载道：

同志们发言时，都主动检查自己犯的错误，不埋怨任何人。这次大会对我教育很深，特别是进行了党内思想交锋，增加了我对主观主义做斗争的信心。

同日，粟裕给毛泽东并军委发电报，总结渡海作战的经验教训，再次表示承担责任。《粟裕传》和《粟裕年谱》虽都没有将这封电报全文刊出，但是基本的要点均做了介绍：

"未能及时予以指导与教育"的责任，建议"将对定海作战之时间推迟至明年一月或二月"，以便充分准备运输登岛部队的足够船只，并集中17至20艘海军舰艇、数十架空军飞机、5个高射炮团，"使攻台部队得到最大实际的一次演习"。

《粟裕年谱》在记载上述电报时，对一个多星期以来自己在金门、登步岛两战役中的教训，做了总结与汇报后，进一步对敌我态势，研究新的战法，提出了自己的看法，认为蒋介石有固守沿海岛屿甚至以台湾兵力增强舟山、金门诸岛企图，提出"尽歼沿海诸岛的蒋军，以造成攻台的更有利条件",但是由于蒋军占有海空军优势,我军还不懂得对有海陆空直接配合而凭岛固守之敌的战法,解放舟山群岛的条件尚未成熟……建议"将对定海作战之时间推迟至明年一月或二月"。准备于12月初去浙江前线召开参战部队高级干部会议,检查舟山战役的准备工作,研究新的作战方法。同时(在这个电报中)再次表示承担金门、登步两岛作战失利的责任:"金门、登步两岛作战遭受损失,虽由于该方面之高级指挥干部轻敌骄傲与急躁所致,但职未能及时予以指导与教育,亦应负其责咎。"(据《粟裕年谱》313页)

在该电报中,粟裕还分析了此际的蒋介石集团:

主力虽将在大陆上最后被消灭,但似不致轻易放弃沿海诸岛。

尤其在金门、登步两战之后,更鼓励了匪军固守的企图,甚至于有继续将台湾兵力增强舟山、金门诸岛之企图。这样,虽然增加了我们攻占舟山、金门诸岛的困难,但如果能在这些岛上尽歼匪军,则对将来攻台行动在政治及军事方面均属有利,可以促成台匪之更加动摇与兵力的薄弱。因此,我们提出尽歼沿海诸岛的匪军,以造成攻台得更有利条件。由于匪军海空军尚占优势,且能直接配合其作战,加以敌匪防线缩短,凭岛屿固守,故适当地增强了他的守备能力。

而我们该级干部除犯了轻敌骄傲与急躁的毛病外,还不懂怎样对海陆空直接配合而凭岛固守的敌人作战,更不懂得计算海上之潮汐、风雨、气候以及暗礁、沙滩、陷泥、悬崖、峭壁和淡水、咸水等(基本知识和)有利条件之选择与配合,仍凭一股大陆作战之勇气,致使自己无用武之地,而陷被动;对敌匪海空军之优势亦欠给以适当力量之压制(指没有飞机、军舰、大炮等),因此,使我方所准备之船只在敌空军和海军有效的攻击下遭受损失。

由于我们没有海空军,尤其是空军的配合,目前渡海作战确有困难。对定海作战之时间推迟至明年(1950年)1月或2月,以便充分准备足够之船只,并集中海军的17至20艘舰艇、空军的数十架飞机和5个高射炮参加舟山作战,使攻台部队得到一次最实际的演习。(以上均

据《粟裕传》840至841页）

在这封电报中,粟裕对"解放台湾"的设想,也浮出了水面：

舟山既无内应力量,又面临精锐之师,如果死打硬拼,势必造成很大的损失。目前蒋军受金门、登步岛两战的鼓舞,已将台湾主力移至舟山,看来蒋介石想在此同我们决一雌雄。这样,虽然增加了我们攻击舟山群岛的困难,但如能在这些岛上尽歼敌军,则对将来解放台湾的行动,无论是在政治上,还是在军事上均属有利。因此,建议军委推迟攻击舟山的时间,加紧发展海空军。在打法上,以海空军力量给舟山之敌海空军以歼灭性打击,然后以陆军优势兵力攻取舟山。

粟裕这封11月22日给毛泽东的建议和自己对金门、登步岛两战失败的经验教训分析,可能启发了毛泽东此时此刻形成解决台湾问题、促成其有了一个较为完善的"统一台湾"计划、乃至实施的方案。因此,在后面的12月5日毛泽东给粟裕的复电中,不仅同意了粟裕推迟攻击舟山群岛的作战方案,而且要求粟裕在开完"攻打舟山群岛"的第三野战军高级干部会议之后,来京与他进行亲自讨论和研究。

台湾的蒋介石在金门战役与"登步岛战役后",不仅抽调了大量兵力来加强金门与舟山诸岛的防守,同时向国外求援,并准备招募外籍雇佣兵帮助固守台湾。

粟裕此时肩负"解放台湾"的任务,在连续两次失败的登陆作战中,他看到了"登陆作战"与往日在陆地作战的巨大不同。他根据此时台湾的军情变化,对"解放台湾"的作战计划进行了较大的调整,并上报中央说：

目前台湾守军约7个军20万人,估计其战斗部队为13.4万人,如果把雇佣军估计在内,则台湾蒋军战力应以20万计算。

因此,"三野原拟以8个军参战已属不够","对台作战必须三野全部参加,加上后勤人员及特种部队共约50万人",并建议"请四野以1个军移驻苏州,请华北1个军移驻山东,以策应海防"。

由此,原先的"解放台湾"计划,在经历"金门""登步岛"两场战役失败后,被第一次延迟下来。此际,为配合第三野战军解放舟山群岛,中共华东局会同浙江、上海、苏南、苏北、皖南、山东等地党政机关,在华东地区进行了解放舟山群岛的党政民总体战役准备。

约此日前后,在粟裕领导下,华东海军第一、第二两个大队成立,是为新中国海军第一支战斗部队。同时,粟又向华东局建议,将海上接收的登陆舰艇和招商局的一批船只交海军使用,增强了海军对台作战力量准备。

同日,美国议员诺兰由台湾飞金门。

23日,蒋介石命令名存实亡的"中华民国福建省"政府播迁金门,国民党中央任命胡琏为福建省主席,兼十二兵团司令官。

26日,萧锋在日记中做反省:

上午由韦国清政委做金门战斗总结及建设福建诸种任务的报告。

经反复考虑:金门之战成败是战役指导与战斗决心存在盲目自负轻敌忽略了客观条件还不成熟。我的错误是勉强执行了脱离现实情况的命令。叶、刘没有等到野司的指示,就要打,也是想取得经验,为解放台湾做准备。真遗憾!20年一帆风顺,胜利接着胜利,在这种情况下,就怕被扣右倾帽子,结果还是吃了大亏。

蒋匪军盘踞在金门、小担、小金门、马祖4个点,对大陆的安全很不利,总要设法拔掉才行。

同日,张震在征得粟裕同意后,准备组织一次全野战军的参谋长会议,即军事教育会议,意在统一军区部队的认识,确立渡海登陆作战的指导思想,研究渡海登陆作战的具体问题,并为此做会议准备。张震将军的回忆录说:

当时把渡海登陆叫作两栖作战,首先,我们组织对两栖作战理论的学习,做好学术上的准备……到华东军政大学召开学术研讨会,请一些教研室、研究班的教员特别是部分海、空军的同志参加。我还专门请国民党起义将领王晏清到会,介绍第二次世界大战的登陆作战概况及其经验教训,请原国民党陆军大学的赵秉衡教授讲两栖作战的基本原则等,提高司令部人员两栖作战的理论水平。

同时,我还与担负攻台作战任务的九兵团干部共同研究在两栖作战中存在哪些难题,请部队同志放开讲,困难究竟在什么地方,组织机关研究解决。有些解决不了的,请上级统筹考虑。

张震的记载,说明了两个方面的问题:一、金门战役登陆作战之前,第三野战军没有对渡海作战有过任何的战略、战术研究,全凭"胜利之师"的硬干、蛮干和人海战术。二、第三野战军将"登陆作战"提高到战略与战术的高度来认识,并付诸行动,是在张震病休归队、登步岛战斗再败以后才展开的事情。

27日,金门战役登陆作战一个月以后,岛上还不时传来枪声。

后人评论说:"那是濒死的解放军战士在做最后的挣扎……"

第三节
大陆的复仇情绪与"复位"的"总统"蒋介石

1949年12月

月初,中共中央军委和毛泽东根据粟裕的建议,决定从成立不久的海、空军中抽调部分兵力配合陆军作战、解放舟山群岛。

1日,台湾及蒋介石在金门正式成立"金门防卫部"。

2日,解放军第二十八军党代表会结束,萧锋日记说:

此次大会开得还好,象征着二十八军今后新的提高与发展。我个人也在群众帮助下,给了主观盲目骄气一个打击。

萧锋"还好"一词的背后，隐藏了"没有受到多少责难"的内容，其对自己"主观盲目骄气"问题的认识，无不说明了"骄气"后面隐藏的"红一军团"根正苗红本质。

3日，第二十八军党代表陆续返部。第三野战军司令部召开军参谋长以上会议，萧锋想去参加，兵团不许，只好作罢。当天萧锋在日记中记载了此事，并透露出此时情绪上的巨大起伏：

野司召开军参谋长以上会议，我想去参加，唯兵团不许，只好作罢。明天北移经福州市再问下叶、陈（美藻），如同意则6日或10日起程，利用此机会想到河北去一次，把南溪女儿接来。

自渡江南下以来，不是行军，就是打仗，哪里还顾得上妻子儿女。现在缓和一点了，应该把孩子接来，放在身边。也许或有人说，老萧这个扛枪杆子的，也有儿女情长的人情味儿。其实，谁能没有人情味儿呢？不过我还有另一层心意，这就是要好好教育孩子，让她懂得我们这一代人为无产阶级打天下所付出的艰辛，将来长大了好接我们的班。

再战金门，剿灭匪特，警备福州，巩固海防，解放台湾打好基础，已成为我军尔后的四大任务。解放台湾可能推迟，需做认真的研究和充分的准备，不能再大意了，稍不慎重，就不是8000人了，而是几十万人马，特别要小心处理渡海这件事。

近来朝鲜半岛上又起了风云变化，南朝鲜李承晚在美帝支持下，以8个师团向北朝鲜进犯，蒋介石将残兵开入南朝鲜，妄图以此挑起中、美战争。

我看目前应迅速解放大西南，并乘机解放台湾，把敌一切梦想打消，尽快完成三年恢复建设的任务，做好思想、物资的准备，说什么也不怕了。

萧锋的日记没有说明第三野战军召开的"军参谋长以上会议"的内容，但在《粟裕年谱》《粟裕传》《名将粟裕珍闻录》当中，都提到这次会议的内容：

为准备解放台湾,在南京召开各军参谋长座谈会,研究陆海空联合作战条件下的参谋工作。

在华东军区召开的军事教育、政治工作、后勤工作会议上,粟裕指出:

将革命进行到底,肃清残敌,解放台湾和东南沿海岛屿……这是国内战争中的最后一仗……我们陆地作战,技术上、战术上均有经验,机动灵活。但航海作战缺少经验,尤其重要的是缺乏船只,缺乏大兵团的海上运输力量,该部不懂天文、气象、数学。登陆作战无经验,更不会对空作战……为准备进军台湾,在南京召开第三野战军各兵团各军各军区参谋长座谈会,研究现代战争条件下陆海空联合作战。

萧锋说的"唯兵团不许",这个"兵团"是指叶飞。

在金门战役登陆作战失败后仅仅一个多月后,萧锋要去第三野战军参加参谋长会议,无疑是希望能在粟裕面前和全军面前,将金门战役的备战、船只、登陆作战的情况有一个详细的申诉与汇报。但是,此时的叶飞和第十兵团却采取了"不许"的办法,目的在于封锁萧锋向三野司令部申辩的机会。

4日,《厦门日报》刊登"子彝"的署名文章《台湾在恐怖中》,其内容有:

4月6日,借口学生和警察冲突……出动警备旅……包围台湾大学,逮捕……40余人。5月间,台湾全省设戒严司令部。6月1日,全省实行了户口大检查……保甲方面采取了5户连坐联保制度,学校里教员也同样5人联保,如5人中有1人"思想有问题"……嫌疑重大时,5人皆予捕。

是日,二十八军为剿除匪患计,军部决定北移至甘蔗。萧锋于是晚到福州市宿营,明天到兵团一趟,拟6日达甘蔗。

此际,"中共台湾省工作委员会"地下党员张志忠、李法夫妇及谢富被捕后,判死刑。

自金门战役登陆作战以后，台湾的国民党加强了对台湾本岛的一系列全面管控，戒严、连坐等白色恐怖，一时间笼罩在整个台湾岛。

5日至6日，粟裕根据军委和毛泽东的指示，在宁波召集第七、九兵团师以上干部会议。检查各军的战役准备工作，根据各部队的报告，渡海船只尚缺五分之三，气候情况也对我军发起战役不利。为了保证渡海战役的胜利，决定将舟山战役延期至1950年2月底执行；并确定二十一军全部参战，调高炮13团进驻宁波，担任防空任务；指示各机关着手研究陆海军联合作战方案；要求参战部队在冬季的3个月集中整训练兵，进一步摸清敌情，并研究对策。而渡海船只在全华东范围内，由地方政府负责征集。

7日，蒋介石命令公布："中华民国"中央政府迁设台北；不日，国民党中央党部也迁至台北；台北《中央日报》发表了国民党记者参观"新生营"即关押金门战役登陆作战解放军被俘人员的内湖集中营访问记，称251团政委田志春为"最顽固分子"，同时刊登了一张田志春坐在地上的照片。

是日，第二十八军萧锋"昨天到甘蔗，此地房子很多，风景优美，虽然已进入冬季，仍然是树绿草青的"。萧锋日记记载道：

> 昨晚同毛（会义）、龙（飞虎）、黄三位同志交谈配备几个师级干部问题……八十四师在闽北剿匪很顺畅，有的已到达南平，拟提前集结1月后，始可接替八十三师。兵团决定在10日召开剿匪会议，为照顾地方工作开展，将抽调一些干部参加工作队。省委决定福州、福安、建阳、南平四个分区划归二十八军统一指挥，是否成立区党委性质仍未定，我意仅在军事及地武建设问题上由军负责，党政主要责任交省委及军区负责为好，否则，地方化的程度太大，对二十八军本身不利。

8日，《厦门日报》第一版头条刊登《本市驻军崇山部队隆重颁发淮海、渡江战役纪念章授章时纷纷表示今后更要努力争取解放金门、台湾的胜利》：

要在毛主席领导下打下金门,彻底消灭敌人!

是日,国民党行政院长阎锡山,自成都飞抵台北。

至此,蒋介石认为经由金门战役反登陆作战的"大捷",走完了由"大陆之中华民国"到"台湾之中华民国"的重要奠基性路程,所有残守在大陆的国民党机构、"中华民国"政府机构,全部败退迁移到台湾本岛内。

9日,《厦门日报》第一版第三条刊登《本市新解放战士,认清仇敌纷下决心,一致喊出打下金门台湾杀敌报仇》的报道,其主要内容是:

参加解放军崇山部队的成千厦门解放过来的新同志……纷纷刺破手指盖血印,一致喊出"打下金门!打下台湾!杀敌报仇!"

是日,国民党"行政院"开始在台北正式办公。

此间,解放军第二十八军为迅速充实战斗力,准备再战金门,进行自"金门战斗失利"后的整编。二十八军244团、251团大部和246团一部受损,第三野战军司令部调三十四军一〇一师参加第十兵团序列;第十兵团决定该师301、302团调归第二十八军,并分别与251团和244团合编;新的251团3400余人。钱宝钧任团长,李占武任政治委员,张学智、张宪章任副团长、黄明任副政治委员,丁学林任参谋长,于耿光任政治处主任。

补充后的各师、团,每人都配发了一个布制胸章,这个胸章是金门战役登陆作战期间,原先准备用以包裹金门烈士遗体的白布所制的,上面写着:

积极工作,加强努力,为金门战役牺牲的烈士报仇。

解放军第二十八军244团金门作战参战763名,牺牲660名,恢复后的244团,召集原244团所有指战员,在福清县东张镇露天广场开大会,因攻击金门时伤病在后方医院、未上岛的副团长宋家烈做报告:

244团阴沟里翻了船,登岛部队与金门岛数倍之敌英勇作战,虽死犹荣。我们要把复仇的怒火用到战场上去,做好充分准备,再战金门。我们幸存者要担负他们未完成的任务,我要求同志们再战金门时,每个人都要刺刀见红!

此后,宋家烈成为重建后的244团团长,咬牙发狠,近似疯狂般地训练部队,发誓要在再战金门时:"拿下台湾,为牺牲的战友报仇!"

10日,《厦门日报》第二版刊登《中国人民解放军总部发表9、10两个月总结战绩公报,消灭敌军76个整师47万余人》,其中有分标题曰:

敌军投诚,起义部队;

向我投诚及被我俘虏敌高级军官150名。

是日,蒋介石父子于乱军之中步行、再借吉普车,由成都凤凰山机场飞抵台北;海内外各地纷纷函电请蒋中正总裁"复位总统";台湾《新闻天地》刊文称:

金门失利,闽南共军士气低落,陈毅于上海与干部商讨重攻金门战略,部分干部以为把大兵投入金门,是毫无把握之冒险,小部队是像蒋介石一样的送礼运输大队;主攻主守的激烈争议,高级干部希望攻下金门打台湾,中级干部以下,尤其是士兵,都以为渡海攻坚根本是惨绝人寰之罪恶,上下意见纷纭,得不到大众心服口服的结论,将无信心,士无斗志,即使迫于上命,还是必定失利的。(据台湾《碧血青天——1949金门战役秘史与两岸关系研究》13页)

11日,国民党中央党部迁台北开始办公。

12日,国民党海军突击方门、梅山,炮击解放军浙海补给站,至毁。

同日,《厦门日报》第一版刊登《乔山区农协委会成立,动员减租、反霸、积极生产支援解放军解放金门、台湾》。

13日,萧锋来福州参加省委扩大会议,张鼎丞主席作报告,萧锋日记记载:

1950福建党政、军的总任务,重点是歼灭残敌,着手恢复建设福建要以农村为主兼顾城市,发展六万地方武装,百万农会会员,八万民兵,剿匪任务主要由主力承担,时间为半年。昨晚会见了许多老朋友,因此看来,干枪杆子"越来越没味道"是不正确。但要适当地转业一部分到经济部门工作,一〇一师率301团达上饶(8日)全师有7360人,干部很齐全,金门战斗之后来加强244团、251团。这是被我军"吃掉"的第4个地方师。感激华东军区党委和陈、粟首长的关心,二十八军是主力之一,要永保坚强的战斗力。

15日,《厦门日报》第一版头条刊登《经月余三评整训后,崇山部队全体战士思想普遍提高,激发革命英雄主义决心解放金门台湾》一文,其内容为:"解放军崇山……为解放金门做好准备。"

中旬,粟裕在浙江宁波召开第七、第九兵团师以上干部会议,检查舟山战役的准备工作,并作关于渡海作战战术思想的报告。

16日,毛泽东在苏联访问与斯大林会面,是日,即向斯大林提出:

国民党的支持者在台湾建立了一个海空军基地,海军和空军的缺乏,使人民解放军解放台湾更加困难。中国缺少海军和空军,希望在解放台湾时得到苏联的援助。比如可以派志愿飞行人员或秘密军事特遣舰队帮助夺取台湾。

但是,毛泽东的这一要求,被斯大林婉拒了。斯大林说:

提供援助是不成问题的,但援助的形式必须考虑。这里主要的问题是不给美国提供进行干涉的口实。

是日,《厦门日报》第一版刊登《金门人民渴望解放》:

有个年老的女人……谈说金门里面的消息,现在金门岛上的老百姓日夜被反动派压迫做着工事……金门的粮价飞涨,100斤地瓜要卖80个大头(袁大头银圆)……留在金门的,男的没得吃就被迫当兵,女的没得吃只有饿死,老百姓日夜啼哭,渴望着解放军快点去解放。他们说:"你们再不来,我们没有办法了。"说着,那老太太又哭起来。

同版，刊登《评战斗中得出宝贵经验，提高解放金门信心》：

崇山部"卫"字支队7连在展开打厦门岛的战斗评论中，得出宝贵经验，使全连队解放金门信心更为提高……以全连打厦门总的行动，分成3个阶段：一、渡海航行；二、木船登陆战；三、纵深战斗（包括指挥战斗动作）……对解放金门信心更高……海岛作战是新一套……最起码懂得了下船后首先一定要沉着勇猛打上去，再打金门，我们更有信心了。

17日，粟裕在浙江宁波召开的第七、第九兵团师以上会议做总结《关于打台湾的几个问题》：

原来预定今年打台湾的，参加有关单位都没有准备好，今年不能打了。究竟什么时候打，要看各方面准备工作……现在要求一切准备工作于明年2月底前准备好，或者春季准备好。如果政治情况变化也可能提前，或者海空军没有准备好，也可能推迟……

关于作战条件：政治上很好，国民党垮台了，大陆上已无敌人。打台湾保证有海空军参战，起码相等于敌人的海空军，只要空中取得了优势，海上也就占优势了……

攻击时间：由于风向影响不能一致……

担任第一梯队的突破，究竟用机帆船还是帆船？这也是个偷袭与强攻相结合的问题……偷袭不成，强行登陆。这是新的战术思想……

总之今后作战是海陆空配合作战，适当时机要演习一下……

这一时期，粟裕根据中央军委的指示，积极进行"解放台湾"的各项准备工作，密切注视敌国民党台湾的战略态势及国际形势的发展，着重研究现代条件下陆海空三军配合渡海作战的新战法。要来东南沿海10年来的水文气象资料，研究潮汐、气候和沿海地形的变化规律及其对渡海作战的影响。在调查研究的基础上，提出了一整套作战方案和战前准备措施。几次到北京向毛泽东主席和主持军委工作的周恩来副主席等请示汇报。

这个时候的粟裕,有些像是当年的施琅了。但他还没有获得当年施琅从康熙帝那里得到的"作战专权",也没有明确的、以"统一"为完全战略目的的明晰任务指示。这一点,粟裕在本月召开的"华东军区军事教育、政治工作、后勤工作会议"上,将"解放台湾"仍然视之为"将革命进行到底,肃清残敌,解放台湾和东南沿海岛屿……这是国内战争中的最后一仗"的讲话,得以了证实。

是日,台湾国民党宣布:

政府加强关闭匪(解放军)港,决自21日起实施布雷,分别正式照会各国转知航商所有船只,应于20日以前驶离匪港。

是日,《厦门日报》第一版刊登《匪机滥炸泉州时,驻军冒险抢救灾民,决心打下金门为人民报仇》:

今后只有决心打下金门……人民才能永久太平……只有支援前线,攻下金门台湾,活捉蒋匪介石、为全国人民报仇,才可有安宁。

18日,萧锋来福州参加军区会议,听到毛主席访问苏联的"特大喜讯"。

是日,正在苏联访问的毛泽东,发电给准备跨海解放海南岛的林彪《渡海作战必须注意的问题》:

林彪同志(中央转):10日14时电悉。

一、庆贺你们歼灭白崇禧的伟大胜利。

二、同意你的部署,即陈赓略做休整即入云南,四野入桂各军休息20天,大部分散剿匪,另以四十三军及四十军准备攻琼崖。

三、渡海作战,完全与过去我军所有作战的经验不相同,即必须注意潮水与风向,必须集中能一次运载至少1个军(四五万人)的全部兵力,携带3天以上粮食,于敌前登陆,建立稳固滩头阵地,随即独力攻进而不要依靠后援。因为潮水需12小时后第一次载运船只方能返回运第2次,而敌可用海空军切断我之运输,故非选择时机一次载运1个军渡海登陆,并能独力攻进,建立基地,取得粮食,便有后援不继,遭受重大损失之危险。

三野叶飞兵团于占领厦门后,不明上述情况,以3个半团9000人进攻金门岛上之敌三万人,无援无粮,被敌围攻,全军覆灭。你们必须研究这一教训。海南岛之敌,可能较金门敌人战力差些,但仍不可轻敌。

请告邓、赖及四十军、四十三军注意,并望你向粟裕调查渡海作战的全部经验,以免重蹈金门覆辙。

四、湖南省政府可于中南军政委员会成立后改组。但程(程潜)除任中南副主席外,其湖南军政委员会仍应存在,即使无具体工作,留一招牌亦有作用。此点程在京时,我已向他当面谈过,请加注意。

五、关于城乡、公私、工商、劳资等相互关系,比重问题,已托邓子恢同志向你转达,有何意见,望告。关于军队参加生产问题,请回汉口后统筹办理。

六、整个中南六省的工作重心,已由军事转到经济与土改,希望你们于明年1月间成立中南军政委员会,集中力量领导全区经济工作,并积极准备土改条件。

毛泽东在电报中直接对"三野叶飞兵团"的批评,也是对叶飞负有金门战役登陆作战失败主要责任的定论。

毛泽东的这一"渡海作战必须注意的问题"电报中所谈金门战役登陆作战失败的原因,乃是来自于共产党中央最具有权威性的失败原因之分析。毛泽东认为金门战役登陆作战之所以失败,在于:"三野叶飞兵团,于占领厦门后,不明上述情况,以3个半团九千人进攻金门岛上之敌三万人,无援无粮,被敌围攻,全军覆灭",这是毛泽东在痛定思痛之后,以战略家的眼光,以党中央主席的身份,不受任何羁绊、不需要做任何隐晦的前提下,对这场战役所做出的判断与批评,一针见血直指第三野战军和第十兵团的要害。这个批评完全是建立在掌握了公开与属于机密的金门战役登陆作战的第一手原始材料、从整个金门战役的作战计划制定、到具体执行作战的步骤现实出发，经过他老人家心思缜密的判断、分析得来的，是建立在"实事求是"的基础上的。这种最具说服力、最为权威的定性，是一切关注金门战役的军内外人士、关注国共两党战争的学者以及关注祖国统一问题的政治家、战略家们所不应当忽视的，也是今人与后人绝不可以对此有一丝一毫曲解的。

而毛泽东在致林彪的电报中，要求第四野战军在攻击海南岛之前"向粟裕调查渡海作战的全部经验，以免重蹈金门覆辙"，对于1950年5月第四野战军15兵团解放海南岛，无疑是起到了重要的借鉴与指导作用。

是日，由张震主持的第三野战军参谋长会议、暨军事教育会议在南京召开，目的是研究攻台作战、布置1950年军事工作。分军事、政工、后勤同时召开。第十兵团没有让萧锋参加，二十八军政治部主任李曼村参加会议时，在会上介绍了金门战役登陆作战的详细情况，认真总结了渡海作战的经验教训。

会议期间在南京附近长江的燕子矶江段进行了演练。科目有：破障和登陆。根据渡海登陆作战时可能面临的敌情，设置了4道防御设施，演习分队演练了用大剪子等工具和爆破的方法，破敌防御、用装甲车辆引导和支援步兵登陆等课题。

张震为此总结出"攻打台湾"所需要的4个条件：

一、陆军；二、海军；三、空军；四、内应。

即：陆军准备的情况怎么样？海空军是否占有优势，尤其是能否夺取局部的制空权？对台方面的策反工作进展如何？要求这些条件都具备，实际上是非常困难的，应当说，有两个条件具备了，就可以进行。

张震要求作战处立即拟制对台作战方案，加紧计划浙闽沿海公路、机场、通信网和起渡场的建设，组织弹药前送。并搜集整理陆海空军联合作战的演习资料，制定部队进行两栖作战训练的计划，组织有关部门、工厂研制渡海作战所需的船艇等。下发了《两栖作战中司令部工作的指示》。张震最后总结了 8 条：

一、两栖作战面临的问题；

二、两栖作战的战斗动作指挥；

三、两栖作战的组织领导；

四、两栖作战的教育；

五、两栖作战的物质保证；

六、战役的发起时间；

七、金门、登步岛及厦门战斗主要经验教训；

八、两栖作战中司令部的工作。

张震强调的两栖作战，是一种海陆空联合作战，是渡海登陆中的一种岛屿争夺战。国民党军凭岛据守，兵力相对集中；而解放军则因数百里的航渡，战力减弱，部队机动、隐蔽及火力支援均十分困难。

因此，不能把守海岛的国民党军与他们在大陆上溃败的情况同样看待，必须有应付意外情况的物质（船只）、兵员及思想准备，要把数个岛屿的情况联系起来看，要向坏处做打算、从好处做努力，处理好过去我们熟悉的一套与陌生的一套的矛盾，必须解决分散起渡与同时攻击的矛盾，宽正面的多处登陆与登陆后集中作战的矛盾，高速度航行与航行管制的矛盾、涨潮起渡与退潮攻击的矛盾、超短波无线电多配与相互干扰的矛盾。要学会新的一套，在战斗指挥上注意把握"慢、猛、稳、钻、钳、闭"六字等。

会后，第三野战军相关部队，迅速展开了渡海登陆作战的各种训练，掀起了研究渡海作战技术的热潮。

此间，第三野战军再次调整"解放台湾"的作战计划，决定增加兵力，准备以 12 个军约 50 万人参加攻台作战。

20 日，萧锋在省委参加集会，祝贺斯大林 70 寿辰。是日萧锋日记记载：

省委扩大会议今结束，七八天来专门研究党政军及经济建设等政策,明确了今后的方向和任务,但是议题过多,不集中,工作安排也没有分清轻重缓急。

刚解放不久的福建,千疮百孔,百业待兴。萧锋在省委扩大会议上之所以会有如此的感叹,实乃是心中隐藏着一个"再战金门"的心结。故唯此为大事而无他!这在萧锋后面27年的日记中,有诸多且明显的表现。

同日,《厦门日报》第二版刊登《最先进入市区全字支队举行庆功大会,首长号召……准备解放金门》:

因为我们还要打金门……我们要很好地打,以粉碎敌人的封锁……我们一定有把握打下金门……下次庆功会我们要在金门开。

是月下旬,金门战役登陆作战中被俘二十八军244团团长邢永生,在台湾"集中营"中隐瞒长达1月之久的身份,被国民党查明,随即被带走杀害。

21日,台湾国民党政府宣布:

金门区划为使用台币区。

22日,粟裕主持召开前委扩大会议,传达中央政治局关于渡海作战准备问题的指示,中央开会专门研究了解放台湾所需舰船的建造、征用、购买及空军支援等问题,确定攻打台湾所需的海空军系统由中央负责准备,陆军系统由第三野战军负责准备,攻台作战时机,也要依第三野战军的准备情况来定。

目前华东军区的准备情况,主要的困难是船只问题。其他准备工作,包括战法演练、兵力调集、通信联络的组织,建立气象通信网等。

是日,《厦门日报》第一版刊登《全字支队英模功臣下决心解放金门再立新功,座谈会上纷纷提出保证不负首长和人民的期望》:

厦门工人、学生代表们,曾一齐起立为全歼金门残敌,早日解放台湾而干杯。

23日，厦门市为金门战役登陆作战牺牲的烈士举行了1400余人的追悼大会，《厦门日报》第一版以"化悲痛为力量，本市追悼死难烈士大会速写"为题报道：

祭典开始：安息吧，死难的烈士，年轻的英雄……

你们被捕了，你们没有回来，你们的母亲朋友在为你们哭泣，无数的人们在为你们哀痛！……

1400多条喉咙……高喊着：解放金门解放台湾。我们必须报仇！

军管会副主任黄火星同志挥着坚决的手势，怒吼的声音震撼着会场……

我们要解放金门、解放台湾、活捉战犯，为烈士们复仇……

大家以激昂的口吻咬牙切齿地说：

我们要复仇！

在该报道下面，配发了一张照片，其照片说明是：

军管会黄（火星）副主任致哀词："我们要解放金门台湾，活捉战争罪犯，为烈士复仇！"

同版刊载《三船工渡海逃归，金门人民盼望解放》：

阮万发、阮田、阮海是3位新近从金门逃出来的船工……金门的老百姓……的家被匪军强迫离开……变成了营房……金门的老百姓们，整天吃着地瓜干，因此，无论男女老少，没有一个人不盼望早日解放……他们一条小竹排……才逃出了金门。

25日，蒋介石在该日的日记中写道：

过去一年间，党务、政治、经济、军事、外交、教育已彻底失败而绝望矣！

26日，金门岛将"金门大捷"中俘获的解放军3000多名俘虏，用船运送至台湾本岛。

27日,从台湾飞来一架小型飞机向大陆来降,随后有两架飞机追击并试图击毁,但未击中,投降成功。

是日,《厦门日报》第二版发表《烈属坚决支援前线解放金门台湾捉拿蒋(介石)毛(森)战犯》:

(23日)追悼会在各界同仇敌忾的协力下举行了,会场的布置是那么悲切而庄穆的……对自己的兄弟姊妹的牺牲,做了一个沉痛回忆的重温,他们的遭害……我们悲恸……血债是要用血来还的!……

今天,我们决定接受中共厦门市委会的"抓住战犯偿血债,解放金台报深仇"等挽幛的勖勉……不忘现在金门台湾的同胞们还在受难,我们决心支援前线,解放金门和台湾。

同日,台湾南部防守区进行陆、海、空联合大演习。

是日,萧锋日记记载:

军区会议今天结束,明天先回船队,随即返甘蔗。通过这次会议,我对福建整个匪情及我们各方情况有了进一步了解。翻来覆去,最近心里极不安,又因金门失利,无法提及。我有两个方案,一是打下金门胜利归队后,即刻提出请假治病,料朱军长会回部,或许要辛苦干一年,待1951年春再提出,这次提出什么怀疑也没有,关键在发挥主动,埋头为党工作,广泛与朱合作,时日难过,能忍受一年倒好。目前自己有两种兴趣——机械化,或军火工厂。军工生产科学研究部门将精力献科技。

萧锋在日记中流露的这些真实想法,可窥见这一时期里,萧锋在第十兵团受到了金门战役登陆作战失败后的各种压力。

金门战役登陆作战失败后的各种消息,诸如12月3日"野司召开军参谋长以上会议,我想去参加,唯兵团不许,只好作罢""金门战败的解放军被押送至台湾本岛"的消息,以及前几天召开的"祭奠金门烈士大会"等,均时刻戳痛萧锋内心,令他"心里极不安"。但在萧锋的心中,始终抱有"再战金门"将这场耻辱扳回来的念头，故而为此"忍耐"下来。在日记中他将自己在"打下金门"后的两个打算，都说了出来，一是"即刻提出请假治病"；二是调走。

萧锋要调离二十八军的一个重要原因，是"料朱军长会回部"。从华野整编为第三野战军，朱绍清自1949年3月5日以后任二十八军军长，萧锋任副军长，至该年7月，朱绍清"因病情严重到上海治疗"，两人在一起工作不到5个月，且两人大都是分开行动。朱绍清回忆录中对"渡江战役""上海战役"的交代，均都是"一笔带过"，以当时的客观情况来推测，此时的朱绍清一直是处在"生病"过程当中。至金门战役登陆作战失败整整两个多月后，萧锋此时已知朱绍清将重回二十八军（萧锋1950年1月4日"福州市仓前山开兵团党委会"的日记中有："朱绍清军长已来"之语，是朱绍清在12月底至1950年1月初回到二十八军的证据）。从1949年8月18日宣布萧锋代理二十八军军长，全面主持二十八军的工作，前后5个月。这5个月，正是金门战役登陆作战最紧张、最艰难、最痛苦的时刻。

以萧锋在日记中"广泛与朱合作，时日难过，能忍受一年倒好"的真实流露，可知其与朱绍清的关系也并不十分融洽，而朱绍清在近期要"回部"的消息，已经让萧锋对自己的政治前途有了一种不祥的预感。这对于萧锋日记中要去做"机械化，或军火工厂。军工生产科学研究部门将精力献科技"的说法，也就不难理解了。

28日，萧锋日记记载：

> 军区会议结束，基本目的是展开闽北剿匪，建设福建，发展地方武装。剿匪可艰苦，谁知土匪在哪里？就要艰苦当工作队。午后返甘蔗，帮助群众摘橘子。

一个主力部队被调往"剿匪"和"摘橘子"，心里揣着"再打金门"的萧锋，怎么能没有抱怨呢？这似乎已经有一种暗示，第二十八军将不再有"再战金门"的机会。

30日,国民党台湾省例会通过新台币准在金门流通。

31日,中共中央发表《告前线将士和全国同胞书》,中国人民解放军在1950年的战斗任务是:

解放海南岛、台湾和西藏,全歼蒋介石集团的最后残余势力。

是日,《厦门日报》第一版刊登《驻军进行演习,金门残匪恐慌——市民切勿误会与惊扰》:

盘踞在大小金门之残匪,终日惶惶,前(29)日白天和夜晚,忽毫无目标的乱放枪炮,巨响声轰轰隆隆,似若战斗,匪军企图藉此壮胆,真令人发笑。

[又讯]近来本市各地的解放军举行军事演习,试验各种武器和炸药,市民切勿自相惊扰。

同版刊登《禾山厦港两区普遍动员群众支前 七十三岁老船工也报了名》:

禾山、厦港两区的支前工作,已经全面地展开了……现时要我们船工教导部队行船,使金门早日解放,是为着解放金门岛上受苦受难的人民,而出资聘请我们船工运粮草、当教师……

《厦门日报》连日的多篇报道,均都说明了金门战役登陆作战之后的失败情绪,一直笼罩在人们心头难以释怀悲哀。而厦门周边地区的军民,亦正在为下一次再战金门,做着各种各样的战前准备。

是日,萧锋在日记中说:

今天是1949年的最末一天,时间过得真快!我已经33岁了,转瞬间就要成为中年人了。我亲姐与三堂弟来此,他们告诉我,可怜的母亲还在人间,已71岁了,要了8年饭……我在这个紧张的年代,没有离开岗位,坚持不断斗争……对于未来,我也有一个打算,就是希望能有一个进学校学习的机会,我的年龄还不大,又有22年的战争经验,学习新机械化知识是不难的……如果组织上不允许我去学习,我就坚持自己的岗位,努力做好工作……新的一年就要来临了,我站在东南沿海之滨……祝毛主席、刘少奇副主席、周恩来总理,朱总司令健康长寿!

是月,迁往台湾的国民党元老于右任视察登步岛,作《题登步岛英雄墓》五言一首:

登步复登步,踏进中原路。再建新中国,灵兮其永护。香放自由花,围绕英雄墓。(据《于右任近十年诗存》二。其有注曰:"此诗三十八年十二月作。")

于右任将国民党军继金门战役之后的"登步岛"再次胜利,视为其溃败、退守台湾后的蒋介石"再建新中国"基础,其以台湾的"国民政府"来实现"统一中国"的企图之心,于此诗中昭然若揭。

同月,被俘的解放军259团1营教导员李风池,在台湾集中营画漫画:几人骨瘦如柴,围着饭箩抓饭吃;3人睡在地上,盖了一条小被露着脚,像死人一样。控诉国民党虐待俘虏。

年底,被俘的解放军251团3营班长、重机枪手徐钦林,因在金门战役登陆作战失败后未暴露身份,被一位国民党少校收留在身边当伙夫,此间,徐钦林伺机逃离了国民党守军的军营。为躲避搜索在水里藏了3天,浑身都泡烂了,终逃出岛最终返回大陆,成为金门战役的特殊幸存者。

1949年12月31日,蒋经国在惊心动魄的这一年即将过去的时刻,于日记中写下了这样一句话:

决定国家生死存亡的一年,就在今夜过去了!

第四节
台湾共产党人的命运与再打金门的方案

1950年1月

元旦,在台湾战俘营已经关押了3个多月的二十八军251团团长刘天祥,在这天被国民党特务和宪兵队,押着来到对大陆进行宣传的广播室。刘天祥拿起话筒便高呼道:"共产党万岁!""毛主席万岁!""解放军……"话音未落,便被强行夺下了话筒,不久,被秘密杀害。

是日前后,251团政委田志春和该团2营营长王开德,从台湾内湖集中营转出后,被秘密处决。

元旦,萧锋日记:

同志们都在敲锣打鼓度新年。午,军直举行团拜。中央提出1950年四大任务……继续进军肃清残敌,解放台湾、定海、金门……为持久和平而战。

是日,福建前线根据中央军委的指示:

加紧进行再攻金门的准备工作。

1950和1951这两年,毛泽东认为是"解放台湾"的最好时机。此时外部环境,对台湾的蒋介石政权越来越不利,大陆的解放军空军和海军,不仅已初具雏形,苏联承诺向新中国提供必要的军事装备和军事顾问(包括军事技术人员),都让毛泽东看来"解放台湾"越来越有利,时机快到了。

此际,第三野战军参谋长张震多次在上海与宋时轮第九兵团研究作战方案和部队训练问题。回南京后,将该部所需的船只及粮食、物资等,除在华东军区范围内调剂解决外,还电报中央,请求国家统筹解决。围绕攻台作战的保障问题,张震参加了供给、军械、卫生、机要、情侦等方面的业务会议,专门研究了防空司令部的组织和全区气象部门的组成,并协助华东海军建立了气象部门。

4日,萧锋到福州市仓前山开兵团党委会:

住得很好,吃得好。朱绍清军长已来(据《二十八军军史》历任军、师主官名录:"朱绍清,第二十八军军长,1949.3—1952.8"),整天打扑克,熟人在一起好学习,好交流经验,主要是攻金、剿匪、建设福建,保卫海防,准备攻台。

5日,美国总统杜鲁门发表《关于台湾问题的声明》:

在1943年12月的开罗宣言中,美国总统、英国首相、中国主席曾申明他们的目的是:使日本窃取于中国的领土,如台湾,归还中国……过去四年来,美国及其他盟国亦承认中国对该岛行使主权……美国对台湾或中国其他领土从无掠夺的野心……美国亦不拟使用武装部队干预其现在的局势。美国政府不拟遵循任何足以把美国卷入中国内争中的途径……美国此时无意在台湾获取特别权利或建立军事基地,美国亦不拟利用其武力以干涉台湾现在的局势。美国并不拟采取足以涉及中国内战的途径。同样地,美国政府也不拟供给军援与军事顾问于台湾的中国军队。

其时,国民党撤至台湾的残存部队,包括台湾本岛、海南岛、金门、大陈岛、舟山群岛的大约在60万人之众,且都是历经败仗、意志消沉、毫无战斗力的乌合之众,其中,正规野战师团海军总司令桂永清部约有3.5万人,舰艇50多艘,且缺乏维修部件;空军司令周至柔部,约官兵8.5万人,各型飞机400架,但有实际作战能力的,仅占总数的一半左右,其储存的汽油也只够用两个月。

是日,粟裕在华东军区直属队干部大会上做《关于解放台湾问题的报告》：

> 进军准备重要，还是现代化正规化重要？……两者都同等重要。因为目前的战争是现代化正规化的战争……必须从我国我军的实际出发……在陆海空联合作战中以陆军为主，不要依赖海空军……解放台湾之战，将是在当时条件下一场陆海空协同作战。这次作战，以陆军为主，但必须有海空军配合，不仅必须加速我们的海空军建设，而且要使参战部队学习掌握陆海空协同作战的新作战方法。因此要把解放台湾的准备同军队现代化正规化结合起来……要调一些人去搞海空军，每个军的炮兵要增加3倍，要发动全军学习科学技术知识。

粟裕"进军准备重要，还是现代化正规化重要"之问，显见是在针对当时干部中的疑问，以及平复第三野战军中弥漫的攻打金门战役复仇情绪。这个"疑问"，也可能不止来自一般干部中，也有上层，甚至毛泽东。因为粟裕的这个观点，与此时毛泽东迫切希望"解放台湾"的思想存在着一定的距离。

6日16时，粟裕由南京赴北京，向毛泽东、中央军委汇报攻取舟山和解放台湾方案，并得到原则赞同。

8日，萧锋日记：

> 今天是万安农暴（农民暴动）22周年，已是社会主义革命半年多了，兵团党委经7天会议，中心是调出人（900人）做政权工作和9个连地方化；确定打金门16到18个团，14个团的船，要求空军协同，加强突击火器，决定我到福州任支前司令。家中事忙得很，为了整个大事，仍决定来帮忙，且因头目太多，颇难办通，又难推责，只好服从是好。

萧锋的日记，真实地记载了自金门战役登陆作战失败以来他的处境变化。"头目太多"的抱怨，除了他指军级干部人已很多，不再由萧锋一人做主，说明朱绍清军长自打养病归建回来后，萧锋已经不再主持二十八军的工作，"代军长"也已经不再"代"了。只因金门战役登陆作战的一腔愤怒尚在燃烧,"又难推责"故只能"只好服从"了。

10日,毛泽东在苏联致林彪关于《大力做好解放海南岛的准备工作》电报：

中央转林彪同志：

一、1月6日电及转来邓、赖、洪1月5日电〔指邓华等1950年1月5日给林彪等人的电报。该电报说：琼崖敌总数估计10万至15万,且有海空军配合,故我第一批必须使用一个军的兵力同时登陆,每船按乘30人计,需1000只以上。但现船只很少,必须将一部帆船改装机器(至少突击一个团),以使操纵。部队无渡海作战经验,北方人不惯乘船,只经短时间教育训练,难收实效。根据上情,旧历年前要完成此次大规模渡海作战之准备工作,事实上来不及,必须向后推迟。但过旧历年后风向改变,帆船不能使用,如全部改装机器,非短时间内可以完成的,且耗费很大,如只装部分则又非利用下一个冬季北风不可。〕均悉。

二、既然在旧历年前准备工作来不及,则不要勉强,请令邓、赖、洪不依靠北风而依靠改装机器的船这个方向去准备,由华南分局与广东军区用大力于几个月内装置几百个大海船的机器(此事是否可能,请询问华南分局电告),争取于春夏两季内解决海南岛问题。

三、海南岛与金门岛情况不同的地方,一是有冯白驹配合,二是敌军战斗力较差。只要能一次运两万人登陆,又有军级指挥机构随同登陆(金门岛是三个不同建制的团又无一个统一的指挥官,由三个团长各自为战),就能建立立足点,以待后续部队的继进。

四、请要十五兵团与冯白驹建立直接电台联系,并令冯白驹受邓、赖、洪指挥,把琼山、澄迈、临高、文昌诸县敌军配备及敌海军情况弄得充分清楚,并经常注视其变化。

五、同时由雷州半岛及海南岛两方面派人(经过训练)向上述诸县敌军进行秘密的策反工作,勾引几部敌军于作战时起义,如能得到这个条件,则渡海问题就容易得多了。在目前条件下,策动几部敌军起义应该是很可能的。此事应请剑英、方方、冯白驹诸同志特别注意用力。华南分局应加以讨论,定出具体的策反办法,并于三四个月内获得成绩。

11日,正在苏联访问的毛泽东致粟裕《询问进攻舟山群岛和金门岛的准备工作情况》:

粟裕同志(中央转),请回答下列问题:

一、你们对舟山群岛之敌有无办法进行策反工作,你们是否进行了此项工作,结果如何?

二、你们对舟山群岛进攻的准备工作做到了什么程度,船只的准备是否增加了?

三、叶飞对金门岛进攻的准备工作如何,何时可以攻金门岛?

四、你何时可到北京与聂荣臻、刘亚楼同志会商?

12日,美国国务卿艾奇逊再次公开宣称:

美国在西太平洋上的防线,包括阿留申群岛、如本列岛、琉球列岛和菲律宾,有意将台湾岛排除在了美国的海上防御圈之外。

美国自本月5日杜鲁门发表讲话以来,艾奇逊再次表达这一观点,顿时引起美国在新闻媒体普遍猜测,美国政府是准备要和新中国打交道了。其时,毛泽东在苏联访问,其目的就是要与苏联达成并签订新的《中苏友好联盟条约》,而美国则千方百计想要阻止毛泽东与苏联签订这个条约。于是,美国在权衡了诸多利弊之后,决定放弃腐败的蒋介石政府,在对待大陆的"解放台湾"问题上,采取完全不管的办法,实际上是在有意将台湾让大陆的解放军去解放,而美国不会进行干预。

13日、15日,粟裕先后发出两封电报给毛泽东和中央军委,报告解放台湾和攻击舟山的各项准备工作情况。

14日,第二十八军金门战役登陆作战幸存的251团与调拨来的三十四军一〇一师301团在建瓯县进行合编,组成了新的251团。

16日,第二十八军金门战役登陆作战幸存的244团和调拨来的三十四军302团在福清县东张镇合编,组成了新的244团,全团容员4500余人,原244团副团长宋家烈任团长,孙朝旭任政治委员,李英明任参谋长,王玉淼任政治处主任。

整编后,部队即转入紧张的战备练兵,上级交给244团的任务是备战金门,准备解放台湾。

17日,粟裕签发华东军区、第三野战军前委关于军区武装部队1950年六大任务的决定,其中之一:

歼灭东南沿海及台湾的国民党军,并配合兄弟兵团完成全国解放的任务。

此一任务"歼灭东南沿海及台湾的国民党军"的明确,仍然是属于"完成全国解放的任务"范畴,并非与"解放台湾"和"统一"的战略意义有更多的关联性。

18日,第三野战军下发:

为准备进军台湾……加强各级司令部建设问题发出通知。

22日,粟裕主持华东野战军前委扩大会议,传达攻台准备教育及各部任务,强调:

以自己为主完成任务的思想,不依靠友邻兵种,不依靠外援。

27日,粟裕在华东军事会议上作"关于解放台湾与建军问题"报告,指出:

正规化建设与解放台湾作战是统一而不是矛盾的。

是日左右,金门战役登陆作战失败后,在古宁头突围转移到北太武山中的253团团长徐博,等待着"再战金门"的第二次登陆,于山洞中隐藏了3个月100多天后被俘。被俘时国民党军称"长发长须,形同野人"。

徐博自10月27日晚突出重围进入东部山区后,一直隐蔽在北太武山的山洞中,靠挖食地瓜等植物充饥。金门国民党军在清扫战场时,查不到徐博,在尸体中寻觅亦不得。后来一位村民来报告说:他种的红薯常常在夜晚被国民党部队偷吃,查附近部队并无此事,胡琏判断可能是藏匿的解放军所为,于是出动一个师的兵力进行搜山,终于在金门战役登陆作战3个月后,将徐博搜出。

人有如此之坚毅的决心,若非心中没有崇高的"主义"和信仰,殊难做到。然徐博的等待,终没有等到他盼望的"再战金门"。此后,徐博还经历了哪些非人的折磨,不得而知。在押往台北内湖集中营单独关押一个月后,徐博被国民党当局杀害了。

30日,粟裕在华东军区暨第三野战军第四届卫生工作会议上讲话:

1950年六大任务中,以解放台湾及肃清东南沿海岛屿的残敌为首要任务……台湾海面比长江宽几十倍,晕船是很大的问题。这些都是新问题,需要很好地研究和解决。

是月,国民党胡琏部第十九军移防舟山,十二兵团改为金门防卫军,下辖第五军,军辖第十四师、第二百师及舟山撤退后转回之七十五师;第十八军,军仍辖十一、四十三、一一八3个师。胡琏在回忆录中说:

回忆民国三十九年初,毛(泽东)……曾委任陈毅为伪"台湾解放军司令员",并立下口号"坚决打金门,渡海攻台湾"。又标出了十条战法,如火力压制,多点登陆,一处撕破,四面开花,隔绝阻塞,各个击破……此时(指1950年初)又喊出所谓"血洗台湾"及"挖掘国民党的根"……每日黄昏,便编组船团,从事操作,实弹演习,爬钻障碍,声势汹汹,志在必得。

是月,国民党胡琏部"在舟山、海南撤退之前,金门对岸之陈毅,被毛共任命为'台湾解放军司令员',提出'坚决打金门,渡海攻台湾'口号,准备积极,训练紧张。(国民党)国防部为加强金门战力,开来一个名为干部师的二九六师,经过防卫部在尚未陷敌之东山县征兵充实后,

改为独立第十三师"。(据胡琏《金门忆旧》十四·金门防卫军,96页)

是月,古宁头突围的解放军251团政委田志春,从台北内湖集中营,押送到台湾保安司令部,被秘密杀害。

是月底,被俘的解放军253团测绘参谋俞洪兴,与该团2营副营长李金玉在集中营建立了地下党组织,成立的秘密党支部成员有:该团原参谋蔡志敏,7连副指军需员王忠明,5连连长朱振;政治处宣传股长施德辉与该团原1连连长黄景新。

1950年2月

4日,毛泽东致粟裕电,询问起义过来的国民党军伞兵第3团情况,指示:

> 盼加强对他们的政治训练,我们需要这批伞兵做基础训练一个伞兵部队,作为台湾登陆作战之用。

在金门战役登陆作战期间,不管是国民党投诚的海军、军舰,还是伞兵部队,都面临和存在着一个"政治转变"的问题,这决定了这些具有海战经验的部队,不能够及时投入到沿海作战当中去这一问题的客观存在。

6日12时至14时,台湾国民党派几十架飞机连续13次大面积轰炸上海,投弹达70余枚,居民死伤千余人,民房被毁千余间。中共中央、中央军委决定,为对付国民党空军对上海及其他沿海城市的袭击,成立上海防空司令部。粟裕到北京请示周恩来副主席,并与军委空军协商,计划第一批建立5个空军师,第二批组建4个空军师。

是日,蒋介石明确指令依托金门、马祖,向福建、广东进行小股部队登陆袭扰,开展游击战争。

7日,粟裕在华东军政委员会第一次全体会上作"华东军事情况报告",指出:

> 解放东南沿海诸岛,特别是解放台湾,是一个极其重大的问题,是

中国战史上从来没有的一个最大的近代化作战的战役；

近代作战的胜负，除了政治条件而外，也就是人力、物力、财力、武力的总决赛，谁在人财物武上占优势，谁就能够取得胜利；

渡海作战，完全是一个新的问题，是一个近代式的作战，更需要大量人力物力财力武器的供应，需要优良的技术指导。

金门战役登陆作战失败以后，不管是毛泽东还是粟裕，在"再战金门"的准备和"解放台湾"的准备、战术设计过程中，都已经呈现了在当时国情条件下，陆海空三军协同作战模式的雏形，其最终延迟的一个重要原因，就在粟裕的准备，是建立在具有"绝对把握"才可以发起的基础上，这种观念的建立，显然都来源于金门战役登陆作战的失败教训。

8日，《人民日报》第一版刊文：

打到台湾去，活捉蒋贼，为死难同胞复仇！残匪灭绝人性狂炸上海，死伤居民千余。

9日，金门有国民党军驾驶"海达"号轮船，回归大陆厦门。

10日，毛泽东在苏联致电刘少奇：

同意粟裕调4个师演习海战。

至此，金门战役在毛泽东与粟裕眼中，业已不再局限于"金门"，而是着眼于整个台湾。其二人所制定、设计的"解放台湾"之战，在当时的国情条件下，也已经有了陆、海、空三军联合协同下的作战方案。粟裕"调4个师演习海战"和一再强调要做好充分的物资、财力、自然条件、船只、兵力等准备，很显然，是要在有"绝对把握"后，才会发起这场"解放台湾"的战役。这与金门战役发起之前的情势、状况，已经具有决然不同的意义了。

14日，毛泽东在苏联与斯大林签署了《中苏友好同盟互助条约》，苏联与共产党领导下的中国，进入了一个可称之为"蜜月"的时期。但是,这一条约的签订,给粟裕的"解放台湾"计划,带来了实质上的巨大隐性困难。

17日,第二十八军245团平息胡琏领导下的平潭岛"大刀会"暴乱。

下旬,苏联空军中将巴季茨基率空军混成集团3500余人、99架飞机,分别进驻上海、徐州等地,配合第三野战军,逐步形成了华东地区的防空体系。

21日凌晨,闽赣两省边境胡琏领导的资溪、光泽、邵武、泰宁、广昌、黎川等数县的"豫章山区绥靖司令",向金门胡琏、台湾陈诚以及"全国游击总司令部"发电称"光复(江西)资溪县"。是时,中共资溪县委书记、县长等17位男女干部被枪杀,或被剥光衣服活埋,其凶残之手段,令人惨不忍睹。

25日,第二十八军249团3连平息三都岛"大刀会"暴乱。

26日,第二十八军司令部召开第一届参谋工作会议。

是月底,"解放台湾"的部队第七、第九兵团在杭州召开"解放舟山"作战会议。鉴于船只准备不足,部队另做调整,第三野战军决定将舟山战役延期到3月底发起。同时,调二十四军接替二十三军的任务,后因该军准备不及,仍改为二十三军不变,二十四军集结余姚一带作为预备队。

是月,第二十九军253团完成了恢复与重建,全团齐装满员,全部美式装备,再次成为拥有3000人的主力团,为"再战金门"创造了条件,并模拟金门岛上的兵力布置、设防等,为在金门岛上牺牲的战友报仇,做了各种有针对性的训练和准备。

1950年3月

月初,国民党军九十二师从台湾增援舟山,随即又增调装甲2个营作为机动兵力,布置于舟山本岛,外围各岛的前沿工事设置已全部完成,舟山本岛公路网也大体完成,舟山国民党驻军的防御机动能力得到加强。

1日，蒋介石在台湾复"总统"职；任命陈诚为"行政院长"，周至柔为"参谋总长兼空军总司令"，孙立人为"陆军总司令"；台湾破获"中共台湾省工作委员会"，中共秘密党员、时任台湾"国防部"中将参谋次长吴石，被秘密逮捕，副官王正均，妻子王璧奎，中共华东局特派员朱谌之、党员聂曦，国民党"联勤总部"第四兵站中将总监陈宝仓、某公署主管人事的中校参谋方克华、某处主管补给参谋江爱训等均遭逮捕，台湾共产党组织遭到毁灭性打击。

3日，元宵佳节。国民党军飞机从台湾出发，连续轰炸广州、福州、南昌等城市。

8日，粟裕奉命赴京参加中央军委会议。行前，张震向其汇报攻台准备情况及存在的困难。粟裕在北京参加会议期间，与海军司令员萧劲光、空军司令员刘亚楼会商攻台作战问题，并在此基础上修改、完善了向中央军委呈报的攻台作战方案。

同日，第二十八军252团在崇安县五夫击毙国民党"中华救国军闽北指挥部"总指挥刘午波。

此间，叶飞在回忆录中说：

福建担负解放台湾的任务是困难的，首先就是兵力不足。在没有解除攻击金门的任务之前……以三十一军和二十九军为主准备攻金门……二十八军执行剿匪和警戒任务。

11日，毛泽东给尚在华南的张治中发出了《关于争取和平解决台湾问题给张治中的电报》，希望他能：

刻意经营，接收成效。

14日，粟裕给张震回信：

中央考虑，鉴于（攻台）准备工作需要的时间相当长，各种作战装备及物资需要量也很大，所以将攻台作战时间推迟到1951年。为了解放台湾，准备拿出60亿至70亿斤粮食充作战费，另以1亿美元做军事借款,来购置装备。因渡海登陆作战迫切需要有空、海军的配合,军委已决定,这笔款项以购买飞机为主。要我们马上布置华东海军司令部,对船只方面的需要进行研究,所需兵舰、大炮等武器装备,均由这1亿美元中计划解决。向外购买兵舰时,统一由中财委负责联系,但华东海军届时要派出懂舰船的人员,一起到海外购船。另外,还要继续打捞与修理现有舰船。建造船只时,也要通盘考虑,在攻台作战中能渡海,能登陆,战后能继续做经济建设之用等。

旋即,张震前往上海,与宋时轮第九兵团、淞沪警备司令部和华东海军传达粟裕及中央指示,并适时推迟了攻台的时间,力争取得局部制空权、制海权,以确保渡海登陆作战的胜利。

17日,第二十八军奉命全部参加准备"再战金门"任务,八十三师离开福州市,八十四师暂停闽北剿匪任务,全军展开了紧张的战备大练兵。

20日,毛泽东以"解决台湾问题"之名致电张治中:

同意先生来京面叙。

同日,毛泽东再致电中共中央华南分局第一书记叶剑英,在张治中由华南北上赴京时,布置沿途安全。此举显见毛泽东对以"和平方式解决台湾问题"的重视与迫切之意。

28日,毛泽东致粟裕《先打定海再打金门的方针应加确定》电报:

先打定海、再打金门的方针应加确定,待定海攻克后拨船拨兵去福建打金门。是否如此,请考虑告我。

月底,第三野战军在杭州召开第七、第九兵团师以上干部会议:

决定再次延期舟山战役时间,到6月份发起总攻,并确定炮三师主力开赴金塘、大榭参战;二十四军七十师为二十二军第二梯队,七十师为二十三军第二梯队,七十一师赶修宁波机场,并增调高炮12团驻防机场。至此,参加舟山战役的部队已增加至4个军12个师和10个炮兵团,总兵力达13万余人。解放舟山群岛的战役发起,有一个重要的目的,就是让解放军在实战中得到一次"解放台湾"的最大实战演习。

是月,根据中央军委指示,粟裕组建华东空军,要求同时培训三套指挥人员,为日后空军发展做准备;是时,第三十二军入闽,拨归第十兵团指挥,代替第二十八军的剿匪和警戒任务,二十八军则集中准备参加"再战金门"的攻金之战。随后,第二十四、二十五军先后入闽;第二十四军主要担负闽北的公路工程任务,二十五军则准备参加"再战金门"的攻金任务;由于大部兵力准备解放金门,福建的剿匪进程因此受到一定程度的影响。

是时,张震召开陆海空军联合作战座谈会,进一步研究攻台作战问题。拟订了初步计划,编制了预算,呈报中央军委和华东局。

是月下旬,蒋介石、蒋经国父子面示少将师长李森化名唐宗,命其率80余名特务,由金门胡琏派军舰送到东山岛潜入大陆,在闽粤赣收编"反共自由军"约20000余人,成立了"中国人民自由军闽粤赣区总司令部",下辖11个纵队,在大陆进行各种骚扰和破坏。

同月,台湾将金门战役登陆作战的少数伤残人员(包括船工),用船只送到前沿荒岛,并通知大陆前去接收。

第五章　执着与放弃

第一节
蒋介石在舟山的撤退与遣返战俘的命运

1950年4月

1日,粟裕从北京给张震发来电报告知:

中央军委决定东南沿海作战先攻定海,再打金门,为取得空军的协同,确保夺取局部制空权,攻击定海的作战时间推迟到5月底或6月初进行。

10日,粟裕在第三野战军传达中央决定:

今年不打台湾和西藏……对台湾要继续抓紧准备。党中央、毛主席下了最大的决心,以国家年产600亿斤粮食的十分之一来做攻台的战费,特别对购置武器装备的款项做了大幅度追加,达到3亿美元。另外,为攻台登陆作战之用,还决定组建伞兵部队,计划从每一个军调一个连,以战斗骨干组成……第三野战军要抽调12个连……完成1个师和2个团部的组建工作。

13日,毛泽东致苏联斯大林《关于购买空军装备器材》电报:

莫斯科斯大林同志:中华人民共和国人民革命军事委员会,预定1950年6月间进行夺取舟山群岛的作战,8月间进行夺取金门岛的作战。

上述两次作战将有已经训练出来的中国空军部队(两个驱逐机团,一个轰炸机团)参加。由于其余的14个空军团(根据种种条件所限,拟改变原来计划为7个驱逐机团,7个轰炸机团)要明年春天才能训练出来,夺取台湾的作战,准备1951年进行之。

为了保证中国空军部队在上述作战中的行动,请求你允许我们向苏联购买空军用的各种机械器材、特种车辆、备份零件、油料和弹药,并请按各个订货单内所规定的期限发货。上述物资的定货单14件,随函附上。

该年为"解放台湾"向苏联购买的海军作战运载装备金额,总计达到1.5亿多美元。同时,中央又从香港秘密购买了用于登陆作战的旧船48艘,共计25000吨;还向英国商人订购了2艘排水量达7000吨的巡洋舰,5艘护航驱逐舰,4艘扫雷舰。海军装备得到加强,总人数达到38000人,各种舰艇92艘,舰炮309门。空军从苏联购买各种型号的飞机,总计586架,飞行员自1949年10月毛泽东批准创办了7所航校以后,至1950年4月,第一批速成学员毕业,培养出了89名飞行员,20名空中领航员、567名地勤人员。其航空兵和空降部队,达到5000余人。为"解放台湾"做好了可与台湾大相匹配的制空、制海的战备物资与人员的战略储备。

同日,驻守金门本岛的国民党第十九军2个师,由金门调往舟山进行增援,驻守岱山。至此,舟山守军已达12万余人,蒋介石摆出固守舟山群岛的架势,欲与第三野战军在此决一死战。

是月,第二十八军党委根据上级关于渡海作战的指示,先后召开参谋工作和政治工作会议。明确了以第二十八军为主,机帆船加步兵的"再战金门"攻金门思想,并提出:

先干部后战士、先技术后战术、开展军事民主的练兵方法,全军掀起大练兵热潮……积极要求复仇参战……军抽测了244团4连、245团5连、247团3连的登陆突破演习……做好各项准备。

此间,国民党特务机关不断派遣高级特务潜入大陆,以胡琏为"福建游击军区司令",在金门设有"敌后工作指挥室",接受台湾"敌后工作委员会"的领导。

16日,第四野战军发动了解放海南岛战役,驻守海南岛的国民党军队于 4 月奉命退往台湾。

"解放海南岛"的巨大胜利,给了"解放台湾"一个机会,黎志洁将军在其所著的《攻台必胜论》一书中,做了有力的分析:

此时溃退到台湾的国民党军队,虽号称仍有几十万人,但这些惶惶如丧家之犬的军队,即使是在金门战役取得了"大捷"的情况下,从国民党溃退到台湾的整体军队来说,仍然是一支毫无斗志的军队。其分散驻扎在各沿海岛屿的残兵败将,在他们的作战方案中,最纤细的内容,依旧是如何在解放军到来之际,选择怎样逃命的最佳方法。

此时的台湾本岛,不仅早已经是一个千疮百孔、万业凋敝的烂摊子,岛内工厂倒闭、港口毁坏、物资奇缺、人心涣散,不仅防务不能形成规模和系统,更由于其来自大陆各部队残缺的建制,完全没有形成可靠防务的能力。

虽然蒋介石一再给这些溃败之兵打气鼓励说:"台湾一定能守得住!"但蒋介石心里却非常清楚一个军事上的简单事实:150 海里的台湾海峡,在 300 多年前尚且阻挡不了郑成功的木船船队和手持冷兵器的士兵,现在又如何能抵挡得住拥有与自己同样舰艇、飞机的共产党军队?福建、浙江沿海,解放军第三野战军如狼似虎的几十万精锐部队,几乎随时将"排山倒海"地向台湾压来。

但是,这一切都没有发生。

几十年后,粟裕为自己这一段时间里没有发起"解放台湾"战役,做了一个解释:

50 年代初,在我海、空军正处于劣势的条件下,要仅仅靠木帆船横渡台湾海峡,解放台湾,现在看来,恐怕是会吃比攻打金门失利更大的苦头。(据《粟裕传》851 至 852 页)

13 日,第三野战军前委决定授予半年多前"平潭战役"中的 247 团 8 连"大练岛连"的荣誉称号。

20日,第三野战军在南京召开"再战金门"会议。三野鉴于金门战役登陆作战的失败,对"再战金门"所需战费及兵力运用,进行了计算和深入研究。金门距离台湾本岛较近,增援容易,若"再战金门",不得少于3个军的兵力。但此时的第十兵团,还担负着福建省内的剿匪任务,再攻金门兵力严重不足。会上,叶飞介绍了此时国民党驻守金门的有关情况:

金门守军工事强固,本岛四周有4道副防御,陡壁一丈多高,还有钢筋水泥子母堡。蒋介石、胡琏的战术思想,是首先求歼登陆部队于海上,次为水际滩头,再次为集团工事前。在天候上,金门周边春季多为东北风,夏季为南风,农历一至五月上旬为多雾季节,每日9时以后开始散尽,夏季多台风,少则三四次,多则五六次,每次时间也较长。一般以春季或中秋后半月为最佳渡海时节。

会议研究了"再战金门"的作战方案:

一、大、小金门同时打,用厦门的炮火可全部控制小金门(烈屿),但两处攻击时,攻击部队的兵力,还需要增加1个军。

二、以现有兵力集中攻击大金门本岛,攻占后再打小金门(烈屿)。

从"再战金门"的战术上,第三野战军主要的顾虑在于:上船、航行时的防空问题,船只集中起来后安全无保证;突击上陆时,怎样破坏守岛国民党军的副防御,特别是重武器如何上去的问题;福建地区的机场急需修建,只有使我有限的空军能转场福建地区,才能保证其夺取局部制空权,有效地掩护我陆军和海军的登陆作战。作为突击登岛的主体陆军来说,船只仍然是最突出的问题。其时,华东海军组建不久,尚未经过战斗,海军舰船都是从国民党那里接收下来的,有的已经退役了,又重新装备起来;有的没有炮,没有瞄准镜、测距仪等;有的电路完全损坏,有的则是由商船改装的。

第三野战军又征集了上海招商局的商船,又到处联系购买,加紧修理、装配与改装,以满足部队参战需求。

同日,第二十八军召开表彰247团3营8连大会,因在攻打平潭外围岛屿大练岛的战斗中,首先登陆成功,战功卓著,为大练岛战斗的全胜和解放平潭起了重大作用。经三野前委批准,第十兵团发布命令,授予"大练岛连"荣誉称号。这个在金门战役登陆作战失败半年后才授予的荣誉,是为再打金门做精神上的准备,激励士气。

下旬,第三野战军发出了《陆海空军两栖作战训练纲要》,部署第七、九、十兵团、军区军兵种部队和指挥机关的渡海登陆作战训练。

《纲要》规定,从1950年7月开始,到1951年5月,训练期为11个月。同时,第三野战军加紧军区海军整编,组建新的舰队,组织部队抢修福建、浙江境内的公路,还拟订了空军机场修建与使用的方案,修订了攻台作战海运计划等。

21日,《厦门日报》第一版头条刊登《横跨百余华里的大海,我军胜利登陆海南岛》。

24日,《厦门日报》第一版刊登《解放台湾的先声》:

解放军登陆海南岛……是台湾、澎湖解放的先声……是海南岛全面解放的前奏,也是台湾岛全面解放的前奏。

是日,美国结束"抛弃"蒋介石台湾"中华民国"的政策。

从1949年8月4日,美国发表白皮书,停止对国民党"中华民国"的援助、放弃蒋介石开始,至是日1950年4月20日为止,重开对蒋介石的"援助"。

25日,粟裕在南京主持召开"华东陆海空三军联合作战"会议,决定集中陆海空三军20万兵力举行舟山战役。具体部署方案是:

拟分南北2个兵团,南面由第七兵团指挥二十一、二十二、二十三军一部组成,先攻定海周围要点,再攻本岛。

北面以第九兵团指挥二十、二十六、二十七军共8个师组成,由吴淞起渡,直取岱山,由北向南,会攻定海本岛。

第七、第九两兵团6个军20万人，华东军区海军第4舰队登陆艇19艘，华东军区空军第四混成旅战斗机、轰炸机50多架，以及可供一次运载10万人的木船2000余艘，进行舟山群岛之战。在北线成立陆海空联合指挥部，由宋时轮、张爱萍负责，在起渡航行未登陆之前，陆军归海军指挥；登陆后，海军归陆军指挥。第三野战军指挥所在杭州居中调配指挥。

26日，《厦门日报》第一版《三野各部指战员们坚决表示要向兄弟部队学习，加紧练兵，完成解放台湾的光荣任务》。

是月，"三十九年四月，(国民党在台湾)特别(向胡琏第十二兵团)颁发国体荣誉旗，以奖参与此役(金门战役)特著功绩的一一八师及十八师。"(据胡琏《泛述古宁头之战》结语)

是月，金门战役登陆作战的解放军251团3营班长、重机枪手徐钦林，从金门泗水逃回，想在再战金门时提供情报，却被以脱党半年以上罪名开除党籍，不允许回作战部队。1952年下放到县大队复员。徐钦林在以后几十年岁月中，"有人劝我重新入党，我不干，我坚信事情会搞清楚的，1986年我终于恢复党籍"。(据宋晓峰《访金门战役幸存者》)

是月，台湾破获中共地下组织"台湾工作委员会"，工委书记蔡孝千(蔡孝乾)被逮捕，其领导下的1800多名地下党员同时被捕，中共华东局特派员朱谌之、"国防部"副总参谋长吴石等107人中，被台湾当局处决25人，另涉案件的1000余人中，有200余人被处死。中共在台湾的地下组织几乎被消灭殆尽，在国共内战期间立下赫赫功劳的第二战线，在准备"解放台湾"的登陆中，再难以发挥配合作用。

1950年5月

月初，台湾高雄市凯歌归饭店老板李次白，在"自家饭店里……接待了3位不速之客。他们都是时任'国防部总政治部'主任蒋经国的心腹，为首的是蒋属下厅长胡伟克。胡是李次白的黄埔同期同学，他对李说：'你是黄埔六期的，应该出来担当一点。你跟陈毅是姻亲(陈毅的哥哥陈孟熙是李次白的七妹婿,李早年与陈毅也有来往),你到大陆去。'在胡伟克家中,蒋经国秘密接见了李次白夫妇。蒋经国对李次白说:'现在谈国共合作,我看希望不大……你和陈毅是至亲,我看可以深谈,最低限度,希望不进攻台湾。'"(据《看天下》杂志2013年第28期·白蒹《秘使:两岸和谈的私交路线》)

1日,解放军第四野战军解放海南岛,对台湾国民党政府安全形成巨大威胁。

3日,《厦门日报》一版特大标题《海南岛解放》。

6日,萧锋代表二十八军到南京参加华东军区精简整编会议,会议期间,陈毅找到萧锋询问金门作战的详细经过,萧锋向陈毅作检讨。陈毅说:

金门战斗失利,主要责任不在你,三野前委把主要力量用来处理上海市这个大包袱,没能注意前线敌情变化。

是日,陈毅又在福建小组讨论上说:

金门问题不要追究。打了胜仗要冷水,打了败仗要鼓气!不能壮敌人的胆气,灭自己的威风,要加强团结,继续前进。

会议期间,陈毅带上几十名军以上干部游玄武湖,又找萧锋谈话:

思想上有什么负担?金门失利主要责任在三野前委,你只是具体执行者。我早说过,凡为歼灭敌人认真作战,即使部队受到损失,也不要追究指挥员的个人责任。你要大胆工作。对金门失利我负责,有人问你就说去找陈老总!

在会议结束时,陈毅再强调说:

金门问题不要追查了,主要责任不在第十兵团和第二十八军,责任在三野前委,特别是我的责任,只管上海这个大包袱,金门由第十兵团去处理。第二十八军是个好部队!

会议期间,粟裕也找到萧锋细问金门战况。在这位20年前井冈山时就带领自己一起打仗的老大哥、老领导面前,萧锋像要把自己满肚子的委屈一下子倒出来似的,一边流着泪,一边将金门战役登陆作战前后与叶飞的来来往往,诉说了个清清楚楚。最后,萧锋说:

我痛感自己对人民犯下罪,请求按党纪、军法制裁。我甘愿接受制裁,绝无怨言。

时任粟裕机要秘书的鞠开,在《粟裕同志与金门之战》一文中,记载了自己亲眼所见到的情景,粟裕对萧锋的安慰:

不能这么说,不能这么说!金门失利主要责任不在你萧锋,也不是十兵团,主要是三野前委背上了上海这个大包袱,对第十兵团的事情就放松了。

《名将粟裕珍闻录》也记载了这次粟裕与萧锋的谈话,道:

1950年5月,粟裕在南京总部召开三野精简缩编会议……我们早说过了,金门战斗失利不能归叶飞,更谈不上你萧锋。主要是三野前委因为背上了上海、南京的包袱,以为福建金门、浙江长江列岛问题兵团自己可以解决,前委实际无人管。主要责任在前委,特别是我这个主管作战的人,对下面就不能去追究责任,只要吸取血的教训,提高再战金门的信心。

萧锋在参加此次会议之前的整整8个月时间里,未收到任何处分的原因,乃是基于粟裕一贯对萧锋的了解,对萧锋,他始终都没有失去"再战金门"萧锋是最佳人选的信心。

然而,这次精简会议40余天后,萧锋被调离了二十八军。

同日,《厦门日报》一版刊登《因感匪帮覆灭在即,金门岛国民党士兵纷纷渡海向我投诚》:

3月30日金门残匪十八师52团2营4连……小金门岛上匪十九

军十四师 2 营 6 连……等驻军……（十多人）绕过近百里海面向我军投诚。

8 日至 14 日，第二十八军党委召开第二次党代表会议：

各师团汇报了战备练兵中的政治、军事工作情况……制定了新的练兵原则和计划……熟练使用各种器材爆破和通过防御前沿，炮兵要提高夜间对活动目标的射击技能。在战术上，突击部队以登陆突破、夺取与巩固滩头阵地为主，二梯队主要研究与练习纵深战斗。

9 日，国民党军飞机再次轰炸福州。

中旬，张震出席全军参谋会议，向中央汇报"攻台准备情况"，提出希望能增加第四野战军 3 至 4 个军参加攻台作战，并向毛泽东致信，请示需要统筹解决的有关问题。

10 日，毛泽东给粟裕《盼告何时举行舟山群岛作战》电报：

粟裕同志：你们计划何时举行舟山群岛作战，准备工作如何，盼告。

是时，国民党军为了加强舟山防御，先后从台湾、金门等地抽调第五十二军、第十九军等增援舟山，使舟山守敌增至 5 个军 16 个师，连同海、空军及特种部队在内，共 12 万人。第三野战军前委根据这一情况，决定增调第二十一军主力、第二十三军、第二十四军及炮兵一部，在第七兵团统一指挥下参加渡海作战，从而使解放军参战兵力由 4 个师增加到 12 个师又 10 个炮团，总兵力已占很大优势。

同时，第三野战军新组建的海、空军各一部已进驻上海、宁波等地。

13 日，蒋介石为了确保台湾本岛的绝对安全，将舟山群岛 12 万守军有生力量，集中撤往台湾本岛。在海南岛已被解放，台湾本岛失去了防御的左触角，而舟山群岛又距离台湾本岛较远，维持海上补给十分困难，解放军第三野战军在舟山前线已有长期准备，海空军已经初具作战能力的前提下，蒋介石顾虑第三野战军可能乘台湾本岛兵力空虚，直捣台湾本岛，因此无奈之下，做出了放弃舟山的决定。

16 日,粟裕获悉国民党军在舟山群岛撤退,当即指令第二十一军、第二十二军、第二十三军向舟山发起攻击,向第七兵团并向中共中央军委致电,对我军占领舟山群岛后的处置方法作指示。

17 日,粟裕签发华东军区、第三野战军前委关于《保证攻台作战胜利的几点意见》,并成立了以粟裕为总指挥的前线指挥部,以 3 个兵团、12 个军,共 50 万人的兵力,投入对台作战准备:

敌人退守舟山……可能集中 40 万左右的陆军及其海空军全部守备台湾,这将使我们攻台的作战准备更加困难……对攻台作战部署又做了较大的修改,决定将第七、第九 2 个兵团作为第一梯队,三野其余各军做第二梯队,共约 50 万人,其中战斗部队 30 万—38 万人。

鉴于"解放台湾"的准备,在当时只筹集到了装运 4 个加强师的船只,这个数字,还不够计划中运输第一梯队的一半。

同日,"解放台湾"总指挥粟裕建议将第一梯队由 4 个军增加为 6 个军,同时认为"攻台作战如无绝对把握,不仅不应轻易发起,而且宁愿再推迟一些时间"。

是月,国民党胡琏第十二兵团六十七军七十五师、六十七师撤离登步岛。

19 日,第三野战军"舟山群岛战役"不战而胜,舟山及周边岛屿获得全部解放。是役,共歼国民党军 1.2 万余人,打破了国民党对长江口的封锁,对华东地区的经济建设和海防的巩固,具有重大的战略意义。

21 日,《人民日报》发表《庆祝舟山群岛解放》:

困守台湾的敌人,末日更加迫近了。

23 日,《人民日报》第一版发表《中国人民军事委员会电贺解放舟山群岛的胜利》:

中国人民解放军华东军区陈毅、粟裕……本月……18 日完成舟山群岛的解放。这个胜利打破了台湾残匪利用舟山群岛为根据地对华东实行封锁轰炸骚扰的计划,进一步造成了解放台湾的条件……并望全华东人民和全国军民继续努力,为解放台湾、彻底消灭全部残匪而奋斗。

28日,粟裕发电给正在北京的张震参谋长:

攻台作战最重要的问题,还是第一梯队渡海之船只问题,登陆突破副防御问题,即打退敌坦克之反击突破前沿等三个重要问题。请就近将上述问题请示解决。

下旬,台湾"新生营"(即战俘集中营)一天放风,原253团测绘参谋俞洪兴,发现从铁丝网外扔进来一个纸团,捡起来一看,上面刊载有国民党从舟山群岛撤退的消息。顿时,集中营里奔走相告,都说:

舟山解放了,下一步就要解放台湾了。

1950年5月至12月间,国民党战俘管理当局给战俘办理了所谓的释放手续,签发了所谓的"新生毕业证"及"新生弟兄协助政府工作证",然后分四批以船集体送往大陆沿海水域,先后在闽江口、宁波等地登陆,当时由二十八军、第七兵团海防部队等单位收容,后转送十兵团处理。兵团接收后,即成立招待处,一方面对他们的生活予以照顾,另一方面负责审查教育。后第三野战军政治部组织训练队,将连以上干部集中学习。

起初的日子,应该说也是令人难忘的。首长的接见、慰问团的演出……还有每人5万元(旧币)的慰问金,包括杀猪宰羊招待。招待处的同志对他们讲,他们在这里休息、学习一段时间,很快就会分配工作。归俘们为回归大陆而兴奋,为自己的"战俘"经历而不安!

随后,他们被分别送往有关部门,进行审查教育,开始学习共产党员应有的坚定不移的立场,学习刘胡兰、赵一曼等先烈的事迹,学习革命军人的气节……然后请首长作报告,号召忠实坦白、深刻检讨、个人反省与小组反省相结合、选择典型和大组会反省等。当年在集中营中带头英勇斗争的共产党员带头交待，他们和死去的英雄们比，和共产党员的标准比，严格检查自己，从被俘时为什么没有"拼死尽忠"，讲到"抽了敌人的烟，就是投降"等等。（据蒋柳清《落实被俘归来人员政策亲历记》）

教育的步骤分两个阶段，第一阶段是时事政治教育，主要进行了以下内容：一是时事教育。主要是教育大家正确认识当前形势，加深对美帝国主义的仇视鄙视蔑视，加强抗美援朝保家卫国的决心与信心，克服和平麻痹思想及悲观失望情绪，加强战斗意志，鼓舞大家继续为人民服务。二是政治教育。主要是提高大家的政治理论水平，如在进行三民主义的教育时，让归俘正确认识三民主义的历史作用及其在中国人民革命中的不彻底性，并对几个不正确的论点举例进行批判。三是气节教育。主要是告诉归俘共产党员应具有的坚定不移的立场，优良的品质，在任何情况下，保持共产党人的坚贞不屈、自我牺牲的精神，以共产党员高贵伟大的气节来检查自己的行为。

蔡志敬在介绍他在训练队接受教育时，曾这样说道：

开学的第一周是端正学习态度，检查学习动机，对于不纯动机及不正确的思想，如悲观失望情绪、家庭观念、复员思想、恐惊不安、怕上级不原谅等进行检讨，加以分析与批判。然后个人制订学习计划，班订学习公约及学习纪律，扫清学习道路上的障碍。政治部王秘书长给我们做了学习动员，对大家勉慰，讲了中国人民的伟大胜利及敌人的释放阴谋，指出了大家过去对人民都有贡献，立了功，应该更好地提高自己，认识错误，对党对人民一定要忠实，应该永远为人民服务到底，千万不要上了敌人的圈套。

第二阶段是反省审查，主要以反省为主，号召忠实坦白，深刻检讨，互相帮助，使上级全面了解，甄别材料，做出结论。从当时华东野战军归俘训练队来看，在反省中有的归俘思想顾虑比较大，尤其是党员干部，总认为自己当了俘虏，错误是严重的，在敌人那里表现了顺从屈服，反省出来很丢人，无脸见同志，心中惊恐害怕处分过重，怕受到军法处理或劳役。

特别是看到诸如政治、荣誉、残废、保健、工作等问题一时难以解决,尤其是胸章帽徽不能下发时,心情开始烦躁不安、悲观失望起来。

秦锦山在他的材料中曾这样写道:

登陆时,见到自己的部队,心里想,我不去打金门还不是和你们一样吗?这次没有完成任务,不知上级对我们如何处理?上级会不会了解当时的战斗情况?自己对生命持悲观失望的态度。别人革命成功了,自己当了敌人的俘虏。将来没有战斗情况了,到哪里去将功折罪呢?心想还是回家种田吧,当了兵被敌人抓了去,受了那么多的苦,真不如回家种田好。到了兵团部,见门外有卫兵,心想还来看守我们吗?埋怨当兵真当亏了。所以,心想当兵要我当就当,不要我当就让我回家好了。

究竟该怪谁呢?是招待处的同志?还是战俘们自己?还是其他什么人?许多归俘,特别是担任一定领导职务的归俘,在回大陆前就曾想象过他们的境遇。

针对这些思想,接待处和训练队采取了有针对性的动员和教育。首先是控诉敌人罪恶。让归俘联系自己在集中营所承受的苦难,在班内漫谈思苦,然后选出在集中营受到迫害较重的同志,在全队控诉敌人的罪恶。在控诉大会上,许多归俘谈自己承受的苦难,揭露敌人的罪恶,全场痛哭失声。其次是请领导作报告。党务科冯科长给大家讲课,指出反省中应取消一切顾虑,以实事求是的态度,只有忠实反省,才是继续为人民服务的表现,也是靠拢组织的表现,同时指出只有忠实坦白反省,才有光明前途,上级处理也是看对错误认识的态度。

经过控诉和动员后,归俘们在思想上打下了反省的基础。然后,训练队根据文化程度高低、反省的态度等进行编组编班,在班内划分了互助小组,每组三人或四人。

乔茂玉在回忆他在反省阶段时的情况说:

当时,集训队要求我们首先是反省自己在被俘前后的思想变化以及在敌人那里的错误行为,然后反省自己的历史。反省步骤是,个人先做好充分的准备,写好反省提纲,然后在小组会上汇报,同志们提供意见,补充事实,或帮助分析,接受大家意见或解释情况,有争执的问题作为悬案,会后互助谈心,具体帮助,对个别反省不彻底的同志,领导做耐心积极的谈话帮助,从多方面搜集确实材料,供当事人深刻全面反省,小组会反省不能解决问题转大组会反省或代表会帮助,可以说反省是较彻底的。

经过教育和反省,归俘们的思想认识开始"统一",有的归俘甚至用"假设"对自己上纲上线,直到最后,连他们自己都给吓呆了。这不是叛徒吗?这不是叛党投敌了吗?

但许多归俘为了过关,给自己无限上纲,不少人把不应该是错误的东西也说成错误,特别是许多干部在"思想批判从严,组织处理从宽"的指导下,把"大帽子"往头上戴。

姜友群就对自己做了这样的评价:

我是一名罪人,我对不起党,对不起上级,对不起人民,我与其他人不同,因为船舵是我掌握的,我没有把战友们送到预定地点,相反偏离原来的方向三华里。党对我多年的培养教育,我不但没有保护好党的荣誉,却破坏了党的荣誉,为了保全自己的生命,触犯了军队的纪律,放弃了党的利益。共产党员是应冲锋在前、退却在后的,而我是退却在前、冲锋在后。我确是与共产党员和革命军人的称号不相称。革命军人是有一枪一弹就应该与敌人拼到底的,自己没有做到。脱离了阵地,避开了战斗。如果大家都像我这样,这怎么能打胜仗呢?被俘后,自己把名字告诉敌人,把部队番号告诉给敌人,泄露了军事秘密。这是敌人花多少钱所买不到的东西,而从我的口中(交)给了敌人,这对国家、人民有多大的害处。到了台湾,还骂党和领袖,自己做了这样可耻的事,不是一个革命军人,连一个公民的条件都不够。

杜梦亮在他写的"对错误的认识"中,给自己列了"八条罪状":

一、战斗意志不强。嘴巴说得好，但到实际环境中表现怕死，不能随时地指挥部队与敌人战斗。团长叫我们去反击时盲目地去，也未对副营长说，也没有把二班带去，也未通知他们就去了，见没有敌人，部队回去时，也未见敌人打，部队就走了，不但把阵地丢了，而且把一个班也丢了。一个排的兵力就这样拖来拖去并未和敌人怎样打就完了。这一点作为指挥人员应负责任，我是应该负责的，表现畏缩不前，贪生怕死，到海边兵不知到哪去也不找了，总是想能逃回来，争着上船。不能回来时，副连长问通信员国民党对干部怎样？他说会杀，副连长提议埋枪，我也同意，这点表明我已经怯懦到极点了，把枪埋了，准备做敌人的俘虏。敌人来时自己躲在石洞里有枪不打，怕打了敌人会杀我，我完全失去了革命干部、军人、共产党员的品质及气节！

二、暴露了自己的干部身份。在敌人面前表现屈服了，照了相，做了敌人的宣传品，为敌人宣传对我党不利，敌人叫我干什么我就毫无气节立场，替敌人写墙报，说敌人好，在思想上也顺从敌人！

三、不但个人唱反动的歌子，而且去指挥大家唱，污蔑我们的党，骂我们的领袖。这种罪恶的责任我能不负吗?！党培养我多年，做出这些事情来真可耻！

四、不但承认了自己是共产党员，当过小组长，还签名脱党！敌人第一次叫我脱党就脱党了！而以后又填了脱党宣誓书，自己为保全生命，竟然不要党，后来还重新填写脱党表，向敌人暴露了我的历史。

五、向敌人写自传坦白，明明知道这是做不得的事，自己却做了。不但是向敌人自首脱党而且脱军了，我过去身为政工干部做出这种种罪恶实在是太可耻了！

六、为了求得敌人相信，讨好敌人，在敌人面前斗争自己的同志，这就是出卖自己的同志。斗争自己的上级，还受过敌人表扬。这种举动，就是替敌人做工作，可以说是在思想上变了节！暴露了党的秘密，把自己一个排的编制人数和金门的战斗情形告诉敌人，成了敌人的特工！

七、接受敌人的任务，说回来替敌人工作掩护敌人。每天晚上喊口号污辱领袖,承认美国是民主,苏联是侵略,随和敌人骂自己!讨论时自己当主席,这就是帮助敌人腐化自己同志的思想。

八、回来还认为自己在集中营里不错,对上级不满,我回来就把敌人给的两块臭钱私自用了,这就是破坏了金融!

我这些错误罪恶为什么做出来呢?主要是怕死。为了能达到个人目的,不惜牺牲党的利益,出卖党的利益,如果党给我应得的处罚,我绝不埋怨组织!请上级考验我!

周祥在分析自己的"思想根源"时,更是无限上纲。他说:

我出生在旧社会,受家里的影响,没有受到什么剥削和压迫,阶级觉悟不高!入伍后,由于个人对政治学习不够,只讲漂亮话,不做实际事!没有在思想上产生阶级立场和革命的人生观!干了这么多年,是为了个人的利益。在这次实际环境战斗中经不起考验了,尾巴露出来了。怕死了看不到自己的母亲,看不到新中国,享受不到胜利的果实。

每个学习小组也是非常认真和严肃,大家在帮助蔡志敬时,对他这样评价:

你参加战斗不是自愿的是被迫的,有一种不去不行的想法,如团长叫你反击敌人,你就讲价钱,想法子躲避战斗。没有怎样和敌人接触,就跑到海边去,一个班丢了也不问,不派人去找。战斗时怕死,把一个排的人东跑西拉的全弄垮了,把枪也丢了,你应该负责任的。

在集中营时斗争自己的同志,就是帮敌人审问自己同志,求得敌人对你的好感。斗争田政委时,他是有19年军龄的老干部,你要他说出每一年的职务,他哪能说出来?这样看,你是真心投降敌人了,并不是应付敌人!

你的反省是最后一个,应该诚心坦白地把心里话说出来,可你在反省时表现不老实。如你在集中营时斗争了十几个自己人,初反省时你说共斗争三个人。在公开接受敌人任务时,你说有病未参加,而后又说参加了,证明态度不老实!

被俘时,有四五个人在一起,又有枪,可你并没有打枪就跟敌人去了,枪丢在地下,做敌人俘虏,这可说是缴枪!证明你整个战斗中信心不足,个人利益高于一切!

斗争同志时,听说要回来,你怕回来不好交待,就表现好一点,这是严重的投机表现,并不是表现和敌人真斗争。

回来后,表现很积极,也是为了伪装积极,让上级不知道你的罪恶错误!反省到最后你表现不太老实,有些问题是大家追问提出来的,隐瞒大家就是为了隐瞒自己,为了个人!(据蒋柳清《落实被俘归来人员政策亲历记》)

据1950年从澎湖敌集中营放回的原八十二师244团泰安连政治指导员姜言泰讲:金门战斗,可打出了解放军的军威、国威。敌伤亡达二万六千多名……叶飞司令"敢承担责任"……值得学习。(据萧锋《三年解放战争亲历记》378页)

31日,朱德代表毛泽东约见张震。朱德问:"攻台主要的困难是什么?"张震答:"一是夺取局部制空权;二是运输船只的筹集;三是登陆突破问题。"朱德:"不要太急,船只、装备及兵力,特别是空军,我们来统筹。你们也要充分发挥主观能动性,要时刻牢记这一点,全军对你们都给予厚望。"

是月,在舟山群岛解放后,第三野战军遂将二十五、三十二军调往金门方向,船只也相对集中,同时,逐步解决了机场修建,以及公路交通不便等种种困难,基本上满足了"再战金门"的渡海作战需要。

第二节
萧锋的调离与盼不来的"再战金门"

1950年6月

1日,原解放军第二十九军八十五师师长兼政委朱云谦,调任第二十八军参谋长。

是日,台湾蒋经国的密使李次白,登上了开往香港的轮船,并于几天后抵达上海,在陈孟熙的陪同下与陈毅会面。陈毅说:

国共合作的话题,现在先不提,现在提为时尚早……孟熙兄和次白是要立即进革命大学学习,明天就去,你们的亲友都去,你们把名单开来,我明天就告诉市委统战部……(据《看天下》杂志2013年第28期,白靳《秘使:两岸和谈的私交路线》)

2日,浙江披山国民党军吕渭祥部600余人,乘解放军换防之机,偷袭玉环岛坎门镇。守岛解放军步兵七十四师220团8连及增援部队奋勇阻击,歼灭100余人,其余被迫撤逃。

3日,粟裕赴北京参加中共七届三中全会。

6日至9日,毛泽东在七届三中全会上作《不要四面出击》讲话,并指出了中国共产党在当前的总方针是:

肃清国民党残余、特务、土匪,推翻地主阶级,解放台湾、西藏,跟帝国主义斗争到底。

粟裕在北京中共七届三中全会期间,汇报了"解放台湾"的具体实施步骤和各项攻台作战的准备情况。其时,粟裕已经完全认识到"解放台湾"乃是关乎"国家统一"的大业,向毛泽东提出了:

解放台湾已经成为全国全军的重大战略行动，请求中央军委直接指挥台湾战役。

毛泽东随即在会上宣布：

攻台作战仍由粟裕负责。

粟裕的"请求中央军委直接指挥台湾战役"，从某种程度上，让毛泽东看到了粟裕从金门战役、登步岛战役失败之后的巨大转变。从"解放台湾"的"统一"大业出发，毛泽东仍然视粟裕是这一时期内担纲"解放台湾"重任的最佳人选。粟裕获得了毛泽东的再次信任。

8日，一直在浙江沿海准备"解放台湾"的第九兵团宋时轮，在兵团处长以上干部会议上说：

自接受攻台作战任务以来，每个时期均做了计划布置工作，举办各种训练班，今后各部门都要订出具体的实施办法，扎扎实实做好准备工作。

自从宋时轮和第九兵团接受"解放台湾"的第一梯队任务以来，宋时轮先后组织了兵团军、师两级干部研究班，在总结金门战役登陆作战失败经验的基础上，做了大量的调查与研究，宋时轮在《对台湾敌情认识上的基本观点》报告中说：

国民党军的兵力……到1950年初陆海空三军全部兵力约40万人，国民党不仅人力、物力、财力还是兵力都弱小了，士气低落了，内部矛盾重重，无法同解放军对阵，蒋介石不可能再翻身了，永远地失败了，所剩残军也必将被我们在不久的将来歼灭，这是完全有科学根据的真理。

攻岛作战，一举我们现在军兵种的实际，陆军师登陆作战的主要力量，军事训练首先要解决的具体问题是乘船渡海，必须熟悉潮汐、海流、气象、航路、方向、滨海地形等，这些都是我们生疏的、不了解的或不甚了解的问题……组织训练必须从实际出发解决具体问题，才能打胜仗……要打科学仗，要有计算，要有把握，要有准备，不打无把握无准备不完备的仗……

渡海作战如果只根据过去陆地作战的经验，而忽略了新的变化条件，不管自觉不自觉，就会犯到狭隘经验的错误。要防止这个错误的发生，就要老实研究现实情况，学会渡海作战的知识，不论任何人，都只有这样一个办法……

今天部队中可能产生急躁轻敌的思想，是值得我们军事教育训练中注意防止的问题。渡海作战从无经验到锻炼成为有经验，从没有航海登陆突破技术到训练成为有技术的部队……

首先必须教育部队学会乘船，懂得水性，做到不怕水、不晕船，会使用救生器。干部必须学会登陆作战的组织指挥，学会破坏各种防御（水中与陆地的）、攻击各种堡垒工事、上下船、驳船、组织火力等，部队攻击队形、动作，要从技术结合战术反复研究、反复演练，力求所学知识真正落实到攻打台湾的实际作战中具体战役、战斗的组织，应建立在细心研究敌情、地形，恰当克服敌人的长处，利用敌人的弱点，发挥自己的长处之上，决不能犯轻敌、冒失的错误，更不能向困难低头……彻底完成解放东南沿海各地和解放台湾的光荣任务。

老搭档萧锋在金门战役登陆作战时吃了大亏，经验与教训，在宋时轮这里成为了他"进攻台湾"的一笔宝贵财富。宋时轮在"解放台湾"的这段准备时间里，先后做了多种研究，在反复进行"攻台作战的军事思想指导问题的初步研究""陆海空军协同作战问题""登陆的几个问题""战前准备工作"等研究与训练的基础上，对每一个环节提出了极为细致的"攻台作战"要求，逐条指导：

一、攻台作战，部队各级都必须在政治上、思想上、组织上做好充分准备；

二、争取相对的或绝对的制海制空权是攻台作战的先决条件，陆海、陆空协同作战，必须先行周密的组织训练。但是，第一梯队各部队

必须贯彻对空、海军力量不低估、不高估,更不依赖的"三不主义";

三、攻台作战要考虑到帝国主义的介入;

四、不打无准备和无把握的仗,这是必须遵守而不可违背的铁则;

五、陆军是攻台作战的主力军种,无论在任何情况下,都要准备独立作战,应对一切可能发生的情况;

六、担负第一梯队的军、师,从上到下必须老老实实地学习渡海作战的技术和战术,顺序是先技术后战术,先分解后联合,务求学用一致;

七、既要争取战役上的突然性,又要做好强行登陆的充分准备,实行毁灭性火力打击,采取宽正面有重点地登陆突破;

八、登陆作战要猛与稳相结合。滩头部队的任务主要是开辟登陆道路,突破敌人前沿防御阵地,占领、巩固滩头阵地,掩护后续部队顺利登陆与展开。为达此目的,力求迅速消灭与驱逐敌人,切忌采用包围敌人死打的战法;

九、强化作战的军事纪律,不容许有任何例外的思想行为;

十、加强司令部工作,组织全能指挥机关;

十一、各级指挥员必须向前推进一级指挥(即排到班、连到排、营到连的指挥位置),达到适时掌握指挥部队;

十二、强化后勤工作,确保弹药、粮秣、物资等确切适应作战的需要。

宋时轮吸取老搭档萧锋在金门战役登陆作战中失败的教训,他向第九兵团的全体参战人员提出问题:

打到台湾的最低限度的装具、物资以及技术……顺利接管与建设台湾。

15 日,宋时轮对第九兵团的逐项要求和训练,引起了美国远东情报处的密切关注,在获悉这些准备"解放台湾"的情报后,发出了预警:

台湾将于 7 月 15 日以前遭受中共全面攻击,由于(台湾)政府军队涣散，民心浮动，中共将于发动攻击后数周之内顺利夺占台湾。

21日，萧锋调离第二十八军。任华东装甲兵副司令员兼坦克师师长。随后，又被连降4级，由副军、准军、正师，一直降到副师。

23日，粟裕在认识到"解放台湾"的战役乃是一场必将影响整个太平洋地区和东南亚局势的战争后，鉴于第三野战军攻击台湾的兵力不足等诸多因素，遂在郑重向中共中央军委和毛泽东报告了作战准备情况和作战方案，向中央军委提出增加攻台兵力至16个军请求的同时，向毛泽东请求让刘伯承或林彪来统一指挥〔鞠开著《在跟随粟裕的日子里》203页当中，将粟裕曾向毛泽东建议"解放台湾的任务，由林彪、刘伯承主持"放在1949年的"6月7日"条下有误，容易误导读者对毛泽东"台湾问题"和"统一"问题战略思考的时间判断，故特在此说明。粟裕向毛泽东建议解放台湾请刘伯承、林彪来主持的时间，是在金门战役失败以后。正因为这一原因，所以毛泽东才说"不要变了，解放台湾的任务，还是由你(粟裕)来承担吧"（故可知鞠开的记载有误）〕，他本人作为华东地区的军政领导，全力协助：

攻台作战最大的问题有三个：第一是渡海用的大量船只（如以50万兵员计算，则需125万吨以上之运输船只。第一梯队以最小限度6个军计算，总共需要500吨以上各型登陆艇384艘，总吨位约38万吨）。第二是登陆突破问题。第三是突破敌人前沿后怎么打退敌人机动及大量坦克的反击问题。这是战斗能否顺利解决的决定问题。为解决上述三大问题特作如下建议：

一、中央除酌量予海军补充一些必要的舰船外，请统筹建造大量渡海运输舰艇并将我国现有之华东、华南、华北（包括东北）之船只，分别编为三个运输舰队，平时为中财部担任运输任务，战时用于渡海作战。

二、为补助我海军之不足和发挥陆军的威力，加强海军航空队和有足够运输机运输跳伞部队。

三、造500门无后坐力炮，以补助海军炮火之不足。

四、请军委将全军之战车及战防炮统一集中训练，以资集中对付敌人坦克的反击。

五、建议伞兵扩编为2.5万人。

六、攻台作战关系太大，如不能成功，不仅对巩固国防有极大影响，且可能影响太平洋及东南亚局势，使美帝国主义更加疯狂。

因此，我们对攻台作战无绝对把握，不仅不应轻易发起进攻，而且宁愿再推延一些时间。由于此战役关系太大，而我个人能力很薄弱，故曾于三中全会请求军委直接组织此一战役，虽经主席宣布仍由职负此责任，职实感能力有限，不堪负此重责，为此请求军委直接主持此一战役或请刘伯承、林彪两同志中来一个主持亦可。职在华东范围内当全力以赴。

此后，粟裕又向军委和毛泽东建议：

如能从其他野战军中抽出3至4个军作为（攻击台湾时的）第二梯队或预备队，则更好。

粟裕随即电令张震，要求制定包括运载工具准备、解决空中掩护、攻台时机等"过得去""突得破""站得住"的新作战部署与方案。

金门战役乃是统一中国过程中与"解放台湾"紧紧联系在一起的战役，攻打金门就必然联想到要攻打台湾，要攻取台湾就必须要先占领金门，这二者之间的关系唇齿相依，缺一不可。在粟裕的这个报告中，无疑是将这一战略性问题给挑明了，清晰了，责任更加具体了，重大了。因此，粟裕希望刘伯承或林彪能来出面主持。

可惜的是，台湾问题一直拖延到今天，也没有找到更好的办法来解决。金门战役也就随之延宕了下来，直至今天。

毛泽东对"解放台湾"最佳时机的失去，颇有悔意。原中共中央联络部副部长王力在回忆文章中，有较为详细的记载：

毛泽东主席同我讲过，这是我党七大后所犯的第一个大的历史错误。

当时,蒋介石在台湾立足未稳,美国人也从台湾撤走了第七舰队,本来是解放台湾的最好时机,但是我们丧失了时机。

我们只看到胡宗南在西南还有大军,于是二野分兵去了西南,三野又要守备大城市和扫清残敌,所以没有把二野三野集中起来解放台湾,而是以劣势兵力在金门打了败仗。这样蒋介石在台湾的棋下活了。

在大陆,蒋介石输了,我们赢了;在台湾,我们输了,蒋介石赢了。

这是一个大的历史错误,是不能挽回的错误。但是我们同蒋介石还有两个共同点,第一中国要独立,第二中国要统一。这个统一就不能不是长期的了。

那么好强的毛泽东,能在部下面前说出"我们输了,蒋介石赢了"这种话,可见他在"解放台湾"和"统一"问题上,其内心深处的自责与内疚,是真切的。

在该年的3月,香港《周末报》适时小丛刊出版了一本由黎志杰将军著的《攻台必胜论》,给我们提供了另一种思维方向。该著通过14个不同的角度,对"攻台必胜"做了阐述:

一、台湾海峡的战略形势图;二、台湾"空军"配置图;三、台湾之战,如箭在弦;四、从历史上看台湾必不能守;五、从经济与地理上看台湾必不能守;六、台湾还有多少"海军"?七、台湾还有多少"空军"?八、破铜烂铁残兵败将如何守台湾?九、部署攻略台湾的若干问题;十、什么地点最适宜登陆?十一、什么时间最适宜登陆?十二、登陆的指数问题;十三、理想的台湾攻略图;十四、结论。

从历史的角度看,台湾必将统一是大势所趋,但是如何统一,采用什么样的手段统一,在什么时机进行统一,是一个极具战略性的大问题。以这8个月内国共两党、两军的情势,国民党所拥有的海、空军,与大陆所缴获的海、空军,加上苏联当时的空军支援,对比之下,可以清晰地看到,制海权、制空权,并不是决定这一特殊时期里"统一"的绝对因素。

既然如此,这场"解放台湾"的战役,就与历史上的任何一次"解放"和"收复"的方式没有两样,不管是康熙大帝还是郑成功,在排除了"制空权""制海权"的前提下,以最原始的渔船、舢板来进攻,是没有任何区别的。这一点,假如不用"钻牛角尖"的方式来思考这一问题,其答案是能够得到肯定的。

25日凌晨,朝鲜战争爆发。

朝鲜战争爆发后,美国深感如果在西太平洋北部失去南朝鲜,在南部失去台湾,则其盟国日本将被共产党国家南北夹击,菲律宾和东南亚各反共国家,也将受到严重威胁;美国在第二次世界大战之后布置的西太平洋防线,将被中共斩成几截;美国在亚太地区和西太平洋的战略利益,将因此受到重大损失。因此美国一改此前"抛弃蒋介石"的做法,对"解放台湾"做出了强烈的反应。

27日,美国总统杜鲁门发表公开声明,宣布武装援助南朝鲜,并命令第7舰队入侵台湾海峡、空军第13航空队进驻台湾,并宣称:

> 在该地区执行合法而必要职务……已命令第7舰队阻止对台湾的任何进攻……台湾未来地位的决定必须等待太平洋安全的恢复,对日和约的签订或经由联合国的考虑。

美国总统杜鲁门的"台湾未来地位的决定必须等待太平洋安全的恢复,对日和约的签订或经由联合国的考虑"的论调,以及派遣美国第7舰队在台湾海峡,阻碍了毛泽东"解放台湾"的计划,致使大陆失去了在金门战役登陆作战失败后"解放台湾"的最佳时机。

是时,月初由台湾来大陆的李次白,接到了来自台湾胡伟克发出的急信:

> 国共合作之事不必说了。

此时逗留在上海的密使李次白,被以"特务"罪名关进了青海的监狱。4年后,李次白被送回四川老家,借住在陈毅三弟陈季让家中,直到1978年才得以离开大陆来到香港,希望能回台湾安度晚年。但是,年已七旬的李次白，也被台湾拒绝了。至1987年，李次白在香港去世。

28日，愤怒的毛泽东在中央人民政府委员会第八次会议上指出：

全世界各国的事情，应由各国人民自己来管……美国对亚洲的侵略，只能引起亚洲人民广泛的和坚决的反抗……打败美帝国主义的任何挑衅。（据电视纪录片《为祖国而战　出兵朝鲜》上）

毛泽东为了避免可能出现的南北两面受夹击的不利态势，又反复考虑美国第7舰队在台湾海峡挡着的现实，解放军没有可以与美国现代化海军进行海上较量的可能，遂当机立断，做出决定：

解除福建前线再攻金门的任务，推迟解放台湾的时间，将主要战略方向由东南转到东北。

周恩来总理代表中国政府发表声明：

严正谴责美国帝国主义者武装干涉中国、朝鲜内政，中国决心为解放台湾奋斗到底。

"解放台湾"和"统一"的战略，在朝鲜战争的严峻形势下，被迫搁置。从此，由金门战役延宕下来的"解放台湾"和"统一"大业，也延宕下来，至今60余年而不知其终……

第三节
大担岛叶飞的再败与战俘的三次遣返

1950年7月

1日至7日，第二十八军组织245团2营和247团1营举行了针对"解放台湾"的实兵、实船、实弹航海演习，进一步检验部队渡海登陆作战的能力。浙江、福建沿海的解放军对台湾进行了各种侦察,第三野战军也决定将在 8 月份开展攻击台湾的作战。国际社会也在此时普遍认为:"解放军将在台风季节到来之前,发起对台湾的军事进攻。"

一时间,台湾海峡战云密布,台湾岛内更是人心惶惶,充满战前的紧张气氛。

此际,台湾国民党由台湾本岛和金门本岛,开始较大规模地遣返金门战役登陆作战失败后被俘人员,此批遣返人员 529 名。

对于金门战役登陆作战失败后的这些解放军战俘,台湾国民党采取了以下几种处理方式:

一、一些原来是从国民党军俘虏过去的"解放战士",特别是第十兵团入闽以后被俘虏的国民党军"解放战士",被立即补编入金门的国民党军守军中;

二、未被接纳的其他俘虏,则被运到台湾本岛的内湖"新生营"集中关押审查、甄别之后,再分成"愿留"与"愿走"两种;

三、被俘人员中年龄较大、受过伤的党员干部和一些坚持"愿走"的部分,先后于 1950 年 7 月、10 月、11 月,分成三批,用各种方式和渔船等,被遣返回大陆。

首批遣返为被俘人员中年龄大的、负伤的,特别是坚决要求回大陆的,分批放回大陆。

第一批被放回的 244 团 4 连副排长李树春,在离开集中营时,向 244 团政治处宣教干事孙堡之辞行。孙堡之眼含热泪,紧握着李树春的手说:"敌人是不会放过我的,我已做好了牺牲的准备,希望党组织了解我一个共产党员、革命军人的心!"并从怀里掏出一张写在黄色毛边纸上的短信,偷偷地交到李树春的手里:

亲爱的党,亲爱的二十八军首长:看起来我是回不去了,敌人对我这样的眼中钉,是不会放过的。请党组织相信我,我决不叛党,刀按在脖子上也决不向敌人屈服。在这次战斗中,我因负伤被敌人俘虏了。

我做得很不够,但我要坚持同敌人斗争到底!希望首长和战友们,做好充分准备,早日解放金门!

孙堡之不久即被台湾国民党当局,当成顽固不化分子杀害了。

是月,金门战役登陆作战时的船工、福建同安县新店镇莲河村吴德成,随同解放军一道被俘后寻机逃出,由于他是当地人,穿着口音都与当地人无异,又与金门岛上的居民有相识,故在金门岛上没有受到盘查,在熟人的帮助下乘渔船出海,于金门与厦门海面分界线附近,跳海泅渡回到大陆。

是月,刘继堂随第一批金门战役登陆作战战俘,被遣返回归大陆;

251团副团长马绍堂,也于此际由台北内湖集中营,遣返回大陆;

244团政治处主任孙树亮,1950年7月被台湾第一批遣返。"十一"后,随连以上干部一起到三野政治部训练队学习,任副队长。半年后,开始交待问题。在大会上,他第一个带头将自己的问题和所有了解的情况全部交待清楚,以后还帮助许多人交待问题。次年6月初,第一次结论是"党籍暂不开除"。可到6月中旬,对其做出二次结论,为"行政降为连级,开除党籍,分配到山东任军事教员"。到了11月23日,又突然宣布逮捕,判处有期徒刑5年。

在改造期间,孙树亮努力工作,每年受到奖励和表扬,后被减刑1年,提前释放。出狱后,到军区干管部政治部联系,要求分配工作。1955年,他被分配到江苏省公安厅所属惠山建筑公司工作。1958年该公司解散,孙树亮无处可去,随爱人回到上海。1959年经人介绍,到上海玻璃机械制造厂担任仓库管理员,后又下放到车间当工人。

孙树亮在1981年10月22日写给当时南京军区周贯五副政委的信中,这样写道:

40年来,我始终以党员的标准严格要求自己,我始终没忘记党对我的教育和哺育,没有忘记社会主义。几十年来,我一直认真劳动,积极工作,可每次运动中我都是重点,但始终没有新的问题。在台湾集中营时，当敌人指着我的名字，问我是不是脱党时，我没有作声，这是我的一个严重错误，是我斗争不坚、思想上有所动摇的表现。但不管怎样，我对党的信念，是始终不会改变的。（据蒋柳清《落实被俘归来人员政策亲历记》）

是月，246团排级干部张怀义被遣返回到大陆。张怀义是在金门战役登陆作战第二天晚上跟孙云秀团长增援上岛的，10月25日登陆，坚持到27日，弹尽粮绝之时，全团仅剩十余人。28日晨，残余的部队在极度疲劳中略做休整时，突然被一声枪响惊醒。那一枪，是团长孙云秀用来自杀的。随即，张怀义被国民党兵从草丛中搜出来被俘的。

6日，美国海军第7舰队和空军第13航空队进驻台湾，并于该日开始执行"侦察巡逻"任务。由于美国的武装干涉，台湾海峡的局势变得异常紧张和复杂。

是日23时，毛泽东发电报给粟裕并告陈毅、饶漱石：

现有重要任务委托粟裕同志执行，请粟裕于7月16日前将三野事务处理完毕，于7月18日来北京接受任务，粟来时可随带秘书及参谋人员数人。

毛泽东又派陈毅向粟裕传达：粟裕担负抗美援朝任务。

此时的粟裕，高血压、肠胃病、美尼尔氏综合征，一时难以坚持工作，遂向毛泽东建议：考虑到自己身体的状况，唯恐耽误"抗美援朝"的大任务，请中央派由其他同志担任。

7日，联合国安理会在苏联代表缺席的情况下，通过干涉朝鲜内战的决议，并组成联合国军。美国任命正在日本东京的驻远东军总司令麦克阿瑟，为联合国军总司令。

是日，根据毛泽东指示，周恩来主持召开国防会议，讨论朝鲜局势和国防问题，会议决定：

抽调战略预备队4个军以及配属的炮兵、空军等部队共25.5万人，组成东北边防军，其任务是保卫东北边防，必要时支援朝鲜人民军作战。东北边防军以粟裕为司令员兼政委，萧劲光为副司令员，萧华为副政委。

同日24时，毛泽东批示：

本日会议议决、议事事项同意，请即按此执行。

9日，《厦门日报》第一版刊登《决心解放台湾！东山船工积极支前5天报名153人》。

10日，毛泽东复电粟裕并告陈毅、饶漱石：

来电悉。有病应当休养可以缓来，但仍希望你于8月上旬能来京，那时如身体已好，则担任工作，如身体不好则继续休养。

同日，周恩来再次主持召开国防会议，决定东北边防军部队于8月5日以前抵达集结地点，仍以粟裕为司令员兼政委外，以萧劲光为副司令、萧华为副政委。此决定报毛泽东审查，毛泽东于当日批示：

照此执行。

中旬，周恩来委托粟裕传达指令：

华东海军迅速组织力量，打通长江口航道，扫清江浙沿海残敌；在舟山建立海军基地，加强战备，随时准备应付帝国主义可能扩大的战争。

14日，经中共中央批准，粟裕到青岛治疗。

17日，第二十八军整编，撤销军炮兵团，组建3个师属炮兵团和军船管团。

同日，中央军委致电华东局、华东军区转粟裕：

毛主席前电粟要他于8月上旬来京，依情况或留京休养或担任工作。现粟已去青岛休养甚好。请粟于8月上旬来电报告身体情况。如病重则继续在青岛休养,不要来京,如病已愈则盼来京。

18日17时,粟裕、张震、周骏鸣致中央军委及华东局《华东军区对金门岛敌情的判断与截击部署》电报:

综合第二十九军、第三十一军的十五日、十六日观察,大小金门敌调动频繁,似有撤退模样。估计有三种可能:先撤小金门,后撤大金门;或先撤大金门,后撤小金门;或大小金门同时撤。第十兵团已令第二十九军、第三十一军分别做好准备,严密掌握敌情变化与战机,按预定部署适时出击,求截歼敌一部。并令各该军在敌未撤前或撤小部时,勿轻举,兵团即组织前指亲去指挥。

中旬,胡琏奉命决定放弃金门,且已在做实施准备;驻守大担、二担的第五军为了便于随时撤退只能运输1个半连的机帆船,故在此间的大担、二担岛上,仅留有1个半连驻守。

大担、二担两岛,位于小金门(烈屿)西南方向、厦门港进出的航道上,是封锁厦门,使之不能进攻台湾的集运基地。在中国历史上,明末收复台湾的郑成功、康熙二十二年(1683)施琅收复台湾,都是以厦门为出发点而进攻台湾的,大担岛上因有一口甜水井,故该岛成为了施琅屯兵待发的基地。因此,夺取大、二担岛,对于攻打金门和台湾本岛,均有重要的战略意义。大担岛上若设有大炮,其射程一直可以打到金门的南海面,如此,金门岛的料罗湾、枫上滩等港口就会完全被封锁、失去作用。

叶飞在此间获悉一个由大担岛泗水逃至厦门投诚的汕头籍新兵情报,得知大、二担岛仅有1连半驻守,遂准备用1个加强营登陆作战,夺取大、二担岛。

此际,朝鲜战局严重恶化,美军从仁川登陆,北朝鲜人民军腹背受敌,遭受严重伤亡,形势急转直下。

21日,毛泽东复粟裕、张震、周骏鸣《同意华东军区对金门岛敌情的判断与截击部署》电报:

粟张周：18 日 17 时电悉。同意你们对金门岛敌情的判断与截击部署。

22 日，周恩来与聂荣臻联名致信毛泽东，报告东北边防军部队 8 月上旬可以全部到达指定地点，而边防军司令员兼政委粟裕需要休养，副司令员萧劲光、副政委萧华均一时难以离京到任，故提出：

请主席考虑边防军目前是否先归东北军区高岗司令员兼政治委员指挥并统一一切供应，将来粟、萧、萧去后，再成立边防军司令部。

23 日，毛泽东批示周恩来、聂荣臻报告：

同意。

尽管粟裕对"东北边防军司令"一职已经三作推辞，但此时的毛泽东，仍然对粟裕能够出任此职，抱有希望。

同日，台湾国民党"国防部"忽派专员送命令至胡琏：

仍然准备在金门作战，金门务必固守不失。

此命令到达时，胡琏部十八军高魁元军长和第五军李军长都在胡琏的司令部，胡琏在《金门忆旧》中说：

将进午餐，但李军长却急于回小金门，我怪其何故仓皇？彼曰："……现在不撤了，我应即刻加兵，以利防守。"我又说："也不在一顿饭的时间。"李以为"万一风浪变化，则后患堪虞"。彼回小金门立即备船增兵而去，乃于 23 日晚间完成。

国民党第五军遂在大担、二担增兵 1 个连，使驻守兵力达到 2 个半连。

台湾这一欲撤未撤的举动，与获取了粟裕被调往东北任"志愿军司令"情报有极大的关系。因为粟裕离开台湾海峡前线，意味着"解放台湾"的战役暂告一段落。蒋介石再次看到了"反攻大陆"的机会，故胡琏将七十五师 225 团第 2 营史恒丰营长所部，在大、二担增加至 2 个半连。

24 日以后，台风到达金门本岛及大担、二担。

26日晚，叶飞指示第二十九军八十六师258团第2营4个连500人兵力，在台风来临之时，发起了大担与二担岛的战斗。

27日，第二十九军八十六师258团2营发起了对大担岛的攻击，在强烈的炮火掩护下，获得登陆。

28日，登上大担岛作战的部队，经过一天鏖战，全部500余人，被胡琏七十五师史恒丰营驻守的2连半兵力所歼灭，无一生还。胡琏在《金门忆旧》中记载：

战斗一日，这个被挑选而来的敢死队，包括营长包成在内，全部被歼，生俘200多，余都死伤，大部分落水溺毙。这时候的共军还不知潮汐风向力对登陆作战有重大影响，仍用人海战术，蜂拥猛扑。事实上战争一开始，我军即无法彼此通信，小金门的汪光尧师长向笔者（胡琏）报告，但见波涛汹涌，白浪滔天，大担岛上枪火照耀，通信断绝，不知详情，这是27日黎明的事，其时恰值台风进入台湾海峡，到了下午，才开始有消息，28日运回伤患及俘虏时，才明白全部真相。这是一场小战争，然而却关系着10年后"八二三"时的大场面。

在大担岛的交战中，胡琏还缴获了第十兵团制定的"海岛作战十大战术"：

一、海岛作战，一次成功，只有前进，没有后退；

二、人人有船，船船突击；

三、分散登陆，集中作战；

四、站稳脚跟，继续前进；

五、登陆突破后，要两面撕开，大胆前进、三面开花；

六、面的攻击，重点突破；

七、小群动作，孤胆作战；

八、夺取重点，巩固重点；

九、战前要谨慎小心，战时要英勇前进；

十、从坏处着想，向好处努力。

大担岛的失败,是自金门战役登陆作战失败9个月后,第十兵团仍然在不懂天气、潮汐,不知驻岛守军兵力,采取的又一次盲目登岛作战行为,致使二十九军1个加强营500人,在大担岛上再次全军覆没。

旋即,台湾国民党军"总政治部"主任蒋经国,致函、致物于史恒丰营长;稍后,亲临金门,到大担岛巡视:

极壮史恒丰营长……曾手函奖勉,并赠手表一只留念……题字勒石曰:"大胆挑大担,岛孤人不孤。"

自此,大担、二担两岛在台湾被改称为"大胆""二胆",大陆依旧沿袭旧称。

月底,解放军第二十八军举办步兵反坦克训练班,集中连以上干部根据金门岛的工事情况,进行沙盘作业,熟悉地形训练、统一战术思想。

31日,美国驻远东军总司令道格拉斯·麦克阿瑟率16名高级官员抵达台湾,次日同蒋介石举行秘密军事会谈,签订了《防卫协定》,确定了美台双方海陆空军组成联合部队,在麦克阿瑟的统一指挥下,以"共同防守"台湾的名义,来反对大陆对台湾的解放。

1950年8月

1日,罗瑞卿到青岛,粟裕鉴于自己的病情日益加重,托其带信给毛泽东:

新任务(指任东北边防司令,即"抗美援朝"事)在即,而自己病症未见好转,心中甚是焦虑,以致愈加不能定心休息。

同日,原本作为"解放台湾"主力部队的第九兵团宋时轮部,根据第三野战军的指示,协助上海市委组织"上海各界庆祝八一建军节,反对美国侵略台湾、朝鲜示威大会",并组织以第九兵团解放军为主体,并工人、农民、学生12万人的示威游行。

同日:美国麦克阿瑟离开台湾,返回驻日美军基地之时公开宣称:

余统率下之美军与中国政府(即台湾国民党政府)军队之间的有效联系,业已完成。

蒋介石则回应称:

过去二日内,吾人与麦帅举行之历次会议中,对于有关各项问题,已获一致意见。其间关于共同保卫台湾与中美军事合作之基础,已告奠定。

自此日后,美国不仅介入到国共两党之间的争斗当中,还公开直接干预中国内政,插手中国事务,直接插手、干涉海峡两岸的军事与政治问题。

3日,第二十八军八十四师251团2营6连卫生员胡清河,摆脱国民党军的控制,奇迹般从金门本岛泅渡归建回到部队,成为金门战役登陆作战失败后,唯一不是以"战俘"的方式,归建回到部队的解放军战士。

胡清河在金门战役登陆作战之前,被营长口头任命为医生助理,在登陆作战失败被俘后,约在三四月份编入金门国民党军十八军一一八师,但他抱定"死要死在海里,活要活在大陆,誓死不为国民党卖命"的想法,利用一切机会了解金门潮汐的规律,并准备漂浮器材。在轮到他负责保管连队篮球的8月3日,恰好大潮,胡清河趁着开完饭的混乱时刻,隐蔽跑到海边,借用两个篮球,经过整整12个小时的漂游,终于在厦门东南部登上大陆,被担负海防的三十一军哨兵发现。

胡清河归队后,经过保卫部门数月的甄别,被暂时保留原职级,但留党察看,停止党内一切生活。

是日,解放军第二十九军大担、二担战斗失败后的1个星期,有原"解放战士"、观察员张子玉投奔金门本岛,向胡琏投降并提供情报:

一、毛共战车第三师的炮兵12、13两团,都是机械化的一〇五口径的炮,已到金门北方海岸。

二、毛之战车第三师亦有战车1个团到泉州,随行的尚有水陆两用战车1个团。

三、毛之六管火箭炮将装于摩托船上,以备攻击我坚固工事之用。

四、毛共二十三、二十四2军即来金门当面,其第二十五军已到前线。

五、毛共将以三十一军攻金门,二十五军攻小金门。

胡琏《金门忆旧》说:

由于我(国民党军)自舟山撤退,浙东毛军可以自由活动,陈毅被任命为台湾解放军的司令员,以为人所共知。另由大二担俘虏口中得悉陈毅近期的口号是"坚决打金门,渡海攻台湾"。又俘虏文件中也有"打金门战法十条"。

此间国共两军战士的"投降"或"回归",成了隔绝的两岸一个另类的相互联系的渠道。大担、二担两岛继金门战役后作战再次失败后,让粟裕在准备实施"解放台湾"时,考虑调配更多的炮兵配置与摩托船加入作战。

4日,美国空军13航空队司令到达台湾,在台湾成立了"台湾前进指挥所",海军第7舰队成立了"海军联络部",为统一指挥在台湾的海军,美国派遣了一个"美国远东军驻台考察团"。

5日,中央军委致电高岗:

边防军各部现已集中,8月内可能没有作战任务,但应准备9月上旬能作战……叫各部于本月内完成一切准备工作,待命出动作战。

8日,毛泽东复信粟裕:

病情仍重,甚为系念。目前新任务不甚迫切,你可以安心休养,直至病愈。修养地点,如青岛合适则在青岛,如青岛不甚合适,可来北京,望酌定之。

可见此时毛泽东仍未放弃粟裕任"东北边防军司令"一职的希望，但最后是主张"抗美援朝"的彭德怀，出任了"东北边防军"即"中国人民志愿军"司令一职。

对照金门战役登陆作战之前与作战尚在进行之时的情景，粟裕在北京参加中国人民政治协商会议期间，被刘伯承称赞"粟裕将军百战百胜，是解放军最优秀的将领之一"，《人民日报》记者称他为"常胜将军"。(据《粟裕传》856页、946页："1949年9月，在全国政协会议召开期间，《人民日报》记者经刘伯承将军推荐，访问了人民解放军第三野战军参加政协会议的首席代表粟裕。9月27日记者在《人民日报》发表了一篇《中国人民政协代表访问记——常胜将军粟裕》。")在与会期间，其身影也常常是伴随于毛泽东左右，或作陪会见，或参与宴会。金门战役和"登步岛战役"的失败后，"常胜将军"提法不再。

11日，经中共中央批准，撤销第三野战军前委，组成新的华东军区党委，陈毅为第一书记，粟裕为第二书记，唐亮为第三书记，负责华东军区和第三野战军的领导工作。

同日，毛泽东致陈毅《关于华东军区工作的指示》电报：

陈毅同志，并告饶(漱石)：同意8月8日来电所述各项检讨及各项方针和办法。我们认为这些检讨及所提方针办法是正确的，是适合华东我军的情况的，望即鼓励全体同志照此执行。

台湾决定1951年不打，待1952年看情况再作决定。

金门岛可决定在1951年4月以前不打，4月以后待命再打。

军区机构是否搬上海的问题，请漱石同志考虑决定，我们认为如能实行陈毅同志每月去南京一次，或唐、张每月至华东局汇报一次的办法，不搬是可以的。撤销三野前委，组织军区党委及其人选均同意。关于部队在三年内(1951年春季开始)加强文化教育一项任务问题，最近军委有训令发出，你们收到后请根据华东我军情况考虑实施办法。

此外三野前委在6月初决定并发出同时附一信请军委给以指示的那个关于继续实行六大方针的决定，不是用电报发来的，而是用信件送来的,到7月底我们才看到,耽误一个多月之久,已经不需要答复了。我们感觉在方针政策和工作计划的报告请示方面,华东军区和中央军委的关系,比较华东局和中央的关系,其密切的程度要差一些,此点请予以研究和改正,以便不但在若干具体事件的解决方面,而且在方针政策和工作计划的解决方面(这方面是更加重要的)你们与我们之间保持更密切的联系。

《叶飞回忆录》记载此事说:

中央、毛主席……指定陈毅同志负责指挥华东全局,浙江由谭震林同志负责,福建前线指定由我负责。福建前线当时有两大任务:准备再攻金门,还要剿匪。这两个任务都很重要。如果不攻下金门,就谈不上解放台湾。如果完不成剿匪任务,后方不得安宁,社会秩序也不会稳定。

叶飞的"如果不攻下金门,就谈不上解放台湾"一语中的,将此时毛泽东对"解放台湾"的重大战略转变透露出来。

随着宋时轮第九兵团即将开赴朝鲜,原来的"可能由福建或可能由浙江""解放台湾"的实施方案,从此一刻开始,在毛泽东的心里,完全转到了"福建"和"厦门"的方向上来。这一正确战略方向的转变,使毛泽东的"攻台"方向,与历史上每一次"攻台"战略趋向了一致,真正使"统一"的国家战略,走向正轨。福建由此时开始,才真正成为毛泽东内心一个全方位"解放台湾"的前线。这一重大转变,也将影响到此后岁月里金门战役登陆作战失败后,所有延宕下来的一切作战和战争形式。

下旬,粟裕由青岛转无锡疗养。

19日,解放军第二十八军召开英模代表会。

这是第十兵团在毛泽东不打台湾、"再战金门"的任务被搁置后,为金门战役所做出的阶段性工作。自金门战役登陆作战失败后,第十兵团一直没有召开这方面的会议,其原因是金门战役登陆作战之后,没有什么大的胜仗。在叶飞和第十兵团的计划中,实乃希望在取得"再战金门"的胜利、雪耻复仇后,再行"表彰",评功授奖。但现在,毛泽东决定"金门岛可决定在1951年4月以前不打",这一拖欠已久的"英模会",也就不得不召开了。

是月,中央军委决定,将原隶属华东军区的"海军学校",改为"海军联合学校",归军委海军建制。

28日,美国远东军总司令麦克阿瑟在"美国海外作战军人协会"发表演说,明目张胆地声称:

(台湾)这个永不沉没的母舰兼供应舰,可以容纳10个到20个航空大队,包括自喷气式飞机至B—29型轰炸机各式不同的飞机,并可予短程海岸潜水艇以前方作战之供应。若取得了这个前方潜水艇基地,则短程潜水艇的效能,将因活动半径之扩大而如此地加强,以致威胁整个从南方来的海运并切断西太平洋的所有海通路……

目前在台湾有许多密集的空军和海军作战基地,它的潜力比黄海至马六甲海峡之间亚洲大陆上任何类似的集中地方都更大。如果对第二次大战中日本的设备加以积极利用,则更可以在较短时期内发展一些新的基地。

1950年9月

3日,毛泽东致电高岗:

林(彪)粟(裕)均病,两萧(萧劲光、萧华)此间有工作,暂时均不能来,几个月后则有可能,估计时间是有的。

毛泽东的"估计时间是有的"有深刻的含义,即预期林彪和粟裕两人都在"东北边防军司令"一职上的推辞"或有转变可能"。

5日,粟裕签发华东军区《关于第九兵团参加东北边防军的行动方案》。由此,宋时轮第九兵团被改变"解放台湾"的作战任务,内定为"抗美援朝"的机动兵团。其兵力的布置1个军在上海附近,1个军在嘉兴地区,1个军在常州、丹阳一线,1个军在陇海路北青浦线,兵团部位于苏州或镇江待命。

8日,毛泽东批示粟裕呈交的《关于第九兵团参加东北边防军的行动方案》:

九兵团全部可以统于10月底开赴徐济线,11月中旬开始整训。该兵团在徐济线整训期间仍归华东建制,惟装备及整训方针计划受军委直接指挥为适宜。

旋即,宋时轮奉命率部第九兵团北上山东。

中旬,第二十八军于南日岛组织八十三师进行实兵、实船、实弹演习,后因台风使演习中断。修造了大批船只,训练了水手,全军整装待发,时刻准备奉命出战。

15日,美国集中70000余人在仁川登陆。

同日,毛泽东向全国军民提出:

抗美援朝,保家卫国。

是时,第二十八军由战备练兵任务转入剿匪作战、守卫海防和参加土改任务。

29日,毛泽东在给新闻总署署长胡乔木的信中指出:

以后请注意,只说是打台湾和西藏,不说任何时间。

是月,"东北边防军"即"中国人民志愿军"司令一职已经内定由彭德怀出任,粟裕遂经上海返回南京。

1950年10月

2日,朝鲜战场上的"联合国军"越过三八线,并很快将战火燃烧至中国的鸭绿江边。

8日,中央军委主席毛泽东颁布命令:

着将东北边防军改为中国人民志愿军,迅速向朝鲜境内出动,协同朝鲜同志向侵略者作战并争取光荣的胜利。任命彭德怀同志为中国人民志愿军司令员兼政治委员。

9日,中央军委命令:

原"解放台湾"第一梯队的宋时轮第九兵团,经铁路输送,直达东北。

后又电示行动暂停。

10日,蒋介石在台湾国民党"双十节"上发表讲话,提出了台湾的基本任务:

建设台湾,反攻大陆。

"朝鲜战争"爆发后,蒋介石亦调整了军事战略目标,由完成从大陆的撤退,并准备集中全力据守台湾本岛,改变为在美国的庇护、支持下,伺机反攻大陆,完成"复国"任务。

朝鲜战争的爆发,给了蒋介石及其台湾的"中华民国"再次喘息与休养生息的巨大机会。

是时,台湾对国民党军队进行了全面整编,将台湾、澎湖、金门原有20个军的番号,缩编为12个军又6个独立师,重点建设陆军,加强登陆与空降训练。同时,将沿海武装的"东南人民反共救国军",改编为"中华反共救国军"。经过整顿之后,国民党军在福建、浙江沿海尚未解放的20多个岛屿上,部署了7万余人的兵力;其中金门、马祖两岛上,布置了正规军6万余人,提出了新的反攻大陆计划:

一年准备,两年反攻,三年扫荡,五年成功。

此际,台湾的"中华民国"政府,为那些由大陆撤退而到台湾的国民党官兵,颁发了"战士授田证",以此鼓励来台将士们的士气。此"战士授田证",即在"反攻大陆"成功后,士兵们可凭此"授田证",在各自的家乡、故土,分到土地。其内容为:

战士授田凭据。战字第××××号,国防部发。

反共抗俄战士授田,为政府既定国策,经立法院制定条例,行政院提前颁发授田凭据,程序隆重,意义重大。凡领得此项授田凭据之战士,均在反共复国战争中立下伟大功勋和劳绩,战士授田乃为政府及全国国民对有功战士崇敬之表示。

现在大陆尚未收复,故乡父老犹在水火之中,此项救国救民国策之贯彻,有待三军将士协力完成之。

此项蒋介石的"授田"之举,虽犹画饼充饥的"涂鸦儿戏",但其目的,在于激励那些溃败到台湾的大陆官兵,能够在"授田"的激励下,追随蒋介石"反攻大陆"。这亦算是蒋介石向毛泽东学习"解放战争"时期实行"土地改革"、写在纸上的一项"土地改革"政策吧。此后的几十年当中,那些由大陆来台湾的士兵们,视此若珍宝,珍藏有加。至后"反攻大陆"无望,台湾国民党亦未曾食言,给这些持有"授田证"的将士们,或多或少地给予了相应的补偿。这是后话。

27日,张震接代总参谋长聂荣臻电话:

情况紧急,第九兵团即刻行动,第三野战军务必在本月30日之前,将过冬的棉衣等物资送往第九兵团。

后因身着单衣的宋时轮第九兵团开拔迅速,后勤部队直追至东安仓,第九兵团才得以仓促补给后入朝作战。

是月,第十兵团开始整编,二十八军解除"再战金门"的任务,由全面战备练兵转入剿匪作战,军政治部主任李曼村任剿匪总指挥,八十二师随即赴闽北剿匪;撤销第二十九军,保留第八十五师建制,直属福州军区、第十兵团领导,解除253团"再战金门"的备战任务,转而到闽西连城、漳平县进行剿匪;二十九军机关部队,分别充实和转为其他兵种、部门,番号撤销,同时把厦门防务移交三十一军接管。

是月,台湾本岛和金门本岛,开始遣返金门战役登陆作战的第二批解放军被俘人员。

1950 年 11 月

4 日,第十兵团二十八军政治委员陈美藻调离该军,任山东渤海军区政治委员;副政治委员张闯初任军政治委员;李曼村任副政治委员兼政治部主任;军司令部参谋长朱云谦调离二十八军;周绍昆调任二十八军司令部参谋长。

11 日,中央军委及代总参谋长聂荣臻呈送毛泽东《对暂时放弃攻打金门任务报告》:

在目前情况下,攻打金门的任务,似宜暂时放弃,以便集中人力、物力准备应付可能发生的新情况。如同意,则应明示华东解除明年攻打金门任务,同时修建好 5 个机场妥为保护外,暂不增建。船只的修建亦暂时停止。

同日,毛泽东批复《对暂时放弃攻打金门任务报告》:

同意,但在福建的 3 个军不能减少。

15 日,第二十八军在莆田县涵江镇成立船管团。

17 日,毛泽东给叶飞等关于"剿匪土改"电令:

闽浙两省剿匪工作极为重要,特别是福建匪患必须使用四五个主力师用全力穷追猛打,限期肃清,该省成绩较他省为差,必须检讨原因。

我建议从现在起,和广泛展开土地改革工作配合(福建必须迅速实行土改),限 6 个月内剿灭一切成股土匪,责令叶飞、(张)鼎丞全力以赴,做出成绩。只要福建土匪消灭,土改完成,即令蒋介石登陆进犯,也是容易对付的。

26 日,第二十八军军部自莆田移防马尾,八十四师移驻连江,八十三师(欠 248 团)接替平潭防务;248 团赴仙游县剿匪;八十四师担负闽江口以北海防守备任务。

是月,台湾本岛和金门本岛,开始遣返金门战役登陆作战的第三批被俘人员。

1950 年 12 月

中旬，第二十八军抽调 2260 名干部战士参加土改。

是月，金门战役登陆作战的被俘人员陆续回到大陆，并相继找到自己原来的所属部队归建。246 团战士李守山，至今保存了一份几乎成为碎片的《关于在金门战役中被俘的复查处理决定》通知书，上写：

1949 年 10 月金门战役中被俘，1950 年 12 月被释放。1951 年 7 月经福建军区政治部审查，定为向敌自首，开除党籍，取消被俘前军龄。1952 年 9 月复员。

遣返回大陆的战士李树春的《金门岛战斗中被俘问题审查处理意见决定》：

1950 年 12 月经浙江军区政治部审查，定为变节自首，被开除党籍，取消被俘前军龄。1952 年 6 月复员回乡。经复查，该人在战斗失利的情况下被俘，被俘后在敌威迫情况下承认了自己的党员身份，泄露了部队番号及本连已牺牲干部 2 人等军事机密，参加脱军签名等错误活动，原定性过高，处理过重……

是年底，国民党胡琏部第十八军奉调回台湾，第十九军先由舟山撤回台湾，于此时再移防金门，下辖十八师、四十五师、一九六师；台湾"国防部"为加强金门岛战力，将独立第十三师移防马祖列岛，以封锁闽江马尾，扼守大陆海上的进出通道。

第四节
毛泽东防止国民党军进犯与蒋介石的"毋忘在莒"

1951年1月

是月,因"抗美援朝",第三野战军在东南沿海方向,转入以积极的防御行动,严防蒋介石的"反攻大陆"。

13日,毛泽东给第三野战军发电报,要求华东军区迅即拿出一个"积极防御"对策。是时,陈毅及第三野战军作出判断:

国民党军若以金门为进攻出发地,则厦门是其进攻的重点地区,大陆解放军必须坚决扼守厦门与平潭两岛,尤其在厦门周围地区要做纵深防御工事,充分准备;

蒋介石若从浙江进攻,则很可能以温州、台州或舟山为目标,尤以舟山更为重要。

14日,第三野战军将"确保厦门的作战方案"报告毛泽东:

计划以不少4个师的兵力,首先控制厦门、海澄(后与龙溪县合并为龙海县)、同安、晋江地区,迅速完成各项防御准备。

16日,毛泽东批准三野"确保厦门的作战方案"。

25日,毛泽东打电话给第三野战军:

要求在组织防御中,注意重点防守,不要分兵把口,有些地方又有意识地让其(国民党军)登陆,然后给予歼灭。

毛泽东的这种"有意识地让其登陆",意在发挥陆地作战的优势,其中反映出了毛泽东对于海战和登陆作战,仍然是心存疑虑的。

此际，台湾国民党第三次遣返金门战役登陆作战被俘人员387人（包括大担岛被俘人员）。此后，1955年、1956年又先后分批遣返了共计915名，其中副连以上113人在南京审查，其余802名分别在杭州、福州进行审查。审查的具体过程，先为形势与气节教育；自我交代和相互帮助，即相互揭发与批判；组织最后做结论等。战俘们在身心备受摧残后，凄凉地说：

被俘就等于叛徒？谁能想得通？想不通。就后悔当初没把最后一颗子弹（手榴弹）留给自己；再想不通，就只能自杀算了。

1951年2月

22日，第二十八军奉命抽调30名医务人员赴朝参战。

26日，毛泽东给第十兵团专电嘉勉第二十八军参加剿匪部队：

剿匪成绩甚大……务于3月底之前，肃清福建一切股匪……直至完全消灭匪众为止。

下旬，原二十九军保留之253团，接八十五师转福建军区、第十兵团命令：

蒋介石要登陆进犯，253团准备归建参加战斗，为金门战役登陆作战牺牲的战友报仇。

是时，蒋介石意欲用20万至30万人的兵力，攻占厦门、汕头等地，以牵制大陆解放军的"抗美援朝"行动。同时，在福建、广东沿海地带建立"反攻大陆"的前沿、前进基地。

29日，第二十八军船管团2大队4个班，在湄州莆禧海面击退小股进犯国民党军，击毙6名，俘获16名。

是月，美国与台湾"中华民国"达成协定，由美国向台湾派遣军事代表团并运送武器。

1951年3月

中旬,华东军区、第三野战军司令陈毅来厦门,组织指挥反击蒋介石的登陆进犯;命令三十一军坚守厦门;二十五、二十八军,八十五师歼灭蒋介石敢于登陆进犯之敌。

21日,第二十八军抽调2431名干部战士,组成志愿军暂编27团于4月18日赴朝参战。

1951年4月

3日,《厦门日报》第一版头条发表《华东军区兼第三野战军司令陈毅将军来省视察,巡视海防并实地考查解放金门台湾各项准备工作》:

陈司令员表示:中国人民一定要解放台湾,并正为加速完成此项准备而努力。

11日,第二十八军船管团2中队3分队,在定海歼击国民党军第2纵队独立大队,击毙3名,俘获9名。

30日,原二十九军保留之253团,俘获国民党"闽粤赣自由军"中将司令唐宗(李森),并在福州执行枪决。

是月,美国在台湾成立以蔡斯为团长的"美国军事援华顾问团",公开协助蒋介石训练军队。

1951年5月

10日,聂荣臻呈送毛泽东《在朝鲜战争结束前推迟金门之战报告》:

在朝鲜战争未结束前,夺取金门之战以推迟举行为宜。估计攻占金门须经过剧烈战斗,各项物资准备必须充分。而在朝鲜战争未结束前,两方同时供应,力量恐来不及。因此所需船只以暂不集中和补造为好,以免形成很大浪费。

从 1950 年 6 月 25 日"朝鲜战争"爆发以后解除"再战金门"的任务,至该月的 11 个月当中,有关"再打金门"的议论,时有见诸文件和报告。这一现象,说明在解放军的内部,关于到底要不要"再打金门"的话题,一直存在着两种不同的意见。

是日,毛泽东批示《在朝鲜战争结束前推迟金门之战报告》:

聂:同意你的意见。

12 日,中央军委根据毛泽东的批示,致电华东军区:

朝鲜战争未获决定性的胜利前,暂不举行攻夺金门的战役。为此现有的 500 艘机帆船仍应分地进行训练与保养外,所缺船只暂不建造。

是月,福建省提前全部肃清了土匪,消除了后顾之忧;第二十八军进行整编,重建军炮兵团(后改为炮兵训练大队),师炮兵团缩编为炮兵营。

同月,美国政府派遣庞大的军事顾问团进驻台湾,进一步帮助整编和训练台湾国民党军队,先后集训了 10000 名武装特务,准备分头潜入大陆活动,待机配合国民党军反攻大陆,并给予国民党军队可装备 20 个步兵师的武器,以及大批飞机、坦克和其他作战物资;在金门岛成立了"福建反共救国军总指挥部";在大陈岛成立了"江浙人民反共救国军总指挥部",在台湾本岛成立了"敌后工作委员会"和"大陆游击总指挥部",举办了"游击首领训练班"。

1951 年 7 月

14 日,大陆对台湾遣返的"归俘"进行教育。其目的:"为了防范国民党特务内奸打入,纯洁巩固我们的内部,故必须对释放重归人员进行较长时间的政治教育,提高思想认识水平,明确阶级立场,认清敌人,对党对人民忠实地实事求是地坦白,进行慎重的审查,分别适当的处理。"(据蒋柳清《落实被俘归来人员政策亲历记》)

七八月间,"归俘"们在经过近 10 个月的审查教育后,根据各自的不同情况、错误性质，以及对革命的"危害"程度，同时参照每个人过去的历史及功过表现，确定了处理意见，给予不同的结论。或遣回乡、或回原部队继续服役，或被集体转业复员到新疆农垦4师、内蒙古生产建设兵团等单位做安置，或被判刑投放在苏北、东北等地监狱服刑。

依照中共中央对被俘重归人员处理精神，华东野战军制定了《关于被俘重归人员的处理决定》：

一、党籍问题，经训练审查，做出结论后，交组织部按党章规定处理。

二、坚决不屈，并在敌方进行革命活动者，可分回原部原职工作，并应奖励。

三、经敌人严刑拷打，始终不屈以致残病者，按荣军待遇（发残废证、住院休养、住荣校等）。

四、未失气节、未暴露身份（干部、党员等）而积极重归者，可分回部队，但不回原部。

五、战场解放，但未进行破坏活动，回部自行坦白、报告，或训练审查中政治觉悟提高，表现较好，以及过去工作历史表现很好者（须组织或同志证明），仍可酌情补充部队，可分配后方部队后勤工作或地方工作。

六、丧失气节，接敌任务返回，在训练中坦白报告，但未进行破坏活动者，给其严格批评；受敌欺骗教育较深，一时难以彻底转变；或经过学习，问题仍未弄清而且很难弄清者，这三类人员，可分到解放中心区地方、生产等。

七、丧失气节，有破坏活动者、丧失气节接敌任务返回复有破坏活动者，均应视其情节轻重而予处分。

八、犯有杀人、告密及有严重叛变罪恶，而对我有重大危害损失者，应予判罪。

九、经敌严刑拷打而屈服，以致体弱者，给其治疗，但有破坏活动者，亦按情节轻重予以处分。

十、凡被俘重归之地方干部、民兵等，经集训审查，确无问题，表现较好和身体较强者，可仍动员分配部队工作，其他可按以上各条分别处理，并应尽可能介绍回地方处理为宜。

归俘们听到这一决定后一夜都没有合眼。大多懊恼当时不如"光荣"了好；有的人甚至想，早知会是这样，还不如留在台湾……尽管如此，大部分归俘们还是愧于"毕竟做了敌人的俘虏"，都按规定离开了训练队和招待处，或返乡，或去了强制劳改的农场……踏上了不同的路途，希望用自己的双手和百倍努力，来洗刷自己身上的"污点"，早日真正回归到组织怀抱中来。

259团2连连长冷广银，训练队结束时，被开除党籍、撤销连长职务，随即分配在华东炮兵学校任事务员。1953年复员，由县政府安排其在油坊公社供销采购站，1959年11月"反右倾"时，未犯任何错误的他，被不明不白地解雇回家务农。儿子冷华年后来才知道，父亲的错误是他在"解放金门岛的战斗中被俘过"。1983年4月18日他以此问题向中纪委写信质问、申辩。

副政治教导员唐馀鼎受到了开除党籍、开除军籍、遣返原籍的处分。1953年，经朋友介绍，他当了一名教师，虽努力工作，终因这段"俘虏"经历，在历次运动中被认作是特务而挨整，公安机关一直将其当作监控对象；工资也一直被压着，直到1980年，工资也只有43.5元，退休后打了七五折，只有33元多一点。"文化大革命"中被打成叛徒，由造反派押送回家监督劳动五年半，由于身体残废，家境拮据，25岁的女儿一字不识，22岁的儿子也谈不到对象。

253团2连副连长景仁贵受到被判处10年有期徒刑的处分，1968年刑满释放后，他孑然一身，遇到阴雨天气，全身的受伤处便疼痛难忍。一次患了重感冒，全身发烫，他很想找口水喝，无奈孤身一人，只得忍受剧痛，艰难地爬起，可爬到水缸前连一滴水都没有，这位当年叱咤风云的老汉伤心地哭了。

1951 年 8 月

是月,美国众议院外交委员会发表《9000 万美元援台方案》。

1951 年 9 月

是月,原金门战役登陆作战的 253 团 2 营副营长李金玉,被开除党籍、降职处分,转业到泰兴市北新乡近港村,于 1973 年病逝。1983 年 74 号文件下发时,李金玉子女幼小,当时经办人员到他家看人已去世,小孩又小,因而未继续核查,使李金玉的政策没有落实,一直到 1996 年 4 月,一些参加金门战役的老同志对李金玉一事十分关注,多次写信呼吁,并带李金玉之子找到时任军事法庭的蒋柳清。蒋柳清了解详情后,及时向部领导和政治部首长作了汇报,说明李金玉未落实政策的问题确系事实。经政治部首长批准,于 1996 年 5 月 8 日,以南京军区政治部的名义给江苏省军区政治部下发了《关于补办李金玉同志落实政策事的通知》,要求他们接此通知后,根据[1983]中办发 74 号文件精神,抓紧予以补办,尽快予以复查,作出结论。两个月后,李金玉的政策得以落实到位。

26 日,华东军区军法处对金门战役登陆作战的 244 团特务连副指导员、原华东三级人民英雄刘继堂判决:开除党籍、军籍,判有期徒刑 12 年!

判处金门战役登陆作战 251 团副团长、抗日战斗英雄马绍堂 5 年徒刑。

判处金门战役登陆作战 244 团政治处孙主任 5 年徒刑。

1951 年 11 月

5 日,粟裕调任中国人民解放军副总参谋长,在北京中南海居仁堂办公,粟裕自己说:"就在毛主席住所的旁边。"

第二十八军 250 团 8 连和 1 排机枪班,配合船管团 3 中队,于霞浦三沙海面,歼灭国民党军"反共救国军"第 29 纵队第 4 支队。

1951 年 12 月

7 日,国民党南海纵队参谋长黄炳炎,率 4 个纵队 500 余人进犯南日岛,解放军第二十八军 249 团侦察排,在作战中击毙国民党军 150 余人,俘获 5 人。

是年,蒋介石视察金门本岛,为太武山军营题写"毋忘在莒"四字并镌刻崖壁,意在告诫金门乃"田单复齐"基地,以做"反攻复国"之最前沿。

1952 年年初

是时,与金门隔海相望的厦门,时常遭遇来自金门的各种袭扰和来自台湾的飞机轰炸。厦门岛上的部队供给,完全靠渡船的往返,且还受到潮汐和海况气候的制约,一旦遭到金门的袭击,其增援和补给便成了巨大的问题。为了使厦门这个国防前哨成为"解放金门",以及进而"解放台湾"的前进阵地,叶飞提出在厦门与大陆之间,修造一条连接两岸的"厦门海堤",经陈毅同意,并上报中央。

1952 年 4 月

25 日,台湾本岛恢复建立起来的共产党地下组织,再次遭到破坏,主要人员被捕后,其党员约 400 人尽数被抓,原本为"解放台湾"所做的地下工作,被迫停顿,不再可能为今后的登陆作战,发挥任何作用。

1952 年 5 月

26 日,副总参谋长粟裕到福州,将八十五师改编为"解放台、澎、金、马首先登陆突破"的海军陆战队,担负北自沙埕港,南至东山岛福建沿海第一线的海防任务。

1952 年 6 月

19 日,第二十八军撤销"船管团",船管团移交给水兵师 255 团,其中629人调海军；第十兵团八十五师改编为水兵师，第253团改编为水兵第1团。

1952年7月

27日，解放军第二十八军250团团指率1营（欠3连）、2营一部，同时向西洋、浮鹰岛发起进攻，毙伤匪11人，俘匪212人。

1952年8月

秋，时任金门防卫司令的胡琏，提议筹划金门"太武山军人公墓"，以集中掩埋金门战役反登陆作战及"炮击金门"等战斗中阵亡的4500余名国民党官兵。

5日，朱绍清军长调离解放军第二十八军。

1952年10月

是月，在萧锋调离第二十八军两年后，驻守金门的胡琏采取"以大吃小"战略（其实就是解放军的"人海战术"），以金门岛为据点，四处进犯袭扰大陆多处岛屿。

11日，胡琏驻金门的国民党军第五军七十五师224团、225团，十四师41团、42团及突击大队9000余人，分乘舰艇、机帆船，在8架飞机掩护下，第三次进犯南日岛；解放军第二十八军驻南日岛的249团1连（加强连），终因力量悬殊不敌，大部壮烈牺牲。

是日傍晚后，叶飞命第二十八军247团2营奉命增援该岛，但因指挥不当，寡不敌众，牺牲了1300余人后撤回。

是役，第二十八军共毙伤国民党军800余人，俘敌21人；第二十八军遭受严重伤亡778人，被胡琏俘虏542人，叶飞再次败于胡琏。总结南日岛战斗失败的主要原因，《当代中国军队的军事工作》所作出的评判是：

轻敌麻痹。本来事前已获悉国民党军的窜犯企图，但未及时处置，情况发生后又判断错误,指挥不当,增兵数量不足,以致被各个击破。另外,船只不足,通信联络不良的大陆沿海地区缺乏机动道路,也是重要原因。

金门岛上的胡琏,自从金门战役反登陆作战获得"大捷"后,凭借着海上的优势、现代化的舰船、空中飞机的制空权,采用以攻为守的战略,屡屡进犯得手。

13日解放军再次组织反击,国民党军已全部撤退。

31日,金门成立"金门救国团"。蒋经国并将其移植到台湾本岛,改名为"反共青年救国团",蒋经国亲任主任。

1952年12月

是月,国民党军在对沿海解放军占领的岛屿采取"以大吃小"战略,多次窜犯得手后,蒋介石于本月召开的、有美国第7舰队司令参加的"战略会议"上,宣称1953年将是台湾的"反攻年"。

28日,毛泽东给华东局、华东军区等《加强防备,粉碎国民党军对福建沿海的进攻》电报:

华东局、华东军区,福建省委、福建军区,并告中南军区:

一、为了配合美军在朝鲜的作战,台湾、金门敌人有以一部兵力(据报一个军)攻我福建岛屿并向福建大陆攻占我二三个县的阴谋冒险计划。

二、我福建军区有以现有兵力(不要依赖任何外援)粉碎上述敌军进攻的任务。

三、为此必须:

甲、迅速地坚决地加强必守岛屿的防御工事,预储充分的粮弹饮水,鼓励守军做长期坚守的准备,不许再犯南日岛那样的错误,否则须予负责者以应得的处罚。

乙、预计敌攻岛屿的几种可能,决定明确的增援计划。

丙、预计敌在大陆上某些可能登陆的海岸要点，做好若干非永久的战术性的防御工事，例如最近我以一个排坚守海岸工事，赢得时间，以一个连增援，歼灭了登陆敌人百余那样。这种以排以连以营为单位的战术性的若干防御工事，是必须做的，不是要你们做大规模的和永久性的大陆海岸防御工事。而在选定必守的岛屿上则必须是永久性的和十分巩固的工事。

四、张鼎丞同志即回福建担任省委书记和省府主席，叶飞同志专任军事。在张鼎丞同志未到福州前，由他人暂行主持省委、省府工作，叶飞同志立即抽出身来全神贯注于对敌作战方面。从目前起两个月内是最关重要的时机，务必唤起福建全军及沿海要地党政及人民群众充分注意对敌斗争，不得疏忽大意，致遭不应有的损失。

你们的部署望即告。

中央军委。12 月 28 日

此后，由于朝鲜战争的爆发，金门之战成为国共两党共同对付美国"两个中国"的分裂阴谋的默契点，随之有了 1958 年之"炮击金门"。

此间，蒋介石对毛泽东的台海战略，有了一个较为清醒的认识。胡琏在《泛述古宁头之战》说：

总统蒋公曾宣示民国三十九年之毛共，放弃进犯台湾，转而参加韩战，主要是我们集中主力，形成了不战而屈敌之胜。

年底，大陆政务院（国务院前身）批准拨款 1300 亿元（旧币，折合人民币 1300 万元），修建具有"解放台湾"战略意义的"厦门海堤"，并正式下发《关于修筑厦门市高集海堤工程的决定》：

工程之具体领导……由叶飞同志负责指挥。

是年，蒋介石在金门岛开展"毋忘在莒"运动，欲再现战国"田单复齐"的故事，实现其"反攻大陆"的梦想。

第六章　惩罚与炮战

第一节
萧锋的"哀军"与大败东山岛的胡琏

1953 年 1 月

1 日,国民党在台北中山堂召开"国军"第三届"克难英雄"大会,蒋介石莅临并颁奖致辞:

一切为复国,一切为雪耻;军事第一,反攻第一。

月初,新任美国总统艾森豪威尔,解除对台湾海峡国共两党的中立立场,全力支持蒋介石。

上旬,解放军在金门岛对面的厦门云顶岩山上设置观察所,架设了 20 倍的望远镜,金门岛四周国民党军的活动,尽收眼底;炮兵有计划地炮击当面国民党军据守岛屿的行动,于是月开始;第二十八军,奉福建军区关于加强海防紧急战备的命令,全军进入紧急战备。

叶飞在回忆金门战役登陆作战之后这段时期的局势说:

厦门前线和蒋占岛屿大、小金门一直处于对峙状态。厦门和小金门的距离只有 2000 多米,我前沿阵地大、小嶝岛和大金门距离最近,不到 1000 米。蒋军以 1 个兵团的重兵防守金门。在厦门海堤未修建以前,我们也一直以 1 个军的兵力防守厦门。双方对峙,经常进行炮战。

在朝鲜停战以前,即从 1950 至 1953 年,金门蒋军的炮兵火力占优势,加上此时我空军尚未入闽,我国海军处在初建阶段,亦未入闽。因此,在这三年时间里,蒋军不断以海军袭扰福建前线沿海地区,封锁厦门港、福州马尾港;蒋军空军经常空袭厦门、福州,特别是对厦门的空袭更为频繁,已日以为常;金门蒋军自恃炮兵占优势,更经常炮击厦门,厦门全岛、包括鼓浪屿完全在金门蒋军炮兵火力的控制之下。厦门军民经常遭受蒋军炮击和蒋机轰炸,有时日夜数次,几乎成为家常便饭……

所以,福建前线和金门之间的炮战,并不是 1958 年才开始的。

16 日,第二十八军八十三师率 247 团进驻平潭岛,全师担任平潭岛、南日岛守备任务。

1953 年 2 月

13 日,金门国民党军一个加强团进犯湄州岛,解放军第二十八军八十二师 244 团、245 团奉命增援该岛,进犯的国民党军闻讯逃窜。

1953 年 3 月

3 日,福建军区榴炮第 1 团拨归第二十八军建制,编为军炮兵团,撤销军炮兵训练大队,重建 3 个师属炮兵团。全军炮兵统一序列,二十八军炮兵团和 3 个师的炮兵团,分别依次改番号为炮兵第 131、362、363、364 团。

下旬,解放军第二十八军"奉华东军区命令,我军(第二十八军)解除海岛守备任务,军部由福州新店移防莆田城,八十三师移防莆田涵江镇,八十二师移防泉州以南柴塔,八十四师移防福州新店"。

第三野战军、华东军区在绕了一个大大的弯子后,重回到了原点,将捆在第二十八军身上的"守备任务"解除了。

一个野战部队,就因为金门战役登陆作战失败,便将该军分得东南西北、拆得四分五裂。最终,经不住金门守军和胡琏的一而再、再而三的不断袭击与骚扰后,终于让这支部队回归了本来的"野战"面目。但是,这一切都晚了,第二十八军最终还是没能获得机会,报这金门战役登陆作战失败的一箭之仇。

是月,金门本岛随着大陆在角屿建立宣传广播站后,在金门官沃也建立了 1 个喊话站,其后在马山、龟山、湖井头、大担相继建立了 4 个喊话站。

同月,胡琏提议的金门"太武山军人公墓",经 8 个月的勘察设计施工后落成,散落于各处的国民党阵亡官兵骸骨开始移灵,士兵红绫裹骨,白绫为袋,墓内层架数重,尸骨系以名牌入殓;军官则独立入葬,上立官阶、姓名、部别等石碑;并设"忠烈祠",蒋介石为之撰文作纪念碑。国民党军金门战役反登陆作战的阵亡官兵们,算是入土为安了。

1953 年 4 月

15 日,中央军委任命萧锋为中国人民解放军第一坦克编练基地副司令员。

1953 年 6 月

15 日,粟裕对海军做实地调查,参观华东海军军舰、海军基地、岸炮阵地、造船厂,乘军舰出吴淞口到舟山,看了沿海岛屿并视察海军部队,并把调查情况,上报给毛泽东和中共中央,对海军建设、解放金门等,先后提出了有针对性的《对海军建设的意见》《福建情况调查报告》:

为求得海军实战锻炼,打击敌人的窜扰和支援闽、浙沿海渔民,建议华东海军应轮番派遣小队舰艇至浙、闽(派一个大队到福建沿海)沿海做游击活动,打击蒋海匪之扰乱,保护沿海治安……南海及北海舰队,亦应不时派小舰队进出海面,以求得实践锻炼……对于提高海军战斗力来说,其收获将是很大的……除铁路外,应部署港口、公路、机场的修建,为该省建设和解放金门创造条件……建议华东海军派部分舰艇南下闽省沿海,配合该地之水兵师活动,以打击海上残匪袭扰,并取得海上作战经验锻炼战力。

1953 年 7 月

是月,朝鲜停战,毛泽东在中央军委会议上说:

朝鲜停战了,我们身上的担子一下轻了很多……这两年,我们那位在台湾的蒋先生趁我们抗美援朝无暇他顾之际,仗着有"山姆大叔"撑腰,很是兴风作浪,在那里做反攻大陆的美梦哩!我们现在已经可以腾出手来了,我看该集中力量去解决台湾的问题了……从现在起,就应该就此着手准备,要长治久安,不解放台湾不行。

其时,"再战金门"以及解放东南沿海其他岛屿的问题,被毛泽东提到了桌面上。

同月,蒋介石加紧推动与美国签订《共同防御条约》。

据美国驻台湾"公使衔代办"后升为"大使"的兰金,在其所著《出使中国》一书中介绍:当时美国与蒋介石关于缔结这个条约时,是"停滞不前"的,因为在该条约当中,涉及几个难以解决的问题:

第一是领土"适用范围"的问题。换句话说,美国按照它目前已在做的那样,将负责协助台湾及澎湖的防御,可是,国民党的沿中国大陆的30多个岛屿该将怎么办?

第二是关于中华民国在将来可能收复的前领土问题……华盛顿认为在目前情况下,订立这样的条款涉及面太广……一个范围很窄并明确地以台湾地区及其附近澎湖列岛为限的条件,将会在整个东亚引起不利的政治反响……而且可能认为,这暗示了美国在承认北平政权是辽阔的中国大陆的主人敞开着大门。

《共同防御条约》首先是出于美国的东西冷战、将台湾绑在美国战车上,使其形成对大陆第一岛链的封锁需要,由此而玩弄分裂中国的阴谋。其次,该条约的签订,也凸现了美国的某些"为难"。可见这个条约的产生,乃是蒋介石为保住金门和台湾,极力希望与美国签订的。

10日前后,金门、马祖国民党军调动频繁,屡屡出动舰艇在福建近海窥探,派出飞机接连在解放军驻守的东山岛进行低空侦察。

12日至14日,厦门云顶岩观察所发现,大金门岛料罗湾停泊的舰艇和运输登陆船只突然增多,叶飞立即命令沿海岛屿各部进入一级战备状态,并令三十一军军长周志坚,如发现国民党军向平潭、南日、大嶝岛进犯,驻岛部队应坚守待援,歼灭来犯;如国民党军进犯东山岛,则按原方案进行,即守岛部队予敌杀伤后,留一个精干的营机动防御,其余人员在拂晓前撤出岛外,然后组织反击。福建、厦门一时间充满了临战的氛围。

15日,美国和台湾当局向世界公开宣称:已揭开反攻大陆的序幕。

是日晚21时,金门"防卫司令"胡琏上将乘国民党"高安"号,并两艘军舰、各型登陆艇6艘、炮艇5艘,水陆两用战车21辆,在航空兵的掩护下,与柯远芬中将、陆静澄中将、参谋长萧锐少将、第四舰队司令黄震白少将等,率第十九军四十五师(欠133团2个营)、第十八师53团和海匪第一、二突击大队等部共计13000余人,从金门岛料罗湾、水头等地出发,先驶向外海以迷惑厦门解放军,随后转向东山岛大规模进犯。

东山岛位于闽粤交界的海面,北距大陆仅有500米,全岛面积165平方公里,是福建省的一个县。1949年,国民党军从东山岛败退时,在该岛掳走了大量的当地青壮年补充兵力,造成该岛成为了著名的"寡妇村"。其时,岛上原驻有解放军水兵师第1团陆战营,胡琏获知该营于6月中旬刚调走,岛内仅有公安第80团(地方部队、负责治安)、水兵连和守岛民兵等1200余人驻守,于是乘机进犯。

16日1时,叶飞电告东山岛驻军:

此次进犯敌强我弱,为避免无谓伤亡,守岛部队可实施机动防御,于16日晨4时以前撤出东山岛,以后再寻机组织力量反击。

又电令福建军区闽中、闽南各海防部队:

立即做好战斗准备,并命令驻守八尺门渡口的水兵第1连全部登船待命。

4时45分,胡琏指挥在东山岛东南亲营与大路口之间,湖尾东侧海滩,分3个梯队,在21辆水陆两用坦克的掩护下,第一拨6000人开始抢滩登陆;同时,台湾新竹机场起飞的两个空降兵中队机群,到达东山岛北后林上空,以空降兵夺占八尺门渡口,企图阻击解放军登陆增援。

5点50分,叶飞命令驻守泉州、漳州的三十一军步兵272团、第二十八军八十二师及军榴炮团、福州军区高炮营等部队,沿线征用地方客货运输车辆运送兵员,立即南下增援东山岛。中央军委获悉金门胡琏进犯东山岛后,随即命令驻广东黄冈(今饶平)的第四十一军一二二师,急速增援,配合作战。

晋江军分区接叶飞命令后,从福厦公路沿线各县、市征集民用、商用172辆车,协同福建军区汽车营运送增援部队和支前物资。龙溪专署和军分区迅速从东山岛附近的云霄、漳浦、诏安等县,组织民兵、民工支前。支前船工束装待命,准备抢渡八尺门,运送部队进岛。

9时,胡琏部1000多人,在4架飞机狂轰滥炸的火力掩护下全部抢滩登陆成功,并建立滩头阵地;15架C—46型运输机将480名伞兵空投至该岛八尺门、后林、张家。

胡琏登陆东山岛的消息传到台湾,蒋介石马上召开祝捷大会,向全世界广播宣布:反攻大陆已揭开前奏,美方随即也宣称:这是国民党退出大陆以来的最大一次进攻。

东山岛上,敌我兵力为10比1,情况十万火急。公安80团在八尺门难于支撑,边打边向渡口后退,依靠残留的码头围墙做屏障阻击敌人。

10时30分,解放军增援部队抢渡成功,272团先头部队到达的3营抢先登上岛岸,一举攻下五九三高地,解除了国民党伞兵对八尺门的威胁。

陈毅在电话中向叶飞吼道:"哪怕拼得只剩一个人,你也得给我把八尺门保住!"

毛泽东一直守在电话机旁,随时与叶飞通话:"兵力够不够,需不需要增援? ……有什么要求? 有什么困难?"

叶飞说:"运送兵源的汽车全部用光了……"

毛泽东听了立刻光火道:"华东军区有一个汽车团,为什么不给你们福建前线?!"当即,毛泽东下令给华东军区:"你们的汽车团立即开到福州去!"

23时,胡琏重新调整进攻部署,将国民党军预备队53团投入战斗,企图在拂晓前突破解放军的3个核心阵地,在岛上站稳脚跟。

17日凌晨,驻岛的公安80团仅剩十余人后,272团终于全面接替防务,八十二师和一二二师先头团也相继渡海登上东山岛。二十八军榴炮团先头到达陈岱的7门火炮,很快转入射击。

4时,解放军第二十八军的先头团也开始渡海进岛。叶飞接报后,立即命令:不待增援部队全部到达,即向国民党军发起全面反击。

5时,解放军步兵一二二师365团向王爹山方向出击。

左翼的步兵八十二师244团,即金门战役登陆作战失败后,幸存人员重新组建的团,由原副团长宋家烈后升任团长,也开始向国民党军发起反击。

原金门战役登陆作战被损第二十九军八十五师253团,即由残存的剩余人员重新组建的团,由原253团任政治处主任张茂勋任政委,登陆后,面对昔日金门的胡琏第十九军,真可谓是"仇人见面,分外眼红",奋力拼杀,共击毙敌439人,俘敌153人。

时任守岛水兵一连,即由253团第1营第1连改编的连长王德才带领,佩戴着4年前金门战役准备裹殓烈士遗体的白布制成的胸章,与胡琏这个老冤家,再次展开了殊死的搏斗。

18时,解放军各路反击部队逼近湖尾沙滩,胡琏见状,匆忙收缩兵力,指挥残兵败将纷纷涌向海边,争先恐后夺船逃命。叶飞咬着牙命令:跟踪追击,要贴着他们的屁股追,不能便宜了这个金门战役登陆作战的老冤家胡琏!

19时许,胡琏见大势已去,登上指挥舰逃跑。未逃走的残部数百人全部被解放军俘获。是役,歼敌3379名,击毁坦克2辆,击沉小型登陆艇3艘,击落飞机2架,缴获千余冲锋枪,一批弹药及军用物资,解放军伤亡、失踪1250人。

这场仅是金门战役登陆作战规模十分之一的东山岛战役,在毛泽东的直接指挥、陈毅的严令督导下,终于变被动为主动,取得了战场上的完全胜利。

解放军登陆增援部队中的二十八军八十二师244团,二十九军253团在这场战斗中,报了金门战役登陆作战失败的一箭之仇。这也是解放军自金门战役登陆作战失败之后,打击国民党窜犯大陆取得的最大一次胜利。

战斗结束后,244团2连2排5班获得了"张学栋班"的荣誉称号。253团荣立集体二等功。

毛泽东面对这个得来不易的小小岛屿作战,高兴地说:

东山战斗不光是东山的胜利,也不光是福建的胜利,而且是全国的胜利。

又在得知守备部队的伤亡后,特意从家乡韶山,抽调1个营500余人以作补充。

此一战,亦令叶飞从此摆脱了金门战役失败的名声,二十八军和二十九参加金门战役的244团、253团,也一洗金门战役失败的耻辱。

东山岛战斗期间,粟裕正在青岛、上海、杭州等地休养。毛泽东爱憎分明,在东山岛战斗后,对叶飞与粟裕的态度,有了明显的区别。

1936年秋,粟裕与叶飞之间,曾发生过一件较为严重的"南阳事件"。是时,粟裕领导的浙西中国工农红军,在福建与失去联系4年的叶飞所领导的"闽东独立师"会合。叶飞的回忆录记载道:

粟裕同志约我到庆元南阳会面……如同小说中描写的那种场景,酒过三巡,掷杯为号,预先布置好坐在我两边的人把我抓起来……手脚被捆绑起来,背上还被撑了一根竹竿,不能动弹,就像对待土豪、叛徒一样……押解的人忙乱中向我打了一枪,打伤左腿,就把我扔下……"南阳事件"导致了闽浙边临时省委的彻底分裂……1958年有一次在上海开会时，李富春同志问我……有没有向毛主席报告，我说没有。富春同志对我说，有机会时应当报告毛主席。

至1956年秋，军委工作会议期间，陈毅听粟裕说起"南阳事件"甚为吃惊。《叶飞上将》记载此事时写道：

> 陈毅……问道：这么多年了，你向叶飞同志说明过这事没有？你应当把情况说明！当晚，粟裕便找到叶飞，在招待所叶飞的居处，细述了事件的原委。

叶飞后来在回忆录中说：

> 以后我一直没有机会向党中央和毛主席报告此事。现在我认为有责任对闽浙临时省委当时那段极不正常的党内斗争作出如实的反映。

《叶飞回忆录》是1988年11月出版发行，其时，距离粟裕逝世的1984年2月5日，已近4年10个月。

1958年8月23日，毛泽东决定"炮击金门"之时，在叶飞已经不是军事第一负责人的情况下（时任福州军区的司令为韩先楚，叶飞为福建省委书记、省政府主席兼任福州军区第一政委，主要负责地方工作），毛泽东特别指定叶飞前往北戴河，将"炮击金门"交叶飞来指挥。

17日，中央军委号召全国边防团向东山公安80团学习。新华社也广播了东山战斗胜利。嗣后，何长工还代表党中央率从朝鲜回来的文工团到东山前线慰问。国防部下令把公安80团交福建军区，改称"边防独立团"。

东山岛战斗兵力投入，由1个团演变为2个军，甚至这场小小的战斗，牵动了整个东南地区的部队调动。从兵团司令叶飞到华东军区司令陈毅，再到统帅毛泽东均直接参与指挥，这都由金门登陆作战失败而有的教训所致，没有金门战役登陆作战的失败，不会有如此程度的重视，也决不会让最高统帅毛泽东来对这样一个小小的战斗，倾注如此的心血，而在战斗中亲自为其调遣一个"汽车团"。

在参战部队的3个师里面，就有二十八军所属的一个师，即八十二师整个师和二十八军的炮兵团，金门战役登陆作战期间隶属萧锋指挥的二十九军八十五师253团。同样是这样一支队伍，条件不一样，战果不一样。

后世的某些"理论家"们，在谈及金门战役登陆作战的失败时，常有"二十八军善阻击而不善打攻坚"的论调，显见是一种凭空想象出来的臆断。我们不妨换位再来思考一下，假如金门战役登陆作战能像"东山岛战斗"一样，哪怕是粟裕在后面居中协调、叶飞能听从萧锋的一系列正确建议中的一条，并从进攻金门起渡的那一刻开始，就能够实事求是地将运粮的船只调来支援萧锋，金门战役完全可能是另外的一种结果。

但这一切都没有发生。从这个角度来说，金门战役的失败教训，给毛泽东后来采取的沿海战略和战术，提供了一个活生生的惨痛例证。这大概也可以算作是金门战役另一个方面的"功绩"吧！

"东山岛战斗"失败后的胡琏，在挨了校长蒋介石的一顿"娘稀匹"臭骂后，还连累了台湾空降兵司令被撤职。在奉阳明学派、曾文正公为圭旨的蒋介石这里，"胜败乃兵家常事"的古语，也同样成了一句说给后人听听的话而已。

"东山岛战斗"之后，金门的国民党军对大陆沿海的袭击和骚扰，有所收敛，但仍从台湾派飞机对大陆沿海不断进行轰炸和扫射。

1953年8月

17日，解放军第二十八军召开海防作战会议，传达东山岛战斗后军区对海防工作指示与要求，修改补充作战预案。军炮兵团改番号为中国人民解放军炮兵第131团；第八十二、八十三、八十四师炮兵团，改番号为中国人民解放军炮兵362团、363团、364团。

1953年10月

6日，金门岛成立"后备军人会"，规定年满18岁以上未服现役、预备役或已退役者,须应征为后备役军人,以备战时补充"作战部队",平时则作为"维护社会治安的主要力量"。

11日,毛泽东在中央军委联络部《关于美蒋签订军事协调谅解协定的报告》上,给彭德怀批示:

彭德怀同志:此件值得注意,请饬查是否确有此项包括金门、二陈(指浙江所属沿海上大陈岛与下大陈岛。)等地之协定。

1953年12月

上旬,第二十八军246团及炮兵131团4个连、炮兵362团4个连接替警8团大小嶝岛的守备任务。

5日,中央军委作战部部长张震给彭德怀、聂荣臻呈交《对金门作战建议》信:

一、大、小金门敌集中5个师担任守备,全岛工事坚固,且系蒋匪部队较强者。金门岛虽离大陆较近,利我渡海攻击,唯我准备工作保密困难,战役企图易于暴露。

二、我空军必须参战,但福建机场均系一线式而无纵深配备。如台匪空军来袭,我空军各机场互相支援,均为侧敌航行而无二线机场支援。本年度蒋匪已装备F—84喷气战斗机75架。据悉,明年可完成150架。如我战役意图暴露,估计美帝尚可能增加。如此,我一线空军与蒋匪空军相等。

三、运输量庞大,如依靠公路困难极大。例如朝鲜战场汽车运输虽日夜不停,仅能供应陆军。福建公路条件比朝鲜相差很远,困难不可想象。如能先攻下大陈后,可大部利用海上运输。

四、因上下大陈与马祖仍为蒋匪控制,我华东海军全部参战尚有困难。赶制机帆船耗费尤大,又不适宜实施两栖作战,以机帆船进攻近现代化而有工事依托的敌人,困难尤多。如先攻下大陈后,我华东海军及登陆舰艇可全部参战。

五、进攻兵力，如按主席指示原则，以3个打1个，则攻金兵力需增加至5个军……因此，牵涉部队调动颇大。尤其在朝鲜停战尚未最后决定之时，以3个军过早控制在交通不便的福建沿海，将来机动殊感困难。

六、福建雨季较多，敌轰炸机可利用云层轰炸我机场、油库、仓库，我无二线机场支援，因此空防困难亦多，甚至可能推延我进攻时间。

张震在这个"对金门作战建议"中，专门陈述了先打大陈岛的利弊：

上下大陈地区驻有国民党军第七十五军四十六师，还有一些逃亡的地主武装，共约万余人，战斗力不强。此外，尚有海军10余艘舰艇担任海面巡逻。在指挥上，胡宗南虽深得蒋介石信任，但他是一个志大才疏的人，不如金门的胡琏。而且，大陈岛距离台湾较金门为远，海陆军增援困难。如先打大陈，我陆军兵力无须做大的调整，可于现地进行攻击准备；空军战机可利用上海、嘉兴、杭州及宁波机场起飞，以较大优势配合陆军作战；我华东海军则可利用舟山基地，加以全力配合。在我部队取得攻占大陈岛的经验之后，再攻打金门岛，华东海军就可以全部参战，对我会更加有利……不利条件，主要是我起渡点及航程较金门为远，对我军行动会增加若干困难……

1954年秋或1955年春先攻下大陈，尔后再攻金门。攻金门的准备工作可同时进行，攻击时间可延至1955秋后。

16日，张震再次向彭德怀、聂荣臻提交《对金门作战建议》的补充意见：

敌人在金门已修筑了较坚固的地下工事，攻占金门想在一天或一晚解决战斗的可能性不大。如时间拖延较久，就须将台湾可能增援计算在内。再有，华东海军在上、下大陈岛未打下前不能全部参战，如制造大量机帆船不但有很大困难，而且也不合使用。作战物资所需甚巨，如第一线机场无保证,仅靠一条公路运输,困难很大。从使用兵力看,还须南下三个军。

我总觉得,金门等于下围棋的一个死子,攻击主动权在我手中,只要我准备充分,任何时候都可发起攻击。在条件尚未充分具备时,以不过急发起战斗为好……

如军委决心攻占金门,就必须创造一些必要条件,比如使华东海军能够全部参战,要有二线机场配合,还须南调3个军,使海陆空军的物资运输有足够保证等。若上述条件都具备的话,攻占金门也是完全可能的。

张震这个《对金门作战建议》,在彭德怀、聂荣臻看后,转呈毛泽东。

19日,毛泽东批示张震《对金门作战建议》:

退彭。此意见可注意。

同日,中央军委作战部副部长王尚荣提交《关于攻击金门费用概算报告》,后经刘少奇、周恩来、朱德呈毛泽东。

22日,毛泽东在《关于攻击金门费用概算报告》中,给刘少奇、周恩来、朱德、陈毅等人的批示:

刘、周、朱、彭、陈毅同志阅,请彭处理。陈毅同志意见,目前不打金门为有利,否则很被动,且无攻克的充分把握。我同意此项意见。需费近五万亿元(指人民币旧币,其时,1万元相当于人民币新币1元。),无法支出,至少1954年不应动用如此大笔经费。

是年,山东博兴县人民政府给金门战役登陆作战的244团1营1连卫生员、"三级人民英雄"赵保厚的母亲,送来了一张"失踪军人证明"和100元钱(当时的100万元旧币)。

第二节
叶飞厦门填海筑堤与"血洗台湾"

1954年1月

是月,厦门移山填海的"厦门海堤"工程,在对岸金门的不断袭击和台湾海、空军轰炸骚扰下,正式全面开始施工,为"再打金门"和"解放台湾"做战略准备。

叶飞称该工程为"在敌前施工的大工程"。提出了"提早修好海堤,支援解放台湾""多搬一块石,就是为解放台湾多出一分力"等口号。

28日,第二十八军下达了在1954年内完成对金门、马祖等国民党军所占岛屿及沿海地形、港湾、航线侦察和调查任务,八十三、八十四师组织人员对大、小金门国民党炮兵阵地、火力配系等情况,进行了详细的观察,绘制了要图。

1954年3月

12日,中央军委召开第54次会议,同意海军"关于组成练习舰队的建议",以加强海军的海上练兵,为"解放台湾"做准备。

18至20日,华东海军首次出击,在浙东沿海猫头洋进行了一场护渔战,先后出动6艘护卫舰、10艘炮舰和1个团的航空兵,在海防部队密切配合下,击伤国民党军舰艇9艘,击沉与截获帆船各1艘,击落飞机9架,击伤3架,并解放了东矶列岛。

春,德国柏林会议召开,4月至7月的日内瓦会议又签订了越南停火协议。

1954年4月至7月,中国参加了讨论印度支那问题的日内瓦会议,新中国在外交上获得了一次重大胜利。

1954年6月

1日,粟裕副总参谋长写信向毛泽东、朱德、刘少奇报告:

今晨在大陈岛以北发现大批美舰、飞机,并已转告华东:"对当面之敌严密注意监视,随时报告。如敌不向我炮击或轰炸,我军不得向其射击,以免引起冲突。如大陈蒋军乘机向我守岛部队进攻,则应坚决予以还击。"

2日毛泽东批示:处理正确,不要先向美军开炮,只取守势,尽量避免冲突。

此际,美国酝酿与蒋介石签订所谓《共同安全双边条约》,并策划组织"太平洋反共军事同盟"。同时,国民党军增兵金门,袭扰大陆沿海地区。

27日至7月21日,国民党出动舰艇14批25艘次,对大陆沿海商船进行打劫,捕捉渔船,多次迫近大陆沿海突出部。

29日,原国民党福州绥靖公署主任、福建省主席兼厦门警备司令汤恩伯,在日本东京病逝。蒋介石鉴于其在金门战役反登陆作战期间的表现,说:"他当年要是战死在上海就好了,现在只不过多活了几年。"

是月,台湾国民党军完成第一次大整编;金门的防卫除留四十五师外,其余由台湾第八军军部率二十三、三十四、六十八师和第七军之六十九师接替;金门装甲部队,由旅改为师,抽调4个战车营轮流驻守金门。

1954年7月

22日,彭德怀交办张震拟制《关于对台湾蒋匪军积极斗争的军事计划与实施步骤》。

23日,毛泽东电告在日内瓦开会的周恩来,指出:

为击破美蒋的军事和政治联合,必须向全国、全世界提出"解放台湾"的口号。我们在朝鲜停战后没有及时提出"解放台湾"的任务是不妥的,现在若还不进行此项工作,我们将犯严重的政治错误。

毛泽东这时要求突出解放台湾的任务,是根据国内外战略形势所做出的战略决策。当时朝鲜南北分裂已成定局,印度支那停战的结局又是越南南北划界分区而治,美国又企图把台湾海峡两岸的分裂局面固定化。这时突出"解放台湾"的任务,正是要从政治上打破美国分裂中国的阴谋。

根据毛泽东的建议,中央决定成立对台工作领导小组,周恩来直接领导对台湾工作。《人民日报》发表了题为《一定要解放台湾》的社论,解放军的战略重点又转向台湾海峡。

24日,毛泽东提议召开华东军区以及福建、浙江军区和上海警备区领导人会议,研究东南沿海军事行动问题。

是月,中共中央在发出的《关于解放台湾宣传方针的指示》中明确指出:在美国尚未参加战争的时候,要采取外交斗争的方法。

1954年8月

1日,朱德在"解放军建军纪念大会"上发表讲话:

中国人民一定要解放台湾。解放台湾是我国的内政,绝不容许别国干涉。

为解放台湾,使台湾人民重新回到祖国的怀抱,为祖国的完全统一和人民解放事业的彻底胜利而奋斗。

11日,针对蒋介石对沿海地区进行的不断骚扰,毛泽东批准中共中央《关于对台湾蒋匪军积极斗争的军事计划与实施步骤》。其原则为"从小到大、由北向南、逐岛进攻",批示华东军区,向参战部队下达了准备同国民党军作战的命令,并批准成立了以张爱萍为司令员兼政委的浙东前线指挥部;解放军在浙江东南部沿海向国民党军守岛部队发起了海空攻击,大规模"炮击金门"由此拉开序幕。

同日,周恩来在中央政府33次会上作外交报告:

台湾是中国神圣不可侵犯的领土,绝不容许美国侵占,也不容许交给联合国托管。解放台湾是中国的主权和内政,绝不容许他国干涉。

8月中旬,解放军第二十八军向营一级党委和营以上干部党员,传达七届四中全会精神和关于高岗、饶漱石问题。

14日,解放军第二十八军八十二师炮兵362团,师高炮营接受配合兄弟部队"炮击金门"的作战任务。

22日,为揭露美国政府和台湾国民党策划签订《共同防御条约》的阴谋,反对美国干涉中国内政,中国人民政治协商会议、中国共产党和各民主党派、人民团体,联合发表《解放台湾联合宣言》,指出:

台湾是中国的领土,中国人民一定要解放台湾。

诗人和音乐家谱写了激昂的歌曲《我们一定要解放台湾》,唱遍了整个中国大陆。

25日,叶飞接到中央军委命令:

为了打击美国帝国主义政府的侵略和制止国民党军对东南沿海的侵袭,在美蒋预谋签订《共同安全双边条约》期间,对金门国民党实施惩罚性打击。

27日,周恩来在接见朝鲜南日外相时,发表对台工作讲话:

在台湾问题上,我们总的口号是:解放台湾。但是,这要有步骤地进行,因为中国海军还未锻炼好,各方面的准备还需要时间。

此间,毛泽东对"解放台湾"是有比较清醒认识的,并适时地调整对美、对台的斗争策略,把"解放台湾"当成了一项长期的战略任务来看待。其主要的原因是,新中国成立后、特别是经过了"抗美援朝"的战争洗礼,解放军虽然有了很大的发展,但是在综合国力方面,尤其海军与空军的力量,还很薄弱,如果"解放台湾",解放军势必要飞越宽达150千米的台湾海峡,更加上美国插手台湾事务,台湾问题已经出现了复杂化、国际化的倾向。

31日,中央军委颁布下发《关于对台湾蒋匪军积极斗争的军事计划与实施步骤》。

1954年9月

3日13时50分,福建前线炮兵部队各炮群,同时向大、小金门岛发起炮击。顷刻间数千枚炮弹落在金门岛东北、西北两处突出部分的7个炮兵阵地上,金门岛周边的国民党军炮舰、拖轮各1艘,驱猎舰3艘,水上活动码头1座,均被从天而降的炮火摧毁。

世称这次"炮击金门"为"9·3炮战"。从此,金门战役以隔海作战的"炮战"形式,向后整整延续了30年。

5日,炮击停止。

是时,台湾岛内大陆将要"血洗台湾"的说法,不胫而走。炮击后,国民党军第七军十九师调金门接四十五师防务;针对毛泽东发起的"炮击金门",美国总统艾森豪威尔与台湾"国防部"官员举行会谈,美国国务卿杜勒斯在马尼拉参加讨论成立东南亚军事集团会议期间,不得不用"相当多的时间和心思"来研究金门问题,并就此与美国太平洋舰队司令斯图普商谈"金门问题"。

美国驻台湾"大使"兰金,在其出版的《出使中国》一书中说,炮击金门后,充分地感觉到与蒋介石签订《共同安全双边条约》的难处,因为国民党和蒋介石"不仅意欲保卫台澎,而且意欲保卫金门马祖"。

蒋介石"意欲保卫金门马祖"所透露出来的"一个中国"观念和思想,为后面与毛泽东在"炮击金门"上的战略意图,两人达成某种"默契",提供了可能的基础。而美蒋之间,也从此"播下后来台北和华盛顿之间争执的种子"。

毛泽东适时地利用了美蒋之间的矛盾,而有了将"金门"留给蒋介石的想法,并形成了一个"绞索"政策,以此来牵制蒋介石并未丧失的"一个中国"原则。"默契"从此在毛泽东与蒋介石两人之间产生。蒋介石欲将"金门"作为"反攻大陆"的跳板,而毛泽东则将"金门"当作美国不能否认"一个中国"的现实存在。

同日,第二十八军炮兵363团、八十二师独立高炮营,均参加了"炮击金门"的战斗,其炮击的主要对象为国民党军舰艇,时间从14时10分开始,16时停止,持续了1小时50分钟。

9日,美国国务卿杜勒斯访问台湾,逗留了5个小时,毛泽东则以"炮击金门"的方式,对杜勒斯的"访问",作了回答。美国出版的《杜勒斯传》如是说:

> 共产党人就开始从沿岸的阵地上炮轰金门。当杜勒斯返国途中在台北停留时,这次攻击之剧烈,使得美国一些战略家相信共产党有侵入台湾的意图。除了密集炮轰之外,北京电台还做出好战的威胁(指《中国人民一定要解放台湾的联合宣言》),公开宣布要夺取这个岛。

在炮战持续的十几天当中,台湾派出飞机轮番轰炸福州、厦门及前沿炮兵阵地,厦门侧翼前沿的二十八军浯屿、大嶝、小嶝炮兵阵地上,浓烟滚滚损失颇大。为此,叶飞向军委要求从北京调来八五高射炮团,部署在福州、厦门两地,不断给前来轰炸的敌机以沉重的打击。至此,台湾派飞机前来轰炸的气焰,稍有收敛。

14日,中央军委关于同意福建军区1954年9月14日呈送《再次炮击金门计划》:

> 九月三日以来,我们在炮击金门和对空作战中已取得了重大战果,为报复敌海空轰炸,根据华东军区电示精神,我们同意三十一军在本月二十日前后,选择有利目标对大小金门组织第二次集中炮击。

同日,毛泽东对《再次炮击金门计划》作出"照发"的批示。

22日,解放军第二十八军炮兵362团、八十二师独立高炮营二次继续参加"炮击金门",主要炮击金门的国民党军指挥机关、军事设施和压制国民党军炮火。从该日17时15分开始,至18时30分停止,持续了

1 小时 15 分。共击沉国民党军舰 3 艘，运输船 2 艘，击落敌机 11 架，击伤 40 架，毙伤金门岛上的驻军 1000 余人。

自此以后，以惩罚性质的"炮击金门"隔海作战，在大陆与金门、马祖之间，时紧时松，便没有停止过。

25 日，中共中央在《关于解放台湾宣传方针的指示》中指出：

解放台湾是我国的既定方针，但斗争是长期的，因为我们没有强大的海、空军，就要有时间去把它建设起来。并且，斗争是复杂的，因为这个斗争有国际和国内两个方面。对内，解放台湾是我国的内政，要采取军事斗争的方法；对外，在美国尚未参加战争的时候，要采取外交斗争的方法……除了军事斗争和外交斗争以外，还必须在宣传工作、政治工作、经济工作等方面同时加紧努力……扩大国际和平统一战线，孤立美国侵略集团，最后达到解放台湾。

26 日，国民党空军胡弘一，从台湾冈山机场驾驶 AT—6 型 200 号高级教练机一架，飞回大陆。

28 日，解放军秘密将八五高射炮团从福州调至厦门。

29 日拂晓前，八五高射炮团隐蔽进入阵地，构成了一个对空的火力网；中午，当台湾再次飞来大批飞机欲进行轰炸时，八五高射炮团突然以密集的火力射向天空，击落飞机 3 架，击伤多架，剩余的国民党飞机逃之夭夭。

从"9·3 炮击"开始后，解放军炮兵部队共击落国民党飞机 12 架，击伤 42 架，击毙的驾驶员中，有上校大队长陈康等。

30 日，美国驻台湾"大使"兰金，给美国国务院写信：

第一次大规模的炮击，这并不是偶然的。再没有比某个美国发言人出来宣布在任何情况下第 7 舰队都不会援助金门等等，会使赤色分子更为高兴的了……另一方面，正式地、公开地承担保卫所有有关的三十多个岛屿或其中任何岛屿的做法，又可能是不明智的。

兰金的这封信,充分地说明了此时此刻的美国,是要准备出面干预"金门"和"台湾"问题了。但是,面对解放军凶猛的"炮击金门",兰金内心不无纠结。因为,美国的干预,有可能引来大陆对美国开战危险的可能。为此,兰金不无感叹地又说:

如果赤色分子能够使所有的人看到美国对这些沿海岛屿不能或不愿有所作为,那么,他们就会赢得另一回合。

这一纠结,决定了"炮击金门"的过程中,美国是不敢、也不能直接参战帮助蒋介石"协助"其"安全"。

1954 年 10 月

15 日,厦门与大陆横断海峡全长 2212 米,宽 19 米的"厦门海堤",完成了填海造堤的修建任务,厦门岛从此变成了半岛。

31 日,中共中央正式通知:粟裕任中国人民解放军总参谋长。

1954 年 11 月

9 日,全国人大常委会第二次会议公布命令:任命粟裕为中国人民解放军总参谋长。

14 日,解放军第二十八军炮兵 362 团奉命炮击、压制破坏金门岛上的国民党军广播室;同日,浙江前线部队击沉国民党军"太平号"军舰。

这是解放军自组建"鱼雷艇"部队以来的首次作战胜利,并由此引发了台湾岛内的民情反应。蒋经国在岛内发起了"捐款献舰"活动,宣称"要献舰复仇"。

17 日晚,第二十八军八十四师组织人员越海侦察高嶝岛,掌握了国民党军船只航行的时间、停泊位置、风向等情况,比较准确地掌握了金门诸岛的地形和工事构筑情况,为下一步更大的"炮击金门"做好了准备。

18 日,"炮击金门"中,金门中学教员刘照、罗莎、孙效鹏及学生黄成本中弹殉难,自此,该校迁址陈坑。至 1958 年"8·23"后迁往台湾本岛,1960年大规模"炮击金门"停止后,该校在金门城郊"中正堂"复校。

1954年12月

2日,美国政府同台湾国民党当局签订《共同防御条约》,同时声明:

防御条约适用范围不及台、澎、金、马之外的沿海岛屿。

台湾与美国签订的《共同防御条约》,使美国获得在台湾、澎湖、金门等附近部署陆海空军之"权利",企图使美国在台湾和澎湖建立的军事基地合法化,并派出第7舰队5艘航空母舰、3艘巡洋舰、40艘驱逐舰组成的庞大舰队和飞机,在中国东南沿海一带进行侦察和巡逻,直接掩护和策应国民党军对大陆的骚扰破坏活动,加剧了大陆"解放台湾"的难度。

同日,总参谋长粟裕就华东作战问题,发电报给华东军区许世友副司令等:

一、我军作战行动的目的,是要有计划有步骤地解放沿海岛屿,之后继续解放台湾和澎湖列岛,以完成全国的解放。目前的作战行动,只是我军的作战步骤,不能理解为对美蒋斗争的目的。

二、攻占一江山岛或披山抑或其他岛屿,由你们据实研究决定。能争取于本月20号左右实施为最好。

三、望你们与各军首长详细研究,周密部署,充分准备,在实施攻击前不宜过早实施大的轰炸与炮击,但在真正实施攻击时须有足够的炮火准备和轰炸,以达破坏敌工事,摧毁敌守备力量。

8日,周恩来发表《关于美蒋"共同防御条约"的声明》:

《共同防御条约》根本是非法的、无效的,一切关于所谓台湾"独立国"、台湾"中立化"和"托管"台湾的主张实际上都是割裂中国领土,侵犯中国主权和干涉中国内政,都是中国人民绝对不能同意的,中国人民一定要解放台湾,完成自己祖国的完全统一。

9日,华东军区向军委上报了《关于进攻一江山岛作战计划方案》。

10日,厦门为填海所造海堤,举行正式通车典礼,让汽车和以后的火车,可以直接开进厦门,从战略上彻底解决了厦门靠海渡来进行补给、交通隔绝的状况,增强了海防和战备能力。施工期间,台湾、金门的国民党大炮、飞机轰炸、扫射不断阻挠,先后遇难的施工人员有150多人。

11日,毛泽东批示华东军区12月9日上报的《关于进攻一江山岛作战计划方案》:

彭德怀、粟裕同志:因美军正在浙东海面做大演习,攻击一江山岛时机目前是否适宜,请加考虑……彭德怀和粟裕……认为目前可以打这一仗。

12日,张震给粟裕和陈赓写报告,对渡海登陆作战所需船只提出3个方案:

建议速下决心,努力解决渡海登陆作战之必需,否则解放沿海岛屿的作战计划即须推迟,而推迟作战计划是不利的,特别在美蒋条约签订后,明年不打二三个小岛显为示弱,更易助长敌人凶焰。

21日,为确保一江山登陆作战的胜利,华东军区命令张爱萍部署空军对上、下大陈岛进行了连续20天的轰炸,华东空军共出动轰炸机26架次,强击机46架次,歼击机70架次,轰炸大陈岛5次,至次年1月10日结束。

是月,彭德怀在叶飞的陪同下,首次来福建、厦门视察,汽车从"厦门海堤"疾驰而过,专门研究了"解放金门"的问题。彭德怀认为:

解放金门,只是解决局部问题,最后是解放台湾。

《叶飞回忆录》说:

彭德怀同志于1954年来福建前线视察,这是他第一次到福建前线……在福州只住了三天,听取军区关于福建前线情况的汇报后,立即驱车前往厦门前线,由我陪同。他到厦门,是专门为了研究解放金门的问题。他听了我们关于解放金门的准备工作汇报,特地亲自登上厦门云顶岩指挥所,对金门进行仔细的观察。就在这次视察中,彭德怀同志指示要做好解放金门的准备,决定准备空军入闽,并为此而决定抢修鹰厦铁路,修建福建前线足够使用的空军机场。

彭德怀视察结束后,做了两个决定:一是:决定调铁道兵团入闽,一两年时间,抢修鹰(潭)厦(门)铁路;一是:修筑飞机场,准备飞机入闽。

叶飞在回忆录中说:

彭德怀同志回国后担任国防部长,主持军委工作,他对解放金门、马祖,从而解放台湾,是积极的。

以"朝鲜战争"停战以后,彭德怀胜利回国的背景,彭德怀是最积极主张"解放金门""解放台湾"的。这决定了1958年8月的"炮击金门",是由彭德怀和他关系密切的黄克诚来指挥这场隔海作战的。

对毛泽东"炮击金门"的策略思想的了解过程,叶飞在回忆录中说:

1958年炮击金门战斗的后期,一切条件都已经具备,并且都已经成熟了,我们都认为炮击金门的下一步文章,也是最后一步的文章,就是实施登陆,解放金门了。哪知道……解放金门一时就此搁下,再也不提了。当时我们很不理解,以后毛主席提出"绞索政策",我们才明白了。

是年,台湾召开"战争胜利的检讨会",在"金门大捷"中有突出表现的李良荣与所属部下,始终未对"战功"发表一语。国民党"国防部"评赞其"统一指挥,灵活运用兵力,而其清高风范绝对服从之军人本色,尤为令人钦佩"。胡琏在呈台湾"国防部"部长俞大维的报告中,高度推崇说:"李将军推功让名高风亮节,琏以为勿忘李将军也。"

在大陆一败涂地的国民党将领们,在金门战役期间表现出来的"协同",胡琏在《泛述古宁头之战》一文中,以"师克在和"为题,作了多方的表述。

第三节
海陆空联战一江山与"和平解放台湾"原则

1955年1月

1日,华东部队开始执行解放东南沿海岛屿的计划;国民党军对福州、汕头等地进行持续不断的狂轰滥炸。

10日,6时30分,浙江沿海海面风速每秒达15米,国民党军舰都在大陈岛港内避风,华东空军及时派出飞机,对大陈岛港内停泊的国民党军舰实施了连续的轰炸。

至下午16时43分结束,共出动各型飞机130架次,击伤、击坏国民党军舰4艘,击沉坦克登陆舰"中权号"。

是日夜,华东海军鱼雷快艇,又在大陈岛西南,击沉国民党军"洞庭号"炮舰。自此,国民党海军舰艇不再进入大陈岛海域。

11日,总参谋部向华东军区发出指示:

> 应选择闽浙沿海若干国民党军所占岛屿为攻击目标,集中力量先攻占设防薄弱又距海岸较近之小岛,取得经验,并继续实施确有把握的攻击。粟裕随即领导总参部署了解放浙东沿海敌占岛屿的作战行动。

由此,华东军区首先确定了攻击的目标,为浙江沿海大陈岛西北10公里处的一江山岛。

16日,总参谋部复电浙东前指:

> 同意18日开始攻击一江山岛,并指出必须充分准备,要在气象良好确有把握时进行,攻击时间可自行选择。

18日8时,由华东军区参谋长张爱萍统一指挥,以"杀鸡要用牛刀"为指导思想,发起了陆、海、空三军攻占"一江山岛"的攻击。

是日,解放军3个空军轰炸机大队60架伊尔28型轰炸机在2个强击机大队掩护下,将120余吨炸药投在这个小岛上;数百门各式海岸远程大炮,同时将1.2万发炮弹倾泻在岛上;海军2艘驱逐舰和4艘巡逻舰,迅速封锁了一江山与大陈岛之间的海域,并以猛烈的火力网,将国民党驰援的军舰,阻隔在数海里之外;近百艘登陆舰船迅速向预定的海域集结,等待登陆的命令。

14时,解放军登陆部队分3个方向开始登陆。

17时30分,解放军登陆部队全部登陆成功,共击毙国民党军519人,俘虏567人,缴获火炮20多门;国民党军"一江山岛"指挥官王生明自感守土不力,引手榴弹自尽;粟裕指示登岛部队加强防空,构筑工事,挖坑道,疏散隐蔽船只和器材,防备国民党海空军反扑;把过去国民党遗留在江苏、浙江沿海的活动碉堡运去使用;派部队搜索并占领百夹山。

攻打"一江山岛"与金门战役登陆作战,其指挥、备战情况,在战前与战中,完全不可同日而语。是役,上自毛泽东,下至前指乃至整个登陆作战的兵力部署,无不体现了毛泽东的"绝对优势兵力"思想,其胜利也属必然。

19日2时前,战役全部结束。

是役的胜利,为解放军陆海空三军首次实施联合岛屿登陆作战,积累了胜利的初步经验。这个"经验"的获得,是在接受了金门战役登陆作战失败的基础上,加强了海军、空军的配合,以"绝对的优势兵力"作战才获得的。

下旬,美国众、参两院通过了所谓的《福摩萨决议》,授权美国总统可在台湾海峡使用武力,明目张胆地阻挠大陆解放台湾等岛屿的军事行动。

24日,周恩来发表《关于美国政府干涉中国人民解放台湾的声明》:

中国人民一定要解放台湾。美国必须停止对中国内政的干涉,美国的一切武装力量必须从台湾和台湾海峡撤走。

27日,为加强解放军空军部队的战斗锻炼和为解放金门、台湾创造条件,粟裕建议仍在漳州、晋江(青阳)、汕头修建二级机场,同时整修福州旧机场;抢修鹰厦铁路,全线铺开,限期两年完成;并于是年将铁道兵开进福建。

从是年至1957年,福建省共修建了7个飞机场,数量之多,占全国之首。这一切,都是在为"解放台湾"做准备。

1955年2月

2日,国民党军准备撤出大陆沿海,并通过美国与苏联沟通,由苏联外交部长莫洛托夫向中国转达,希望中国共产党在国民党军撤退时不要加以攻击。毛泽东从避免中美发生直接军事冲突的角度考虑,专门下达指示:

蒋军从大陈岛撤退时,我军不要向港口及靠近港口一带射击,让敌人安全撤走。

由此,解放军加紧了对浙江沿海南端的南麂岛国民党军的围困;美国通知国民党和蒋介石:美军将不协助守卫南麂岛。无奈中,蒋介石只能将国民党军在三天之内,撤出南麂岛。

这是美国在玩"台湾独立"把戏之前的序曲。这一举措,让毛泽东警觉起来,由此而产生了后面让"金门"留在蒋介石手中的战略思考。毛泽东与蒋介石共同具有的"一个中国"的根深蒂固的观念,是至今海峡两岸"一个中国"各自表述的基石,也是台湾至今对"独立"多有忌惮的根本。

7日,蒋介石在台湾就大陈岛撤退,发表《告海内外同胞书》:

我大陈军民,团结一致,共同生死,坚守该岛已有五年余,唯该岛孤悬于台湾基地有250海里之外,以今日军事形势而言,其对我反攻基地台湾的防卫上，实已失去战略价值。故我政府经与美国协商后，决定将大陈之驻军重新部署，转移兵力，以增加我台澎及外围之防务……

此次国军撤离大陈，在军事战略上自认为甚少遗憾，唯最为我政府关切者，就是大陈17000余民众……我政府对于此等不惜破家荡产，义无反顾之同胞……皆限于军队一律予以提前运送，并负责予以生活之安顿。此次我驻军及人民撤离大陈计划执行之时，美政府乃予我周到之协助与切实之掩护，殊是铭感……

大陆、台湾都是中国的领土，中华民国不容分裂，台湾是中国的领土，曲解台湾的地位是别有用心的，"两个中国"的主张是荒谬绝伦的。

8日至11日，在美国第7舰队的掩护下，国民党撤离上、下大陈岛，将大陈、披山、北麂山、南麂山军民，用船运撤退至台湾本岛。撤退之时，大陈镇被国民党军夷为平地，蒋经国亲往督导撤退，民众有组织、有纪律地排队前往运输舰，并由蒋经国在全部撤退前，举行了降"国旗"的仪式。至此，国民党军大陆沿海所占领的岛屿，仅剩金门和马祖。

10日，蒋经国在大陈岛上主持最后一次升旗仪式说：

不要难过，不要失望，此刻我们要下决心打回来！

随后，带领着其余随侍，走遍了大陈镇的街道，恋恋不舍地回到海边，乘船回台湾去了。

11日，国务院决定撤销华东军区，解放军第二十八军整编，隶属南京军区。

25日，南麂岛国民党军撤逃，浙江沿海岛屿全部解放。从此时起，华东沿海的对敌军事斗争重心转移到了福建方向，粟裕关注的重点也随着南移到了福建沿海。

粟裕在这里透露了一个重要信息，即"解放台湾"的战略与战术计划，在金门战役之前，其登陆作战的计划，是以宋时轮第九兵团的浙江沿海，为进攻台湾的起航出发点，并未将金门、厦门这条传统的进攻路线，来作为"解放台湾"的起航出发点。这一点，在军委副主席张震为

《回顾金门登陆战》所作"序"中,予以了明确的说明:

粟裕同志全力与九兵团研究解放台湾问题。

是否正是因为这一原因,才有了之前对金门战役登陆作战计划的疏漏?最终使他真正认识到这是一条走不通的海路标志性事件,则是蒋介石对浙江沿海的主动撤退。即真正让粟裕了解到只有"厦门、金门"的传统进攻海路,才是"解放台湾"的正确路径,也是由国民党蒋介石的"大陈岛撤退"引起的。故粟裕在自己的回忆录中,才会说:

华东沿海的对敌军事斗争重心转移到了福建方向,关注的重点也随着南移到了福建沿海。

月底,毛泽东考虑到新中国进行的经济建设,以及国际形势、台湾形势的变化,决定采取缓和台海紧张局势的措施。

同月,在大陈岛国民党军撤退不久,蒋介石偕夫人宋美龄赴金门视察,安慰由大陈岛"转进"的官兵,表示誓死保卫金、马。

是月,金门战役登陆失败的246团排级干部张怀义,复员回乡,受到的处分是:不承认党籍,不承认被俘前的军籍。

1955年3月

3日,粟裕继续研究华东沿海岛屿作战问题:

形势要求我们加速行动,应先打马祖为宜。打了之后,金门跑了也好。具体部署及指挥问题,福建军区无能为力,应从华东军区及总参派人共同负责指挥之。

5日,毛泽东回复当时任苏联驻中国大使尤金所转赫鲁晓夫《关于解放台湾及金门》的电报:

尼·谢·赫鲁晓夫同志:您经由尤金同志转来的电报,已于2月28日收到了。我们同意苏共中央的意见,即现在就台湾和其他中国岛屿地区的局势问题更详尽地交换意见,并共同确定一个大致的行动计划,是适时的。我们也同意您来电中提出的关于实施解放台湾任务的基本方针。

目前在中国沿海岛屿地区的军事情况是:蒋介石军队已经从中国浙江省沿海各岛屿全部撤退,留下的尚有福建省的马祖和金门诸岛共13个岛屿。在马祖诸岛上,现有蒋介石军队4000人,在金门诸岛上,有51000人,连其他小岛在内,总共约有6万余人。

为了有把握地进行解放马祖和金门诸岛的军事行动,我们正在积极修建福建省的军用公路和机场。这些准备工作,大致需要半年至一年才能完成。从江西省鹰潭连接到福建省厦门的铁路约需要三年到四年工夫才能修通。

我们认为,即使夺取马祖和金门的准备工作做好,是否就发起军事行动,也还要看当时美国军队在沿海岛屿地区的具体情况再定。马祖方面敌人兵力小,防御力量弱,金门方面敌人兵力稍多,但逼近大陆。目前在台湾海峡靠近沿海岛屿地区,美国想长期维持一个包括数艘航空母舰的庞大舰队是很困难的。美国又很难以自己的地面部队代替蒋介石军队防守马祖和金门。

从这种军事形势看来,在中国沿海岛屿地区保持紧张的局面,对敌人不利,而对我们有利,因为敌人不知道我们将在何时何地打击他们,较大的主动操在我们手里。如果沿海岛屿被我们以军事行动夺回,或者敌人主动撤走,或者经过国际谈判撤走,这当然对我们是有利的。但在我们面前将是台湾海峡,我们自己知道,在美国军事力量留在那里的时候,我们是不会发动解放台湾和澎湖列岛的军事行动的。这样,在沿海岛屿问题解决以后,台湾地区的紧张局势将自然地和缓下来,关于台湾问题,也就很难谈判出什么结果了。正是因为我们目前尚未发起解放马祖和金门的军事行动,而台湾和沿海岛屿地区的局势一直在紧张,这才使得美国特别急于要英国替它试探,看看有无如艾登(艾登,当时任英国首相)所说的"和平解决"的可能。

艾登 2 月 28 日来信的重点,是问我们是否愿意"私下地或公开地声明""不准备用武力来达到"我们的要求。艾登想以我们的保证交换蒋介石军队自沿海岛屿撤退。当我们在 3 月 1 日回信中阐明立场后,艾登觉得双方之间还没有进行讨论的共同基础。于是,艾登决定不来北京会晤。但是,紧张局势将会继续下去。我们估计,英国仍然会对此事继续进行活动的。

美国想要我们答应不以武力解放台湾和沿海岛屿,来交换沿海岛屿的撤退,从而在事实上承认美国对台湾的霸占,并在事实上造成"两个中国"的形势。

印度不承认"两个中国",认为台湾主权属于中国,蒋介石军队应从沿海岛屿撤退,台湾和澎湖列岛问题经过谈判寻求和平解决的途径。

英国摇摆于美国同印度之间,但基本上靠近美国。

根据上述分析,我们觉得,利用印度压英国使美国让步,较之英国和美国企图把对台湾问题的解决控制在它们自己手里要对我们有利些。

我们设想,在亚非会议期间,我们将有可能同印度、缅甸、印度尼西亚做更多的接触,利用同这三国主要是印度的接触和会谈去创造解决台湾地区局势问题的机会,也许对我们有利。这样做法,当然并不排斥同英国接触,特别是苏联同英国的接触,而主要是使解决沿海岛屿的问题同苏联政府建议举行的十国会议联系起来。我们认为,为了促成十国会议,需要在一个相当长的时期内多方面地进行外交活动。

解放台湾应该分两个步骤:第一步是解放沿海岛屿,第二步(可能需要很长的时间)是解放台湾本岛。解放台湾是中国的内政,因为美国武装干涉中国解放台湾,造成台湾地区的危险局势,所以才需要同美国进行谈判,要求它放弃干涉和撤离台湾和台湾海峡。

我们认为迫使美蒋势力从马祖金门等沿海岛屿撤退,对我们将是一项很大的胜利。利用美蒋感到威胁而经过国际会议首先取得这些岛屿,也许是可能的。这种国际会议除了坚决不能让蒋介石参加外,最好不要同联合国有任何联系,如果在外交谈判发展到某个阶段,苏联很难避免同印度、英国一起接受联合国的委托,进行斡旋,也要使联合国仅仅委托调解,此外不再过问,尤其是不要给联合国以过问台湾问题的任何机会。

此外,因为我们在国际会议以前和在国际会议上坚决不能同意美、英国人用沿海岛屿交换台湾澎湖造成"两个中国"的要求,这种情况可能使国际会议要经过许多曲折才能开成,而这一点我们是不能让步的。即是说,我们宁可让美国人在一个时期内事实上占领台湾而不去进攻台湾,但不能承认美国的占领合法化,不能放弃解放台湾的口号,不能承认"两个中国"。如果美国人满足这种状态,也许它愿意让出沿海岛屿,以换得一个不合法的暂时的安定状态。谨致,共产主义的敬礼!

毛泽东。1955 年 3 月 5 日

毛泽东在这封电报中,已经开始形成了某种"和平解放台湾"的构想,但尚属不成熟的阶段,后在全国人大常委会上,毛泽东让周恩来首次提出了"中国人民愿意在可能的条件下,采取和平的方式解决祖国统一问题",这一主张的提出,标志着毛泽东对"解放台湾"的方式和政策,有了重大的调整。

同日,粟裕向中央军委上报了《关于攻打金门、马祖的设想》报告:

打金门作战规模较大,必须有较长时间的准备……我们意见先打马祖,然后打金门。

7 日《人民日报》以社论的形式,将毛泽东构想中的"和平解放台湾"思想透露出来,希望召开有关会议,来讨论缓和台湾地区的紧张局势等诸问题。

9 日,彭德怀批示《关于攻打金门、马祖的设想》:"同意先打马祖。"

12 日,粟裕听取福建军区副政委刘培善汇报修机场、作战、运输及组织机构等问题,并向中央提出了准备"解放台湾"所需的条件:

1956年底以前建500艘登陆艇……需900台主机……从英国方面先订200台……批准仿某型登陆艇1艘。

14日,毛泽东指示国防部长彭德怀:

马祖及其任何岛屿的敌人撤走时,我仍应让其撤走,不要加以任何攻击或障碍。

是月,前国民党东北"剿总"司令卫立煌,自香港回到广州,并发表《告台湾袍泽书》,希望在台湾的亲朋好友,以回归大陆为早日觉悟。

1955年4月

23日,周恩来总理兼外长在印度尼西亚万隆出席亚非会议期间,遵循毛泽东的意志,在八国代表团团长会议上发表声明:

中国人民同美国人民是友好的。中国人民不要同美国打仗。中国政府愿意同美国政府坐下来谈判,讨论和缓远东紧张局势问题,特别是和缓台湾地区紧张局势问题。

周恩来表明的这一公开主张,充分说明了毛泽东和中央在"解放台湾"问题上的新思路,是一个从"武力解放"转向"和平解放"的历史性标志事件,并希望中国和美国两国的驻捷克大使,在日内瓦举行大使级会谈。为达成此一目的,缓和中美之间的紧张关系,中国有关单位遵照毛泽东的指示,特意释放了4名在押的美国飞行员,又提前释放了11名在押的美国间谍。由此,美国与中国在日内瓦进行了大使级会谈。

对于日内瓦中美之间的谈判,美国驻台湾的"大使"兰金说,此举引来:

台湾的中国政府,对日内瓦的这几次会议"忧心忡忡"并因继续不断的会谈,仍旧是反复引起摩擦和猜疑的根源。

尽管如此,在"台湾问题"上,毛泽东与美国、毛泽东与台湾的蒋介石,在"解放台湾"的这一问题上,由于毛泽东"和平解放"主张的提出,使三方在"台湾问题"上,进入了一种新的"斗争"阶段。

是月,周恩来在访问缅甸期间,与缅甸总理吴努会谈时说:

如果美军撤军,我们可能用和平的方式解放台湾,如蒋介石接受,我们欢迎他派代表来北京谈判……只要蒋介石同意中国的和平与统一,同意和平解放台湾,并且派代表来北京谈判,我们相信即使蒋介石本人,中国人民也可以宽恕。

是月,美国总统艾森豪威尔遣密使前往台湾,当面劝说蒋介石从大陆沿海诸岛撤军,蒋介石闻此,勃然大怒道:

放弃沿海岛屿,就是污辱祖坟!为保卫金门和马祖,台湾将战至最后一人。

1955年5月

12日,粟裕向中央军委报告:

福建地区新建机场将于6月底竣工,为配合外交斗争,保护浙闽沿海航线的安全,防止和打击敌机对福建沿海主要城市的空袭,并为解放金门、马祖创造条件,当上述基地竣工后,我即应进驻部队。

同时,粟裕将上述情况报告彭德怀,彭面示:

进驻福建空军以7月中旬4大国首脑会议前后再去为宜。

26日,毛泽东在同印度尼西亚总理阿里·沙斯特罗阿米佐约谈话时说:

朝鲜战争和印度支那战争最后都是用谈判解决的,台湾问题也可以用谈判解决。我们已经在万隆会议表明了这一点,可以用这一点去说服西方国家。

31日,周恩来在第一届全国人大常委会第15次扩大会议上,明确宣布：

中国人民解放台湾有两种可能的方式，即战争的方式和和平的方式。中国人民愿意在可能的条件下，争取用和平的方式解放台湾。

毛泽东这一"和平解放台湾"主张的公开，在世界范围内引起了强烈的反响，且一致认为，这是中共"解放台湾"政策的重大风向标。

是月，金门岛国民党驻军以原保密局联络站为基础，与内湖金门联络部、大陆工作处闽南工作处合并，成立了"谍报站"，该站代号：1602，驻金门湖前。

是月，原解放军第二十八军八十四师251团2营6连卫生员被俘人员胡清河，复员回到老家山东陵县边临区卫生院工作。"文革"期间，胡清河被打成叛徒、特务、反革命，开除公职。

1955年6月

6月11日，毛泽东在杭州南巡期间，空军司令刘亚楼前往看望，并将空军转场即将准备入闽的事情作了汇报。毛泽东听后当即发火道：

这么大的问题，为什么中央还未讨论就决定了？谁决定的？

在"空军转场入闽"这一问题上，粟裕与毛泽东、周恩来总理5月份先后发表的"和平解放台湾"战略主张，以及正在谋求的"和平解放台湾"战略构想背道而驰。显然，作为总参谋长的粟裕，缺乏对这一重大决策变化的敏感。

1955年7月

30日，周恩来在全国人大一届二次会议上说：

只要美国不干涉中国的内政，和平解放台湾的可能性将会继续增长，中国政府愿意和台湾地方负责当局协商和平解放台湾的具体步骤。任何"两个中国"的想法和做法，都是中国人民坚决反对的。

但是,"地方负责当局"的提法和观念,对于仍然是"中华民国"总统的蒋介石来说,在他的观念深处,这当然是既不"平等"也不"公正"的。这或许是后来大陆的共产党人,一再提倡与现台湾国民党当局以"平等"的方式来进行对话的重要原因。

是月,金门岛增防国民党军第八十一师及高炮第71团。至此,金门驻军计有1个军部、6个步兵师,兵力达76000人。

台湾的"无动于衷"与增兵驻防,都说明了这一期间,台湾的蒋介石对毛泽东的"和平解放台湾"倡导,不会有任何回应。以其后来一以贯之的"反攻大陆"举措来讨论,很显然,蒋介石的"统一"观念,是完全建立在以"台湾统一大陆"上的。正因为如此,才会有至今在金门面向厦门的一面,一直竖立有"三民主义,统一中国"的大宣传牌。

1955年8月

15日,驻守在金门岛的国民党军"搜索突击队"30余人,在解放军第二十八军辖区的晋江县榕霞至淄江之间登陆,被解放军守备人员发现,击毙其少校以下十余人,其余逃回金门。

1955年9月

1日至25日,国防部长彭德怀带领黄克诚、许光达、陈士榘、谭家述等到沿海各军区检查工作,视察部队,勘察地形。先后到了济南、福州、广州等军区,各军区以比较高的规格热情接待,吃、住都很高档。特别是福州军区,在彭德怀到达的当天,军区给他们安排了高级住所,餐桌上摆了一些名菜。一向节俭的彭德怀见此,很严厉地批评了司令员叶飞,让叶飞等军区领导很尴尬。

27日,北京中南海怀仁堂授衔仪式上,陈毅被授予元帅,粟裕被授予大将,位列10位大将之首。

对于粟裕仅授衔"大将"的议论,曾在党内外、军内外掀起过不小的波澜。毛泽东说:"论功、论历、论才、论德,粟裕可以领元帅衔。在解放战争中,谁不晓得华东粟裕啊?"

刘伯承说:"粟裕是常胜将军。"

陈毅说:"粟裕出兵愈出愈奇,打仗愈打愈妙。"

林彪说:"粟裕打的仗,我都不敢下决心……尽打神仙仗。"

林彪对粟裕军事战术的这句经典评价,尽管在军内外有两种完全不一的"褒"与"贬"的不同理解,但是"淮海战役"中粟裕的表现,是军内外对这位"共和国第一名将""中国战神"和"世界名将"未能评上"元帅"而生议论的主要原因,不少人认为粟裕"授大将军衔……他战功很大,评大将低了,应该授元帅"。著名民主人士邵力子说:"粟裕的军衔评低了!"

黄炎培在1955年9月28日应邀参加元帅授衔典礼后,对人说:"粟裕总参谋长过去打过多次大胜仗,是可以当元帅的。"

是月,叶飞授上将,宋时轮授上将,萧锋仅被授予大校。

1955年解放军评定授衔的原则是:

资历、威望、战功,是当时授衔的主要依据。

中央政治局考虑元帅、大将,中央军委考虑上将至少将军衔,考虑好以后报到中央去批……上将至少将的授衔问题,军委确定了一个原则:正兵团,原则上评上将,个别的可评中将或大将;副兵团,原则上评中将,有少数可评上将,个别的评少将;准兵团,有的可评中将,有的可评少将,极个别的可评上将;正军级到准军级,原则上评少将,有少数可评中将,也有少数可评大校;正师级,原则上评大校,老红军、有战功的,个别的也可评少将。(鞠开《在跟随粟裕的日子里》)

萧锋在"淮海战役"期间,是华野宋时轮麾下第十纵队副司令,第三野战军第二十八军"代军长""副军长""军参谋长";"中央红军""第一方面军""第一军团"时期的"老红军",不仅资历老,更屡立赫赫战功,无论如何应当授予"中将"或"少将"。

其时,与萧锋相距有软性"一档"(代军长)和硬性"两档"(准军、副

军)之差的属下授衔情况是:

二十八军政治部主任李曼村授予少将;

八十二师政委王若杰授予少将;

八十二师副政委龙飞虎授予少将;

八十五师师长兼政委朱云谦授予少将。

在金门战役登陆作战失败这一问题上,毛泽东对叶飞可谓是网开一面,但在萧锋身上,他老人家不是原谅的问题,而是在"拿自己的人开刀"(萧锋在金门战役登陆作战失败中的过错,远比叶飞要小得多,这一点毛泽东心知肚明。如果不是这样,也就不可能会在1961年亲自批准萧锋晋升少将),其意在于用萧锋这个金门战役登陆作战的当事人,来警示后面在"解放台湾"时再次出现类似的问题。萧锋在1955年仅被授予大校,用一句北京人的俗话来说,就是整个金门战役登陆作战失败的"瓜落",让萧锋一个人吃了!

换言之,毛泽东选择了在井冈山追随自己、熟悉并一直喜爱的"老表"悍将萧锋,来作为承担金门战役登陆作战失败的终结者。这件事情上,毛泽东不是没有"原谅"萧锋,而是只能让"自己人"萧锋来全部承担这一切。因为毛泽东知道,"冤枉"萧锋,比处理任何人都稳当、都可靠、都不会产生任何负面的后果。毛泽东一辈子读的《资治通鉴》,给予了他老人家足够的政治智慧和政治手腕。

1955年10月

29日,粟裕去旅大(今大连)协助叶剑英,具体实施组织、指导辽东半岛抗登陆战役演习。

31日,金门本岛在塔后村建无线电台"光华之声",专用以进行"反攻大陆"的宣传。

是月,蒋介石在国民党七届六中全会上宣称:

坚守立场,固守金门、马祖,以确保台湾的"反攻大陆"基础。

1955 年 11 月

13 日至 14 日,解放军海军举行组建海军以来最大规模的"辽东半岛抗登陆战役演习",叶剑英元帅任总导演,粟裕、陈赓、邓华、甘泗淇、萧克任副总导演。参加演习的有陆、海、空军师以上指挥机关 18 个,部队 68000 余人。

是年,美国采取"放蒋出笼"政策,蒋介石展开了更为具体的"反攻大陆"计划,锁定福建、广东登陆作战地点,研究以金门、马祖为阵地,于厦门与福州两地进行自主反攻;

蒋介石于此间宣称:

无金马,便无台澎;有台澎,便有大陆。

蒋经国为此替蒋介石多次往返于台湾与金门外海、马祖等地之间巡视。

台湾报刊论述金门的战略地位:

其重要性一如欧洲之西柏林,金门在中华民国之手,而且控制厦门港之进出,正如一瓶塞,塞住了共匪的侵略。

是月,金门本岛在料罗湾港口,兴建防波堤及码头。

1956 年 1 月

18 日,中国外交部声明重申:

中国政府愿在可能的条件下和平解放台湾,但此事是中国内政,不能成为中美和谈的题目。

25 日,毛泽东在第六次最高国务会议上提出:

古人有言,不咎既往。只要现在爱国,国内国外一切可以团结的人都团结起来,为我们的共同目标奋斗……凡是能够团结的,愿意站在我们队伍的人,都要团结起来,不管他过去是做什么的。比如台湾,那里还有一堆人,他们如果是站在爱国主义立场,如果愿意来,不管个别的也好,部分的也好,集体的也好,我们都要欢迎他们为我们的共同目标奋斗……国共已经合作了两次,我们还准备进行第三次合作。

1956年2月

月初,周恩来在全国政协二届二次会议上首次提出:

为争取和平解放台湾、实现祖国的完全统一而斗争……凡愿意走和平道路的,不管任何人,也不管他的过去犯过多大罪过,中国人民都将宽大处理,不咎既往。凡是在和平解放台湾这个行动中立了功的,中国人民都将按照立功大小给以应得奖励。

4日,《人民日报》发表社论《为和平的解放台湾而奋斗》。

春,在周恩来的具体安排下,民主人士章士钊带着一封中共中央倡导第三次合作、完成祖国统一大业办法的信来到香港,会见了国民党驻香港负责文宣、主持《香港时报》的许孝炎。许孝炎随即飞赴台北,亲手将信交给蒋介石,并将与章士钊会谈的情况作了详尽报告。信中表达了:

除了外交统一中央外,其他台湾人事安排,军政大权,由蒋中正管理;如台湾经济建设资金不足,中央政府可以拨款予以补助;台湾社会改革从缓,待条件成熟,亦尊重蒋中正意见和台湾各界人民代表进行协商;国共双方要保证不做破坏对方之事,以利两党重新合作。

据说,蒋介石将手中的信件反复看了几遍,"沉默无语,没有作任何表示"。

1956年3月

16日,周恩来会见即将赴台的李济深前卫士长,请他将中共的"和谈"愿望捎给蒋介石:

我们从来没有把和谈的门关死,任何和谈的机会我们都欢迎;我们是主张和谈的,既然说和谈,我们就不排除任何一个人,只要他赞成和谈……蒋还在台湾,枪还在他手里,他可以保住,主要的是使台湾归还祖国,成为祖国的一个组成部分,这就是一件好事。如果他做了这件事,他就可以取得中国人民的谅解和尊重。

1956 年 4 月

毛泽东进一步阐明"国共和解"的愿望与主张：

和为贵,爱国一家。爱国不分先后,以诚相见、来去自由。

1956 年 6 月

是月,叶飞任福建省委第一书记、福州军区司令员兼政委,工作重心逐渐转移为以地方为主。

28 日,周总理在全国人民代表大会一届三次会议上,首次明确地表示：

我们愿意同台湾当局协商和平解放台湾的具体步骤和条件,并且希望台湾当局在他们认为适当的时机,派遣代表到北京或者其他适当的地点,同我们开始这种商谈。

是月,中共中央发出《关于加强和平解放台湾工作的指示》。

1956 年 7 月

金门本岛开始实施战地政务,金门县政府受战地政务委员会的督导,成为军民一体,军政一体,一面备战,一面建设的战斗体制,一切建设,均本着"战备为先,民生为重,生存第一"的原则。建立以居民为主体的"民防队","金门民防组训的精严,全民作战体系的完备,是金门另一坚强的战斗力量"。

16 日,周恩来接见前国民党"中央通讯社"记者曹聚仁,提出国共第三次合作的主张：

国民党和共产党合作有过两次，第一次合作取得北伐战争的胜利，第二次合作取得抗战的胜利，为什么不可以有第三次合作呢？我们对台湾，绝不是招降，而是要彼此商谈。只要政权统一，其他都可以坐下来共同商量安排。

29日，毛泽东审阅中共中央《关于加强和平解放台湾工作的指示》后，明确提出：

目前对和平解放台湾的工作，应采取多方影响，积极并且耐心争取的方针。工作重点应放在争取台湾实力派及有代表性的人物方面。这就是通过各种线索，采取多样方法，争取以蒋氏父子、陈诚为首的台湾高级军政官员，以便台湾将来整个归还祖国。

是月，福州军区成立，第二十八军隶属福州军区。

1956年8月

14日，曹聚仁以周恩来谈话为题写成文章，发表在《南洋商报》上，正式向海外传递"国共可以第三次合作"的信息，在海内外引起了强烈震动。

21日，毛泽东在"中共八大"政治报告中指出：

我们不要忘记祖国的一部分神圣领土台湾还没有解放。解放台湾的问题完全是中国的内政问题。我们希望一切有爱心的台湾军政人员，同意用和平谈判的方式，使台湾重新回到祖国的怀抱，而避免使用武力。如果不得已而使用武力，那是在和平谈判丧失了可能性，或者是在和平谈判失败以后……

不管采用什么方法，我们相信，解放台湾的正义事业是一定能够取得胜利的。美帝国主义者企图长期占领台湾并从而继续威胁我国的活动，终归是要失败的。

1956年9月

30日,毛泽东在会见印尼总统苏加诺时,针对台湾国民党和蒋介石指出:

我们要同他恢复合作的关系,我们过去合作过两回,为什么不能合作三回呢?……但是蒋介石反对,他每天反对,我们就每天说要同他合作。

1956年10月

1日,毛泽东接见法国共产党代表团时表示:

国民党现在霸占着台湾,我们又提出合作,合作了两次,为什么不可合作第三次!

3日下午,毛泽东推迟了与印尼总统苏加诺会见的时间,专门接见了原国民党中央通讯社记者、《正气日报》总编、蒋经国的私人秘书曹聚仁,并作了长谈。毛泽东与曹聚仁谈到了台湾问题,具体阐述了中共"和平解放"的新方针新政策,希望曹聚仁把话传到台湾去。曹聚仁回港后积极给蒋经国写信的事实,也印证了毛泽东和他谈话的意图。但是台湾方面对曹聚仁的来信,没有任何积极的答复。

是月,毛泽东、周恩来再次接见曹聚仁,提出台湾"一切照旧"的政策:

如果台湾回归祖国,一切可照旧,台湾现在可以实行三民主义,可以同大陆通商.但是不要派特务来破坏,我们也不派"红色特务"去破坏他们。谈好了可以订个协议公布……现在可以派人来大陆看看,公开不好来,可以秘密来……台湾只要同美国断绝关系,可派代表团回来参加人民代表大会和政协全国委员会。

周恩来并就国民党高层人员到中央工作的位置安排,做了具体说明：

蒋介石当然不要做地方长官，将来总要在中央安排，台湾还是他们管，如辞修（陈诚）愿意做台湾地方长官，经国只好让一下……辞修如愿到中央，职位当不在傅宜生（傅作义）之下，经国也可以到中央……他们的一切困难都可以提出，我们是诚意的，我们可以等待……

毛泽东、周恩来的这个政策，实际上为后来邓小平的"一国两制"，奠定了思想基础。

1956 年 11 月

12 日，毛泽东为纪念孙中山先生诞辰 90 周年，发表了《纪念孙中山先生》一文，这实际上是向台湾方面表示"和"的诚意。

同月，周恩来在印度答记者问时表示：

蒋介石及其集团是中国人，作为中国人，我们不愿意看到中国人之间永久分裂。这就是为什么我们认为他们应该而且最后会回到祖国来的原因。这也是我们为什么正在尽一切力量促成台湾和平解放的原因……我们在努力争取蒋介石。

是月，福建地区完成了一批空军机场、海军基地和其他战备工程的建设任务；解放军 253 团 1 营 1 连被俘的许道位，作为最后一名释放的战俘，被遣返回大陆。

是年，金门本岛成立"金门政务委员会"，实施"战地政务"，隶属"金门防卫部"。

1956 年 12 月

9 日，具有战略意义的"鹰厦铁路"全线铺通，为后面金门战役的延宕战役和"解放台湾"的一系列后勤准备，做好了铺垫。

1957 年 1 月

年初,蒋介石经过一年的考虑,突然召回许孝炎到台北,并让许孝炎推荐回大陆做试探性接触的 3 个人选:一、曾任"立法院长"的童冠贤;二、曾任"立法院秘书长"的陈克山;三、"立法委员"宋宜山。蒋介石权衡后选中了宋宜山。

宋宜山的兄长为原国民党被俘将领宋希濂,时在大陆功德监狱服刑。派他回大陆,可以借探亲的名义掩人耳目。

2 日,美国国务卿杜勒斯在记者招待会上,涉及台湾问题时说:

在一定情况下我们将会去防守沿海岛屿;那就是,如果这些岛屿的防守看来同台湾和澎湖的防守有关。

摆出在必要时将把共同防御的范围扩大到金门、马祖等岛屿的姿态。

4 日上午,总参谋长粟裕在陶勇的陪同下,来到上海吴淞口视察舰艇部队,并在吴淞口司令部吃午饭。

16 日,毛泽东和周恩来在会见苏联苏维埃主席团主席伏罗希洛夫时说:

国共过去已经合作了两次,我们还准备进行第三次国共合作。

17 日,《人民日报》首次向外公布了共产党准备与国民党进行第三次合作的消息,在海内外引起很大的震动。

是月,宋宜山从香港入境,经广州乘火车抵北京。周恩来、李维汉先后与其会面,并阐明了"和平解放"台湾的具体政策:

一、国共两党通过对等谈判,实现和平统一;
二、台湾作为中国政府统辖下的自治区,实行高度自治;
三、台湾政务仍由蒋介石领导,中央不派人前往干预;
四、美军撤离台湾,不允许外国干涉中国内政。

1956 年 6 月

28 日,美国国务卿杜勒斯在旧金山发表演说,毫不掩饰地道出要消灭一切社会主义国家的图谋。

1956 年 7 月

22 日,粟裕报送中央军委《执行对台斗争的军事计划》：

打击蒋(介石)海军和空军,确保我华南国际海上运输之安全;有步骤地攻占沿海敌占岛屿;在我海、空军充分发展和准备后,争取在国际情况对我有利条件下解放台湾。

31 日粟裕《执行对台斗争的军事计划》在军委军事会议讨论通过,并批准实施。

1956 年 9 月

3 日,金门防卫司令部发表"炮战三周年统计"：

大陆3年来向金门群岛发射炮弹计52923发,金门岛民众死亡61人,轻伤128人,损毁民房1774间。

是月,刘少奇在"八大"上作政治报告时指出：

我们愿意用和平谈判方式,使台湾重新回到祖国怀抱,而避免使用武力。如果不得已而使用武力,那是在和平谈判丧失了可能性,或者是在和平谈判失败以后。

1956 年 10 月

是月,中央军委免去叶飞福建军区司令员,保留政委职务,工作重心仍以地方为主。

1956年12月

是月起,美国中断了中美大使级会谈,企图以既成事实的方式,将台湾与大陆的分裂状况永久固定下来。

18日,毛泽东根据斗争形势的需要和客观条件已基本具备的情况,批示彭德怀转副总参谋长陈赓:

关于台湾飞机侵入大陆活动情况和加强内地防空作战部署的报告:请考虑我空军1958年进入福建的问题。

28日,为"解放台湾"而新修建的战略铁路、连接江西鹰潭和厦门之间的"鹰厦铁路"通车,这极大地提高了福建前线的国防运输能力;新修建的一批机场也陆续竣工,"有了机场,人们盼望已久的空军就可以入闽了"。(据《叶飞回忆录》640页)

年底,自金门战役登陆作战失败以后,国民党驻守金门的部队已构筑了坚强的堡垒,成为国民党屏障台湾的据点和窜犯大陆的基地。金门设有防卫部,辖6个步兵师和特种兵部队,共计85000余人,其中各种地面炮兵31个营又2个连,有75毫米以上口径火炮380门;此后,金门、马祖新增的兵力,曾一度增至113400人,约占台湾既有地面部队总数的三分之一,并加强了对大陆的侦察和袭扰。

第四节
隔海作战的"炮击金门"与"整金门是整家法"

1958年1月

是月,解放军空军、福州军区和中共福建省委的负责人,向中央军委报告空军转场入闽的方案。

31日,粟裕出席军委141次会议,会议决定:空军争取于7、8月间进入福建。并请总参谋部将空军进入福建的时间,进入后可能发生的情况及对策,以军委的名义写一报告,呈报中央主席。

1958年3月

是月,中共中央召开成都会议,毛泽东在会上对粟裕任总参谋长的"军队",提出了明确和尖锐的批评:

军队落后于形势,落后于地方。

并正式建议军委召开一次扩大会议。会上,毛泽东把刘伯承作为"教条主义"的代表人,把粟裕作为"资产阶级个人主义"的代表人物,进行了批判和斗争:

对粟裕的批斗,是从解决所谓"总参和国防部关系"发难的。

"军队落后于形势,落后于地方",在粟裕此时任总参谋长的背景下,毫无疑问是毛泽东对粟裕的直接批评。而引发此一事件的直接原因,便是"空军入闽"的时间,毛泽东认为粟裕没有向其汇报。

关于1958年的"军委扩大会议",军史未曾公布其详细的内容,但是,作为做了14年的秘书,并跟随粟裕一道参加了这次"军委扩大会议"的鞠开,在《在跟随粟裕的日子里》一文中,有一句关键性的话,将这次会议的主题,透露出来了:

1958年的军委扩大会议,根据毛主席的指示,是总结解放后8年来的军事工作。

以粟裕一生的光明磊落,让人百思不得其解的是,一个久经沙场、跟随党打天下的"共和国大将",连生命都是共产党和"毛主席的"粟裕,何以会招来一个"资产阶级个人主义"的帽子,来作为批判的口实?在已经见到的有关粟裕受到批判的记载中,大多数的评论家们,都将视线集中在"粟裕与彭德怀"的龃龉上面,殊不知,如此的"转移视线"之法,是遮蔽不了事实真相的。

《名将粟裕珍闻录》一书这么说:

1958年军委扩大会议……毛泽东……或许仅仅是假他人之手,稍稍"惩戒一下这个'水至清则无鱼,人至察则无徒'的完人"……他先找到萧劲光,询问萧劲光对粟裕的看法……萧劲光……直言说:'粟裕为人正派,没有二心,是好人'"。

"军委扩大会议"批判粟裕的三大罪状是:一、将帅不和;二、告洋状;三、资产阶级极端个人主义。

1960年1月上海召开的中央政治局扩大会议上,毛泽东向粟裕表示:

粟裕呀,你的事可不能怪我呀,那是他们那个千人大会上搞的。

27日,福州军区司令员韩先楚、政治委员叶飞,根据总参谋部电示,上报炮击封锁金门的作战方案,准备在适当时候,对金门实施大规模炮击封锁。

1958年5月

24日,《人民日报》披露:

从1952年至1958年,美国给予国民党空军各种飞机1117架;1958年一年内就给予国民党海军各型舰艇60艘;美国给予蒋介石集团约8亿元的经济援助,以及比"经援"多一倍多的"军事援助"。

26日,军委在中南海居仁堂召开了一次小范围会议。会上责成粟裕就所谓"总参与国防部关系"等问题做了检讨,与会者对粟裕进行了批判。

同日,美国在台湾成立"美军联合协防军援司令部";台湾不断出动飞机深入大陆内地,在云南、贵州、青海、四川等地空投特务、散发传单,对福建沿海地区进行轰炸。

1958年6月

30日，中国政府发表声明，限定美国政府在15日内恢复中美大使级会谈，"否则，中国政府就不能不认为美国已经决心破裂中美大使级会谈"。中国政府发表声明的次日，杜勒斯亲自站出来发表讲话宣称，如果中国政府同意更改会谈地点，美国政府将派它的驻波兰大使参加会谈。但是，杜勒斯在谈话中还表示，美国不会向中国限定举行大使级会谈的"最后通牒"低头。

1958年7月

12日，毛泽东下达了准备炮击金门的指示。

15日，美国借口伊拉克爆发革命，出兵干涉。蒋介石趁火打劫，伺机扩大事态，准备反攻大陆，毛泽东连续召集中共中央、中央军委领导人开会，分析情况，研究对策。

17日，蒋介石下令陆海空三军处于"特别戒备状态"，金门、马祖加紧军事演习。同时，国民党空军连日出动飞机，对福建、广东等沿海地区实施侦察、照相和空投宣传品的活动，并准备对大陆一些重要军事目标进行攻击；台湾一些高级将领接连到金门、马祖地区活动。大、小金门岛上的国民党军不断炮击福建沿海村镇。美国在台湾的军事官员和外交人员，也同台湾当局整天整夜地保持接触；美国和台湾当局的一系列活动，使台湾海峡的局势骤然紧张起来。

毛泽东洞悉全局，决定抓住这个时机，举行大规模炮击作战；国防部长彭德怀根据毛泽东的指示，向总参谋部传达了中央军委的决定：空军和地面炮兵立即开始行动；空军转场入闽越快越好；地面炮兵和海岸炮兵的任务是封锁金门及其海上航运，利用一切实际打击国民党军的运输船只；中央在北戴河召开会议，专门研究"炮击金门"事项。

上午，叶飞接到北京打来的保密电话，总参作战部长王尚荣在电话中说:"中央决定炮击金门,指定由你指挥。"

叶飞甚感不解,因为自己的福州军区司令员已经在一年前免除,只兼任了政委。军事行动应由司令员韩先楚负责,于是疑惑地问道:"是不是毛主席的决定?"

王尚荣说:"刘培善在这里,你可以问问他。"

刘培善接过电话:"是的,是毛主席决定要你指挥。"

叶飞的回忆录详细地记载了这一切:

> 炮击金门,是中央1958年北戴河会议时决定的……中央决定炮击金门,指定要我负责指挥……我有点疑问……是不是毛主席的决定?……是毛主席决定要你指挥……我接受命令来指挥。……第二天,我即由福州乘车奔赴厦门,同去的有副司令员张翼翔同志和副政委刘培善同志,张兼任前线指挥所参谋长。

此时的叶飞,积极拥护毛泽东"炮击金门"的态度,是在金门战役登陆作战失败之后,重新赢得毛泽东信任,从而获得"炮击金门"指挥权的因素。

叶飞在后来的采访中,对毛主席对他的信任,曾与人谈起过他当时的兴奋:

> 40年后,(叶飞)老将军不无遗憾地对我说:那时,他并没有继郑成功、施琅之后成为第三人的奢望,但他的确以忐忑兴奋的心情在期待渴盼着毛泽东主席的最新一道命令。(据沈卫平《"八二三"炮击金门》7页。华艺出版社,2006年4月第三版)

18日晚,毛泽东召集中央军委、总参谋部、海军、空军、炮兵等单位领导人会议,对炮击金门做出明确指示:

> 金门炮战,意在击美……但金门、马祖惩罚国民党军是中国内政,对美帝国主义有牵制作用……以地面炮兵实施主要打击,准备打两三个月。2个空军师于炮击的同时或稍后转场到汕头、连城。

当日晚,彭德怀主持军委会议决定:

空军要在27日转场,炮兵准备25日炮击金门国民党军舰,封锁港口,断其海上交通……对金门、马祖的国民党军进行惩罚炮击。

19日,中央军委命令:成立"福建前线空军指挥所",由总参谋部据此进一步做具体部署。粟裕"根据中央军委的部署,召集海军、空军、炮兵及总参有关部门领导,研究炮击金门及海军、空军入闽的具体部署,当日各军、兵种领导人,分别向所属参战部队,下达了入闽作战的命令,炮击金门的部署基本就绪"。

是日,叶飞率福州军区前线指挥部一行到达厦门,迅速展开多项准备工作,指挥部署炮击金门的作战行动。空一军奉紧急命令,首批转场入闽。

20日,中央军委批准组成以叶飞为首的福州军区前线指挥所;工程兵夜以继日构筑90个连的野战炮兵掩盖阵地;95个连的露天阵地,抢修道路150余公里,桥梁500余米,保障炮兵部队急速进入阵地;航空兵部队神速转场至闽、粤、赣三省几个机场;在厦门、莲河地区组成1个高炮群,保障对空安全。海军舰艇部队(含鱼雷快艇)水陆兼程,隐蔽地迅速进入相关海域。

第二十八军炮兵131、362、363团和244团、245团120迫击炮连奉命参战。炮兵131团和362、363团的122榴炮营编入厦门炮群,其余的炮兵编为莲河炮群,配置在大、小嶝岛和角屿岛。后,炮兵364团亦参战。

其部署如下:以17个炮兵营组成莲河地区炮兵群,以15个炮兵营组成厦门地区炮兵群,分别负责打击小金门和大金门的国民党军;以6个海岸炮兵连配置在围头、莲河、厦门前沿阵地,打击大金门料罗湾的国民党军舰。

24日,中央军委又命令成立"福州军区空军司令部",配备了一批有空战经验的同志担任领导职务;原志愿军空军司令聂凤智调任福州军区空军司令员;彭德清调任厦门海军基地司令员;在24日前,这一切均完成了作战部署。

27日,空军第一批转场部队,顺利进驻连城、汕头机场,尔后逐步向漳州及沿海机场推进;杭州笕桥机场的部队奉转场入闽命令后,8小时完成行军准备,到达指定机场后,24小时内就担负作战任务;空军以逐步推进的方式,进驻了福建全部机场。

上午10时,毛泽东给彭德怀、黄克诚信:

睡不着觉,想了一下。打金门停止若干天似较适宜。

目前不打,看一看形势。彼方换防不打,不换防也不打。等彼方无理进攻,再行反攻……何必急呢?暂时不打,总有打之一日。彼方如攻漳、汕、福州、杭州,那就最妙了。这个主意,你看如何?找几个同志议一议如何?政治挂帅,反复推敲,极为有益。一鼓作气,往往想得不周,我就往往如此,有时难免失算。你意如何?如彼来攻,等几天,考虑明白,再做攻击。以上种种,是不是算得运筹帷幄之中,制敌千里之外,我战则克,较有把握呢?不打无把握之仗这个原则,必须坚持。如你同意,将此信电告叶飞,过细考虑一下,以其意见见告。

让毛泽东"睡不着觉"的这封信,提出了3个问题:

一、"打金门停止若干天似较适宜……中东解放,要有时间",指的是1958年7月14日伊拉克革命,美国直接出兵黎巴嫩,15日宣布其远东地区陆海空进入戒备状态,英国随后入侵约旦。苏联此时也有所动作,蒋介石想乘机扩大台湾海峡的事态。

二、"何必急呢?暂时不打,总有打之一日",毛泽东的这个口气,透露出彭德怀、黄克诚、叶飞均是力主攻打金门和台湾的,这与粟裕的"条件成熟再打"主张,形成了鲜明的反差对照。

三、"彼方如攻漳、汕、福州、杭州,那就妙了",所谓"妙了",就是因为有美国牵制,所以要找到"再打金门"和"解放台湾"的恰当理由。

是日,叶飞收到毛主席"睡不着觉"的信后,当即复电表示:

根据前线情况,准备工作做得充分些再进行炮击,较有把握。

由此,"炮击金门"被推迟。毛泽东在"炮击金门"之前对美国可能干预不无担心。于是,毛泽东借苏联想与中国共建"长波电台""共同核潜艇舰队"以及赫鲁晓夫秘密访华的机会,导演了一出精心设计的"苏中会谈"空城计。

28日,彭德怀主持召开军委会议传达毛泽东的指示。

同日,粟裕出席军委例会,彭德怀就昨日毛泽东关于"炮击金门停止若干天似较适宜的指示"说:

此信交粟裕同作战部队研究。

29日,炮击时间推迟以后,台湾当局继续叫嚣反攻大陆,不断派飞机到大陆窜扰。

同日,蒋介石发现解放军空军转场入闽,欲先下手为强,令F—84型战斗轰炸机4架窜至汕头、南沃空域进行轰炸,被解放军空军击落2架、击伤1架,国民党空军大为震动。

30日,《厦门日报》第一版刊登《本省民兵……配合解放军早日解放金台,本市复员军人表示必要时重新拿起枪》。

31日,赫鲁晓夫到北京来与毛泽东会谈。会谈期间,毛泽东只字未提"炮击金门"的计划。

下旬,解放军第二十八军炮兵363团进驻大嶝岛参加炮战,至11月下岛休整。

1958年8月

1日,《厦门日报》第一版头条发表《解放军战斗威力大大增强,坚决保卫和平准备解放台湾》。

3日,赫鲁晓夫离开北京,《人民日报》公布《毛泽东和赫鲁晓夫会谈公报》:

双方……对于反对侵略和维护和平所应采取的措施达成了完全一致的协议。

同日,《厦门日报》第一版发表《解放军决心加强战斗威力,随时准备解放台湾》。

5日,《厦门日报》第二版发表《英雄的海防民兵和农民时刻准备着消灭敌人解放金台》。

6日,美国总统艾森豪威尔得到情报,中共将对沿海岛屿再次发起进攻,并将此事与赫鲁晓夫秘密访华联系在一起;《厦门日报》第一版头条发表《叶飞上将号召福建前线指战员准备痛击敌人的挑衅》;在准备"炮击金门"调动兵力的时候,叶飞在回忆录中,是这样形容福州市民的:

炮兵调来约3个师,还有1个坦克团。这次调动都是晚上行动,重炮加上坦克,夜间通过福州开往厦门,轰轰隆隆,连街道都颤动了。空军、海军、大批炮兵和坦克进入福建,老百姓高兴极了,纷纷议论,都认为这一次不但要解放金门,而且一定要解放台湾了。这些报道,迎合了市民的心愿。

是日,台湾宣布:

台、澎、金、马进入紧急备战状态。

8日,美国国务院召开研究台湾海峡局势会议,美国海军参谋长伯克扬言:

美国海军正密切注视台湾地区局势,随时准备进行像在黎巴嫩那样的登陆。

10日,美国国务院向驻外使团发出《关于不承认共产党政府的备忘录》,提出要警惕苏中联盟的危险性。

13日,解放军空军进驻龙田机场,基本上完成了第一线机场的转场任务;空军10团空转到福州机场,着陆仅1小时,敌机F—86型歼击机以低空飞行潜入上空,解放军飞机立即升空应战,打得国民党军飞机屁股冒烟,落荒而逃。福州市民停立街头,爬上房顶,鼓掌欢呼。

其时,调入福建前线参战的解放军陆海空军部队,共有459门大炮，80多艘舰艇，200多架飞机；解放军地面炮兵也已全部进入阵地，海军130岸炮部署在厦门对岸角尾；炮兵阵地从角尾到厦门、大嶝、小嶝，到泉州湾的围头，呈半圆形，长达30多公里，大金门、小金门及其所有港口、海面，都在解放军远程火炮的射程之内。

一切都准备好了，只等待北京来命令。

此时即将发起的"炮击金门"，已经不仅仅是一个华东战场，而是牵动了整个中国、牵动了毛泽东和整个中央的神经。

14日，入闽空军与国民党军飞机在台湾海峡上空发生激烈空战，解放军击落美制国民党飞机9架，取得了福建沿海的制空权。

17日，毛泽东在北戴河主持召开中央政治局扩大会议，作出"炮击金门"的最后决定。

18日凌晨1时，毛泽东看了广州军区"关于在深圳进行演习"的部署报告，给彭德怀批示：

德怀同志：准备打金门，直接对蒋，间接对美，因此不要在广东深圳方面进行演习（指广州军区1958年8月13日向中央军委报告的《在深圳方向进行实兵演习的方案》）了，不要去惊动英国人。

毛泽东。8月18日上午1时

再，请叫空司（指解放军空军司令部）注意：台湾方面可能出动大编队空军（例如几十架至百多架）向我反击，夺回金、马制空权。因此，我应迅即准备以大编队击败之。追击不要越过金、马线。

20日下午，毛泽东在北戴河住处召集周恩来、林彪、彭德怀、邓小平、黄克诚、萧劲光、陈锡联、王秉璋、王尚荣、陶勇等开会，部署炮击金门作战，指示：

立即集中力量，对金门国民党军予以突然猛烈的打击（不打马祖），把金门封锁起来；经过一段时间后，对方可能从金门、马撤兵或困难很大，还要挣扎，那时是否考虑登陆作战，视情况而定，走一步，看一步。

粟裕被排除在如此重大的军事决策过程中。"炮击金门"隔海作战发起3天后,粟裕将被毛泽东"解除"总参谋长职务。此期间,黄克诚一直在彭德怀周围,协助其指挥"炮击金门",行使"代理"总参谋长的职务。

是日,叶飞接到北京来电,毛泽东要叶飞立即去北戴河。

21日中午,叶飞到北戴河。

15时,毛泽东在住处接见了叶飞,彭德怀、林彪、王尚荣在座。毛泽东听取了叶飞关于炮兵数量、部署,准备实施突然猛袭的打法等情况报告后,对着摊在地上的地图对叶飞说:"你用这么多的炮打,会不会把美国人打死呢?"

其时,美国在台湾、金门所配备的军事顾问,是一直配备到国民党部队营一级的。

叶飞说:"哎呀,那是打得到的啊!"

毛泽东停顿沉默了十几分钟问:"能不能避免不打到美国人?"

叶飞:"主席,那无法避免!"

毛泽东听后没作指示,宣布休息。

22日,北戴河继续开会,毛泽东对叶飞说:"那好,照你的计划打!"并要叶飞留在北戴河指挥,跟彭德怀一起住。聪明的叶飞,没有和彭德怀一起住,而是仍然住在自己的房间里,王尚荣为叶飞拉了一根专线电话,直接指挥福建前线的"炮击金门"。叶飞在回忆录里说:

> 炮击金门是在北戴河指挥的。也可以说是毛主席直接在指挥。前线则由张翼翔、刘培善同志代我指挥。

《黄克诚传》介绍说:

> 黄克诚协助指挥,并遵照毛泽东和中央指示主持起草有关文电。

是时,中央军委决定命令福建前线部队,从23日17时30分开始,发起对大、小金门大规模炮击,着重打指挥所、炮兵、雷达阵地和停泊在料罗湾码头的国民党军舰艇。

晚，中央军委命令下达后，福建前线各参战的陆、海、空部队，共有459门大炮、80多艘舰艇和200多架飞机，已经全部进入阵地或指定位置。

同日，美国国务院再次召开研究台湾海峡局势会议，做出三项决定：

一、增派航空母舰和战斗机，向台湾提供登陆艇、响尾蛇导弹、火炮和军需；

二、通过杜勒斯复函美国众议院外委会主席摩根，向中国施压；

三、授权驻台对美台《共同防御条约》的换文加以"澄清"，如中国大军进攻外岛，可以进行报复，但小型攻击不在其列。

23日，毛泽东在召开的政治局常委会上说：

我们的要求是美军从台湾撤退，蒋军从金门撤退。你不撤我就打。台湾太远打不到，我就打金、马。

午12点，"炮击金门"开始前，曹聚仁任职的香港《南洋商报》，在上午的报纸刊登出"解放军将进行'炮击金门'"的消息。

17时30分，炮击开始，随着一串串红色信号弹升空，逐群发射，福建前线部队数百门大炮同时开火，火力之猛烈、密集空前而绝后；第一次急袭，对北太武山国民党金门防卫部、五十八师、二十七师指挥部和舰艇、营房等一切军事目标进行了猛烈的炮击。炮击持续2个多小时，发射炮弹2.92万发，金门岛上有线通信、炮兵和雷达阵地、机场、码头等设施被摧毁，击毙击伤国民党中将以下官兵600多人，后来有人评论这天的炮火：

与攻击柏林的炮火差不多，甚至有过之而无不及。

从当时所拍摄的纪录片上看，整个金门岛笼罩在一片硝烟之中，特别是集中火力猛击金门胡琏的指挥所，打得非常准确，可惜打早了5分钟！因为后来得到情报，解放军开炮的时候，胡琏和美国总顾问刚好走出地下指挥所，炮声一响，赶快缩了回去，没有击中，若晚5分钟，必死炮弹下无疑。

阵地上，两个配备在一线部队的美国顾问，还没有明白是怎么回子事情的时候，就已经呜呼哀哉了。对此，美国人只能是哑巴吃了黄连，连屁也没敢放出一个来。大规模"炮击金门"作战，自此拉开了帷幕。

是役，金门岛的巨大损失，是在第一波炮击以后才得以知晓的，台湾"国防部新闻局"刘毅夫追记说：

> 金门太武山下的翠谷湖心亭中，餐会已散，胡司令陪着俞大维在张湖公路的山下漫步回司令部，赵家骧、吉星文、章杰3位副司令官站在翠谷湖岸的桥上谈天。突然有阵嘶哮声，掠过太武山头，驰落翠湖，紧接着山摇地动不断的爆炸声，整个翠谷烟雾弥漫，弹片横飞，在小桥上的3位副司令官，于第一群炸弹落地爆炸时，就都牺牲了。
>
> 胡琏回到司令部，他的第一个动作，就是要用电话指示炮兵指挥官下令金门炮兵全面反击，但是他懊恼极了，电话线已被"匪炮"打断，他再拿起多处电话机，叫炮兵阵地，传达他的命令，糟，所有电话线都炸断了……"国防部长"俞大维在炮弹爆炸时，被附近一个叫廖光华的科长背入路边山石下躲避，侥幸捡回一条命。

17点50分，大陆"炮击金门"20分钟后，国民党军炮兵才进行还击，发射炮弹2000余发，但旋即被解放军的炮火压了下去。

"炮击金门"首次炮战持续了85分钟，解放军发射炮弹万余发（其中海岸炮兵发射2600发）。国民党机场、弹药库、油库、炮兵阵地等军事设施，均遭到重创，还击伤了一艘由大型坦克登陆舰改装的"台生"号货轮。惊魂未定的胡琏记载道：

> 喷火吐烟，尘土飞扬，两个小时，落下了5万多发炮弹，都是152、122口径以上的加农和榴弹，火光烛天，浓烟笼地，笔者置身其中，宛如松风夜涛，猿啸鸦鸣，反不闻爆炸震撼之烈。远在十余海里之外的美国军舰，急遽向我发出问号："你们还会活着？"未及回答，他们又来电报："不必回答，我已见到你们的反击炮弹，长虹破空，落到彼岸。英雄朋友

引以为荣。"

美国佬的赞词,虽不乏过誉与溢美之嫌,但仍然可以看出,胡琏在如此密集的炮火情况下,仍能于镇定中指挥反击,实在是有些难能可贵。胡琏在事后又说:

"八二三炮战",毛泽东用了六百门大炮,对金门做了一次史无前例的大轰击。

"炮击金门"从战略意义上来说,是毛泽东对美国傲慢的回应,也是对蒋介石与美国勾结在一起共同对付共产党的一种回应。毛泽东的最初想法,是要通过炮击来封锁金门,最终迫使蒋介石集团放弃金门,达到收复金门的作战目的。这是充分估计到美国插手阻挠解放台湾的可能性,利用美蒋在协防金门、马祖等沿海岛屿问题上的矛盾,不给美国以武力干涉的借口,而采取的一种非常措施。

据后来台湾"国防部"发布的统计说:8月23日当天,金门岛落弹量为57533发。

自"八二三炮战"后,金门本岛执行"孤岛防守"政策,战备物资储备,粮食、油料、弹药等,以半年为期。

24日,又进行了炮兵和海军的联合打击,重创国民党军"中海"号大型运输舰,将23日击伤的"台生"号击沉。

《厦门日报》第一版头条发表《蒋军运输舰运兵到金门,我强大炮兵予猛烈轰击,给蒋介石卖国军队以沉重打击》:

今天下午,一艘蒋军运输舰,载运蒋军至金门。我福建前线强大炮兵当即予以猛烈轰击,给蒋介石卖国军队以沉重的打击;为迅速扩大战果,经彭德怀批准,福州军区前线指挥部又组织炮兵和海军进行联合打击,发射炮弹8800余发,释放鱼雷12条,击沉国民党军舰"台生号",重创"中海号"。随后,调整部署,于下午18点30分,对大、小金门,大担、二担和金门机场进行了覆盖性火力封锁,巩固了炮击成果,实现了对整个金门的封锁,金门国民党军补给中断。

两天的炮击封锁后,金门岛的军需补给只相当于炮击前的百分之五点五,储存在金门的物资,只能维持30天。

25日,解放军空二十七团驾驶员刘维敏单机与4架敌机空战,在两个空域格斗14分钟之久,高度从1万米到800米……击落敌机2架。漳州、平潭及闽江口连续空战,解放军基本上获得了福建沿海的制空权。

《厦门日报》第一版报眼发表《惩罚卖国求荣的罪恶军队,我强大炮兵猛轰金门蒋军,蒋军炮兵阵地和其他军事目标陷入浓烟烈火中》:

> 中国人民解放军福建前线炮兵部队,在23日下午5时30分,对增兵金门的蒋军运输舰和经常向我挑衅的蒋军进行了一次短促的轰击。盘踞在金门岛及其周围小岛上的蒋军炮兵,经常炮击我沿海村镇,使我当地居民的生命财产时常受到威胁。为了惩罚这种卖国求荣、欺压人民的罪恶军队,在我强大炮兵部队神炮手的准确射击下,为时仅17分钟,金门岛上的蒋军炮兵阵地和指挥系统等军事目标,都陷入浓烟烈火中。蒋贼炮兵变得哑然无声。运输蒋中正卖国集团的军队的舰只被击中,像一条死鱼在料罗湾内不能动弹。

叶飞组织的这次"炮击金门",让毛泽东很是满意。

同日,毛泽东在政治局常委会上说:

> 从这几天的反应看,美国人很怕我们不仅要登陆金门、马祖,而且准备解放台湾。其实,我们向金门打了几万发炮弹,是火力侦察。我们不说一定登陆金门,也不说不登陆。我们相机行事,慎之又慎,三思而行。因为登陆金门不是一件小事,而是关系重大。问题不在那里有九万五千蒋军,这个好办,而在于美国政府的态度。美国同国民党订了共同防御条约,防御范围是否包括金门、马祖在内,没有明确规定。美国人是否把这两个包袱也背上,还得观察。打炮的目的不是要侦察蒋军

的防御，而是侦察美国人的决心，考验美国人的决心……我们宣传上目前暂不直接联系金门打炮。现在要养精蓄锐，引而不发。

毛泽东所说的"关系重大"虽未挑明，但从"炮击金门"后来的演变看，可知其主要意图是不让美国逼迫蒋介石在台湾"独立"，故毛泽东说"登陆金门不是一件小事"。

25日以后，国民党军意欲维持金门岛的海上补给，遂利用夜晚进行运补。解放军则以舰艇与岸轰，进行炮击封锁。

26日《厦门日报》第一版头条发表《我鱼雷快艇和炮兵部队，击沉击伤蒋军军舰两艘》：

中国人民解放军海军鱼雷快艇部队和炮兵部队，24日击沉击伤增兵金门的蒋军军舰两艘。24日下午3时18分，盘踞在金门岛上的蒋军炮兵突然疯狂炮击我大登岛、围头、虎仔山等沿海岛屿，掩护由台湾增兵金门的蒋军中字号军舰驶入金门料罗湾。我神勇炮兵当即以猛烈炮火对蒋军炮兵进行压制射击，海岸炮兵也发炮猛轰蒋军中字号和23日被我击中仍停滞在料罗湾内的另一艘蒋军中字号军舰。炮火持续约半小时左右，金门岛上的蒋军阵地有两三处腾起浓烟大火。运输蒋中正卖国集团的军队的中字号，在17时33分因被我海岸炮火击中，仓皇地和另一艘受伤的中字号军舰一起狼狈向南逃窜。我神速勇猛的鱼雷快艇部队当即迎头拦击敌舰，击伤其中一艘，并将23日被我击伤的另一艘中字号军舰击毁，沉入波涛汹涌的大海中。

27日，对毛泽东意图不知情的解放军总政治部，以福建前线指挥部的名义，连续播发了一篇广播稿，提到"对金门的登陆进攻已经迫在眉睫"，并印发了一批传单，敦促防守金门的国民党军官兵放下武器，其中所说"我军登陆，迫在眉睫"等语，引起了海外媒体的高度关注。

下旬，叶飞由北戴河回到厦门前线。此时大、小金门国民党军所占岛屿，包括金门唯一的港口料罗湾和海面，全部在解放军的炮火射程之内，完全被解放军炮火封锁，截断了金门和台湾的海上通道。金门国民党军的补给全靠台湾从海上运输，以海军护航，解放军炮火即旋转向攻击其海上运输线，专门打它的海上运输船只。国民党军舰不断被解放军海岸炮炮火击沉击伤，最后，金门海上运输线也完全被解放军截断了。金门不但弹药补给中断了，粮食、燃料等补给也中断了，储备的炮弹在半个月炮战中消耗得差不多了，粮食燃料也消耗得差不多了，频频向台湾告急。蒋介石即请求美军护航，以恢复金门的海上补给线。

30 日，周恩来从北戴河打电话，要黄克诚及乔冠华（时任外交部部长助理）、雷英夫（时任总参谋部作战部副部长），立即从北京赶赴北戴河，参加毛泽东召集的会议，研究炮击作战和领海线划分问题。黄克诚到北戴河后，连续在毛泽东住处参加了几天的会议，对第一阶段的炮战进行了总结，分析了国内外对炮击作战的舆情，对第二阶段作战方案进行了研究。为研究划定领海线问题、护渔护航问题，外交部还从北京请了刘泽荣等三位国际法专家，征询他们对领海线划分的意见。

会上，毛泽东从外电报道中得知总政治部广播和传单中"对金门的登陆进攻已经迫在眉睫""我军登陆，迫在眉睫"等提法，予以了严厉的批评，称"违反集中统一原则"，并责成黄克诚调查清楚，向他报告。《黄克诚传》记载说：

> 为集中统一对台湾和沿海蒋占岛屿军事斗争的指导，毛泽东主席指示，由黄克诚代中央军委组织起草一个指示性的文件。

毛泽东用批评总政治部的方式来批评粟裕，《黄克诚传》452 页当中说：

> 当时，在参与指挥的军事领导层中，对毛泽东主席和党中央的作战意图并不是都明了。因而在对外宣传上发生了一件令毛泽东主席不悦的事。8 月 27 日……违反集中统一原则。

"炮击金门"前，中国对自己的领海范围只有一个内部规定。八二三炮击前后，根据毛泽东、周恩来的指示，黄克诚组织总参作战部和外交部进行了专题研究，提出了中国领海宽度以12海里为宜的建议，起草了相关文件。

这是"金门炮战"后另一个不可忽视的成果。同时，这已经是有明显的"划海而治"的意味了。毛泽东对上述广播、传单之事耿耿于怀，说明毛泽东已经在"金门炮战"的目的这一问题上，不是要"登陆解放"，而是要让金门成为"绞索"和"纽带"，留在蒋介石手上。让金门成为"一个中国"的纽带，其意图已经十分明显了。

31日，中共中央政治局会议通过了"解除粟裕总参谋长职务"的决定，并将粟裕的"错误"，口头传达到军队团一级、地方地委一级；调任国防部副部长和军事科学院副院长，由黄克诚接任总参谋长一职。

金门战役延宕至"炮击金门"，叶飞不仅能够比较好地审时度势，还能适时把握并理解毛泽东此时此刻的"台湾战略"，这是当时不为更多人所理解的一个战略变化。对于"炮击金门"，叶飞的回忆录是这样说的：

8月底，韩先楚司令员陪同军委空军司令员刘亚楼同志、炮兵司令员陈锡联同志也到达厦门视察。韩先楚同志到厦门后，就向我提出使用空军轰炸金门。我考虑到毛主席并没有即行登陆解放金门的指示，炮击金门的作战方案并没有涉及使用空军轰炸，如果我军不实行登陆解放金门，那么现阶段没有使用空军轰炸的必要，特别是如果要空军轰炸金门，不但要使用轰炸机，还要使用战斗机掩护，这样的空军编队在金门上空作战，就很难避免同美国空军冲突。我这时已经意识到毛主席的意图，力求避免同美国发生直接冲突，所以我不同意韩先楚同志使用空军轰炸金门的意见。但既然司令员提出建议，我为了尊重他，就建议把我们两人的意见报告军委和毛主席。韩先楚同志也同意。第二天王尚荣同志打电话给我，说："电报收到了，送给毛主席看了，毛主席完全同意你的意见。"我把王尚荣同志回答的电话记录拿给韩先楚同志看，他就不再坚持自己的意见了。

"八二三炮战"期间,蒋介石亲临金门有线广播对大陆的喊话站视察,自此后,"喊话站"多次进行扩建。

金门炮战期间,毛泽东请章士钊写信给蒋介石,并把"联蒋抵美"的方针事先告知了台湾。章士钊随后在给蒋介石的信中说:

溪口花草无恙,奉化庐墓依然……台湾金马,唇齿相依,遥望南天,希诸珍重。

毛泽东对章士钊信中的这几句话尤为欣赏,并亲自将"南天"改为"南云"。

此后,章士钊在1958年至1960年,两次赴港,向台湾当局转达信息,但台湾当局均没有作出任何积极的反应。

1958年9月

1日,毛泽东就"炮击金门"时总政治部所犯"违反集中统一原则"错误,要求黄克诚和中央军委起草《对台湾和沿海蒋占岛屿军事斗争的指示》,经黄克诚送邓小平审阅修改。

2日,国民党海军"沱江号"完成运补作业后,于金门料罗湾附近外海,遭到解放军鱼雷艇包围与猛烈的攻击,几乎沉没。

3日,中央军委起草的《对台湾和沿海蒋占岛屿军事斗争的指示》,经毛泽东修改后下发。

同日,美国国防部发布声明:

我们业已体察到确保金门和马祖与保卫台湾日益相关,现在还未判定有武力介入之必要,如果总统判断情势迫使必须采取此行动,将毫不犹豫做出这一决定。

4日,中国政府发表声明宣布:

中华人民共和国的领海宽度为12海里,一切外国飞机和军用船舰,未经许可不得进入中国领海和领海上空;台湾和澎湖地区被美国武力侵占,这是侵犯中华人民共和国领土完整和主权的非法行为;台湾和澎湖等地,中华人民共和国有权采取一切适当的方法,在适当的时候收复这些地区,这是中国的内政,不容外国干涉。

同日,美国国务卿杜勒斯发表《关于台湾海峡地区局势的声明》:

美国负有条约义务来帮助保卫福摩萨(台湾自古以来的旧称)不受武装进攻,国会的联合决议授权总统使用美国的武装部队来确保和保护像金门和马祖等有关阵地。

美国公开威胁要把台湾海峡地区的所谓"防御"范围扩大到金门、马祖等沿海岛屿。美国还在备忘录中透露,准备重新考虑对中国的政策,暗示美国并没有放弃通过中美大使级会谈,来解决台湾问题的希望。国民党可以自己同中共交战,美国保护运输;希望中共不会认真打起来。同时,美国紧急调动太平洋第7舰队主力和地中海第6舰队,在台湾海峡集结了舰艇70余艘,其中航空母舰5艘,各型飞机450余架,总兵力20余万人。第四十六巡逻航空队、第一海军陆战队3800人已在台湾南部登陆。侵台美军司令部还公然扬言,要在8日的演习中以舰炮封锁大陆沿海岛屿,向中国施加军事压力。

毛泽东、周恩来等中央领导人早就分析判断美国人怕打仗,美国政府不想用战争来解决台、澎、金、马问题,既不能助蒋介石"反攻大陆",也不可能"协防金门"。在弄清了美国的底牌后,党中央决定实行毛泽东提出的"绞索政策",即把台湾当作拉住美国的绞索,一步步拉紧,进而对美国施加压力,相机行事,并决定由外交部宣布中国领海宽度为12海里的办法,迫使美国军舰不敢靠近属于中国领海内的金门岛。

是日,福建前线部队遵照毛泽东的指示,暂停炮击三天,目的是观察各方动态。在停止炮击金门的三天中,美国军舰为国民党军护航,不断侵入中国领海,企图打破金门被封锁的状态。

5日,毛泽东在最高国务会议第十五次会议上发表关于金门"绞索政策"讲话。

美国现在在我们这里来了个"大包干"制度，索性把金门、马祖，还有些什么大担岛、二担岛、东椗岛一切包过去，我看它就舒服了。它上了我们的绞索，美国人的颈吊在我们中国的铁的绞索上面。台湾也是个绞索，不过要隔得远一点。它要把金门这一套包括进去，那它的头更接近我们。我们哪一天踢它一脚，它走不掉，因为它被一根索子绞住了……

第三条，关于紧张局势……对我们并不是纯害无利，也有有利的一面……你看金门、马祖打这样几炮，我就没有料到现在这个世界闹得这样满城风雨，烟雾冲天。这就是因为人们怕战争，怕美国到处闯祸……这种在武装对立的情况下的紧张局势也是能够调动一切积极因素，并且使落后阶层想一想的……

我们并不要登那个什么金门、马祖。你登它干什么？它的工事相当坚固。就是吓它一下。但是，金门、马祖并不是一定不打，一有机会，我们就机钻上去，相机而行。

同日，中央军委下发《对台湾和沿海蒋占岛屿军事斗争的指示》沿海前线：

台湾和沿海蒋占岛屿，是目前国际阶级斗争最严重最复杂的焦点之一。

解放台湾和沿海蒋占岛屿，虽属于我国内政问题，但实际上已变成一种复杂严重的国际斗争，我们不要把这个斗争简单化，而要把它看作是包括军事、政治、外交、经济、宣传上的错综复杂的斗争。台湾和沿海蒋占岛屿问题的全部彻底解决，不是短时间的事，而是一种持久斗争，我们必须有长期的打算……

一、继续炮击封锁金门，但目前不宜对金门、马祖及附近进行登陆作战。

二、炮击封锁活动必须有计划、有步骤、有节奏地进行，掌握有理、有利、有节的原则,打打看看,看看打打,有利则打,无利则停。

三、目前海军、空军不进入公海作战。蒋机不轰炸大陆,我也不轰炸金马;蒋军轰炸大陆,我轰炸金、马,但不轰炸台湾。

四、不主动攻击美军,如美军侵入我领海、领空,必须坚持打击……一切重要行动和宣传(文告、谈话、口号、社论、新闻、广播),都必须遵守集中统一的原则。

《对台湾和沿海蒋占岛屿军事斗争的指示》使"炮击金门"的斗争,有了更加明确的指导原则和规定。

5日晚,赫鲁晓夫指示苏联驻华临时代办苏达利柯夫面见周恩来,周恩来明确地表示:

中国炮击金门、马祖,如果出乱子,中国自己承担后果,不会拖苏联下水。

6日,毛泽东在最高国务会议第十五次会议上,再发"整金门,是整家法,这是我们国内的事。当然,整台湾也是整家法"的讲话:

研究一下,看有什么缺点,可不可以照这样发表(指周恩来的《关于台湾海峡地区局势的声明》)?……美国……它真诚地希望我们不去登金门。它那个东西是个索子,被套住了,使它难办。台湾是一根大索子把它套住,金门、马祖也是一根索子。我们这个蒋委员长,他搞三分之一兵力,两个岛有十一万人,其中有九万五千人在金门岛,有一万五千人在马祖岛。而金门岛三面在我们炮火包围中。金门距大陆只有三公里。金门岛把厦门变成一个死港,马祖岛就把我们福州的闽江海口塞住了。这个东西得整它一下。我们整金门,是整家法,这是我们国内的事。当然,整台湾也是整家法,不过那个地方有你美国的兵,那我还是暂时不去。你美国过去谈判又那么冷淡,中断了好几个月,现在你想谈,那好,可以谈。我们不打,他就不想谈,要把这个绞索捏紧一下,他感觉到痛了,他说,好好好,我们来谈吧。你不捏紧,他就不谈。

美国说他们已经决定了,要从金门、马祖撤退,但是蒋介石又不撤。你不撤我就打,你一撤那我就可以不打,你全部撤走我可以一炮不打。这对蒋介石也是一个难事,他怕一撤,影响人心士气,又丧失了这两块土地,他的土地也就不大了。听说美国人也劝过他撤,不晓得是真的是假的。你现在不撤,我们反正老是打,可以隔几个星期或者隔几天打那么一次,或者隔个把两个月打一次,一打就是几万发炮弹,或者每天打点零炮,打个什么一百发、两百发炮弹。

美国要拿金门、马祖交换台湾,我们是原则上不能交换台湾。你把金门、马祖交我们,台湾就成为独立国,这个东西总不可以吧!在座诸公,可不可以?原则上总不行吧。至于解放,哪一年解放,我们又没有定期,人民代表大会、人大常委会都没有作决议,一定要在哪一年哪一月解放。但是,原则上台湾一定要解放……现在好处就是我们这一打,打出美国想谈了,他敲开了这张门了。看样子他现在不谈,也是不得下地。他每天紧张,不晓得我们要怎么样干。那好,就谈吧。跟美国的事,就大局上说,还是谈判解决,还是和平解决,我们都是爱好和平的人嘛。杜勒斯前天那个东西前面很硬,后面就软了,就是雷声大,雨点小……

8月23日,我们打了19000发(炮弹),他们讲打了四五万发,那是夸大其词,没有那么多,时间只有十几分钟,没什么"很久很久"……这一仗打下去之后,现在台湾海峡风平浪静,通行无阻,所有的船只不干涉了。

7日,周恩来代表中国政府在《人民日报》发表《关于台湾海峡地区局势的声明》:

中国政府完全有权对盘踞在沿海岛屿的蒋介石部队给予坚决的打击和采取必要的军事行动,任何外来的干涉,都是侵略中国主权的罪恶行为。

一、中国人民解放自己的领土台湾和澎湖列岛的决心是不可动摇的,中国人民尤其不能容忍在自己的大陆内海中存在着像金门、马祖这些沿海岛屿的直接威胁。美国的任何战争挑衅都绝对吓不倒中国人民,相反地,只会激起六万万人民更大的愤怒和更坚强的同美国侵略者斗争到底的决心。

二、鉴于美国政府表示愿意通过和平谈判解决中美两国在中国台湾地区的争端,中国政府准备恢复两国大使级会谈。但是美国在中国台湾地区所造成的战争危险并未因此减轻。

三、中国和美国在台湾海峡地区的国际争端和中国人民解放自己领土的内政问题,是性质完全不同的两件事。中国人民完全有权采取一切适当的方法,在适当的时候,解放自己的领土,不容许任何外国干涉。如果美国政府悍然不顾中国人民的再三警告和世界人民的和平愿望,继续对中国进行侵略和干涉,把战争强加在中国人民的头上,美国政府必须承担由此而产生的一切严重后果。

是日,赫鲁晓夫致信艾森豪威尔:

中国有着忠实的朋友,这些朋友在中国遭到侵略时会随时援助它。

针对美国无视中国政府的声明,继续派军舰为国民党军护航,为打击美军的气焰,惩罚国民党军,中央军委要求福建前线部队,于8日对金门的重要军事目标进行惩罚性炮击:

要打得准,打得狠。

同日,美军组成一支海上护航联合编队,配置于左、右两侧,把国民党军舰和运输船只夹在中间,相距仅2海里,由台湾向金门开来。舰船从台湾一出动,雷达上就看得一清二楚。叶飞立即请示毛泽东。

毛泽东指示:"照打不误!只打蒋舰,不打美舰。要等联合编队抵达金门料罗湾港口才打。"

叶飞问:"如果美舰向我开火,是否还击?"

毛泽东明确回答:"没有命令不准还击。"

7日中午12时,联合编队出现在金门附近,美舰停在金门附近掩护,国民党海军两艘运输舰驶入金门料罗湾码头卸货,叶飞及时向北京汇报。

毛泽东下令:"开火!"

顿时,福建全线所有的炮群,突然以密集的火力,集中攻击料罗湾港口码头的国民党军舰。美国护航舰队看到解放军开炮,立即丢下国民党舰队及运输船,掉头向台湾方向逃去。

国民党舰船顷刻间被我击沉3艘、击伤数艘。

这是我军大规模炮击金门以来,同美帝国主义第二个回合的较量。

从此以后,福建前线面对台湾海峡,不只是大陆和台湾双方的斗争,而是大陆、台湾和美国三方的尖锐复杂斗争,是军事的,也是政治的,更是外交的斗争,形成了台湾海峡非常微妙的三方形势。

福建前线海军在厦门海域协同作战,高速炮艇协同鱼雷快艇,首战就击沉国民党海军的江字号猎潜舰,接着又击伤永字号舰2艘,击沉、击伤中字号舰各1艘。

同为7日这一天,粟裕从北京去天津东郊新立村水稻高产丰产试验田参观,回北京的路上说:亩产达12万斤,稻子那不要堆成山?那怎么可能呢?(据鞠开《在跟随粟裕的日子里》246页)

这是"炮击金门"开始16天、粟裕被"解除"总参谋长职务13天、军委扩大会议上毛泽东主席批判粟裕"资产阶级极端个人主义"一个月零6天后,置身"炮击金门"事外的粟裕,与毛泽东"大跃进"思想严重对立的思想体现。

8日,毛泽东在最高国务会议第十五次会议上发表关于"金门、马祖绞索"讲话。

还是谈一谈老话。关于绞索,上一次不是谈过吗?……现在不讲别的,单讲两条绞索:一个黎巴嫩,一个台湾。

台湾是老的绞索,美国已经占领几年了。它被什么人绞住了呢?被中华人民共和国绞住了。六亿人民手里拿着一根索子,这根索子是钢绳,把美国的脖子套住了。谁人让它套住的呢?是它自己造的索子,自己套住的,然后把绞索的一头丢到中国大陆上,让我们抓到……不得脱身。它现在进退两难,早退好,还是迟退好?早退,那么所为何来呢?迟退,越套越紧,可能成为死结,那怎么得了呀?至于台湾,它是订了条约的……至于台湾,就订了个条约,这是个死结。这里不分民主党、共和党,订条约是艾森豪威尔,派第7舰队是杜鲁门。杜鲁门那个时候可去可来,没有订条约,艾森豪威尔订了个条约。这也是国民党一恐慌、一要求,美国一愿意,就套上了。

金门、马祖套上了没有?金门、马祖据我看也套上了。为什么呢?他们不是讲现在还没有定,要共产党打上去,那个时候看情形再决定吗?问题是十一万国民党军队,金门九万五,马祖一万五,只要有这两堆在这个地方,他们得关心。这是他们的阶级利益,阶级感情……总而言之,你是被套住了。要解脱也可以,你得采取主动,慢慢脱身。不是有脱身政策吗?在朝鲜有脱身政策,现在我看形成了金、马的脱身政策。你那一班子实在想脱身,而且舆论上也要求脱身。脱身者,是从绞索里面脱出去。怎么脱法呢?就是这十一万人走路。台湾是我们的,那是无论如何不能让步的,是内政问题;跟你的交涉是国际问题。这是两件事。你美国跟蒋介石搞在一起,这个化合物是可以分解的。比如电解铝、电解铜,用电一解,不就分离了吗?蒋介石这一边是内政问题,你那一边是外交问题,不能混为一谈。

……我们这里一打炮,这里兵不够,它又来了。台湾这些地方早一点解脱,对美国比较有利,它赖着不走,就让它套到这里,无损于大局,我们还是搞大跃进。

至于紧张局势,也许还可以讲几句……台湾紧张局势又是大家骂美国人,骂我们的比较少。美国人骂我们,蒋介石骂我们,李承晚骂我们,也许还有一点人骂我们,主要就是这三个……尼赫鲁总理发表了声明,基本上跟我们一致的,赞成台湾这些东西归我们,不过希望和平解决。这回中东各国可是欢迎啦,特别是一个阿联,一个伊拉克,每天吹,说我们这个事情好。因为我们这一搞,美国人对它们那里的压力就轻了。

……台湾的紧张局势究竟对谁有利些呢?……美国总是不好,张牙舞爪。13 艘航空母舰就来了 6 艘,其中有大到那么大的,有什么 6 万 5 千吨的,说是要凑 120 条船,第一个最强的舰队。你再强一点也好,把你那 4 个舰队统统集中到这个地方我都欢迎。你那个东西横直没有用的,统统集中来,你也上来不得。船的特点,就在水里头,不能上岸。你不过是在这个地方摆一摆,你越打,越使全世界的人都知道你无理。

同日 11 点半:北京最高国务会议第十五次会议继续举行,毛泽东突然问周恩来:"今天我们总是要打几万发炮弹吧?"

周恩来答:"30000 发,20 分钟就解决了。"

毛泽东:"20 分钟打 30000 发炮弹。什么时候打?"

周恩来:"12 点。"

毛泽东看了一下表说:"现在是 11 点半,快到了……金门、马祖这 11 万人,你不退,我就有文章可做。今天打一炮,明天打一炮,有时打几万发,总是使得你不安宁就是了。"

8 日 12 时 43 分,台湾国民党军又出动 4 艘登陆舰,在美军一艘巡洋舰及 4 艘驱逐舰的护航下,再次向金门驶来。美舰又停在金门外海,由国民党的登陆舰驶向岸边卸货。

福建前线部队遵照命令,以 43 个地面炮兵营又 6 个海岸炮兵连组成的强大炮群突然开火,连续发射了 21700 发炮弹,对停泊在(金门)料罗湾的国民党军舰和金门岛的重要军事目标,进行第三次大规模炮击,海岸炮兵连的炮火,击中正在卸货的"美乐号"中型登陆舰(LSM242),当即死伤官兵 11 人,又引爆了舰载弹药而沉没。"美珍号"中弹后向外海逃窜,另外两艘登陆舰也在中弹后逃走。美国军舰照样丢下国民党船队,仓皇退逃至料罗湾以南 5 海里至 12 海里处,徘徊观望,始终未敢妄动发一炮。

13 时 30 分,金门国民党驻军炮兵开始向解放军还击,共发射

10100 余发,至 18 时 30 分,解放军受压制而停止射击,共发射 53300 余发炮弹。

美国迫于解放军的炮击,准备恢复中美之间的大使级谈判。

8 日至 9 日两天,毛泽东在中南海颐年堂召集刘少奇、周恩来、邓小平、彭真、张闻天、黄克诚、王炳南、乔冠华等人,商谈关于缓和台湾海峡地区紧张局势的方案。行前,毛泽东把台湾海峡的斗争委托周恩来等人处理,于 10 日离京往湖北、安徽、南京、杭州、上海等地视察。行前,毛泽东听取将前往华沙与美国谈判的王炳南汇报,指示:

在同美国人的会谈中,你要多用一种劝说的方法,譬如说,你们美国是一个大国,我们中国也不小,你们何必为了仅仅不到 1000 万人口的台湾岛屿与 6 亿中国人民为敌呢?

9 日,金门国民党军炮击厦门大学。

10 日,毛泽东收到越南胡志明 8 日来电询问:

鉴于台湾情况之紧张⋯⋯请您告诉我们:甲、可不可能发生美华战争?乙、我们越南应该有什么准备?

毛泽东复电:

美国人怕打仗,就目前说,很少可能大打起来,贵国似可以照常工作。

10 日,粟裕秘书鞠开方始得知:

首长总参谋长的职务被撤销,我顿时大吃一惊,真没有想到,会这样来处理他的问题。隔了 1 个月零 9 天(指军委扩大会议上毛泽东主席批判粟裕"资产阶级极端个人主义"),总长易人了,这时我才醒悟过来,原来是总参谋长要换人。

11 日 11 时 15 分,中央军委颁发《关于炮击金门的命令》:

一、若今日美舰继续掩护并停泊在距料罗湾三海里外时,我即炮击进入料罗湾码头卸载的蒋军运输舰和码头上的人员。不靠岸的军舰不论是美舰或蒋舰一律不打。炮击弹药消耗标准,以打沉、打跑蒋军运输舰并适当地打击敌人地面目标为原则。

二、我空军高炮部队必须切实准备对付蒋机的轰炸。空军高炮应好好组织协同;若敌机向我轰炸,我歼击机为了便于掌握战机,可以进入金门上空作战,但轰炸机今日仍不出动。

三、在上述原则下,炮击时机和具体问题,请你们自行掌握,若有新情况,则应及时报告,以便请示中央作新的决定。

14时,福建前线部队对强行靠岸卸载的国民党军舰和金门岛重要军事目标进行第4次大规模炮击,发射炮弹2.5万余发。

11日6时至12日晨6时,为"炮击金门"在金门落弹量最多日:58760发。

同日,美国国防部长麦克尔罗告诉艾森豪威尔,参谋长联席会议认为:

国民党军应当撤出金门、马祖,或者作为前哨,仅部署少量人员。他认为"蒋希望促成美国与中国之间的战争,作为中国国民党进攻大陆的序幕。(据艾森豪威尔《白宫岁月》下,三联书店1977年7月版,336页)

12日,《厦门日报》第一版刊登《敬告残民成性的蒋贼集团 我炮兵再次严惩金门蒋军》:

盘踞在金门及其附近的蒋军,在我连续警告和两次惩罚性打击后,不仅毫无悔悟,反而在9日疯狂地炮击我厦门大学……今日下午对盘踞在金门的蒋军……进行了第三次的惩罚性打击。

13日,毛泽东在武昌给周恩来、黄克诚"关于金门炮击办法等问题"的信及附言:

周总理、黄克诚同志:送来连日金门情况二件及我军命令(指中央军委1958年9月11日11时15分《关于炮击金门的命令》)一件,收到。除照你们命令规定路线执行以外,白天黑夜打零炮,每天24小时,特别是黑夜,特别是对料罗湾3海里以内,打零炮(每天二三百发),使敌昼夜惊慌,不得安宁,似有大利,至少有中利小利。你们意见如何?大打之日,不打零炮。小打之日,即是打零炮。特别黑夜对料罗湾打,白天精确地校准炮位,黑夜如法炮制,似较有利。请征询前线研究,看可行否?

华沙谈判,三四天或者一周以内,实行侦察战,不要和盘托出。彼方亦似不会和盘托出,先要对我们进行侦察。周、彭、张、乔(冠华)诸位意见如何?

顺祝,旗开得胜!

如同意,内信请寄叶飞、刘亚楼、厦门前指付讨论。不要勉强同意。是则是,非则非,以实际可行者见告。

根据毛泽东此信,黄克诚签发军委电报,向叶飞、刘亚楼、福州军区、空军、海军原文转发,并对毛泽东的"打零炮"作了具体部署。

14日,在福建前线炮兵的严密封锁下,台湾当局为挽救金门危局,采取空运方式昼夜向金门投送物资。黄克诚指示作战部研究对付的办法,提出:

可考虑扩大空军巡逻区,增调炮兵,在确保不误击美舰原则下,于黄昏后使用快艇出击。

15日,华沙中美谈判第一次会议上,王炳南提出了中方的方案:

一、中国政府声明,台湾和澎湖列岛是中国的领土,金门、马祖等沿海岛屿是中国大陆的内海岛屿。中国政府有权采取一些适当的方法,在适当的时候,解放中国的这些领土,这是中国的内政,不容许外国干涉。

二、美国政府保证从台湾、澎湖列岛和台湾海峡撤出它的一切武装力量。

三、中国政府声明,直接威胁厦门、福州两海口的,为国民党军队所占领的金门、马祖等沿海岛屿,必须收复。如果国民党军队愿意主动从这些岛屿撤走,中国政府将不予追击。

四、中国政府声明,在收复金门、马祖等沿海岛屿以后,将争取用和平方法解放台湾和澎湖列岛,并且在一定的时期内避免使用武力实现台湾和澎湖列岛的解放。

五、中国政府和美国政府一致认为,在台湾海峡公海和公海上空的航行和飞机的自由和安全,必须受到保证。

15日上午,金门国民党军再次炮击厦门大学,《厦门日报》第一版刊登《蒋贼军残民……昨又悍然炮击厦门大学》。

同日,周恩来和黄克诚召集空军副司令王秉璋、成钧和总参作战部长王尚荣、副部长雷英夫等研究国民党军对金门的空投办法:"发现敌机出动准备空投时,空军飞机到厦门、镇海、围头等地上空巡逻,使其不敢空投;坚决打击进入大陆上空掩护空运的敌战斗机,必要时可进到金门上空作战;在确无误击美舰和不吃亏的原则下,快艇、高速炮舰夜晚可出海作战,打击进入料罗湾的国民党舰艇;增调炮兵,改进技术,封锁料罗湾。"

同日,中断了9个月的中美大使级会谈,于"炮击金门"的隆隆声中,在波兰华沙重新恢复。毛泽东"边打边谈""打而不登、断而不死"的方针,迫使美国政府不得不进一步调整对台政策。

16日,聂荣臻在军委会上正式宣布:

中共中央政治局免除粟裕总参谋长职务,调任国防部副部长和军事科学院副院长。黄克诚接任总参谋长一职。

18日,在华沙与中国代表王炳南谈判的美国,正式提出"停火"方案,要中国"放弃对金门和马祖群岛使用武力或武力威胁",谈判陷入僵局,周恩来获悉后,于当天夜间给毛泽东写信:

美国知道我们目前不会扩大战事到台湾,我们知道美国不愿卷入金马战争。蒋介石希望金门战争扩大,拖美国下水……针对美国的停火要求,我们应该从各方面扩大要求美军停止挑衅和从台湾和台湾海峡撤退的活动。

18 日至 21 日,金门国民党军启动"轰雷计划",美国支援运往金门的 6 门 203 口径 M55 型自行火炮,俗称"八吋炮"运到金门,由金门驻军陆军第一军炮兵 607 营接用。

19 日凌晨 4 时,毛泽东回复周恩来报告华沙谈判僵局信,并指示"请转发……叶飞",让他们"明白我们的这种新方针,新策略"。

20 日,中国外交部长陈毅发表声明:

中国在金门、马祖并未同美国打仗,根本谈不上"停火"。中国惩罚金门、马祖蒋介石军队,属于中国内政,外人不能干涉。结束台湾海峡紧张局势的关键是美国撤军。

22 日,周恩来致信毛泽东,对金门作战方针提出建议,特别重申:

打而不登,断而不死。

毛泽东当天回复:

照此办理,是我们完全立于不败之地,完全立于主动地位。

24 日,国民党空军使用 AIM—9 响尾蛇空空导弹,击落解放军空军歼 5 战斗机一架,首开全世界空空导弹击落战斗机的先例。

26 日,金门国民党军第一批 3 门 203 口径 M55 型自行火炮,首次投入战斗,解放军第二十八军围头地区炮兵阵地,遭到毁灭性破坏,其损失至今未曾公布。

27 日,金门国民党军炮兵 607 营,在解放军的炮火压制下,第三梯次抢滩成功,金门增加 6 门 M2 牵引式八吋榴弹炮,至此金门国民党军共有 12 门八寸长程重炮。

29日,蒋介石召开记者招待会:

今日金门战争,乃是很单纯的屏障台湾海峡的保卫战,必将取得胜利。

金门岛国民党军第二批3门203口径M55型自行火炮,再次投入战斗,解放军第二十八军大嶝岛、莲河地区炮兵阵地及工事,均遭到严重破坏,其损失至今未曾公布。

此间,叶飞在"炮击金门"发生后一个多月的时间里产生了迷茫,并在回忆录中将这一迷茫直接写了出来:

对金门的大规模炮击,持续了一个多月……大规模炮击金门的战斗是否还要继续下去呢?下一步的文章怎么做呢?顺理成章的是,下一步就只有登陆解放了,如果金门解放,那么妈祖的解放也就没有什么问题了,顺手牵羊就是了。此时金门已被我军炮火封锁了一个多月,海上补给线已断,金门蒋军的粮食供应已发生危机,弹药也已消耗得差不多,金门的防御工事业已被我军炮火摧毁的差不多,可以说是已经到了弹尽粮绝之日了。此时如果我军发动登陆,金门唾手可得。所以,福建前线我们这些人,都在焦急地等待毛主席下命令了。我们都摸不透毛主席下一步的意图何在?总以为下一步的文章就是实行登陆、解放金门了。

30日,美国国务卿杜勒斯在答记者问中声明:"我们没有保卫沿海岛屿的任何法律义务。"如果在台湾地区"获得可靠的停火,我们的判断,甚至是军事上的判断,就是仍然在金门、马祖保持庞大的军队是不明智的而欠谨慎的""愚蠢的",美国在台湾问题上持国共"双方放弃武力"的立场,并承认蒋介石"反攻大陆"是一个"假设成分很大"的计划,"只靠他们自己的力量,他们是不会回到那里去的"。当有记者问到如果中国共产党方面做出某些让步,那么美国对台湾政策是否会有所改变时,杜勒斯说:"我们在这些方面的政策是灵活的,是适应于我们必须应付的局势的。如果我们必须应付的局势改变了,我们的政策也会随之改变。"

杜勒斯的声明,表明了美国试图以放弃金门、马祖等沿海岛屿的策略,来迫使蒋介石在寻求保护的前提下,达到让台湾从中国"独立"出去,以"两个中国"的方式来钳制中国大陆共产党政权的意图。

但是,杜勒斯的这一方式,与蒋介石根深蒂固的"一个中国"理念以及其"反攻大陆"的想法背道而驰,从而引起了蒋介石的严重不满。由此,美蒋之间发生了尖锐的矛盾。

毛泽东敏锐地观察到这一点,审时度势,迅速决定改变原来先收复金门、解放沿海岛屿再解放台湾的两步走方针,并做出了"要解决台、澎、金、马一起解决。中国之大,何必急于金、马"的重大决策。

毛泽东在面临美国试图制造"两个中国"、迫使台湾"独立",在"解放台湾"的现实条件尚未成熟下,提出将台、澎、金、马保留在蒋介石和台湾国民党政府、偏安一隅的中华民国小朝廷手中,采取台、澎、金、马"一揽子解决"的办法,使这场金门战役完全与"解放台湾"合并成为了一个整体的大"统一"战略。金门战役就在这样的背景下,被无限地延宕了下来。

由此,"一个中国"在毛泽东与蒋介石两人的"默契"当中,让台湾的"中华民国"得以在大陆的"中华人民共和国"与西方阵营的不同意识形态格局的夹缝中,延续至今。美国乃至西方由来已久分裂中国、试图将"台湾独立"出去的妄想,在毛泽东和蒋介石这两位民族伟人的共同"默契"下,未能得逞。

是月前后,蒋介石携夫人宋美龄亲临金门地下战壕巡视,要不惜一切代价"与阵地共存亡""不成功,便成仁";蒋经国亦在此间偕夫人蒋方良到金门、马祖慰劳将士,其"炮击金门"期间,蒋经国先后5次亲临金门督战、视察、慰问等。

毛泽东对杜勒斯公开要求蒋介石"金马撤兵"的谈话极为重视,曾要翻译查询原文。杜勒斯所使用的"Stupid"与"foolish",在英文辞典中,含有愚蠢的、蠢笨的、不明智的、昏乱的、没有头脑的等意思。杜勒斯作为国务卿公开说蒋介石是愚蠢的,已经超出外交礼仪。可见美国对蒋介石不撤金门、马祖的驻军甚为恼火。

这时,毛泽东看到,在炮击封锁金门以后,如果只能夺取金门、马祖而不能同时解决台湾问题,那么国共之间在地理上的距离将由不足10公里扩大到100多公里,且隔着一道台湾海峡,接触更加不方便。而蒋介石如果失去象征其在大陆沿海存在的最后据点,将使得美国更便于制造"两个中国"或支持"台独"。

于是,毛泽东决定将它们保留在蒋介石手里。

第七章　绞索与默契

第一节
"金门打炮是文打"与嬉笑怒骂的
"告台湾同胞书"

1958 年 10 月

2 日,毛泽东在会见保加利亚等六国代表时,发表了"绞索政策"为"金门打炮是文打"的著名谈话:

要不要战胜帝国主义呀?……帝国主义总是要战胜的。打嘛,有两种打法,文打和武打。基本上是文打,用和平的方法打它,但是我们也准备武打……你们会批评我……为什么还在金门打炮?……

金门打炮,这是真打,但是基本上还是文打。我们没有跟任何外国人开战。美国人要我们停火,每天都要我们停火。我们没有跟你美国人打仗嘛!为什么停火?我们中国就没有跟你美国人开战,就没有打枪,我们只是跟我们的蒋委员长、蒋总统打。我们这个国家有一个"总统"叫蒋介石,也是我们的老朋友,我们跟他这个仗可打得久了,打了三十一年,一九二七年打起。还要打多少年,我也不知道,可能还要打七十年吧,合起来就是百年战争。

……蒋介石,这个人在中国可做了很有益的事情,一直到现在还在尽他的历史责任。他的历史任务现在还没有完结……美国人发薪水给他……

杜勒斯……人们责问他,为什么管到金门去呢?他总是拿朝鲜相比,说共产党又在搞朝鲜战争了。人们说不像嘛,朝鲜是朝鲜,金门是金门。金门只有那么大,只有一个酒杯那么大。全世界除了杜勒斯,都说金门是中国的岛屿,金门问题是中国的内政。所以,他现在搞得很不好办事。我们还要继续使他难办,使他继续处于困难地位。不要轻易饶他,不要轻易让他溜掉!在这个地方,大概他一时也相当难溜。

……但是在另外一个地方,这就是台湾海峡,我们可以使它多留。台湾海峡这件事,是一个对全世界的教育工具,特别是对中国人民有相当大的教育。

那么,打起仗来怎么办?谁要打仗啊?我们是爱好和平的。这个叫打文仗,不叫打武仗。我们是要惩罚蒋介石……就是用大炮批评他。

毛泽东一句通俗的"不要轻易让他溜掉",使"金门"这个小小的岛屿,成为美国的"绞索"、而成为实现"国家统一"的重要战略桥梁。毛泽东的"绞索政策"加深了美蒋之间的进一步矛盾。于是,蒋介石在《告台湾同胞书》发表的当天,针对杜勒斯的讲话宣布,那只是"美国单方面的声明",国民党台湾"没有任何义务来遵守它"。

是日,《厦门日报》第一版头条刊登《千万颗社会主义建设卫星齐上天,六万万人民……庄严宣告一定要解放金门马祖,一定要解放台湾》。

3日至4日,毛泽东主持召开中央政治局常委会议,讨论台湾海峡局势:

让金、马留在蒋中正手里如何?这样做的好处是金、马离大陆很近,我们可以通过这里同国民党保持接触,什么时候需要就什么时候打炮,什么时候需要紧张一点就把绞索拉紧一点,什么时候需要缓和一下就把绞索放松一下,可以作为对付美国人的一个手段……打而不登,断而不死,让蒋军留在金、马。

3日,《厦门日报》第一版头条刊登《解放军热烈庆祝国庆九周年,随时准备痛击侵略者,前线部队把大批炮弹倾泻到蒋军阵地》:

在福建前线,零时一秒炮兵部队各个连队在皎洁的月光下向金门岛的蒋军进行了惩罚性的打击……另一处炮兵阵地上,炮手们清早向驶进金门岛料罗湾的蒋贼军舰艇进行了猛烈的轰击。这支部队……又进入一级战备。

4日,《厦门日报》第一版报眼《我空军扬威金门上空,昨击落蒋机两架》:"……解放军空军歼击机3日下午在金门上空击落空投作战物资的美制蒋军C—四六型运输机两架。一架坠毁在金门岛上,另一架坠入金门附近大海中。"头条再刊登《陈毅元帅勉励解放军志愿军代表,坚决解放金门、马祖和台湾》。

5日8时,毛泽东给彭德怀、黄克诚"暂停炮击金门马祖两岛"信:

德怀、克诚同志:

不管有无美机美舰护航,十月六、七两日,我军一炮不发;敌方向我炮击,我也一炮不还。偃旗息鼓,观察两天,再作道理。空军必须防卫,但不出海。还有一事:两天中,不要发表公开声明,因为情况如何,尚待看清。以上请即令行。或者即以此信转发叶飞、韩先楚。

此件处理后,送总理一阅。

毛泽东。10月5日上午8时

根据毛泽东的这一指示,黄克诚组织总参以中央军委的名义起草了《关于当前对金门、马祖等沿海岛屿军事斗争的指示》,并报刘少奇、周恩来、朱德、邓小平、彭真、彭德怀审阅,最后由毛泽东批准签发。该指示说:

8月23日炮击封锁金门的斗争取得重大胜利……美国正试图改变现行做法……第一,玩弄停火阴谋,争取国民党从金、马撤退,或只从金、马撤退一部分;第二,要国民党撤退金、马,退守台湾,达到制造两个中国的阴谋;第三,不得已时,掩护和强迫国民党撤退。为粉碎美国停火撤军阴谋,使其不能解脱绞索,加强和扩大美蒋矛盾,目前是收复金、马还是仍由国民党占据金、马,孰较有利,是当前必须考虑的问题。现在让美国摆脱这个绞索,让国民党撤出金、马,退守台湾,对我们来说,反而不如国民党留在金、马较为有利。目前减轻对金、马的军事压力,使金、马国民党军能够生存下去,是必要的。为此确定,从6日起,暂七天为限,停止对金门各岛(包括大担、二担岛)大规模炮击,只做袭扰性的零炮打击。一般情况下,每天打几十发,或者一二百发。6、7两日一炮不发,空军积极加强防卫,不到金门和领海上空作战。海军执行正常护航护渔任务,不出海作战,让国民党均获得一定补给,促其守而不撤,使其处于紧张状态,拖住美国不得脱身。必要时,可组织过去那样的大打,灵机应变,主动在我。

同日,国防部长彭德怀宣布:"基于人道立场,对金门停止炮击七天";曹聚仁化名郭宗羲,将停火计划刊登在其任职之香港的《南洋商报》。

是日,毛泽东为中央军委《关于当前对金门马祖等沿海岛屿军事斗争的指示》做了三段修改:

一、为了粉碎美国的"停火""撤军"阴谋,使其不能解脱绞索,为了加深和扩大美蒋之间的矛盾,我们目前以收复金、马还是仍由蒋军占据金、马,两者对今后斗争孰较有利,是我们当前必须考虑和决定的问题。当然,早日收复金门、马祖,对解除福建沿海地区的直接威胁,对打开海上交通,发展福建沿海的经济建设,对鼓舞全国人民和我军的士气,有很大好处。如果办到这点,应该说对我们是一个巨大胜利。但是,把这个胜利和暂时利用金、马把敌人套紧在绞索上,把解放金、马和解放台湾统一来解决等长远利益比较起来,则不如把金、马暂缓解放仍由蒋军占据似乎较为有利。

二、为了打破美国停火阴谋,在必要时,我仍可组织过去那样的大打。灵机应变,主动在我。

三、此件同时发各省、市、自治区党委的书记处同志和各军区的负责同志。请受件人注意保密。

24时,中央军委发布毛泽东修改后的《关于当前对金门马祖等沿海岛屿军事斗争的指示》:

自8月23日以来,我军炮击封锁金门的斗争在军事上和政治上都取得了重大胜利。炮击金门以来的情况变化是极其复杂的。蒋介石集团在我强大的军事压力下,惶惶不安,但是在美国海、空军的掩护下,仍在竭力向金门、马祖运输物资,企图坚守金门和马祖,并用各种办法拖美国下水。美国在我炮击后,虽然对我继续进行军事挑衅,积极援助蒋介石集团,但又怕被拖下水而越陷越深。美国正在玩弄有条件撤退金、马的阴谋,企图摆脱其目前所处的进退两难的窘境。美国可能的阴谋有:

第一,玩弄所谓"停火"阴谋,争取蒋军不从金、马撤退,或只从金、马撤退一部分;

第二,要蒋介石撤退金、马,驻守台湾,以放弃金、马来换取盘踞台湾的合法地位,从而达到制造"两个中国"的阴谋;

第三,不得已时,掩护和强迫蒋军撤退。为此,军委决定减轻对金门、马祖的军事压力,使金门、马祖的蒋军能够生存下去。炮兵对金门各岛,在一定时期内,停止大规模的炮击,只做袭扰性的打击。

5日深夜,从8月23日开始"炮击金门"至此时,共计44天,金门岛统计共落弹总数为444423发。

6日凌晨2时,毛泽东给彭德怀、黄克诚"暂停炮击金门马祖两岛"信:

彭、黄,请发韩、叶:昨天我说不发声明,看两天再说。随后想了一下,还是先作声明为好,所以有告台湾同胞书。此件即将发出,请福建前线广播电台多播几次,为盼!

毛泽东。10月6日上午2时

是日,《人民日报》发表毛泽东以国防部长彭德怀名义发表《告台湾同胞书》:

台湾、澎湖、金门、马祖军民同胞们:我们都是中国人。三十六计,和为上计。金门战斗,属于惩罚性质。你们的领导者们过去长时期内太猖狂了,命令飞机向大陆乱钻,远及云、贵、川、康、青海,发传单,丢特务,炸福州,扰江浙。是可忍,孰不可忍?因此打一些炮,引起你们注意。台、澎、金、马是中国领土,这一点你们是同意的,见之于你们领导人的文告,确实不是美国人的领土。台、澎、金、马是中国的一部分,不是另一个国家。世界上只有一个中国,没有两个中国。这一点,也是你们同意的,见之于你们领导人的文告。你们领导人与美国人订立军事协定,是片面的,我们不承认,应予废除。美国人总有一天肯定要抛弃你们的。你们不信吗?历史巨人会要出来作证明的。杜勒斯九月三十日的谈话,端倪已见。站在你们的地位,能不寒心?归根到底,美帝国主义是我们的共同敌人。十三万金门军民,供应缺乏,饥寒交迫,难为久计。为了人道主义,我已命令福建前线,从10月6日起,暂以七天为期,停止炮击,你们可以充分地自由地输送供应品,但以没有美国人护航为条件。如果护航,不在此例。你们与我们之间的战争,三十年了,尚未结束,这是不好的。建议举行谈判,实行和平解决。这一点,周恩来总理在几年前已经告诉你们了。这是中国内部贵我两方有关的问题,不是中美两国有关的问题。美国侵占台澎与台湾海峡,这是中美两方有关的问题,应当由两国举行谈判解决,目前正在华沙举行。美国人总是要走的,不走是不行的。早走于美国有利,因为它可以取得主动。迟走不利,因为它老是被动。一个东太平洋国家,为什么跑到西太平洋来了呢?西太平洋是西太平洋人的西太平洋,正如东太平洋是东太平洋人的东太平洋一样。这一点是常识,美国人应当懂得。中华人民共和国与美国之间并无战争,无所谓停火。无火而谈停火,岂非笑话?台湾的朋友们,我们之间是有战火的,应当停止,并予熄灭。这就需要谈判。当然,再打三十年,也不是什么了不起的大事,但是究竟以早日和平解决较为妥善。何去何从,请你们酌定。

毛泽东的《告台湾同胞书》撇清了"台湾"与"美国"的关系,理清了"台湾"与"大陆"由于金门战役,而成为了"三十年尚未结束"的战争延续关系。毛泽东还提出了"和为上计"的"和平解决较为妥善"倡议，指出了以"谈判"为目的的"统一"解决办法。并告诫台湾当局，"美国人总有一天肯定要抛弃你们的"。21年后的1979年，美国与台湾"中华民国"断交，终止《共同防御条约》，与中华人民共和国建立正式外交关系，证明了这一论断。

6日以后，解放军奉命对金门炮击，采取了打打停停、停停打打、半停半打的方针。

是日，解放军"炮击金门"从8月23日至此日，共44天，统计共发弹总数为444414发，与国民党的统计，仅有9发误差，其落弹密度超过第二次世界大战美军轰击琉璜岛的20倍。第二十八军炮兵共作战571次，消耗弹药143956发，歼灭、压制敌炮火阵地32处，击毁、击伤敌机5架，摧毁敌火炮21门，弹药库14座，汽车3辆，碉堡52个，观察所及各种工事184个。

11日，《厦门日报》第一版头条刊登《蒋介石集团不思悔改，把金门千余名中学师生劫走》：

9日把约一千名金门岛上的平民劫往台湾……

12日，《厦门日报》第一版头条刊登《蒋介石集团穷凶极恶，又把金门五千金门居民劫往台湾》一文："10日继续把大、小金门岛上的五千名平民强迫劫往台湾……"

13日，毛泽东又以国防部长彭德怀名义在《人民日报》发布了给福建前线部队的第一个命令：

福建前线人民解放军同志们：金门炮击，从本日起，再停两星期，借以观察敌方动态，并使金门军民同胞得到充分补给，包括粮食和军事装备在内，以利他们固守。兵不厌诈，这不是诈。这是为了对付美国人的。这是民族大义，必须把中美界限分得清清楚楚。我们这样做，就全局来说，无损于己，有益于人。有益于什么人呢？有益于台、澎、金、马一千万中国人，有益于全民族六亿五千万人，就是不利于美国人。有些共产党人可能暂时还不理解这个道理。怎么打出这样一个主意呢？不懂，不懂！同志们，过一会儿，你们会懂的。待在台湾和台湾海峡的美国人，必须滚回去。台、澎、金、马的中国人中，爱国的多，卖国的少。因此要做政治工作，使那里大多数的中国人逐步觉悟过来，孤立少数卖国贼。积以时日，成效自见。在台湾国民党没有同我们举行和平谈判并且获得合理解决以前，内战依然存在。台湾的发言人说：停停打打，打打停停，不过是共产党的一条诡计。停停打打，确是如此，但非诡计。你们不要和谈，打是免不了的。在你们采取现在这种顽固态度期间，我们是有自由权的，要打就打，要停就停。美国人想在我国的内战问题上插进一只手来，它们叫作停火，令人忍俊不禁。美国人有什么资格说这个问题呢？请问他们代表什么人？什么也不代表。他们代表美国人吗？中美两国没有开战，无火可停。他们代表台湾人吗？台湾当局没有发给他们委任状，国民党领袖根本反对中美会谈。美国民族是一个伟大的民族，其人民是善良的。他们不要战争，欢迎和平。但是美国政府的工作人员，有一部分，例如杜勒斯之流，实在不大高明。即如所谓停火一说，岂非缺乏常识？台、澎、金、马整个地收复回来，完成祖国统一，这是我们六亿五千万人民的神圣任务。这是中国内政，外人无权过问，联合国也无权过问。世界上一切侵略者及其走狗，通通都要被埋葬掉，为期不会很远。他们一定逃不掉的。他们想躲到月球里去也不行。寇能往，我亦能往，总是可以抓回来的。一句话，胜利是全世界人民的。金门海域，美国人不得护航。如有护航，立即开炮。切切此令！

　　毛泽东的这个命令，嬉笑怒骂，把金门战役的"炮战""去留"的本质问题提了出来。金门战役在此刻已经让毛泽东完全看清了"台湾问题"的复杂性，看清了美国东方战线围堵"共产中国"和"社会主义阵营"的整个战略意图，也同时看清了蒋介石在全力保住"金门"后面的意图。毛泽东到了这时，又恢复了三大战役期间与蒋介石玩"猫捉老鼠"的游戏状态，其游刃有余的情势，已经让美国人有些"丈二和尚，摸不到头脑"了。

毛泽东"要打就打,要停就停",作为"炮击金门"时大陆共产党对台湾国民党的政策,演变成后来对"台海问题"的一个重要战略思想,并一直持续到今天。面对今日台湾岛内的"独立"势力,毛泽东的这一观点和论断,依然是十分有效并仍然在发挥着作用。这就是大陆为什么要颁布《反分裂法》的原因所在,它的唯一目的,就是在中国的历史上,谁都对分裂国家采取零容忍的态度。这是整个世界任何一个国家所必须坚持的底线。违反它,就必将遭到灭亡的命运。搞国家分裂的人,在中国历史上,没有一个会有好下场。美国也同样如此。

同时,毛泽东以彭德怀名义草拟《再告台湾同胞书稿》再宣布停火两周:

台湾、澎湖、金门、马祖军民同胞们:

一星期过去了,炮没有打,一方清静。全世界欢迎,你们快乐。有几位先生有点不舒服,余悸犹存,胡思乱想。例如说:共产党向你们建议的是一条诡计。诡计吗?历史会来证明不是,而是一条较好的出路。例如说:七天之后又要大打。你们对我的第一封信有一个字没有看清楚,那就是"暂以七天为期"的那个暂字,意谓可能延长,七天是暂时规定。好几个星期以前,我们的方针就告诉你们的领导人了,七天为期,6日开始。

你们看见10月5日的《南洋商报》吗?行人有新闻观点,早一天露出去,那也没有什么要紧。政策早定,坚决实行,有什么诡计,有什么大打呢?一说共产党靠不住,你们有30年和我们打交道经验。让我们算一下账吧。我们和你们历史上有过两次和谈。一次,1945年,各党派开政治协商会议,地点重庆,通过了一个全民团结共同建国的协定。是谁撕毁这个协定的呢?国民党。又一次,1949年,两党代表团聚于北京,议定了48条和平协定,双方全权代表签字同意。是谁不愿意批准这个协定宁愿继续打下去的呢?国民党。由此看来,你们经验虽多,不会总结。你们不自反省,反而归结为共产党不可信任。颠倒是非,以至于此!你们靠美国吃饭。靠得住吗?肯定靠不住,迟早他们要把你们抛到东洋大海里去的。下毒手要一下子置你们领导人于死地的,不是美国人吗?那个美国走狗孙立人将军,不是被你们处置了吗?他是你们的一个武贼。洋奴胡适,组成派别,以自由、民主为名,专门拆国民党的台。你们不是大张挞伐,拼命抵抗过一阵子吗?他算是一个文贼,仗美反华,余威尚在,我看你们还难安枕吧。你们看,美国人有一毫一厘一丝一忽所谓仁义道德吗?其他种种,千件万件气死人的事,你们一一亲历,不必我来多说。积怨如山,一旦爆发,于是有去年5月24日之役。这在中国历史、世界历史都要大书特书的。什么美国大使馆,三拳两脚,打个稀烂。做得对!做得好!因为那些人欺人太甚。

你们有些人说:共产党离间你们与美国人的关系。什么叫离间?你们对待一个文贼,一个武贼,一个大使馆,较之我们说几句闲话,即便叫作离间,谁的分量重一些呢?我们就是企图唤醒你们,坚决跟美帝国主义离开,跟伟大祖国靠拢,这样难道不好吗?我们无求于你们,只是希望你们实行孙中山先生的爱国三民主义,然后逐步进到社会主义,如此而已。自从美帝国主义占据台湾以来,形势已经改变了。美帝国主义成了我们的共同敌人。国民党已经不是我们的主要敌人。我们和你们还是敌对的,但这种敌对,较之民族矛盾,已经降到第二位。

几年前,周恩来总理即向你们建议谈和,就是这个道理。如果和谈胜利妥洽成功,则我们两党又可以化敌为友。我们建议:台湾、澎湖、金门、马祖全体军民同胞团结起来,采取坚定而又灵活的政策,减少你们内部的摩擦,一致对付民族敌人。你们的一位军事发言人说:停火七天太短,没有码头,全靠手搬,供应不了许多东西。这是实情。为此,我们决定,再停七十天,从本日算起。期满如有必要,可以考虑延长。你们怕我们大举进攻。那么,你们可以做一些事情:多运粮,厚筑墙。你们中间又有人说:停停打打,打打停停,这是共产党的又一条诡计。告诉你们:确是如此,但非诡计。谈判未举行,和平未实现,贵我之间战争状态依然存在,当然只好谈谈打打,打打停停。但是这里所说的谈,不是华沙会议的谈判,专指我们两党之间的谈判。内政问题,不容外国干涉，华沙未便谈此。华沙谈的，是一个美国人走路的问题。

美国人同我们讲生意，想以金、马换台、澎，造出两个中国来。他们的梦多么甜蜜啊！停火，停火，再一个停火！我们不知道美国官员们究有多少常识。看起来似乎不很多吧。说他们代表美国自己谈这个问题吧，中美之间并未开战，无火可停，他们不能代表自己。说他们代表你们吧，也是冒充。你们的领导人反对华沙谈判，并且讥笑停火。你们没有委托美国人当代表。假如委托了，我们也不同意。为什么我们中国两个政党不去直接谈判，要委托一个外国做代表呢？这种谈判，我们感到羞耻，因此不可以谈。华沙谈的，只能是一个中美关系问题，一万年也是如此。

台湾的朋友们，不可以尊美国为帝。请你们读一读《鲁仲连传》好吧？美国就像那个齐湣王。说到齐湣王，风烛残年，摇摇欲倒，他对鲁卫小国还要那样横行霸道。六朝人有言：韩亡子房奋，秦帝鲁连耻。本自江海人，忠义感君子。现在是向帝国主义造反的时候了。

毛泽东的这个《再告台湾同胞书稿》虽未发表，但是足以看到希望国共两党"化敌为友""一致对付民族敌人"的愿望。正是因为有此基础，才能让一辈子受尽了外国列强欺凌的蒋介石，在金门战役延宕的60多年里，与死对头毛泽东达成了某种"默契"。

是日，《厦门日报》第一版头条特大标题刊登《我国防部命令前线三军，金门炮击再停两周，美国护航立即开炮》。

经过1958年的"炮击金门"，海峡两岸领导人在"一个中国"共同利益的基础上，配合默契，台湾军队始终未从金、马撤出，这就挫败了美国"划峡而治"的阴谋。同时，海峡两岸的政策都进行了调整，由过去激烈的军事对抗，转为以政治对抗为主、军事对抗为辅的冷战对峙状态。并致力于以"谈判"的方式，来最终解决"国家统一"的问题。

是日，毛泽东在周恩来、李济深、张治中、程潜、章士钊的陪同下，接见了定居香港的新加坡《南洋商报》撰稿曹聚仁，并对他说：

只要蒋氏父子能抵制美国，我们可以同他合作。我们赞成蒋介石保住金、马的方针，如果蒋撤退金、马，大势已去，人心动摇，很可能垮。只要不同美国搞在一起，台、澎、金、马都可以由蒋管……

章士钊插话说：这样，美援会断绝。

毛泽东说：我们全部供应。他的军队可以保存，我不压迫他裁军，不要他简政，让他搞三民主义，反共在他那里反，但不要派飞机，派特务来捣乱。他不来白色特务，我也不去红色特务。

曹聚仁问：台湾有人问生活方式怎样？

毛泽东说：照他们自己的生活方式。

这一谈话说明，"金门"与"马祖"，已成为毛泽东与蒋介石政治博弈的"纽带"。毛泽东对"统一"的渴望，也已显现无遗。与蒋介石斗争了一辈子的毛泽东，此时此刻完全在以一种心理优势的方式，将当年抗击日寇时期的"延安特区"模式，来"反哺"于蒋介石。"一国两制"也由此被提了出来。这一智慧，当然也就是后来邓小平加以继承并延续的"一国两制，统一中国"思想的来源。但是，抱守王阳明"知行合一"的蒋介石，一直在坚持着自己的"三民主义，统一中国"，且以曾文正公秉持的"倔强"方式，将"反攻大陆"的梦想，坚持做到了最后。

14日，《厦门日报》第一版报眼刊登《本省前线官兵执行国防部命令，暂停炮击严阵以待》："……今天，蒋军运输舰艇继续向金门运送着补给物资。金门等岛上的蒋军也继续在地面上自由活动……"

17日，黄克诚在总参干部党员大会上讲话，着重阐述了中央在解决台湾问题上的斗争策略。

18日，美国宣布，国务卿杜勒斯21日到台湾同蒋介石会谈。

19日夜，美军军舰又恢复了对金门海域的护航活动；

20日中午，周恩来向毛泽东呈送《关于恢复炮击金门的报告》：

警告美国在金门海域护航的新闻已于今日12时半起广播，连续2次，中外文相同。新闻稿附后。国防部命令稿已写好，现送上请批阅后即退我,再以打字稿分送邓、陈、黄三同志核阅。厦门前线,一切准备好了,已分别以电话和文字命令下达,由克诚签发,并告以炮击只限于金门各岛的工事、阵地和滩头船只,不打民村、兵房和指挥机关,更不误击美国船只,我空海军均不出动。国防部命令拟3时广播,以口头广播读完后,立即开炮,中外文语同时广播……

同日13时,毛泽东对《关于恢复炮击金门的报告》做出批示:

照办。口头广播后,隔一小时,或半小时,开始炮击,较为适宜。

同日15时,中央军委命令福建前线部队:

宣布停火无效。

同日16时,解放军恢复炮击大、小金门,大担、二担岛屿上的国民党军炮兵、雷达阵地,料罗湾停泊的国民党军舰等。并规定,不打美国军舰和各岛房舍,海空军不出动。炮兵以1小时左右时间猛烈炮击,然后,除压制敌人炮火外转入零炮射击,日夜不停。

迄黄昏止,此自"八二三"以来的第5次大规模"炮击金门",共射击11500余发。金门本岛的国民党军炮兵,亦于17时,集中7个营的炮火,予以反击,在国际上引起了强烈的反响。

21日,《厦门日报》第一版头条特大标题刊登《美舰公然护航,蒋帮拒绝和谈,国防部命令我军恢复炮击》《我宣布恢复炮击后,美蒋陷入一片慌乱》。英国《曼彻斯特卫报》评论说:

中国共产党恢复炮击金门的明显原因是要向美国国务卿杜勒斯表明,只要他们喜欢这样做,他们就能够这样做。

同日,杜勒斯飞抵台北,劝蒋介石撤退在金门、马祖的驻军,并停止对大陆使用武力。蒋介石甚为愠怒:

在我活着的时候不会撤军!

同日下午,毛泽东在政治局会上说:杜勒斯跑到台湾去,是要蒋介石从金、马撤兵,以换取我承诺不解放台湾,让美国把台湾完全掌握在自己手中。蒋介石不答应,反而要美国承担"共同防御"金、马的义务。两人吵了起来,结果各说各的,不欢而散……美国人力图把蒋介石的"中华民国"变成附庸国甚至托管地,蒋介石拼死也要保持自己的半独立性,这就发生矛盾。我们不登陆金门,但又不答应美国人的所谓"停火",这更可以使美蒋吵起架来。

其后,杜勒斯与蒋介石发表公报:

在目前情况下,金门连同马祖的防务,是同台湾和澎湖的防务密切相关的。

22日,《厦门日报》第一版头条刊登《让台湾顽固派清醒点,我强大炮兵惩罚金门蒋军》:

遵照……命令,在20日下午4时全线恢复了对金门蒋军的炮击……15时正……沉寂了十四天的无数门大炮,昂首直指金门。16时,惩罚性的炮击开始了。大群大群的炮弹呼啸着直奔金门……顷刻间,大小金门等岛屿的蒋军阵地被浓烟烈火吞没了。

英国《苏格兰人报》发表重新恢复"炮击金门"的评论:

他们大概会停停打打。对他们来说,把金门作为一个使蒋和美国人发生纠纷和使台湾问题一直搞得火热的手段,要比金门落入他们手中更为有价值。

23日,蒋介石、蒋经国父子视察金门,在鹊山国民党军阵地眺望大陆沿海形势。

是日零时10分,黄克诚在北京总参作战室,给福建前线部队副司令员张翼翔打电话:

杜勒斯与蒋介石谈得不好,弄翻了,杜要蒋从金门撤退,蒋不干,杜的意图是在金门、马祖搞非军事化,产生了严重分歧,要少打炮,送杜勒斯回老家去。

25日，解放军宣布："每逢双日不打炮，逢单日为炮击日。"

是日，毛泽东以彭德怀名义发表《再告台湾同胞书》：

台湾、澎湖、金门、马祖军民同胞们：我们完全明白，你们绝大多数都是爱国的，甘心做美国人奴隶的只有极少数。同胞们，中国人的事只能由我们中国人自己解决。一时难于解决，可以从长商议。美国的政治掮客杜勒斯，爱管闲事，想从国共两党的历史纠纷这件事情中间插进一只手来，命令中国人做这样，做那样，损害中国人的利益，适合美国人的利益。就是说，第一步，孤立台湾；第二步，托管台湾。如不遂意，最毒辣的手段，都可以拿出来。你们知道张作霖将军是怎样死去的吗？东北有一个皇姑屯，他就是在那里被人治死的。世界上的帝国主义分子都没有良心。美帝国主义者尤为凶恶，至少不下于治死张作霖的日本人。同胞们，我劝你们当心一点儿。我劝你们不要过于依人篱下，让人家把一切权柄都拿了去。我们两党间的事情很好办。我已命令福建前线，逢双日不打金门的飞机场、料罗湾的码头、海滩和船只，使大金门、小金门、大担、二担大小岛屿上的军民同胞都得到充分的供应，包括粮食、蔬菜、食油、燃料和军事装备在内，以利你们长期固守。如有不足，只要你们开口，我们可以供应。化敌为友，此其时矣。逢单日，你们的船只、飞机不要来。逢单日我们也不一定打炮，但是你们不要来，以免受到可能的损失。这样，一个月中有半月可以运输，供应可以无缺。你们有些人怀疑，我们要瓦解你们军民之间官兵之间的团结。同胞们，不，我们希望你们加强团结，以便一致对外。打打停停，半打半停，不是诡计，而是当前具体情况下的正常产物。不打飞机场、码头、海滩、船只，仍以不引进美国人护航为条件。如有护航，不在此例。蒋、杜会谈，你们吃了一点亏，你们只有代表"自由中国"发言的权利了；再加上小部分华侨，还许你们代表他们。美国人把你们封为一个小中国。10月23日，美国国务院发表10月16日杜勒斯预制的同英国一家广播公司所派记者的谈话，杜勒斯从台湾一起飞，谈话就发出来。他说，他看见了一个共产党人的中国，并且说，这个国家确实存在，愿意同它打交道，云云。谢天谢地，我们这个国家，算是被一位美国老爷看见了。这是一个大中国。美国人迫于形势，改变了政策，把你们当作一个"事实上存在的政治单位"，其实并非当作一个国家。这种"事实上存在的政治单位"，在目前开始的第一个阶段，美国人还是需要的。这就是孤立台湾。第二个阶段，就要托管台湾了。国民党朋友们，难道你们还不感觉这种危险吗？出路何在？请你们想一想吧。此次蒋杜会谈文告不过是个公报，没有法律效力，要摆脱是容易的，就看你们有无决心。世界上只有一个中国，没有两个中国。这一点我们是一致的。美国人强迫制造两个中国的伎俩，全中国人民，包括你们和海外侨胞在内，是绝对不容许其实现的。现在这个时代，是一个充满希望的时代，一切爱国者都有出路，不要怕什么帝国主义者。当然，我们并不劝你们马上同美国人决裂，这样想，是不现实的。我们只是希望你们不要屈服于美国人的压力，随人俯仰，丧失主权，最后走到存身无地，被人丢到大海里去。我们这些话是好心，非恶意，将来你们会慢慢理解的。

　　毛泽东"隔日炮击"的手段，使蒋介石有了充分的理由拒绝从金门、马祖等外岛撤军，打破了美国试图搞"两个中国"的阴谋，又让金门继续成为了套在美国脖子上的"绞索"，无法得以解开。但是，也让"国家"的观念，在金门战役延宕的阴影下，两岸经历了60多年后，台湾的"三民主义"和大陆的"社会主义"各自发展的距离，让"统一"之路变得更加扑朔迷离起来。

　　25日，从"八二三炮击"开始至该日，共计64天时间里，大陆解放军总共向金门及其周边岛屿发射炮弹45万发，平均每天倾泻在金门岛上的炮弹，有10898枚。

　　整个金门岛等于被犁了不止一遍。

　　26日，《厦门日报》第一版头条刊登"国防部彭德怀部长再告台湾同胞，不要屈服于美国人的压力，我已命令福建前线，逢双日不打金门的飞机场、料罗湾的码头、海滩和船只,使金门军民同胞都得到充分供应;仍以不引进美国人护航为条件,如有护航不在此例"。

27日,《厦门日报》第二版刊登《金门蒋军进行轮换,胡琏请"长假"回台北》:

金门蒋军司令胡琏最近已经请"长假"回到台北。他的'金门防卫司令'一职,现在由"副司令"柯远芬代理。消息说,蒋经国在23日曾到金门视察军事设施和军队。

31日上午2时,毛泽东致函周恩来、陈毅、黄克诚:

恩来、陈毅、克诚同志:应将逢双日不打的地方加以推广,就是说,逢双日一律不打炮,使蒋军可以出来活动,晒晒太阳,以利持久。只在单日略为打一点炮。由内部通知福建实行,暂不再发声明。待有必要,再考虑发一声明。此事,请你们商量酌定。我今日下午南下。

是日,《厦门日报》第四版刊登《金门蒋军士兵厌战,共同社记者说主动权在我手里》:

记者在上次暂停炮击金门期间到那里进行过访问……目前半打半停的情况下,而且对岸的共产党中国说,如有所需,随时可以供应。这已经成了一种奇怪到很难说是战争的战争了……围绕着金门的战斗已经变成一场大人对小孩的战斗了。共产党中国估计金门迟早会到手,表现出悠悠然的态度,共产党中国高兴什么时候炮击金门,就什么时间炮击,主动权为共产党中国所掌握。

此后,"炮击金门"不但变为单日打,双日不打,而且炮击实际上只是一种象征性的,虽然双方并没有什么正式的协议,实际上成为一种不成文的默契。

解放军对金门打炮,不打阵地和居民点,只打到海滩上。金门国民党军的回炮,同样也只打到大陆的海滩上。后来又发展到逢年过节,停止三天炮击,让金门军民平安过节。金门方面也照此办理。

叶飞在回忆录中说：

这真是古今中外战争史上的奇观……后来讲"三通"，其实前线和金门之间早就用各种特殊的形式"通"了。

共同社记者对"金门的战斗已经变成一场大人对小孩的战斗"的描述，生动地体现了由金门战役登陆作战延宕至"炮击金门"隔海作战的方式，已经由"被动"转变为"主动"。而这样"大人对小孩"的战略效果，正是毛泽东所要达到的。

此间，台湾国民党发表《蒋杜会谈公报》，表示放弃武力"反攻大陆"，沿海小股骚扰活动也暂时沉寂。金门撤减一个步兵师，并开始修筑大量地下工事，加强阵地纵深防御能力。

1958年11月

2日上午5时，毛泽东在郑州致函周恩来、陈毅、黄克诚：

恩来、陈毅、克诚同志：建议明三日（逢单）大打一天，打一万发以上，对一切军事目标都打，以影响美国选举，争取民主党获胜，挫败共和党。同时使蒋军得到拒绝撤兵的口实。是否适宜，请加酌定。

3日，为揭露美国的战争边缘政策，惩罚金门国民党军对大陆岛屿滥施轰炸，解放军对金门再次进行了大规模炮击。

4日，《厦门日报》第一版头条发表《我前线部队炮轰金门，万余发炮弹倾泻蒋军军事目标》：

今日为单日，截至下午4时止，我福建前线部队对金门群岛发射了一万数千发炮弹，猛烈地轰击了该处的军事目标。为了使金门群岛军民同胞避免可以避免的伤亡，我福建前线司令部昨日已经向金门做了如下的广播，提出了及时的预告："金门群岛军民同胞们注意：今日11月2号，是个双日，我们一炮未打，你们得到补给。明日，11月3号，是个单日，你们千万不要出来。注意！注意！"

这场"大人对小孩"的"隔日炮击"作战方式,终于把蒋介石激怒了。于是,在金门向厦门等地回击的炮弹中,掺杂了毒气炮弹。

5日,《厦门日报》第一版头条发表《如果蒋军继续施放毒气炮弹,我军将予严重惩罚,国防部发言人严斥美蒋挑衅》:

新华社北京4□□□□下午3时在福建前线敌我双口战中,金门□□□公然使用了毒气炮弹向我军攻击。□查明系持久□□□剂,我军中毒14人。必须指出,国民党□□□这一新的军事挑衅,是在蒋(介石)、杜(鲁门)会谈和美国把大量军火物资供给国民党军队以后发生的。因此,这是一次极其严重的事件。我国防部发言人奉命郑重声明:中国人民解放军对美国和国民党军队的这种罪行,表示极大的愤慨。如果国民党军队胆□□□施放毒气炮弹,我军将给予严重的惩罚。(引文中的"□",为报纸残缺,或污损无法辨识之字。)

是月,毛泽东起草《中华人民共和国国防部三告台湾同胞书》:

台湾、澎湖、金门、马祖军民同胞们:鉴于金门群岛国民党军队广大官兵的良好反映,本部关于双日停止炮击金门飞机场、料罗湾的码头、海滩和船只这四种军事目标的规定,现在宣告推广到其他一切地区的军事目标,逢双日都不打炮,打炮一律于单日行之。有些目标,例如飞机场、料罗湾的码头、海滩和船只,单日也不一定打炮,但你们的飞机、船只以不来为宜,免受可能的损失。禁止美国人护航,仍如历次文告所规定。周恩来总理两年以前即向你们建议举行和谈,合理解决国共两党历史纠纷,和平解放台湾地区,未获你们积极响应。美国人下死劲钳制台湾当局,不许他们和我们举行和谈,一心一意要干涉中国内政。美国人非常惧怕和平,非常惧怕国共两党重新接近,谈出一个和平局面来,妨碍他们孤立台湾和托管台湾的阴谋计划。我们必须击破这个计划。我们希望台湾当局有一天甩掉美国人那只钳制魔手,派出代表,举行和谈。我们的和谈是真和谈,谈成了,内战就可以宣告结束,全体中国人团结起来,一致对付外来的威胁,岂不是一件好事吗?美国人同国民党之间的所谓团结、互信云云,讲讲而已,归根到底是靠不住的。尽管申明一千次,连你们自己也不相信。同胞们,我们都是中国人。我们相信,在美国人要把国民党置之死地的时候,国民党就会觉悟过来,和谈就有可能成功,对于这件事悲观是没有根据的。亲美派散布出来的一切悲观言论,希望你们最好不要听。

是年,金门开始从马山、南山、官沃、妈祖官4个发射点,向大陆发射"宣传弹",使用155榴弹炮,单日打,偶尔双日打,从晚上20点至22点左右结束。

第二节
美国的战争边缘政策与蒋介石
不做"总统"我们也不赞成

1959年1月

7日,为揭露美国的战争边缘政策,惩罚金门国民党军对大陆岛屿的滥施轰炸,大陆向金门实施了6次大规模炮击。自此,金门国民党军炮击大为收敛,对大陆只维持零炮袭扰。美中在台湾海峡的武装力量,也逐渐回复到"八二三炮击"金门前的状态。

9日,中央军委作出规定:

今后逢单日,不一定都打,可以采取隔一或两个单日打一次的办法,不要形成规律。但敌向我打炮时必须立即予以还击。

"炮击金门"转入隔时打炮和零炮射击,炮击次数逐渐减少,多以示威性炮击为主。

"炮击金门",先是毛泽东对台湾问题没有得到响应的一种"无奈"

之举,后是毛泽东运用政治斗争、军事斗争、外交斗争和舆论宣传攻势的一种手段,并将"台湾问题"交融于一体的重大行动,尽管炮击金门未能也不可能从根本上解决台湾问题和中美关系问题,但对于蒋介石反攻大陆的嚣张气焰,特别是对美国搞"两个中国"的企图,都是一个沉重的打击。

15日,大陆向金门做突然性零星扰乱射击。

此后,每逢单日,仅做小规模射击,或发射宣传弹。金门岛的国民党军,亦利用单日对大陆进行零星射击,或发射宣传弹。

21日,毛泽东发表《关于台澎金马要统统一起收回》谈话:

卡德纳斯:台湾地区现在怎样?

毛泽东:不会和美国人打,我们还是内战的形势。我们还不想要金门、马祖,美国人想以金门、马祖来换台湾、澎湖。我们总要收复这些地方的,要统统一起收回。杜勒斯去年12月在巴黎说,他们对金门、马祖不感兴趣,这话是真的。他们企图把金门、马祖还给我们,使占领台湾、澎湖合法化,这对我们不利,因而不如让蒋介石在金门、马祖待一下有利。你们很远的朋友恐怕不甚清楚这件事吧?

卡:在这方面和美国有没有谈判?

毛:有呀! 他们企图以金门、马祖换台湾和澎湖,要我们走杜勒斯的路线。我们回答,杜勒斯路线我们不走,你要撤退你的军队,如不从台湾、澎湖撤退,问题不能解决。谈判还是继续,但是他们讲他们的,我们讲我们的,谈了3年了,可能再要谈30年。他们不要破裂,我们也不要破裂。谈判最长久的,恐怕是我们和美国的谈判了,不断,但谈不拢。

卡:他们不同意中国建议的东西?

毛:我们建议他们从日本、南朝鲜、菲律宾撤退,由各国人民自己管自己的事。何必管人家的事? 我们也不要管檀香山和中途岛的事。

卡:自己的事自己管是自然的。他们还有别的侵略事件吗?

毛:现在稍为谨慎一点。美国过去只承认我3海里领海权,现在他们又不来了。他们是在紧张时期故意侵犯,现在稍为和缓一些,主要军舰已撤到日本去了。去年8、9月,他们到处调兵遣将,由欧洲、日本、马尼拉把他们最大的兵力调到台湾海峡。去年7月的中东事件和8月的台湾事件,使美国非常惊慌失措。去年伊拉克革命胜利后,7月他们在黎巴嫩登陆,后来全世界反对,他们便撤走了。在联合国通过撤兵决议后第3天,我们在金门打炮,于是他们就以为我们要收复金门了。他们惊慌失措,调兵遣将。去年11月,他们的共和党在选举中失败了。

卡:这失败证明美国人民对政府的政策是不赞成的。美国利用蒋介石在台湾还想制造什么事件呢?

毛:蒋介石不可能制造什么事件。美国人想不要蒋介石,蒋介石不完全亲美。美国人想用另一种人来做他们的傀儡。在这方面,现在世界上不同意美国的人除了我们,就是蒋介石,我们和蒋介石比较一致……

毛:再过10年、15年,世界局势对我们更好。

1959年3月

3日,毛泽东发表《关于以"战争边缘政策"来对付美国的"战争边缘政策"》谈话:

你们知道去年的金门事件吗?那个岛只有8万人口,现在已是世界有名。美国的方针是把金门、马祖两个岛交给我们,以此作为交换条件,让它继续占领台湾。这生意不好做。我们要留蒋介石在这两个岛上,要不我们就把台湾、澎湖、金门、马祖等岛全部拿回来……

在美国看来,好像西太平洋不是我们这些居住在西太平洋地区的人的,而是美国人的,你们讲讲这公道吗?……

我们对美国不妥协。它不承认我们,我们也不承认它;它承认我们,我们也不那么高兴。至于中华人民共和国进联合国好不好,我们也考虑过,要他们驱逐了台湾的代表,请我们进,我们才考虑进……西方国家不承认我们在国际上的合法地位。因此,我们也就可以"无法无天",不受约束。

去年,我们学了杜勒斯的"战争边缘政策",杜勒斯当了我们的先生。他的"战争边缘政策"是对着我们的,我们也用"战争边缘政策"对付他们。国民党同我们打了几十年仗,我们还在继续打国民党。国民党没有饭吃,美国给他们吃。美国的军舰距离在我们炮弹射程之内的海岛只有3海里。他们在战争的边缘,我们也在战争的边缘。我们以"战争的边缘"来对付"战争的边缘",结果他们不敢前进,只到战争的边缘为止。我们不打他们,他们也不敢动,他们看我们,我们看他们,看了两个多月……

我算了一笔账,从去年5月起有6件事情整了美国……

接着就是金门事件。我们不想叫美国休息,在联合国通过美国军队撤出黎巴嫩决议的第2天,我们就向金门岛开炮,闹得全世界摸不到我们的底。杜勒斯也忙得很,从东太平洋调动兵力,兵力不够,又从地中海调。杜勒斯自己讲,这是美国在第二次世界大战以来最大的一次海、空军的集中,美国把它仅有的12艘航空母舰中的6艘开来了。这是第五件……

现在美国的调子一天比一天低了,大规模的报复不太讲了……

从1958年10月25日到该月底,第二十八军参加每逢双日不打,逢单日为炮击日的"炮击金门",全军团属炮兵12个连、营属炮兵15个连和步兵团9个高机排,都参加了轮战。

1959年5月

10日,毛泽东发表《关于美国必须从台湾撤军》谈话:

台湾问题暂时不能解决,问题是美国霸占着。台湾人民很不喜欢美国人,也不喜欢蒋介石。但是要蒋介石好呢,还是不要他好?现在要他好,他是亲美派,但他还想自己统治。另外一批人也是亲美派,但想完全投降美国。现在的一个具体问题是,蒋介石明年还做不做总统。美国不想让他做,但我们认为他应该做。他想要有自己的军队。你们知道,1957年5月24日台湾人民打烂了美国"使馆"。美国人怀疑是蒋介石的儿子蒋经国搞的,他们认为蒋经国不可相信,因为他去苏联住了十来年,娶了苏联老婆。

去年打金门,那里没有美国军队,只有美国一个工作组,十几个人。这个地方和美国没有条约关系,而台湾却和美国有条约关系。我们打金门是内战问题。杜勒斯的方针是叫我们和蒋介石都不打。我们说,你们管不着,这是我们中国的地方,我们打不打是我们的事,你们不要多管;我们和你们美国只在一点上有关系,就是要求你们从台湾撤军。正因为这样,我们才在日内瓦、华沙同美国谈判。美国要签订一个声明,要蒋介石不打我们,要我们也不打蒋介石。我们说不行,金、马、台、澎问题是我们的内政,你们管不着,唯一的问题就是请你们搬家。

看来我们和美国还得谈下去。它不赞成我们,我们也不赞成它,谈多久我们不知道。已经谈了3年半,恐怕还会谈10年,这是世界上最长的谈判。你们不要怕我们会打台湾。我们打金、马是为了帮助蒋介石,因为美国想把金、马让给我们,自己占据台湾。我们放弃金、马,都给蒋介石。蒋介石一困难,我们就打金、马,美国就可以让蒋介石继续做总统。

美国有"战争边缘政策",主要是为台湾问题而想出来的。去年我们也采取"边缘政策"。我们打金、马和蒋介石的增援船只,蒋介石就请美国帮助。美国人来了,但只在12海里以外。我们光打蒋介石的船,不打美国船。美国船升起国旗,叫我们不要打它。美国一炮也没有打我们,我们也没有打它。所以大家都在战争边缘上。

美国空军很守规矩,它总是和我们的海岸保持一定的距离。有一次我们打下了一架美国飞机,因为它越了境,但美国不作声,不要我们赔。美国是强国,霸占的地区太宽,它的十个指头按着十个跳蚤动不了啦,一个跳蚤也都抓不住。力量一分散,事情就难办了。

1959年7月

17日至8月22日,庐山会议期间,毛泽东同黄克诚谈话时提到"炮

击金门"作战,黄克诚当面向毛泽东提出:

炮轰金门、马祖,稍打一阵子示示威也就行了。既然我们并不准备真打,炮轰的意义就不大,打大炮花很多钱,搞得到处都紧张,何必呢?

其后不久,黄克诚被打成"彭德怀反党集团"的主要成员,直到18年后的1977年11月,才被彻底解放,并任命为中央军事委员会顾问。

1959 年 8 月

22日,"炮击金门"一年整,金门本岛的统计总数为:落弹643831发。

1959 年 9 月

15日,毛泽东在民主党派负责人座谈会上说:

金门打炮每一个环节都是我跟总理搞的,如何打法等等。那么一个严重的局面,美国12艘航空母舰来了6艘,第七舰队是他最大的舰队,搞边缘政策,护航。这个地方是美国军舰,这个地方是国民党军舰(毛泽东用两个茶杯做比较),相隔这么一点。他这里铺起美国国旗也不动,他也不打我们,我们也不打他,我们专打国民党。这个事情不能粗枝大叶,要很准确,很有纪律……要把金门、马祖搞回来。后头……形式不对了,金门、马祖还是留给蒋委员长比较好,金、马、台、澎都给他。因为美国就是以金、马换台、澎这么一个方针,如果我们只搞回金、马来,恰好我们变成执行杜勒斯的路线了。所以,10月回到北京的时候就改变了,金、马、台、澎是一起的,现在统统归蒋介石管,将来要解放一起解放,中国之大,何必急于搞金、马?这样,我们就不会变成杜勒斯的部下了,不然他就是我们的领导者,就是以金、马换台、澎,蒋介石不做总统。

蒋介石不做总统,这个我们也不赞成的。美国人压迫他,不要他做总统,要陈诚做,讲好了的,蒋介石答应了的,陈诚也答应了的。后头我们这个消息使他知道了,他就有劲了,共产党支持嘛(笑声),他现在决定做总统了,是蒋介石做总统比较好,还是别人做比较好?在目前看,还是蒋介石比较好。他这个人是亲美派,但是亲美亲到要把他那点东西搞垮,他就不赞成。

1959 年 10 月

1 日,福建前线指挥部急电,请求向国外订购一三〇加农炮及一〇〇以上高射炮,调补加农炮弹。黄克诚一面部署调补,一面给彭德怀写报告,提请向苏联紧急订购,并提议适当减少发射炮弹数量。福建前线指挥张翼翔,也心疼地提醒炮兵指挥员:

"要注意节约炮弹,不要乱打……购一发大口径加农炮弹,要花四两黄金的钱啊!"

是日,毛泽东发表《关于反对美国推行"两个中国"的政策》谈话:

一、……去年赫鲁晓夫同志来北京,以及 9 月间金门、马祖大战后葛罗米柯同志来北京期间,我们曾交谈了一些问题,其中一个问题是,谁怕谁多一点……我们两方面彼此都有些害怕。我们也怕帝国主义,怕美国、日本、阿登纳,怕它们捣乱和破坏,说不怕是不合乎事实的。但是西方现在是怕我们多一些,资本主义世界怕社会主义世界多一些。

二、我们绝不要别国的一寸土地。对于我们自己的台湾,我们也不准备现在就去解放,晚 10 年、20 年甚至 30 年去解放也不要紧。就是只离我们大陆几公里的金门、马祖,我们也不准备马上去解放。美国的政策是要迫使蒋介石让出金、马,使台湾和金、马分开,这样台湾就离大陆更远了,便于美国推行"两个中国"的政策。我们不赞成它这个政策,因此我们不忙于去解放金、马,而让蒋介石在那里。蒋介石也不赞成"两个中国",因此在这一点上,我们同蒋介石有共同点。我们当时炮轰金、马也是蒋介石所需要的。不打一下,美国就要更多地欺侮蒋介石,不给钱,不给武器。一打,蒋介石就好说话了,说我们怎能在共产党的炮火下屈服。

美国并不喜欢蒋介石,它喜欢的是"副总统"陈诚和一些百分之百地赞成美国的人。蒋介石是百分之九十九赞成美国,还有百分之一不赞成。在美国很大的压力下,蒋介石本来打算不做"总统"了,后来还是我们告诉他做下去好,现在他又起劲了。可以说现在全世界只有我们是唯一支持蒋介石做"总统"的了。这个问题很微妙。如果以后我们又炮轰金、马,这是说蒋介石又需要了。你们不要怕,不会出乱子的。

在蒋介石同美国签订的条约中,并没有把金、马包括在内,因此美国对金、马并不承担有义务。美兵舰一直也是严格遵守了它自己的3海里的规定,从未越入3海里之内。我们对它警告六七十次,是警告它破坏了我们的12海里的规定。美国很害怕蒋介石引起战争,杜勒斯曾要蒋介石一起发表声明,不向大陆进攻,蒋介石也同意了。

去年……8月23日我们炮轰金门。这一下使美国很紧张,转不过脑子来,把地中海的第六舰队,在旧金山、日本、菲律宾的舰只和飞机,都往台湾海峡调遣。当时赫鲁晓夫同志还发了一个照会给美国,谴责美国自由地调动舰队,被美国退回了。现在美国却不得不请赫鲁晓夫同志去访问了。

总之,美国霸的地方太宽……东起台湾……

2日,毛泽东发表《关于台湾问题有和平解决或武力解决两个方法》谈话:

我们历来都讲,台湾问题是中国的内政。

中国一定要解放台湾,解放的办法有两个:一个是用和平的方法,一个是用战争的方法。

万隆会议时,周恩来总理就声明过,愿意同美国坐下来谈判。后来就谈了,一气谈了四年,先在日内瓦,后到华沙;先是一个星期一次,后来是两个星期一次、一个月一次,现在是两个月一次。双方都不想中断谈判,美国曾经中断过一个时期,后来我们去了一封信,说不谈不好,并且提出了谈判时间。他们说,限定时间,他们不能遵守,但是谈判可以恢复。我们说谈判可以拖一年,后来金门一打炮,谈判就恢复了。谈判地点,根据美国的意见迁到了华沙。在谈判中，我们只是向他们提出一点，就是要他们从台湾撤军，撤军就没事了嘛。剩下来的就是我们同蒋介石的事了，我们可以同蒋介石公开谈判。可是，美国不干，他们怕蒋介石同我们谈判。我们在金门打了炮，实际上并不是战争。我们并不想一下子把台湾等地拿下来，可以把它们放在蒋介石的手里，10年、20年、30年，都没有关系。

金门、马祖可以不拿下来，并不想为此而打仗。

中国问题和德国问题不同，不仅因为人口多少不同，而且因为中国在战时是个同盟国，战后是个战胜国，而德国是战败国……台湾和祖国大陆的分裂，并无任何国际协定来规定，因此英国对于美国侵台并不满意，甚至就连美国国内也有人不满。

5日，毛泽东《再谈台湾问题有和平解决或武力解决两个方法》：

台湾问题很复杂，又有国内问题，又有国际问题。就美国说，这是一个国际问题。国际问题只能通过和平道路解决，不能用武力解决。我们还在同美国谈判，可是美国没拿出名堂来。以前我们在日内瓦谈，现在在华沙谈，问题没有解决。我们要求美军撤出台湾，他们不干，我们只能等，他们要多少时间撤出，我们就等多少时间。我们不会首先同美国打起来的，同志们放心好了。就蒋介石说，台湾是一个国内问题。是否一定要用武力解决呢？也不是，我们准备同蒋介石谈判，但他不干。我们没有办法，可能有一天会打起来的。国内问题有两个解决办法，和平解决或武力解决。有人把台湾问题上的国际问题同国内问题混淆了起来。台湾只有一千万人口，几年不收回台湾（包括金门在内）也不要紧。

在台湾问题上，美国企图搞"两个中国"，一个大中国，一个小中国。他们说，德国有东德、西德两个，为什么不能有两个中国？我们说德国是战败国，第二次世界大战时是我们的敌人，按照波茨坦协定的规定分为两个。中国在第二次世界大战时是个同盟国。按丘吉尔、罗斯福、蒋介石参加的开罗会议的规定，台湾从日本手里归还中国。台湾本来就是中国的,日本人暂时占领了,日本失败后应归还中国。蒋介石失败后跑到台湾,在台湾建立政府。全世界还有许多国家同台湾当局有外交关系。我们反对"两个中国",蒋介石也反对"两个中国",我们有一致之处,有共同点。

24日,周恩来在北京接见曹聚仁,批评他不应该将解放军停轰金门、马祖的新闻卖给《南洋商报》。此后,曹聚仁与两岸和谈脱离了关系。1972年7月,曹聚仁病逝于澳门。

1959年12月

是月,解放军第二十八军炮兵,参加炮击金门;第二十八军奉命组建守备第八师。

年底,正在内蒙古参加国防施工的独五团(解放军装甲兵坦克独立第5团)接到军委调令:

开赴福建前线,改称二十八军坦克团(总装独五团番号保留),由二十八军使用并代管。

是年后,美国继续施压蒋介石撤离金门等岛屿,试图以"两个中国"的现实更好地对中南半岛的干预和渗透,蒋介石在美国的压力下,撤减了驻扎在金门的第九师,坚持"绝不放弃金、马",并利用大陆三年自然灾害和与苏联关系破裂的机会,声称此时是反攻大陆的"最好的时机",并成立了以蒋介石、陈诚为首的"反攻行动委员会",制订了集团军规模的"反攻大陆"作战计划,进行实战准备;

是时,毛泽东代表中共中央向全国人大常委会建议:

在国庆10周年的时候,特赦一批确实已经改恶从善的战争罪犯。

随后,中国政府特赦了33名战犯。其中,原属于蒋介石集团的有30名。

是年以后,金门为抗击来自大陆的隔海"炮击",所修筑钢筋水泥工事,要求能抗155毫米榴弹或五百磅炸弹一枚的直接命中爆炸;国民党军修订《官兵退役条例》规定：大陆老兵 45 岁，士官 50 岁，士官长 58 岁，台籍士兵率，此时已达百分之七十。

1960 年 2 月

12 日，第二十八军进行整编，军 37 高炮营奉命扩编为 85 高炮团，番号为中国人民解放军高射炮兵第 53 团。

是月，蒋介石第三次当选台湾"中华民国总统"，大陆捎话表示赞成。

第三节
蒋介石的"国光计划"与毛泽东的"关门打狗"

1960 年 4 月

1 日，蒋介石筹划反攻大陆"国光计划"：

第一阶段为：登陆和巩固滩头阵地，用 1 个陆战师和 8 个步兵师；
第二阶段：攻取漳平、南平，向左或右再攻取汕头，或厦门，用 14 到 16 个师。

"国光计划"除守卫金门、马祖的国民党部队外，将台湾本岛的国民党军队全部用上，并包括有从台湾空投 1 万名伞兵到云南、贵州地区，以阻断大陆对北越的援助等。其参战的团以上官员，都立下了遗嘱。

是日，美国太平洋司令费尔特说：

始终存在着在台湾问题上共产党中国人发生一场有限战争的危险。

美国民主党政策委员会主席鲍尔斯发表《重新考虑中国问题》主张：

鼓动金门、马祖等沿海岛屿的中立化。

1960 年 5 月

22 日，毛泽东主持召开中共中央政治局常委会议，鉴于美国不断对台湾施加政治、经济压力，打破其推行的"两个中国"图谋，中央认为必须寻找新的折中方案。毛泽东表示："蒋不要怕我们同美国人一起整他。""他们同美国的连理枝解散，同大陆连起来，枝连起来，根还是你的，可以活下去，可以搞你的一套。"军队也"可以保存，我不压迫他裁兵，不要他简政，让他搞三民主义"。"总的来讲，台湾宁可放在蒋氏父子手中，也不能落在美国人手中，对蒋我们可以等待，解放台湾的任务不一定要我们这一代完成，可以留待下一代去做。要蒋现在过来也有困难，问题是要有这个想法，逐步创造条件，一旦时机成熟就好办了"。台湾当局只要不使台湾从中国分裂出去，大陆就不改变目前的对台关系。

25 日，我国外交部向美国"提出了第一百次警告"。

1960 年 6 月

7 日，美国总统艾森豪威尔到达台湾访问前夕，美国在远东海、空军进入"高度戒备状态"，并进行挑衅性演习。台湾海、空军也加强了海面和空中巡逻，金门守敌进入特级战备。

是日，第二十八军炮兵 131、362、363 团、高炮 53 团奉命同兄弟部队炮兵一起，按照单日打炮的惯例，对金门实施"炮击"武装示威。

15 日，第二十八军对金门实施"炮击"武装示威。

17 日 19 时至 20 时，第二十八军按计划对金门实施火力袭击两次，每次持续 40 分钟。福建前线所有火炮一齐开火……万炮齐发轰"瘟神"。

连续几天的炮击，轰得艾森豪威尔在海峡对岸心惊肉跳，夜不成寐，于是提前结束在台湾的访问，匆忙走上归途。

19日晨,艾森豪威尔离台,第二十八军于6时、8时30分,对金门实施两次炮火袭击,每次持续50分钟。

此间前后,美国提出了"中华福摩萨国"(台湾旧称)和"托管"台湾等主张。

7至19日"武装示威"期间,厦门、大嶝岛,以"中国人民解放军福建前线司令部"的名义,连续广播毛泽东起草的《告台澎金马军民同胞书》:

艾森豪威尔要到你们那里"访问"了。

来者不善,善者不来……杜勒斯虽然死了,美国并吞台湾的心并没有死。艾森豪威尔的政策就是杜勒斯的政策……为了支持亚洲各国人民反对艾森豪威尔强盗旅行的正义斗争,为了支持台、澎、金、马爱国同胞对艾森豪威尔强盗旅行的正义斗争,为了表示伟大的中国人民对艾森豪威尔的蔑视和鄙视,我们决定:按照单日打炮的惯例,在6月17日,艾森豪威尔到达台湾的时候,在金门前线举行反美武装示威,打炮"迎送"。

美国的武装力量,近来不断向我们威胁和挑衅。我们这个决定,完全是为了向美帝国主义示威……在炮轰期间,你们务必多在安全地带,不要出来,以免误伤。你们的船,在这两天也要注意,切勿驶进炮轰地带,以免危险。

倘若有人不遵我们劝告,甘心为虎作伥,胆敢扰乱伟大的反美武装示威,必遭严惩,勿谓言之不预!

此际,内蒙古自治区解放军装甲兵坦克独立第5团,划归第二十八军的"坦克团"(总装独5团番号保留),参加了对大金门的炮战任务;解放军装甲兵坦克独立第5团,在福建晋江金井、围头公路以东,围头以北一线,以1个坦克连的兵力(8台坦克),以隔海作战的方式,2分钟10发急速射,共发80枚炮弹,参加了对大金门岛的炮击。

自此以后,为稳定台海局势,中央军委再未下达大规模炮击的命令。

1960年8月

5日,总参谋长罗瑞卿呈毛泽东《对金门蒋军向我炮击的处置意见》报告,汇报了金门国民党军在一段时间内向我炮击的情况,并提出四点意见:

一、立即加强侦察措施,进一步查明敌人这一炮击的企图。

二、对敌人的零星炮击,我可暂不置理。

三、如敌继续打炮,对我造成危害,我即考虑采取压制或惩罚性的炮击,但这种炮击,应报中央军委决定。

四、不管敌人的炮击企图如何,我厦门前线部队均应适当加以戒备。

7日,毛泽东批示《对金门蒋军向我炮击的处置意见》报告:"照办。"

1960年9月

23日,第二十八军守备88团8连,击退在围头海域活动的金门国民党军两栖侦察队。

1960年10月

13日之前,美国进行总统选举,肯尼迪和尼克松在竞选演说中都涉及金门、马祖问题:

如果能说服蒋介石,把防线划到台湾和澎湖周围,则美国卷入战争的机会将减少很多……金门、马祖对于防守台湾并非必不可缺。

13日,蒋介石针对美国选举中有关放弃金门、马祖的论调,宣称:

战至最后一人,亦不放弃金、马外岛。

22日,毛泽东会见埃德加·斯诺,发表《关于金门、马祖的谈话》:

斯:关于台湾问题,不知主席有没有看到在美国所进行的一场激烈辩论?是肯尼迪和尼克松两个人关于马祖和金门问题,以及美国对远东政策问题所进行的辩论。

毛:看了一些。

斯:他们争论得那么激烈,报上经常出现马祖和金门的名字,所以有一个人就编了一个笑话,说人们已经忘了两个总统候选人的名字,忘记了他们叫尼克松和肯尼迪,而以为他们叫马祖和金门。

毛:他们拿这个问题用在他们的竞选上面,这是因为美国人怕打仗。这两个岛靠大陆太近,肯尼迪就用这点想争取选票。

斯:但是,这也反映了一个事实,就是说在这个问题上,美国舆论有很大的分歧。一般说来,人们对这次竞选反应冷淡,但这个问题却引起了极大的兴趣,因为很多人反对美国的现行政策,所以这是一个真正的问题。

毛:尼克松有他的想法,他说非保护这两个岛不可。他也是为了争选票。这个问题使美国竞选有了声色。尼克松讲过了头,他说得好像美国政府有义务保护这两个岛。美国国务院说没有义务保护这两个岛。究竟保护不保护,要看时局,要按照当时的情况,由总统作决定。这是艾森豪威尔两年前的声明。

斯:有人提出这样一个问题:根据美国的宪法,新总统在11月初选出后,还不马上上任,而要等到明年1月。他们说,如果肯尼迪当选,而中国却在11月6日去占领金门和马祖,那时怎么办?

毛:他们是这样提问题的?

斯:直到明年1月,艾森豪威尔还是总统。

毛:我们不是这样看待这两个岛屿的。我们对这个问题有过公开声明,就是让蒋介石守住这两个岛屿。我们也不切断他们的给养。如果他们给养不够,我们还可以接济他们。我们要的是整个台湾地区,是台湾和澎湖列岛,包括金门和马祖,这都是中国的领土。关于这两个岛屿,现在在蒋介石手里,还可以让他们守住。看来,美国竞选的人还没有查清这个材料。

斯：很可能。

毛：这个问题有什么可争的？我们要的不只是金门、马祖这两个岛屿，而是整个台湾和澎湖列岛。这个问题可能要搅很长的时间。现在已经搅11年了，比方再过两个11年吧，或更长的时间，都有可能。因为美国政府不愿意放弃台湾。它不愿意放弃，我们也不去打，我们和它谈判，先在日内瓦，后来在华沙。它在台湾，我们也不会打。我们要谈判解决，不要武力解决。这条道理美国政府早已知道。金门、马祖我们也不去打，我们过去有过公开声明的。因此，战争的危险是没有的，美国可以放心继续霸占台湾。今年已经是11年了，又过11年，再过11年，不是33年了吗？也许在第33年，美国会放弃台湾的……

解决台湾问题是中国的内政，这点我们是要坚持的。虽然如此，我们不打。美国人在那里，我们去打吗？我们不打。美国人走后，我们就一定打吗？那也不一定。我们要用和平的方法解决台湾问题。我国好多地方就是用和平方法解决的……

月底，蒋介石再次视察金门、澎湖，并在金门提出建设金门为"三民主义模范县"，书写"经营战场，培养战力"以勉。

是年，以第十兵团领导机关为基础组成的福州军区领导机关，在副司令皮定均和副政委刘培善支持下，组织撰写第十兵团解放福建战史。在总结金门战役经验教训的基础上，刘培善以个人意见为主导，在总结金门战役时，战史中出现了极不符合史实的阐述和评价。

1961年2月

18日，第二十八军八十二师担任全国战备值班师。

1961年3月

20日，第二十八军炮兵131团，奉命参加莲河炮群作战值班。

1961 年 4 月

1 日,蒋经国成立以自主反攻为主轴的"国光计划"。

1961 年 5 月

1 日,萧锋与粟裕同在北京医院住院,晚上,窗外"五一"劳动节的焰火照亮了半个北京城。粟裕邀请萧锋一起到西房大窗户前观赏。两人坐下来后,萧锋又提到了金门失利。

萧锋说:

前线过错主要责任在我身上,兵团给了几个师……

粟裕说:

责任不在你萧锋,主要在三野前委……没有船,几个师有什么用?你们打大嶝岛,就知道胡琏兵团第十一师来了,可惜当时不知道他们来了多少……你提出三个条件下打金门,我做了复电!复电大意是,我知道了,在大陆多做些准备,延长点时间没有关系……我也电令江苏军区和山东军区,要他们各抽调 1500 名船工,支援十兵团并直接到二十八军报到,这些工作我也没有深入检查。

粟裕的坦诚和真诚,让萧锋多次在日记中,对这位自井冈山便在一起出生入死的老首长充满了敬意和感激。金门战役登陆作战失败之后的不公正待遇,对于萧锋来说,有没有怨言?当然有,面对自己伤病的身体,他在 10 月 26 日的日记里说:

忙活 14 年,仍当个副司令——1948 年秋,调华野十纵队担任副司令,至今已 14 年,其中倒霉 5 年,也不能对党对人民做更多的事情,只好安心现状。

其实,此时的粟裕,何尝又不是倒霉的时候呢?人在倒霉的时候,往往便会对自己以往的过失进行某种意义的反思和自省,粟裕作为一个有着高尚操守的人,亦如是。

1961年6月

13日,毛泽东同印尼总统苏加诺谈话,首次谈及容许台湾保持原来社会制度:

如果台湾不作为一个国家,没有中央政府,它归还中国,那么台湾的社会制度可以留待以后谈。我们容许台湾保持原来的社会制度,等台湾人民自己解决这个问题。

1961年9月

28日,经毛泽东亲笔批示:晋升萧锋为少将。

金门战役在经历了12年的伤痛后,在海峡两岸反复争夺、袭击、炮战的现实面前,毛泽东内心对金门战役的复杂性有了相当深刻的理解。当再次授衔和晋升军衔的名单摆在自己面前的时候,毛泽东内心怦然拨动了那根"都是井冈山上下来的人"的弦,终于,他在这位从井冈山就跟随自己"齐声唤、前头捉了张辉瓒"、忠诚一生而毫无怨言的爱将名字下,用那如椽的巨笔,点了萧锋的少将名字。

其实,毛泽东乃是一个很容易被内心情绪所左右的人,有时尽管作为领袖,应当具备高度的自制,但也常常会有情绪化的时刻。庐山会议上对待彭德怀,"炮击金门"3天后解除粟裕总参谋长职务,对萧锋在金门战役后的降职、处分,在1955年仅授予他"大校"等事,都说明了这一点。

然而,伟人之所以依然受到人民尊重的原因,就在于他对自己情绪化下所犯的错误,能够进行必要的自省,且能够找到准确的机会改过。这一改过的机会,对于萧锋在1961年晋升为少将来说,虽然这个早就应当得到的荣誉晚了整整6年,但当萧锋接到自己追随了一辈子的领袖毛泽东的晋升的命令时,仍然感恩涕零。为此,萧锋在这天的日记里写道:

今上班看到命令：党与政府重任我为装甲兵少将……今日党与人民仍然信任我……国务院总理周恩来。1961年8月14日命令：北京军区装甲兵副司令员萧锋晋升为装甲兵少将军衔……

是月，毛泽东接见蒙哥马利元帅，蒙哥马利称赞毛泽东是高明的军事家，用兵如神，特别是打"淮海战役"令人不可思议。毛泽东说：

在我的战友中，有一个最会带兵打仗的人，这个人叫粟裕，淮海战役就是他指挥的，他也是我们湖南人。

这一年，毛泽东先后对萧锋和粟裕，似乎都释放出了一种表示"悔过"的心意，这亦充分说明毛泽东内心对金门战役登陆作战的失败归因，乃是一直有着清醒的认识的。

1961年11月

是月，金门成立"反共救国会"。

1961年12月

是月中旬，"炮击金门"停止实弹射击，随后只在每月的单日打宣传弹。

20日，第二十八军组织八十二师、守备八师，在南日岛进行岛陆步炮协同实兵实弹战术演习。

下半年，美国对台搞"拉陈（诚）抑蒋（介石）"阴谋，以期达到"两个中国"的目的。毛泽东通过周恩来出面表示：

我们希望蒋介石、陈诚、蒋经国团结起来反对美帝国主义。

1962年1月

1日，蒋介石发表《元旦文告》重申：

今年将反攻大陆。我反攻，是我们实行主权。

美国首度同意提供两架C—123运输机，向大陆空投200人配合蒋介石"有保留地反攻",并认为5月23日是最佳的"反攻"时机,后又推迟到10月1日。

25日,福州军区命令,守备十三师拨归第二十八军领导。

1962年5月

27日,第二十八军奉命进入紧急战备,以应对蒋介石企图进犯东南沿海地区。

30日,深夜,第二十八军八十二师244团(即:金门战役覆没后重组之团)紧急集合哨声响起。祝连根以亲身经历所写的《我经历的1962年紧急战备情况》一文,对这一年的"紧急战备"有较为详细的介绍:

> 一级战备,即所有参战人员必须保持战备状态,参战人员背包晚上不得解开;所有人员不得离开营房……每个人员都必须套上战斗巾(套在手臂上的一面红色,一面白色的袖套,必须将自己的通信地址及姓名写在上面,以便于牺牲时识别);营房里必须全部清空,将所有的文书档案资料转移到后方安全的地方(包括个人暂时不用的衣物也一起转移到后方)……

> 敌情通报:蒋介石要在80寿诞前进行反攻大陆……当时福州军区只有两个军约20万人,而蒋介石的军队有53万人……我军准备在福建南部的某个地方,撤出几个县,让他们进来,然后用一支部队"扎口袋",将他的退路切断,来个关门打狗。这个"扎口袋"的任务就是我们244团……

> 以后,听说毛主席认为放蒋介石军队进到大陆,虽有利重创敌人,但人民要遭殃,也有失体面,故紧急将在全国各地的值班师迅速调往福建。一时通往福州的铁路线日夜繁忙,各值班师到达分布在福建各地,严阵以待。台湾蒋介石知道我们紧急调动大量部队后,才被迫放弃反攻大陆,紧急战备持续半年左右取消。

金门战役就这样自1949年10月28日以后,在国共两党、两军之间，不断地上演着拉锯战，演变着各种不同的作战方式，将这一战役延续下来，直至今天，仍不断出现"飞弹"危机。

1962年6月

月初，粟裕得知蒋介石拟"反攻大陆"的消息后，从上海到福州，听取了福建省委书记叶飞"关于军委作战方针和军区部署"的汇报后，先到闽中泉州湾一带，又到闽南赤湖看了地形，而后在厦门住了下来，并形成了一个"肉包子打狗——有来无回"，将来犯之敌全部歼灭的"锦囊妙计"，"提出了一个不论敌人从闽中或从闽南登陆，均可予以全歼的方案"。

所谓"锦囊妙计"，就是大陆解放军将福建南部几个县撤出，让蒋介石反攻大陆的军队进来后，以解放军第二十八军即金门战役中全军覆没后复建的244团，切断国民党军退路"扎口袋"，再进行关门打狗式的歼灭。这个作战计划，实际上还是一个完完全全的陆地作战计划。由此，可看出粟裕在"海战"方面的缺失，这亦是粟裕后来在法国"诺曼底登陆"现场，表现出足够兴趣的原因。

6日，刘少奇主持召开中央政治局扩大会议，听取林彪关于东南沿海军事准备问题的报告。

8日，毛泽东在杭州约见杨成武、许世友等，听取蒋介石最近可能在东南沿海进行军事冒险的动向汇报，并估计敌人最多来15万人，采取"顶"的方针，必要时，可以把敌人进攻的作战计划公布，揭露蒋介石准备进犯的阴谋。

10日，中共中央发出准备粉碎国民党军进犯东南沿海地区的指示。

12日，福州军区组建"闽北指挥部"，第二十八军八十四师调拨归闽北指挥部领导。

23日，新华社、《人民日报》刊登《全国军民要提高警惕准备粉碎蒋帮军事冒险》电讯稿，揭露国民党军队妄图窜犯大陆的阴谋，蒋介石知道人民解放军已做好准备，遂被迫放弃了"反攻大陆"的军事行动；此间,国民党以金门等福建沿海为依托,向大陆广东、福建、浙江等沿海地区实行较大规模的小股武装袭扰活动;其先后派遣的9股武装特务,在广东登陆后均被歼灭。

27日,美国总统肯尼迪就台湾海峡局势发表声明,不支持蒋介石进攻中国大陆。

1962年7月

3日,独立坦克5团隶属第二十八军。

1962年8月

17日,第二十八军组织八十三师、守备八师、炮兵131团、坦克5团,在泉州湾地区进行军、师、团三级首长、机关,携带通信工具抗登陆作战演习。

1962年9月

10日,第二十八军奉命撤销高炮53团,缩编为军高炮营。

1962年10月

25日,第二十八军率各师部、21个团部及实兵4个团另9个营共15200余人,参加福州军区组织的四级首长、机关携带通信工具抗登陆战役演习。

同年,金门再建"国防部二厅金门工作站",代号:5616,驻金门县城。其任务为针对闽南沿海派遣特务、搜集情报和小股袭扰;金门岛内执行"孤岛防守"政策,战备物资储备,粮食、油料、弹药等,以半年为期。

同年,参加金门战役登陆作战的原244团特务连副指导员刘继堂,因在监狱劳改中表现好,被减刑1年,释放回河北省任县环水村老家。

1963年1月

1日,第二十八军奉总参电令,八十四师归闽北指挥部,独立坦克5

团担任全国性战备值班任务,八十三、八十四师担任全国性战备值班部队。

4日,周恩来请张治中致函台湾"中华民国"副总统陈诚:

只要台湾归回祖国,其他一切问题悉尊重总裁(指蒋介石)与兄意见妥善处理。

台湾归回祖国后,除外交必须统一于中央外,所有军政大权人事安排等悉由总裁与兄全权处理;所有军政及建设费用,不足之数,悉由中央拨付(按:当时台湾"中华民国"每年的赤字约8亿美元。);台湾之社会改革,可以从缓,必俟条件成熟,并尊重总裁与兄意见协商决定,然后进行;双方互约不派人进行破坏对方团结之事。

周恩来提出的"国家统一"原则被政史界归纳为"一纲四目"主张,与毛泽东1958年10月13日提出的"一国两制"雏形一脉相承。邓小平后来提出"一国两制",亦与此息息相关。

1963年10月

21日,第二十八军244团1营在驻地民兵配合下,全歼台湾派遣的"福建省反共挺进军141支队"。

1963年11月

是月,蒋介石与金门岛去厦门进行偷袭,被解放军打伤的两栖侦察员拍照留影,宋美龄前往医院慰勉。

是年,美国出于全球战略考虑,减少了对台湾的军事援助;蒋介石试图以大陆的"炮战"为诱发借口,发动反攻大陆,并实施其制订的"国光计划",对厦门港实施登陆,或从金门向厦门发动两栖登陆作战,其计划为3天夺下一个港口,或5天夺下一座机场,后因渡海舟船工具、登陆后不能达到"以战养战"、以及战争供给只能支持3到6个月,登陆后的部队无法持续下去等诸多问题,被国民党参谋部推翻,并最终搁浅。

1964 年 9 月

3 日,第二十八军十二个师团机关、194 个连队,分别在江口、东营海湾、晋江、龙湖、文武砂等水域,进行武装泅渡训练。

自是年开始至 1966 年期间,台湾国民党将"军事进攻"方针改为"战略防御"。金门国民党军加强军事演练。金门"谍报站"特务渗透大陆遭歼灭性打击后说:"不管失败多少次,也一定要经常搞下去",要让大陆"防不胜防""习以为常",并经常潜回厦门等沿海,抓捕大陆军政干部,抢劫文件,破坏仓库、交通等。金门国民党军在该年进行的较大规模防御演练,有 47 次。

是年,国民党参谋总部在金门成立"特种军事情报室挺进队",驻金门溪边,其成员均从各军队抽调尉级军官,受过跳伞、爆破、突击、照相等训练,对大陆进行渗透与袭扰;金门开展蒋介石提出的"毋忘在莒"运动,以期实现"反攻复国",并得到了"三军通电响应"和社会响应。

从 1963 年至 1964 年,台湾、金门出动小股匪特骚扰大陆 113 次。

1965 年 3 月

5 日,陈诚病逝,遗言中期望与共产党和解以及实现中国统一的愿望,周恩来颇有感触地说:

陈诚的遗嘱,是我们对台通气工作传话、传信的结果。

1965 年 5 月

16 日,国民党陆军第二士官学校在金门凤山外成立,招收金门、马祖的青年和驻金门部队的士兵。

1965 年 6 月

17 日,蒋介石在台湾陆军官校召集军队干部讲话,准备实施反攻大陆"国光计划",并让所有的干部都留下了遗嘱,最终因为大陆原子弹爆炸成功、美军牵制、登陆演习失败、计划泄密被大陆全部在广播中公布等原因,使这一计划无疾而终。

1965 年 7 月

26 日,原"中华民国"副总统、代总统李宗仁回大陆,受到毛泽东、周恩来接见,毛泽东在谈话中说:

台湾总有一天会回到祖国来的,这是不可逆转的历史潮流。

李宗仁回归大陆,在台湾岛内外引起强烈反响。

1965 年 8 月

6 日,国民党运送陆军总部特种作战队员的两艘军舰,在汕头外海东山岛实施侦察与袭扰时,遭到解放军炮艇伏击被击沉,即著名的"八·六"海战。由此,蒋介石取消"自主反攻"改为"待机反攻";蒋介石再度提出"从广东或福建开展反攻计划",强调:

大陆中共试爆原子弹,只要三颗,一颗用在台北,一颗用在左高地区,一颗用在公馆机场,就可以毁灭台湾,反攻连半年也等不了。

1965 年 10 月

15 日,第二十八军率八十二师、独立坦克 5 团、炮兵 131 团加上 722、727 医院共 9680 人,参加福州军区组织的以抗登陆作战为主要课题的野营拉练。

是年,被俘的 244 团 1 营 1 连卫生员、"三级人民英雄"赵保厚辗转由日本给山东博兴县的家里寄来一封信,家乡也由此知道赵保厚在台湾当了俘虏没有死。随即,当地政府取消了赵保厚父母的"烈属"待遇,并将烈士陵园中赵保厚的"烈士"名字涂掉。

1966 年 3 月

是月,台湾 6 年一度的"大选",一致选举 80 岁的蒋介石为"中华民国"总统。蒋介石发表讲话说:

我今年已经 80 岁,再连一任,还不能反攻,怎么对得起大家?此次大会,乃是反攻前的最后一次会议,我们必须把握时局发展的枢纽,一定要完成历史的使命。

16 日,粟裕来到福建莆田、泉州,在第二十八军军部了解部队情况。到厦门,在第三十一军军部了解情况。

1966 年 5 月

是月以后,大陆开始"文化大革命",对台政策趋于强硬,"一定要解放台湾"的口号在大陆再度盛行。

1966 年 8 月

是月,大陆共释放 6 批战犯,其中国民党战犯 263 名。

1966 年 10 月

21 日,解放军第二十八军八十三师直属高机连和八十二师 3 个步兵团高机排入越作战,翌年 6 月 3 日回国归建。

是年至 1968 年,第二十八军高炮分队两次入越作战,并在驻守福建前线时,着重进行了渡海作战和抗登陆作战为主的战术技术训练。

同年,被俘的 244 团 1 营 1 连卫生员、"三级人民英雄"赵保厚父亲在山东博兴县家乡被罢免村党支部书记职务,并被打成"反革命分子",不久被折磨而死。母亲被强迫在村里扫大街⋯⋯

1967 年 6 月

2 日,金门战役反登陆期间任国民党第二十二兵团司令的李良荣,在马来西亚遇车祸去世。

17日至7月1日,粟裕率中国军事代表团访问刚果,返回途中路过法国巴黎,哪里都没有去,直接到了诺曼底,在当年美、英登陆的地点阿洛芒什镇实地进行了考察。粟裕详细询问了登陆战役使用过的工具和运输工具,以及战役最初几天里,盟军在塞纳湾构筑人工港的情况,询问人工港为什么能够浮动?水泥墩的体积有多大?大小是否都一样?怎样浮动?如何固定等问题。

金门战役登陆作战的失败,是埋藏在粟裕内心深处一个长久的隐痛,参观诺曼底登陆现场,无疑会触动他那"解放台湾"壮志未酬的敏感神经。

诺曼底登陆作战中,盟军就因为登陆艇数量不足而多次推迟登陆时间。在现代意义上的"登陆作战"中,美国军队不仅有专门的登陆作战理论体系,还强化训练专门用以登陆作战的海军陆战队。美军认为登陆作战要想取得胜利,首先必须掌握天气、潮汐和敌情三方面的详细准确资料,其次必须隐蔽登陆战企图,而保证胜利的关键三要素,是登陆地域兵力占优势、绝对优势的海空火力支援和足够的运输船只。

如此缜密和如此现代化的登陆计划,一定让站在诺曼底登陆现场参观的粟裕不胜感慨:当年萧锋麾下的二十八军登陆部队,在天时、地利、人和无一胜算的情况下,居然在"金门"岛上登陆抢滩成功了,还建立了滩头阵地,更令人惊奇的是,这支登陆部队以血肉之躯,竟然在飞机、军舰、坦克10倍于自己的火力面前还坚持了2天3夜!

在哀恸金门丧失9086名将士之余,粟裕也会略略得些许宽慰吧。因为他这个被世人誉之为"打神仙仗"的粟裕将军,带领出了这支英勇的部队,是一支宁可全部牺牲,也绝不屈服的钢铁部队。这大概是粟裕在诺曼底参观时,内心最有体会并深切感受到的一点。

是年至1970年,美国鉴于越南战争的僵持,减少了对台军援,进一步压迫台湾撤减军队。

同年,金门向大陆打"宣传弹",施放"心战"气球的数量达1965年的 4 倍。

1968 年 5 月

是月,距离金门战役登陆作战失败近 20 年后,时任福州军区副政委的刘培善来北京开会,在京西宾馆参加军委扩大会议期间与萧锋相晤。老战友重逢,两人不免再次回忆起金门战役的往事来。刘培善说:

"那一仗急于求成,谁上去打也不成。"

刘培善对自己在金门战役开战前一味依附叶飞、而逼迫萧锋下达作战命令的举动,表达了一个有良知的军人深深的歉意与自责。萧锋亦对这一迟来的道歉,表示了真诚的理解。刘培善回福州后不久,即上吊自尽。

刘培善对自己在金门战役登陆作战过程中,不能够实事求是、正面向叶飞反映真实情况的这些内疚,对 9086 位牺牲战友的深深忏悔,除了萧锋,没有更多的外人知道。他的这一举动,闪烁着人性的光耀。

约是年,北京街头出现"打倒粟裕"的大字报,毛泽东知道后,连夜给林彪电话说:"解放台湾,你不行,我也不行,还得靠粟裕!"

第二天,所有关于粟裕的大字报都不见了。

1968 年 8 月

22 日,"炮击金门"10 周年。据金门统计,这期间金门落弹数计:889776 发。

1968 年 9 月

是月,金门成立"战斗村",以金门岛自然村为单位,加强民众组训,使人人成为战斗员,村村都是战斗堡垒,支援军队作战。

1966 年至 1976 年,"文化大革命"中,金门战役登陆作战被俘至台湾遣返回大陆的人员,均受到不同程度的处分。让他们难以释怀和无法理解的一个问题,一直在不停地拷问着他们的内心,为什么,自己会在金门战役登陆后:苦战3天,却要受苦30年?

第四节
领袖们的遗憾与尚在纠缠的恩怨

1969年

3月,台湾借大陆与苏联在"珍宝岛"发生武装冲突的机会,欲完成"反攻大陆"的使命;蒋经国提出"反攻大陆"计划,必须"七分政治,三分军事",军事反攻已不再成为具体的政策选项。

11月,第二十八军奉命移防山西,担任战略与备战任务,隶属北京军区;八十四师归回第二十八军建制,并扩编为甲种师;守备第八、十三师归福州军区;炮兵第131、362、363、364团,分别改番号为军炮兵团和八十二、八十三、八十四师炮兵团;独立坦克5团随军移防。

1970年

3月,第二十八军整编调归北京军区,军组建教导队。

4月22日,金门战役中原国民党军一一八师师长李树兰,在台北病逝。

是年,台湾改变完全依赖美军"协防台湾"的方针,转为"独立防卫台湾",强调独立作战,并划分了战区,完成了军队第7次大整编,台籍士兵已达百分之八十以上,在文化水准和军事素质上,有了提高,但尤怕驻守金门岛。

金门装甲部队,在该次整编中,撤销原装二师,装三师,恢复步兵建制,装一师番号保留,改为旅建制,配备美M47战车,改编后的各"前瞻"步兵师,增编1个战车营,以增强部队火力和机动作战能力,装甲兵旅不担任外岛驻防。驻金门军队,确定了"独立固守,不依外援"的岛屿防御作战方针:攻势行动,制敌先机;分区守备,独立作战;依托前沿工事,全力抗击;固守纵深要点,适时反击;全面动员,全民作战。并建立三位一体的"立体防御体系"和作战计划,每年按作战预案,进行岛屿防御和抗登陆作战能力演习。

1971 年

5月16日,金门岛两栖侦察营队员,潜入大伯岛等无人岛,插上"中华民国"的青天白日旗。

10月,第26届联合国大会上,中华人民共和国取代"中华民国"加入联合国,获得一切合法权利。蒋介石声称:

不管情势如何,绝不退出金、马。

在联合国问题上,台湾没有采取美方的建议:放弃联合国安理会席位,退而保留联合国会员资格的"双重代表案"。在表决不利的情况下,宣布退出联合国。蒋经国并通过与新加坡总理李光耀会面的机会,向美国保证,台湾依旧会坚定追随美国的领导,不会与苏联建立谅解或关系:

现在不会,将来也不会与中共进行任何形式的谈判。

是年,金门在军内推行"勿忘在莒"活动,以"粉碎危难""战胜敌人,迈向胜利成功之精神标杆"。

1972 年

1月6日,原第三野战军司令兼政委陈毅元帅,在北京病逝,毛泽东参加了追悼会。

2月21日,美国总统尼克松应毛泽东的邀请访问大陆。台湾发表声明:

不改变"戡乱反共国策"、不承认中美间任何协议,大陆中共是"叛乱"集团,无权代表中国。

尼克松在会谈中问毛泽东:"蒋介石称主席为匪,不知主席叫他什么?"

周恩来说:"我们一般叫他蒋帮。"

2月27日,中美双方签署《上海公报》,美国正式承认"中华人民共和国"是代表中国的唯一合法政府。

4月,国民党十届二中全会制订了"反攻复国实施纲领",学习"金门精神"反攻大陆,进行"总体决战",并派遣大量特务潜入大陆训练"渔民"和"敢死队"。

5月,台湾对金门在"勿忘在莒"活动中突出的团体,颁发奖励。

是年,台湾反攻大陆"国光计划"被撤销。

1973年

2月,与台湾保持有外交关系的国家,有39个。

5月25日,时届92岁高龄的章士钊受毛泽东之托,亲赴香港约见旧友,以做"和平谈判"铺垫。

7月1日,章士钊在香港病逝,国民党故旧多人参加了祭奠。此间,国民党元老陈立夫在香港《中华月刊》发表呼吁"祖国统一"文章:

中国人无论在大陆或台湾以及海外各地,势必额手称颂,化干戈为玉帛。

金门本岛"民防队"自该月始,改称"民众自卫队",以"全民武装,全民动员,全民战斗"为号召,凡金门岛年满16岁以上男女,皆须参加自卫队。

1974年

11月29日,"炮击金门"隔海作战期间担任国防部长的彭德怀,自

"文化大革命"被囚禁了整整8年后,在北京病逝,其包裹遗体的白布单上写的名字是"王川"。整整四年后的1978年12月,中国共产党第"十一届三中全会"结束的第二天,北京召开了"彭德怀元帅平反昭雪追悼大会"。

4月,台湾研定了对海上目标接近守岛的处置办法,规定了"监视""警告""驱逐""摧毁射击"和"捕捉"等五种方案及权限,在金门、马祖过夜的军舰,恢复了1965年停止的港外巡弋活动。

10月10日,"中华民国"建国纪念日,台湾"行政院"院长蒋经国,在"立法院"以"中华民国万万岁"为题作施政报告:

当38年金门古宁头战役,我们把共匪登陆的部队都消灭了的那一日,经国从金门到台北,报告总统说:"金门古宁头大捷了,这一次我们全胜了!"总统说:"这是我们革命转败为胜的开始,是我们第一次把共匪的军队打得全军覆没。"现在,我们可以相信已经立于不败之地……我们台、澎、金、马是一个坚强的、攻不破的反共堡垒。

25日,金门战役25周年之际,胡琏撰写《泛述古宁头之战》长文,印成单行本,仅赠送少数友好阅读,文中感叹:

当时十八军若不先到金门,十九军亦不续到,则金门存亡,实难逆料。

1975年

春节前后,蒋介石透过陈立夫,拟秘密邀请毛泽东或周恩来,来台湾共商"一个中国"国是。

4月5日,清明,蒋介石在台湾逝世。台湾老兵哀泣:

我们一直期望着总统蒋公能带我们回去,现在他老人家竟然先走了……

《人民日报》第四版发表消息:

国民党反动派的头子、中国人民的公敌蒋介石,四月五日在台湾病死……中国人民一定要解放台湾!

历史学家黄仁宇在其《从大历史的角度读蒋介石》一书中,对蒋介石有较为客观的评价:

只要蒋介石活着,光复大陆的计划就会存在下去;"光复大陆"是不可动摇之国家决心。谁说独立,就让谁掉脑袋。

5月,金门强制性建立以船为单位的"海上反共爱国小组",指派受过特务训练的政工人员,督导渔民执行"反共爱国行动准则",强制渔民进行"心战策反"和收集大陆情报等活动。

年底,世界上已有107个国家与中华人民共和国建立了外交关系。

是年,大陆司法机关连续特赦国民党"战争罪犯"和武装特务人员,并妥善安排其工作和生活。为钳制美国对大陆的"应变图存"政策,台湾宣布:

台澎金马,在当前美、匪(指大陆)、俄三角矛盾的冲突中,占了一个战略上、政略上的重要而有决定性的地位,并要求军事上能"独立固守""孤岛防守",对金门等岛屿部分工事进行了改建,火力配备有所加强,战备物资储备,粮食、油料、弹药等,以半年为期。

1976年

5月,第二十八军整编,八十二师仍归为甲种师,八十三、八十四师简编为乙种师;军高炮营扩编为高炮团;坦克九师35团拨归二十八军为军坦克团;二十八军撤销教导队。

6月,已经重病中的毛泽东,对接班人华国锋说:

和蒋介石斗了那么几十年,把他赶到那么几个海岛上去了……对这些事持异议的人不多,只有那么几个人,在我耳边叽叽喳喳,无非是让我及早收回那几个海岛罢了。

7月,金门岛政务会制定了"三民主义试验县"6年建设计划。

9月9日,中华人民共和国的缔造者、解放军三军统帅毛泽东在北京逝世。

因为金门战役登陆作战的失败,致使台湾及所属岛屿,始终只是"中华人民共和国"的传统与法理领土,其管辖与治理,始终以"中华民国"的名义与世界各国进行交往。统一大业未成,成为了毛泽东终生的遗憾。

是年,继美国总统杰拉尔德·福特在1975年12月访问大陆后,美国撤走了驻金门的军事顾问小组。国民党军政要员频频来到金门等岛屿视察,金门对大陆的"空飘"和"海漂"传单活动有所增加。

自是年以后,新加坡总理李光耀不断往来台湾与大陆间,为邓小平与蒋经国两位昔日同窗,互传信息。

1977年

6月22日,胡琏在台湾逝世,遗嘱其家属,将自己水葬于金门、厦门之间的海底深处:

长眠海域,魂护台澎。

胡琏在"淮海战役"中惨败于萧锋之手,又在金门战役中,因为萧锋的登陆作战失败而得以"重生"。可谓是"败也萧锋,成亦萧锋"。其重获新生,既仰仗于蒋介石对其"屡败屡战"的信心,也得之于毛泽东不经意间所给予的"法外开恩"。胡琏从江西募兵开始,到金门战役反登陆作战,方才算是真正地领悟了毛泽东"人海战术"的一点真谛,并"以其人之道,还治其人之身",真可谓是"此一时、彼一时"也。胡琏慨叹:

金门若失,则此万人亦不得撤回台湾了!

胡琏对海岛作战做总结说:

盖海岛作战，殊难安全脱离，成则全胜，败则全没。

这说明，当年胡琏内心对这场金门战役反登陆作战并没有十分把握，面对自己从未战胜过的老对手萧锋，他仍然心有余悸有许多担心和忧虑。而这一次，萧锋输就输在没有船，使登岛并建立了滩头阵地的3个团，无法得到增援而陷入孤军奋战。

萧锋在战况最激烈之时发出怒吼："我还有6个团，20000人！"

因一海之隔，陆地"人海战术"的优势发挥不了。

假如萧锋第一梯队拥有承载全军30000余众的船只，并同时发起进攻；假如萧锋后续有船，再将这如狼似虎的20000余人运上岛，这场金门战役的结果，就一定如胡琏所预料的那样，胡琏增援的两个军，一定是"不得撤回台湾了"。

当然，历史没有假如，历史也没有给这位打了1365次胜仗的萧锋"再战金门"扳回来的机会，而最终让金门战役成就了胡琏的"大捷"，让胡琏在中国历史、中国军事史上有了一个不可小觑的位置。

1978 年

5月，原解放军第十兵团政治部主任、金门战役指挥者之一刘培善，经中央军委批准，恢复名誉。

5月20日，蒋经国任台湾"中华民国总统"，就职后，承父业常提"反攻大陆"，但台湾岛内的民众们都知道：

这不过只是照例要喊喊的口号。

8月22日，"炮击金门"20周年，金门县统计大陆"炮击"落弹共977772发。

12月6日，中华人民共和国国防部长徐向前宣布：

停止自1958年以来1、3、5炮击，2、4、6停歇的"单打双不打"对大、小金门，大担、二担等岛屿的炮击方式和打法，停止打"宣传弹"。

持续30年的隔海炮战，前后打出炮弹约在100万枚以上，以每枚4

两黄金计,约计400万两黄金。"炮击金门"期间,福建省支前民工48.5万人次,水路运输各种物资36万吨,供应木料近4万立方米,麻袋50万条。在战斗激烈的时期,仅厦门民兵和群众直接支前,每日平均4000人以上。

同年,台湾宣称:"金门军民已奇迹般地把金门建设成为三民主义的模范县",并提出了"生活不怕苦,工作不怕难,战斗不怕死""坚定、安详、奋发、无畏"的金门精神。

是年,中央军委主席邓小平在"拨乱反正"后第二年,便将"台湾问题"提到中央的议事日程。"十一届三中全会"公报在提到台湾问题时,首次没有使用"解放"一词,取而代之的是更为贴切的"回归"。

当年,因金门战役登陆作战、"金门炮战"再转而和平谈判的一系列中共中央和毛泽东解决"台湾问题"的重大决策转变,为此后邓小平对台的"和平统一、一国两制"基本方针的形成,奠定了坚实的基础。

1979年

1月1日10时,美国宣布与台湾"中华民国"断交,与中华人民共和国建立正式外交关系;终止《共同防御条约》;在4个月内撤回所有美在台军事人员;为安慰台湾,美国会通过了《与台湾关系法》,维持原先双方多项条约、协议,并承诺持续提供防卫性武器给台湾。

1月16日,萧锋在北京人民大会堂参加悼念周恩来会议后,与老伴贡喜瑞一道来到粟裕家中探望老首长:

粟裕……在门口迎接他们……坐定后,萧锋说:"'文革'中,一些别有用心的人翻老账,说我是'金门败将'。"粟裕气愤地说:"金门失利主要责任是三野前委,特别是我,要向党中央负责,不能讲是叶飞,更谈不上是你萧锋……"

萧锋向粟裕汇报,说许多当年参加金门之战的将士们,历尽折磨,千辛万苦,从台湾辗转回到大陆后,却受到了敌视,待遇很不公正,有人甚至还被迫害致死。这些都是多年跟随他南征北战、出生入死的老部下,因为指挥员的战役决策失误,使他们的命运在全国即将解放,黎明升起在东方之时彻底改变,陷入悲惨境地。

粟裕听后,心情十分沉重,久久沉默不语……

经过粟裕的上下奔走,反复努力,1983年9月15日,中央军委专门下发74号秘密文件,对金门战役牺牲和被俘的人员,进行了甄别对待……大多数将士得到了妥善处理。

是月,全国人大常委会发表第5次《告台湾胞书》提出:统一中国,结束分裂,开放两岸三通,恢复两岸交流,以和平方式解决台湾问题取代"解放台湾"的大政方针,希望两岸"发展贸易,互通有无,进行经济交流"。

同月,解放军第二十八军整编,八十三、八十四师扩编为甲种师。

是月,粟裕在军事学院高干班毕业典礼上,作《对未来反侵略战争初期作战方法几个问题的探讨》报告。

9月20日,美国参议院经中国大陆之行后,在台湾的报告中说:

解放军至今仍缺乏两栖(原注:即登陆战)作战能力,它在许多年以内,也将不会具有军事能力来威胁台湾。

是年以后,金门对大陆的渔船不再采取抓捕、摧毁性射击方式,只采用在13000米处警告性射击方式驱离;蒋经国强调:

台湾不论在任何情况下绝对不与中共政权交涉,这个立场绝不会变。

台湾的"不接触、不谈判、不妥协"方针,成为了台湾此后10年的政策基础。

此间,中共中央顾问委员会副主任廖承志,以"经国吾弟"之称,在《人民日报》致信蒋经国,对其"三不"政策"以为不可",希望能"度尽劫波兄弟在,相逢一笑泯恩仇",蒋经国没有回应。

"血流到了地上,仇恨就再也化解不掉了",蒋经国当年化解台湾

"美丽岛"事件时有宽容,但在对待大陆共产党通过廖承志发出的这一"和平"倡议,蒋经国没有表现出应有的"化解"善意。

蒋介石夫人宋美龄,在得知廖承志的公开信之后,以"承志世侄"之称作出响应,并诘问:

> 是否记得蒋先生两次释放之恩……幡然来归,以承父志。

在金门战役登陆作战中失败一方的共产党人,尽管在历史上与国民党的两次合作中,血都流在了地上,但是,每次他们都能够擦干身上的血迹,试图再度与国民党携手,为"国家统一"而捐弃前嫌。

尽管不可否认的是,国民党在与共产党的合作中,每合作一次,便让自己的权力削减了一次,权威丧失了一次,以至于国民党领导下的"中华民国"败退到了台湾。但是,国民党与共产党,大陆与台湾,仍然不失为"血浓于水"的兄弟。兄弟间的嫌隙与怨恨,一定会在每一次的血与肉、爱与仇恨之间,选择那更高、更远的"民族"与"统一"的大义。

12月,台湾的《近代中国》杂志第12期上,刊登金门战役登陆作战失败后,在古宁头突围转移到北太武山中密藏3个多月的253团团长徐博被俘的报道,形容其为"长发长须,形同野人"。

该年,驻守金门岛的国民党军排长林毅夫,从金门泅水回到大陆,轰动一时。后林毅夫入北京大学,再往美国芝加哥大学,毕业回国后,曾任世界银行首席经济学家和高级副行长等职。

1980年

3月以后,金门岛的运补和换防,作战舰只掩护至金门本岛附近,即进行海峡侦巡,不再泊靠港口。

4月,金门国民党军3个重装师的3个战车营,整编成1个战车群,举行多次营、连战斗演习。

8月,原第二十八军八十四师251团2营6连卫生员被俘人员胡清河,在山东陵县边临区卫生院退休。

是年,台湾"中国电影制片厂"导演张曾泽以金门战役登陆与反登陆作战为题材,拍摄的电影《古宁头大战》,获第17届台湾电影金马奖。

1981 年

是年,解放军第二十八军整编,组建教导大队。

4月27日,南京军区政治部收到一位名叫蔡海波的初中生写的《申诉信》,信中称:

我是253团侦察参谋蔡志敬的儿子,父亲在1969年病逝前说:他被俘后没有背叛革命,也没有出卖战友。希望替我父亲再审查一下。

8月,曾为蒋经国随侍的退役少将沈诚,接到前往北京参加"辛亥革命70周年纪念大会"请柬后,在台北面谒蒋经国。蒋经国以"未尝不可"回复,并希望"去一趟溪口,拍摄一些现场照片"。此后若干年,沈诚先后获邓小平、叶剑英、邓颖超、廖承志接见。在邓小平接见之时,沈诚说:"我是国民党党员,还是国民党的中央顾问委员会委员,我是反共的。"

邓小平回道:"反共不要紧,只要不反华就行。"

9月30日,全国人大常委会委员长叶剑英发表《关于台湾回归祖国实现和平统一的方针政策》,阐明"和平统一"九条方针:

一、为了尽早结束中华民族陷于分裂的不幸局面,我们建议举行中国共产党和中国国民党两党对等谈判,实行第三次合作,共同完成祖国统一大业。双方可先派人接触,充分交换意见。

二、海峡两岸各族人民迫切希望互通音讯,亲人团聚,开展贸易,增进了解。我们建议双方共同为通邮,通商,通航,探亲,旅游以及开展学术,文化,体育交流提供方便,达成有关协议。

三、国家实现统一后,台湾可作为特别行政区,享有高度的自治权,并可保留军队。中央政府不干预台湾地方事务。

四、台湾现行社会、经济制度不变、生活方式不变,同外国的经济,文化关系不变。私人财产，房屋，土地，企业所有权，合法继承权和外国投资不受侵犯。

五、台湾当局和各界代表人士，可担任全国性政治机构的领导职务，参与国家管理。

六、台湾地方财政遇有困难时，可由中央政府酌情补助。

七、台湾各族人民，各界人士愿回祖国大陆定居者，保证妥善安排，不受歧视，来去自由。

八、欢迎台湾工商界人士回祖国大陆投资，兴办各种经济事业，保证其合法权益和利润。

九、统一祖国，人人有责。我们热诚欢迎台湾各族人民，各界人士，民众团体通过各种渠道，采取各种方式提供建议，共商国是。

10月27日，金门战役被俘人员王新源，致信解放军总政治部：

唯一的请求，是恢复党籍。

11月，金门战役登陆作战解放军第二十九军八十五师253团政委陈利华，被以"匪谍罪"处决。陈利华被俘后进入台湾"国防部"保密局21年，被捕时的身份是国民党"上校陈开中"。

陈利华1949年10月在金门被俘后：

身份没有暴露，也被编入国民党军队，化名陈开中，后来他考取国军的军校……毕业后从少尉一直升至国防部保密局上校，并试图通过香港与大陆情报机关取得联系，1981年被同乡陈瑞林告发，陈利华随即被捕，在狱中才将自己的大陆原籍及家人的详细情况告诉在台湾的妻儿，1981年11月陈利华以"匪谍罪"被处决。

改革开放以后，陈利华在台湾生的儿子到广东老家探访，据见到陈的儿子的人都说，"相貌酷似其父"。

是年，金门对大陆的有线广播"喊话站"，再次扩建马山、湖井头、古宁头、大担4个，以功率89千瓦，30只500瓦扬声器，48只500瓦扬声器。分别对大陆角屿、小嶝、大嶝、同安沿海及厦门前沿广播,每天播音两次。

1982 年

6月10日,金门战役登陆作战246团参谋卢胜,致信解放军总政治部:

想我一生为自己追求的理想,为党的革命事业,忠心耿耿,除金门被俘之外,从无犯过任何错误。遣返后的20多年间,受尽折磨与摧残,在委屈的漫长岁月里,我仍是始终相信党,坚信党的阳光总有一天会照射到自己的身上。

是年深秋,原解放军第二十八军政治部主任、时任解放军军事学院政治部副主任李曼村,原金门战役登陆作战助攻二十九军八十五师253团副政委、时任南京军区副政委孙克骥,在金门对岸的鼓浪屿晃岩路招待所中,以一杯清茶,隔海遥祭金门战役登陆作战牺牲的战友们。

1983 年

6月26日,邓小平会见美国新泽西州西东大学教授杨力宇,对"一国两制"做出阐释:

问题的核心是祖国统一。

和平统一已成为国共两党的共同语言。但不是我吃掉你,也不是你吃掉我。我们希望国共两党共同完成民族统一,大家都对中华民族作出贡献。我们不赞成台湾完全自治的提法。自治不能没有限度,既有限度就不能完全自治。完全自治就是两个中国,而不是一个中国。制度可以不同,但在国际上代表中国的,只能是中华人民共和国。我们承认台湾地方政府在对内政策上可以搞自己的一套。台湾作为特别行政区,虽是地方政府,但同其他省、市以至自治区的地方政府不同,可以有其他省、市、自治区所没有而为自己所独有的某些权力,条件是不能损害统一的国家的利益。

祖国统一后,台湾特别行政区可以有自己的独立性,可以实行同大陆不同的制度。司法独立,终审权不须到北京。台湾还可以有自己的军队,只是不能构成对大陆的威胁,大陆不派人驻台,不仅军队不去,行政人员也不去。台湾的党、政、军等系统,都由台湾自己来管。中央政府还要给台湾留出名额。

和平统一不是大陆把台湾吃掉,当然也不能是台湾把大陆吃掉。所谓三民主义统一中国,这不现实。要实现统一,就要有个适当方式,所以我们建议举行两党平等会谈,实行第三次合作,而不提中央与地方谈判。双方达成协议后,可以正式宣布。但万万不可让外国插手,那样只能意味着中国还未独立,后患无穷。

是月,解放军第二十八军整编,八十三、八十四师再次简编为乙种师;下半年,军代管的115野战医院整编为驻军医院,番号为中国人民解放军第286医院。全军辖3个陆军师,9个步兵团、4个炮兵团和军高炮团、坦克团、教导大队及286医院。

9月15日,解放军总政治部向党中央、国务院、中央军委呈递《关于金门等岛屿战斗中被俘归来人员问题复查处理意见的报告》,后以中办[1983]74号文件下发:

党的十一届三中全会以来,金门等岛屿战斗中被俘归来人员不断提出申诉,根据申诉提出的问题,我们派人同南京军区政治部一起,对这批被俘归来人员的原审查处理情况进行了调查,现将情况和我们的复查处理意见报告如下:

在1949年10月的金门战役中,由于对敌情判断错误,指挥失误,战斗失利,我登陆4个步兵团,除大部牺牲外,约有3000人被国民党俘去,送进了集中营。1950年7月,国民党将其中的一部分人分三批送往大陆沿海水域,先后被我发现收容,共计915人。

这批人员归来后,分别经过原华东军区、三野政治部、第七兵团(浙江军区)政治部、第十兵团(现福州军区)政治部的审查教育。1951年

7、8月间参照原华东军区、三野政治部《关于被俘重归人员的处理决定》,对这些人做出处理。

据统计915名归来人员,开除军籍的213人,取消被俘前军籍的701人,保留军籍的只有1人。归来人员的577名党员,开除党籍的占98.6%,保留党籍的只有8名。所有团员均被开除了团籍。这批人员中,留队分配工作395人,转业28人,复员270人,资谴164人,判刑58人(死刑6人、死缓1人、判1到15年有期徒刑的51人)。从当时审查情况看出,这批人员除少数是战场投敌的以外,绝大多数是因负伤、生病或弹尽粮绝失去战斗力而被俘的。他们在国民党集中营的表现,总的看来,大多数是好的或比较好的。有的参加了秘密党支部,有的参加了拟定暴动越狱计划,但由于敌人将我主要领导人分散关押,监视严密而越狱未成。以后,多数同志转入隐蔽斗争,但在敌人胁迫下,他们也犯过各种不同的错误,比较普遍地承认了自己的职务和党员身份,泄露了我军一般秘密,参加了所谓脱党、脱军签名或宣誓活动,以及唱反动歌曲,呼反动口号等反动宣传活动,接受了敌人所谓"新生毕业证"和"新生弟兄协助政府工作证"等。也有极少数人积极为敌效劳、出卖或参与迫害我被俘人员,犯有严重叛变罪行。由于当时对客观情况缺乏具体分析,对一些人的问题看得过重,定性偏高、处理偏重,他们到地方以后,在政治上、生活上都受到了一定影响。尤其是在"文化大革命"中,不少人又被加上叛徒、特务等罪名,遭受打击迫害,家属子女受到株连,造成了严重后果。

根据上述情况,按照党中央有关解决历史遗留问题的指示精神,对这批人员的问题,认真进行复查,实事求是落实好这部分人的政策,是非常必要的。为此,我们参照中共中央、国务院、中央军委《批转总政治部关于志愿军被俘归来问题的复查处理意见》(中发[1980]74号文件)精神,对在金门岛屿战斗中被俘归来的人员提出如下复查处理意见:

复查的范围:主要是对1951年所作的审查结论和处理进行实事求是的复查,作出正确的复查结论。他们到地方以后,在历次政治运动中，因被俘问题又被错误处理，由处理单位按照有关政策进行复查，妥善处理。

关于判刑案件的处理问题。对率部投敌和战场上自动投敌的；出卖组织，出卖被俘人员造成严重后果的；参加反动组织，接受敌人派遣任务，积极为敌效劳的；参与迫害被俘人员或积极进行反革命宣传，情节严重的，均维持原判。犯有罪行，情节较轻，归来后主动交代，认罪态度较好，或过去有战功的，可撤销原判或免于刑事处分。犯有严重错误，但未构成犯罪的，应撤销原判。

关于党籍的处理问题。凡维持原刑事判决的，均维持原开除党籍的决定。随从投敌的、被俘后为敌效劳、情节严重的，亦维持原开除党籍的决定。被俘后，立场坚定，组织领导或积极参加对敌斗争，保持共产党员气节的，一律恢复党籍。被俘期间犯有错误，如暴露一般军事秘密，被迫承认自己职务和党员身份，在战俘营中担任过一般职务，参加过一般反动宣传活动，被迫参加所谓脱党，脱军活动，接受过敌人发的所谓"新生证"和"新生弟兄协助政府工作证"等，但旋即觉悟，参加对敌斗争活动，或归来后作了检讨，认识了错误，多年来表现较好的，亦可恢复党籍。其中情节严重的，可给予适当的纪律处分。原为候补党员，在被俘期间及归队后，没有严重错误，现在具备共产党员条件的，可按期转为正式党员。

被俘归来人员中，原新民主主义青年团团员的团籍问题，可参照上述原则处理。凡不应开除团籍而已被开除的，可撤销原开除团籍的处分。

关于军籍的处理问题。凡维持原刑事判决的，均维持原开除军籍的决定。被俘后立场坚定，组织领导或积极参加对敌斗争，保持革命军人气节的，一律恢复军籍。在被俘期间犯有错误，包括犯有严重错误，归来后作了交待，认识了错误的，以及撤销原刑事判决或改判免于刑事处分的，亦可恢复军籍。原取消被俘前军籍的，均恢复被俘前军籍。

恢复军籍的，计算军龄的时间，从其入伍之日起至被俘归来后离开军队止。因撤销原判或改判免于刑事处分而恢复军籍的，原判刑期亦计算军龄。

关于安置问题。这批人员已经到地方的一律不收回部队。经过复查,恢复军籍的营职以上干部,补发转业军人证明书,并按1953年8月11日,《中央人民政府政务院军队转业人员待遇问题的补充通知》确定其行政级别;有工作条件的,由当地政府劳动人事部门安排适当工作;不适合工作的,按地方现行规定办理离休。恢复军籍的连职以下人员,均补发复员军人证明书,按当时标准计发复员费和医疗补助费;现在生活有困难的,由当地县、市民政部门按现行规定给予补助。恢复军籍的人员,被俘前战伤致残或在被俘期间被敌人打伤致残,没有评定过残废等级,现在仍符合评残条件的,由本人现所在县、市民政部门审查评定。报省、市、自治区民政厅(局)批准,发给革命残废军人抚恤证,从批准之日起发给残废抚恤金。

这批人员现在分布在全国各地,他们的档案材料当时已随本人移送所在单位。为有利于复查工作的进行,建议由本人现所在地区县、市人民武装部党委负责复查,作出结论,并负责补办转业、复员手续。原连职以下干部和战士,报军分区党委审批;原营、团职干部报省军区党委审批。有关安置、离休、评残、优抚等善后工作,由本人现所在县、市人民政府有关部门负责办理。

这批人员的判刑案件,由原军事法院负责复查,对撤销原判或改判免予刑事处分的,其善后工作参照上述有关规定办理。

以上报告如无不妥,请批转各省、市、自治区和各大军区、省军区贯彻执行。

11月2日,中共中央办公厅、国务院办公厅、中央军委办公厅将总政治部报告转发地方和军队批示:

总政治部《关于金门等岛屿战斗中被俘归来人员问题复查处理意见的报告》已经中央书记处、国务院、中央军委同意,现转发给你们,请照此执行。

同日,中共中央办公厅、国务院办公厅、中央军委办公厅向地方和军队转发《关于金门等岛屿战斗中被俘归来人员问题复查处理意见的报告》:

总政治部《关于金门等岛屿战斗中被俘归来人员问题复查处理意见的报告》已经中央书记处、国务院、中央军委同意,现转发给你们,请遵照执行。

此后,金门战役登陆作战被俘人员,原244团团长邢永生的警卫员崔新博,复查落实政策,仅得到一枚"中国人民抗日战争胜利60周年的纪念章"。

金门战役登陆作战被俘人员,原244团教导员陈之文,复查落实政策,恢复党籍,听到自己30余年的冤屈得到申雪,兴奋过度心脏病突发,猝死于宣布平反之时,全村男女老少为其送葬时说:"命薄啊……"

复查时,金门战役登陆作战已过去33年,被俘遣返人员因牢狱、批斗、歧视、生病、饥饿、郁闷、年迈等原因,许多人早已不在人世。

是年,金门全年向大陆发射"宣传弹"57发。

尾章 梦魇与祭奠

1984 年

2月5日,原解放军第三野战军副司令粟裕,在北京病逝。其遗嘱说:

不要举行遗体告别,不要举行追悼会,希望把我的骨灰撒在曾经频繁转战的江西、福建、浙江、安徽、江苏、上海、山东、河南几省、市的土地上,与长眠在那里的战友们在一起。

中共中央和中央军委的讣告评价是:

襟怀坦白,光明磊落。

2月,邓小平第一次完整地表述了"一国两制"概念:

我们提出的大陆与台湾统一的方式是合情合理的。统一后,台湾仍搞它的资本主义,大陆搞社会主义,但是一个统一的中国。一个中国,两种制度。

由此,大陆确立了"和平统一、一国两制"的对台湾方针。

3月,蒋经国巡视金门训示:

要安不忘危,提高警惕,坚守岗位,增进团结,发扬日新又新的精神,充实战备,加强训练。

6月5日,金门战役被俘人员刘继堂,落实政策,恢复军籍。刘继堂,原244团特务连副指导员、华东三级人民英雄,被俘遣返后,被开除军籍、党籍,判处有期徒刑12年。

10月,解放军第二十八军抽调400人,组成1个方队,参加了首都庆祝35周年国庆阅兵。

1985 年

6月,解放军第二十八军整编为陆军第二十八集团军。

8月5日,解放军第二十八集团军奉北京军区命令与六十九军正式合编,辖步兵二〇五师、八十二师(改为乙种师)、八十三师、坦克七师和炮兵旅、高射炮兵旅、通信团、工兵团各一,另领导守备第1旅和守备23团,全军容员40000余人。

12月18日,福建省成立"金门同胞联谊会"。

是年,金门战役被俘人员胡清河,落实政策,恢复党籍。胡清河,原解放军第二十八军八十四师251团2营助理军医。被俘遣返后,开除军籍、党籍。

是年,金门战役被俘人员郑镜海,平反落实政策,享受离休待遇。郑镜海,原解放军第二十八军244团3营教导员,负伤被遣返后,开除军籍、党籍。落实政策时,仍孑然一身。

1986 年

9月,大陆对金门有线广播减少播音时间,每天只播出3小时;金门也随之缩短了5小时播音时间,停止了深夜广播。

10月7日,蒋经国宣布解除戒严、开放党禁,只要不从事任何分离运动,即"台独"运动,"我们将容许成立新政党"。

12月28日,"炮击金门"时内定为总参谋长、参与指挥的黄克诚大将,在北京去世。中共中央的讣告评价称:

不盲从,不苟同。

是年,台湾的大陆老兵们,成立"自救联谊会",举着1950年6月颁发的"授田证",要求台湾当局对他们逝去的青春年华予以经济补偿,并强烈要求在有生之年回大陆家乡探亲与祭奠祖墓。

1987 年

春，中共中央决定，由蒋经国在莫斯科时期的同窗杨尚昆，具名签署一封密函，请沈诚转交蒋经国，第一次明确提出：

未来的谈判，应依国共两党对等的原则进行。

蒋经国在 5 天后，召见沈诚，表示原则尚可接受，并授意由国民党"陆工会"筹备与大陆谈判的工作。

同时，金门战役登陆作战被俘的解放军 244 团 1 营 1 连卫生员、"三级人民英雄"赵保厚，由日本辗转回到家乡山东博兴县纯化乡东王文村。93 岁的老母亲见到已经失散了整整 38 年的儿子时，跪在地上嘴里念叨着："谢天谢地呀！……儿子真回来了……我的儿子真回来了谢天谢地！……"

老人趴在地上一步一磕头，在院子里整整磕了一圈。

2 月 23 日，金门战役中，原国民党十八师少将师长尹俊，在台北病逝。

5 月，台湾"国军退役官兵辅导委员会"门口，一大群国民党军退役老兵在此聚集，并与安全警卫人员发生肢体冲撞。身染重病的蒋经国，在病榻上表示"荣民弟兄"（即大陆退伍老兵）是建设台湾的功臣，遂决定立即开放老兵赴大陆探亲。

7 月 1 日，台湾本岛正式解除戒严，开放党禁。

9 月 16 日，台湾宣布开放大陆探亲，打破台海冷战僵局，开启两岸交流之门，但政府间仍坚持"三不政策"。

10 月 14 日，蒋经国主持召开国民党中常会，通过了台湾地区民众赴大陆探亲的办法决议案：

反共"国策"与光复"国土"目标不变；确保"国家"安全，防止中共统战；给予传统伦理及人道立场的考虑允许"国民"赴大陆探亲。除现役军人及现任公职人员外，凡在大陆有血亲、姻亲三亲等以内之亲属者，得登记赴大陆探亲。

同日，大陆国务院台湾事务办公室对新华社发表讲话，明确对台湾此举表示欢迎，同时也希望台湾当局能够允许大陆民众前往台湾探亲：保证来去自由，尽力提供方便。

15日，台湾"行政院"通过《台湾地区民众赴大陆探亲的办法》，正式宣布自12月1日起：民众可赴大陆探亲，一年一次，一次3个月。

此一消息发布后，全台湾40万大陆老兵，终于突破了长达38年的禁忌，可以返回大陆探亲了。

16日，国务院随即公布并下发了《关于台湾同胞来大陆探亲旅游接待办法的通知》，对其所做出的反应，为前所未有。

24日，金门战役登陆作战过去了38周年，萧锋与老伴贡喜瑞同作《金门忆》诗：

雨歇云收，月明星稀，阵雁南飞，望南天，万千思绪；忆当年，金门鏖战，数千健儿壮烈捐躯；三十八年过去，幸存者，皆古稀，悼战友，五内俱碎。　抚今追昔，先烈英灵在天，谆谆嘱咐在耳；是炎黄子孙，同胞手足，当共商国是，迎游子回归，亲人团聚，共慰列祖，振兴中华民族，祖国大统一。

此后，萧锋让作曲家将此谱成曲，每每念及金门岛上失去的战友，萧锋和老伴便会吟唱这首低沉悲怆的《忆金门》。

是年，一直没有专车的萧锋，在老部下、时任解放军总政治部副主任的朱云谦呼吁下，经中央军委副主席杨尚昆特批，北京军区将一辆苏制伏尔加轿车，拨给萧锋使用。

11月2日，台湾本岛的红十字会，开始受理台湾老兵的探亲登记和信件转投，原定该日上午9时开始登记，但在凌晨红十字会所就已经人山人海，当日办妥手续的老兵达1300多人。红十字会为办理老兵准备的10万份申请表格，在半月之内被索要一空。

12月，第一批台湾老兵探亲踏上了回大陆、返家乡的路程。

是年，萧锋着手整理金门战役登陆作战期间的日记和文章。面对

台湾在"金门大捷"宣传当中的许多不实,萧锋抱之于平淡的微笑:

他说他的,我说我的;他写他的,我写我的;唯其真实,自有公论。

1988 年

1月13日,蒋经国在台北突然病逝,中共中央为此致电国民党中央唁电:

惊悉中国国民党主席蒋经国先生不幸逝世,深表哀悼,并向蒋经国先生的亲属表示诚挚的慰问。

是日,已经离职在北京西山休养的萧锋得知后,面对这位曾经在"福州战役"中差点当了自己属下八十三师俘虏的"中华民国总统"和国民党总裁,沉吟半晌后,突然从嘴里蹦出了半句话:"他算个什么东西……"

21日,台湾"中华民国"继任"总统"李登辉,授意台湾高等法院检察处,以"叛国罪"对曾穿梭于两岸的沈诚提出诉讼,后以无罪释放。自此,沈诚不再为两岸"和谈"穿针引线。

5月6日,金门战役被俘人员、原解放军第二十八军253团副营长、战斗英雄,金门战役中建有特殊战功,被俘后集中营地下党组织负责人李金玉,含冤去世后,获平反昭雪、恢复党籍和副营职职务,遗孀补助10000元,解放军总政治部特例救济1000元。

金门战役被俘人员、原解放军第二十九军253团侦察参谋蔡志敬,含冤去世后,被河南省舞阳县人武部政策落实,恢复党籍和军籍。

11月,《叶飞回忆录》在解放军出版社出版发行。书内专设"金门失利""炮击金门和绞索政策"各一章。

是年,解放军第二十八军政治部主任陈德毅(少将,后任山西省军区政委),对政治干事陈惠方说:

40年了,第二十八军一直背着"金门打败仗"的黑锅,你是二十八军的作家,你应该把事实的真相披露出来,让二十八军在金门战役登陆作战中敢打敢拼、英勇悲壮的事迹写出来。

是时,北京军区司令员王成斌(金门战役时任三十一军某营长)在二十八军参加军事演习的动员大会上说:

金门这一仗,敌军被我们打得很惨,他们死伤人员比我们多得多,就连敌人都惊呼:二十八军太能打了!这是铁的事实。二十八军是支能攻善守的英雄部队……写金门之战,完全应该写!

1989 年

1月24日,叶飞以全国人大常委会副委员长的身份访问菲律宾,菲方以仅次于国家元首的17响礼炮,予以隆重的接待。叶飞来到出生地奎松省地亚望镇,菲方不仅找到了叶飞的出生证和当年受洗礼的记录,还为其生母麦尔卡托重修了墓冢;叶飞在父亲叶孙卫、生母麦尔卡托的墓前凭吊。

是时,菲律宾最大的英文报纸《星报》刊登了一张两棵树根紧紧连在一起的漫画,以表示中菲两国同根同源,枝分两株。

10月,金门战役整整40个春秋,叶飞冒雨登上了厦门云顶岩,他拒绝了家人避雨的要求,让细雨掩盖了眼中流出的混浊泪水。放眼望去,金门仍然是那个金门,然而,9086名浴血奋战的将士,却永远没有回来。雨中,叶飞的双手禁不住微微颤抖……

山崖上,巨大的海浪撞击着岩石,飞溅出一簇簇白色浪花,淅淅沥沥地又滴落回到了大海。日光岩一侧的崖壁上,镌刻着叶飞在险胜厦门后写的一首五言悼亡诗,像是在向厦门捐躯的将士和对岸金门的所有亡灵,倾诉着那埋在心底、让自己苦涩了一辈子的隐痛衷肠:

勇士鏖战急,热血染军旗;雄威镇敌胆,英魂化虹霓。

同日,萧锋在金门县的另一部分、已经被解放了整整40年的大嶝岛,也正与相濡以沫一辈子的妻子贡喜瑞,伫立于那片战友们曾经血染的大嶝岛海岸边,眺望金门县尚未被解放的金门本岛,隔海向那些为解放金门而登陆作战的9086位旧部英灵,向天、向地、向海举酒三祭礼!热泪涕流,放任着那压抑在心头、久久难以释怀的情感……

是年,尚属"军事管制区"的金门,修建了一座"蒋经国纪念馆"。

1991年

1月元旦,萧锋在北京军区总医院病房,接待解放军第二十八军派来采访金门战役登陆作战的军旅作家陈惠方:

40多年了,9086名官兵的荣辱,时刻萦绕在我的心头啊!金门战斗虽然失利了,但渡海作战的指战员们却打得英勇顽强;虽然敌众我寡,但他们坚持到最后一个碉堡,最后一个海滩,最后一个人,最后一条枪,个个都是惊天地泣鬼神的英雄,我愧对他们,忘不了他们!40多年了我没有一天不想念他们哪!想得我这……

萧锋用攥紧拳头的手,"咚咚"地砸在自己的胸口上:"疼啊!……"

2月3日,春节前三天。金门战役登陆作战前线指挥、原解放军第二十八军代军长萧锋,在北京逝世。

一个月前,当得知陈惠方是二十八军特意派来的时,萧锋像是在心底里长长地舒了一口气。随后,曾任第二十八军政委的郭为燊,也来到老军长萧锋的家里,同萧锋一起研究陈惠方的写作计划。

以前,萧锋是自己一个人在为金门战役登陆作战牺牲的战友们鸣冤喊屈,如今,第二十八军终于让人来写这场二十八军一直不愿提及、不愿让写的战役了……

这一个月,萧锋心潮澎湃,翻检自己几十年的日记,金门战役登陆作战前前后后的一切,又都浮现在眼前。萧锋知道,留给自己的时间不会太长了,他还要把那些过去不愿回忆、痛苦的点点滴滴,再补充起来……

这一个月,萧锋常常是整宿整宿地回忆一点,再写下一点,直到天边露出那一丝惨白的曙光……

陈惠方接到萧锋女儿萧南溪打来的噩耗电话,一时禁不住自己的情感,在电话里放声号啕大哭起来:"我才刚刚知道一点真相……这才刚刚开始啊!……老爷子……您怎么就撒手走了!……"

第二天,陈惠方与时任二十八军政委的陈德斌,带着全体二十八军将士们敬献的挽幛,来到北京西山北京军区那座灰暗色的将军楼,还没进到院里,就又止不住眼中的泪水喷涌出来。

灵堂里,张挂着萧锋身着少将戎装的照片,陈德斌政委和陈惠方两人用颤抖的双手,将挽幛挂在那张遗像旁边,挽幛上面写着六个大字:

二十八军之魂!

原第三野战军参谋长、时任中央军委副主席的张震偕夫人,在第一时间亲往萧锋在北京西山的寓所灵堂悼念,说:萧锋同志很能打仗,又好学习,坚持写日记,很值得我们学习!并送上自己亲手书写的悼联:

铁马金戈曾浴血,燕山赣水共含悲。

每次来看望老首长萧锋时,都要毕恭毕敬行军礼的中央军委副主席迟浩田,在悼念时泣泪动情地说:"金门战役登陆作战时,我才是副营长……"并以"后人"身份作挽词曰:

征战笔耕六十载,风范长存感后人。

萧锋老部下、老战友李曼村,时任国防大学副政委,剜心哀痛悼念后,敬献挽联曰:

为人民奋斗终生,踏遍青山雄风常在;将革命进行到底,历经坎坷斗志不衰。

金门战役登陆作战被俘后留在台湾的原解放军244团参谋张朝华,代表至今滞留于台湾的306名战友,专程从台北赶到北京寓所灵堂,以子侄辈身份长跪泣血之余,展哀词于灵前:

先父大人榻前父帅萧锋将军,视国家危亡、人民疾苦为己任,戎马一生，南征北战；治军严谨，半点不容；爱兵如子，关怀备至；与战士同甘共苦，身先士卒，对革命襟怀坦荡，肝胆相照，众尊二十八军之父；建国之初，指挥勇士八千，背水作战，激战国民党残部胡琏于金门，后知其用兵十二万余众，兵力悬殊，环境生疏，血战三昼夜，以寡不敌众以告终尽；如此不乃兵家罕见之战例战史，虽败犹荣，台北当局以此不彩之胜，授予胡琏一级上将，先父则以不解放台湾视为终生遗憾，足见先父毕生以革命大业为重，不计较个人荣誉之美德。堪称后辈之典范。

因忌惮台湾当局的检查和迫害，他托名为"张天纵"，以"海外儿女单岭陆勇拭蒙跪拜"之共书，隐喻"海外306名勇士们"。

2月28日，北京八宝山革命公墓追悼会上，中共中央办公厅主任曾庆红，国务委员、公安部部长贾春旺，中央政治局委员、中央军委副主席迟浩田，北京军区政委张工，北京军区司令王成斌，中央顾问委员会委员、原解放军后勤部部长王平上将，老领导聂荣臻元帅，老战友宋时轮上将，老战友杨得志上将，老战友秦基伟上将，原江西省委书记、中共中央统战部副部长万绍芬，原国家建设部部长林汗雄，原政治局委员、北京市市长彭真，原三十八军军长、时任军委办公厅主任李继军，中央军委秘书长杨白冰，陈丕显、李德生、老战友萧克、张爱萍、耿飚、杨成武、李来柱，河北省委副书记粟战书，教育部副部长臧柏平，胡耀邦的代表高勇等，金门战役期间的老战友、老部下，上将、中将、少将约计200余人；属从、亲属2000多人到追悼会上致哀，哀荣空前。

叶飞将军也委托工作人员送来了一个花圈。

人们以军礼、国葬的形式，送走了从井冈山下跟随毛主席走出来的、一生打了1365场胜战的"二十八军之父"，忠勇而隐忍了一辈子的铮铮铁骨老战士、英勇果敢善战的萧锋将军……

5月1日，台湾废除《动员戡乱时期临时条款》，终止"动员戡乱时期"，结束自1947年4月以来由蒋介石颁布的《戡乱共匪叛乱总动员令》。

1992 年

6月28日,陈惠方为写金门战役登陆作战,采访当年在萧锋麾下因攻打平潭负伤、没能参加金门战役的战士,时任济南军区司令员的张太恒上将。一时间,金门战役登陆作战前前后后、那些朝夕相处的首长和战友们的身影,浮现在眼前,他痛心疾首地说:"生不见人,死不见尸,死后还要被敌人诬蔑成那个样子……将士们战斗到最后一个阵地,最后一条战壕,最后一个人,流尽了最后一滴血啊!"

张太恒并为《海漩·进兵金门全景纪实》写了一篇充满感情的序文:

我曾经是当年"漳厦金战役"的参加者,并因在这一战役中攻打平潭岛时负伤,未被获准和战友一起渡海登(金门)岛作战而成为这一战斗的幸存者……

金门战斗,是在共和国成立不到一个月时间里,我军向国民党军队发起进攻的"漳厦金战役"中的一个局部战斗,也是大陆全部解放前夕的一次海岛登陆作战。这次战斗,虽然是我建军史上一次罕见的重大失利,登岛部队3个建制团约1个师的兵力全部损失,但登陆作战的人民解放军勇士们顽强拼搏,英勇献身的战斗精神是不会磨灭的……指战员们在渡船被炸、后援无继,孤军作战、弹尽粮绝的极端险恶和绝对劣势的条件下,以有我无敌、前赴后继的牺牲精神,与数倍于我之敌所进行的异常酷烈、极其悲壮的角逐和拼杀,也堪称惊天撼地、世所罕见……这种舍生忘死、一往无前的浩然正气和革命英雄主义精神……是我军弥足珍贵的精神财富,是光照后人的传家之宝。凭公而论,共和国的红旗上,同样应有他们血染的风采;人民军队的英雄史册上,同样应有他们毫不逊色的英名。遗憾的是,由于大家所知道的原因,长期以来,这场战争的详情始终未能公布于众,因而登岛作战官兵们可歌可泣的战斗业绩以及他们震古烁今的伟烈英名,也几近被埋没而鲜有人知;在浴血奋战中壮烈牺牲的烈士,没能得到应有的荣誉和尊重;那些历经九死一生、百般磨难而坚贞不屈的被俘遇害以及被俘归返人员,没能得到应有的理解和公正的对待。我们这些幸存者,每每念及于兹,亦感于心不安……金门失利的严重教训恰恰就是:在胜利的形势下,高级指挥员轻敌麻痹,盲目乐观,战斗任务尚未全部完成,就过早地转移了工作重心,忙于城市接管。同时,在作战指导上,对渡海登陆作战的特点和困难认识不足,只强调掌握战机,对敌情、海情缺乏周密、细致的调查研究,船只准备不充分,战斗组织指挥不严密,不同建制的3个多团没有统一指挥,仓促发起战斗,这就难以避免造成损失……解放战争时期,十纵是华东野战军主力之一,驰骋华东,逐鹿中原,横渡长江,挥师南下,进军福建,势如破竹,战功赫赫。在金门登陆战中,这支部队的两个多团,和同样是一支英雄劲旅的一个兄弟团并肩作战。虽然因种种原因,不幸战斗失利,但这两支英雄部队的卓著业绩是不容抹煞的,其光辉形象也是不容贬低的……

同月,陈驰著《金岛血魂》在哈尔滨出版社出版发行。

11月7日,台湾"金门防卫司令部"中将司令官叶兢荣宣布:

自11月7日零时起,战地政务终止,金门地区解除戒严,拆除部分海防哨站、军营、地堡等。

10月至12月初,大陆"海协会"与台湾"海基会"在香港举行会谈,最终形成了各自以口头表述方式的"海峡两岸均坚持一个中国的原则"共识,即"九二共识"。

12月31日,金门战役登陆作战被俘人员,原解放军244团特务连副指导员刘继堂,被恢复军籍、党籍,按连级待遇复员,补发5000元复员费,以后的生活待遇,由县民政局定期定量发生活补助费。

1993年

4月27日至29日,大陆"海协会"会长汪道涵、台湾"海基会"董事长辜振甫在新加坡举行会谈,签署42页协议,两岸关系迈出历史性的一步。

5月13日，中共中央政治局委员、中央军委副主席张震为《回顾金门登陆战》作序：

曼村同志来信告诉我，原在二十八军工作过的离休干部丛乐天和邢志远两同志，经过3年的调查研究，走访了许多参加过金门战斗的当事者，其中既有当时直接指挥登陆作战的指挥员，也有登陆后经过4天血战、后来返回来大陆、几经磨难的老同志，编写了《回顾金门登陆战》一书。我很高兴。因为金门登陆作战已经过去40多年，参加这一战斗的幸存者越来越少，指挥员也都年逾古稀。再不编写此书，就可能成为一件憾事。金门战斗的前线指挥员是二十八军副军长萧锋与政治部主任李曼村，当时该军军长、政委均因病、因事留在福州。萧锋同志已于前几年去世，他留有遗作。曼村同志作为唯一健在的前线指挥员，认真审查了书稿，并嘱我为其作序。实在是不能推辞。

打金门时，我正在生病，在上海医院做第二次手术。尽管在病中，仍时时关心金门战斗的进程。记得头一天还看到电报，说我登陆金门部队发展顺利，已俘敌数千，正追歼残敌。可是到了第二天，情况大变，说胡琏兵团放弃潮汕，增援金门，其十八、十九军已到达金门。我方登陆船只又为蒋机凝固汽油弹焚烧，经多方搜集，才又增援4个连上去。战斗到第4天，岛上枪声稀少，估计登陆部队遭到胡琏兵团增援部队及原守军李良荣兵团以五比一的优势兵力的围攻。我登陆部队（包括船工）9000余人除少数受伤被俘，均壮烈牺牲。这是我军解放华东全境中所受到的最大损失。至今对英勇战斗的烈士为统一祖国而光荣捐躯的英雄事迹记忆犹新。他们是中华民族的优秀儿女，为统一大业视死如归，不愧毛泽东主席培养的解放军。我们要永远记着他们。

粟裕同志对此次战斗失利甚表痛心，主动向毛泽东主席写出报告，承担责任，请求处分。毛主席未给处分，但他重视攻击金门岛失利的教训，亲自动笔起草了军委的通报，指出此次失利主要原因是轻敌、急躁所致，要认真总结教训。

实际情况正如毛主席所分析、指出的那样,解放京、沪、杭、榕后,当时各级领导均负责接管大事,集党政军工作于一身,甚为忙碌。陈毅同志主持上海市党政工作,粟裕同志全力与九兵团研究解放台湾问题。十兵团司令叶飞同志主持厦门工作,政委韦国清同志主持福州工作。当时大家认为金厦解放是战斗尾声,不必全力倾注了。因此委托二十八军同志组织这次战斗,又是指挥分属二十八、二十九军两个不同建制的部队,应该说在领导上是较弱的。其次是对渡海作战特点研究不够,登陆准备工作不充分。只有第一梯队船只,没有第二梯队船只,有兵也无法增援。其三是,作战方案只从顺利方面着想,考虑困难不够。没有想到胡琏兵团可能增援金门,事先没有准备多种方案,也就是说对敌情判断不周密。第四是指挥有误。登岛部队第一梯队的三个团来自三个不同的建制师,没有派出指挥所随同,这样就没有形成登陆后统一指挥。这也与当时认为只要第一梯队登陆后即可解决战斗的轻敌思想有关。这些都是组织指挥方面的问题。而登岛部队指战员,在敌我力量对比极为悬殊、后援不继的严酷条件下,不屈不挠,顽强战斗,为扭转战场上的不利局面尽了最大的努力,直打到弹尽粮绝,或壮烈牺牲,或负伤被俘,表现了无所畏惧的英雄气概和视死如归的牺牲精神。他们的革命品格和光辉事迹,决不应因战斗失利而受到抹杀。

《回顾金门登陆战》一书,收集了参加金门一战的军、师及其以下各级指挥员、机关干部和战士的回忆文章三十余篇,比较具体和准确地反映了这场战斗的各个侧面和整个过程,有很重要的史料价值。尤其是在岛上坚持战斗三四天的一些同志回忆的史实,过去鲜为人知,更是十分珍贵。各位军、师领导同志的回忆,检讨和分析失利的原因,均有一定学术价值。另外,这本书的出版,也有助于纠正台湾当局多年来对金门战斗的吹嘘和歪曲,澄清历史真相。

《回顾金门登陆战》一书给我们的启迪,不仅仅在于军事方面。它用血的事实告诉我们:在不断取得巨大胜利的大好形势下,始终保持清醒的头脑,戒骄戒躁,防止轻敌麻痹,克服粗心大意,是何等的重要。党的实事求是的思想原则,一刻也不能偏离。毛泽东主席同志曾经说过:"错误和挫折教训了我们,使我们比较地聪明起来了。我们的事情就办得好一些。"当年,我军正是接受了金门失利的教训,改进了渡海作战的组织指挥,用木帆船战胜敌人的军舰,顺利地解放了海南岛、舟山群岛、万山群岛等沿海岛屿。今天,我们回顾金门之战,对于加强我军建设,巩固国防,研究现代条件下的岛屿作战,随时准备打击敢于侵犯和破坏祖国领土与主权完整的敌人,也会起到积极的作用。

6月15日,叶飞接受原第二十八军政治部主任、后为国防大学副政委的李曼村,《回顾金门登陆作战》一书主编丛乐天、邢志远等编撰人员访问:

打金门主要是轻敌,这是失利的根本原因。打下平潭岛,助长了轻敌急躁情绪,我们轻敌,下面也轻敌,好事变成了坏事。但金门失利后,坏事变好事,避免了打台湾受损失。当时轻敌,认为一登陆就成功了。金门失利后认识到,我们没有海、空军掩护,打台湾很危险!解放台湾条件不具备。有人说为什么打海南岛没有海、空军也解放了,不能这样提问题,因为海南和台湾情况不同。

打厦门也有教训,打得很危险。打鼓浪屿是佯攻。厦门守敌判断错误,不知道我们主攻是在厦门岛北头。但我们也有教训。8个团的船损失一半以上。打金门之前,我给你们二位(指萧锋、李曼村)谈了打厦门的教训。我们也轻敌是不是？不巩固滩头阵地。登陆作战一定要巩固滩头阵地,等第二梯队上来再战。我们截到电报,胡琏要求去台湾,不想到金门,但没有截到蒋介石的复电,我们要趁胡琏没到前进行攻击。24日中午12点,同意二十八军当晚发动攻击。

粟裕同志也轻敌,逼得厉害,比我逼你们二位(指萧锋、李曼村)还厉害。这情况过去没有讲过。浙江七兵团不急躁,攻舟山停下来。浙江搞得好,我们搞得很急。中央原计划1950年解放福建,后来决定提前解放福建、广东,主要是防止美国出兵干涉。打上海伤亡大,部队很疲劳,我建议在苏州休整一个月再南下,结果不到一个月就南下了。

金门可以打,但要准备充分,船只是个大问题。要巩固滩头阵地,打退反攻,第二梯队上来,再向纵深发展。诺曼底登陆是巩固滩头阵地才战。当时研究过。

我不该批准二十八军24日的报告。当时已知胡琏兵团要来增援,兵团下决心打,要利用胡琏要来而未到的空隙,再推迟情况就会起变化。经过研究,还是不改变决心。这个决心下错了,根本原因在于轻敌。应当停一下,探明情况再发起攻击。回头看,从战略上看这个问题:轻敌。当时停一下,把敌情判断明了就好了。打上海也轻敌,战前没有开过会,粟裕同志说:"没有仗打!打上海主要不是军事,主要是政治。"

历史上不少先例,打了胜仗又打败仗。打了败仗,又会打胜仗。历史上常有。有经验教训不注意总结。打金门碰钉子不奇怪,本来打厦门就要碰钉子的。金门失利我一直背着这个包袱,希望再攻金门立功赎罪。

打金门部队是英勇的,顽强抵抗,非常英勇。第二梯队也很积极,但没有船过不去。部队我们有的是,就是没有船。主要教训是不该打,我不该批准。原先估计船可能返回三分之二,没想到船一条也没有回来。

金门之战,敌人的胜利,我方的失利,都有很多的偶然性。金门登陆,没有分两步走,先占领滩头阵地,等后续部队上来再战。违背渡海作战的规律。登陆作战,不管近海远海,第一梯队一定要巩固滩头阵地再进攻,事先考虑这一条,就会考虑潮汐变化。

金门失利,不是偶然的。轻敌,一定要碰钉子,高级指挥员、部队都轻敌,早晚要碰钉子,是在厦门碰,还是在金门碰,那是偶然的。在厦门就碰了,但没有头破血流。第一天8个团的船,第二天只剩下4个团不到,损失一半以上。在厦门没有吃大亏,是万幸。一个胜利埋伏了不少经验教训不注意总结。胜利掩盖了问题,造成金门失利的结果。

1958年炮击金门,可以解放金门,但毛主席不同意。留下金门马祖,给美帝国主义套一个绞索。毛主席给我讲了这个道理。不替蒋介石解除这个包袱,可分散他的兵力。我们解放金门可直接攻击台湾,置金、马于不顾。毛主席从金门失利得到教训,没有海空权不行。如今看来,金马不解放无伤大局,可以放在那里。否则就是战略眼光短浅。

1994 年

4月,陈惠方把写成的《海漩·兵进金门全景纪实》请原解放军第十兵团三十一军老战士、时任北京军区司令员的王成斌上将审阅,并汇报出版过程中遇到的困难等,王成斌激动地对陈惠方说:"我完全支持此书的写作和出版,要千方百计地让此书出来……就许那边吹牛,就不许我们说真话,指战员流血牺牲,可歌可泣,我们应该如实大力宣传……"

7月,丛乐天、邢志远主编《回顾金门登陆战》由人民出版社出版发行,中央军委副主席、时任第三野战军参谋长张震为该书作序。

12月21日,原解放军253团政治处主任、时已离休的海军正军职干部张茂勋,为回忆金门战役、并为被俘人员的落实政策,给原第三野战军参谋长张震(时任中央军委副主席)写信,并在呈交之前,给原二十八军政治部主任李曼村写信征求意见:

张副主席:

当年金门战斗,我是253团政治处主任,带第二梯队,因没有船没有过去,我是253团干部中唯一的幸存者。

我是流着眼泪看完了《回顾金门登陆战》这本书,今天,我又是流着眼泪看完了陈惠方同志写的《海漩——兵进金门全景纪实》。我痛心的是,在金门战斗中牺牲这样多英勇顽强、艰苦战斗的战友和同志,在敌人的集中营里,又牺牲了许多坚贞不屈的同志。我永远怀念他们!尊敬他们!

看了当年金门战斗被俘放回的同志,受到长达30余年不公平对待以及他们的坎坷遭际,我这个幸存者实在无法平静。党的十一届三中全会以后，《中办[1983]74号》文件，在政治上已给这些同志恢复了党籍、恢复了政治名誉，对营以上干部做了离休处理。当时，对连以下干部是做复员处理，回原籍生产劳动。现在，这些连排干部都已60以上，当年出生入死，现在生活很苦。如原4连副连长戴文忠，现已72岁，老伴76岁，无儿无女，每月只有35元生活费。我恳求中央军委首长对金门战斗被俘放回的连排干部解决两件事：

一、评定残废等级，发残废金。当年253团的排以上干部，在历次战斗中多数同志负伤，在金门战斗中又有许多同志负伤评残废等级发残废证。可是，现在仍有许多同志没有评残，没有残废证。这是中央已有政策规定，在有些地方不肯执行的事情。

二、请给金门战斗被俘放回的连排干部在经济上解决一些困难。当年253团的连排干部，都是很能打仗的干部，第二十八军的连排干部更是打过大仗、恶仗的干部。现在，这些同志生活上很苦，有的同志直至现在没有结婚，无儿无女。这种情况，不仅是这些同志心中难受，我们这些幸存者心中也很不安。

中央军委首长如能给金门战斗放回的连排干部在经济上解决一些困难，不仅是这些同志得到党的温暖和莫大安慰，对部队以及在人民群众中，在政治上将会产生好的影响。

12月24日，原金门战役登陆部队幸存者、解放军第二十九军八十五师重建之253团政委张茂勋，写信向中央军委张震副主席反映：原253团4连副连长戴文忠等，政策未得到落实，张震将信转总政治部干部部办理。

12月，第二十八军军旅作家陈惠方著《海漩·兵进金门全景纪实》，由北京华文出版社出版发行。曾任第二十八军政委郭为燊将军，痛惜老军长萧锋没有亲眼见到此书出版，四处打电话，要求二十八军的干部征订和阅读。

是年，台湾鉴于退伍老兵们的生活窘境，给持有"授田证"的老兵们，补发了微薄的补偿金，老兵们借此，亦得返回大陆与亲人们团圆。

1995 年

1月6日,李曼村给张茂勋回信:

茂勋同志:你来信及向军委的报告稿陈惠方同志已交我,从信及向军委的报告中,可以看出您对金门战斗的烈士和战友的深厚感情和关怀,我很同情。

向军委反映情况并提出意见,是每个党员、干部,包括离休干部的权利和义务。我赞成你写。

1月30日,中共中央总书记、国家主席江泽民根据邓小平"和平统一,一国两制"的思想,发表了《为促进祖国统一大业的完成而继续奋斗》的八项主张。

4月5日,丛乐天、邢志远向总政治部干部部呈交《关于金门被俘归来人员的一些情况》报告:

金门作战被俘后回大陆的人员,主要集中在山东(原二十八军)、江苏(原二十九军)两省,有少数人或个别人在黑龙江、吉林、辽宁、内蒙古、河北、安徽、浙江、新疆和上海等省市……

9月25日,解放军总政治部干部部尹凤歧部长,给张茂勋来信:"关于金门战役被俘人员归来处理问题……找保卫部朱部长进行了商量。"

年底,保卫部王名才,给原解放军253团4连连长温绍荣、4连副连长戴文忠各发救济费3000元;对原2营副营长李金玉、5连长朱振、7连副连长唐文光三遗孀各救济2000元。

1996 年

2月21日,原解放军第二十八军244团副团长、后任三十一军副军长的宋家烈,在弥留之际,给儿女们留下了三字遗言:"邢永生"后去世。

宋家烈,原244团副团长,金门战役中,因伤住院未登陆作战,是该团唯一幸存的团领导。邢永生带领全团登陆作战覆殁后,该团重组,宋家烈任团长,驻扎福建沿海前线20年,上级调任,哪里都不去。先后任八十二师师长、三十一军副军长。一生不忘为244团复仇、为解放台湾做准备。逝世前即交待子女:"把我的骨灰撒到金门海域,我要和我的战友们在一起。"

6月4日,南京军区政治部保卫部给总政保卫部报告《关于申请落实金门战役被俘人员政策补助经费事》,后总部专门下拨经费,根据归俘人员不同情况,分三次下拨到有关人员及家属手中。

8月25日,原解放军第二十八军政治部主任、国防大学副政委李曼村,在北京逝世。

1997年

10月,丛乐天主编《猛将严师宋家烈》在北京长征出版社出版发行,对金门战役登陆作战幸存者、时任244团副团长宋家烈进行介绍。

1999年

1月,蒋柳清著《落潮·金门战俘沉浮记》在江苏人民出版社出版发行。

4月18日12时,叶飞在北京逝世,生前嘱咐子女"死后葬在厦门"。一年后的2000年4月28日,骨灰安葬于厦门烈士陵园,在这座陵园里,有陈毅元帅为该园所写"烈士雄风永镇海疆"的厦门解放纪念碑,叶飞终与那些为解放厦门而牺牲的战友们又在一起了。

菲律宾闻悉叶飞去世后,在他的出生地地亚望镇举行了隆重的悼念活动,把镇中心公园命名为"叶飞将军纪念公园"。

10月下旬,大陆举行"金门战斗50周年纪念日"。鉴于解放大嶝岛259团牺牲的300余烈士安息之地,至今仍在荒地杂草之间,经向南安、大嶝有关部门请求,修建一座烈士陵园。同时又发出了"修建金门战斗烈士纪念碑"倡议,并相关人士向金门方面及红十字会提出:

请求归还金门战役登陆作战阵亡将士的遗骸。

2001 年

1月5日,金门战役被俘的解放军战士陆万春,平反昭雪,恢复党籍、军籍。

陆万春,原解放军第二十九军八十五师253团第2营第5连第3排排长,1947年盐南战役中荣立一等战功。被俘遣返后,经浙江省军区政治部政审,按原职分配到部队任排长。转业后,在1955年"肃反"中,定为"效忠匪帮的反革命分子",判刑5年。

是月,原二十一军老战士刘建德之子、时任解放军空军副政委刘亚洲所著《金门战役检讨》一文,以单行本方式由《国家战略》编辑部内部出版。

7月1日,金门战役登陆作战第二梯队、原解放军253团政治处主任张茂勋出版《难忘金门登陆战·步兵第253团参战金门前前后后》。

是年,金门一部分、已被解放整整52年的"大嶝岛",为当年解放该岛牺牲的烈士陵园,建造了一座2米高的"大嶝岛解放革命烈士纪念碑"。

2005 年

台湾举办"胡琏将军百年诞辰纪念会",参加了金门战役反登陆作战的将士们纷纷表示:

希望中国不要再有内战……希望两岸的政治家能够秉持新"一国(各表),(就地)两制"的精神,进行和平统一的历史性政治工程;不要再因为无法处理的政治问题,而把政治问题交给军人用武力来处理。(据《碧血青天》139页)

此"一国(各表),(就地)两制"的表达,可能是目前大陆上不能接受的一个主张,说到底,它乃是一种不言自明的"一边一国"或一个"中华人民共和国"与"中华民国"并存的、虚幻的所谓"一国",是与全中国、全中华民族的大利益、根本利益并不相吻合的主张。

2008 年

10 月 27 日,台湾《联合报》A11 民意论坛上,以《拍摄一段古宁头秘辛》一文,记载了金门战役登陆作战第 2 天拍摄战场的实情,其原文参见本书第 330—331 页,本处不再复述。

台湾拍摄这个金门战役登陆与反登陆作战的战后场景纪录片,至今没有公开发行。

2009 年

1 月,元旦。中共中央总书记胡锦涛发表讲话:

1949 年以来,大陆和台湾尽管尚未统一,但不是中国领土和主权的分裂,而是上个世纪 40 年代中后期中国内战遗留并延续的政治对立,这没有改变大陆和台湾同属一个中国的事实。两岸复归统一,不是主权和领土再造,而是结束政治对立。

胡锦涛后又在纪念《告台湾同胞书》发表 30 周年座谈会上指出:

两岸应该本着建设性态度,积极面向未来,共同努力,创造条件,通过平等协商,逐步解决两岸关系中历史遗留的问题和发展过程中产生的新问题。

9 月,台湾李福井出版《1949 古宁头战纪》。

10 月 24 日,金门本岛举办"古宁头大捷 60 周年"大会,马英九以"中华民国总统"的身份,亲赴金门参加并发表讲话:

60 年前的今天,万余"共军"趁夜暗突袭金门,守军奋勇反击,双方激战 3 日,最后 7000 余名"共军"被俘,约 3000 名"共军"与 1200 名"国军"躺在金门岛西北角这个过去默默无闻的古宁头,再也回不到亲人的身边……我感谢"国军"兄弟,因为古宁头大捷在当年风雨飘摇、危如累卵的局面中,扭转了内战颓势,振奋了民心士气,开启了两岸60年隔海分治的历史格局;也让两种截然不同的意识形态与政经制度,在全球冷战的大环境及台湾对峙的小环境中,各自进行划时代的大试验……站在古宁头,想象当年厮杀的惨烈,60年后的今天,我们能告慰于那些长眠斯土"国军"弟兄的,不仅是一声感谢,而是一个把"杀戮战场"变成"和平广场"的坚定誓言;我们建军备战、捍卫台澎金马的决心,决不改变。面对两岸和解的曙光,我们则会以最大的诚意,经由交流协商,化解仇恨对立,让杀戮走入历史,使和平成为永恒。

是日,60年前被萧锋解放的金门一部大嶝岛、这座尚未与"金门县"团圆的岛屿上,却在以民间群体祭奠的方式,做着隔海的回应。

以往,每年的这天,解放军第二十八军都会有一次部队内部的金门战役登陆作战的追思。今天,虽然"二十八军"的番号,已经在解放军的序列里被撤销,但是,原第二十八军的第二代军人和当年金门战役登陆作战的后代们,他们仍然不约而同地聚集到了这块当年征战的起航出发地,以各自无限的思念,来对那永不消失的二十八军"军魂",做着最深敬意的祭奠。

原解放军第二十八军51名老战士,搀扶着原八十二师副师长姚思忠、政委李剑锋,原244团团长邢永生女儿邢闽闽,原244团宋家烈副团长女儿宋晓峰等,伫立于大嶝岛已成"战地观光园"的阳塘海滩,向9086位将士遗骨未归的金门本岛,声泪俱下地隔着大海,呼唤着那些死未还家的英魂:

邢永生、孙云秀、刘天祥、田志春、徐博……

25日,郑杰光著《碧血青天·1949金门战役秘史与两岸关系研究》在台湾中华战略学会出版发行。

2010年

5月10日,金门战役登陆作战幸存者、原解放军244团副团长,后为三十一军副军长宋家烈之女宋晓峰,探望被俘遣返的原 244 团团长邢永生警卫员崔新博。老人伸出双手,泪如雨下,颤动的双唇,用含糊不清的声音嘶喊着:

61 年啦! 孩子,你怎么才来啊!

其情、其景,令在场的所有人,都禁不住潸然泪下……

2011 年

4 月 21 日,以金门战役登陆作战为名的"金门登陆战斗英烈纪念碑"在登陆作战将士的故乡:山东省济南市长清区"老战士纪念广场"旁边奠基,基土周围,有原解放军第二十八军老战士们的后代,从金门本岛英烈们牺牲的那片土地上,取回来的泥土。

9 月,南京军区副司令王洪光中将著《绝战·追思金门战役》在江苏凤凰出版传媒集团出版发行。

2012 年

1 月,李善惠著《金门之殇·来自台湾的一位参战老兵亲口讲述的历史》在北京华文出版社出版发行。

4 月,原解放军第十兵团司令叶飞女儿叶之桦一行赴台,在金门北山解放军折戟地祭奠先烈。祭拜之时,突然暴雨骤降,雷声大作。雨水打在每一个人的脸上:这是英烈们的灵魂在呼喊!

9 月 9 日,由厦门华天集团发起,金门海印寺、厦门南普陀众高僧共同举办的"祈祷两岸永久和平,消灾祈福暨超荐两岸阵亡将士大法会"在金门和厦门两地举行,历时 10 天。据说法会开始,当僧人们高声诵曰:"超度两岸阵亡将士"时,金门本岛那座埋葬金门战役登陆作战牺牲将士们的"千人冢"大墓,突然发生巨大的"崩裂"……

天边,一朵祥云在金门岛上空,久久盘旋不散。

2013 年

是年,原解放军第二十八军后勤部长、已经年届101岁的宫愚公,对儿子宫勇说:

叶飞在金门战役登陆作战之前调船前往运粮,致使进攻金门无船运兵,导致失败之事,当时叶飞和第十兵团严令不准讲,并列为绝密。我保密了65年一直没有说出来,就是当年国防大学政委刘亚洲上将在拍摄《金门战役检讨》时,我也没有说。现在,我快要死了,我要把真相讲出来……

宫愚公在101岁的时候,将一个保守了半个多世纪的"叶飞将战船调往运粮"秘密,讲了出来。尽管我们在写这部书的时候,已经找到了叶飞调战船迁往闽西运粮食的电报,但我们还是要将宫愚公这一"人证",在其即将永远离开这个世界的时候,在此强调并公布给读者。

2014 年

1月,台湾"中华民国"金门县政府、金门县县长李沃土,通过萧锋老战友、原解放军第三十八军军长梁兴初二公子梁晓源,邀请本书《金门战役纪事本末》的作者萧鸿鸣、萧南溪、萧江共商筹建"金门战役为国捐躯军魂神位"。

7月4日,萧南溪前往上海采访101岁的原二十八军后勤部长宫愚公,对他回忆的"叶飞在金门战役登陆作战之前调船前往运粮,致使进攻金门无船运兵"之事,做了录音。

12月5日至6日,萧锋嗣孙萧江,代表萧氏一门,登上金门本岛祭奠金门战役牺牲的将士,并捧回浸染有将士们鲜血的金门泥土。

12月16日,萧南溪、萧江、萧鸿鸣等前往北京西山萧锋将军墓前告慰与祭拜,并将金门带回的泥土,撒在萧锋将军的墓冢周围。

2015 年

2月16日，中国人民解放军总政治部宣传部复函批准出版本书《金门战役纪事本末》。

附 录

引用材料作者简介

张震,原第三野战军参谋长,1955年被授予中将军衔,1988年被授予上将军衔,1992年任中央军委副主席,1985、1987年被选为中央顾问委员会委员。著有《张震回忆录》等。

鞠开,1948至1962年跟随粟裕的机要秘书。1977年任解放军政治学院政委。著《粟裕同志与金门之战》《在跟随粟裕的日子里》等。

宫愚公,原二十八军后勤部部长,后任空军十四师副政委,北京军区空军后勤部政委。1961年5月调任民航上海管理局政委,1964年6月调到上海市公用事业管理局任党委副书记。1979年任同济大学建筑工程分校党委副书记,1981年任上海市建筑材料工业管理局党委顾问,1984年离休,著《没有充分的准备,无法打赢金门战役》等。

丛乐天,原第二十八军244团政治处宣传股长,是金门战役登陆作战的第二梯队幸存者。著《金门战役始末——1949年9月至12月大事记》《金门之战五十周年》,与邢志远合写《共产党员血溅金门五十年祭》,合作编撰《回顾金门登陆战》《金门失利教训何在》(与张茂勋、邢志远合写)等。

邢志远,著《也谈金门大血战的失利》《以兵败金门到解放海南——兼谈毛泽东关于渡海作战的指导思想》《被俘归来的人民英雄刘继堂》《谈金门失利原因的三种答案》(与丛乐天合作)。

吴鸿翔,原二十八军司令部书记、军务参谋,现已离休,与王国坚合作撰《一曲血洒海疆的壮歌——悲壮的金门之战》。

王国坚,原二十八军后勤部缮写员、作战参谋,二十八军军史编写者之一,与吴鸿翔合作撰《一曲血洒海疆的壮歌——悲壮的金门之战》。

姜从华,原解放军第二十八军军电台二台报务员、报务主任、队长,著《关于金门之战的若干史实》《回忆平潭、金门战斗的通信联络情况》。

蒋柳清,原南京军区政治部保卫部副部长,曾接待100多名金门被俘回归人员及亲属,著《落潮·金门战俘沉浮记》《金门战役的反思》。

俞洪兴,原金门回归老兵,著《热心关怀金门被俘归来人员的张茂勋老同志》。

陈惠方,1988年时任解放军第二十八军政治部政治干事,后为北京军区政治部创作室创作员,著有《海漩·进兵金门全景纪实》等。

徐焰,解放军国防大学战略教研部教授,专业技术少将。

宋晓峰,原第二十八军 244 团副团长宋家烈之女。著《访金门战役幸存者》《六十年来一次大的金门战役祭奠活动》(附倡议书),办有"中国陆军第二十八军网站"。

邢光生,原 244 团团长邢永生之女,著《惊涛拍岸英魂永生·回忆父亲》。

邢闽闽,原 244 团团长邢永生遗腹女,1949 年 12 月出生。撰《热血洒金门,英魂存古今》。

田东民,原 251 团政委田志春之女,著《怀念我的父亲田志春》《和父亲同在八一军旗下》。

陈化琪,原二十八军政委陈美藻之子,著《父亲陈美藻和我谈金门失利》。

郑闽江,原二十八军成建制后 246 团第一任政委、后任二十八军后勤部政委的郑海亭之女,撰《激战古宁头血染军旗红》《台海海战·后金门登陆作战纪事》。

主要参考书目

1. 《攻台必胜论》,黎志洁著,香港"周末报"时事小丛刊 1950 年 3 月。
2. 《金门忆旧》,胡琏著,台湾黎明文化实业公司印行 1976 年 8 月。
3. 《泛述古宁头之战》,胡琏撰,1977 年台湾传记文学第 31 卷第 5 期。
4. 《金门作战三十周年座谈会专刊》,1979 年台湾《近代中国》季刊第十二期。
5. 《追述金门之战》,刘云瀚撰,1979 年 11 月台湾《中外杂志》二十六卷第五期、第六期,二十七卷第一期。
6. 《中国人民解放军战史简编》,军事学院军事简编编写组,1983 年 1 月军事学院图书资料馆内部出版。
7. 《中国人民解放军陆军第二十八军军史》,第二十八军编,1985 年 3 月送审稿(秘密)。
8. 《中国人民解放军陆军第二十八军军史》,第二十八军编,1985 年 9 月修订本(机密)。
9. 《名将粟裕》,老战士著,新华出版社 1986 年 1 月第 1 版。
10. 《叶飞回忆录》,叶飞著,解放军出版社 1988 年 11 月第 1 版。
11. 《当代中国军队的军事工作》,邓力群等编著,中国社会科学出版社 1989 年 6 月第 1 版。
12. 《金岛血魂·金门大血战》,陈驰著,哈尔滨出版社 1992 年 6 月第 1 版。
13. 《台海大战》,李元平著,台湾风云时代出版有限公司,1992 年 10 月第 1 版。
14. 《毛泽东军事文集》,第 6 卷,军事科学出版社、中央文献出版社 1993 年版。
15. 《回顾金门登陆战》,丛乐天、邢志远等著,人民出版社 1994 年 7 月第 1 版。
16. 《漳厦战役》,研究室编著,中央文献出版社 1994 年 8 月第 1 版。
17. 《海漩·兵进金门全景纪实》,陈惠方著,北京华文出版社 1994 年 12 月第 1 版。
18. 《台湾历史纲要》,陈孔立著,九洲图书出版社 1996 年 4 月第 1 版。
19. 《厦门市粮食志》,徐国祥、黄亚慈等编著,厦门市粮食局内部出版,夏新出(97)第 07 号,1997 年 3 月第 1 次印刷。

20.《蒋介石与台湾》,高景轩、吴汝华著,新华出版社1997年8月第1版。

21.《猛将严师宋家烈》,丛乐天著,北京长征出版社1997年10月第1版。

22.《台湾秘史》,郑剑著,团结出版社1998年8月第1版。

23.《落潮·金门战俘沉浮记》,蒋柳清著,江苏人民出版社1999年1月第1版。

24.《毛泽东文集》,第6卷,人民出版社1999年版。

25.《毛泽东文集》,第7卷,人民出版社1999年版。

26.《毛泽东文集》,第8卷,人民出版社1999年版。

27.《粟裕传》,朱楹、温镜湖著,当代中国出版社2000年8月第1版。

28.《军中儒将李曼村》,谭恩晋著,国防大学出版社2000年9月第1版。

29.《统一·康熙收复台湾》,萧鸿鸣著,作家出版社2000年12月第1版。

30.《金门战役检讨》,刘亚洲著,"国家战略"编辑部2001年1月内部出版。

31.《难忘金门登陆战·步兵第253团参战金门前前后后》,张茂勋著,2001年7月1日,浙内图准字2000第170号。

32.《张震回忆录》,张震著,解放军出版社2003年11月第1版。

33.《金门战地史迹》,黄振良著,金门县政府2004年5月。

34.《陈诚先生回忆录》,陈诚著,2005年台湾国史馆初版。

35.《八二三炮击金门》,沈卫平著,北京华艺出版社2006年4月第3版第1次印刷。

36.《毛泽东传1949—1976》,逄先知、金冲及著,上、中,中央文献出版社2007年7月第17次印刷。

37.《宋时轮传》,撰写组编著,军事科学出版社2007年7月第1版。

38.《在跟随粟裕的日子里》,鞠开著,中国文史出版社2007年8月第1版。

39.《毛泽东传1893—1949》,金冲及著,中央文献出版社2007年11月第6次印刷。

40.《战争岁月和平世纪·金门古宁头战役六十周年纪念专辑》,邱天火著,台湾金门国家公园管理处2009年10月。

41.《碧血青天·1949金门战役秘史与两岸关系研究》,郑杰光著,2009年10月25日台湾中华战略学会初版。

42.《军魂》,戈基、王震寰著,新华出版社2010年4月第1版。

43.《萧锋征战记》,萧南溪、孙翔著,中央文献出版社2010年8月第1版。

44.《名将粟裕珍闻录》,张雄文著,北岳文艺出版社2010年9月河北第3次印刷。

45.《1949 大流亡·美国外交档案秘录》,王景宏著,台湾玉山社出版事业股份有限公司,2011 年 4 月第一版。

46.《绝战·追思金门战役》,王洪光著,江苏凤凰出版传媒集团 2011 年 9 月第 1 版。

47.《1949 古宁头战纪·影响台海两岸一场关键性的战役》,李福井著,台湾稻田出版社 2011 年 9 月 2 版 1 次印刷。

48.《韩战救台湾》,张淑雅著,台湾卫城出版,2011 年 10 月版。

49.《粟裕年谱》,朱楹、温镜湖著,当代中国出版社 2012 年 1 月第 2 版第 1 次印刷。

50.《金门之殇·来自台湾的一位参战老兵亲口讲述的历史》,李善惠著,北京华文出版社 2012 年 1 月第 1 版。

51.《叶飞上将》,吴殿卿著,解放军文艺出版社 2012 年 4 月第 8 次印刷。

52.《1949·国共内战与台湾·台湾战后体制的起源》,曾健民著,台湾联经出版公司 2012 年 5 月初版第六刷。

53.《黄克诚传》,编写组,当代中国出版社,2012 年 10 月第 1 版。

54.《心系军旗》,宋晓峰、彭瑞智著,海风出版社,2012 年 10 月第 1 版。

55.《英风长存·纪念朱绍清将军百年诞辰》,王龙保著,2012 年 10 月内部出版。

56.《蒋经国画传》,师永刚、方旭著,湖南文艺出版社 2013 年 8 月第 1 版。

57.《饶漱石》,蔡洪堂著,抚州市政协文史委员会赣新出内字第 0007496 号,内部出版。

58.《20 世纪台湾·1949》,复印书籍,不详。

59.《建国以来毛泽东文稿》,第 1 册,复印书籍,不详。

60.《一代名将——回忆粟裕同志》,复印书籍,不详。

61.《国共内战护国与解放》,台湾突击丛书,突击精选系列 2(年代不明)。

主要档案材料及未曾出版的书稿手稿

中央档案馆解密档案、材料29份：

1. 《毛泽东及中央军委关于金门作战的指示在人民革命军事委员会第一次会议上的讲话》，1949年10月20日（据中央档案馆保存毛泽东讲话记录稿整理）。
2. 《同意解除十兵团出击潮汕任务》，1949年10月25日（据毛泽东手稿整理）。
3. 《询问进攻舟山群岛和金门岛的准备工作情况》，1950年1月11日（据毛泽东手稿整理）。
4. 《先打定海再打金门的方针应加确定》，1950年3月28日（据毛泽东手稿整理）。
5. 《关于购买空军装备器材致斯大林电》，1950年4月13日（中央档案馆保存之打印件）。
6. 《盼告何时举行舟山群岛作战》，1950年5月10日（据毛泽东手稿整理）。
7. 《同意华东军区对金门岛敌情的判断与截击部署》，1950年7月21日（据毛泽东手稿整理）。
8. 《关于华东军区工作的指示》，1950年8月11日（据毛泽东手稿整理）。
9. 《对暂时放弃攻打金门任务报告的批语》，1950年11月11日（据毛泽东手稿整理）。
10. 《同意在朝鲜战争结束前推迟金门之战》，1951年5月10日（据毛泽东手稿整理）。
11. 《美蒋签订军事协调谅解协定值得注意》，1953年10月11日（据毛泽东手稿整理）。
12. 《对金门作战建议的批语》，1953年12月19日（据毛泽东手稿整理）。
13. 《同意目前不打金门》，1953年12月22日（据毛泽东手稿整理）。
14. 《对再次炮击金门计划的批语》，1954年9月14日（据毛泽东手稿整理）。
15. 《不能承认"两个中国"》，1955年3月5日（据毛泽东手稿修改件整理）。
16. 《准备打金门直接对蒋间接对美》，1958年8月18日（据毛泽东手稿整理）。
17. 《整台湾是整家法》，1958年9月6日（据中央档案馆保存的毛泽东讲话

18.《关于金门炮击办法等问题的信》,1958年9月13日(据毛泽东手稿整理)。
19.《战胜帝国主义有文武两种打法》,1958年10月2日(据中央档案馆保存的毛泽东谈话记录稿)。
20.《暂停炮击金门马祖两岛》,1958年10月5日、6日(据毛泽东手稿整理)。
21.《灵机应变,主动在我》,1958年10月5日(据毛泽东修改手稿整理)。
22.《中华人民共和国国防部再告台湾同胞书稿》,1958年10月13日(据毛泽东手稿整理)。
23.《关于恢复炮击金门的批语》,1958年10月20日(据毛泽东手稿整理)。
24.《炮击金门大打一天》,1958年11月2日(据毛泽东手稿整理)。
25.《台澎金马要统一起收回》,1959年1月21日(据中央档案馆保存的毛泽东谈话记录稿)。
26.《反对美国推行"两个中国"的政策》,1959年10月1日(据中央档案馆保存的毛泽东谈话记录稿)。
27.《台湾问题有和平解决或武力解决两个方法》,1959年10月2日、5日(据中央档案馆保存的毛泽东谈话记录稿前部分,后部分《毛泽东文集》第8卷曾公开发表)。
28.《对金门蒋军向我炮击的处置意见的批语》,1960年8月7日(据毛泽东手稿整理)。
29.《应做好美国扩大越南战争的准备》,1964年10月5日(据中央档案馆保存的毛泽东谈话记录稿)。

中国人民解放军档案馆解密材料11份:

1.《(何克希、萧锋)关于26师调动问题的请示》。
2.《(中央军委)萧锋任职令》。
3.《(何克希、萧锋)关于批准拨给炮及零件的报告》。
4.《(萧锋)关于抽调学员的请示报告》。
5.《(渤海军区)萧锋、李曼村给101、102的报告》。
6.《(渤海军区)萧锋、李曼村就各部驻地情况的报告》。
7.《(渤海军区)萧锋、李曼村关于于庄之敌逃窜问题给袁、景的报告》。
8.《(渤海军区)萧锋、李曼村关于侦察敌情等情况给袁、景的报告》。
9.《(萧锋、李曼村)关于建立卫生委员会的通令》。

10.《(28军)关于攻歼金门之敌的命令》。
11.《(28军司令部)攻击金门战斗作战预案图》。

萧锋自著未出版之书稿9部：

1.《金门战斗·缅怀战斗先烈再战金门》，1949年10月27日油印稿。
2.《解放战争日记》，1980年10月自印油印本。
3.《三年解放战争亲历记》，1985年1月25日自印油印本。
4.《解放战斗纪事》(上部)，1987年9月6日手写与油印混合本。
5.《解放战斗纪事》(下部)，1987年9月6日手写与油印混合本。
6.《解放战争日记·第三部》，1990年1月15日自印油印本。
7.《解放战争日记·第四部》，1990年1月15日自印油印本。
8.《缅怀刘天祥同志》，1987年4月1日自印油印本。
9.《回顾金门登陆战》，1999年秋手稿

其他人员油印、打印材料7份：

1. 姜从华《回忆平潭、金门战斗的通信联络情况》，1988年1月油印稿。
2. 萧南溪《金门战役的反思》，2012年12月5日发言打印稿。
3. 鞠开《人们心目中的常胜将军——粟裕》，(年代不明)打印稿。
4. 鞠开《论战略家粟裕大将》，(年代不明)打印稿。
5. 海峡之声编《金门情况》，20世纪80年代厦门新闻单位内部油印送审稿。
6.《李曼村同志对"金门战争"的看法(谈话记录整理)》，1987年12月20日手写复印稿。
7.《28军司号大队大队长张宝林(62岁山东人)在我家谈话摘记》，1988年1月2日手写复印稿。

后 记

《金门战役纪事本末》一书,从 2003 年起心动念,到开始搜集资料、动笔,再到 2013 年 11 月 11 日初稿撰写完成,历时整整 10 年。先后在中共中央档案馆、中央军委档案馆、北京国家图书馆,北京军区、福建、厦门、厦门大学图书馆、台湾研究所,金门,回江西老家泰和、吉安、井冈山,在萧锋战斗过的延安、山东、江苏苏北、河北等革命老区查阅历史档案和文献,搜集资料多达 500 余种,五易其稿,稿本字数达 100 余万言,仅第一稿各类引用文献、史料出处的注释,就长达 20 余万字。

2013 年 12 月 26 日,按照历代"纪事本末"编年体例撰写的《金门战役纪事本末及历史真相》暂定书名,与中国青年出版社签订了出版合同。之后,达成共识,花了大量时间,又对全书做了梳理,将有"妨碍大众阅读习惯"的大量注释、出处说明做了简化处理,仅在成书中保留必要的"注释",亦将百万之言压缩为现在的近 70 万字,书名最后定为《金门战役纪事本末》,并在 2014 年 5 月按照规定开始申报重大选题备案,这个过程,历时一年之久。期间,根据总政治部两次审读意见做了一些修订。现在,终于可以和读者见面了。

审读意见认为,《金门战役纪事本末》:"内容很丰富。它广泛搜集运用国共双方的大量资料,以 1949 年 10 月第三野战军一部进行的金门作战和后续发展及影响为主线,较清晰地展示了金门地区的人文地理、战斗背景和敌我双方的决策、部署和作战经过,并突出记述了我军官兵英勇杀敌波澜壮阔的历史场景。""记述了国共双方围绕金门问题在方针、政策方面的演进情况,还介绍了金门战役我军主要参战部队第二十八军的发展沿革和普通读者罕为知晓的被俘人员等情况。""在写法上注重史论结合,在依据资料纪事的同时,对若干问题进行了有益探讨。""资料准备工作很扎实,且文字表达流畅、生动,表现了作者深厚的研究功底和文字能力……"

《金门战役纪事本末》能够在萧锋将军逝世24年后的100岁诞辰之际,最终得以出版,令人欣慰。虽说不免有一些委屈与遗憾,但我们也意识到,在写作过程中,我们的情绪也常常会随着场景的不断再现与事件真相的不断揭示跌宕起伏。漫长的10年,不断修改、完善的过程,来自不同方面的意见与建议,也给我们提供了一个平复与冷却情绪的机会,用一种更为理性、更全面的角度,来对这部凝结了我们萧氏一门心血的著作,做更多、更深入、更为周全妥帖的思考。我们相信,《金门战役纪事本末》能得以出版,对推动台海两岸学界对这一战役的深入研究,促进两岸增进了解、和平发展,有非常重要的意义;对那些在金门战役中为国捐躯的二十八军、二十九军将士,是最好的纪念;也将帮助以前关注这一战役的读者,更深地了解这段历史,而对以前从来不曾了解过这一战役的读者,能为他们打开一扇窗、一扇门,也是作者义不容辞的责任。

我们萧氏一门能如此尽自己的一点历史责任,幸甚。

在本书写作过程中,有关"金门战役"的研究,曾获得过许多人和单位的帮助。这里,对原《解放军报》两位资深记者邢志远、丛乐天,想多说几句。邢志远是参加了解放海南岛战役的战地记者,1986-1987年,他为时任总政治部副主任的朱云谦撰写回忆录,与此同时,又根据朱云谦的口述为他撰写专著《回忆金门之战兼谈厦、金两战》。不久朱云谦与世长辞。临终前,朱云谦恳请邢志远,找到萧锋等金门参战人员,将尘封四十年的金门失利战役始末公诸于世,使金门上岛部队英烈们的感人事迹昭告天下,使金门战役失利的教训警示后人。

1990年到1994年9月,在南溪和萧江协助下,经过五年的调查走访,在当时二十八军郭为桑政委和牟汉光军长等军常委的大力支持下,由萧锋、李曼村、朱云谦、张宪章、孙玉衡等30多个参战人员撰文,丛乐天、邢志远、李谦主编的《回顾金门登陆战》一书由北京人民出版社出版。该书由当时的军委副主席张震作序、国防部部长迟浩田题词。出版后,受到社会的广泛关注,反映最强烈的是还幸存的参战人员以及烈士亲属,他们深受鼓舞,悲喜交加,喜的是有了这本书,金门烈士的事迹不再被湮没,悲的是那些战友们、亲人们没有看到今天。此后,邢志远、丛乐天、张茂勋不顾年高多病,继续调查研究,又采写编辑了《金门战役的反思》一书,并在帮助被俘回归人员落实政策上做了不少工作,使他们能在心灵上得到一些慰籍,得以安度晚年。

原二十八军子弟陈化琪、宋晓峰、郑闽江,原粟裕将军秘书鞠开、国防大学徐焰将军、姜从华,蒋柳清(南京军区法院院长)、王国坚(原二十八军军史主编)、陈惠方、宫愚公部长(原二十八军后勤部长)、张宪章司令(广空)等人,都对金门战役的研究做出过贡献,为此,本书特在附录中专门列出了"引用材料作者简介""主要参考书目""主要档案材料及未曾出版的书稿手稿",以示敬重与感谢。

十年无偿,连更晓夜,不懈努力完成了这本专著,感慨万千之余,南溪仰天告慰自己深爱的父亲与母亲,萧江亦可告慰养育了自己整整20年的爷爷和奶奶。我们亦在此,用本书来共同祭拜萧锋将军与他麾下在金门登陆作战中牺牲的所有将士们的在天之灵!

最后,由衷地感谢推荐该书出版的郭宏女士;感谢总政宣传部领导以及蒋凤波、陈瑜研究员;感谢李陵夫妇、宋晓峰女士等人在厦门的无私帮助;感谢中央档案馆、军委档案馆、厦门大学、厦门大学图书馆、台湾研究所等单位为我们在查阅相关档案、材料时,所给予的方便与帮助;感谢刘航先生在往返台湾时帮助购买台湾出版的书籍;感谢曹明亮先生对该书的多次复核与校对;感谢袁小秋女士为该书大量的复印、后勤所做出的艰辛劳动;感谢为该书付出艰辛的说服、沟通、修改、文字处理的吴晓梅编辑以及中国青年出版社领导;感谢所有在幕后默默奉献的至爱亲朋和同志们。

萧鸿鸣　萧南溪　萧江
2015年10月于北京

(京)新登字 083 号

图书在版编目(CIP)数据

金门战役纪事本末/萧鸿鸣,萧南溪,萧江著. —北京:中国青年出版社,2016.1
ISBN 978-7-5153-3914-6

Ⅰ.①金… Ⅱ.①萧…②萧…③萧… Ⅲ.①国民党军-战役-史料-1949 Ⅳ.①E296.94

中国版本图书馆 CIP 数据核字(2015)第 246087 号

责任编辑:吴晓梅 彭岩

封扉设计:瞿中华

*

中国青年出版社 出版 发行

社址:北京东四十二条 21 号 邮政编码:100708
网址:www.cyp.com.cn
编辑部电话:(010)57350521 门市部电话:(010)57350370
三河市君旺印务有限公司印刷 新华书店经销

*

700×1000 1/16 39.75 印张 17 插页 600 千字
2016 年 1 月北京第 1 版 2020 年 9 月河北第 3 次印刷
印数:15001-19000 册 定价:58.00 元
本图书如有印装质量问题,请凭购书发票与质检部联系调换
联系电话:(010)57350337